Praxishandbuch innovative Beschaffung

Herausgegeben von
Ulli Arnold und Gerhard Kasulke

200 Jahre Wiley – Wissen für Generationen

Jede Generation hat besondere Bedürfnisse und Ziele. Als Charles Wiley 1807 eine kleine Druckerei in Manhattan gründete, hatte seine Generation Aufbruchsmöglichkeiten wie keine zuvor. Wiley half, die neue amerikanische Literatur zu etablieren. Etwa ein halbes Jahrhundert später, während der »zweiten industriellen Revolution« in den Vereinigten Staaten, konzentrierte sich die nächste Generation auf den Aufbau dieser industriellen Zukunft. Wiley bot die notwendigen Fachinformationen für Techniker, Ingenieure und Wissenschaftler. Das ganze 20. Jahrhundert wurde durch die Internationalisierung vieler Beziehungen geprägt – auch Wiley verstärkte seine verlegerischen Aktivitäten und schuf ein internationales Netzwerk, um den Austausch von Ideen, Informationen und Wissen rund um den Globus zu unterstützen.

Wiley begleitete während der vergangenen 200 Jahre jede Generation auf ihrer Reise und fördert heute den weltweit vernetzten Informationsfluss, damit auch die Ansprüche unserer global wirkenden Generation erfüllt werden und sie ihr Ziel erreicht. Immer rascher verändert sich unsere Welt, und es entstehen neue Technologien, die unser Leben und Lernen zum Teil tiefgreifend verändern. Beständig nimmt Wiley diese Herausforderungen an und stellt für Sie das notwendige Wissen bereit, das Sie neue Welten, neue Möglichkeiten und neue Gelegenheiten erschließen lässt.

Generationen kommen und gehen: Aber Sie können sich darauf verlassen, dass Wiley Sie als beständiger und zuverlässiger Partner mit dem notwendigen Wissen versorgt.

William J. Pesce
President and Chief Executive Officer

Peter Booth Wiley
Chairman of the Board

Praxishandbuch innovative Beschaffung

Wegweiser für den strategischen und operativen Einkauf

Herausgegeben von Ulli Arnold und Gerhard Kasulke

WILEY-VCH Verlag GmbH & Co. KGaA

1. Auflage 2007

Alle Bücher von Wiley-VCH werden sorgfältig erarbeitet. Dennoch übernehmen Autoren, Herausgeber und Verlag in keinem Fall, einschließlich des vorliegenden Werkes, für die Richtigkeit von Angaben, Hinweisen und Ratschlägen sowie für eventuelle Druckfehler irgendeine Haftung.

**Bibliografische Information
der Deutschen Nationalbibliothek**
Die Deutsche Nationalbibliothek verzeichnet diese Publikation in der Deutschen Nationalbibliografie; detaillierte bibliografische Daten sind im Internet über http://dnb.d-nb.de abrufbar.

© 2007 WILEY-VCH Verlag GmbH & Co. KGaA, Weinheim

Alle Rechte, insbesondere die der Übersetzung in andere Sprachen, vorbehalten. Kein Teil dieses Buches darf ohne schriftliche Genehmigung des Verlages in irgendeiner Form – durch Fotokopie, Mikroverfilmung oder irgendein anderes Verfahren – reproduziert oder in eine von Maschinen, insbesondere von Datenverarbeitungsmaschinen, verwendbare Sprache übertragen oder übersetzt werden. Die Wiedergabe von Warenbezeichnungen, Handelsnamen oder sonstigen Kennzeichen in diesem Buch berechtigt nicht zu der Annahme, dass diese von jedermann frei benutzt werden dürfen. Vielmehr kann es sich auch dann um eingetragene Warenzeichen oder sonstige gesetzlich geschützte Kennzeichen handeln, wenn sie nicht eigens als solche markiert sind.

Printed in the Federal Republic of Germany

Gedruckt auf säurefreiem Papier.

Satz Typomedia GmbH, Ostfildern
Druck und Bindung Ebner & Spiegel GmbH, Ulm
Umschlaggestaltung Christian Kalkert, Birken-Honigsessen

ISBN 978-3-527-50114-4

Inhalt

Vorwort 9

Teil 1
Strategie

Kapitel 1
Strategisches Beschaffungsmanagement 13
Ulli Arnold

Kapitel 2
Lieferantenintegration und Beschaffungslogistik in einem integrierten Telekommunikationsunternehmen 47
Hans Heith

Teil 2
Struktur

Kapitel 3
Einkaufsorganisation 57
Ulli Arnold

Kapitel 4
Shared Services im Einkauf? Eine objektive Entscheidungshilfe 85
Sören Lorenzen, Reiner Essers, Olaf Sprenger

Kapitel 5
Beschaffungskooperationen 101
Michael Eßig

**Teil 3
Prozesse**

Kapitel 6
Beschaffungsmarktforschung   131
Rudolf O. Large

Kapitel 7
Beziehungsmanagement mit Lieferanten   149
Wolfgang Stölzle

Kapitel 8
Supplier-Risk-Management   197
Antonio Conte

Kapitel 9
Strategisches Kostenmanagement im Einkauf:
ein ganzheitlicher Ansatz zur Kostensteuerung   229
Antonio Conte

Kapitel 10
Preis- und Kostenmanagement in der Beschaffung   245
Willi Muschinski

Kapitel 11
Bedarfs-, Bestands- und Kostenplanung (Materialdisposition)   273
Ruth Melzer-Ridinger

Kapitel 12
Beschaffungscontrolling   309
Ulli Arnold und Frank Warzog

Kapitel 13
Informationsmanagement im Einkauf –
das Purchasing Information Portal (PIP)   337
Mario Schoddel

Kapitel 14
Ausprägung einer Warengruppenverschlüsselung   357
Andreas Oberbörsch

Kapitel 15
Supply-Chain-Management   369
Hansjörg Fromm

Kapitel 16
Logistik – Prozesse und Konzepte für die Beschaffung   395
Wolfgang Stölzle und *Annette Hoffmann*

Kapitel 17
Praxisbeispiel Ersatzteillogistik   407
Thorsten Brandt

Kapitel 18
Unredlichkeit und Korruption in Beschaffungsprozessen   413
Maike Scholz

Teil 4
Handlungsfelder/Instrumente

Kapitel 19
Grundlagen des Global Sourcing   441
Wilfried Krokowski

Kapitel 20
Programme Management »General Procurement«   477
Björn Lindner

Kapitel 21
Elektronische Beschaffungslösungen   487
Ulli Arnold und *Rainer Meyle*

Kapitel 22
Effiziente und harmonisierte Prozesse bei einem Mobilfunkunternehmen:
das E-Procurement-Projekt – Fallbeispiel Deutschland – 513
Axel Stumpf

Kapitel 23
E-Vergabe: Ausschreibungen durchgängig elektronisch 529
Hanns Vollath

Kapitel 24
Solutions Sourcing – Erfolgsfaktoren einer Verlagerung von
Geschäftsprozessen 543
Arndt Präuer

Kapitel 25
Messung des Wertbeitrags der Beschaffung mit dem
Savings Reporting Tool (SRT@WEB) 575
Uwe Krentscher und *Mario Schoddel*

Kapitel 26
Nachhaltiges Beschaffungswesen –
Wertsteigerung für das Unternehmen 589
Klaus Rick

Herausgeber- und Autorenverzeichnis 611

Register 617

Vorwort

Einstein hatte seine Arbeit zur Relativitätstheorie noch nicht beendet, als die Öffentlichkeit bereits seine Thesen als wissenschaftlich geprüft ansah. Beweis dafür: eine ganzseitige Anzeige im *Time Magazine* mit dem Bild Einsteins und der Botschaft »Alles ist relativ«.

Angewandt auf die Beschaffungsfunktion heißt dies: Beschaffungsmanagement ist abhängig von vielfältigen Umweltbedingungen, unternehmensinternen Faktoren, Einstellungen und Erwartungen und wird ebenso stark vom Wollen beeinflusst.

Viele Einkaufsinitiativen wurden über die Jahre entwickelt, von kurzfristigen taktischen – auf Kostensenkung ausgerichteten – Projekten bis zu auf Top-Führungsebene verankerten Beschaffungsstrategien und Beschaffungsprogrammen. Trotzdem verlieren Unternehmen jedes Jahr Milliarden Euro durch nicht realisierte, weil unerkannte Kostensenkungspotenziale. Ist das Beschaffungsmanagement von Unternehmen weithin unprofessionell? Für manche Unternehmen ist der Einkauf leider immer noch eine Funktion, die man eben haben muss und die auch nicht besonders attraktiv für Mitarbeiter ist. »Säen und Ernten«, also Marketing und Vertrieb, gelten als die entscheidenden Erfolgsfaktoren eines Unternehmens. Produktion, Forschung und Entwicklung sollen die Erfolge nachhaltig garantieren. Die Attraktivität des Einkaufs bleibt dabei häufig auf der Strecke!

Aber: Reduzierte Einkaufskosten tragen unmittelbar zum Ergebnis bei, nicht erst mittel- oder langfristig. Die Aufgabe des Einkaufs ist es, ein Maximum an Effizienz sowohl für interne als auch für externe Kunden zu sichern. Die Anforderungen an den Einkauf sind deshalb: innovative Lieferanten aufspüren; geeignete Produkte finden; angemessene Instrumente und leistungsfähige Prozesse identifizieren und weiterentwickeln. Der Einkauf muss sich auf die Erzielung bestmöglicher Wettbewerbsvorteile konzentrieren; er soll das beste Preis-Leistungs-Verhältnis aushandeln – und eben nicht nur den niedrigsten Preis! Die enge Einbindung des Einkaufs in die Wertschöpfungskette ist dabei unabdingbar. Eine Kooperation mit den internen und externen Kunden ist der zentrale Erfolgsfaktor.

Da dies so ist, muss sich die Beschaffung von der heutigen Servicefunktion zum professionellen Partner für das Management und für die Kunden wandeln. Nur wer die tief verborgenen Kostensenkungspotenziale erkennt und erschließt, verbessert das Ergebnis eines Unternehmens. Die Wirkungen sind direkt, sofort – »Bottom Line«! Darüber hinaus bietet dieses Partnermodell die Chance für die Mitarbeiter, eine wichtigere Rolle in den strategischen Entscheidungsprozessen eines Unternehmens zu spielen, und motiviert so zu Höchstleistungen. Um den heutigen Anforderungen zum effizienten Management komplexer Wertschöpfungsstrukturen gerecht zu werden, muss der Einkauf daher operative wie auch strategische, prozessuale und informatorische Beschaffungsfragen aus der Managementperspektive heraus thematisieren. Aus diesem Grund braucht der Einkauf Mitarbeiter, die sich in die Prozesskette mit der Entwicklung und der Technik einerseits und den Lieferanten andererseits einbringen können und so Impulse für Optimierung und Effizienzsteigerung geben. Die vom heutigen Einkäufer geforderte Fach-, Technologie-, Organisations-, Methoden- und Sozialkompetenz ist nicht mehr vergleichbar mit der des »klassischen«, nur operativen Einkäufers, der lediglich Bestellungen abwickelte.

Die gestiegene Bedeutung des Beschaffungsmanagements verlangt nach einer engeren Verbindung zwischen neuesten wissenschaftlichen Erkenntnissen und den realen Entscheidungsproblemen der Praxis. Nicht nur Einkäufer, sondern auch die verantwortlichen Entscheider finden in diesem Buch den aktuellen Wissensstand zu Themen wie »strategisches und operatives Beschaffungsmanagement«, »Lieferantenmanagement«, »Beschaffungscontrolling« sowie zum »Supply-Chain-Management«.

Das *Praxishandbuch innovative Beschaffung* hat zum Ziel, »State-of-the-Art«-Methoden hinsichtlich Strategieentwicklung, Prozess-, Organisations- und Performancemanagement Einkäufern – und denen, die es werden wollen und auch müssen – praxisbezogen zu vermitteln.

Es gilt weiterhin das Dictum: »Wer nicht ständig versucht, besser zu werden, ist schon lange nicht mehr gut!«

Das Handbuch leitet daher aus den wissenschaftlichen Bestandsaufnahmen und Analysen Implikationen für den Praktiker in der Beschaffung ab und ist somit als Anleitung für die Praxis zu verstehen.

In diesem Sinne wünsche ich Ihnen viel Spaß beim Lesen und viel Erfolg beim Anwenden.

Dr. Jürgen Marquard
Vorsitzender des BME e.V.

Teil 1
Strategie

1 Strategisches Beschaffungsmanagement

Ulli Arnold

Die Beschaffung von Sachgütern und Dienstleistungen erfordert den Einsatz jeweils angemessener Vorgehensweisen und somit die Festlegung strategischer Programme für die jeweiligen Güterkriterien. Dem beschaffenden Unternehmen stehen mehrere Möglichkeiten für die konzeptionelle Gestaltung einer Beschaffungsstrategie (Beschaffungskonzeption) zur Auswahl, die durch die optimale Verknüpfung der unterschiedlichen zur Verfügung

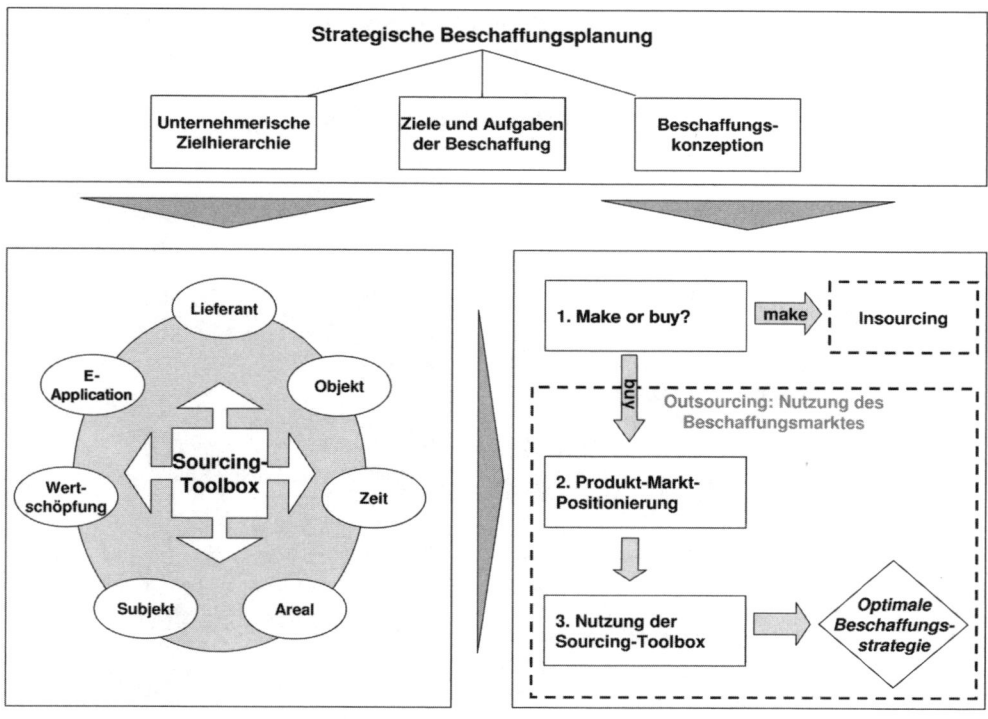

Abb. 1.1: Ablaufschema des Beitrags

stehenden Konzeptdimensionen entsteht. In diesem Beitrag wird die Vorgehensweise zur Erarbeitung einer Beschaffungskonzeption im Kontext unterschiedlicher Beschaffungssituationen dargestellt. Dazu werden zunächst die Grundlagen strategischer Beschaffungsplanung beleuchtet. Im Fokus der Betrachtung stehen die Elemente der unterschiedlichen Dimensionen einer Beschaffungskonzeption, welche in ihrer Gesamtheit als Sourcing-Toolbox dargestellt werden. Schließlich wird der gesamte strategische Planungsprozess von der Make-or-buy-Entscheidung über die Auswahl geeigneter Sourcing-Elemente zur Gestaltung der optimalen Beschaffungsstrategie beschrieben. Abbildung 1.1 gibt das gedankliche Konzept dieses Beitrags wieder.

Strategische Beschaffungsplanung

Aufgabe der Beschaffung ist es, externe Ressourcen für ein Unternehmen verfügbar zu machen. Sie ist damit ein wesentlicher Bestandteil des Wertschöpfungssystems. Das Aufgabenfeld der Güterbeschaffung bezieht sich einer üblichen Konvention folgend auf Sachgüter, Dienstleistungen, Energie, Rechte, Informationen und Kombinationen dieser Güterarten. Im Gegensatz

Strategische Aufgaben	Operative Aufgaben
•Definition von Beschaffungsstrategien •Budgetierung •Beschaffungsmarktforschung •Beschaffungsmarketing •Lieferantenmanagement (Auswahl, Qualifizierung) •Rahmenverträge •Beteiligung an Entwicklungsprojekten •Investitionsentscheidungen •Wertanalysen •Make-or-buy-Entscheidungen (Outsourcing) •Verlagerungen	•Disposition •Kommunikation über Prognosen •Bestellungen •Abrufe •Angebotseinholung •Dokumentation •Prüfungen •Reklamationen •Rechnungsfreigabe •Codierung

Abb. 1.2: Strategisches vs. operatives Beschaffungsmanagement

zu der früheren Auffassung, dass Einkauf und Beschaffung strategische Vorgaben anderer Funktionsbereiche auszuführen haben und sich damit auf rein operative Tätigkeiten beschränken, wird neuerdings der Versorgung von Unternehmen mit den für die Aufrechterhaltung und Durchführung der Wertschöpfungsaktivitäten erforderlichen Gütern eine wichtige, strategische Rolle zugesprochen (vgl. Arnold 1997, S. 56). In pragmatischer Weise können strategische und operative Aufgaben konkretisiert werden (siehe Abbildung 1.2).

Durch effiziente Kombination von Vorleistungen externer Wertschöpfungspartner können spezifische Wettbewerbsvorteile geschaffen werden, die für die Wettbewerbsstrategie eines Unternehmens erforderlich sind. So wird beispielsweise eine Strategie der Kostenführerschaft den Fokus eher auf die Materialkosten und die Lieferkonditionen richten; im Falle einer auf Differenzierungsmerkmale ausgerichteten Wettbewerbsstrategie stehen qualitätsstiftende Faktoren im Mittelpunkt der Güterbeschaffung.

Vor diesem Hintergrund ist es erforderlich, Beschaffungskonzeptionen im Hinblick auf das unternehmerische Zielsystem zu formulieren. Dazu wird im folgenden Abschnitt der Zusammenhang zwischen Unternehmenszielen und der Beschaffungskonzeption skizziert; anschließend werden die Zielsetzungen und Aufgaben des Beschaffungsmanagements sowie der grundsätzliche Aufbau einer Beschaffungskonzeption dargestellt.

Die Unternehmensvision als Ausgangspunkt für die Beschaffungsziele

Wie alle Funktionsbereichsziele müssen auch die Beschaffungsziele in die Zielhierarchie des gesamten Unternehmens eingebettet sein (siehe Abbildung 1.3).

Die oberste Ebene der Zielhierarchie von Unternehmungen bildet die Formulierung einer Unternehmensvision (oder auch Unternehmensphilosophie). Im Allgemeinen wird hier die Grundposition eines Unternehmens festgelegt, die richtungsweisenden und langfristigen Charakter besitzt (vgl. Bea/Haas 2001, S. 67).

Die Vision findet ihre Konkretisierung in Unternehmensleitbildern, die häufig als Orientierungshilfen für die Mitarbeiter bezüglich ihres Verhaltens gegenüber Partnern beziehungsweise Stakeholdern eines Unternehmens dienen (siehe Beispiel in Abbildung 1.4). Eine erste Operationalisierung der immer noch abstrakten Leitbilder folgt in der Definition der Unternehmensziele. Dabei werden übergeordnete Ziele (zum Beispiel Steigerung des Return

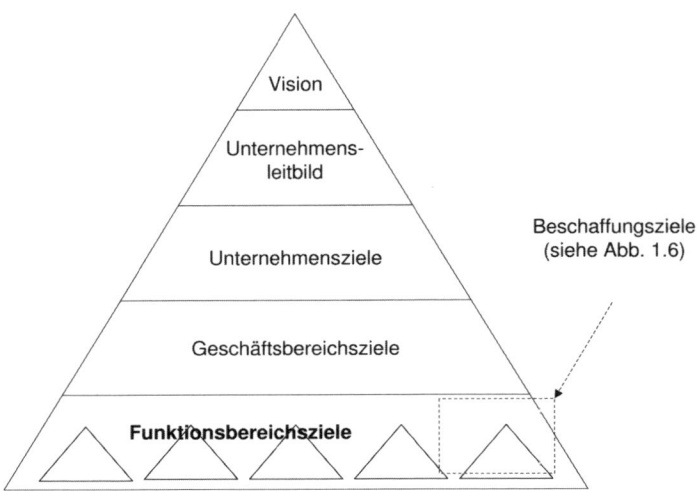

Abb. 1.3: Zielhierarchie im strategischen Management (vgl. Bea/Haas 2001, S. 68)

on Investment [RoI] innerhalb der nächsten fünf Jahre um 10 Prozent) für das gesamte Unternehmen festgelegt. Sollte das Unternehmen in mehrere Geschäftsbereiche untergliedert sein, so werden in einem nächsten Schritt die Unternehmensziele auf die einzelnen Bereiche in Form von Geschäftsbereichszielen projiziert, aus denen letztlich die Vorgaben für die einzelnen Funktionsbereiche abgeleitet werden. Bezogen auf die Beschaffung bedeutet dies zum Beispiel: Eine Erhöhung des ROI als Unternehmensziel kann beispielsweise dadurch erreicht werden, dass durch eine Reduzierung der Materialbestände der Umfang des benötigten Kapitals gesenkt wird. Dadurch reduzieren sich auch die Kapitalbindungskosten.

Zur Veranschaulichung der Unternehmensvision soll das Beispiel der Hilti AG dienen.

Besondere Betonung dieser Unternehmensphilosophie liegt auf dem Qualitätsgedanken und der damit implizierten Verfolgung einer Differenzierungsstrategie.

Unternehmensleitbild der Hilti AG (www.hilti.de)

Unsere Vision
Rund um die Welt wollen wir der führende Partner für den Profi am Bau und in der Gebäudeinstandhaltung sein.

Wir schaffen mehr Wert
Wir wollen, dass unsere Kunden erfolgreich sind. Deshalb bieten wir ihnen Produkte und Dienstleistungen mit überlegenem Mehrwert.

Wir wollen die Besten sein
Kunden:
Wir wollen der beste Partner unserer Kunden sein. Ihre Bedürfnisse bestimmen unser Handeln.
Kompetenz:
Wir zeichnen uns aus durch wegweisende Innovation, umfassende Qualität, direkte Kundenbeziehungen und ein wirksames Marketing.
Konzentration:
Wir konzentrieren uns auf Produkte und Märkte, in denen wir Führungspositionen erlangen und halten können.

Wir leben gemeinsame Werte
Wir stehen zu unserem Wort. Integrität, Selbstverantwortung, Vertrauen, Toleranz und Respekt gegenüber dem Einzelnen zeichnen unser Miteinander aus. Wir sind stets bereit zu lernen und zu verändern. Wir handeln verantwortlich gegenüber Gesellschaft und Umwelt.

Wir bauen unsere Zukunft
Wir wollen nachhaltig profitabel und deutlich schneller wachsen als der Markt und damit unsere Unabhängigkeit und Handlungsfreiheit sichern.

Wir sind ein Team
Wir haben hervorragende MitarbeiterInnen. Wir erwarten hohe Leistungen und bieten entsprechende Gegenleistungen. Alle haben die gleichen Chancen – bei der Anstellung wie bei der persönlichen Entwicklung. Unsere MitarbeiterInnen sollen im Team wachsen und ihre Laufbahn langfristig innerhalb der Hilti Gruppe gestalten können.

Abb. 1.4: Unternehmensleitbild der Hilti AG (Quelle: HILTI-Homepage)

Ziele und Aufgaben der Beschaffung

»Die Beschaffung umfasst (...) sämtliche unternehmens- und/oder marktbezogenen Tätigkeiten, die darauf gerichtet sind, einem Unternehmen die benötigten, aber nicht selbst hergestellten Objekte verfügbar zu machen« (Arnold 1997, S. 3). Mit der wachsenden Bedeutung des Beschaffungsmanagements für die Umsetzung unternehmerischer Zielvorgaben haben die strategischen im Vergleich zu den operativen Zielen und Aufgaben stark an Bedeutung gewonnen.

Die operative Zielsetzung des Beschaffungsmanagements besteht zusammengefasst darin, dem Unternehmen die Beschaffungsobjekte in der richtigen Menge, zur richtigen Zeit, in der richtigen Qualität und am richtigen Ort zur Verfügung zu stellen (4R). Die damit verbundenen Aufgaben beinhalten beispielsweise die Optimierung der Materialsortimente, die systematische Bedarfs- und Bestellplanung sowie die Reduzierung der Bereitstellungskosten hierbei benötigter Güter.

Die Betrachtung der strategischen Beschaffungsaufgaben zur Verbesserung oder zum Erhalt der Wettbewerbsposition führt zu einer Identifikation von vier Teilbereichen (vgl. Arnold 1989, S. 49ff.):

1. Integrationsfähigkeit der Produkte/Prozesse

Die Integration der vom Lieferanten bezogenen Vorleistungen in die eigenen Wertschöpfungsprozesse stellt eine wichtige strategische Aufgabe dar. Der Ansatzpunkt zur Optimierung der Schnittstellen liegt häufig in der Variantenpolitik und somit in der Gestaltung der Beschaffungssortimente. Eine Minimierung der Anzahl unterschiedlicher Beschaffungsobjekte führt regelmäßig zu einem Standardisierungseffekt und somit zu einer Optimierung der Schnittstelle.

2. Innovationsfähigkeit steigern

Lieferanten spielen beim Innovationsprozess eines Unternehmens mittlerweile eine große Rolle. Leistungsfähige Lieferanten werden schon früh in den Produktentwicklungsprozess einbezogen und können dadurch zu einer Verkürzung der jeweiligen Produktentwicklungszyklen beitragen. Sie können dem Unternehmen zu beträchtlichen zeitlichen Wettbewerbsvorsprüngen verhelfen (Reduzierung der »Time to Market«). Die strategische Aufgabe des Beschaffungsmanagements besteht darin, das Innovationspotenzial von Lieferanten zu erkennen und – gegebenenfalls exklusiv – zu nutzen. Stark unterstützend wirkt in dieser Beziehung die Bereitschaft des Lieferanten, sich mit den marktlichen Aufgaben seines Kunden zu beschäftigen und zu deren Erfüllung nachhaltig beitragen zu wollen. Das Lieferantenmanagement muss geeignete Anreize entwickeln, um diese Bereitschaft zu fördern.

3. Vertikale Verbundeffekte erschließen

Die Grundlage für die Erschließung vertikaler Verbundeffekte liegt in einer Analyse der Wertschöpfungsaktivitäten unter Einbeziehung der Vor- und Nachstufen. Zielsetzung ist die Optimierung der Aufgabenzuordnung in der Organisation der Wertschöpfungskette, die zu kostengünstigeren und/oder qualitativ besseren Ergebnissen für die Beteiligten führen (zum Beispiel Vermeidung paralleler Arbeitsgänge in der Qualitätskontrolle, Logistik und Disposition; Beteiligung der/des Lieferanten an F&E-Projekten; Verlagerung von [Teil-]Prozessen auf den Lieferanten). Das Konzept des Supply-Chain-Managements (SCM) trägt gerade diesem Aspekt der stufenübergreifenden Koordination von Wertschöpfungsaktivitäten Rechnung.

4. Horizontale Verbundeffekte erschließen

Horizontale Verbundeffekte zielen auf Optimierungspotenziale ab, die Nachfrager durch kollektives Handeln erzielen können.

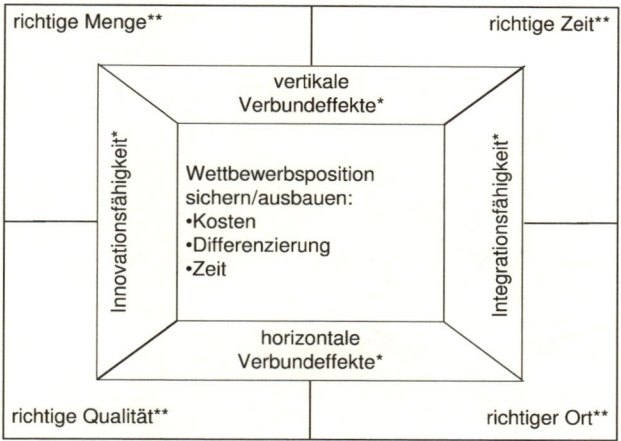

* strategische Ziele und Aufgaben
**operative Ziele und Aufgaben (4R)

Abb. 1.5: Ziele und Aufgaben der Beschaffung (vgl. Arnold 1997, S. 66)

Der Begriff der Beschaffungskonzeption

Die Entwicklung einer Beschaffungskonzeption besteht aus einem schlüssigen, ganzheitlichen Handlungsplan, der sich an den angestrebten Zielen orientiert. Für deren Realisierung müssen geeignete Beschaffungskonzepte gewählt und die geeigneten operativen Beschaffungsinstrumente bestimmt werden (vgl. Becker 2001, S. 3f.).

Die Beschaffungskonzeption stellt den grundlegenden Masterplan für das Beschaffungsmanagement dar. Um die Zweck- beziehungsweise Zielorientierung zu gewährleisten, muss die Definition von Beschaffungszielen Ausgangspunkt einer Beschaffungskonzeption sein. Dabei müssen sowohl interne als auch externe Faktoren sowie strategische und operative Ziele berücksichtigt werden. Die Beschaffungsziele sollen dann durch die optimale Kombination unterschiedlicher Sourcing-Elemente verwirklicht werden. Durch sie werden die unterschiedlichen Merkmalsausprägungen einer Beschaffungsstrategie festgelegt (zum Beispiel Bezug des Bedarfs von einem oder mehreren Lieferanten?, Lagerhaltung oder Just-in-Time-Beschaffung?).

Abb. 1.6: Beschaffungskonzeption (vgl. Becker 2001, S. 4)

Dimensionen einer Beschaffungskonzeption

Auf Grundlage der Unternehmensziele und der Funktionsbereichsziele können strategische Beschaffungsprogramme für jedes Einsatzgut beziehungsweise für entsprechende Gütergruppen definiert werden. Dazu werden verschiedene beschaffungsstrategische Elemente und Prinzipien sinnvoll miteinander kombiniert. Typische Kombinationen solcher Merkmalsausprägungen können als Sourcing-Konzepte bezeichnet werden und bilden den Kern einer Beschaffungsstrategie. Dabei können die wichtigsten Sourcing-Elemente nach folgenden Merkmalsdimensionen unterschieden werden (vgl. Arnold 1997, S. 93ff.):

- Anzahl der Bezugsquellen (Lieferantendimension),
- Komplexität des Inputfaktors (Objektdimension),
- zeitlicher Ablauf der Bereitstellung (Zeitdimension),
- Größe des Beschaffungsmarktraumes (Arealdimension),
- Struktur der beschaffenden Organisation (Subjektdimension),
- Ort der Wertschöpfung (Wertschöpfungsdimension) und
- Einsatz von elektronischen Beschaffungsanwendungen (E-Application-Dimension).

Lieferantendimension: Anzahl der Bezugsquellen

Zieht man als Auswahlkriterium für Sourcing-Elemente die Anzahl von Lieferanten heran, durch die ein Unternehmen den Bedarf eines Gutes deckt, so lassen sich zunächst zwei Hauptausprägungsformen identifizieren:

1. Das Unternehmen bezieht den Gesamtbedarf von einem Hersteller (Single Sourcing).
2. Das Unternehmen teilt seinen Gesamtbedarf auf mehrere Lieferanten auf (Multiple Sourcing).

Darüber hinaus bezeichnet *Sole Sourcing* eine besondere Beschaffungssituation, bei der die Bündelung des Gesamtbedarfs auf einen Zulieferer durch dessen monopolistische Anbietersituation erzwungen wird. Die Folge einer solchen Situation ist eine starke oder vollständige Abhängigkeit von diesem Lieferanten. Dieser verfügt per se über entsprechende Verhandlungsmacht. Um die Güterversorgung auch in einer solchen Situation langfristig zu sichern, kann sich ein nachfragendes Unternehmen an folgenden drei Möglichkeiten orientieren:

1. Suche nach Substitutionsprodukten zur Reduzierung der Abhängigkeit vom Lieferanten (andere Materialien, andere technische Lösungen ...).
2. Suche und Entwicklung neuer Lieferanten, die mit Hilfe des Abnehmers zum Markteintritt qualifiziert und ermutigt werden können, um so die Monopolstellung zu beseitigen. Kooperationen der Nachfrager können hierbei hilfreich sein.
3. Abschluss längerfristiger Rahmenverträge mit fixierten Preisen zur Gewährleistung langfristiger Preisstabilität. Allerdings steht einer solchen Politik das spezifische Interesse eines Monopolanbieters gegenüber, der regelmäßig keinen Anlass zu längerfristigen Festlegungen hat.

Abgesehen von diesem sehr speziellen Fall der monopolistischen Anbieterstruktur ist die Frage nach der Anzahl der Lieferanten für dasselbe Gut grundsätzlicher Bestandteil einer Beschaffungsstrategie. Die Strategie des *Multiple Sourcing* zielt darauf ab, den Wettbewerb unter den tatsächlichen und den potenziellen Lieferanten zu erhöhen. Die gleichzeitige Nutzung verschiedener Lieferquellen ist zugleich ein Instrument zur Risikostreuung, da der plötzliche Ausfall eines bisherigen Lieferanten ohne weiteres durch andere, bereits etablierte Lieferanten erfolgen kann. Insofern ist das so genannte *Dual Sourcing* sowohl ein Anreiz für die Lieferanten, im Wettbewerb zu bestehen, als auch eine Maßnahme zur Risikovorsorge. Der Preis für diese Politik liegt

Tab. 1.1: Charakteristik von Multiple und Single Sourcing (vgl. Arnold 1997, S. 99)

Merkmal	Multiple Sourcing	Single Sourcing
Anzahl der Lieferanten	>1	1
Ziele des Abnehmers	niedriger Einstandspreis durch Förderung des Wettbewerbs unter den Lieferanten: Reduktion des Versorgungsrisikos durch »Ordersplitting«	Senkung des Einstandspreises sowie eine hohe Qualität der Vorprodukte durch den aktiven Aufbau eines leistungsstarken und innovativen Lieferanten
Art der auszutauschenden Güter	Güter mit geringer Komplexität und Spezifität sowie guter marktlicher Verfügbarkeit; Standardgüter	Güter mit hoher Spezifität; customer-tailored
Art der Zulieferer-Abnehmer-Beziehung	rein auf die Transaktion ausgerichtete Beziehung; Gefahr von opportunistischem Verhalten ist wegen der vorhandenen Markttransparenz gering beziehungsweise ausgeschlossen	mit institutionellem und persönlichem Vertrauen versehene Beziehung; Gefahr opportunistischen Verhaltens auf beiden Seiten erheblich (wechselseitige asymmetrische Informationsverteilung)
Fristigkeit der Zulieferer-Abnehmer-Beziehung	kurzfristige Ausrichtung: keine Rahmenverträge oder Rahmenverträge mit nur kurzer Laufzeit erforderlich	langfristige Ausrichtung: Rahmenverträge mit relativ langer Laufzeit
Substituierbarkeit des Zulieferers	Lieferant ist kurzfristig substituierbar, da prinzipiell keine Austrittsbarrieren bestehen und für neue Anbieter der Marktzutritt leicht möglich ist	Lieferant ist kurzfristig nicht substituierbar, da hohe Austrittsbarrieren bestehen; Gefahr eines Produktionsstopps bei Ausfall eines Lieferanten
gegenseitige Abhängigkeit	niedrig	hoch
Wettbewerbssituation	Förderung des Wettbewerbs unter den Lieferanten	Förderung eines bilateralen Monopols durch Spezifizierung der Transaktionsobjekte

darin, dass keine vollständige Mengenbündelung erreicht wird und deshalb mengenbedingte Skalenvorteile nur ansatzweise genutzt werden können.

Beim *Single Sourcing* hingegen konzentriert sich die Gesamtnachfrage für ein bestimmtes Gut nur auf eine Beschaffungsquelle. Die Konzentration auf einen Anbieter für ein bestimmtes Gut hat eine Neugestaltung der Zulieferer-Abnehmer-Beziehung zur Folge. Die Kooperation zwischen Abnehmer und Lieferant und das dadurch zu realisierende Qualitätspotenzial stehen im Vordergrund.

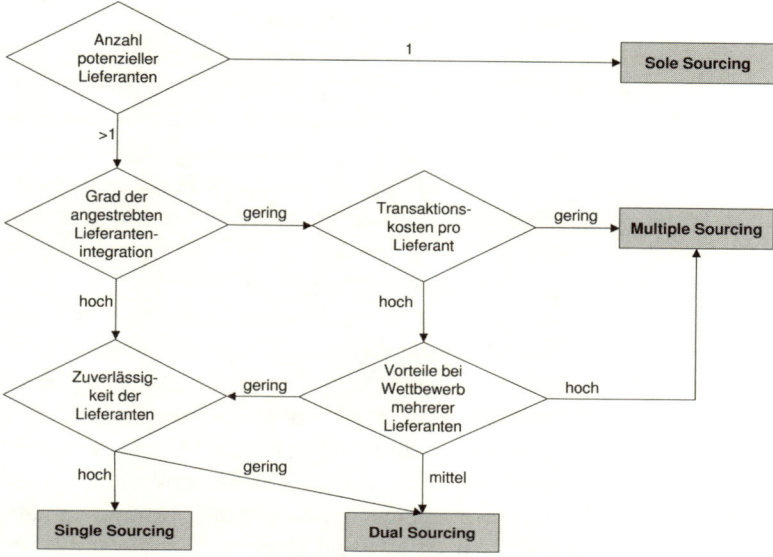

Abb. 1.7: Flussdiagramm Lieferantenanzahl

Die vom Konzept des Multiple Sourcing angestrebte Förderung der Wettbewerbsintensität wird hier durch die Entwicklung beziehungsweise Förderung eines einzigen leistungsfähigen Lieferanten ersetzt. Voraussetzung dafür ist wechselseitiges Vertrauen. Insbesondere muss der in seiner Versorgung vom Lieferanten völlig abhängige Abnehmer diesem vertrauen können, dass er auch in Zukunft vereinbarungsgemäß liefern wird. Das Single Sourcing benötigt einen Transaktionsrahmen, in dem zusammen mit einem Lieferanten die benötigten Güter zu vergleichsweise niedrigsten Transaktionskosten getauscht werden können. Bei Gütern mit hoher Spezifität leuchtet es unmittelbar ein, dass die Höhe der Anzahl der Lieferanten unmittelbar die Transaktionskosten vervielfacht. Im Falle unspezifischer Güter kann das Design spezifischer Belieferungsprozesse zur Reduzierung von Transaktionskosten führen. Zum Vergleich der Charakteristika von Multiple Sourcing und Single Sourcing siehe Tabelle 1.1.

Für die Festlegung der Anzahl der Lieferanten für ein bestimmtes Beschaffungsobjekt bedarf es einer Identifikation und Systematisierung der erfolgskritischen Einflussfaktoren. Diese können, wie in Abbildung 1.7 exemplarisch dargestellt, als Entscheidungsdiagramm organisiert werden. Dabei führt jede zusätzliche Integration von Entscheidungskriterien zu einer Erhöhung der Komplexität des Verfahrens.

Objektdimension: Komplexität des Inputfaktors

Ähnlich wie bei der Make-or-buy-Entscheidung geht es bei den Objektkonzepten um den Anteil des eigenen Unternehmens an der Wertschöpfungskette eines Produktes. Im Mittelpunkt der Betrachtung stehen bei den Objektkonzepten jedoch Prozesse, die unmittelbar der Fertigung beziehungsweise Montage des Endprodukts zugerechnet werden können. Die zentrale Fragestellung besteht darin, ob von vielen Lieferanten einer niedrigeren Hierarchiestufe der Wertschöpfungskette Einzelteile bezogen (Unit Sourcing) und diese im eigenen Werk montiert werden oder ob von Lieferanten einer höheren Hierarchiestufe der Wertschöpfungskette bereits (komplett) vormontierte Module beziehungsweise Systeme montagefertig bezogen werden (Modular/System Sourcing). Module sind komplette, einbaufertige Baugruppen, die durch eine eindeutige und physisch-logistische Abgrenzbarkeit gekennzeichnet sind. Systeme sind funktionell abgestimmte Baugruppen, die nicht zwingend eine physische Einheit bilden müssen (zum Beispiel komplette Bremsanlage). Systeme werden somit vor allem gedanklich abgegrenzt und können zudem Schnittstellen zu verschiedenen Modulen aufweisen. Gegenüber einem Zulieferanten für Module, dessen Aufgabe hauptsächlich in der Montage von Teilen und Komponenten zu einem einbaufertigen Modul besteht, übernimmt der Systemlieferant auch wesentliche Teile der Entwicklung für ein einbaufertiges System (vgl. Freudenberg/Klenk 1999, S. 127).

Benötigt beispielsweise ein Automobilhersteller für ein Modell einen bestimmten Motor, so bieten sich ihm die folgenden beiden Möglichkeiten:

1. *Unit Sourcing*: Die Einzelteile für einen Motor werden direkt von den Herstellern 1, 2, 3, ..., n bezogen und in seinem eigenen Werk zum Motor montiert
   oder
2. *Modular Sourcing*: Der Motor wird als komplettes, einbaufertiges Modul von einem Motorenhersteller bezogen.

Der wesentliche Unterschied besteht darin, dass der Automobilhersteller im ersten Fall mit einer deutlich höheren Anzahl von Zulieferern zu tun hat, wodurch sich ein sehr hohes Transaktionsvolumen für den Motor und somit auch für das Endprodukt ergibt. Das Beschaffungsmanagement muss diese zahlreichen Austauschbeziehungen gestalten, koordinieren und kontrollieren.

Das Ziel des Modular/System Sourcing dagegen ist es, die Anzahl der Austauschbeziehungen mit Lieferanten drastisch zu senken, um somit

»schlankere« Wertschöpfungsprozesse realisieren zu können. Module und Systeme enthalten in der Regel hohe Lohn- beziehungsweise Montagekosten einschließlich der Kosten für die Disposition der für die Module/Systeme erforderlichen Teilelieferungen. Darüber hinaus zeichnen sich die Beschaffungsobjekte durch eine höhere Komplexität aus als beim Single Sourcing. Üblicherweise bezieht ein Hersteller komplette Module/Systeme von einem einzigen Lieferanten. Dadurch entstehen die mit dem Single Sourcing verbundenen hohen Abhängigkeiten. Ebenfalls in Betracht zu ziehen sind hohe Implementierungskosten (I&K-Technologien, Systemsoftware, Qualitätsmanagement etc.) und der Verlust von Fertigungs-Know-how.

Zeitdimension: zeitlicher Ablauf der Bereitstellung

Das Hauptziel der zeitbezogenen Sourcing-Elemente besteht in der Bestandsreduktion zur Verringerung von Lagerhaltungs- und Kapitalbindungskosten bei gleichzeitiger Gewährleistung der Versorgungssicherheit. Hauptausprägungsformen sind dabei das traditionelle Konzept der Lagerhaltung (Stock Sourcing), das Konzept der auftragsspezifischen Bedarfsabstimmung zwischen Abnehmer und Lieferant (Demand Tailored Sourcing) und das Just-in-Time-Konzept.

Die Zielsetzung des *Stock Sourcing* ist es, bei stärker schwankenden Bedarfssituationen die Versorgung mit Hilfe von Lagerbeständen sicherzustellen. Dafür werden Kostennachteile in Form von Kapitalbindungs- und Lagerhaltungskosten in Kauf genommen. Eben wegen dieser ökonomischen Folgen findet dieses Konzept meistens bei Gütern mit hohem Versorgungsrisiko und geringer Wertigkeit Anwendung. Auch bei Gütern mit geringem Versorgungsrisiko wird das Konzept der Lagerhaltung sinnvoll genutzt, wenn die durch Bündelung von Einkaufsvolumina entstehenden Preisvorteile die dadurch bedingten Lagerhaltungskosten überkompensieren. Mögliche Ausprägungsformen dieses Ansatzes sind zum Beispiel die einfache/doppelte Lagerhaltung oder die anbieterbezogene Sicherheitsreserve (vgl. dazu Backhaus 1999, S. 705).

Das *Demand-Tailored-Konzept* versucht die Nachteile des Stock-Sourcing-Konzepts mit Hilfe einer Bedarfsabstimmung zwischen Lieferant und Abnehmer zu umgehen. Beispiele hierfür sind die Einzelbeschaffung im Bedarfsfall und die fertigungssynchrone Anlieferung.

Bei der Einzelbeschaffung im Bedarfsfall wird das Material erst zum Bedarfszeitpunkt beschafft, das heißt, erst dann, wenn ein Fertigungsauftrag vorliegt, werden die erforderlichen Güter beschafft. Dadurch entfallen zwar weitgehend Kapitalbindungs- und Lagerhaltungskosten, jedoch sind die Einstandskosten aufgrund niedriger Bestellmengen relativ hoch. Darüber hinaus entstehen durch den unregelmäßigen Materialbedarf und den daraus folgenden niedrigen Routinierungsgrad der Beschaffungsprozesse Unsicherheiten bezüglich der termingerechten Anlieferung des benötigten Materials durch den Lieferanten. Störungen des Produktionsablaufs beim Abnehmer können die Folge sein (vgl. Kern 1990, S. 228).

Das Konzept der fertigungssynchronen Anlieferung setzt einen vorhersehbar regelmäßigen Bedarf über einen längeren Zeitraum voraus. Die Grundlage für die Austauschbeziehung wird durch Rahmenverträge geschaffen. Der Lieferant verpflichtet sich, die benötigten Materialien jeweils zu einem durch die Produktionsplanung des Abnehmers festgelegten Termin bereitzustellen (vgl. Schulte 1991, S. 36f.). Dieses Konzept verbindet die Vorteile geringer Materialbestände auf Seiten des Abnehmers und der Realisierung von Routinisierungspotenzialen der Beschaffungsprozesse.

Als das gegenwärtig bedeutendste Konzept zur Reduzierung (im Grenzfall bis hin zur vollständigen Vermeidung) von Beständen hat sich in den vergangenen Jahren das *Just-in-Time-Konzept (JIT)* beziehungsweise *Just-in-Sequence-Konzept (JIS)* in der industriebetrieblichen Praxis durchgesetzt. Allgemein formuliert ist darunter eine Steuerungsmethode des Güterflusses zu verstehen, die sich am Pull-Prinzip orientiert (vgl. Fandel/François 1989, S. 532ff.). Die eingesetzten Produktionsmaterialien sollen genau dann (fertigungssynchron) am Bedarfsort ankommen, wenn sie im Produktionsprozess benötigt werden.

Die Zielsetzung des Just-in-Time-Konzepts beschränkt sich jedoch nicht alleine auf die Bestandsreduzierung. Kurze Durchlaufzeiten, ein hohes Qualitätsniveau (100-Prozent-Qualität) der angelieferten Materialien und eine kurze Reaktionszeit auf Bedarfsmeldungen sind weitere Ziele, die mit dem Just-in-Time-Konzept zwingend verbunden sind (vgl. Wildemann 1995, S. 14f.). Eine nachhaltige, ökonomisch sinnvolle Umsetzung des Konzepts erfordert nicht nur eine enge Zusammenarbeit zwischen Endprodukthersteller und direktem Zulieferant (First Tier Supplier). Um die Güterbestände auch bei den vorgelagerten Gliedern der Wertschöpfungskette zu reduzieren, müssen die Inputströme im Bereich des Lieferanten ebenfalls in das Just-in-Time-Konzept integriert werden. Diese Problemstellung charakterisiert das Kernanliegen des SCM.

Die Anwendbarkeit des Konzeptes auf verschiedene Beschaffungsgüter hängt stark von deren Wertigkeit und deren Verbrauchsstruktur ab. Tendenziell eignen sich A-Güter mit einer regelmäßigen Verbrauchsstruktur am

Tab. 1.2: Eignung verschiedener Güter für JIT (vgl. Backhaus 2003, S. 735)

		Wertigkeit		
		A	B	C
Vorhersagegenauigkeit	x	hoher Verbrauchswert hohe Vorhersagegenauigkeit stetiger Verbrauch	mittlerer Verbrauchswert hohe Vorhersagegenauigkeit stetiger Verbrauch	niedriger Verbrauchswert hohe Vorhersagegenauigkeit stetiger Verbrauch
	y	hoher Verbrauchswert mittlere Vorhersagegenauigkeit halbstetiger Verbrauch	mittlerer Verbrauchswert mittlere Vorhersagegenauigkeit halbstetiger Verbrauch	niedriger Verbrauchswert mittlere Vorhersagegenauigkeit halbstetiger Verbrauch
	z	hoher Verbrauchswert niedrige Vorhersagegenauigkeit stochastischer Verbrauch	hoher Verbrauchswert niedrige Vorhersagegenauigkeit stochastischer Verbrauch	hoher Verbrauchswert niedrige Vorhersagegenauigkeit stochastischer Verbrauch

Besonders geeignet für Just-In-Time-Beschaffung

Bedingt geeignet für Just-In-Time-Beschaffung

besten für eine Just-in-Time-Beschaffung, da hier hohe Einsparungspotenziale bei gleichzeitig hoher Prozesssicherheit realisiert werden können. Einen nach den Aspekten Wertigkeit und Vorhersagegenauigkeit differenzierten Überblick über die Anwendungsbereiche von JIT gibt Tabelle 1.2.

Eine Beurteilung der Güter hinsichtlich ihrer Eignung für eine Just-in-Time-Versorgung muss ebenfalls den hohen Implementierungs- und Koordinationsaufwand des Konzeptes dem damit verbundenen Nutzen gegenüberstellen. So erscheint beispielsweise die JIT-Beschaffung niederwertiger C-Güter nur unter bestimmten Voraussetzungen sinnvoll zu sein, wie zum Beispiel Verderblichkeit oder große räumliche Ausmaße und daraus resultierende hohe Lagerhaltungskosten der Güter.

Im Rahmen von Just-in-Time-Konzepten werden besonders hohe Anforderungen an die Zulieferer-Abnehmer-Beziehung gestellt (vgl. Schniederjans 1993, S. 34ff.). Um den Verlust der Versorgungssicherheit zu kompensieren, der aus einer Reduzierung/Abschaffung der Sicherheitsbestände resultiert, bedarf es grundsätzlich einer vertrauensvollen Partnerschaft zwischen Abnehmer und Lieferant. Der Abnehmer ist darauf angewiesen, dass sein Lieferant die Lieferbedingungen exakt einhält. Schon kleinste Abweichungen bezüglich Qualität, Stückzahl oder Liefertermin müssen zu Störungen im Produktionsablauf führen.

Die Bereitschaft eines Lieferanten, seinen Teil zur Umsetzung des Konzepts beizutragen, ist eine notwendige Realisierungsvoraussetzung. Aufgrund der hohen Bindungsintensität zwischen Abnehmer und Lieferant wird die Just-in-Time-Beschaffung sehr häufig nur mit einem Zulieferer realisiert, das heißt, als Single-Sourcing-Konzept. Der Zulieferer wird frühzeitig in die Planungs- beziehungsweise Produktionsprozesse des Abnehmers einbezogen, das heißt dessen Leistungsfähigkeit stellt eine wichtige Grundlage für Optimierungsbemühungen dar. Langfristige Rahmenverträge mit dem aus Sicht des Beschaffers am besten geeigneten Anbieter mit dem Status als alleinigem Lieferanten sollen dem Nachfrager eine Beschaffungsquelle, gegebenenfalls auch exklusiv, auf lange Sicht gewährleisten. Die Langfristigkeit der Verträge stellt für den Lieferanten einen Anreiz dar, in die gemeinsame Geschäftsbeziehung zu investieren und somit zum Erfolg des Just-in-Time-Konzepts beizutragen. Langfristige Geschäftsbeziehungen bilden darüber hinaus die Grundlage für eine intensive Lieferantenentwicklung.

Eine ebenfalls sehr große Bedeutung sollte dem Informationsfluss zwischen Abnehmer und Lieferant beigemessen werden. Um kurzfristig auf Bedarfsanforderungen reagieren zu können, müssen die erforderlichen Informationen mit Hilfe eines überbetrieblichen, integrierten Datenaustausches »Real Time« an die vor- oder nachgelagerten Wertschöpfungspartner übertragen werden. Der Bedarf eines Abnehmers lässt sich dadurch jederzeit mit der Lieferbereitschaft des jeweiligen Lieferanten abgleichen. Sichtbarkeit der Bestände beziehungsweise Produktionsverläufe bei seinem Lieferanten ist eine wichtige Dispositionsgrundlage für dessen Kunden. Von ebenfalls grundlegender Bedeutung ist der Informationsfluss innerhalb des beschaffenden Unternehmens. Idealerweise sollte das Just-in-Time-Konzept in ein computerbasiertes Fertigungssteuerungssystem (CIM-System) eingebunden sein, welches die betrieblichen Leistungsprozesse abteilungsübergreifend steuert und somit zu einer optimalen Abstimmung von Informations- und Güterflüssen beiträgt.

Bei einer vorherrschenden räumlichen Trennung zwischen Zulieferant und Abnehmer ist es ebenfalls erforderlich, sämtliche Logistikdienstleister (hauptsächlich Spediteure) in das Datennetz zu integrieren. Diese müssen frühestmöglich über eventuell entstehenden Transportbedarf informiert werden, um die Materialbewegungen termingerecht durchführen zu können.

Praktiker sprechen davon, dass Informationen die Güterflüsse »schlagen«, also überholen müssen.

Arealdimension:
Räumliche Ausdehnung der Beschaffungsaktivitäten

Der Ansatz der Arealkonzepte unterscheidet die unterschiedlichen Beschaffungskonzepte nach Aspekten des geografischen Raums, in dem die Beschaffungsaktivitäten durchgeführt werden. Völlig gegensätzliche Ausprägungen sind das Local Sourcing und das Global Sourcing; eine weitere Ausprägungsform ist das Domestic Sourcing.

Beim *Local Sourcing* werden die Materialien ausschließlich von Beschaffungsquellen bezogen, die sich in räumlicher Nähe zum nachfragenden Unternehmen beziehungsweise zum Verbrauchsort befinden. Hauptanliegen ist die Gewährleistung einer möglichst hohen Versorgungssicherheit, die durch die räumliche Nähe des Lieferanten und die damit verbundenen kurzen Transportwege begünstigt wird. Daneben können auch Marketing-Gesichtspunkte maßgeblich für eine lokale beziehungsweise regionale Ausrichtung der Beschaffungsaktivitäten sein.

Domestic Sourcing beinhaltet alle im Inland ablaufenden Beschaffungsvorgänge. Wie beim Local Sourcing stehen hierbei in vielen Fällen logistische Zielsetzungen im Vordergrund. Daneben können auch werbewirksame Ziele verfolgt werden (zum Beispiel in der Lebensmittelindustrie). Schließlich können auch wirtschaftspolitische Programme und die dadurch offerierten Anreize zu einer Erhöhung der Attraktivität inländischer Beschaffungsmärkte führen (zum Beispiel »Einkaufsoffensive Ost« der Bundesregierung). Durch die Erweiterung des Aktionsradius gegenüber dem Local Sourcing besteht beim Domestic Sourcing in den meisten Fällen der Vorteil einer höheren Anzahl potenzieller Beschaffungsquellen, aus welcher die Lieferanten ausgewählt werden können.

Die Aufhebung aller geografischen Beschränkungen für Beschaffungsaktivitäten ist zentrales Merkmal des *Global Sourcing*. Jedoch wird mit diesem Konzept weit mehr verfolgt als die operative Ausweitung der Beschaffungsaktivitäten auf den Weltmarkt zur Erzielung von Kostenvorteilen; dies wäre lediglich eine internationale Ausrichtung dieses begrenzten Ansatzes. Die strategische Qualität des Konzepts und somit dessen inhaltliche Ausweitung besteht darin, dass die strategischen Aufgaben des Beschaffungsmanagements in einem internationalen Transaktionsrahmen erfolgen sollen. Im Vordergrund stehen Integrations- und Innovationsfähigkeit sowie horizontale und vertikale Verbundeffekte, die aus der Zusammenarbeit mit Lieferanten und anderen Wertschöpfungspartnern resultieren (vgl. Arnold 1999, S. 214ff.).

Subjektdimension: Struktur der beschaffenden Organisation

Eine Differenzierung der Sourcing-Elemente nach Beschaffungssubjekten befasst sich mit der Fragestellung, ob ein Unternehmen seine Beschaffungsaktivitäten individuell *(Individual Sourcing)* oder innerhalb einer Kooperation von Nachfragern *(Collective Sourcing)* durchführt. Die unternehmensindividuelle Beschaffung stellt dabei die traditionelle, die »übliche« Form der Beschaffung dar. Andererseits gewinnen (horizontale) Einkaufskooperationen immer mehr an Bedeutung. Der Grund dafür liegt in den nachhaltigen Preis- und Prozesskostenvorteilen, die insbesondere von kleinen- und mittelständischen Unternehmen gemeinsam erschlossen werden können. Die Bedarfsbündelung führt zu einer Verbesserung der Nachfrageposition und letztendlich zu einer Stärkung der Verhandlungsposition gegenüber Lieferanten.

Dabei können die Ausprägungen des Collective Sourcing sehr vielfältig sein. Denkbar sind beispielsweise vertraglich geregelte oder informelle Formen solcher Kooperationen. Je nach Funktionsumfang können unterschiedliche Intensitäten der Zusammenarbeit erzielt werden.

Wertschöpfungsdimension: Ort der Leistungserstellung

Dieser Sourcing-Ansatz rückt den Ort, an dem die Wertschöpfung tatsächlich erbracht wird, in den Mittelpunkt. Dabei lassen sich die Ausprägungsformen *Internal Sourcing* und *External Sourcing* unterscheiden. Traditionell findet die Wertschöpfung eines Lieferanten in dessen eigenen Produktionsstätten statt (External Sourcing), das heißt, Produktions- und Bedarfsort sind nicht identisch. Deshalb müssen die erstellten Güter zum Nachfrager transportiert werden. Die räumliche Trennung verursacht somit spezifische logistische Problemstellungen.

Die Grundidee des Internal Sourcing besteht in einer Verlagerung der Wertschöpfung des Lieferanten in die unmittelbare Nähe des Abnehmers. Die räumliche Trennung wird also überwunden. Dadurch rücken Lieferant und Abnehmer nicht nur im physikalischen Sinn näher; sie wollen bewusst eine intensive Form der Integration realisieren. Entsprechend dem angestrebten Integrationsgrad können verschiedene Intensitätsstufen des Internal Sourcing unterschieden werden.

Das Konzept eines *Industrieparks* (beispielsweise kann auf die Smart-Fabrik in Hambach verwiesen werden) ist ein geeignetes Mittel eines Beschaffers, um verschiedene Lieferanten räumlich direkt zur eigenen Produktionsstätte anzusiedeln. Dafür kommen natürlich nur Schlüssel- oder Kernlieferanten in Betracht. Die Koordination komplexer Leistungsbeziehungen ist bei räumlicher Nähe der Wertschöpfungspartner leichter zu bewerkstelligen. Auch die logistischen Aufgaben lassen sich leichter lösen. Werden die Fertigungsstrukturen und -prozesse eines Lieferanten unmittelbar an den Anforderungen des Abnehmers ausgerichtet, lassen sich weitere Optimierungspotenziale erschließen.

Eine intensivere Form der Lieferantenintegration wird mit dem *Factory-within-a-Factory-Konzept* (Arnold/Scheuing 1997) angestrebt. Dieser neuere Ansatz entspricht dem aus dem Handel bekannten Shop-in-the-Shop-Konzept und sieht die Ansiedlung von Lieferanten direkt innerhalb der Produktionsstätte eines Abnehmers vor. Die entsprechenden Produktionsmittel befinden sich jedoch weiterhin im Eigentum des Lieferanten. Auch die Mitarbeiter bleiben weiterhin bei ihm angestellt. Dieses Konzept bietet den Vorteil einer starken Reduzierung der Transaktions- und Logistikkosten und ermöglicht eine sehr enge Kooperation zwischen Abnehmer und Lieferant.

Eine weitere Steigerung des Integrationsgrades wird dadurch erreicht, dass ein Lieferant direkt in die Produktionsprozesse eines Abnehmers eingebunden wird. Die zu liefernden Güter werden in diesem Fall nicht nur auf dem Fabrikgelände des Abnehmers produziert, sondern sie werden unmittelbar vom Lieferanten in das Endprodukt des Abnehmers verbaut. Die gesamte Wertschöpfung eines Teilprozesses der Endmontage wird an den Lieferanten abgegeben.

Ein steigender Integrationsgrad der Beziehung führt zwangsläufig zu einer zunehmenden bilateralen Abhängigkeit der beiden Transaktionspartner. Weder dem Anbieter noch dem Zulieferer wird es speziell im Falle der Einbindung des Lieferanten in die Produktionsprozesse des Abnehmers gelingen, die Geschäftsbeziehung kurzfristig zu beenden. Erhebliche Produktionsausfälle wären die direkte Folge. Darüber hinaus würden die zuvor getätigten spezifischen Investitionen in eine solche Lieferanten-Abnehmer-Beziehung völlig zur Disposition gestellt. Die ökonomische Theorie stellt in diesem Zusammenhang auf die Existenz so genannter Quasirenten ab, die sowohl auf der Seite des Lieferanten als auch beim Abnehmer bestehen (vgl. dazu Backhaus 1999, S. 299ff.). Diese Quasirenten führen zu einem gegenseitigen Lock-in-Effekt. Keiner der Beteiligten kann – jedenfalls nicht kurzfristig – die einmal begründete Transaktionsbeziehung verlassen. Es ist augenscheinlich, dass derartig intensive Formen der vertikalen Zusammenarbeit nur auf der Grundlage gesicherten Vertrauens erfolgreich begründet werden können. Daraus ergibt sich ein besonderes Interesse an der Aufrechterhaltung der Beziehung und somit am wirtschaftlichen Erfolg des Geschäftspartners.

E-Application-Dimension: Einsatz von Electronic Sourcing Tools

Die Anwendung von Electronic Sourcing Tools stellt eine weitere Dimension zur Gestaltung von Beschaffungskonzeptionen dar.

> Definition Electronic Sourcing Tools (EST):
> Der Begriff Electronic Sourcing Tools (elektronische Beschaffungsinstrumente) beinhaltet alle Instrumente, die insbesondere zur Erschließung und zur Koordination von Beschaffungsquellen und -vorgängen dienen (elektronische Marktplätze, EDI, elektronische Katalogbestellsysteme, Purchasing Cards ...). Nicht inbegriffen sind allgemeinbetriebliche elektronische Hilfsmittel (E-Mail, Internet, allgemeine Kommunikationstechnologie etc.).

Dabei lassen sich hinsichtlich der Intensität der Anwendung von EST verschiedene Erscheinungsformen identifizieren. Diese reichen von der Beschaffung ohne jeglichen Einsatz von EST (Non-E-Procurement) bis hin zur elektronischen Integration der gesamten Wertschöpfungskette (E-Collaboration). Je nach Art des zu beschaffenden Gutes lassen sich zwei weitere Intensitäten definieren (E-Coordination und E-Procurement). Nachfolgend werden die unterschiedlichen Ausprägungsformen charakterisiert.

Non-E-Procurement

Keinerlei Einsatz von EST, weder bei der Erschließung der Beschaffungsquelle selbst noch bei der Koordination des Beschaffungsvorganges. Aufgrund des starken Trends hin zum verstärkten Einsatz von EST kommt dieser Sourcing-Typ heute nur noch selten zum Einsatz. Ein Anwendungsbeispiel wäre die Einzelbeschaffung hochspezifischer Güter (zum Beispiel Sondermaschinenbau), bei der umfangreiche Bedarfsspezifikationen unstandardisiert ablaufen und deshalb persönlicher Kontakt zwischen Kunde und Lieferant erforderlich ist.

E-Coordination

Ansatzpunkt ist die Unterstützung der Interaktion zwischen Abnehmer und Lieferant auf der operativen Ebene, nachdem Bedarfsspezifikation, Preisfindung und die Festlegung anderer Modalitäten bereits vollzogen wurden. Einsatzgebiete sind beispielsweise hochspezifische Güter, die über persönlichen Kontakt beschafft werden, sich jedoch durch wiederkehrende, zu koordinierende Bedarfe auszeichnen. Als klassisches Beispiel sei hier die Just-in-Time-Belieferung genannt, deren Grundbeschaffung aufgrund der Komplexität der Bedarfe und der Liefermodalitäten auf persönlicher Basis erfolgt. Zur operativen Koordination der Lieferabrufe (Menge, Stückzahl, sonstige Spezifikationen) besteht in den meisten Fällen eine elektronische Verbindung der ERP-Systeme (Enterprise Ressource Planning) von Abnehmer und Lieferant (Electronic Data Interchange – EDI).

E-Procurement

Bezug nieder-/mittelwertiger, eher standardisierter Güter mittels EST (elektronische Marktplätze, elektronische Katalogsysteme, Online-Auktionen). Hauptziel ist die Senkung der Transaktionskosten, da die Wertigkeit der zu beschaffenden Produkte zunächst wenig Potenzial für Einstandspreissenkungen bietet. Andererseits können mittels Bedarfsbündelung niederwertiger Güter und der Beschaffung über reverse Online-Auktionen Einstandspreisreduzierungen realisiert werden, die einen positiven Einfluss auf das Betriebsergebnis haben.

E-Collaboration

Der höchste Intensitätsgrad des Einsatzes von E-Applications liegt dem Konzept der E-Collaboration zugrunde. Es beschreibt die durch elektronische Hilfsmittel unterstützte vertikale Integration der Informationsverarbeitungsprozesse – im Idealfall aller Beteiligten – entlang der Wertschöpfungskette. Grundlage dabei ist der umfassende Informationsaustausch unter den Wertschöpfungspartnern. Das Optimierungspotenzial steigt mit der Anzahl der an der Wertschöpfungskette beteiligten Unternehmen.

Strategischer Beschaffungsprozess

Die logische Struktur des strategischen Beschaffungsprozesses weist fünf Stufen beziehungsweise Teilentscheidungen auf (vgl. Abbildung 1.8):

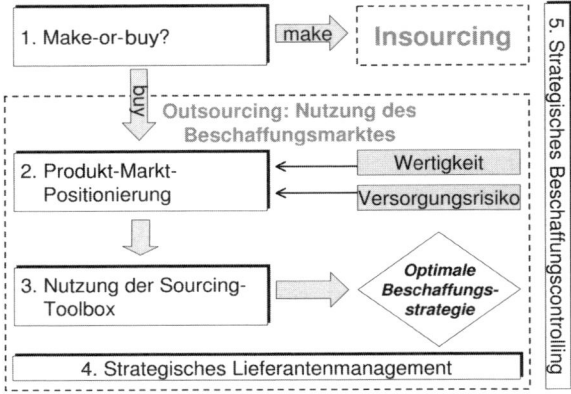

Abb. 1.8: Strategischer Beschaffungsprozess

1. Make-or-buy?
2. Produkt-Markt-Positionierung
3. Kombination von Sourcing-Elementen
4. Strategisches Lieferantenmanagement
5. Strategisches Beschaffungscontrolling

Der Ausgangspunkt für die Entwicklung von Beschaffungsstrategien ist die Entscheidung, ob eine Leistung beziehungsweise ein Produkt von einem Unternehmen selbst erstellt werden kann oder soll. Andernfalls muss die Leistung von einem externen Lieferanten bezogen werden. Im Falle einer solchen Entscheidung zugunsten des Fremdbezugs müssen dann zunächst die Eigenschaften eines Gutes exakt festgelegt werden (Specs), um daraus spezifische Zielvorgaben für das Beschaffungsmanagement abzuleiten. Dabei können sowohl produktbezogene Eigenschaften (zum Beispiel Wert des Produktes) als auch marktbezogene Merkmale des benötigten Gutes (zum Beispiel Versorgungsrisiko) für die Beschaffungsstrategie von entscheidender Bedeutung sein. Diese Determinanten werden innerhalb der Produkt-Markt-Betrachtung analysiert und in entsprechende Zielvorgaben überführt. Darauf basierend wird dann durch die entsprechende Kombination von Sourcing-

Elementen die Beschaffungsstrategie für das betrachtete Gut beziehungsweise die betrachtete Güterkategorie entwickelt.

Make-or-buy

Ausgangspunkt aller strategischen Beschaffungsentscheidungen ist die Überlegung, ob Güter oder Dienstleistungen selbst erstellt oder von einem Lieferanten bezogen werden. Die unternehmensstrategische Dimension dieser Entscheidung liegt auf der Hand: Letztlich geht es auch um die Dimensionierung des eigenen Leistungsumfanges und die optimale Nutzung der Vorteile der Arbeitsteilung. In der Diskussion des Lean-Management-Ansatzes wird diese Dimension deutlich (vgl. Müller/Prangenberg 1997, S. 31ff.). Die Entscheidung kann entweder eine Erweiterung oder eine Reduzierung des eigenen Anteils an der Wertschöpfungskette eines Endprodukts bewirken. Grundsätzlich sind dabei alle Funktionsbereiche in Betracht zu ziehen. Dort, wo ein Unternehmen keinen signifikanten Spezialisierungsgrad erreichen kann, sind Verlagerungen auf leistungsfähigere Unternehmen angeraten. Die Frage nach der »richtigen« Leistungstiefe eines Unternehmens stellt wie erwähnt eine zentrale unternehmenspolitische Entscheidung dar, deren Tragweite eine sorgfältige strategische Analyse der jeweiligen Entscheidungssituation verlangt. Die inhaltlichen Ausprägungen dieser Entscheidungen lassen sich unter den Begriffen Outsourcing und Insourcing zusammenfassen.

Outsourcing bezeichnet die strategisch fundierte Entscheidung zugunsten des Fremdbezugs von Gütern und Dienstleistungen. Durch die Verringerung der Fertigungstiefe und durch die Konzentration der Leistungserstellung auf die begrenzten Kernkompetenzen wird vor allem eine Verbesserung der Fixkostenstruktur angestrebt (vgl. Wannenwetsch 2001, S. 71). Daraus ergibt sich eine geringere Empfindlichkeit gegenüber Nachfrageschwankungen, da das Risiko einer mangelnden Produktionsauslastung nunmehr von den Lieferanten getragen werden muss. Outsourcing ist also auch ein nachhaltiges Mittel zur Erhöhung der Anpassungsfähigkeit und Flexibilität von Unternehmen.

Unter Insourcing wird die strategische Option verstanden, Güter oder Dienstleistungen selbst zu erstellen. Insbesondere die Versorgung mit erfolgskritischen Gütern mit geringer Versorgungssicherheit veranlasst Unternehmen, die Möglichkeit der Eigenfertigung in Betracht zu ziehen. Dadurch lassen sich Abhängigkeiten von Zulieferern mit hoher Marktmacht vermeiden.

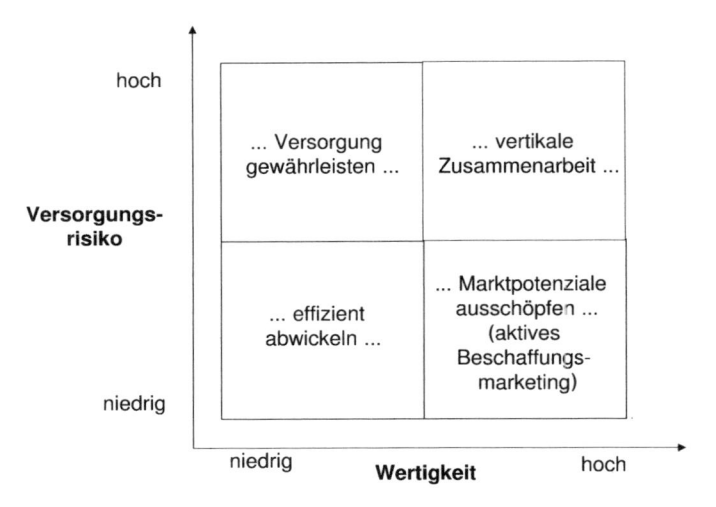

```
                    hoch
                    ┌─────────────────┬─────────────────┐
                    │                 │                 │
                    │  ... Versorgung │  ... vertikale  │
                    │  gewährleisten  │  Zusammenarbeit │
                    │       ...       │       ...       │
 Versorgungs-       │                 │                 │
    risiko          ├─────────────────┼─────────────────┤
                    │                 │  ... Marktpo-   │
                    │                 │  tenziale       │
                    │   ... effizient │  ausschöpfen... │
                    │   abwickeln ... │  (aktives       │
                    │                 │  Beschaffungs-  │
                    │                 │  marketing)     │
                    │                 │                 │
    niedrig         └─────────────────┴─────────────────┘
                       niedrig                      hoch
                              Wertigkeit
```

Abb. 1.9: Wertigkeits-Risiko-Matrix

Produkt-Markt-Positionierung

Die unterschiedlichen güterspezifischen und marktlichen Faktoren sind maßgeblich für die Definition einer zielführenden Beschaffungsstrategie. Deshalb müssen beide Gruppen von Einflussfaktoren gleichzeitig betrachtet und berücksichtigt werden. Formal eignet sich dafür die so genannte Portfoliotechnik, die – bei Beschränkung auf zwei Hauptfaktoren – die Positionierung mit Hilfe einer Matrixdarstellung erlaubt.

Ein früher Vorschlag für die Nutzung eines Einkaufsportfolios stammt von Kraljic (1977). Er nutzt die Dimensionen Nachfragemacht und Lieferantenmacht, also die jeweilige Marktstellung der Akteure, um die verschiedenen Handlungsmöglichkeiten zu positionieren. So wird beispielsweise für eine Situation hoher Nachfragemacht und geringer Lieferantenmacht eine Abschöpfungsstrategie vorgeschlagen; das heißt, die Beschaffungsstrategie soll in diesem Falle ihre Vorteile nutzen, um die günstigsten Einstandspreise zu erzielen. Im umgekehrten Fall lautet die Empfehlung, aktiv den Kreis der möglichen Lieferanten zu vergrößern (beispielsweise durch Ausdehnung des Beschaffungsgebietes), also zu diversifizieren.

Einen ähnlichen Aufbau weist die Wertigkeits-Risiko-Matrix (vgl. Arnold 1997, S. 89ff.) auf. Hier werden die Dimensionen Wertigkeit der Güter und Versorgungsrisiko herangezogen, um verschiedene strategische Handlungsfelder voneinander abzugrenzen (siehe Abbildung 1.9).

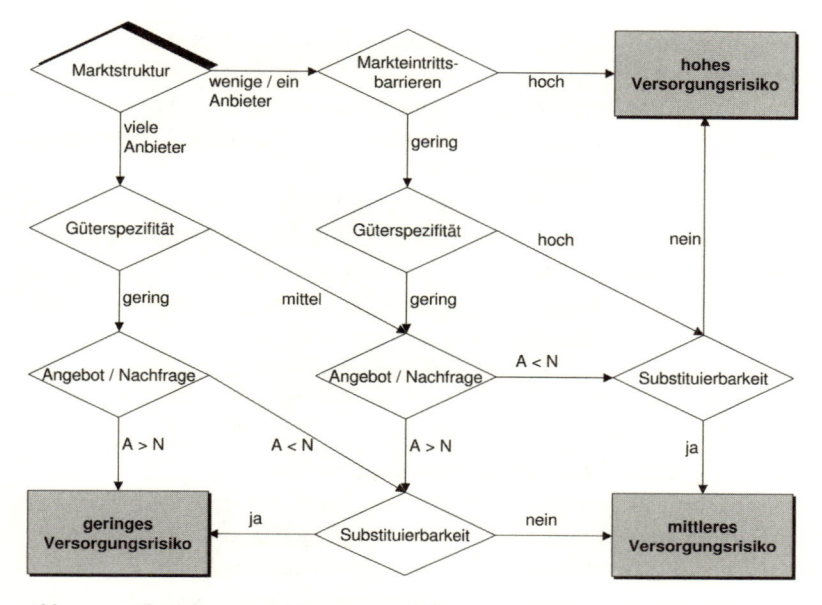

Abb. 1.10 : Flussdiagramm Versorgungsrisiko

Die Dimension Versorgungsrisiko wird hauptsächlich durch die Leistungsfähigkeit der Beschaffungsquellen determiniert. Das Versorgungsrisiko ist gering, wenn der Bedarf an Beschaffungsgütern zumindest kurz- und mittelfristig in der gewünschten Menge, Qualität, Zeit und entsprechend den logistischen Anforderungen unterhalb einer zu definierenden Preisgrenze gedeckt werden kann. Faktoren für ein hohes Versorgungsrisiko können beispielsweise eine sehr konzentrierte Anbieterstruktur, hohe Markteintrittsbarrieren oder eine tendenzielle Knappheit des Versorgungsgutes sein. Dabei können jedoch mehrere Faktoren gleichzeitig eine Rolle spielen, die entsprechend berücksichtigt werden müssen. So kann das Versorgungsrisiko, das aus einer Güterknappheit resultiert, durch die Möglichkeit der Substitution (das heißt das knappe Gut kann durch ein Substitutionsgut ersetzt werden) reduziert werden. Die Abbildung 1.10 gibt einen Überblick über die Einflussfaktoren und deren Zusammenhänge.

Neben dem extern bedingten Versorgungsrisiko ist es auch möglich, die internen Folgen einer Versorgungsstörung mit Hilfe dieser Dimension zu erfassen, um dann einen Gesamtrisikowert – bedingt durch externe und interne Faktoren – zu ermitteln. Für eine differenziertere Risikobetrachtung müssen gegebenenfalls zwei unterschiedliche Positionierungsmatrizen abgebildet werden.

Die Quantifizierung der Dimension Versorgungsrisiko erfolgt praktischerweise durch Expertenurteile, wobei Fachleute aus unterschiedlichen Funktionsbereichen beteiligt werden sollten.

Die Wertigkeit eines Beschaffungsobjekts ergibt sich aus dessen Anteil am Gesamtbeschaffungsvolumen innerhalb einer definierten Zeitperiode (beispielsweise Geschäftsjahr). Mit Hilfe einer ABC-Analyse lassen sich diese Anteile sehr einfach ermitteln und grafisch darstellen. Aus den beiden genannten Dimensionen Beschaffungsrisiko und Wertigkeit ergeben sich vier Strategiefelder, die die Positionierung der unterschiedlichen Beschaffungsobjekte ermöglichen.

1. Niedrige Wertigkeit bei niedrigem Versorgungsrisiko

In den meisten Fällen wird es sich hier um Güter mit geringem Einfluss auf das Erfolgspotenzial handeln, die sich häufig auch durch ein hohes Maß an Standardisierung auszeichnen (zum Beispiel Büroartikel). Die Bereitstellung erfolgt verbrauchsgesteuert und in relativ kleinen Mengen. Die Vorgehensweise sollte sich in diesem Fall an der Herstellung größtmöglicher Prozesseffizienz orientieren, das heißt die Bereitstellung dieser Güter sollte möglichst routinehaft, automatisiert und unmittelbar durch die Bedarfsträger erfolgen, um Kosten zu sparen. Elektronische Katalogsysteme oder elektronische Marktplätze sind beispielsweise leistungsvolle Instrumente zur Reduzierung von Prozesskosten.

2. Hohe Wertigkeit bei niedrigem Versorgungsrisiko

Hierbei handelt es sich um Güter, die sich durch eine hohe ökonomische Bedeutung für das Unternehmen auszeichnen, also eine signifikante Hebelwirkung für das Ergebnis aufweisen. Das Beschaffungsrisiko ist jedoch gering, beispielsweise durch eine sehr hohe Anzahl potenzieller Lieferanten und eine hohe Substituierbarkeit der Güter. Die Beschaffungsstrategie kann Volumeneffekte schaffen und in einem wettbewerbsgeprägten Markt die individuelle Nachfrageposition preispolitisch nutzen. Die marktgerichtete Beschaffungsstrategie muss aktiv, ja aggressiv sein, um den Wettbewerb zwischen den Lieferanten nachhaltig zu nutzen (»Aktives Beschaffungsmarketing«, vgl. Arnold 1997, S. 92). Ein strategisches Ziel muss es sein, den Wettbewerb zwischen verschiedenen Lieferanten aufrechtzuerhalten und gegebenenfalls noch weiter zu stimulieren.

3. Geringe Wertigkeit bei hohem Versorgungsrisiko

Das Hauptziel der Gewährleistung der Versorgungssicherheit kann hier durch Lagerhaltung erreicht werden. Aufgrund der geringen Wertigkeit der Beschaffungsgüter entstehen in diesem Falle lediglich geringe Kapitalbindungs- und Lagerhaltungskosten, die in Anbetracht des Risikos von Versorgungsunterbrechungen indes vernachlässigbar sind. Eine wesentliche Prämisse ist natürlich, dass die jeweiligen Güter auch in technischem Hinblick lagerfähig sind.

4. Hohe Wertigkeit bei hohem Versorgungsrisiko

Güter, die für ein Unternehmen eine hohe ökonomische Bedeutung haben und sich gleichzeitig durch ein hohes Versorgungsrisiko auszeichnen, gehören zu dieser Kategorie. Aufgrund der hohen Wertigkeit der Güter entstünden im Falle von Lagerhaltung sehr hohe Kapitalbindungskosten. Durch den Abschluss langfristiger Rahmenverträge mit wenigen, ausgewählten Lieferanten – im Extremfalle Single Sourcing – kann die Versorgung auch über einen längeren Zeitraum hinweg weitgehend sichergestellt werden. Die für solche Gütergruppen charakteristische intensive vertikale Zusammenarbeit zwischen Abnehmer und Lieferant (zum Beispiel bei Just-in-Time-Lieferung oder bei der Einbindung des Lieferanten in F&E-Projekte) bedingt einen hohen Investitions- und Koordinationsaufwand für die Lieferantenbeziehung. Deshalb scheint für Beschaffungsobjekte aus dieser Gütergruppe eine Konzentration auf einen (Single Sourcing) oder allenfalls zwei (Dual Sourcing) Anbieter sinnvoll zu sein.

Nachdem nun die einzelnen Beschaffungsgüter den verschiedenen Strategiefeldern zugerechnet wurden, lassen sich die bereits dargestellten grundsätzlichen Ausprägungen der Beschaffungskonzeption festlegen. Diese Ausprägungen müssen im nächsten Schritt durch den kombinierten Einsatz unterschiedlicher Sourcing-Elemente zu einer detaillierten Beschaffungskonzeption überführt werden.

Kombination von Sourcing-Elementen

Eine Beschaffungskonzeption besteht regelmäßig nicht nur in der Festlegung der Ausprägung einer einzelnen Dimension beziehungsweise eines einzelnen Sourcing-Elements. Die Sourcing-Toolbox (Abbildung 1.11) zeigt üblicherweise wesentliche Gestaltungsmöglichkeiten im Sinne von Kombinationen verschiedener Ausprägungen auf.

Lieferant (L)	Sole	Single	Dual	Multiple
Beschaffungsobjekt (O)	Unit	Modular		System
Beschaffungsareal (A)	Local	Domestic		Global
Beschaffungszeit (Z)	Stock	Demand Tailored		Just-in-Time
Beschaffungssubjekt (S)	Individual		Collective	
Wertschöpfungsort (W)	External		Internal	
E-Application (E)	Non-E-Procurement	E-Coordination	E-Procurement	E-Collaboration

Abb. 1.11: Sourcing-Toolbox (vgl. Arnold 1997, S. 124)

Die Entwicklung einer optimalen Beschaffungsstrategie erfordert somit die Auswahl jeweils geeigneter Elemente der verschiedenen Sourcing-Dimensionen (Lieferanten-, Beschaffungsobjekt-, Beschaffungsareal-, Beschaffungszeit-, Beschaffungssubjekt-, Wertschöpfungs- und E-Application-Dimension). In der Realität sind spezifische Affinitäten einzelner Elemente zu beobachten, die auf gewisse sachliche Interdependenzen hindeuten und deshalb berücksichtigt werden müssen.

Fällt beispielsweise in einem Unternehmen die Entscheidung zum Just-in-Time-Bezug eines bestimmten Gutes, so führt dies zu direkten Implikationen bei der Festlegung weiterer Sourcing-Elemente. Abbildung 1.12 gibt eine Übersicht über solche Konsequenzen für die weitere Gestaltung einer Beschaffungsstrategie. Die Ausprägungen, die sich bei einer Just-in-Time-Beschaffung besonders anbieten, sind dabei grau unterlegt, ungeeignete Ausprägungen sind durchgestrichen.

Eine Just-in-Time-Beschaffung führt zu einem hohen Koordinations- und Integrationsaufwand und somit zu vergleichsweise hohen Transaktionskosten, die sich proportional zur Anzahl der zu koordinierenden Lieferanten verhalten. Insbesondere aus transaktionskostenorientierter Sichtweise ist somit eine Single-Sourcing-Strategie anzustreben; ein Multiple Sourcing wäre mit der Merkmalsausprägung Just-in-Time nicht verträglich.

Üblicherweise werden nur hochwertige Güter, die sich durch eine hohe Spezifität und Wertigkeit (das heißt Module und Systeme) auszeichnen, bedarfs- beziehungsweise einbaugenau bezogen. Aufgrund der Inkongruenz der Spezifikationen derartiger Produkte bei unterschiedlichen Nachfragern ist eine Beschaffung mit Hilfe horizontaler Kooperationen nicht sinnvoll.

Lieferant (L)	Sole	Single	Dual	~~Multiple~~
Beschaffungsobjekt (O)	Unit	Modular		System
Beschaffungsareal (A)	Local	Domestic		~~Global~~
Beschaffungszeit (Z)	~~Stock~~	~~Demand Tailored~~		Just-in-Time
Beschaffungssubjekt (S)	Individual		~~Collective~~	
Wertschöpfungsort (W)	External		Internal	
E-Application (E)	~~Non-E-Procurement~~	E-Coordination	E-Procurement	E-Collaboration

Abb. 1.12: Implikationen der Merkmalsausprägung Just-in-Time für die Festlegung weiterer Elemente aus der Sourcing-Toolbox

Besonders vor dem Hintergrund, dass diese Teile in hohem Maße Träger von Differenzierungsmerkmalen sind, erscheint das Konzept des Collective Sourcing innerhalb dieser Beschaffungskonzeption ungeeignet.

Zur Senkung der Transportkosten und logistikbedingter Versorgungsrisiken sind Beschaffungsquellen zu bevorzugen, die sich durch eine räumliche Nähe (Local/Internal Sourcing) zum Abnehmer auszeichnen (vgl. Fandel/ François 1989, S. 540).

Aufgrund der Komplexität der Koordinationsprozesse zwischen Abnehmer und Lieferant erfordert eine Just-in-Time-Beschaffung regelmäßig die Anwendung von elektronischen Koordinations-Tools (E-Coordination), wie zum Beispiel Electronic Data Interchange (EDI). Die eigentliche Erschließung der Beschaffungsquelle, das heißt die Anbahnung der Geschäftsbeziehung, erfolgt in diesem Fall noch durch persönlichen Kontakt. Die elektronische Anbindung beschränkt sich hierbei nur auf den unmittelbar zuliefernden Wertschöpfungspartner. Anders verhält sich dies beim Einsatz von E-Collaboration, der höchsten Intensitätsstufe der E-Application-Konzepte: Hier werden auch die vor- und nachgelagerten Unternehmen beziehungsweise Endkunden informationstechnisch integriert, was eine optimale Koordination des Just-in-Time-Prozesses über die gesamte Wertschöpfungskette im Sinne eines Supply-Chain-Managements (SCM) ermöglicht.

Im Falle von Beschaffungsobjekten mit hoher Komplexität und Wertigkeit O (Modular oder System) ergibt sich eine Affinität zu den Merkmalsausprägungen L (Single), A (Local), Z (Just-in-Time), S (Individual), W (Internal) und E (E-Collaboration).

Bei der Beschaffung von Gütern mit geringer Komplexität O(unit) ergeben

Lieferant (L)	~~Sole~~	Single	Dual	Multiple
Beschaffungsobjekt (O)	Unit	~~Modular~~		~~System~~
Beschaffungsareal (A)	Local	Domestic		Global
Beschaffungszeit (Z)	Stock	~~Demand Tailored~~		~~Just-in-Time~~
Beschaffungssubjekt (S)	Individual		Collective	
Wertschöpfungsort (W)	External		Internal	
E-Application (E)	~~Non-E-procurement~~	E-Coordination	E-Procurement	~~E-Collaboration~~

Abb. 1.13: Beschaffungsstrategie für Beschaffungsobjekte mit geringer Komplexität O(unit)

sich andere Ausprägungen der spezifischen Merkmale einer angemessenen Beschaffungsstrategie (siehe Abbildung 1.13).

Die geringe Komplexität dieser Gütergruppe impliziert in der Regel eine relativ geringe Wertigkeit. Eine wichtige Zielsetzung der Beschaffungsstrategie dieser Gütergruppe liegt in der Senkung des Einstandspreises. Die Lieferanten sind aufgrund der geringen Spezifität des Gutes leicht austauschbar. Zur Steigerung des Wettbewerbs unter den Lieferanten und somit zur Erhöhung der Verhandlungsmacht bietet es sich an, den Bedarf aus mehreren Beschaffungsquellen zu decken (Multiple Sourcing). Global Sourcing kann darüber hinaus zu einer geografischen Ausdehnung des Beschaffungsgebietes und damit zu einer Intensivierung des Lieferantenwettbewerbs beitragen. Aufgrund niedriger Kapitalbindungskosten können durch Lagerhaltung eventuell vorhandene Versorgungsrisiken kompensiert werden. Eine Zusammenfassung von Bestellmengen trägt zur Senkung des Einstandspreises bei. Aufgrund der im Vergleich zu den gegebenenfalls entstehenden Integrationskosten nur sehr geringen Optimierungspotenziale kommt das Prinzip des Internal Sourcing für diese Gütergruppe nicht in Betracht.

Durch horizontale Einkaufskooperationen können zusätzliche Bedarfe gebündelt und zur Erzielung von Volumeneffekten (Skalenvorteile) genutzt werden, die unmittelbar zur Senkung der Einstandspreise führen.

Da die Beschaffung niederwertiger Güter (C-Güter) den Hauptfokus auf eine Senkung der Transaktionskosten richtet, bietet sich die Ausnutzung der Effizienzvorteile des E-Procurement an. Beispiele in der Praxis belegen, dass durch eine konsequente Nutzung der entsprechenden Electronic Sourcing Tools, wie zum Beispiel elektronische Marktplätze, die Transaktionskosten um bis zu 90 Prozent reduziert werden können. Aufwändigere E-Application-Konzepte wie E-Coordination oder E-Collaboration erscheinen für diese Gütergruppe nicht geeignet.

Letztlich wird die Auswahl der unterschiedlichen Sourcing-Typen immer von mehreren situativen Faktoren abhängen, die mit den Zielsetzungen des beschaffenden Unternehmens, insbesondere auch anderen Funktionalzielen, in Einklang gebracht werden müssen.

Strategisches Lieferantenmanagement

Der in den vorangegangenen Abschnitten beschriebene Prozess zur Bestimmung der optimalen Beschaffungsstrategie führt noch nicht unmittelbar zur Definition von Kriterien, mit deren Hilfe geeignete Lieferanten ausgewählt werden können. Die strategischen Aspekte des Lieferantenmanagements sind jedoch wichtiger Bestandteil einer Beschaffungsstrategie. Im Kern geht es um folgende Fragestellungen (vgl. Wagner 2001, S. 187):

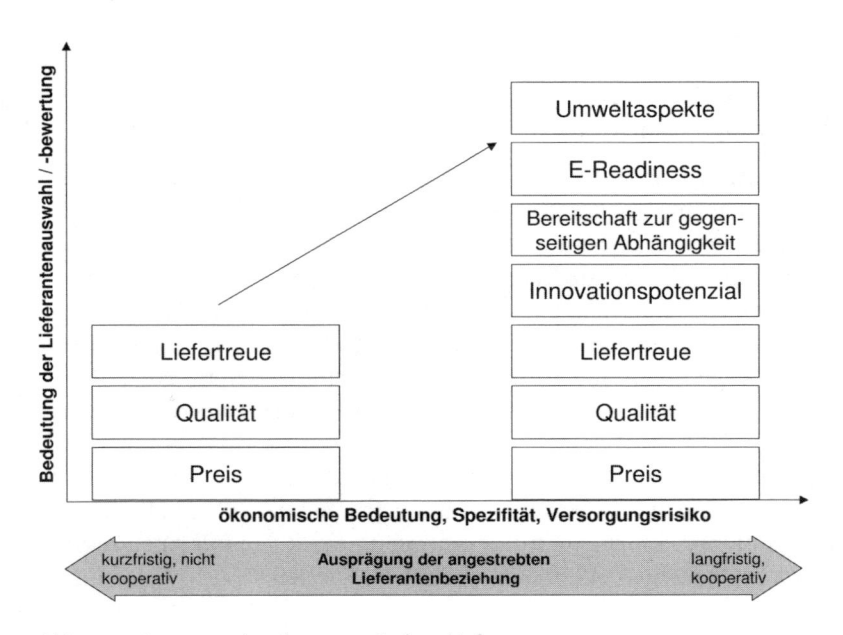

Abb. 1.14: Ansatzpunkte des strategischen Lieferantenmanagements

1. Mit welchen Lieferanten soll man in Zukunft zusammenarbeiten?
2. Wie soll man mit den unterschiedlichen Lieferanten in Zukunft zusammenarbeiten?

Bei der Beantwortung dieser Fragen spielt die Art des zu beschaffenden Gutes ebenfalls eine wichtige Rolle. Die Charakteristika der Beschaffungsobjekte bestimmen die Anzahl und die Gewichtung einzelner Kriterien für die Bewertung und Auswahl von Lieferanten. Auch die Ausgestaltung der Beziehungen zu den einzelnen Lieferanten hängt davon ab (vgl. Abbildung 1.14).

Während bei der Beschaffung von standardisierten Gütern (C-Teilen) die Strategie auf die Erschließung einer breiten Lieferantenbasis ausgerichtet ist, muss die strategische Ausrichtung des Lieferantenmanagements beim Bezug von hochspezifischen Gütern das Management der Beziehungen (Supplier-Relationship-Management – SRM) in den Mittelpunkt stellen. »Weiche Faktoren« wie beispielsweise Innovationspotenzial, Service und Vertrauenswürdigkeit müssen gestaltet werden.

Zulieferer-Abnehmer-Beziehungen können hinsichtlich des Grades der Intensität der erforderlichen Zusammenarbeit folgendermaßen unterschieden werden:

1. Teilefertiger,
2. Produktionsspezialist,
3. Entwicklungslieferant,
4. Wertschöpfungspartner.

Die Art der Ausprägung der Beziehung hat ebenfalls einen grundlegenden Einfluss auf den Umfang der für die Implementierung und Koordination der Beziehung einzusetzenden Ressourcen. Dies gilt sowohl für das nachfragende als auch für das anbietende Unternehmen. Die Ausprägung einer Lieferantenbeziehung muss deshalb auf die jeweilige Beschaffungssituation abgestimmt werden. Im Einzelnen bedeutet dies, dass intensivere Formen von Lieferantenbeziehungen nur dann in Betracht kommen, wenn der dadurch bedingte Einsatz von Ressourcen durch zusätzlichen Nutzen überkompensiert wird.

Eine notwendige Voraussetzung zur Implementierung langfristiger Lieferantenbeziehungen ist die Verfügbarkeit entsprechender Informations- und Kommunikationstechnologien (IuK), um den notwendigen Informationsaustausch auf beiden Seiten effizient abwickeln zu können.

Strategisches Beschaffungscontrolling

Das Ziel eines strategischen Beschaffungsprozesses ist die Herbeiführung von Entscheidungen. Dazu benötigt das Beschaffungsmanagement eine geeignete Daten- und Informationsbasis. Diese muss vom Beschaffungscontrolling bereitgestellt und gepflegt werden. Eine funktionale Abgrenzung in strategische und operative Controllingaktivitäten ist deshalb sinnvoll, um die strategische Ausrichtung zu gewährleisten. Die operativen Aktivitäten des Beschaffungscontrollings unterstützen die transaktionsorientierte Optimierung der Beschaffungsprozesse. Aussagefähige Leistungsindikatoren sind beispielsweise die Anzahl der Lieferanten oder die Anzahl der Bestellungen pro Mitarbeiter. Die Hauptziele liegen in einer Senkung der im Einkauf entstehenden Prozesskosten und in der Reduzierung der Einstandspreise.

Das strategische Beschaffungscontrolling soll demgegenüber einen nachhaltigen Beitrag zur Verbesserung des Unternehmensergebnisses leisten. Es bildet eine Querschnittsfunktion über sämtliche Beschaffungsprozesse hinweg. Insbesondere bei Make-or-buy-Entscheidungen ist das Beschaffungsmanagement auf das strategische Beschaffungscontrolling und dessen Informationsleistungen angewiesen. Zu beachten sind dabei unterschiedliche Zielkriterien, wie zum Beispiel Kosten-, Qualitäts- und Versorgungssicherungsziele, die in Abhängigkeit mit dem zu beschaffenden Gut und der damit verbundenen Beschaffungssituation jeweils gewichtet werden können. Die Handhabung von Zielkonflikten ist in diesem Zusammenhang eine unumgängliche Aufgabe.

Um eine Basis für den Kostenvergleich der Alternativen Eigenfertigung und Fremdbezug zu schaffen, muss die Datenbasis über die eigenen Wertschöpfungsprozesse eine Grundlage zur Darstellung der mutmaßlichen Herstellungskosten für diese Leistung schaffen. Eine Gegenüberstellung von Herstellungskosten bei Eigenfertigung mit Einkaufspreisen bei Fremdbezug bildet allerdings die Entscheidungssituation noch nicht hinreichend genau ab. Vielmehr ist es erforderlich, bei der Ermittlung der Kosten eines Fremdbezuges von Gütern alle Kostenfaktoren mit einzubeziehen, die im Falle einer marktlichen Transaktion mit einem bestimmten Lieferanten entstehen werden. Dieser Ansatz des so genannten Total Cost of Ownership (TCO) beinhaltet damit beispielsweise auch die Kosten der Lieferantenakquisition, der Logistik, Wartung, Entsorgung und so weiter (vgl. Ellram 1999, S. 597).

Auch bei der Erschließung neuer Beschaffungsquellen leistet das strategische Beschaffungscontrolling einen wichtigen Beitrag. So werden beispielsweise bei einer Entscheidung über die geografische Ausweitung des Beschaffungsmarktes (Global Sourcing) Marktinformationen über die in Betracht gezogenen Länder benötigt (beispielsweise steuerliche Regelungen, Währungsrisiken und so weiter).

Literatur

Arnold, U.: »Ziele, Aufgaben und Instrumente des Materialmanagements«. In: *Beschaffung aktuell*, o. Jg. (1989) 9, S. 47–57

Arnold, U.; Scheuing, E. E.: *Creating a factory within a factory*. 82. NAPM Annual International Conference, 4.–7. Mai, Washington 1997

Arnold, U.: *Beschaffungsmanagement*. 2. Auflage, Stuttgart 1997

Arnold, U.: »Global Sourcing. Strategiedimensionen und Strukturanalyse«. In: Hahn, D.; Kaufmann, L. (Hrsg.): *Handbuch industrielles Beschaffungsmanagement. Internationale Konzepte – Innovative Instrumente – Aktuelle Praxisbeispiele*. Wiesbaden 1999, S. 211–229

Backhaus, K.: *Industriegütermarketing*. 7. Auflage, München 2003

Bea, F. X.; Haas, J.: *Strategisches Management*. 3. Auflage, Stuttgart 2001

Becker, J.: *Marketing – Konzeption. Grundlagen des zielstrategischen und operativen Marketing Managements*. München 2001

Ellram, L. M.: »Total Cost of Ownership«. In: Hahn, D.; Kaufmann, L. (Hrsg.): *Handbuch industrielles Beschaffungsmanagement. Internationale Konzepte – Innovative Instrumente – Aktuelle Praxisbeispiele*. Wiesbaden 1999, S. 595–607

Fandel, G.; François, P.: »Just-in-Time-Produktion und -Beschaffung. Funktionsweise, Einsatzvoraussetzungen und Grenzen«. In: *Zeitschrift für Betriebswirtschaft*, 59 (1989) 1, S. 531–545

Freudenberg, T.; Klenk, U.: »Strategische Veränderungen in der Zuliefererpyramide der Automobilindustrie«. In: Hahn, D.; Kaufmann, L. (Hrsg.): *Handbuch industrielles Beschaffungsmanagement. Internationale Konzepte – Innovative Instrumente – Aktuelle Praxisbeispiele*. Wiesbaden 1999, S. 123–134

Kern, W.: *Industrielle Produktionswirtschaft*. 4. Auflage, Stuttgart 1990

Kraljic, P.: »Neue Wege im Beschaffungsmarketing«. In: *Manager Magazin*, 7 (1977) 11, S. 72–80

Müller, E.W.: »Gestaltungspotenziale für die Logistik in der Beschaffung«. In: *Beschaffung aktuell*, o. Jg. (1990) 4, S. 51ff.

Müller, H. E.; Prangenberg, A.: *Outsourcing-Management. Handlungsspielräume bei Ausgliederung und Fremdvergabe*. Köln 1997

Oeldorf, G.; Olfert, K.: *Materialwirtschaft*. 3. Auflage, Ludwigshafen/Kiel 1993

Schniederjans, M. J.: *Topics in Just-in-Time-Management*. Boston et al. 1993

Schulte, C.: *Logistik. Wege zur Optimierung des Material- und Informationsflusses*. München 1991

Stölzle, W.: *Industrial Relationships*. München/Wien 1999

Wagner, S. M.: *Strategisches Lieferantenmanagement in Industrieunternehmen. Eine empirische Untersuchung von Gestaltungskonzepten*. Europäische Hochschulschriften, Frankfurt 2001

Wannenwetsch, H.: *Integrierte Materialwirtschaft und Logistik. Eine Einführung*. Berlin et al. 2001

Wildemann, H.: »Entwicklungsstrategien für Zuliefererunternehmen«. In: *Zeitschrift für Betriebswirtschaft*. 62 (1992) 4, S. 391–413

Wildemann, H.: *Das Just-in-Time-Konzept. Produktion und Zulieferung auf Abruf*. 4. Auflage, München 1995

2
Lieferantenintegration und Beschaffungslogistik in einem integrierten Telekommunikationsunternehmen

Hans Heith

Anhaltender Kostendruck erfordert Umdenken für die Zukunft

Die Beschaffungslogistik bildet den Anfang der Logistikkette und beschäftigt sich mit den Warenflüssen von der Bedarfsermittlung und Lieferantenauswahl bis hin zur Bereitstellung der Produkte und Dienstleistungen. In der Telekommunikationsbranche war die Beschaffung in den letzten Jahren vor allem auf die Reduzierung von Einstandspreisen für Güter und Dienstleistungen sowie auf die Senkung der Prozesskosten in der Beschaffung fokussiert. Dabei wandelte sich die eher administrativ geprägte Beschaffungsfunktion durch Einsatz moderner betriebswirtschaftlicher Tools zu einem wichtigen Hebel für die Steigerung von Ertragskraft und Unternehmenswert. Neben dieser extern ausgerichteten Modernisierung wurden innerbetrieblich die Kosten und die Schnelligkeit des Beschaffungsprozesses durch intensiven IT-Einsatz optimiert. Für die nahe Zukunft werden beide Entwicklungsströme anhalten, langfristig dürfte jedoch diese Fokussierung in eine Sackgasse für die Beschaffungsfunktion führen:

- Der Markt für strategische Commodities (Warengruppen) wie IT- und Telekommunikationsprodukte ist zum einem durch eine Konzentration der Anbieter geprägt, zum anderen durch einen Trend von Hardware zu Dienstleistungen und Lösungen.
- Trotz des immer noch großen Potenzials für IT-Unterstützung in der Beschaffungslogistik wird mittelfristig die Frage nach dem Grenznutzen gestellt werden müssen.

Dadurch wird zukünftig in der Beschaffungslogistik stärker als bisher die Berücksichtigung nicht-quantitativer Merkmale in den Vordergrund rücken, das heißt, dass neben Preis- und Kostenausrichtung die jeweils gewünschte

Praxishandbuch innovative Beschaffung. Herausgegeben von Ulli Arnold und Gerhard Kasulke
Copyright © 2007 WILEY-VCH Verlag GmbH & Co. KGaA, Weinheim
ISBN: 978-3-527-50114-4

Integrationsfähigkeit des Lieferanten in die Prozesse und Wertschöpfungskette des Unternehmens treten wird. Je nach Commodity werden dabei unterschiedliche Anforderungen gestellt werden.

Fokussiertes Commodity- und Lieferantenmanagement

Fokussiertes Commodity-Management bedarf zunächst der Herstellung von Transparenz und einer Klassifizierung des gesamten Beschaffungsbedarfs nach Haupt- und Unterwarengruppen. Danach erfolgt eine Einordnung der Warengruppen in Form einer Typologisierung unter dem Gesichtspunkt der Unternehmenszielsetzung (siehe Abbildung 2.1).

Auf Basis einer Portfolioanalyse der Beschaffungsmärkte, Lieferanten und Beschaffungsobjekte erfolgt die Entscheidung, welche und wie viele Liefe-

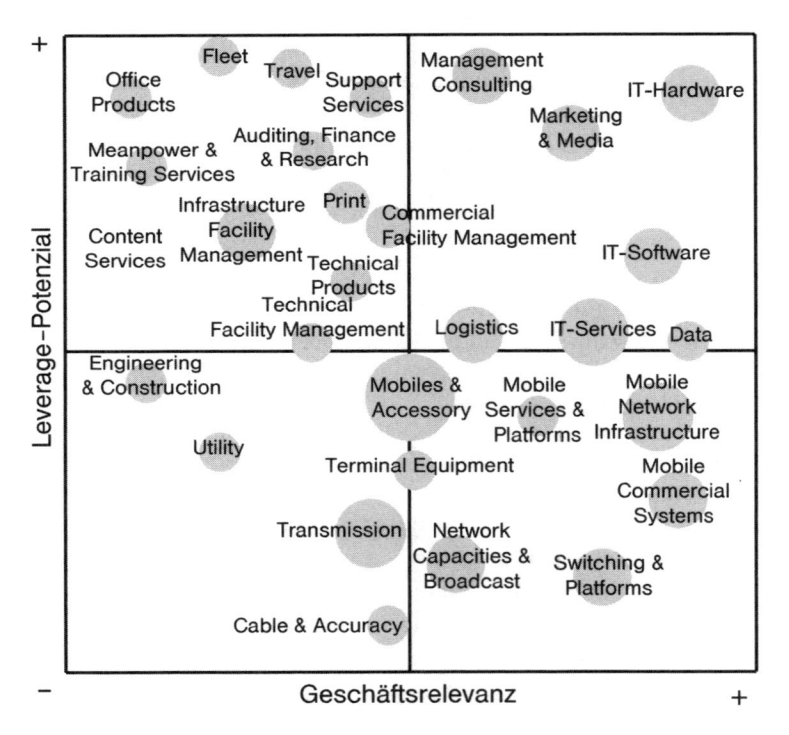

Abb. 2.1: Beispielhafte Darstellung des Warengruppenspektrums eines integrierten Telekommunikationsunternehmens

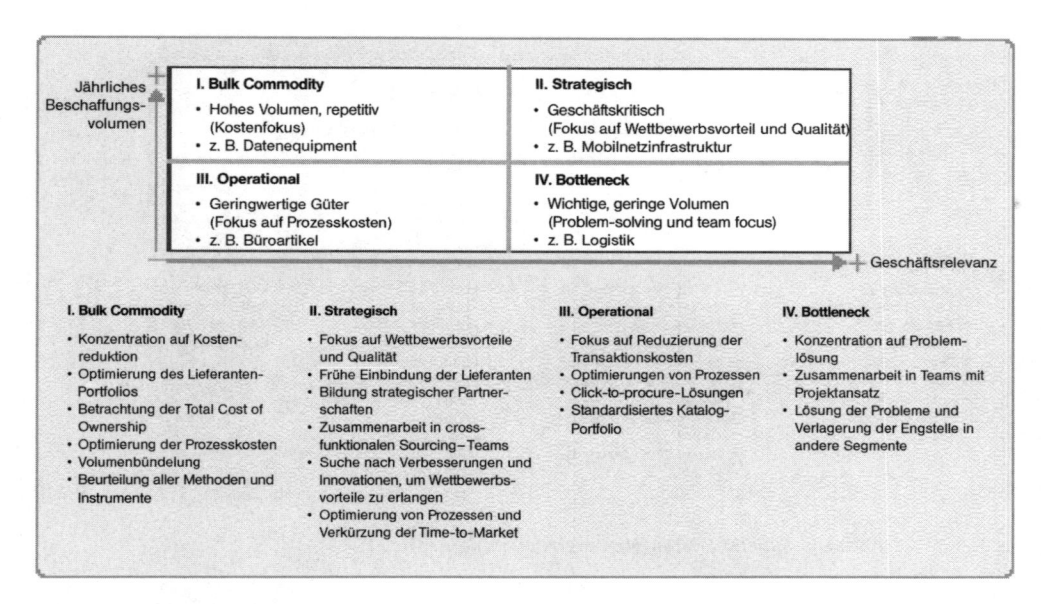

	I. Bulk Commodity	II. Strategisch
Jährliches Beschaffungs-volumen	• Hohes Volumen, repetitiv (Kostenfokus) • z. B. Datenequipment	• Geschäftskritisch (Fokus auf Wettbewerbsvorteil und Qualität) • z. B. Mobilnetzinfrastruktur
	III. Operational	**IV. Bottleneck**
	• Geringwertige Güter (Fokus auf Prozesskosten) • z. B. Büroartikel	• Wichtige, geringe Volumen (Problem-solving und team focus) • z. B. Logistik

Geschäftsrelevanz

I. Bulk Commodity	II. Strategisch	III. Operational	IV. Bottleneck
• Konzentration auf Kostenreduktion • Optimierung des Lieferanten-Portfolios • Betrachtung der Total Cost of Ownership • Optimierung der Prozesskosten • Volumenbündelung • Beurteilung aller Methoden und Instrumente	• Fokus auf Wettbewerbsvorteile und Qualität • Frühe Einbindung der Lieferanten • Bildung strategischer Partnerschaften • Zusammenarbeit in cross-funktionalen Sourcing-Teams • Suche nach Verbesserungen und Innovationen, um Wettbewerbsvorteile zu erlangen • Optimierung von Prozessen und Verkürzung der Time-to-Market	• Fokus auf Reduzierung der Transaktionskosten • Optimierungen von Prozessen • Click-to-procure-Lösungen • Standardisiertes Katalog-Portfolio	• Konzentration auf Problemlösung • Zusammenarbeit in Teams mit Projektansatz • Lösung der Probleme und Verlagerung der Engstelle in andere Segmente

Abb. 2.2: Differenzierte Warengruppensteuerung

ranten benötigt werden, um den Unternehmensbedarf optimal zu decken. Diese idealtypische Vorgehensbeschreibung dient als Voraussetzung für die Entwicklung einer Lieferantenstrategie. Eine Warengruppenstrategie ist Voraussetzung beziehungsweise wichtige Nebenbedingung für die adäquate Lieferantenstrategie in nicht-monopolistischen Beschaffungsmärkten (siehe Abbildung 2.2).

Lieferantenstrategie als Voraussetzung für Lieferantenintegration

Auf Basis der Warengruppeneinordnung erfolgt eine wie in Abbildung 2.3 dargestellte differenzierte Lieferantensteuerung. Lieferanten für geringwertige Güter und Dienstleistungen mit hoher Transaktionshäufigkeit werden zum Beispiel schwerpunktmäßig nach Verringerung der eigenen Prozesskosten gesteuert. Zielsetzung ist dabei eine durchgängige elektronische Abwicklung von der Bestellung (zum Beispiel aus elektronischen Katalogen) bis zur Rechnungsbezahlung. Lieferanten für komplexe und hochwertige Güter und Dienstleistungen mit geringer oder unregelmäßiger Transaktionshäufigkeit

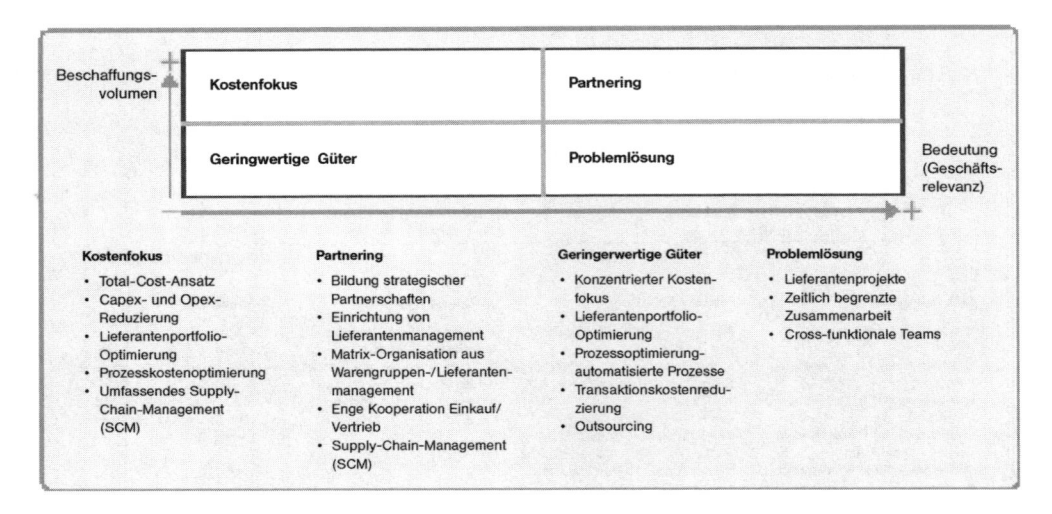

Beschaffungs-volumen ↑	Kostenfokus	Partnering	
	Geringwertige Güter	Problemlösung	Bedeutung (Geschäfts-relevanz) →

Kostenfokus	Partnering	Geringerwertige Güter	Problemlösung
• Total-Cost-Ansatz • Capex- und Opex-Reduzierung • Lieferantenportfolio-Optimierung • Prozesskostenoptimierung • Umfassendes Supply-Chain-Management (SCM)	• Bildung strategischer Partnerschaften • Einrichtung von Lieferantenmanagement • Matrix-Organisation aus Warengruppen-/Lieferantenmanagement • Enge Kooperation Einkauf/Vertrieb • Supply-Chain-Management (SCM)	• Konzentrierter Kostenfokus • Lieferantenportfolio-Optimierung • Prozessoptimierung-automatisierte Prozesse • Transaktionskostenreduzierung • Outsourcing	• Lieferantenprojekte • Zeitlich begrenzte Zusammenarbeit • Cross-funktionale Teams

Abb. 2.3: Differenzierte Lieferantensteuerung

werden hingegen nach Qualitätsmerkmalen und Anforderungserfüllung gesteuert. Eine durchgängig elektronische Anbindung ist auch hier möglich, in der Praxis ist jedoch die Prozesskostenminimierung gering.

Dadurch kann derselbe Lieferant aufgrund seines Produktportfolios unterschiedlichen Steuerungsmechanismen unterliegen: Ein Lieferant im IT-Bereich wird beispielsweise für seine Hardwareprodukte in Richtung Kosten (Beschaffungspreise und innerbetriebliche Prozesskosten) gesteuert, für seine IT-Beratungsleistungen jedoch nach Ergebnis (Return on Consulting).

Während der Lieferant eine intensive Verknüpfung mit dem Kunden zur Sicherung seines Absatzes anstrebt, stellt die Beschaffungslogistik die Frage nach der notwendigen Integrationstiefe.

Dabei ist zwischen Prozesseinbindung und Einbindung in die Wertschöpfungskette zu unterscheiden.

Über IT-Prozesse kann zum Beispiel die vollelektronische Prozessabwicklung von Lieferantenauswahl (elektronische Ausschreibung), Produktauswahl (elektronischer Katalog), Bestellung und Abwicklungsprozess (elektronischer Bestellprozess inklusive elektronischer Rechnungsverifizierung) durchgeführt werden. Darüber hinaus kann eine noch tiefere Einbindung durch automatisierte Anbindung in Planungs- und Produktionssysteme erfolgen.

Der Lieferant ist dadurch vollständig prozessintegriert, insbesondere für nicht-strategische Warengruppen. Er trägt jedoch aufgrund seines Produktportfolios nicht oder nur geringfügig zur Wertschöpfung des Kunden bei. Der Kunde kann den Lieferanten bei Bedarf ohne größere Umstellungskosten ersetzen.

Bei Netzinfrastrukturtechnik ist der Lieferant häufig Wertschöpfungspartner, da er innovative Produkte des Kunden in der Technikentwicklung beziehungsweise in der -konfigurierung berücksichtigt und ermöglicht sowie in Zusammenarbeit mit dem Kunden einführt. Je tiefer die Integration in die eigene Wertschöpfungskette, desto schwieriger und kostenintensiver ist ein Lieferantenwechsel.

Die Warengruppe entscheidet somit über das maximal mögliche Potenzial zur Integration eines Lieferanten in die Wertschöpfungskette. Über die Integrationstiefe in die Wertschöpfungskette entscheiden jedoch eine Vielzahl von Faktoren, wobei am Anfang der Entwicklung vom Lieferanten zum Wertschöpfungspartner keine Einzelentscheidung steht, sondern die Integration in Form eines beidseitigen Entwicklungsprozesses verläuft.

Vom Lieferanten zum Wertschöpfungspartner

Das Potenzial eines Lieferanten, sich zum Wertschöpfungspartner zu entwickeln, wird aus der Beschaffungssicht vor allem durch folgende Merkmale bestimmt:

- Innovationskompetenz,
- Produktportfolio (vertikal, horizontal),
- Preis-Leistungs-Verhältnis,
- Produkt- und Servicequalität,
- Liefertreue,
- Flexibilität,
- flächendeckende Präsenz,
- Fähigkeit zu Marketing- und Vertriebsunterstützung,
- Finanzkraft sowie
- Kunden- und Prozessverständnis.

Die Entwicklung zum Partner bewegt sich im Spannungsfeld zwischen der Vertrauens- und der Technik-/Komplexitäts-Ebene. Dadurch ergibt sich eine Vielzahl möglicher Partnermodelle (siehe Abbildung 2.4).

Aus Beschaffungssicht kann die Entwicklung vom Lieferanten zum Partner vor allem durch Lieferantenentwicklungstools unterstützt werden:

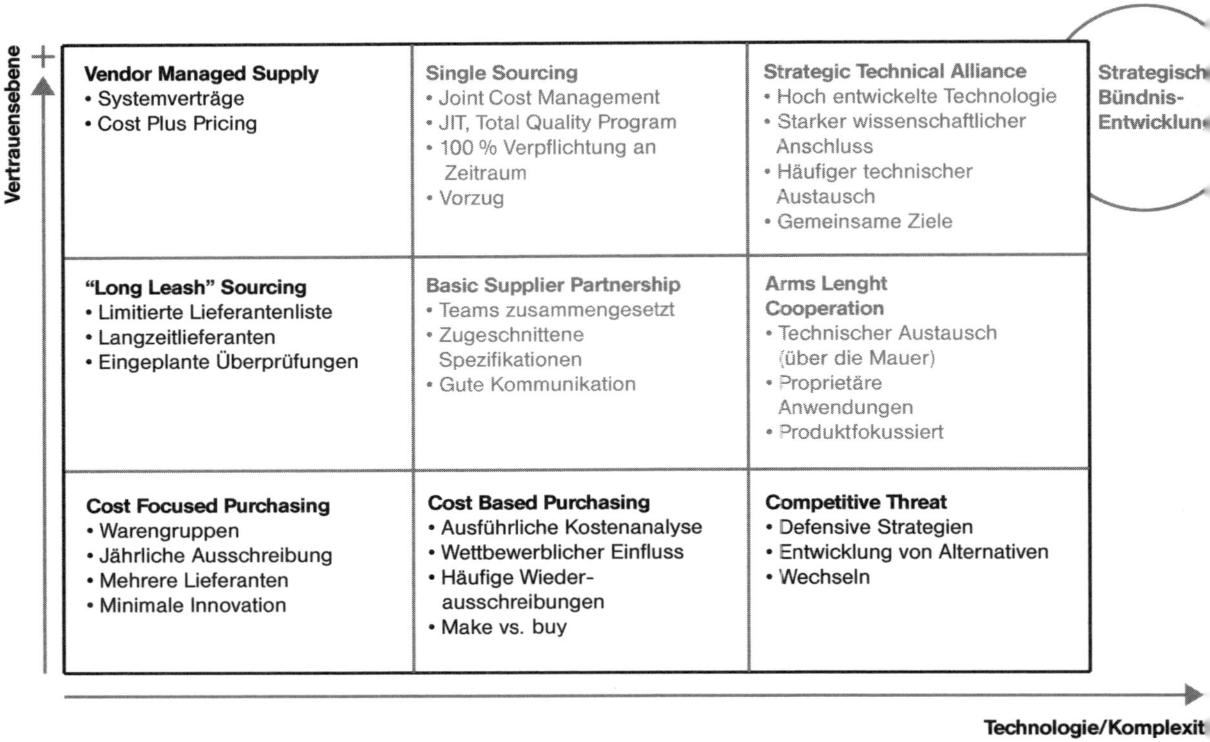

Vertrauensebene +	Vendor Managed Supply • Systemverträge • Cost Plus Pricing	Single Sourcing • Joint Cost Management • JIT, Total Quality Program • 100 % Verpflichtung an Zeitraum • Vorzug	Strategic Technical Alliance • Hoch entwickelte Technologie • Starker wissenschaftlicher Anschluss • Häufiger technischer Austausch • Gemeinsame Ziele	Strategische Bündnis-Entwicklung
	"Long Leash" Sourcing • Limitierte Lieferantenliste • Langzeitlieferanten • Eingeplante Überprüfungen	Basic Supplier Partnership • Teams zusammengesetzt • Zugeschnittene Spezifikationen • Gute Kommunikation	Arms Lenght Cooperation • Technischer Austausch (über die Mauer) • Proprietäre Anwendungen • Produktfokussiert	
	Cost Focused Purchasing • Warengruppen • Jährliche Ausschreibung • Mehrere Lieferanten • Minimale Innovation	Cost Based Purchasing • Ausführliche Kostenanalyse • Wettbewerblicher Einfluss • Häufige Wiederausschreibungen • Make vs. buy	Competitive Threat • Defensive Strategien • Entwicklung von Alternativen • Wechseln	

Technologie/Komplexität

Abb. 2.4: Partnermodelle als Beschaffungsmanagement

1. Auf der strategischen Ebene zum Beispiel durch
   - Bestimmung von Vorzugs- oder Systemintegrationslieferanten für strategische Warengruppen,
   - gemeinsame Finanzierungsmodelle (zum Beispiel Sale and lease back),
   - Geschäftsprozessausbau (-auslagerung).
2. Auf der operativen Ebene zum Beispiel durch
   - Qualitätsaudits,
   - Benchmarking,
   - fortlaufende Lieferantenbewertung.

Die Integrationstiefe kann auf dieser Basis wiederum vertieft beziehungsweise unterstützt werden:

1. Auf der strategischen Ebene zum Beispiel durch
   - gemeinsame Entwicklungsprojekte,
   - gemeinsame Projekte zur Reduzierung von Time-to-Market,
   - Aufbau eines gemeinsamen Risikomanagements,
   - Aufbau gemeinsamer Betreiber- und Vertriebsmodelle.
2. Auf der operativen Ebene zum Beispiel durch
   - gemeinsame Ideenteams,
   - gemeinsamen Aufbau von Produktentwicklungsprogrammen,
   - gemeinsame Sales- und Marketingprogramme.

Insgesamt kann die Integration in die gesamte Wertschöpfungskette vorgenommen werden, wobei jeweils die Überprüfung der Vorteilhaftigkeit pro Teilabschnitt erfolgen muss. Die graduelle Transformation vom »Nur-Lieferanten« zum Wertschöpfungspartner bedarf daher einer kontinuierlichen Kontrolle, die sicherstellt, dass die jeweils angestrebten Vorteile und Erfolge für beide Seiten auch erzielt werden. Gewährleistet wird somit, dass der nächste Schritt zur Vertiefung der Integration auf einer verlässlichen und überprüften Basis erfolgt.

Moderne Beschaffungslogistik ist ein strategischer Wettbewerbsvorteil

Die moderne Beschaffungslogistik im Telekommunikationsunternehmen wird zukünftig durch zwei Hauptausrichtungen gekennzeichnet sein:

- bei nicht-strategischen Warengruppen den Weg der Kostenfokussierung und Transaktionskostenminimierung bei maximaler Ausnutzung IT-unterstützter Beschaffungsprozesse fortzuschreiten (bis hin zum Outsourcing dieser Funktion an Dritte);
- bei strategischen Warengruppen nicht mehr nur die Preis- und Kostenreduzierung in den Vordergrund zu stellen, sondern die Integration von Lieferanten in die gesamte Wertschöpfungskette zur Erzielung nachhaltiger Wettbewerbsvorteile zu fördern.

Damit wird von der Beschaffungslogistik neben der bisherigen Kosten- auch Prozess- und Innovationskompetenz gefordert werden.

Im Zusammenspiel mit Technik und Finanzfunktionen bietet eine moderne Beschaffungslogistik so einen strategischen Wettbewerbsvorteil für das Telekommunikationsunternehmen.

Teil 2
Struktur

3
Einkaufsorganisation

Ulli Arnold

Gegenstandsbereich und theoretische Grundlagen

Die traditionelle Sichtweise der Einkaufsorganisation

Mit Hilfe der Einkaufsorganisation wurden die strategischen und operativen Einkaufsaktivitäten in Unternehmen durchgeführt. Die Gestaltung der Einkaufsorganisation darf nicht isoliert, das heißt losgelöst von anderen Aufgaben und Prozessen eines Unternehmens erfolgen. Interaktion und wechselseitige Abstimmung von unternehmensinternen Aktivitäten sind wichtige Aspekte einer Organisation und den auf ihre Gestaltung gerichteten Maßnahmen. Allerdings sind die inhaltlichen Vorstellungen von Organisation in Theorie und Praxis recht vielgestaltig. Eindimensionale Wirkungsbeziehungen lassen sich weder theoretisch begründen noch empirisch feststellen. Deshalb bereitet es Schwierigkeiten, den Gegenstandsbereich von Einkaufsorganisation theoretisch und inhaltlich angemessen abzugrenzen. Es gibt eine ausgewiesene fachwissenschaftliche Diskussion über unterschiedliche Organisationsbegriffe, die hier allerdings nicht nachgezeichnet werden kann. Jedoch scheint eine Rückbesinnung auf die Ursachen von Organisation und die Notwendigkeit organisationaler Gestaltungsbemühungen gerade im Hinblick auf die Diskussion von Problemen der Einkaufsorganisation angebracht zu sein, um eine perspektivische Verengung des Betrachtungshorizonts zu vermeiden. Publikationen über Gestaltungsprobleme von Einkaufsorganisationen sind häufig binnenzentriert. Damit wird übersehen, dass eine Unternehmensorganisation vor allem auch von ihren Außenbeziehungen, also von Umweltfaktoren, geprägt wird. Fehlender Außenbezug ist ein auffälliges Merkmal organisatorischer Gestaltungsempfehlungen für den Einkauf; strukturelle und aufbauorganisatorische Aspekte stehen im Vordergrund. Einschlägige Fragestellungen, die aus dieser Sichtweise entwickelt wurden und werden, beziehen sich auf folgende Teilaspekte:

Praxishandbuch innovative Beschaffung. Herausgegeben von Ulli Arnold und Gerhard Kasulke
Copyright © 2007 WILEY-VCH Verlag GmbH & Co. KGaA, Weinheim
ISBN: 978-3-527-50114-4

1. Gestaltung von Weisungs- und Entscheidungsrechten; Festlegung von Berichtswegen und -anlässen,
2. Grad der Zentralisierung beziehungsweise Dezentralisierung,
3. Beteiligung anderer Fachabteilungen an den Entscheidungsprozessen,
4. Standardisierung und Formalisierung von Prozessabläufen,
5. Weiterentwicklung von Organisationsstrukturen und Vereinbarung der Anpassungsfähigkeit.

Der Einkauf *hat* aber nicht nur eine Organisation (= instrumenteller Organisationsbegriff), sondern er *ist* selbst Organisation beziehungsweise Teil der umgebenden Unternehmensorganisation (= institutionaler Organisationsbegriff). Der letztgenannte Aspekt verweist darauf, dass der Einkaufsbereich eines Unternehmens ein eigenständiges und abgrenzbares Teilsystem darstellt, charakterisiert durch horizontale und vertikale Beziehungen, Rollenerwartungen und -wahrnehmungen, Machtorganisationen und Ressourcenallokationen. Arbeitsteilige Aufgabenvollzüge in formalen Organisationen, wie sie Unternehmen darstellen, benötigen solche eindeutig festgelegten Beziehungssysteme, um das Verhalten der einzelnen Organisationsmitglieder auf bestimmte Bandbreiten einzugrenzen, die als funktional erforderlich und für die Zielerreichung erwünscht angesehen werden. Der Output eines Subsystems, hier also des Einkaufes beziehungsweise des Einkäufers, soll nach Möglichkeit ex ante festgelegt und vorhersehbar gemacht werden.

Als Organisationsbereich eines Unternehmens muss der Einkauf die Außenbeziehungen gestalten und gleichzeitig die internen Prozesse koordinieren. Für seine Funktionsfähigkeit benötigt der Einkauf Ressourcen, aber auch ausdifferenzierte Binnenstrukturen und Beziehungen zwischen den Akteuren. Schließlich müssen die Prozessabläufe für die Aufgabenvollzüge festgelegt werden. Die Einkaufsorganisation stellt somit ein System von Regelungen dar, das unterschiedliche Systeme beziehungsweise Institutionen verbindet. In Anbetracht der vielfältigen externen und internen Beziehungsfaktoren ist es jedoch unmöglich, eine Art »Bestkonzept« für die Gestaltung einer Einkaufsorganisation theoretisch zu begründen.

Um bei Gestaltungsüberlegungen nicht vor solch multifaktoriellen Wirkungsbeziehungen kapitulieren (oder verzweifeln!) zu müssen, ist es gerade auch unter praktischen Gesichtspunkten notwendig, Klarheit über folgende Fragen zu schaffen:

1. Weshalb werden Einkaufsorganisationen benötigt?
2. Gibt es ein ökonomisches Entscheidungskriterium für die Auswahl eines bestimmten Organisationsdesigns aus einer Menge von Gestaltungsalternativen?

Institutionenökonomische Sicht

Organisationsprobleme von Unternehmen lassen sich im Kern darauf zurückführen, dass durch Arbeitsteilung und Spezialisierung nachhaltige Produktivitätsvorteile erschlossen werden können. Dies ist der wesentliche Grund für die Arbeitsteilung zwischen Institutionen beispielsweise Unternehmen. Diese Überlegung kennzeichnet die Struktur von Outsourcing-Problemen. Allerdings entsteht dadurch unmittelbar die Notwendigkeit, die immer stärker durch verschiedene Unternehmen fragmentierten Ergebnisse von Wertschöpfungsaktivitäten austauschen zu müssen. Die Zergliederung von Wertschöpfungsaktivitäten führt zum Verlust von Autarkie und Autonomie und bewirkt mehr oder weniger ausgeprägte Abhängigkeiten. Zum Management solcher Abhängigkeitsbeziehungen und zur Koordination von Austauschbeziehungen werden Ressourcen benötigt; der Aufwand dafür wird in modernen Volkswirtschaften auf reichlich 50 Prozent des Bruttoinlandproduktes geschätzt. Die aus Arbeitsteilung und Spezialisierung resultierenden Produktivitätseffekte werden also durch austauschbezogene Abstimmungsnotwendigkeiten zumindest teilweise kompensiert. Würde der durch den Tausch erforderliche Ressourcenverbrauch für die Abstimmung den Produktivitätszuwachs überkompensieren, erwiese sich die gewählte arbeitsteilige Struktur von Unternehmen als ökonomisch unvorteilhaft und würde infolgedessen unterbleiben. Damit wird auch das ökonomisch relevante Entscheidungskriterium für die Wahl des angemessenen Organisationsdesigns deutlich: Die austauschbedingten Kosten (= Transaktionskosten) dürfen die Produktivitätsgewinne der vorangegangenen Wertschöpfung keinesfalls übersteigen. Die Entscheidungsträger müssen stets bemüht sein, den Nettoeffekt zwischen beiden Größen zu maximieren. Organisationsbeziehungen in Unternehmen richten sich letztlich darauf, Chancen der Arbeitsteilung und Spezialisierung zu realisieren und Mängel im Bereich des Austausches von Gütern und Leistungen und den damit verbundenen Abstimmungsnotwendigkeiten zu beseitigen.

Einkaufsorganisation als Grenzsystem

Der Einkauf eines Unternehmens stellt einen wesentlichen Teil des Versorgungssystems (Supply System) dar, mit den Hauptaufgaben

1. Sicherung der Versorgung eines Unternehmens in Hinblick auf die für die Wertschöpfung benötigten Güter und Dienstleistungen, Informationen und Rechtstitel,
2. Erschließung neuer Ressourcen zur Erhöhung der Anpassungsfähigkeit eines Unternehmens, also: Entdecken und Recherchieren von Innovationen.

Das Versorgungssystem ist verantwortlich für den Leistungsaustausch mit vorgelagerten Unternehmen, die mit ihren Leistungen die nachfolgenden Wertschöpfungsprozesse ermöglichen. Diese Leistungen müssen in die Wertschöpfungsprozesse der einkaufenden Organisation integriert werden. Der Einkauf kann also als Grenzsystem betrachtet werden, der zwei unterschiedliche Aufgabenstellungen zu bewältigen hat:

1. Das Einkaufsmanagement muss der Erschließung von Produktivitätspotenzialen durch Neugestaltung der Arbeitsteilung und Spezialisierung in einer Wertschöpfungskette mitwirken. Dazu sind Informationen über Alternativen, über ökonomisch bessere Aufteilungen von Wertschöpfungsaktivitäten zwischen unterschiedlichen Unternehmen erforderlich. Mit anderen Worten: Das Einkaufsmanagement als Experte für Beschaffungsmärkte wirkt an der Entscheidung über die Gestaltung der eigenen Fertigungstiefe mit. In Kenntnis der Leistungspotenziale externer Wertschöpfungspartner initiiert der Einkauf Outsourcing-Entscheidungen und koordiniert die verschiedenen internen Akteure. Diese benötigen das Wissen über unternehmensexterne Handlungsmöglichkeiten – und das Bewusstsein, dass die intern geschaffenen Möglichkeiten in ständiger Konkurrenz mit externen Institutionen stehen.
2. Das Einkaufsmanagement ist fachlich für die Abstimmung und Gestaltung von Tauschbeziehungen mit anderen Unternehmen zuständig, die mit ihren Leistungen zur Wertschöpfung beitragen. Im Hinblick auf diesen Aspekt geht es um die Schaffung leistungsfähiger und kosteneffizienter Austauscharrangements. Auch hier sind vorrangig Informationsprobleme zu lösen: Ohne Kenntnis der marktlichen Alternativen und ohne Kenntnis der jeweiligen Kosten für marktliche Abstimmungen können keine optimalen organisatorischen Lösungen für Transaktionen gefunden werden.

Koordination ist – neben der Lösung des Motivationsproblems, das durch die Einbindung unterschiedlicher Akteure in interne und externe Wertschöpfungsprozesse entsteht – das zentrale Problem, das sich einem Unternehmen und dessen Organisation stellt.

Die institutionenökonomische Perspektive macht einen Mangel herkömmlicher Organisationsüberlegungen deutlich, der auch die Fachdiskussionen über Einkaufs- beziehungsweise Beschaffungsorganisationen betrifft. Die traditionelle Betonung interner Funktionserfordernisse übersieht, dass Unternehmensorganisationen nicht in Isolation existieren, sondern stets im Kontext konkurrierender externer Möglichkeiten zu sehen und zu gestalten sind. Deshalb muss neben der Binnenorientierung der Einkaufsorganisation auch der Aspekt der Außenbeziehungen ausdrücklich beachtet werden. Hier spielen insbesondere unternehmensübergreifende Organisationsdesigns – beispielsweise Kooperationen, Netzwerke et cetera – eine wesentliche Rolle.

Struktur- und Prozessorganisation im Einkauf

Einkaufsaufgaben als wichtige Bestimmungsfaktoren für die Organisationsstruktur

Die theoretische und empirische Organisationsforschung hat gezeigt, dass alle Organisationsgestaltung in der Realität davon ausgehen muss, die jeweils maßgeblichen Einflussfaktoren zu analysieren (situativer Ansatz). Jede Organisationsaufgabe ist anders und deshalb kann es auch keine »Bestorganisation« geben. Allerdings hat sich auch gezeigt, dass die zu bewältigenden Aufgaben von hoher Relevanz für die Organisationsgestaltung sind.

Wird eine Einkaufsorganisation vorzugsweise als Durchführungsfunktion interpretiert und strukturell gestaltet, dann können von dort schwerlich strategische Impulse entwickelt werden. So gesehen verhindern eben auch gegebene Strukturen die Generierung strategischer Optionen (Strategy follows Structure). Als gewissermaßen »synoptisches Ideal« sollten natürlich die Strukturen Mittel zur Realisierung von Strategien darstellen (ganz im Sinne von Chandlers These »Structure follows Strategy«, 1962).

Als wichtige organisationsrelevante Merkmale der Aufgabenstruktur haben sich folgende Merkmale erwiesen (vgl. Picot et al. 1997, S. 162ff.):

1. *Grad der Strukturiertheit der Aufgaben:*
   - Gering strukturierte Einkaufsaufgaben sind beispielsweise alle den Horizont erschließenden Aktivitäten, die Entwicklung strategischer Lieferantenbeziehungen, die Schaffung innovativer Konzepte der Zusammenarbeit und Abwicklung und so weiter.
   - Zu den hoch strukturierten Einkaufsaufgaben gehören alle Routinebestellabwicklungen und durch elektronische Systeme unterstützte und formalisierte Prozessabläufe.
2. *Veränderlichkeit einer Aufgabe:*
   - konstante beziehungsweise stabile Einkaufsaufgaben (mit hoher Vorhersehbarkeit von Mengen, Qualitäten, Terminen und Konditionen);
   - stark veränderliche, mit hoher Unsicherheit belastete Einkaufsaufgaben (verursacht durch hohe interne/externe Änderungsdynamik und Varietät).
3. *Häufigkeit der Aufgaben:*
   - ständig durchzuführende Einkaufsaufgaben (beispielsweise Einkauf von Produktionsmaterialien, verbunden mit entsprechenden Mengeneffekten);
   - sporadische Einkaufsaufgaben (beispielsweise für F&E-Aktivitäten, Investitionsprojekte, »Bedarfs-Events«).
4. *Ähnlichkeit von Aufgaben:*
   - sehr ähnliche Einkaufsaufgaben (schaffen die Grundlage für Zentralisierung und unternehmensweite Zusammenfassung von Einkaufsaktivitäten; beispielsweise IT-Einkauf für stark filialisierte Bank- oder Handelsunternehmen);
   - sehr unterschiedliche Einkaufsaufgaben (ursächlich für Dezentralisierung zur Diversifizierung und standortspezifische Durchführung von Einkaufsaufgaben; wie zum Beispiel der so genannte Werkseinkauf an unterschiedlichen Fabrikationsstandorten).
5. *Spezifität von Aufgaben:*
   - hoch spezifische Einkaufsaufgabe (der Einkauf ist völlig in einen spezifischen Wertschöpfungsprozess integriert und so gestaltet, dass er nur dort einen besonderen Nutzen schafft);
   - gering spezifische Einkaufsaufgabe (ist generischer Art, leicht austauschbar und beispielsweise auch durch einen externen Dienstleister leicht zu bewältigen).

Analysiert man diese Einzelmerkmale der Einkaufsaufgaben, dann ergeben sich wichtige Hinweise beziehungsweise Anforderungen für die Gestaltung der so genannten Strukturorganisation eines Unternehmens. Deren Konkretisierung bestimmt letztlich auch den funktionalen und hierarchischen Ort des Einkaufssystems bezogen auf die anderen Teilbereiche beziehungsweise Teilsysteme eines Unternehmens. Diese Positionierung gibt einen deutlichen Hinweis darauf, welchen Stellenwert der Einkauf beziehungsweise die Einkaufsorganisation in einem Unternehmen hat.

Bei der konkreten Ausgestaltung von Organisationsstrukturen sind zahlreiche Einflussfaktoren zu berücksichtigen, die jeweils für sich genommen empirische Evidenz beanspruchen können. Wegen der multifaktoriellen Wirkungsbeziehungen ist es indes schwierig beziehungsweise unmöglich, den Wirkungsbeitrag – also die situative Bedeutung – eines einzelnen Einflussfaktors zu isolieren. Als wichtige Faktoren spielen eine Rolle:

- die Unternehmensgröße (im Hinblick auf die Ausdifferenzierung und Spezialisierung der Beschaffungsaktivitäten),
- das Beschaffungsprogramm (je breiter, desto heterogener die Lieferantenstruktur),
- die technologische Dynamik der Beschaffungsmärkte (je dynamischer, desto flexibler müssen die Strukturen sein),
- konkurrenzverhältnisse auf der Lieferantenseite (je intensiver die Wettbewerbsbeziehungen, desto aktiver müssen die Lieferanten agieren à Käufermarktsituation),
- die Infrastruktur der Beschaffungsmärkte (je besser institutionell entwickelt, desto standardisierter können die Beschaffungsaktivitäten abgewickelt werden).

Für die Binnenstrukturierung der Einkaufs- beziehungsweise Beschaffungsorganisation orientieren sich Industriebetriebe vorzugsweise an der Unterscheidung von Beschaffungseinheiten für die Produktions- und die Nichtproduktionsmaterialien. Zur weiteren strukturellen Untergliederung werden dann Materialgruppen herangezogen, um das Spezialwissen einzelner Einkäufer und ihrer Teams nutzen zu können. Alternative interne Organisationskriterien sind:

- regionale Differenzierung des Einkaufs (Inland/Ausland),
- produktgruppenorientierte Einkaufsstrukturen,
- abnehmerorientierte Gestaltung des Einkaufs,
- funktionale Untergliederung (Marktforschung, Bedarfsermittlung, Contracting, Qualitätssicherung, Claims-Management).

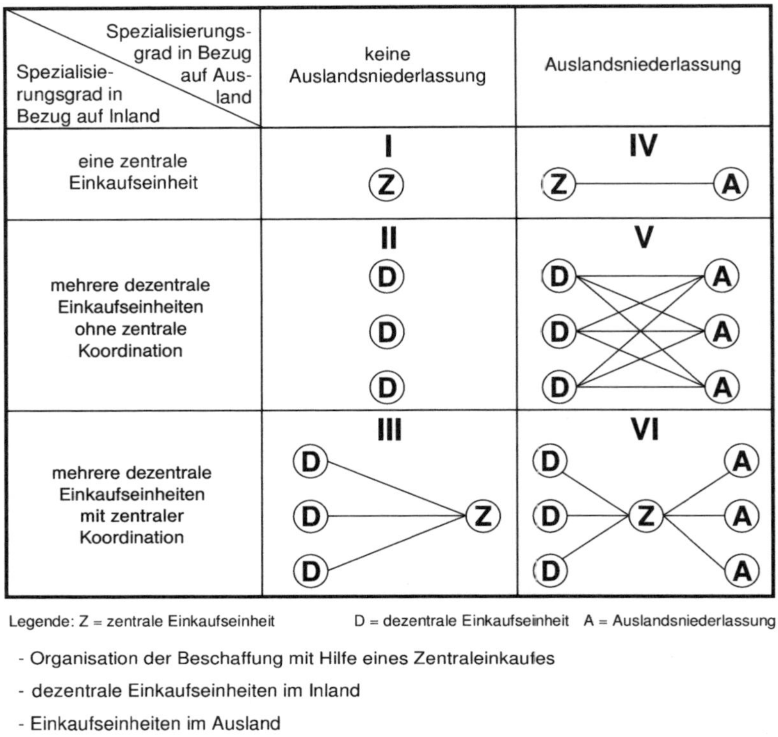

Spezialisierungsgrad in Bezug auf Inland \ Spezialisierungsgrad in Bezug auf Ausland	keine Auslandsniederlassung	Auslandsniederlassung
eine zentrale Einkaufseinheit	I — Z	IV — Z—A
mehrere dezentrale Einkaufseinheiten ohne zentrale Koordination	II — D, D, D	V — D=A, D=A, D=A (vernetzt)
mehrere dezentrale Einkaufseinheiten mit zentraler Koordination	III — D,D,D → Z	VI — D,D,D → Z → A,A,A

Legende: Z = zentrale Einkaufseinheit   D = dezentrale Einkaufseinheit   A = Auslandsniederlassung

- Organisation der Beschaffung mit Hilfe eines Zentraleinkaufes
- dezentrale Einkaufseinheiten im Inland
- Einkaufseinheiten im Ausland

Abb. 3.1: Organisationsformen des Einkaufs

Gestaltungsansätze im Hinblick auf einzelne Geschäftseinheiten sind:

- Organisation eines Unternehmens nach Funktionsbereichen (Einkauf neben Produktion, Marketing, F&E),
- Prozessorganisation des Einkaufs,
- Projektorganisation für zeitlich und aufgabenmäßig limitierte Einkaufsaktivitäten (beispielsweise Matrixprojektorganisation im Hinblick auf einen neuen Fabrikstandort im Ausland oder für ein neu gegründetes Joint Venture).

Wenn ein Unternehmen verschiedene Geschäftseinheiten zu führen und zu koordinieren hat, dann stellen sich folgende Organisationsaufgaben (vgl. Abbildung 3.1):

1. Gestaltung der Geschäftsbereichsorganisation mit Festlegung gegebenenfalls eines zentralen Einkaufsbereiches beispielsweise mit Anweisungskompetenz, als Koordinator oder als Serviceanbieter, Materialgruppenmanagement und Lead-Buying-Konzept;
2. Gestaltung einer Holding-Organisation und Festlegung des Zentralisierungsgrades;
3. Gestaltung von Konzernstrukturen;
4. organisatorische Einbindung von Einkaufseinheiten im Ausland.

Im Hinblick auf die Einkaufsaufgaben stehen hier insbesondere auch Fragen der Unternehmensverfassung im Vordergrund, soweit rechtlich selbstständige Unternehmenseinheiten unter einem Konzerndach vereint sind (beispielsweise Haftungsfragen, Verrechnungspreise, Interessenwahrung für unterschiedliche Shareholder).

Schließlich ergeben sich organisatorische Gestaltungsanforderungen im Hinblick auf die Schaffung unternehmensübergreifender Elemente von Einkaufsorganisationen, die gewissermaßen zwischen »Hierarchie« und »Markt« als elastische Institutionen angesiedelt sind, um Kooperationsvorteile zu realisieren (vgl. Arnold/Eßig, 1997). Williamson (1990) hat diese als Hybridorganisationen bezeichnet.

Prozesssicht

Im Zusammenhang mit der Entwicklung neuer Organisationskonzepte zur Bewältigung der deutlich gestiegenen Komplexität hat sich die betriebswirtschaftliche Forschung, aber auch die Unternehmenspraxis immer stärker der Prozessbetrachtung zugewandt. Im Mittelpunkt der so genannten »Business-Process-Reengineering«-Aktivitäten steht gewissermaßen eine Verschiebung der herkömmlichen Sicht um 90 Grad: Die herkömmliche funktionelle Sicht wird von einer querschnittlichen Prozesssicht überlagert und organisatorische Regelungen den Erfordernissen optimaler Prozessabläufe untergeordnet. Dieses neue Konzept zur effizienten Gestaltung von Unternehmensorganisationen ist auch für den Einkauf zukunftsweisend: der Einkauf auf dem Weg zum Prozessmanagement!

Der Einkauf als Prozessorganisation

Neue Konzepte zur Organisationsgestaltung

Das Kennzeichen »neu« steht bei beschaffungs- beziehungsweise betriebswirtschaftlichen Konzepten zwischenzeitlich eher für modernistisch als für modern. Gleichmäßig wie ein Pendel bewegt sich offenbar die Entwicklung zwischen den organisationalen Extremen Zentralisation und Dezentralisation. Gegenwärtig dominiert »das Paradigma der Neuen Dezentralisation« (Drumm 1996, S. 7). Es geht einher mit einer weitgehenden Verflachung von Hierarchien und setzt auf die Stärkung der Eigenverantwortung aller Unternehmensbereiche. Davon ist in besonderem Maße auch der Einkauf betroffen: Ihm kommt, wie bereits erwähnt, eine zentrale Bedeutung bei der Steuerung aller beschaffungsmarktgerichteten Aktivitäten zu, welche mit zunehmendem Outsourcing bisher selbst erbrachter Wertschöpfungsaktivitäten einhergeht. Gleichzeitig wird die Eigenverantwortung und -steuerung des Einkaufs im Rahmen prozessorientierter Unternehmensführung gestärkt. Prozessmanagement ist der Dreh- und Angelpunkt dessen, was wirklich »neu« ist und dem Einkauf veränderte, nämlich strategisch ausgerichtete Aufgaben zuweist.

Prozesse und Prozessmanagement

Grundlage aller Überlegungen zum Prozessmanagement ist die Tatsache, dass der Geschäftserfolg primär durch zwei Gestaltungsrichtungen verbessert werden kann (Abbildung 3.2): Neben der absatzmarktorientierten Schaffung von Kundennutzen über Produktindividualisierung und Service ist dies die Optimierung von Wertschöpfungsketten, die sowohl intern (Produktion) als auch beschaffungsmarktorientiert und damit unternehmensübergreifend ausgerichtet sind. Die Prozessorientierung setzt an den Optimierungsparametern Kosten, Zeit, Qualität und Flexibilität an. Schwierigkeiten bereitet insbesondere die Tatsache, dass Geschäftsprozesse komplex, nicht linear und sowohl mit anderen internen Prozessen als auch mit Prozessen externer Wertschöpfungspartner vernetzt sind.

Während bei der Restrukturierung noch die Gestaltung von Organisationsbereichen unter Effizienzgesichtspunkten im Mittelpunkt stand, befasst sich Reengineering mit der kundennutzenorientierten Neuausrichtung von Organisationsprozessen, um beide oben genannten Gesichtspunkte zu verknüpfen. Dabei werden bewusst Funktions- und Strukturgrenzen überschritten; es geht

```
                    Geschäfts-
                     erfolg
        ┌──────────────┬──────────────┐
        │ Kundennutzen │  optimierte  │
        │   schaffen   │Wertschöpfungs-│
        │              │    ketten    │
        │      ⇧       │      ⇧       │
        │ - more value │ - Kosten     │
        │ - Service    │ - Zeit/Durchlauf-│
        │ - individuelle│   zeiten    │
        │   Lösungen   │ - Qualität   │
        │              │ - Flexibilität│
        │              │ - Umweltver- │
        │              │   träglichkeit│
        │   Kunden-    │  Prozess-    │
        │ orientierung │ orientierung │
        └──────────────┴──────────────┘
```

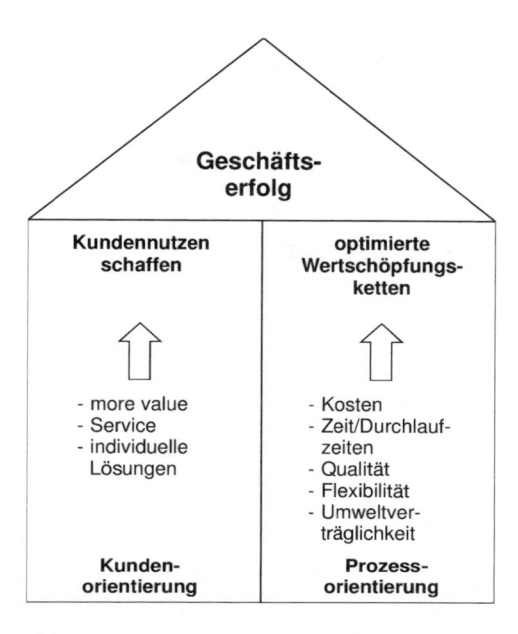

Abb. 3.2: Prozessmanagement und Unternehmenserfolg

um die Optimierung der funktions- und unternehmensübergreifenden Wertschöpfungsketten. An die Stelle einer »Structure-follows-Strategy«-Sicht (Chandler 1962, S. 14) tritt nun »Process follows Strategy« (Osterloh/Frost 1996, S. 7). Im dritten Schritt ist darüber hinaus noch ein Re-Thinking erforderlich, um über die Instrumente »Führungskultur« und »Beteiligung/Commitment« eine Entwicklung der Mitarbeiterpotenziale zu ermöglichen.

Den Ausgangspunkt von Überlegungen zur Prozessorientierung bildet das aus drei Bestandteilen bestehende Prozesssystem (Abbildung 3.3):

```
┌─────────────────────────────────────────────────────────────┬──────────┐
│                      Prozessmanagement                      │          │
├──────────┬──────────┬─────────┬──────────┬───────────┐      │          │
│ Prozess- │ Prozess- │         │Qualitäts-│Time Based │Instru-│
│ kosten-  │ bench-   │ Anreiz- │manage-   │Manage-    │mente  │
│ rechnung │ marking  │ systeme │ment      │ment       │       │
├──────────┴──────────┴─────────┴──────────┴───────────┘      │          │
│                      Prozessnetzwerk                        │          │
│          ┌─1─⟩ ┌─2─⟩ ┌─3─⟩ ┌─4─⟩ ┌─5─⟩                      │          │
└─────────────────────────────────────────────────────────────┴──────────┘
```

Abb. 3.3: Prozesssystem

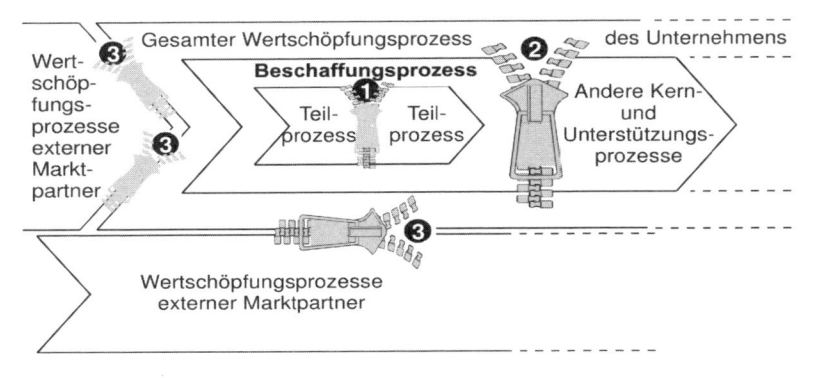

Prozessmanagement im Einkauf als Nahtstellen-, nicht Schnittstellenmanagement

❶ ... zwischen den Teilprozessen des Beschaffungsmanagements

❷ ... zu den anderen unternehmensinternen Kern- und Unterstützungsprozessen

❸ ... zu den Wertschöpfungsprozessen externer Marktpartner (Lieferanten, Outsourcing-Partner)

Abb. 3.4: Nahtstellenmanagement im Einkauf

Das Prozessnetzwerk steht für die Verknüpfung von internen und externen (Teil-) Prozessen, die zu einem gesamten Wertschöpfungsprozess aggregiert werden müssen. Zuständig für diese Verknüpfung und die Steuerung von Knoten und Kanten im Netzwerk ist das Prozessmanagement, dem dafür eine Reihe von Instrumenten zur Verfügung stehen müssen, welche im Folgenden teilweise noch detailliert erläutert werden. Neben der Prozesskostenrechnung und dem Prozessbenchmarking sind dies insbesondere Anreizsysteme für die beteiligten Akteure sowie Qualitäts- und Zeitmanagement für die Realisierung von Zeitvorteilen (Economies of Speed).

Der Ansatz des Business Reengineering greift für ein umfassendes Prozessmanagement meist zu kurz. So ist er eher operativ ausgerichtet, wird häufig aber trotzdem als Strategieersatz ge- oder missbraucht. Primär stehen interne Prozessabläufe im Mittelpunkt und vorherrschendes Beurteilungskriterium ist die Effizienz im Sinne einer mechanistischen Input-Output-Beziehung. Die Identifikation und Analyse bisheriger Prozesse und Prozessschritte macht es möglich, Leistungstransparenz herzustellen und Ansatzpunkte für die Reduzierung von Komplexität zu liefern. Dabei sind zwei Prozessebenen zu trennen: Neben den innerbetrieblichen Prozessen (Managementprozesse, Unterstüt-

Entscheidungstatbestände der 1. Prozessebene

Ressourcen: Humankapital, Führungskapital, Sachkapital

Prozesssystem: Managementprozesse, Prozessnetzwerk, Unterstützungsprozesse

Kompetenzen: Kompetenzen, Kundennutzen, Kompetenzen, Kernkompetenzen

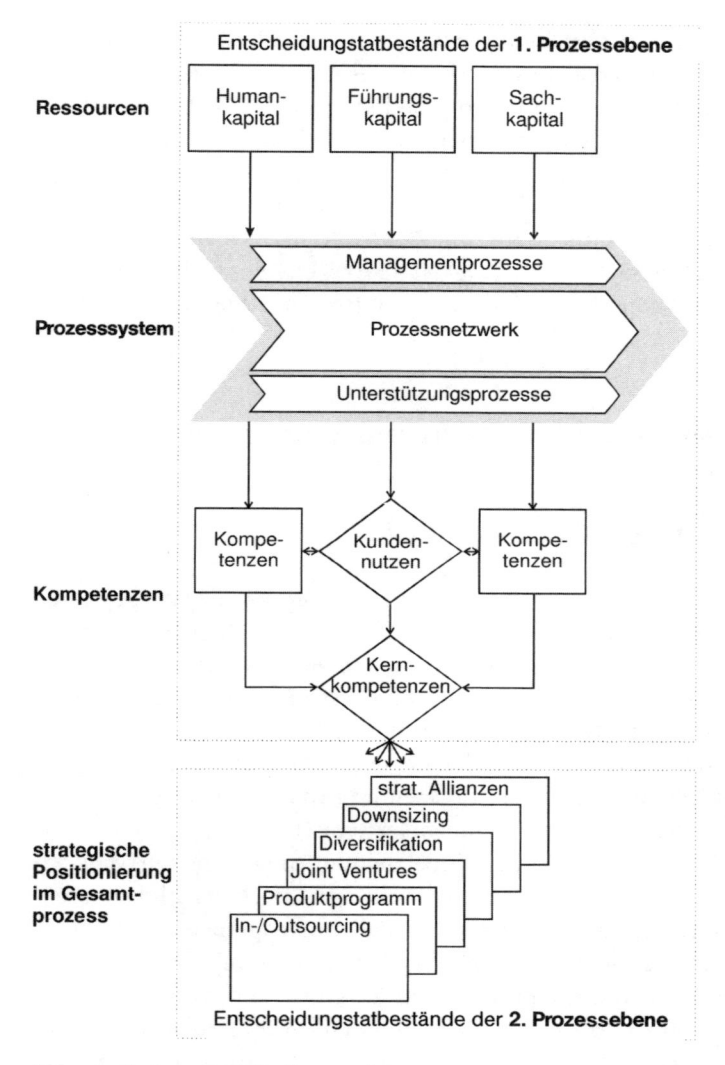

strategische Positionierung im Gesamtprozess: strat. Allianzen, Downsizing, Diversifikation, Joint Ventures, Produktprogramm, In-/Outsourcing

Entscheidungstatbestände der 2. Prozessebene

Abb. 3.5: Erste und zweite Prozessebene

zungsprozesse und klassische Leistungsprozesse: erste Prozessebene) sind es insbesondere auch die Nahtstellen zu Wertschöpfungsprozessen anderer, vor- und nachgelagerter Marktpartner (zweite Prozessebene), welche die Stellung innerhalb der gesamten Wertschöpfungskette bestimmen (Abbildung 3.4).

Ausgehend von den zur Verfügung stehenden finanziellen und personellen Ressourcen zeigt sich die Leistungsfähigkeit des eigenen Prozesssystems in der Fähigkeit, Kundennutzen zu stiften (Abbildung 3.5, vgl. Gaitanides/Sjurts 1995, S. 67). Nur spezifische Kernkompetenzen machen die Existenzberechtigung und damit letztlich auch die eigene Stellung im gesamten Wertschöpfungsprozess aus. Aus diesen Kernkompetenzen lassen sich dann auch Entscheidungen über die Einschränkung (Outsourcing, Downsizing) oder Ausweitung der eigenen Geschäftätigkeit über eigene Ressourcen (Diversifikation) oder über Kooperationsaktivitäten (strategische Allianzen, Joint Ventures) ableiten.

Prozessmanagement als Nahtstellenmanagement des Einkaufs

Elemente des Nahtstellenmanagements

Das Prozessmanagement im Einkauf ist zuständig für das Management von Nahtstellen (a) zwischen den Teilprozessen des Beschaffungsmanagements, (b) zu den anderen unternehmensinternen Kern- und Unterstützungsprozessen sowie (c) zu den Wertschöpfungsprozessen externer Marktpartner (Lieferanten, Outsourcing-Partner). Gerade der letzte Teilbereich ist zentrales Element aller Entscheidungen über die eigene Stellung in der zweiten Prozessebene. Hier liegt die originäre Aufgabe eines strategisch ausgerichteten Einkaufs, der die auf den Beschaffungsmärkten zur Verfügung stehenden Ressourcen (Güter) zu prüfen und in Entscheidungen des eigenen Managements einzubringen hat. Die Definition der eigenen Geschäftätigkeit ist als »Business Scope Redefinition« Teil des Nahtstellenmanagements im Einkauf und im gesamten Unternehmen (Abbildung 3.6). Generell gilt, dass nur Kernprozesse, die letztlich die eigenen Wettbewerbsvorteile begründen, selbst erbracht werden sollten. Alle anderen »ubiquitären« Peripherieprozesse können zu externen Partnern mit höherer Spezialisierung verlagert werden.

Den zweiten Schwerpunkt des Nahtstellenmanagements bildet die Neugestaltung der Geschäftsprozesse selbst (Business Process Redesign). Die Unterteilung in direkt wertschöpfende, produktbezogene Prozesse und lediglich indirekt wertschöpfende, unterstützende Prozesse führt zu klaren Handlungsempfehlungen bezüglich der eigenen Stellung innerhalb der gesamten, unternehmensübergreifenden Wertschöpfungskette. Für direkt wertschöpfende Kernprozesse ist die Eigenerstellung ebenso zwingend wie die vollständige

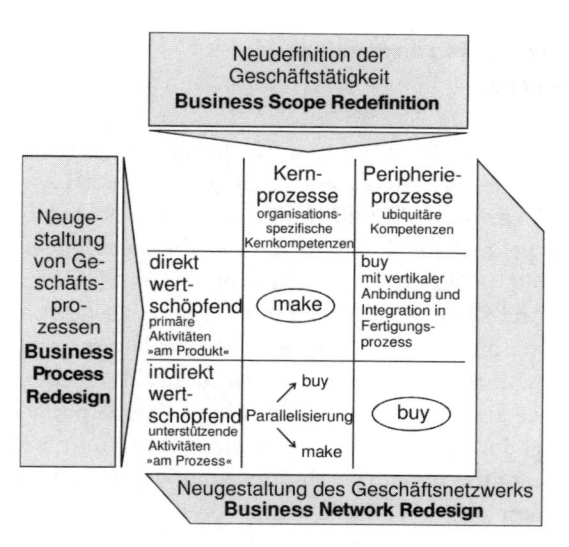

Abb. 3.6: Elemente des Nahtstellenmanagements

Auslagerung indirekt wertschöpfender Peripherieprozesse. Bei indirekt wertschöpfenden Kernprozessen empfiehlt sich die Parallelisierung als eine Art Double-Sourcing-Strategie, die sowohl den Rückgriff auf eigene Ressourcen (Eigenerstellung) als auch auf externe Marktpartner zulässt, um das Versorgungsrisiko gering zu halten. Sollten direkt wertschöpfende Prozesse nicht durch eine hohe Spezifität gekennzeichnet sein, können sie vom Markt bezogen werden. Wegen ihres direkten Wertbeitrages empfiehlt es sich jedoch, mit dem Lieferanten eine enge Partnerschaft einzugehen, um Nahtstellenprobleme in beispielsweise der Zeit- und Kapazitätsplanung gering zu halten. Dies liefert die Begründung für die Strategie des Supplier Relationship Management (SRM).

Insgesamt stellen Business Scope Redefinition und Business Process Redesign die Grundlage für den dritten Schritt des Nahtstellenmanagement, die Neugestaltung des Geschäftsnetzwerkes (Business Network Redesign) dar. Wie bereits oben ausgeführt, ergeben sich neue Formen der Arbeitsteilung mit Lieferanten und unterstützenden Unternehmen (Dienstleister, Provider); dies unterstreicht die zentrale Rolle des Einkaufs im Rahmen des Prozess- und Nahtstellenmanagements.

Gestaltung der Nahtstellen zu Marktpartnern
(Business Network Redesign)

Mit zunehmendem Grad der Arbeitsteilung und Spezialisierung sinken zwar die reinen Produktionskosten pro Stück, was letztlich auf Spezialisierungsvorteile durch Fixkostendegressions- und Erfahrungskurveneffekte zurückzuführen ist. Andererseits nehmen die Kosten für die zwischenbetriebliche Abstimmung zu (vgl. Abschnitt 1). Zu diesen Transaktionskosten gehören beispielsweise Informations- und Kommunikationskosten, aber auch Anpassungskosten, die durch die Verbindung und Abstimmung von zwei (oder mehreren) Unternehmen entstehen, und schließlich die Kosten der nachträglichen Anpassung von Verträgen sowie die Kontrollkosten. Der ökonomisch optimale Grad der Arbeitsteilung liegt dort, wo die Gesamtkosten ihr Minimum erreichen. Letztlich trägt der Einkauf mit seinem beschaffungsmarktspezifischen Wissen dazu bei, diese Kostenkurven zu bestimmen und somit ein optimales Business Network Redesign erreichen zu können (Abbildung 3.7).

Dabei steht neben den beiden Extremformen Markt und Hierarchie noch ein breites Spektrum so genannter hybrider Transaktions- beziehungsweise Steuerungsdesigns zur Verfügung. Hauptkriterium für die Wahl der transaktionskostenminimalen Institution ist die Spezifität (Abbildung 3.8). Für Standardgüter und -prozesse mit geringer Spezifität bietet sich der klassische Fremdbezug über Spot-Geschäfte an. Den Gegenpol stellen Güter höchster Spezifität dar. In ihnen steckt letztlich das, was die Kernkompetenz eines Unternehmens ausmacht. In diesem Fall scheidet der Fremdbezug aus, zumal marktliche Koordinationsmechanismen jetzt aufgrund des extrem hohen Abstimmungsbedarfs enorme Transaktionskosten verursachen würden.

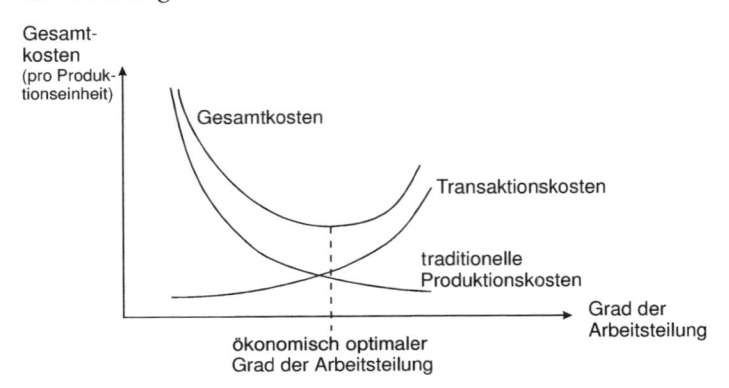

Abb. 3.7: Optimaler Grad der Arbeitsteilung (Business Network Redesign I)

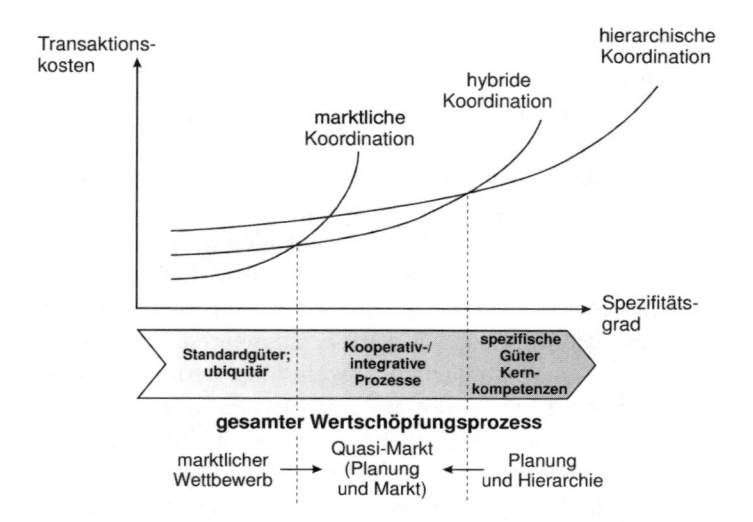

Abb. 3.8: Optimale Transaktionsdesigns (Business Network Redesign II, in Anlehnung an Williamson, 1991)

Weniger eindeutig stellt sich die Situation für Prozesse und Güter mittlerer Spezifität dar. Diese können zwar einerseits von externen Marktpartnern bezogen werden, andererseits ist eine enge Abstimmung über hierarchische Elemente wie beispielsweise Produktionspläne erforderlich. Dies ist im Kraftfahrzeugbau beispielsweise bei kompletten Cockpitmodulen der Fall. Einerseits sind die enthaltene Technologie und das damit verbundene Prozess-Know-how ubiquitär; andererseits werden diese Cockpits typen- beziehungsweise modellspezifisch konstruiert und gefertigt. Als Lösung bietet sich hier die Hybridform aus Markt und Hierarchie in Form vertikaler Kooperationen mit Zulieferern (beispielsweise als Early Supplier Involvement, Factory-within-a-Factory-Systemen und Just-in-Time-Lieferungen) an. Solche Hybridformen werden auch installiert, wenn bislang interne Funktionen marktlichem Wettbewerb ausgesetzt werden. So vergleicht man einzelne Fertigungsbereiche im Rahmen des so genannten Profit-Center-Konzepts ständig mit den Kostenstrukturen externer Lieferanten und untersucht damit ihre Leistungsfähigkeit (Ansatz des Market Testing). Unterstützungsfunktionen wie die Informationswirtschaft/EDV bieten ihre Leistungen auch Dritten an.

Die Gestaltung der Nahtstelle zu externen Marktpartnern mit Hilfe hybrider Kooperationsstrukturen ist der geeignete Weg, Flexibilität zu erlangen und ein wirkungsvolles Netzwerk zu schaffen. Im Rahmen einer empirischen

Untersuchung in Zusammenarbeit mit dem Center for Advanced Purchasing Studies (CAPS) in Tempe/USA, einer Einrichtung, die gemeinschaftlich von der National Association of Purchasing Management (NAPM) und der Arizona State University getragen wird, konnte der Lehrstuhl Investitionsgütermarketing und Beschaffungsmanagement an der Universität Stuttgart deutsche Unternehmen zu ihren Anstrengungen bezüglich Business Network Redesign befragen. Auf einer Skala von 1 (»nicht vorhanden«) bis 7 (»vorhanden«) zeigte sich ein hoher Implementierungsstand von Early-Supplier-Involvement-Programmen im Entwicklungsbereich (50 Prozent aller Befragten gaben Werte über 3 an), während formale Partnerschaftsprogramme noch nicht so häufig installiert sind (lediglich 38 Prozent aller Befragten gaben Werte über 3 an). Gleichzeitig wurden Befunde zur Ausweitung des marktlichen Aktionsradius im Rahmen von Global Sourcing als Teil des Business Network Redesign gewonnen. Derzeit stellen die Bundesrepublik Deutschland mit 66 Prozent und das restliche Westeuropa mit 19 Prozent noch den größten Anteil am gesamten Beschaffungsvolumen – vor den USA (5 Prozent), Osteuropa ohne GUS-Staaten mit 4 Prozent, Asien ohne Japan (1 Prozent), GUS-Staaten (1 Prozent) und anderen Ländern mit 1 Prozent. Während der Anteil Deutschlands nach Meinung von 89 Prozent der befragten Einkaufsleiter sinken wird, steigen insbesondere die Anteile Osteuropas (70 Prozent der Befragten), Asiens (83 Prozent der Befragten) und der GUS-Staaten (46 Prozent).

Gestaltung der Nahtstellen zu internen Prozesspartnern (Business Process Redesign)

Bei der Gestaltung der Nahtstellen zu internen Prozesspartnern (Business Process Redesign) ist es vordringlichste Aufgabe des Beschaffungsmanagements, die Einkaufsprozesse gemäß den Anforderungen der Bedarfsträger zu definieren. Diese Anforderungen (Process Requirements) ermöglichen dann auch eine verursachungsgerechte Zuordnung der Prozesskosten. Konkret besteht ein Verrechnungssystem für Prozesskosten aus drei Schritten: Im ersten Schritt werden die qualitativen (Leistungsarten wie beispielsweise Stammsatzpflege, Rahmenverträge, Beschaffung aus Niedriglohnländern) und die quantitativen Aspekte (Leistungstiefe, Kostentreiber, Mengengerüst, Kapazitäten für Zusatzleistungen) der Beschaffungsprozesse definiert. Schritt zwei umfasst die Berechnung eines festen Kostensatzes pro Beschaffungsprozess beziehungsweise Leistungsart auf Basis der erhobenen Daten, damit dann im dritten Schritt eine Zurechnung zu den jeweiligen Bedarfsträgern beziehungsweise deren Process Requirements erfolgen kann. Natürlich ist es auch möglich, die Beschaffungsprozesse selbst auf andere Leistungsträger auszulagern. In der oben genannten empirischen Untersuchung hat sich jedoch gezeigt, dass die Auslagerung von Beschaffungsaufgaben an Dritte mit einem Mittelwert von 1,5 (auf einer Skala von 1 = vollständige Eigenleistung [»make«] bis 7 = vollständige Auslagerung [»buy«]) beziehungsweise an andere interne Funktionen mit 2,6 weit unter dem Outsourcing bei EDV (3,2) und bei bislang selbst erstellten Gütern und Dienstleistungen (3,6) liegt.

Steuerungsinstrumente für das Prozessmanagement im Einkauf

Prozesskonforme Strategiegestaltung

Das bereits oben angesprochene Prinzip des »Process follows Strategy« ist durchaus auch spiegelbildlich zu sehen. So wie die Prozessgestaltung mit der Unternehmensstrategie in Einklang zu bringen ist, muss auch die Beschaffungsstrategie prozesskonform sein. Zentrales Hilfsmittel ist dabei die so genannte Sourcing-Toolbox (Abbildung 3.9).

Die Einkaufsstrategie setzt sich aus einer Reihe von einzelnen Strategieelementen zusammen, welche die Zahl der Lieferanten, die Gestaltung des Beschaffungsobjektes, die Ausdehnung des Marktareals, die zeitliche Komponente, die Form des beschaffenden Subjekts, den Wertschöpfungsort und

Lieferant (L)	sole	single	dual	multiple
Beschaffungsobjekt (O)	unit	modular		system
Beschaffungsareal (A)	local	domestic		global
Beschaffungszeit (Z)	stock	demand tailored		just-in-time
Beschaffungssubjekt (S)	individual		collective	
Wertschöpfungsort (W)	external		internal	
E-Application (E)	Non-E-Procurement	E-Coordination	E-Procurement	E-Collaboration

Abb. 3.9: Sourcing-Toolbox (vgl. Arnold 1997, S. 124)

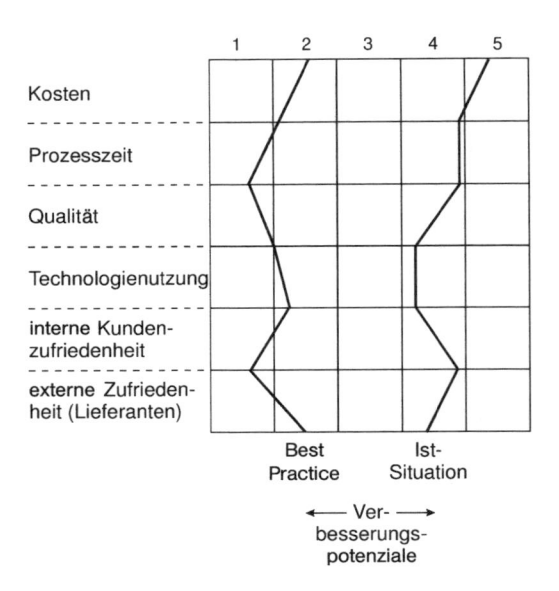

Abb. 3.10: Prozess-Benchmarking

den Einsatz von E-Sourcing-Instrumenten betreffen. Jeder dieser Bereiche umfasst mindestens zwei Ausprägungen, von denen jeweils die prozessspezifisch günstigere auszuwählen ist. Beispielsweise bietet sich für den Bezug kompletter Systeme im Rahmen des System Sourcing (Beschaffungsobjekt) die gezielte Entwicklungs- und Fertigungszusammenarbeit mit nur einem Lieferanten an (Single Sourcing), der dann zwar weltweit gesucht werden muss (Global Sourcing), jedoch aufgrund der hohen Kapitalbindung Teile Just-in-Time anliefern sollte (Beschaffungszeit). Um diesen scheinbaren Widerspruch aufzuheben, ist dessen Wertschöpfung »vor Ort« beim Abnehmer beispielsweise durch Ansiedlung einer eigenen Endmontagelinie im Rahmen von Internal Sourcing (Factory-within-a-Factory-System) zu erbringen (vgl. Arnold/Scheuing 1997, S. 81ff.). Eine horizontale Kooperation des Abnehmers mit anderen Beschaffern (Collective Sourcing) ist wegen der hohen Teilespezifität wohl nicht möglich.

Prozess-Benchmarking

Zentrales Instrument für die Analyse der Leistungsfähigkeit eigener Einkaufsprozesse ist das Prozess-Benchmarking. Ausgangspunkt ist die Aufstellung von geeigneten Mess- beziehungsweise Leistungskriterien wie beispielsweise Kosten, Prozesszeit, Qualität, interne und externe Kundenzufriedenheit (vgl. Abbildung 3.10). Versehen mit einer Skala (im Beispiel der Abbildung von 1 = sehr gut bis 5 = ungenügend) wird der eigene Prozess bewertet. Diese Eigenbewertung ist nun mit den »Best-Practice«-Prozessen zu vergleichen. Als Vergleichspartner bieten sich ähnliche Prozesse anderer Bereiche im divisionalisierten Unternehmen (internes Benchmarking) oder unternehmensexterne Vergleiche an. Dabei ist externes Benchmarking (a) mit der Konkurrenz, (b) innerhalb der Branche und/oder (c) außerhalb der Branche (Best Industry/Leading Edge Approach) möglich (vgl. Homburg/Werner/Englisch 1997, S. 50f.). Erst dieser Vergleich offenbart Verbesserungspotenziale innerhalb der eigenen Prozessorganisation.

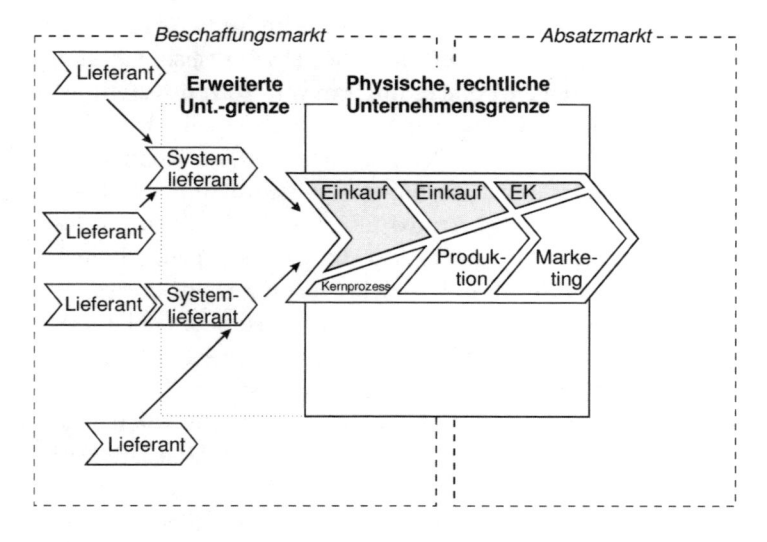

Abb. 3.11: Einkauf als prozessorientiertes Netzwerkmanagement

Neue Aufgabe des Einkäufers:
Mehrwert für das Unternehmen schaffen

Durch die Prozessorientierung ergeben sich grundlegend neue Aufgaben für Einkäufer und das Beschaffungsmanagement. Die ursprünglich starre Unternehmensgrenze zu den Beschaffungsmärkten wird erweitert (vgl. Abbildung 3.11). Systemlieferanten sind zwar einerseits klassische Marktpartner, werden durch ihre intensive Einbindung in Entwicklungs- und Fertigungsprozesse aber quasi-internalisiert. Durch diese frühe Einbindung ist die Rolle des Einkaufs nicht nur beschaffungsmarktorientiert; zunehmend beeinflusst er auch Entscheidungen bezüglich der Fertigung (In- versus Outsourcing) und wird sogar in Absatzmarketingprozesse eingebunden, um Kundenwünsche frühzeitig als Lieferantenanforderungen definieren zu können. Der Einkauf entwickelt sich zum prozessorientierten Management von Lieferantennetzwerken.

Die Schaffung von Mehrwert für das eigene Unternehmen steht dabei im Mittelpunkt der zukünftigen Aufgaben von Einkäufern. Fundamental dafür ist das Verständnis des Wertenetzes. In vertikaler Richtung umfasst es auf der Absatzseite die Kunden, auf der Beschaffungsseite die Lieferanten. In horizontaler Richtung existieren einerseits Komplementoren, andererseits Konkurrenten. Von Komplementoren spricht man, wenn es für einen Lieferanten attraktiver ist, diesen zusätzlich zum bisher abnehmenden Unternehmen zu beliefern (vgl. Nalebuff/Brandenburger 1996, S. 31). Grundgedanke sind dabei Skaleneffekte, die bei einer Volumenbündelung beziehungsweise -erhöhung entstehen und vom Lieferanten an Kunden in Form von Nutzensteigerungen und Kostensenkungen weitergegeben werden können. Dabei ist durchaus denkbar, dass beschaffungsseitige Komplementoren absatzseitig Konkurrenten sind. Die Strategie der horizontalen Einkaufskooperation wurde in der Industrie bislang weitgehend vernachlässigt (vgl. Arnold/Eßig 1997, S. 1). Sie stellt jedoch nur eine Möglichkeit dar, die Leistungsfähigkeit von Lieferanten zu erhöhen.

Neue Lieferanten stellen aus Sicht eines Abnehmers immer eine erwünschte Wettbewerbsintensivierung dar. Dabei genügt es oftmals, potenzielle Lieferanten ins Spiel zu bringen: Schon allein die Androhung neuer Konkurrenten kann etablierte Lieferanten zu einer Erhöhung ihrer Leistungsfähigkeit veranlassen. Aufgabe des Einkäufers ist es dann natürlich, solche potenziellen Lieferanten für ihr »Mitspielen« zu entlohnen. Steht diese Alternative aufgrund marktlicher Gegebenheiten nicht zur Verfügung, ist – entgegen den üblichen Outsourcing-Trends – durchaus die Alternative einer Eigenfertigung zu prüfen, um den gewünschten Wettbewerb zu schaffen.

Fallbeispiel: Materialgruppenmanagement des Carl-Zeiss-Konzerns

Die Carl-Zeiss-Stiftung ist alleinige Eigentümerin der beiden Stiftungsunternehmen Carl Zeiss und Schott Glaswerke. Letztere sind für die Führung einer Vielzahl von Tochterunternehmen zuständig, die mit ihnen gemeinsam die Zeiss Gruppe beziehungsweise den Schott Konzern bilden (vgl. Abbildung 3.12).

Der Konzern ist unter anderem in den Branchen Spezialgläser und Glaskeramik tätig und erwirtschaftete im Geschäftsjahr 2004/2005 einen Umsatz von über 2,2 Milliarden Euro. Jeder Unternehmensbereich setzt sich aus mehreren Geschäftsbereichen zusammen, die in der Regel als selbstständige Tochtergesellschaften firmieren.

Die Beschaffungsverantwortung liegt weitgehend bei den Grundeinheiten und ist damit sehr stark dezentralisiert. Der damit verbundene Verlust an

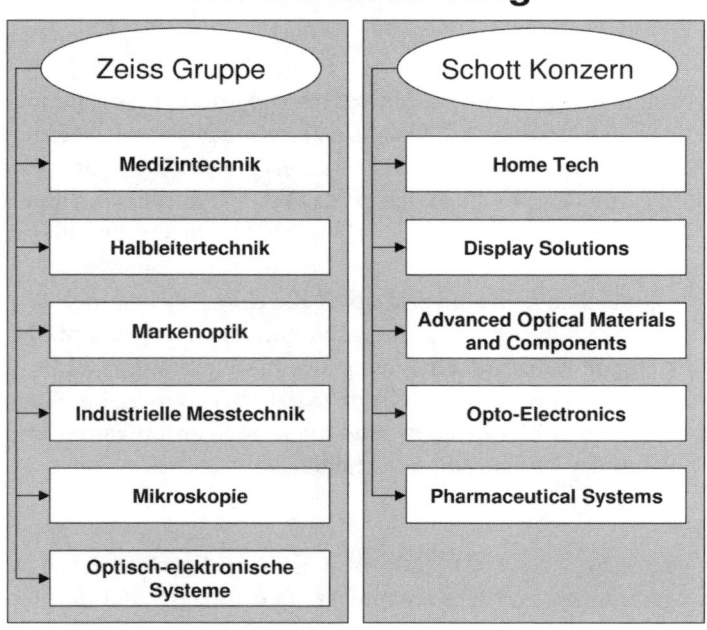

Abb. 3.12: Struktur des Carl-Zeiss-Konzerns

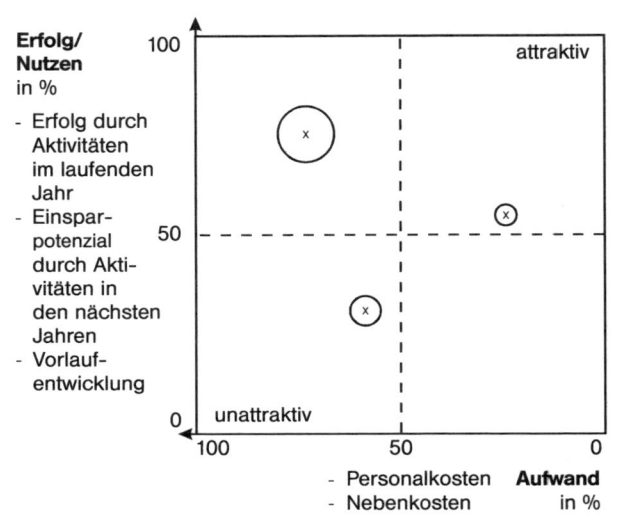

Erfolg/Nutzen in %
- Erfolg durch Aktivitäten im laufenden Jahr
- Einsparpotenzial durch Aktivitäten in den nächsten Jahren
- Vorlaufentwicklung

Aufwand in %
- Personalkosten
- Nebenkosten

Durchmesser ≙ Beschaffungsvolumen

Abb. 3.13: MGM-Portfolio (Kalbfuß 1996, S. 30)

Skaleneffekten soll durch ein gemeinsames Materialgruppenmanagement (MGM) der Grundeinheiten des Carl-Zeiss-Konzerns ausgeglichen werden.

Zentrales Planungsinstrument für die Einrichtung eines objektspezifischen MGM-Teams und damit für die Objektziele ist das MGM-Portfolio, das einen Kosten-Nutzen-Vergleich ermöglicht und attraktive MGM-Objekte identifiziert (vgl. Abbildung 3.13).

Teilnehmende Organisationen sind prinzipiell alle *Grundeinheiten* des Konzerns beziehungsweise deren Beschaffungsabteilungen. Für jedes MGM-Team werden diejenigen Konzerntöchter ausgewählt, welche aufgrund ihrer Bedarfsstruktur möglichst große Skaleneffekte realisieren können. Beteiligte Personen in den einzelnen MGM-Teams sind die jeweiligen Einkäufer und Techniker der dezentralen Organisationseinheiten.

Organisation

Als Lenkungsausschuss des MGM fungiert der *MGM-Ausschuss*. Er ist als höchstes Leitungsgremium mit den entsprechenden Einkaufsvollmachten ausgestattet und übt die Gesamtaufsicht aus. Der MGM-Ausschuss besteht aus den beiden Leitern der zentralen Einkaufsbereiche auf Gruppenebene.

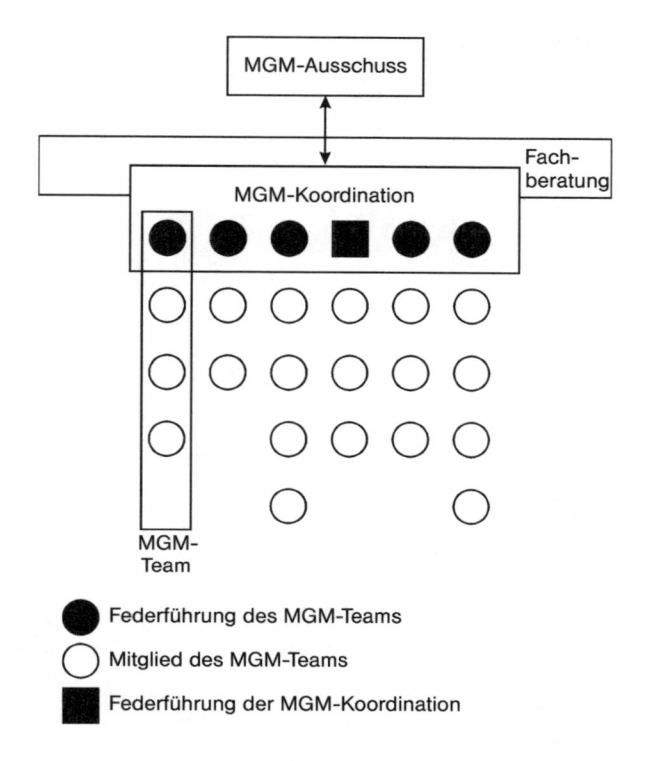

Abb. 3.14: MGM-Struktur (Kalbfuß 1996, S. 29; Unger 1994, S. 162)

Die Projekt-Arbeitsgruppen konstituieren sich in Form der *MGM-Teams*. Diese bestehen aus insgesamt fünf bis sieben Mitgliedern, die jeweils aus den beteiligten Grundeinheiten des Carl-Zeiss-Konzerns stammen. In jedem MGM-Team wird ein spezifischer Objektbedarf gebündelt und bearbeitet.

Die Teammitglieder wählen aus ihrer Mitte einen Teamleiter. Er und ein zweites Teammitglied sind mit *konzernweit gültigen Vollmachten* für den in ihrem MGM-Team bearbeiteten Objektbedarf ausgestattet und somit legitimiert, Rahmenverträge für den gesamten Konzern zu unterzeichnen. Bindeglied zwischen MGM-Teams und MGM-Ausschuss ist die *MGM-Koordination*, welche aus den Federführern der MGM-Teams besteht. Bei Bedarf kann sie zudem auf Fachberatung wie zum Beispiel bezüglich Controlling, Beschaffungsmarketing, Logistik, Betriebsorganisation zurückgreifen.

Alle Mitarbeiter können *Ideen* für ein MGM-Team entwickeln, die sich auf Materialgruppen und/oder Logistikprozesse erstrecken. Der Vorschlag wird

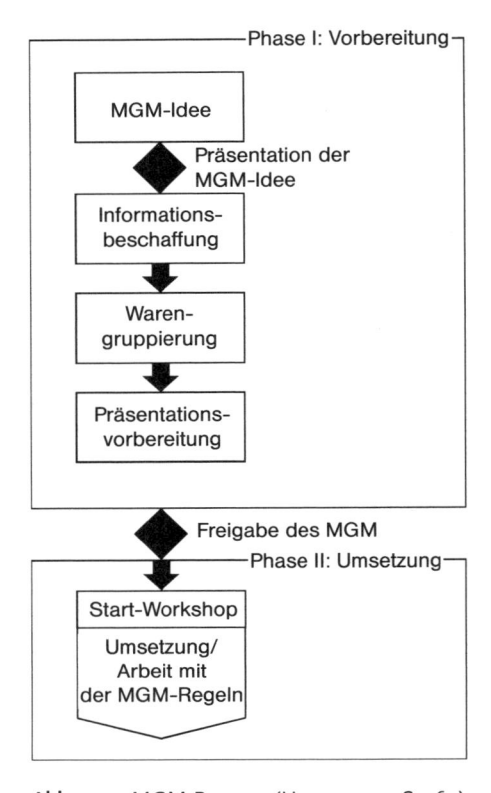

Abb. 3.15: MGM-Prozess (Unger 1994, S. 164)

in einer Grobskizze dargestellt und dem MGM-Ausschuss präsentiert. Dieser entscheidet dann unter anderem auf Basis des oben dargestellten MGM-Portfolios über die Aufnahme der Vorbereitungsarbeiten, insbesondere über die Freigabe der dazu erforderlichen Ressourcen. Anschließend erfolgt die *Informationsbeschaffung* über Materialien, Lieferanten, Prozessabläufe und Beschaffungsvolumen bei den in Frage kommenden dezentralen Beschaffungsbereichen der Grundeinheiten/Tochtergesellschaften des Carl-Zeiss-Konzerns.

Besondere Sorgfalt wird auf die *Materialgruppierung* gelegt. Dazu existiert ein konzernweiter Materialgruppenrahmen, der die wesentliche Grundlage für die Arbeit darstellt und eine einheitliche DV-technische Informationsverarbeitung gewährleistet. Die Ergebnisse der bisherigen Arbeit (Aufgabenbeschreibung, Organisation und Aufgabenverteilung zwischen den Grundeinheiten, Kosten-Nutzen-Schätzung) werden dem MGM-Ausschuss präsentiert,

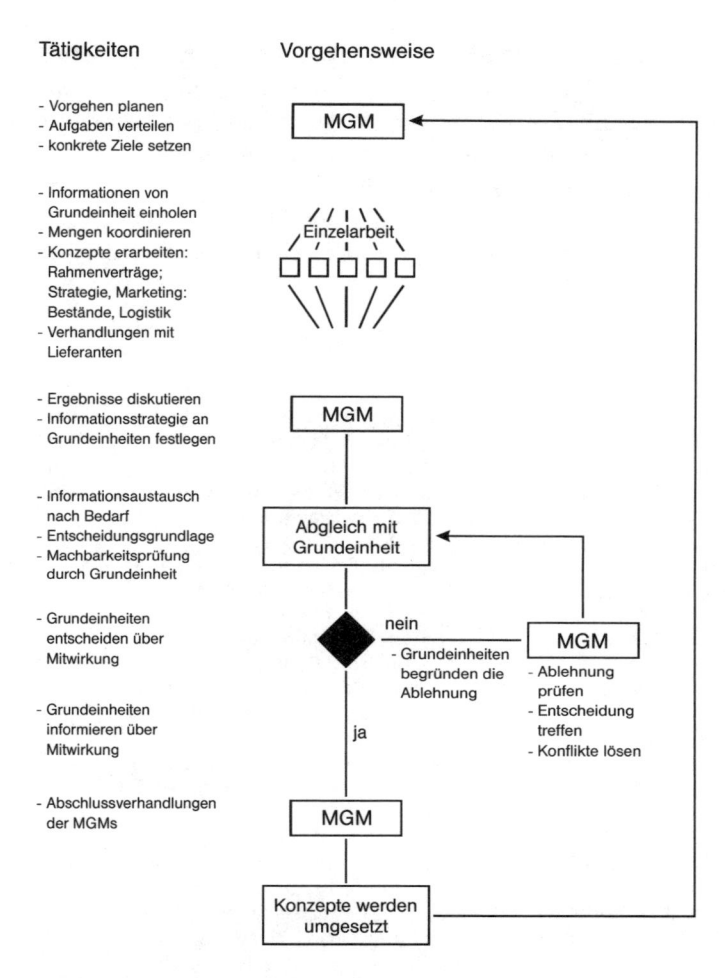

Tätigkeiten	Vorgehensweise
- Vorgehen planen - Aufgaben verteilen - konkrete Ziele setzen	MGM
- Informationen von Grundeinheit einholen - Mengen koordinieren - Konzepte erarbeiten: Rahmenverträge; Strategie, Marketing: Bestände, Logistik - Verhandlungen mit Lieferanten	Einzelarbeit
- Ergebnisse diskutieren - Informationsstrategie an Grundeinheiten festlegen	MGM
- Informationsaustausch nach Bedarf - Entscheidungsgrundlage - Machbarkeitsprüfung durch Grundeinheit	Abgleich mit Grundeinheit
- Grundeinheiten entscheiden über Mitwirkung	nein → - Grundeinheiten begründen die Ablehnung / MGM: - Ablehnung prüfen - Entscheidung treffen - Konflikte lösen
- Grundeinheiten informieren über Mitwirkung	ja
- Abschlussverhandlungen der MGMs	MGM
	Konzepte werden umgesetzt

Abb. 3.16: Umsetzung als zweite Hauptphase im MGM-Prozess

welcher dann endgültig über die Realisierung eines neuen MGM-Teams entscheidet.

In der zweiten Hauptphase des MGM-Prozesses erfolgt dann die *Umsetzung* der zuvor festgelegten Aufgaben (vgl. Abbildung 3.16):

Ausgangspunkt bildet immer ein so genannter Start-Workshop, der zum Ziel hat, ein einheitliches Informationsniveau aller Teammitglieder zu erreichen, Aufgaben zu verteilen sowie Rollen, Zuständigkeiten und Abläufe zu klären. Nachdem dann die Einzelbedarfe der dezentralen Grundeinheiten beziehungsweise ihrer Beschaffungsabteilungen zusammengetragen wurden, entscheidet jede Grundeinheit über ihre endgültige Teilnahme, bevor dann die Handlungsbevollmächtigten der MGM-Teams mit ihren Vollmachten vom MGM-Ausschuss ausgestattet werden und somit rechtsverbindliche Rahmenverträge für alle beteiligten Tochtergesellschaften abschließen können. Nach Vertragsabschluss liegt die Verantwortung für den Materialabruf wieder bei den Grundeinheiten.

Literatur

Arnold, U.: *Beschaffungsmanagement.* 2. Auflage, Stuttgart 1997

Arnold, U.; Eßig, M.: *Einkaufskooperationen in der Industrie*, Stuttgart 1997

Arnold, U.; Scheuing, E. E.: »Creating a factory within a factory«, in: Baker, R. J.; Novak, P. (Hrsg.): *Purchasing Professionals: The Stars on the Horizon, A Collection of Presentations from NAPM's 82nd Annual International Purchasing Conference*, Tempe/Az. 1997, S. 79–84

Chandler, A. D.: *Strategy and Structure: Chapters in the History of the American Industrial Enterprise*, Cambridge/Mass. u. a. 1962

Drumm, H. J.: »Das Paradigma der Neuen Dezentralisation«, in: *Die Betriebswirtschaft*, Jg. 56 (1996), Nr. 1, S. 7–20

Gaitanides, M.; Sjurts, I.: »Wettbewerbsvorteile durch Prozessmanagement: Eine ressourcenorientierte Analyse«, in: Corsten, H./Will, T. (Hrsg.): *Unternehmungsführung im Wandel: Strategien zur Sicherung des Erfolgspotentials*, Stuttgart 1995, S. 61–82

Homburg, C.; Werner, H.; Englisch, M.: »Kennzahlengestütztes Benchmarking im Beschaffungsbereich: Konzeptionelle Aspekte und empirische Befunde«, in: *Die Betriebswirtschaft*, Jg. 57 (1997), Nr. 1, S. 48–64

Kalbfuß, W., Materialgruppenmanagement (MGM): »Die Vorteile des zentralen und dezentralen Einkaufs vereint«, in: *Beschaffung aktuell*, o. Jg. (1996), Nr. 5, S. 28ff.

Nalebuff, B.; Brandenburger, A.: *Coopetition – kooperativ konkurrieren: Mit der Spieltheorie zum Unternehmenserfolg*, Frankfurt/Main 1996

Osterloh, M.; Frost, J.: *Prozessmanagement als Kernkompetenz: Wie Sie Business Reengineering strategisch nutzen können*, Wiesbaden 1996

Picot, A.; Dietl, H.; Franck, E.: *Organisation. Eine ökonomische Perspektive*; Stuttgart 1997

Unger, R. v.: »Materialgruppenmanagement in verbundenen Unternehmen«, in: Koppelmann, U.; Lumbe, H.-J. (Hrsg.): *Prozessorientierte Beschaffung*, Stuttgart 1994, S. 157–170

Williamson, O.E.: *Die ökonomischen Institutionen des Kapitalismus: Unternehmen, Märkte, Kooperationen*, Tübingen 1990

Williamson, O. E.: »Comparative Economic Organization: Vergleichende ökonomische Organisationstheorie: Die Analyse diskreter Strukturalternativen«, in: Ordelheide, D.; Rudolph, B.; Büsselmann, E. (Hrsg.): *Betriebswirtschaftslehre und ökonomische Theorie*, Stuttgart 1991, S. 13–49

4
Shared Services im Einkauf?
Eine objektive Entscheidungshilfe

Sören Lorenzen, Reiner Essers, Olaf Sprenger

Management Summary

Der zunehmende Wettbewerb zwingt Unternehmen, sich verstärkt auf ihre Kernbereiche zu konzentrieren, um so ihre Marktposition zu festigen. Das führt dazu, dass die Strategien und Organisationsstrukturen angepasst und wettbewerbsfähig ausgerichtet werden müssen. Für Konzerne bedeutet dies: Neben der Optimierung innerhalb der Geschäftsbereiche gilt es auch, die konzernweite Zusammenarbeit zu verbessern. Hierbei sind auch im Einkauf neue Organisationskonzepte gefordert, die flexible, serviceorientierte und kostengünstige Prozesse unterstützen.

Die Zusammenarbeit einzelner Einkaufsorganisationen im Konzernverbund ist im Rahmen eines Commodity-Managements in der Regel bereits sehr eng. Zwischen den konzernweiten Interessen und denen der Geschäftsbereiche wird sorgfältig abgewogen. Eine weitere Verbesserung der Zusammenarbeit kann durch die Organisationsform Shared Services im Einkauf erreicht werden. Eigenständige Einkaufsorganisationen könnten dabei definierte Aufgaben für andere Geschäftsbereiche übernehmen. Im Mittelpunkt von Shared Services steht die unmittelbare Bündelung von Einkaufsaktivitäten zur Effizienzsteigerung beziehungsweise Realisierung von Synergien.

Um die Entscheidung für den Konzern und die Geschäftsbereiche über die Einführung von Shared Services zu fundieren, ist es erforderlich, zahlreiche Einflussfaktoren zu strukturieren, zu gewichten und für die Zielsetzung von Shared Services zu bewerten. Dazu wurde das hier vorgestellte Modell entwickelt. Ziel war es, eine Entscheidungshilfe zu erarbeiten, ob und in welchem Maße ausgewählte Einkaufsthemen von einer Konzerneinheit innerhalb des Gesamtkonzerns in Shared Services effizienter bearbeitet werden können.

Zur Erreichung des Ziels wurde ein Scoring-Modell* entwickelt. Dieses ist als universelles und automatisiertes Tool einsetzbar. Der Schwerpunkt des

---

* Das Modell wurde zum Patent angemeldet.

Modells liegt darin, zu untersuchen, ob ein Shared Service gegenüber der bestehenden Organisation des Einkaufsprozesses effizienter ist. Das Modell ist dabei so flexibel gestaltet, dass es als konzernweit übertragbares Instrument genutzt werden kann. Neben einer Empfehlung zur Einführung eines Shared Service hilft es auch, die konzerninterne Diskussion zu strukturieren und auf die essenziellen Einflussfaktoren zu fokussieren. Damit wird ein wesentlicher Beitrag zur Entemotionalisierung des Themas geleistet.

Das Modell besteht aus drei Stufen. Zunächst ist das Ziel festzulegen, das mit der Einführung eines Shared Service verfolgt wird. Es wird zwischen den Zielen Kostenreduktion und Qualitäts- beziehungsweise Kundenzufriedenheit unterschieden. Diesen sind in der zweiten Stufe Merkmalsgruppen zugeordnet, um die Ziele zu operationalisieren und greifbar zu machen. In der letzten Stufe wird durch Messgrößen in jeder Merkmalsgruppe eine detaillierte Bewertung vorgenommen. Für jede dieser Messgrößen wird der zu ermittelnden Ist-Situation eine entsprechende Zielgröße im Modell gegenüber gestellt. Hieraus resultiert, ob die Commodity bezogen auf die untersuchte Messgröße für einen Shared Service geeignet ist. Durch die Gewichtung der Messgrößen und Merkmalsgruppen ergibt sich eine verdichtete Gesamtaussage. Die Systematik des Modells ermöglicht dem Anwender, alle Einflüsse auf das Ergebnis nachzuvollziehen. Gleichzeitig können verschiedene Zielsetzungen, die mit der Einführung eines Shared Service verbunden sind, integriert bewertet werden.

Das Modell bietet erstmalig die Möglichkeit, das neuartige Konzept der Shared Services für Einkaufsthemen in einem ganzheitlichen Ansatz faktenbasiert und objektiv zu analysieren. Durch die flexible Gewichtung ist es zusätzlich möglich, das Thema zu strukturieren und zielgerichtet ein konzernweit gemeinsames Verständnis über die Eignung von Shared Services zu erlangen.

Grundlage: das Konzept der Shared Services

Die Idee der Shared Services

Immer mehr Unternehmen gehen in den letzten Jahren dazu über, dezentrale Prozesse – vorwiegend aus dem Bereich Finanzen – in Shared Services Centers zusammenzulegen. Von diesen neuen Serviceorganisationen versprechen sich die Unternehmen nicht nur Kostenvorteile, sondern sie sehen auch die Chance, Services und Informationen schneller und in besserer Qualität bereitzustellen.

Eine dezentrale Organisation ist nach marktrelevanten Kriterien wie zum Beispiel nach Kundengruppen, Produktgruppen oder Regionen gegliedert. Das Ziel der Segmentierung oder Dezentralisierung besteht darin, die Flexibilität im Vergleich zu einer zentralistisch organisierten Großorganisation zu steigern und so einen Wettbewerbsvorteil zu erreichen. Gleichzeitig zur Dezentralisierung des Kerngeschäfts werden von den meist selbstständigen Einheiten auch alle notwendigen Verwaltungsfunktionen übernommen. Dies kann zur Konsequenz haben, dass aufgrund der Dezentralisierung ähnliche Steuerungs- und Unterstützungsprozesse in den unterschiedlichen Konzerngesellschaften durchgeführt werden. Auch die Akquisition und die Gründung von Beteiligungsgesellschaften oder der Zusammenschluss von Unternehmen führt zu parallelen Prozessen.

Diese lokalen Prozesse können Gründe für ineffiziente und ineffektive Verwaltungsprozesse, nicht standardisierte DV-Systeme und hohen Infrastrukturbedarf sein. Als ein Lösungsansatz, der sowohl die Vorteile der Segmentierung nutzt als auch die Nachteile der dezentralen Unterstützungs- und Verwaltungsprozesse meidet, hat sich seit Mitte der neunziger Jahre der Shared-Services-Ansatz entwickelt.

Definition der Shared Services

Shared Services sind Dienstleistungen, die die administrativen Prozesse der dezentralen Unternehmensbereiche gebündelt und konsolidiert konzernweit eigenständig abwickeln. Häufig vorhandene administrative Unterstützungs- und Steuerungsprozesse sind zum Beispiel Aktivitäten im Rechnungswesen oder IT-Leistungen. Im Rahmen dieses Projektziels liegt jedoch der Schwerpunkt auf der Bündelung von Prozessen im Einkauf. Shared Services basieren immer auf internen Kunden-/Lieferantenbeziehungen, die in Dienstleistungsvereinbarungen oder auch Service Level Agreements zwischen dem Shared Services Center als Anbieter und den Nachfragern, den Konzerngesellschaften, verankert sind.

Abgrenzung zu Outsourcing

Der Begriff Shared Services wird oft synonym mit dem Begriff Outsourcing verwendet. Es gibt jedoch Unterschiede. Für Shared Services ist eine interne Kunden-Lieferanten-Beziehung notwendig, wobei sowohl der Lieferant (Shared Service) als auch der Kunde (Konzerngesellschaft) Teil des Konzerns sind. Unter Outsourcing wird hier die originäre Leistungsvergabe an konzernfremde Unternehmen verstanden, so dass sich eine externe Kunden-Lieferanten-Beziehung ergibt.

Shared Services im Einkauf

Der Einkauf verantwortet die Beschaffung von Waren und Dienstleistungen im Auftrag der internen Kunden. Der Einkaufsprozess ist damit ein Support-Prozess. Die Einkaufsprozesse unterscheiden sich nicht nur innerhalb der Konzerngesellschaften, sondern auch innerhalb der Commodities. Die Untersuchung, ob sich ein Shared Service eignet, muss daher für jede einzelne Commodity durchgeführt werden.

Durch verstärkten Wettbewerb sind Unternehmen gezwungen, sich verstärkt auf ihre Kernbereiche zu konzentrieren, um so ihre Wettbewerbsposition zu festigen. Dazu gehört unter anderem, die Strategien und Organisationsstrukturen anzupassen und wettbewerbsfähig auszurichten. Hierbei sind auch im Einkauf neue Organisationskonzepte gefordert, die flexible, serviceorientierte und kostengünstige Prozesse in Kombination mit stabilen Informations- und Kommunikationstechnologien unterstützen. Der Anteil des Einkaufs am Gesamterfolg des Unternehmens steht damit immer mehr im Fokus.

Anforderungen an den Einkauf

Bei der konzernweiten Zusammenarbeit von Einkaufsorganisationen ist zwischen konzernweiten Interessen und denen der einzelnen Geschäftsbereiche sorgfältig abzuwägen. Durch die Organisationsform Shared Services können eigenständige Einkaufsorganisationen definierte Aufgaben für andere Geschäftsbereiche übernehmen.

Die Diskussionen zur Einführung von Shared Services muss im Spannungsfeld zwischen den konzernübergreifenden Aufgaben und den Interessen der Geschäftsbereiche zu einer von allen Seiten akzeptierten Lösung führen. Dazu fehlte in der Vergangenheit ein einheitliches Bewertungsmodell, aber auch ein gemeinsames Verständnis zum Konzept und den Zielen von Shared Services.

Zielsetzung

Mit dem entwickelten Modell soll beurteilt werden, ob und in welchem Maße ausgewählte Einkaufsthemen innerhalb eines Konzerns in Shared Services effizienter bearbeitet werden können. Das Modell ist dabei so flexibel gestaltet, dass neben einer Empfehlung zur Einführung von Shared Services zusätzlich die konzerninterne Diskussion strukturiert und auf die wesentlichen Einflussfaktoren fokussiert wird.

Das Modell – Basis für Entscheidungen

Generelle Vorgehensweise

Mit dem vorliegenden Modell kann für ausgewählte Commodities eine Aussage getroffen werden, ob die Effizienz durch die Einführung der Organisationsform Shared Services gesteigert wird. Effizienzsteigerung bedeutet dabei nicht nur Kostenreduzierung, sondern auch die Qualität/Kundenzufriedenheit sicherzustellen. Dies verursacht in der Regel Kosten, was dem Ziel der Kostenreduzierung jedoch entgegensteht. Dennoch werden beide Zielsetzungen in diesem Modell vereint und können nur gemeinsam, auch im Sinne einer Gesamtbewertung, betrachtet werden.

Bei der Entwicklung des Modells wurde die Priorität auf eine einfache Handhabung gelegt. Komplexe, quantitative Modelle bergen die Gefahr, dass die Gewichtung und Bewertung der Einflussgrößen nicht sofort erkennbar und die praktische Anwendung somit beschränkt ist. Es wurde daher ein Scoring-Modell gewählt, welches für die relevanten Einflussgrößen die Bewertungsstufen 0 (für Shared Services nicht geeignet) oder 1 (für Shared Services geeignet) verwendet. Die Gesamtaussage ergibt sich durch eine Gewichtung der Einflussfaktoren, so dass auch differenzierte Aussagen getroffen werden können.

Mit dem Modell wird gewährleistet, dass die Entscheidungsträger für die Einführung von Shared Services einen strukturierten Rahmen vorfinden, eine sachorientierte Diskussion führen und eine entsprechende Entscheidung treffen können.

Das Modell untersucht ausgehend von den gesetzten Zielen, die mit dem Shared Service erreicht werden sollen, fünf Merkmalsgruppen, die auf die Zielerreichung einwirken. Um diese mess- und bewertbar zu machen, sind den jeweiligen Merkmalsgruppen Messgrößen zugeordnet, die quantitative und qualitative Einflussfaktoren abbilden. Insgesamt werden 15 Messgrößen bei der Anwendung des Modells erfasst, aus denen in ihrer Gesamtheit und der Zuordnung zu den Merkmalen und Zielen eine Aussage zu Shared Services abgeleitet wird.

Merkmalsgruppen

Die Ziele werden jeweils in zwei beziehungsweise drei Merkmalsgruppen operationalisiert. Für das Ziel »Kosten reduzieren« werden folgende Merkmalsgruppen festgelegt:

- *Redundanzen vorhanden:* Je höher die Redundanzen, desto sinnvoller ist eine Bündelung im Shared Service, da diese dadurch reduziert werden können.
- *Shared-Services-Einsparung:* Shared Services sind sinnvoll, wenn Einsparungen über gestiegene Wertbeiträge und/oder Kostenreduzierung realisiert werden können.

Die Merkmalsgruppen für das Ziel »Qualität/Kundenzufriedenheit sicherstellen« sind:

- *Einflussnahme auf Commodity:* Je weniger Einflussnahme durch den Einkauf im Rahmen des Einkaufsprozesses notwendig ist, desto eher ist es für die Konzerngesellschaft sinnvoll, die Commodity in einen Shared Service zu übertragen.
- *Einfluss der Commodity auf Endprodukte der Konzerngesellschaft:* Wenn der Einfluss der Commodity auf die Endprodukte gering ist, dann ist es für eine Konzerngesellschaft weniger kritisch, die Commodity über einen Shared Service einzukaufen. Als Endprodukte werden die von der Gesellschaft vertriebenen Produkte verstanden.
- *Zeit/Termintreue verbessern:* Die Übertragung in einen Shared Service ist für eine Commodity sinnvoll, wenn sich Zeit und Termintreue der Bestell- und Lieferleistung dadurch verbessern lassen.

Den fünf Merkmalsgruppen werden jeweils mehrere Messgrößen zugeordnet. Die Messgrößen haben dabei entweder qualitative oder quantitative Ausprägungen und bilden alle relevanten Einflussgrößen ab. Die einzelnen Messgrößen werden später anhand der Commodity »Office Supply« beschrieben (siehe folgender Abschnitt).

Für jede Messgröße wird der zu ermittelnden Ist-Situation eine entsprechende Zielgröße im Modell gegenübergestellt. Die Zielgröße definiert, wann die Commodity bezogen auf die untersuchte Messgröße für Shared Services geeignet ist. Für die Bewertung der Messgrößen sind nur die Aussagen *für Shared Services geeignet* (zugeordneter Wert: 1) oder *für Shared Services nicht geeignet* (zugeordneter Wert: 0) zulässig.

Jede einzelne Messgröße stellt einen Indikator dar, ob die Commodity für einen Shared Service geeignet ist beziehungsweise in einem Shared Service effizienter bearbeitet werden kann. Die Aussagen pro Messgröße sind einzeln betrachtet nur bedingt aussagefähig. In der Gesamtsicht aller Messgrößen ergibt sich aber eine Aussage über die Merkmalsgruppen und damit auch zu den Zielen. Zwischen den einzelnen Messgrößen existieren Abhängigkeiten. Um das Modell transparent und anwenderfreundlich zu halten, wurde bewusst darauf verzichtet, diese Abhängigkeiten zu untersuchen, zum Beispiel im Rahmen einer Varianzanalyse.

Die Interessen der einzelnen Konzerneinheiten können zu abweichenden Zielsetzungen führen. Um auch die konzernübergreifenden Aspekte zu berücksichtigen, sind im Modell ausgewählte Messgrößen vorhanden, die die Perspektive des Konzerns und seiner Gesellschaften integriert bewerten. Somit kann das Modell ebenfalls aus Sicht des Gesamtkonzerns Anwendung finden und bietet erstmalig die Möglichkeit, die Aussagen beziehungsweise Ergebnisse zu aggregieren.

Gewichtung

Das Modell basiert auf zwei Stufen der Gewichtung. Jede einzelne Messgröße unterliegt einer konstanten Gewichtung innerhalb der Merkmalsgruppe, um die Konsistenz des Modells zu gewährleisten. Dabei wurden die Gewichtungen mit zahlreichen Experten intensiv diskutiert, verabschiedet und in das Modell implementiert. Die Gewichtung der Merkmalsgruppen selbst ist dagegen flexibel und durch den Anwender des Modells vorzunehmen. Dadurch werden ebenfalls die übergeordneten Ziele berücksichtigt. Der Anwender legt somit das Ziel, das durch die Einführung eines Shared Service erreicht werden soll, individuell für jede untersuchte Commodity fest.

Bewertung und Visualisierung

Für die Bewertung der Messgrößen sind nur die Werte 0 oder 1 zulässig. Durch die Gewichtung kann das rechnerische Ergebnis pro Merkmalsgruppe beziehungsweise das Gesamtergebnis somit nur zwischen den Werten 0 und 1 liegen. Um die wertmäßige Aussage des Scoring-Modells transparent zu machen, wurde der Wertebereich durch eine Ampelfunktion visualisiert. Der numerische Wertebereich von 0 bis 1 wurde dazu gedrittelt. Die Werte von 0 bis 0,33 entsprechen der Aussage »keine Eignung für Shared Service« und werden rot dargestellt. Die Werte zwischen 0,33 und 0,66 entsprechen der Aussage »mittlere Eignung für Shared Services« und werden gelb dargestellt.

Grün sind entsprechend die Werte zwischen 0,66 und 1 mit der Aussage »hohe Eignung für Shared Services«.

Office Supply – Modellbeschreibung in der Praxis

Unter die Commodity »Office Supply« fallen alle Büromaterialartikel. Die Beschaffung erfolgt innerhalb des Konzerns über einen Rahmenvertragspartner. Die Sekretariate bestellen eigenständig dezentral mit Hilfe eines Online-Kataloges. Der Beschaffungsprozess weist eine sehr hohe Standardisierung auf, der Einkauf der Geschäftseinheit wendet kaum Ressourcen auf.

Merkmalsgruppe »Redundanzen vorhanden«

In der ersten Merkmalsgruppe wird für die Einkaufsprozesse untersucht, ob Redundanzen vorhanden sind. Inwiefern diese Redundanzen auch Einsparungen ermöglichen, wird in der folgenden Merkmalsgruppe »Shared-Services-Einsparungen« geprüft. Um Kostenreduktionen durch Bündelung in Shared Services herbeizuführen, müssen Redundanzen zwischen den operativen Einheiten des Konzerns vorhanden sein. Je höher die Redundanzen in den Konzerngesellschaften sind, desto eher sind die Organisation und die Abwicklung einer Commodity in einem Shared Service sinnvoll.

Insgesamt wird die Merkmalsgruppe »Redundanzen vorhanden« mit vier Messgrößen untersucht. In der ersten Messgröße wird die Anzahl der Gesellschaften erfragt, die mit einem eigenen Einkaufsbereich die Commodity einkaufen. Es wird davon ausgegangen, dass Redundanzen im Einkauf vorhanden sind, wenn mehrere Konzerngesellschaften dieselbe Commodity einkaufen. Als Schwellenwert wurde hier eine Anzahl von vier Gesellschaften festgelegt. Sollten vier oder mehr Gesellschaften die Commodity einkaufen, ist dies als Indiz zu werten, dass signifikante Redundanzen vorliegen. Dies trifft für die untersuchten Commodities zu.

Ein wesentlicher Indikator, ob Einsparungspotenziale durch Bündelung des Einkaufsvolumens der Commodity vorhanden sind, ist der prozentuale Anteil am Einkaufsvolumen der Commodity, der über Konzernrahmenverträge abgerufen wird. Es wird davon ausgegangen, dass durch den Abschluss von Konzernrahmenverträgen die Redundanzen schon stark reduziert wurden. Wird ein hoher Anteil – Schwellenwert größer als 90 Prozent – der Einkaufsvorgänge über Konzernrahmenverträge abgewickelt, ist mit keiner weiteren Einsparung durch die Einführung eines Shared Service zu rechnen. Dieses Einsparpotenzial wird im Modell sowohl für die einzelne Konzerngesellschaft als auch für den gesamten Konzern untersucht. Im Beispiel »Office Supply« werden nahezu 100 Prozent der Bestellungen über den Konzernrahmenvertrag abgewickelt, weitere Einsparungen sind nicht realisierbar. Bezogen auf die einzelne Konzerngesellschaft wird zusätzlich im Modell erhoben, wie hoch der Ressourceneinsatz im Einkauf für diese Commodity ist. Dahinter steht die Annahme, dass ab einem bestimmten Schwellenwert Effizienzen durch die Bündelung von Personal erzielt werden können. Als Zielgröße wurde hier eine Vollzeitarbeitskraft festgelegt. Im Beispiel »Office Supply« ist durch die bestehende dezentrale Katalogbestellung kaum Einkaufspersonal gebunden – daher sind keine Redundanzen messbar.

Merkmalsgruppe »Shared-Services-Einsparung«

Ein Shared Service ist sinnvoll, wenn durch ihn Einsparungen über gestiegene Wertbeiträge und/oder Kostenreduzierungen realisiert werden können. Dies wird in der zweiten Merkmalsgruppe berechnet. Es wird also geprüft, ob die festgestellten Redundanzen auch tatsächlich zu Einsparungen führen können. Die zugrunde liegende Messgröße liefert eine monetäre Vorteilsberechnung der ersten drei Jahre nach Einführung eines Shared Service. Weiterhin wird untersucht, ob von einem Shared Service eine vom Einkaufsvolumen abhängige Servicegebühr erhoben werden kann. Somit würde eine Variabilisierung der Kosten für die jeweilige Konzerngesellschaft als Kunde des Shared Service ermöglicht.

Zur Ermittlung des Vorteils der ersten drei Jahre wird zunächst der Wertbeitrag des Shared Service erhoben. Dieser Wertbeitrag berechnet sich aus der prognostizierten Preisreduktion der eingekauften Produkte durch Bündelung in einem Shared Service, multipliziert mit der geplanten Einkaufsmenge. Dem Wertbeitrag wird die Prozesskosteneinsparung als Delta der Prozesskosten vor und nach Einführung des Shared Service als Einsparung hinzugerechnet. Die Prozesskosten beinhalten alle Genehmigungs-, Bestell-, Liefer-, Annahme- und Rechnungsprüfungskosten. Die Prozesskosten nach Einführung des Shared Service basieren im Wesentlichen auf Koordinationskosten der Konzerngesellschaft mit dem Shared Service und der durch den Shared Service erhobenen Servicegebühr. Weiterhin sind noch die Überführungskosten in einen Shared Service (Vertragsverhandlungen, IT-Systemerweiterungen) und Nachbesserungskosten im Sinne von Qualitätsmanagement als Einmalkosten berücksichtigt.

Der Wertbeitrag, die Prozesskostenveränderung sowie die Einmalkosten werden für die ersten drei Jahre berechnet und mit einem Barwertfaktor abgezinst. Der Gesamtwert der Vorteilsberechnung muss positiv sein, um die

Einführung eines Shared Service zu empfehlen. Tendenziell sind Einsparungen durch einen Shared Service nur zu erzielen, wenn Redundanzen festgestellt wurden. Vorhandene Redundanzen führen aber nicht automatisch zu Einsparungspotenzialen. Es ist denkbar, dass Redundanzen nicht reduziert werden können, weil die erforderliche Bündelung nicht realisierbar ist. So ist als Gegenbeispiel zu Office Supply der Einkauf von Möbeln zu nennen. Um Einsparungen zu realisieren, wäre ein standardisierter Einkaufskatalog erforderlich: Es dürften also nur Standardmöbel eingekauft werden. Dies ist gerade für Möbel, die zum Beispiel im Rahmen von Neubauprojekten auch repräsentativen Charakter haben, meist nicht erwünscht – damit ist eine Einsparung nicht realisierbar.

Mit der zweiten Messgröße wird untersucht, ob eine Variabilisierung der Kosten möglich ist. Sollte ein Shared Service die Möglichkeit bieten, die Prozesskosten in Form einer Servicegebühr abhängig vom Einkaufsvolumen zu erheben, so könnten durch Einführung eines Shared Service fixe Kosten der Konzerngesellschaft in variable Gebühren überführt werden. Dies würde für eine Überführung in einen Shared Service sprechen.

Merkmalsgruppe »Einflussnahme auf Commodity«

Bezogen auf das Ziel »Qualität/Kundenzufriedenheit sicherstellen« war die Herausforderung bei der Modellentwicklung, die Einflussfaktoren in eindeutig formulierte Messgrößen zu überführen. Eine rein qualitative Betrachtung hätte der Vorgabe nicht Rechnung getragen, ein einfach zu bedienendes, aber dennoch vollständiges Modell zu erarbeiten.

Hinsichtlich des Merkmals, welchen Einfluss die Konzerngesellschaft beziehungsweise der Konzern noch auf eine Commodity nehmen sollte, wurden das Einkaufsvolumen und der Zeitaufwand des Einkaufs als messbare Indikatoren identifiziert. Je größer das Einkaufsvolumen einer Commodity ist, umso wichtiger ist es, dass der Einkauf Einfluss darauf nimmt. Diese Einflussnahme wird eine Konzerngesellschaft ab einer bestimmten Größenordnung eigenverantwortlich abwickeln und nicht in einen Shared Service abgeben wollen. Dieser Schwellwert muss für jede Konzerngesellschaft individuell bestimmt werden. In der betrachteten Konzerngesellschaft wurde dieser Wert auf 10 Millionen Euro festgelegt und im Modell als Zielgröße hinterlegt. Die Commodity »Office Supply« unterschreitet diese Zielgröße deutlich und ist daher bezogen auf diese Messgröße für einen Shared Service geeignet.

Die Aufgaben und Aktivitäten des Einkaufs werden in dem Modell in drei Bereichen untersucht. Im ersten Bereich wird die Notwendigkeit der Einflussnahme der Konzerngesellschaft auf den Lieferanten betrachtet. Je geringer der Bedarf an einer Steuerung des Lieferanten durch den Einkauf ist, desto eher ist eine Commodity für einen Shared Service geeignet. Dieser Aussage liegt die Überlegung zugrunde, dass strategisch wichtige Lieferanten einer Konzerngesellschaft auch einen höheren Steuerungsaufwand benötigen. Als Schwellenwert wurde hier ein durchschnittlicher Steuerungsaufwand von fünf Manntagen per annum und Lieferant angesetzt.

Die Messgröße zum zweiten Bereich erfasst den durchschnittlichen Zeitaufwand des Einkaufs pro Bestellung. Je geringer der Bestellaufwand ist, desto eher liegt ein standardisierbarer Ablauf vor, der eine geringe Einflussnahme erfordert. Als Schwellenwert wurde hier ein halber Manntag als durchschnittlicher Bestellaufwand festgelegt. Im dritten Bereich wird durch eine weitere Messgröße der durchschnittliche Unterstützungsaufwand des Einkaufs an der Bedarfsspezifikation erhoben. Auch hier eignet sich der Shared Service, wenn der Schwellenwert von einem halben Manntag pro Bestellung unterschritten wird. Im Beispiel »Office Supply« führte die Bewertung der drei Messgrößen jeweils zu einer Eignung für eine Überführung beziehungsweise Abwicklung in einem Shared Service.

Merkmalsgruppe »Einfluss der Commodity auf Endprodukte der Konzerngesellschaft«

Für die Entscheidung, ob ein Shared Service für eine Commodity geeignet ist, müssen sich die Entscheidungsträger mit der Frage auseinander setzen, welchen Einfluss die Commodity auf das Endprodukt der Konzerngesellschaft hat. Als Endprodukte werden die von der Gesellschaft vertriebenen Produkte verstanden. Für Büromaterial ist dieser Einfluss sicherlich nicht vorhanden, dagegen ist er zum Beispiel bezogen auf die Server eines Rechenzentrums sehr viel größer. Sollte ein hoher Einfluss vorhanden sein, empfiehlt es sich nicht, eine solche Commodity in Shared Services auszulagern.

Gemessen wird dieses Merkmal durch zwei Faktoren. Zunächst wird der Einfluss von Preis und Qualität der Commodity auf das Endprodukt erfragt. Kein beziehungsweise ein geringer Einfluss spricht hier für die Eignung eines Shared Service. Die zweite Messgröße erfragt, ob ein Wechsel beziehungsweise Ausfall eines Produktes der Commodity direkte Auswirkungen auf das Endprodukt hat. Auch hier liegt eine Eignung vor, wenn keine oder eine geringe Auswirkung vorhanden ist.

Beide Messgrößen sind nur bedingt voneinander abhängig. Bei einer Printwerbung etwa haben Preis und Qualität Einfluss auf das Endprodukt. Damit wäre für diese Messgröße die Commodity Print nicht für Shared Services geeignet. Aber der Ausfall einer Druckerei für diese Druckerzeugnisse wäre von keiner entscheidenden Bedeutung, da es jederzeit alternative Anbieter geben würde. Der Ausfall des Lieferanten hat also keine Auswirkung auf das Endprodukt. Auf Basis dieser Messgröße wäre daher ein Shared Service zu empfehlen.

Merkmalsgruppe »Zeit/Termintreue verbessern«

Ein wichtiges Qualitätskriterium in der Wahrnehmung der internen Kunden ist die Dauer des Einkaufsprozesses. Generell lässt sich feststellen, dass sich leicht standardisierbare Einkaufsprodukte eher für eine Bündelung in Shared Services eignen. Durch eine solche Bündelung kann dann auch der Einkaufsprozess vereinfacht und verkürzt werden. Des Weiteren ist der Lieferant auch in der Lage, bessere Lieferzeiten anzubieten.

Als Indikator für die Standardisierbarkeit dient die Liefertermineinhaltung in der Commodity. Je besser die Liefertermineinhaltung heute schon ist, desto einfacher ist die Standardisierbarkeit und damit die Eignung für Shared Services. Mit der ersten Messgröße wird die durchschnittliche Liefertermineinhaltung erhoben. Als Schwellenwert wurde hier eine Liefertermineinhaltung von mehr als 90 Prozent festgelegt. Die Lieferung von Office Supply erfolgt täglich. Die zugesagte Lieferzeit von 24 Stunden wird zu mehr als 90 Prozent eingehalten. Es kann daher von einer leicht standardisierbaren Commodity ausgegangen werden, die sich somit für einen Shared Service eignet.

Die Einführung eines Shared Service ist auch dann sinnvoll, wenn die Gesamtdauer aus Bestellzeit und Lieferzeit verkürzt wird. Die Gesamtdauer beginnt mit der Fertigstellung der Bedarfsspezifikation und endet mit der Lieferung. Als Zielgröße zu dieser Messgröße wurde eine Verkürzung der Gesamtdauer nach Einführung des Shared Service festgelegt.

Gesamtbewertung Office Supply

In einer Gesamtübersicht werden die den Messgrößen zugeordneten Merkmalsgruppen zusammengeführt. Im Rahmen der Modellanwendung wird dem Anwender empfohlen, die Ergebnisse zu den Messgrößen und Merkmalsgruppen zu kommentieren.

Die Modellbewertung ergibt, dass die Commodity »Office Supply« in Shared Services nicht effizienter bearbeitet werden kann. Zusammenfassend sind die Gründe, dass

- bereits ein Konzernrahmenvertrag vorliegt,
- Bestellprozesse schon stark standardisiert und
- im Einkauf wenige Ressourcen gebunden sind.

Die wesentlichen Aussagen der einzelnen Merkmalsgruppen stellen sich wie folgt dar:

- *Redundanzen vorhanden:* Die Commodity wird zwar von allen Gesellschaften eingekauft, aber der damit verbundene Personalaufwand ist gering – es sind kaum Redundanzen vorhanden.
- *Shared-Service-Einsparung:* Einsparungen sind nicht möglich, da kein Wertbeitrag generiert werden kann und die aktuellen Prozesskosten zu gering sind auf Basis des Rahmenvertrages mit nur einem Lieferanten.
- *Einflussnahme auf Commodity:* Die Commodity ist für einen Shared Service geeignet, weil ein geringes Einkaufsvolumen vorliegt und der Steuerungs-/Bestellaufwand gering ist.
- *Einfluss der Commodity auf Endprodukte der Konzerngesellschaft:* Die Commodity ist für einen Shared Service geeignet, da keine Auswirkungen auf Preis und Qualität der Endprodukte zu erwarten sind.
- *Zeit/Termintreue verbessern:* Die Commodity ist grundsätzlich für einen Shared Service geeignet, eine Verbesserung der Zeit- und Termintreue ist jedoch dadurch nicht zu erwarten.

Weitere Praxisanwendungen – das Modell im »Härtetest«

Mit dem Modell wurde zunächst die Commodity »Office Supply« untersucht. Um einerseits die Allgemeingültigkeit für alle Warengruppen des Konzerns zu verifizieren, aber auch andererseits die Robustheit des Modells zu überprüfen, wurde das Modell im Zuge des Projektes auf weitere Commodities angewendet.

Bei den Commodities Print (Druckprodukte), Möbel, Clothing (Arbeitsschutzbekleidung) und Travel ergeben sich positive, indifferente und negative Gesamtbewertungen für eine Überführung in Shared Services.

Bei Betrachtung der Einzelergebnisse der Merkmalsgruppen lassen sich übergreifende Aussagen zu den Commodities feststellen.

Commodities gut organisiert

Die zusammenhängend rote Bewertung über mehrere Commodities der beiden Merkmalsgruppen »Redundanzen vorhanden« und »Shared-Services-Einsparung« zeigt, dass sich keine Verbesserung des Status quo durch Einführung eines Shared Service ergeben wird. Hauptgrund sind die bereits ausreichend verhandelten und genutzten Rahmenverträge innerhalb des Konzerns, die kaum weitere Steigerungen der Wertbeiträge erwarten lassen. Zusätzlich ist der Ressourceneinsatz im Einkauf eher gering bis sehr gering, und die Prozesskosten können nicht mehr signifikant gesenkt werden.

Commodities grundsätzlich sehr gut geeignet

Es ergeben sich jedoch für die Merkmalsgruppen »Einflussnahme auf Commodity« und »Einfluss der Commodity auf Endprodukte« überwiegend grüne Bewertungen. Die Einflussnahme des Einkaufs auf die Commodity ist gering. Durch die hohe Standardisierung ist die Steuerung und Kontrolle der Commodity und des Lieferanten kaum notwendig. Der Einfluss der Commodities auf die Erstellung des Endproduktes ist nicht sehr signifikant.

Print

Ein konträres Ergebnis zu den genannten Zusammenhängen zeigt die Commodity »Print«. Obwohl Print einen hohen Einfluss auf die betrachteten Endprodukte hat, ist mit Blick auf die Gesamtbewertung eine Überführung in einen Shared Service sinnvoll.

Dies ist begründet durch Einsparpotenziale beziehungsweise Synergien in Form von Wertbeiträgen, die durch die Überführung in einen Shared Service realisiert werden könnten. Bei dieser Commodity wird nicht das gesamte Einkaufsvolumen über Rahmenverträge abgewickelt. Es ist davon auszugehen, dass dies in einem Shared Service verbessert werden könnte.

Leermodell

Zur besseren Handhabung in der Praxis wurde ein anwenderfreundliches Leermodell entwickelt, welches den Nutzer bei der Eingabe und Erfassung der erforderlichen Daten unterstützt. Diese PC-gestützte Modelllösung bietet eine hohe Benutzerfreundlichkeit und führt den Anwender strukturiert zur Gesamtbewertung. Durch die transparente und weitgehend automatisierte Bedienerführung wird eine verbreitete Anwendung in der Praxis unterstützt.

Ausblick

Das Konzept der Shared Services wird auch im Einkauf verstärkt diskutiert. Das Ziel besteht darin, die Einkaufsorganisation insgesamt noch effizienter zu gestalten. Dabei wird zwischen den konzernweiten Interessen und denen der Geschäftsbereiche sorgfältig abgewogen. Bisher wurden jedoch Entscheidungen im Kontext Shared Services ohne einheitliche oder mit der einseitigen Zielsetzung der Kostenreduktion getroffen. Die geführten Diskussionen boten wenig Möglichkeiten zu einer strukturierten Auseinandersetzung mit dem Thema. Dies lag auch am fehlenden allgemeingültigen Bewertungsmodell.

Mit dem vorliegenden Modell existiert erstmals eine Entscheidungshilfe, die alle wesentlichen Einflussgrößen berücksichtigt. Mit dem dreistufigen Aufbau werden zunächst über eine prozentuale Gewichtung die Ziele festgelegt. Im Weiteren sind den Zielen Merkmale zugeordnet, die in der letzten Stufe durch Messgrößen bewertet werden.

Die Möglichkeit, die Gewichtung der Merkmalsgruppen zu ändern, führt dazu, dass die Ziele variiert werden können. Mit dieser Flexibilität wird den unterschiedlichen Zielsetzungen der einzelnen Commodities Rechnung getragen. Das Modell bietet aber auch die Möglichkeit, die unterschiedlichen Zielsetzungen der beteiligten Entscheidungsträger herauszuarbeiten und so die Entscheidungsfindung zu strukturieren. Damit ist das Modell eine konkrete Hilfestellung für eine transparente und objektive Entscheidung.

Die Nutzung des Modells durch Commodity-Verantwortliche ist ohne größere Unterstützung möglich. Dabei hat sich gezeigt, dass das Modell robust ist und plausible Ergebnisse für die Bewertungen von Commodities liefert. Die transparente und automatisierte Bedienerführung unterstützt eine verbreitete Anwendung in der Praxis.

Der Vorteil durch die Verwendung des Modells setzt sich aus monetären und qualitativen Größen zusammen. Die monetäre Größe wird durch die möglichen Einsparungen bestimmt.

Unberücksichtigt sind in der Berechnung Vorteile aus einer Variabilisierung der Kosten, der Abbildung sämtlicher qualitativer Größen in den entsprechenden Messgrößen sowie Ressourceneinsparungen durch eine schnellere Entscheidungsfindung. Daher bietet die monetäre Berechnung nur einen Teil der gesamten Vorteile, die dieses Modell dem Unternehmen für die Gestaltung einer effizienten Einkaufsorganisation bringt. Damit liefert das Modell einen Beitrag zur objektiven Entscheidungsfindung für die Gestaltung einer effizienten Einkaufsorganisation – und so zum Erfolg eines Unternehmens.

5 Beschaffungskooperationen

Michael Eßig

Grundtypen der Kooperationen im Beschaffungsbereich

Grundlagen des Kooperationskonzeptes

Kooperationen gehören zu den meistdiskutierten und meistgenutzten Instrumenten des modernen Beschaffungsmanagements. Die Vielfalt unterschiedlichster Ansätze und Begrifflichkeiten macht im ersten Schritt eine Systematisierung des Kooperationskonzeptes erforderlich.

> **Kooperationskonzepte im Einkauf: Vielfalt der Einsatzmöglichkeiten**
>
> Fallbeispiel *Metabo*:
> »Die Lieferanten sind für einen Großteil der Wertschöpfung verantwortlich. Es ist deshalb notwendig, die Lieferanten aktiv in die Strategie mit einzubinden.« (Quelle: Austermann 2001, S. 44)
>
> Fallbeispiel *Deutsche Bahn*:
> »Von den Internettechnologien verspricht man sich eine intensivere Form der Zusammenarbeit mit Lieferpartnern. Man will neue Technologien gemeinsam nutzen und zu Partnerschaften kommen, die wirkliche Win-win-Situationen darstellen.« (Quelle: Bapp 2002, S. 50)
>
> Fallbeispiel *Siemens*:
> »Die strategischen Aufgaben des Einkaufs gewinnen an Bedeutung. Die Auswahl, Bewertung und Entwicklung der Lieferanten und Partner wird durch die zunehmende Abhängigkeit von externer Wertschöpfung immer wichtiger.« (Quelle: Klein/Aichbauer 2002, S. 34)

Kooperationskonzepte im Einkauf: Vielfalt der Begrifflichkeiten

- »Beschaffungsnetzwerk« (Mische/Buchholz 1999, S. 649)
- »Beziehungsmanagement mit Lieferanten« (Stölzle 2000, S. 2f.)
- »Globales Einkaufsnetzwerk« (Voegele/Backhaus 1999, S. 492)
- »Industrielles Beschaffungsnetzwerk« (Himpel 1999, S. 96–143)
- »Kooperation von Abnehmer und Zulieferer« (Pampel 1993, S. 18)
- »Partnering« (Boddy/Cahill/Charles/Fraser-Kraus/Macbeth 1998, S. 143f.)
- »Rationalisierungsgemeinschaften mit Lieferanten« (Bogaschewsky 1994, S. 97)
- »Strategic Supplier Alliances« (Stuart/McCutcheon/Grant 1995, S. 229)
- »Strategic Supplier Partnering« (Hendrick/Ellram 1993, S. 14 f.)
- »Supplier Partnering« (Scheuing 1998, S. 51 f. und 59)
- »Wertschöpfungspartnerschaft« (Wildemann 1999, S. 444)

Der Begriff Kooperation entstammt der lateinischen Sprache und kann im weitesten Sinne mit »Zusammenarbeit« übersetzt werden:

- Die Präfixe »Zusammen-« beziehungsweise »Ko-« verdeutlichen die Unterscheidung gegenüber einer individuellen Vorgehensweise.
- Mit den Suffixen »-arbeit« beziehungsweise »-operation« wird betont, dass die nicht-individuelle Vorgehensweise bewusst angestrebt wird und kein Produkt zufälligen Parallelverhaltens ist.

Kooperationen haben demzufolge zwar das Ziel, Unternehmen *individuell* besser zu stellen – diese Besserstellung wird jedoch nur erreicht, indem unternehmensübergreifend zusammengearbeitet wird. Kooperation ist somit inhärent paradox – einerseits geben die Kooperationspartner ihre Selbstständigkeit im gewählten Bereich der Zusammenarbeit bewusst auf (sonst wäre es keine Kooperation), andererseits bewahren sie prinzipiell ihre juristische und wirtschaftliche Selbstständigkeit (sonst würde eine Fusion vorliegen).

Das Feld der Zusammenarbeit kann sich bei Beschaffungskooperationen im Prinzip auf alle Aspekte des Versorgungsmanagements erstrecken. Abhängig von Zielsetzung und Richtung der Beschaffungskooperation lassen sich zwei Grundtypen unterscheiden (vgl. Abbildung 5.1): Zulieferkooperationen (Supplier Partnering) sind vertikal ausgerichtet, Einkaufskooperationen

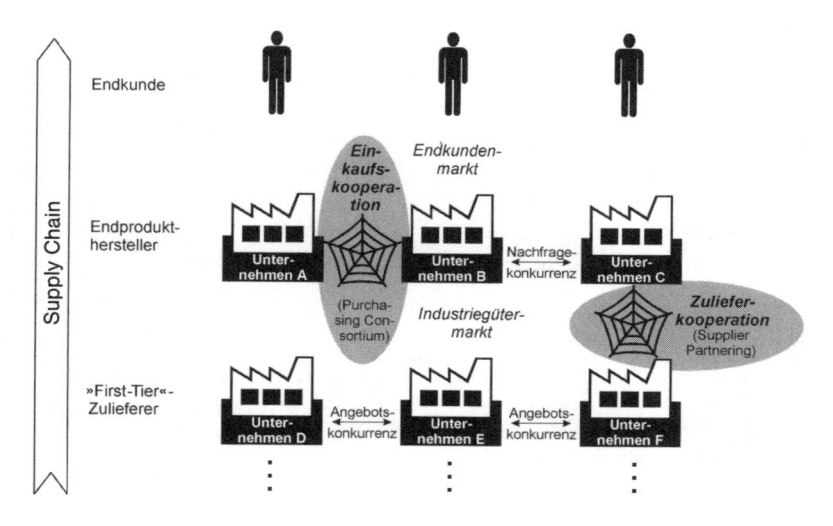

Abb. 5.1: Kooperationsformen in der Beschaffung

(Purchasing Consortium) beschreiben horizontale Formen der Zusammenarbeit. Diese Kooperationsformen machen sich unterschiedliche Wirkungsmechanismen zunutze.

Zulieferkooperationen

Vertikale Zulieferkooperationen sind im Wesentlichen Folge einer veränderten Zusammenarbeit der verschiedenen Supply-Chain-Stufen (vgl. Abbildung 5.1). Im Jahr 1990 veröffentlichte das Massachusetts Institute of Technology (MIT) eine empirische Studie, die Ergebnisse eines Vergleichs japanischer und europäischer/nordamerikanischer Automobilproduzenten enthält (vgl. Womack/Jones/Roos 1991, S. 4 und 9ff.). Sehr plakativ kamen die Autoren zu dem Schluss, dass japanische Hersteller von allem *weniger* einsetzen – die Hälfte des Personals in der Fabrik, die Hälfte der Produktionsfläche, die Hälfte der Investition in Werkzeuge, die Hälfte der Zeit für die Entwicklung eines neuen Produktes. Die solchermaßen »schlanke Produktion« (Lean Production) soll die Vorteile einer kundenindividuellen Fertigung mit den Vorteilen der Massenproduktion verbinden. So kann dem zunehmenden Individualisierungstrend der Nachfrage bei gleichzeitig kürzeren Produktlebenszyklen begegnet werden. Zentrale Bedeutung für den Erfolg

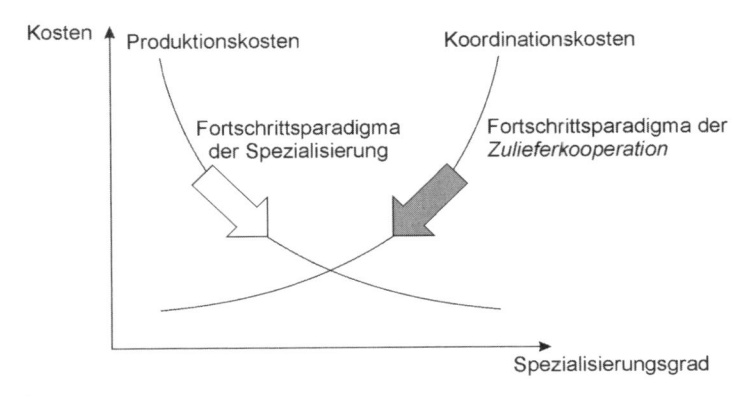

Abb. 5.2: Ökonomischer Effekt von Zulieferkooperationen
Quelle: In Anlehnung an Weiber 2000, S. 6

von Lean Production haben Zulieferer und ihre Leistungen. Als beispielhafter empirischer Beleg sei der F&E-Anteil von Zulieferern an den gesamten Konstruktionsstunden genannt: Er liegt in Japan mit 51 Prozent deutlich höher als in Europa mit 35 Prozent (vgl. Womack/Jones/Roos 1991, S. 165).

Mit Lean Production entsteht eine veränderte Zulieferpyramide (vgl. Wildemann 1998, S. 97). An ihrer Spitze steht der Endprodukthersteller. Er verringert seine Fertigungstiefe drastisch, um flexibel auf Marktanforderungen reagieren zu können. Wertschöpfung wird zunehmend auf so genannte Systemlieferanten verlagert. Diese liefern nicht mehr nur Einzelteile, sondern komplett vorgefertigte Module oder Systeme mit einem hohen Integrationsgrad. Sie sind bereits frühzeitig in die gemeinsame Entwicklungsarbeit eingebunden (Early Supplier Involvement). Die Komplexität der Austauschbeziehung nimmt also drastisch zu. Um die Transaktionskosten trotzdem zu senken, wird die Zahl der Systemlieferanten gering gehalten. Im Regelfall existiert nur noch ein Lieferant für jedes Modul (Single-Sourcing-Ansatz). Nachgelagerte Stufen der Zulieferpyramide sind Komponenten- sowie Rohmaterial-/Halbfabrikate-/DIN- und Normteilelieferanten, die jeweils nur die vorgelagerten Stufen und nur in sehr geringem Umfang die »Spitze« der Pyramide beliefern.

Die zunehmende Spezialisierung und Arbeitsteilung hat zwei »gegenläufige« Effekte. Zum einen werden die Produktionskosten signifikant gesenkt. Zulieferer werden zu echten »Spezialisten«, die sich auf Entwicklung und Fertigung hoch spezialisierter Module konzentrieren können. Gleichzeitig steigen aber die Transaktions- beziehungsweise Koordinationskosten aus Sicht des Abnehmers, da Lieferanten unverzichtbarer Teil der Wertschöpfung sind.

Lieferanten müssen ausgewählt und überwacht werden, die Kommunikationsintensität ist hoch. Zulieferkooperationen haben zum Ziel, durch intensive Zusammenarbeit mit ausgewählten Systemzulieferern die Kooordinationskosten zu senken (vgl. Abbildung 5.2). So ist es beispielsweise möglich, bei einer vertrauensvollen Zusammenarbeit Kontrollen zu reduzieren beziehungsweise ganz aufzugeben.

Die Vorteile von Zulieferkooperationen werden zunehmend erkannt und entsprechend umgesetzt. Die Automobilindustrie hat dazu spezielle Kooperationsprogramme initiiert, deren Ziele am Beispiel des »Extended-Enterprise«-Konzepts von DaimlerChrysler verdeutlicht werden sollen:

Zulieferkooperationen:
Das Fallbeispiel »Extended Enterprise« von DaimlerChrysler

»Grundlage für die Geschäftsbeziehungen zu unseren Lieferanten ist die Extended-Enterprise®-Initiative. Extended Enterprise® regelt die Zusammenarbeit mit allen Zulieferpartnern, wobei der Netzwerkgedanke ganz im Vordergrund steht. Die Vernetzung beschränkt sich nicht auf die erste Lieferantenebene, sondern umfasst auch alle nachgelagerten Partner und damit die gesamte Wertschöpfungskette.

Es ist ein wesentliches Element von Extended Enterprise®, die guten Beziehungen zu unseren Lieferanten ständig zu verbessern. Dabei verfolgen wir das Ziel, zusammen mit unseren Zulieferpartnern ein hoch effizientes Wertschöpfungsnetzwerk aufzubauen. Um dies zu erreichen, haben wir vier Werttreiber definiert: Qualität, Systemkosten, Technologie und Versorgung. Diese Werttreiber sind für die Ausrichtung unserer weltweiten Einkaufsstrategie bestimmend.« (Quelle: DaimlerChrysler)

Horizontale Einkaufskooperationen

Einkaufskooperationen sind horizontal ausgerichtete Kooperationsformen. Im Mittelpunkt steht der Bündelungsgedanke. Während bei Zulieferkooperationen Unternehmen auf verschiedenen Stufen der Wertschöpfungskette zusammenarbeiten, werden Einkaufskooperationen in der Regel von Mitgliedern derselben Wertschöpfungsstufe getragen. Einkaufskooperationen er-

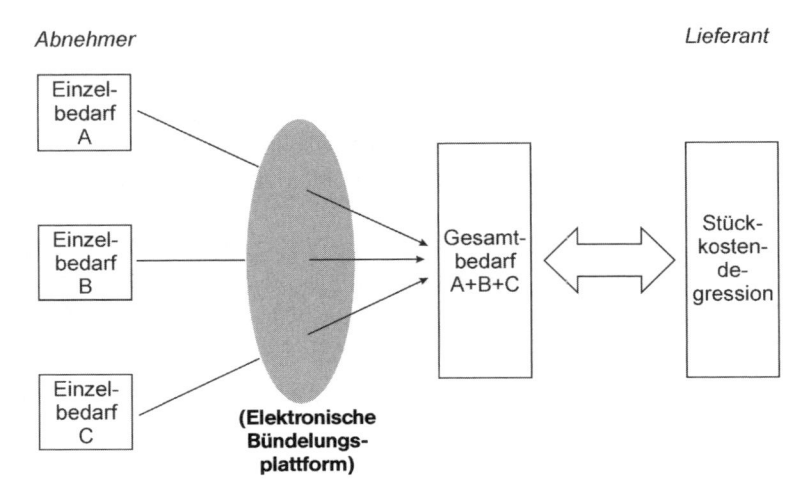

Abb. 5.3: Ökonomischer Effekt von Einkaufskooperationen

möglichen ihren Mitgliedern, durch gemeinsame Beschaffungsaktivitäten Skaleneffekte zu erschließen (vgl. Abbildung 5.3).

Die reine Materialeinstandskostensenkung aufgrund größerer Volumina (»Economies of Scale«) ist jedoch nur ein Effekt, der durch die Errichtung von Bündelungsplattformen entsteht. Darüber hinaus lassen sich erschließen:

- *Economies of Information:* Alle Kooperationspartner erhalten wechselseitig Informationen über Beschaffungsmärkte und Lieferanten. Informationen gelten als zentraler Produktionsfaktor – es ist Aufgabe des Einkaufs, dem Unternehmen Informationen über neue Geschäftsmöglichkeiten und innovative Lösungen der Beschaffungsmärkte zugänglich zu machen. Eine zentrale Datenhaltung ermöglicht den Online-Zugriff auf wesentliche Einkaufsinformationen. Vor dem Hintergrund technischer Möglichkeiten bietet sich eine elektronische Bündelungsplattform auf Internetbasis an.
- *Economies of Process:* Einkaufskooperationen können dazu beitragen, Redundanzen in den Versorgungsprozessen zu eliminieren. Die Durchführung von Prozessen erfolgt kooperativ, das heißt in Zusammenarbeit der Partner an einer zentralen Stelle oder in Arbeitsteilung. So kann sich spezialisiertes Prozess-Know-how bilden, das von allen Partnern gemeinsam genutzt wird.

Checkliste Kooperationsformenwahl

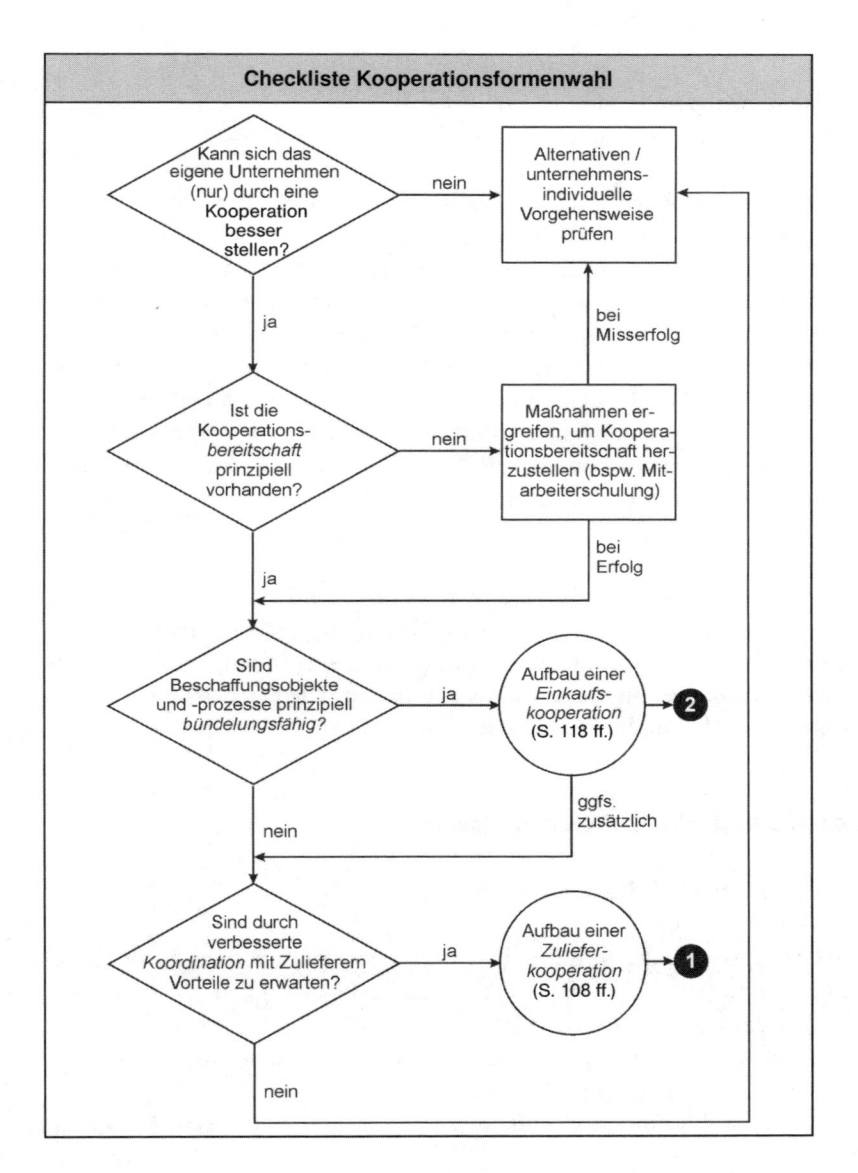

- Kann sich das eigene Unternehmen (nur) durch eine Kooperation besser stellen?
  - nein → Alternativen / unternehmensindividuelle Vorgehensweise prüfen
  - ja ↓
- Ist die Kooperations*bereitschaft* prinzipiell vorhanden?
  - nein → Maßnahmen ergreifen, um Kooperationsbereitschaft herzustellen (bspw. Mitarbeiterschulung)
    - bei Misserfolg → Alternativen prüfen
    - bei Erfolg ↓
  - ja ↓
- Sind Beschaffungsobjekte und -prozesse prinzipiell *bündelungsfähig*?
  - ja → Aufbau einer *Einkaufskooperation* (S. 118 ff.) ❷
  - nein ↓
- Sind durch verbesserte *Koordination* mit Zulieferern Vorteile zu erwarten?
  - ja → Aufbau einer *Zulieferkooperation* (S. 108 ff.) ❶ (ggfs. zusätzlich)
  - nein

Einkaufskooperationen schließen keineswegs aus, dass die Partner in anderen Bereichen im Wettbewerb stehen. Nalebuff/Brandenburger (1996, S. 16) haben für den Effekt gleichzeitiger Kooperation und Konkurrenz den Begriff »Coopetition« geprägt, demzufolge »man kooperieren [kann], ohne sein Eigeninteresse zu ignorieren«.

> **Einkaufskooperationen:**
> **Das »Coopetition«-Konzept am Fallbeispiel Luftfahrtindustrie**
>
> »American Airlines und Delta Airlines konkurrieren um Landerechte und Flughafenraum. Gleichzeitig sind sie aber Komplementoren in ihren Beziehungen zum Schlüssellieferanten von Fluggerät, Boeing. Wenn die beiden Fluggesellschaften die Flugzeuge der nächsten Generation in Auftrag geben, ist es viel billiger für Boeing, ein neues Flugzeug für beide zu entwerfen als verschiedene Versionen für jede der beiden. Die meisten Entwicklungskosten können von beiden Abnehmern gemeinsam übernommen werden, und die größere Nachfrage ermöglicht es Boeing auch, sich schneller die Lernkostenkurve herunterzubewegen.« (Quelle: Nalebuff/Brandenburger 1996, S. 32)

Die Kooperationstypen Einkaufskooperation und Zulieferkooperation schließen einander keineswegs aus – im Gegenteil. Unternehmen, die sich zu einer Einkaufskooperation zusammengeschlossen haben, können durchaus auch mit Zulieferern eng zusammenarbeiten. Die Checkliste »Kooperationsformenwahl« gibt hierzu erste Anhaltspunkte.

Vertikale Zulieferkooperationen

Arten vertikaler Zulieferkooperationen

Die Grobklassifikation von Beschaffungskooperationen in vertikale Zulieferer- und horizontale Einkaufskooperationen liefert lediglich erste Anhaltspunkte für die konkrete Ausgestaltung. In diesem Abschnitt wird versucht, Zulieferkooperationen entsprechend ihrem Handlungsfeld weiter zu klassifizieren (vgl. das Konzept von Wildemann 1992, S. 398ff.).

Für die Typenbildung sind entsprechend Abbildung 5.4 zwei Fragen zu stellen:

1. Wie groß ist der Umfang der Zulieferleistungen? Erstrecken sich diese weitgehend auf vom beschaffenden Unternehmen vordefinierte Produkte und Verfahren oder agiert der Zulieferer als echter System- und Problemlöser?

Leistungsumfang Kompetenz des Zulieferers	Vordefinierte Produkte und Verfahren	System- und Problemlöser
Produktions- Know-how	Teilefertiger (keine Zulieferkooperation)	Produktionsspezialist (Zulieferkooperation Typ I)
Produktions- und Produkt-Know-how	Entwicklungs- partnerschaften (Zulieferkooperation Typ II)	Wertschöpfungs- partnerschaften (Zulieferkooperation Typ III)

Abb. 5.4: Typen vertikaler Zulieferkooperation
Quelle: In Anlehnung an Wildemann 1992, S. 399

2. Wo liegen die zentralen Kompetenzen des Zulieferers? Beschränken sich diese Kompetenzen auf den Bereich der eigenen Leistungs*erstellung* oder liegt darüber hinausgehendes Produkt-Know-how vor?

Sollten beide Fragen nur in einem engen Sinne beantwortet werden können, so handelt es sich bei der Zulieferung um eine reine Teilefertigung, welche eine verstärkte Form der Zusammenarbeit im Sinne von Kooperationen nicht erforderlich macht. Im Folgenden sollen deshalb die drei in Abbildung 5.4 grau unterlegten Kooperationstypen näher erläutert werden.

Produktionsspezialisten: Konzept des Modular Sourcing

Die Zulieferkooperation vom Typ I konzentriert sich auf eine intensivierte Zusammenarbeit mit Lieferanten im Produktionsbereich (vgl. Abbildung 5.4). Faktisch bedeutet dies eine Neuverteilung der Aufgaben im Fertigungs- und Logistikprozess zwischen Abnehmer und Zulieferer. Um den erwünschten Effekt der Koordinationskostensenkung zu erreichen (vgl. Abbildung 5.2), verlagert der Abnehmer Teile der Wertschöpfung auf den so genannten *Produktionsspezialisten*.

Ziel der Zulieferkooperation vom Typ I ist es, die Anzahl der Beschaffungsobjekte deutlich zu verringern und möglichst komplette Module von Zulieferanten zu beziehen (vgl. Abbildung 5.5). Wichtig ist dabei, dass nicht die Gesamtzahl der Zulieferanten in der Wertschöpfungskette, sondern nur die Zulieferspanne des Endproduktherstellers zwingend sinken muss. Module sind demzufolge komplette, einbaufertige Baugruppen. Charakteristisch für die mit diesem Kooperationstyp verbundene Modular-Sourcing-Strategie ist die Tatsache, dass die Beschaffungsobjekte zwar einbaufertig und somit hoch integriert bezogen werden, der Modullieferant jedoch hauptsächlich eine

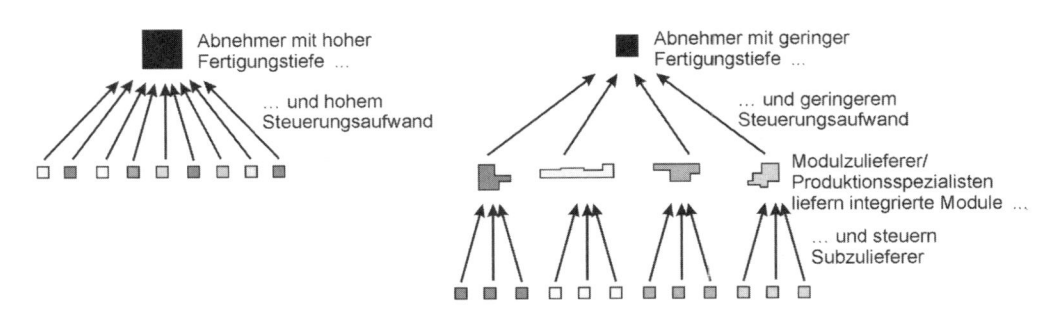

Abb. 5.5: Zulieferkooperation Typ I

logistische Integrationsleistung erbringt. Weiter gehende, insbesondere entwicklungs- beziehungsweise engineeringbezogene Integrationsleistungen werden in den Zulieferkooperationen vom Typ II und III berücksichtigt.

Entwicklungspartnerschaften: Konzept des Simultaneous Engineering

Der Arbeitsschwerpunkt bei Zulieferkooperationen vom Typ II liegt im Bereich des Produkt-Know-hows, also im Engineering-Bereich. Zulieferkooperationen vom Typ II werden deshalb auch als Entwicklungspartnerschaften bezeichnet. Typisch für Entwicklungspartnerschaften sind Early Supplier Involvement, Simultaneous Engineering und Cross-Functional Teams.

- *Early Supplier Involvement* bezeichnet die frühzeitige Einbindung von Lieferanten in Produktentwicklungs- und -konstruktionsprozesse.
- *Simultaneous Engineering* bedeutet die Parallelisierung von Produkt- und Produktionsmittelentwicklung (Einbeziehung der Entwicklungsressourcen von Produktionsmittelherstellern, Komponentenzulieferern und Kunden).
- *Cross-Functional Teams* sind Arbeitsgruppen mit Mitgliedern aus verschiedenen Funktionsbereichen innerhalb (und eventuell sogar außerhalb) des Unternehmens, die gemeinsam (beispielsweise Entwicklungs-) Projekte bearbeiten.

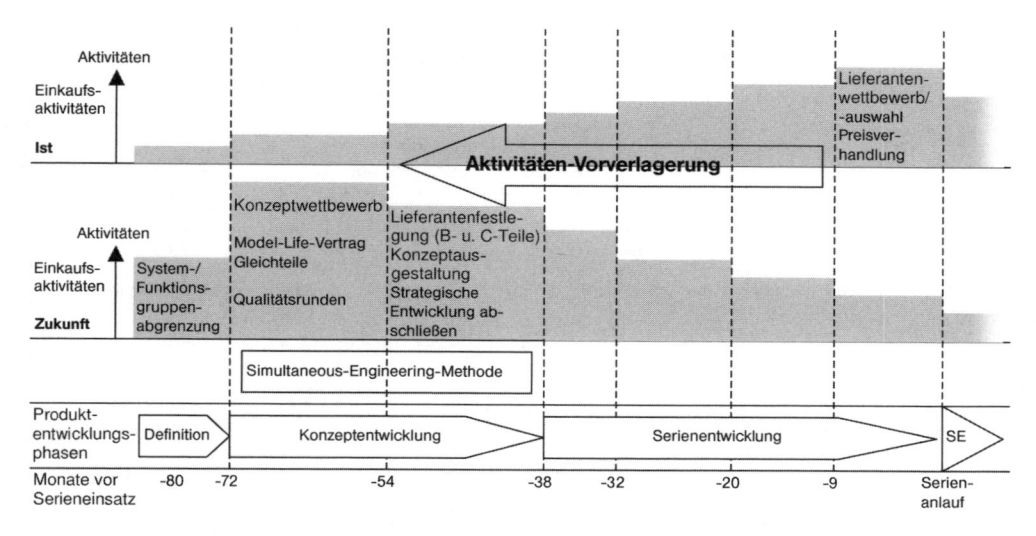

Abb. 5.6: Simultaneous Engineering
Quelle: Strub 1998, S. 472

Faktisch werden bei Entwicklungspartnerschaften die Einkaufsaktivitäten in eine sehr frühe Phase des Produktentstehungsprozesses vorverlagert. An die Stelle eines späten Lieferantenwettbewerbs mit preisbasierter Lieferantenauswahl treten so genannte »Konzeptwettbewerbe«, in deren Rahmen Lieferanten insbesondere ihr Entwicklungs-Know-how einbringen (vgl. Abbildung 5.6). Lieferanten wird lediglich ein grobes Lastenheft vorgegeben, auf dessen Basis der Lieferant (im Sinne des Entwicklungspartners) eigenständig die Detailkonstruktion und Modulentwicklung durchführt.

Entwicklungspartnerschaften sind in der Regel durch hoch komplexe Austauschprozesse gekennzeichnet. Das schlägt sich in einer entsprechenden Organisationsstruktur nieder. Am Beispiel Volkswagen (vgl. S. 112) soll gezeigt werden, wie solche Strukturen in der Automobilindustrie aussehen können.

Simultaneous Engineering wird heute durch Internettechnologien stark erleichtert. Spezialisierte Dienstleister stellen dazu effektive Electronic-Collaboration-Plattformen zur Verfügung.

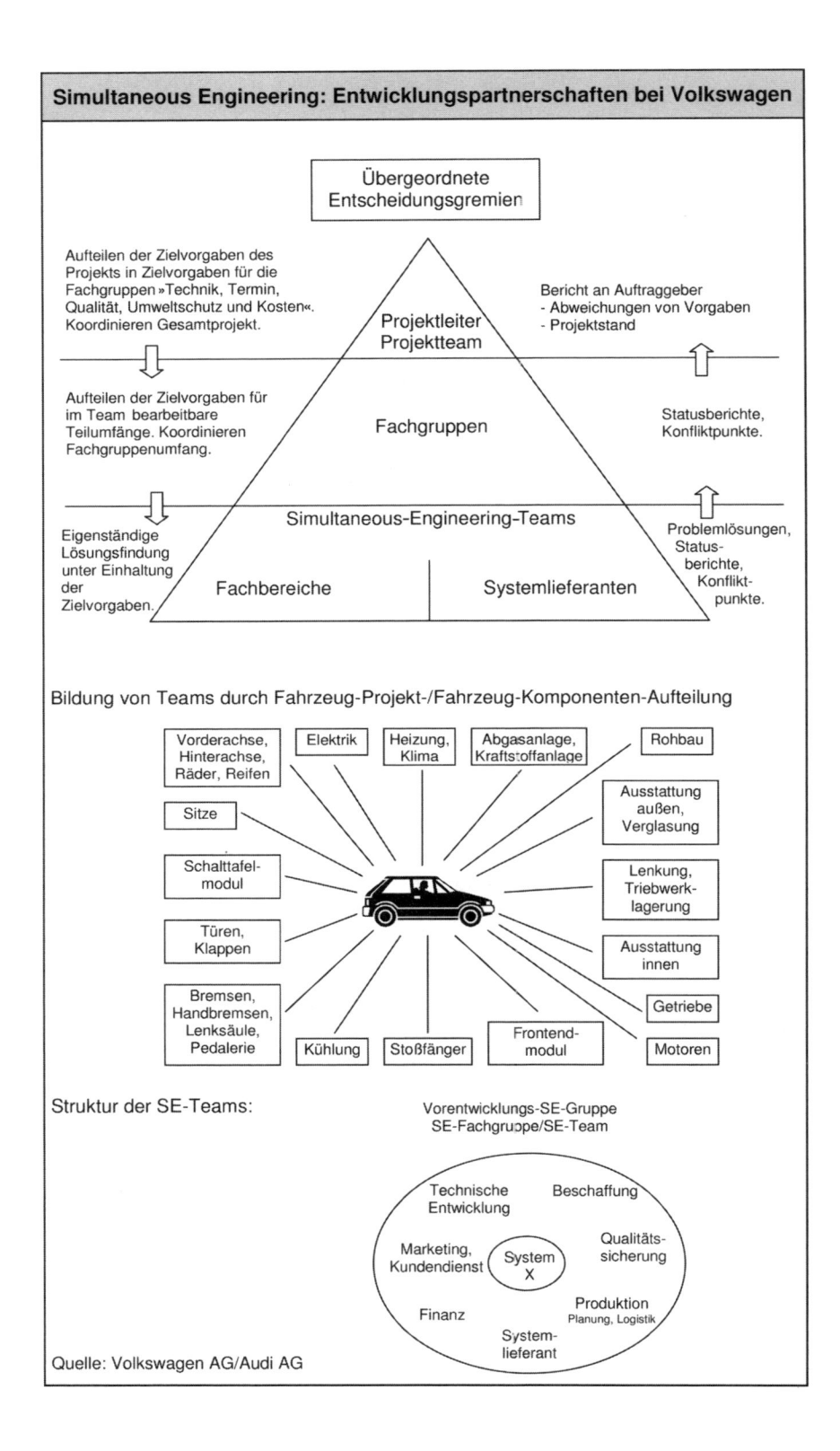

Simultaneous Engineering: Entwicklungspartnerschaften bei Volkswagen

Übergeordnete Entscheidungsgremien

Projektleiter / Projektteam

Fachgruppen

Simultaneous-Engineering-Teams

Fachbereiche — Systemlieferanten

Aufteilen der Zielvorgaben des Projekts in Zielvorgaben für die Fachgruppen »Technik, Termin, Qualität, Umweltschutz und Kosten«. Koordinieren Gesamtprojekt.

Aufteilen der Zielvorgaben für im Team bearbeitbare Teilumfänge. Koordinieren Fachgruppenumfang.

Eigenständige Lösungsfindung unter Einhaltung der Zielvorgaben.

Bericht an Auftraggeber
- Abweichungen von Vorgaben
- Projektstand

Statusberichte, Konfliktpunkte.

Problemlösungen, Statusberichte, Konfliktpunkte.

Bildung von Teams durch Fahrzeug-Projekt-/Fahrzeug-Komponenten-Aufteilung

- Vorderachse, Hinterachse, Räder, Reifen
- Elektrik
- Heizung, Klima
- Abgasanlage, Kraftstoffanlage
- Rohbau
- Ausstattung außen, Verglasung
- Sitze
- Schalttafelmodul
- Lenkung, Triebwerklagerung
- Türen, Klappen
- Ausstattung innen
- Bremsen, Handbremsen, Lenksäule, Pedalerie
- Kühlung
- Stoßfänger
- Frontendmodul
- Getriebe
- Motoren

Struktur der SE-Teams: Vorentwicklungs-SE-Gruppe SE-Fachgruppe/SE-Team

- Technische Entwicklung
- Beschaffung
- Marketing, Kundendienst
- System X
- Qualitätssicherung
- Finanz
- Produktion Planung, Logistik
- Systemlieferant

Quelle: Volkswagen AG/Audi AG

Simultaneous Engineering via Internet: Fallbeispiel SupplyOn

»Seit Jahren setzt die Automobilindustrie bei der Entwicklung neuer Fahrzeuge auf Module und Systeme, die zusammen mit den Zulieferern entwickelt werden. Auch die Tier-1-Unternehmen gehen dazu über, von ihren Zulieferern, das heißt den Tier-2-Unternehmen, komplexere Baugruppen zu beschaffen und sie gemeinsam mit ihnen zu entwickeln. Dadurch sind diese häufig kleineren Unternehmen mit wachsenden Anforderungen an Entwicklungs-Know-how, Kapitaleinsatz und personelle Kapazität konfrontiert. SupplyOn entwickelt zurzeit Funktionalitäten und Dienstleistungen für den Bereich Engineering, die den besonderen Bedürfnissen der Automobilzulieferindustrie gerecht werden und Simultaneous Engineering auch für kleinere Unternehmen ermöglichen.« (Quelle: SupplyOn)

Wertschöpfungspartnerschaften

Die Zulieferkooperation vom Typ III integriert de facto die beiden Aspekte der Typen I und II. Durch gleichzeitige Integration von Entwicklungs- und Logistik-/Fertigungsleistung entsteht eine echte *Wertschöpfungspartnerschaft* durch die Zusammenarbeit von Abnehmer und Zulieferer. An die Stelle einer reinen Modul- oder Entwicklungszulieferung tritt die System-Sourcing-Strategie.

Die Kombination von Produktions- und Entwicklungsverantwortung bedeutet einen weiter gehenden Schritt, der vom Modul zum System führt. *System Sourcing* ist verbunden mit dem Bezug von funktionell abgestimmten Baugruppen, die nicht zwingend eine physische Einheit bilden. Dies ist beispielsweise die komplette Bremsanlage. Ein solches System (Bremsanlage) wird eher gedanklich als physisch abgegrenzt und kann Bestandteil verschiedener Module (Bremsbacken als Teil des Moduls Rad, Anti-Blockier-System als Teil des Moduls Bordelektronik und Bremspedal als Teil des Moduls Pedalerie) sein.

Voraussetzung für ein erfolgreiches Management von Zulieferkooperationen ist die Wahl eines geeigneten Kooperationstyps. Die Checkliste »Zuliefererkooperationen« fasst die dazu erforderlichen Schritte nochmals zusammen.

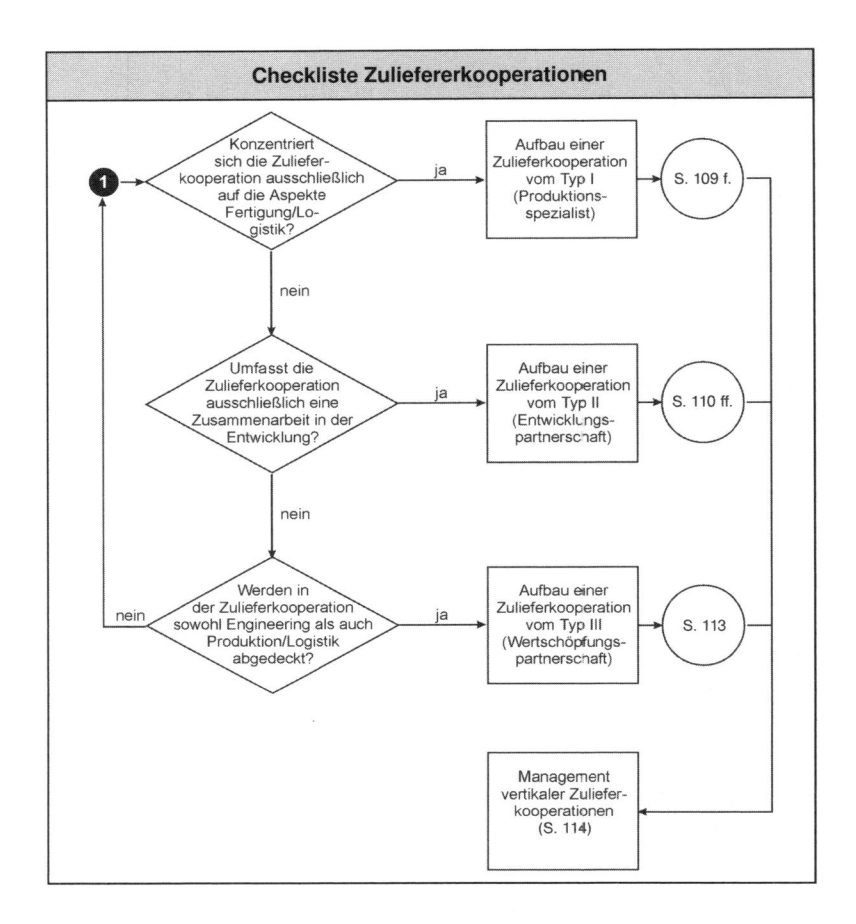

```
┌─────────────────────────────────────────────────────────┐
│              Checkliste Zuliefererkooperationen          │
├─────────────────────────────────────────────────────────┤
│                                                          │
│           ⬧ Konzentriert          ┌──────────────┐      │
│    ①→    sich die Zuliefer-   ja  │  Aufbau einer│      │
│           kooperation ausschließlich→│ Zulieferkooperation│ ⃝ S. 109 f.
│           auf die Aspekte         │   vom Typ I  │      │
│           Fertigung/Lo-           │ (Produktions-│      │
│           gistik?                 │  spezialist) │      │
│                                   └──────────────┘      │
│              ↓ nein                                      │
│           ⬧ Umfasst die           ┌──────────────┐      │
│           Zulieferkooperation ja  │ Aufbau einer │      │
│           ausschließlich eine    →│Zulieferkooperation│ ⃝ S. 110 ff.
│           Zusammenarbeit in der   │  vom Typ II  │      │
│           Entwicklung?            │(Entwicklungs-│      │
│                                   │ partnerschaft)│     │
│              ↓ nein               └──────────────┘      │
│                                                          │
│           ⬧ Werden in             ┌──────────────┐      │
│  nein   der Zulieferkooperation ja│ Aufbau einer │      │
│    ←     sowohl Engineering als auch→│Zulieferkooperation│ ⃝ S. 113
│           Produktion/Logistik     │  vom Typ III │      │
│           abgedeckt?              │(Wertschöpfungs-│    │
│                                   │ partnerschaft)│     │
│                                   └──────────────┘      │
│                                          ↓              │
│                                   ┌──────────────┐      │
│                                   │  Management  │      │
│                                   │vertikaler Zuliefer-│ │
│                                   │ kooperationen│      │
│                                   │   (S. 114)   │      │
│                                   └──────────────┘      │
└─────────────────────────────────────────────────────────┘
```

Management vertikaler Zulieferkooperationen

Das Management vertikaler Zulieferkooperationen folgt in allgemeiner Form einer Art »Lebenszyklus«. Er lässt sich anhand des kooperationsbezogenen Aktivitätsgrades in die fünf Hauptphasen Prä-Kooperationsphase, Aufbauphase, Kernphase, Abbauphase und Post-Kooperationsphase einteilen (vgl. Abbildung 5.7).

Aktivitätsgrad

```
                    Kooperations-
                    lebenszyklus
```

→ Zeit

(1) Prä-Kooperations-Phase | (2) Aufbauphase | (3) Beziehungs-Kernphase | (4) Abbauphase | (5) Post-Kooperationsphase

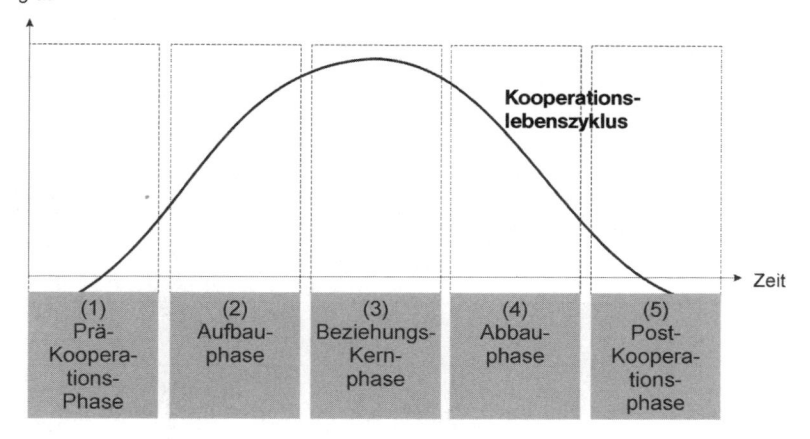

Abb. 5.7: Lebenszyklus vertikaler Zulieferkooperationen

Managementaufgaben im Kooperationslebenszyklus

1. Prä-Kooperationsphase
   - Initiierung
   - Bestimmung des Kooperationsbedarfes und -feldes (siehe Checkliste auf S. 107)
   - Analyse eigener Schwachstellen
   - prinzipielle Kooperationsentscheidung

2. Aufbauphase
   - Partnersuche, -identifikation und -auswahl
   - Kooperationskonstituierung
   - gemeinsame Zielplanung und -formulierung für die Kooperation
   - Formulierung der Kooperationsstrategie
   - Aufbau von Kooperationsstrukturen

3. Kernphase
   - Kooperationsmanagement
   - Wahrung des Anreiz-Beitrags-Gleichgewichts der Kooperation
   - Informationsmanagement
   - laufendes Kooperationscontrolling

4. Abbauphase
   - Beendigungsstrategie festlegen
   - ggf. Krisenmanagement
   - Ursachenanalyse für Kooperationsende
   - Re-Integration der Kooperationsaufgaben

5. Post-Kooperationsphase
   - Gesamtbewertung von Kooperationsaktivitäten
   - ggf. Neuformulierung der Kooperationsstrategie

Fallbeispiel Elektronikkonzern: Zulieferkooperationen mit Lieferanten (in Kombination mit innerbetrieblicher Einkaufskooperation)

1. Die Ausgangssituation:
Der Konzern hat ein heterogenes Produktspektrum, ist weltweit vertreten und dezentral organisiert. Die unterschiedlichen Geschäftseinheiten nutzen zu mehr als 40 Prozent dieselben Lieferanten, ohne dabei ausreichend zu kooperieren.

2. Die Analyse:
In einer umfangreichen Ist-Aufnahme wurden die wesentlichen Problempunkte herausgearbeitet:
   - Lieferanten werden nach unterschiedlichen Maßstäben ausgewählt und bewertet. Eine Vergleichbarkeit über Unternehmenseinheiten hinweg ist somit nicht gegeben. Dies verhindert sowohl die Förderung guter als auch den konzernweiten Ausschluss schlechter Lieferanten.
   - Aufgrund der dezentralen Einkaufsstruktur ist die Durchsetzung konzernübergreifender Materialgruppenstrategien und die Konzentration von Einkaufsvolumen sehr aufwändig. Auch die Übertragung beispielsweise von guten logistischen Lösungen von einer Unternehmenseinheit auf die andere wird durch den fehlenden Informationsaustausch behindert.

- Jeder Lieferant, der mehrere Unternehmenseinheiten beliefert, wird mit unterschiedlichen Verträgen, Qualitätsanforderungen und Bestimmungen konfrontiert, die jeweils aufwändig erstellt, verhandelt und controllt werden. Dies erzeugt unnötigen Aufwand sowohl bei den Lieferanten als auch im eigenen Unternehmen.

3. Die Hypothesen:
Ein ganzheitliches Lieferantenmanagement senkt die Materialkosten erheblich. Wesentliche Hebel sind abgestimmte Lieferantenstrategien und Mengenvorteile. Zusätzlich werden die unternehmensinternen Abwicklungsprozesse vereinfacht.

4. Das Konzept:
Das Konzept entstand auf der Basis einer internationalen Benchmarking-Studie mit acht Konzernen aus der Elektronik- und Automobilindustrie, bei denen beste Lieferantenmanagementkonzepte vermutet und gefunden wurden. Die Benchmarking-Ergebnisse waren die Grundlage für ein Konzept mit vier wesentlichen Elementen:
- Der Lieferantenauswahlprozess legt über fünf Stufen die Kernelemente für die Lieferantenauswahl fest.
- Die einheitliche Lieferantenbewertung macht den Leistungsstandard von Lieferanten mit den vier Kategorien Einkauf, Logistik, Qualität und Technologie vergleichbar. Die Lieferantenbewertung wird in einem konzernweiten Intranet-Tool für alle A-Lieferanten durchgeführt; die Bewertungsergebnisse können so von jedem Einkäufer ausgewertet werden. Mittelfristig entsteht eine konzernweite Fokussierung auf beste Lieferanten.
- Die Lieferantenentwicklung ist eine zwingende Konsequenz jeder Bewertung. Jeder Lieferant erhält einen Entwicklungsplan mit konkreten Zielvorgaben, oder es werden in einem gemeinsamen Projekt besondere Probleme gelöst. Schlecht bewertete Lieferanten werden ausgephast.
- Das Kostensenkungsprogramm mit Lieferanteneinbindung hat das Ziel, Maßnahmen der Lieferanten zur Senkung der Supply-Chain-Kosten zu initiieren, aufzugreifen und umzusetzen.

(Quelle: H&Z Unternehmensberatung AG)

Horizontale Einkaufskooperationen

Arten horizontaler Einkaufskooperationen

Grundsätzlich sind zwei Arten von Einkaufskooperationen zu unterscheiden:

- *Überbetriebliche Interessengemeinschaften* zielen darauf ab, beispielsweise durch Standardisierung Versorgungsprozesse prinzipiell zu vereinfachen. Die Kooperation als solche ist nicht-kommerziell, das heißt, sie verfolgt selbst kein Gewinnziel. Stattdessen erschließen sich Rationalisierungspotenziale für die Mitglieder und gegebenenfalls bei Marktakzeptanz eines Standards sogar für Dritte. Beispiel dafür ist der Supply Chain Council (www.supply-chain.org), der mit seinem Supply-Chain-Operations-Reference-(SCOR)-Modell eine prinzipielle Strukturbeschreibung von Wertschöpfungsprozessen vornimmt. Ähnlich auch der Bundesverband Materialwirtschaft, Einkauf und Logistik e.V. (BME), der einen Standard für elektronische Einkaufskataloge initiiert hat (BMEcat).
- *Einkaufskooperationen im engeren Sinne* stehen im Mittelpunkt dieses Abschnittes. Die Mitglieder einer derartigen Kooperation arbeiten zusammen, um direkt Bündelungsvorteile zu erschließen.

Management von Einkaufskooperationen

Der Ansatz des *Kooperationsmanagement* ist ein generalisierbares Modell zur Abwicklung und Durchführung von Einkaufskooperationen. Es entstand aus einer Analyse verschiedener Kooperationsansätze in der Unternehmenspraxis, aus der Auswertung aktueller Überlegungen zum Problembereich strategischer Allianzen und schließlich aus dem praktischen Einsatz und der Erprobung in einer real durchgeführten Kooperation zusammen mit den beteiligten Unternehmen.

Prinzipiell umfasst das Kooperationsmanagement zwei Hauptphasen (vgl. Abbildung 5.8). In Phase A ist die Arbeitsfähigkeit der Kooperation durch geeignete Strukturen herzustellen. Damit wird die Grundlage für die Durchführung des kooperativen Beschaffungsprozesses geschaffen.

Basis der Strukturüberlegungen für Einkaufskooperationen ist die Auswahl geeigneter Kooperationspartner, welche in engem Zusammenhang mit der Form der Einkaufskooperation steht. Als primäres Beurteilungskriterium für die Eignung von (potenziellen) Kooperationspartnern kann der so genannte »Beschaffungs-Fit« gelten, der die Kompatibilität der Beschaffungsobjekte

Einkaufskooperationen als überbetriebliche Interessengemeinschaften: Das Fallbeispiel Supply Chain Council

»Der Council wurde im Juni 1997 als gemeinnützige Vereinigung von Industrieunternehmen gegründet. Er bietet Mitgliedern die Gelegenheit, die Leistungsfähigkeit ihrer Supply Chain vom Lieferanten des Lieferanten bis hin zum Kunden des Kunden zu verbessern. Der Council wurde als Initiative innovativ denkender Vertreter von Firmen wie Advanced Manufacturing Research (AMR), Bayer, Compaq Computer, Pittigilio Rabin Todd & McGrath (PRTM), Procter & Gamble, Lockheed Martin, Nortel, Rockwell Semiconductor und Texas Instruments gegründet. Die Mitglieder des Councils arbeiten zusammen, um das Supply-Chain-Operations-Reference-Modell (SCOR) weiterzuentwickeln, zu unterstützen und zu verbreiten. Unserem Wissen nach ist das SCOR-Modell das einzige Referenzmodell für Logistikketten. Das SCOR-Modell beinhaltet Standardprozessdefinitionen, eine Standardterminologie sowie Standardkennzahlen. In das Modell sind die besten Beispiele aus der Praxis und der Informationstechnologie eingeflossen, SCOR definiert die nächste Generation des integrierten Supply-Chain-Managements. So können SCC-Mitglieder mit ihren Lieferanten und ihren Kunden einfach zwischenbetriebliche Logistikketten bilden, da sie auf die gleiche Methode zugreifen. Wenn das SCOR-Modell mit den dazugehörigen Benchmarks und Prozessen kombiniert wird, stellt es ein allgemein verwendbares Werkzeug für die Analyse und Konfiguration einer Supply Chain, die Positionierung und das Einführen von Logistikketten inklusive entsprechender Anwendersoftware, zur Verfügung.« (Quelle: www.supply-chain.org)

untersucht. Im Mittelpunkt steht das Kriterium der Bündelungsfähigkeit, welches zur Realisierung der zentralen ökonomischen Effekte von Einkaufskooperationen beitragen soll. Als Hilfestellung bei der Partnerwahl möge die Checkliste auf S. 121 dienen.

Klassischerweise wird die gewünschte Objekthomogenität dadurch erreicht, dass insbesondere die hochwertigen beziehungsweise hochvolumigen Beschaffungsobjekte (A-Güter) der Kooperationspartner möglichst ähnlich, im Idealfall sogar identisch sind. Dieser Fall ist folgerichtig als A-Einkaufskooperation gekennzeichnet. Primärer Wirkungseffekt sind Materialkosten-

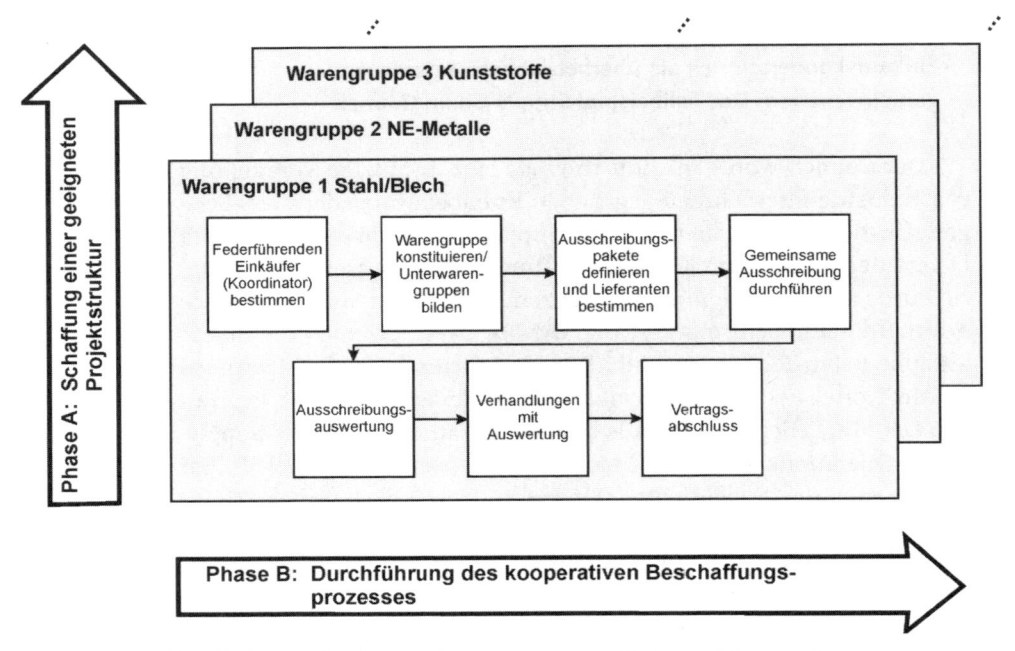

Abb. 5.8: Ansatz des Kooperationsmanagements für Einkaufskooperationen

reduzierungen aufgrund von Skaleneffekten. Wegen des in der Regel engen Zusammenhangs zwischen den Eigenschaften der Beschaffungs- und der Absatzobjekte stehen die Kooperationspartner auf ihren Absatzmärkten regelmäßig im Wettbewerb. Der Aufbau einer Vertrauensbasis, als Grundlage für die Einkaufskooperation unverzichtbar, ist dann zumindest erschwert, weil die Kooperationspartner zumeist auch beschaffungsseitige Wettbewerbsvorteile zur Stärkung ihrer Marktstellung anstreben.

Dieser Nachteil besteht bei einer C-Einkaufskooperation nicht. C-Einkaufskooperationen beruhen auf der Idee, dass sich die Kooperationspartner wechselseitig Einkaufsvorteile verschaffen und so zu einer »Win-win-Situation« kommen können. Direkte Objekthomogenität existiert nur für C-Güter. Wesentlich wichtiger sind allerdings Prozessharmonisierungen (Economies of Process) und Know-how-Gewinn durch Informationsaustausch (Economies of Information).

In jedem Fall ist die Einkaufskooperation in Phase A mit einer geeigneten Binnenstruktur zu versehen. Als zentrale Strukturierungseinheit für Einkaufskooperationen kann die Warengruppe gelten. Die Warengruppe bündelt

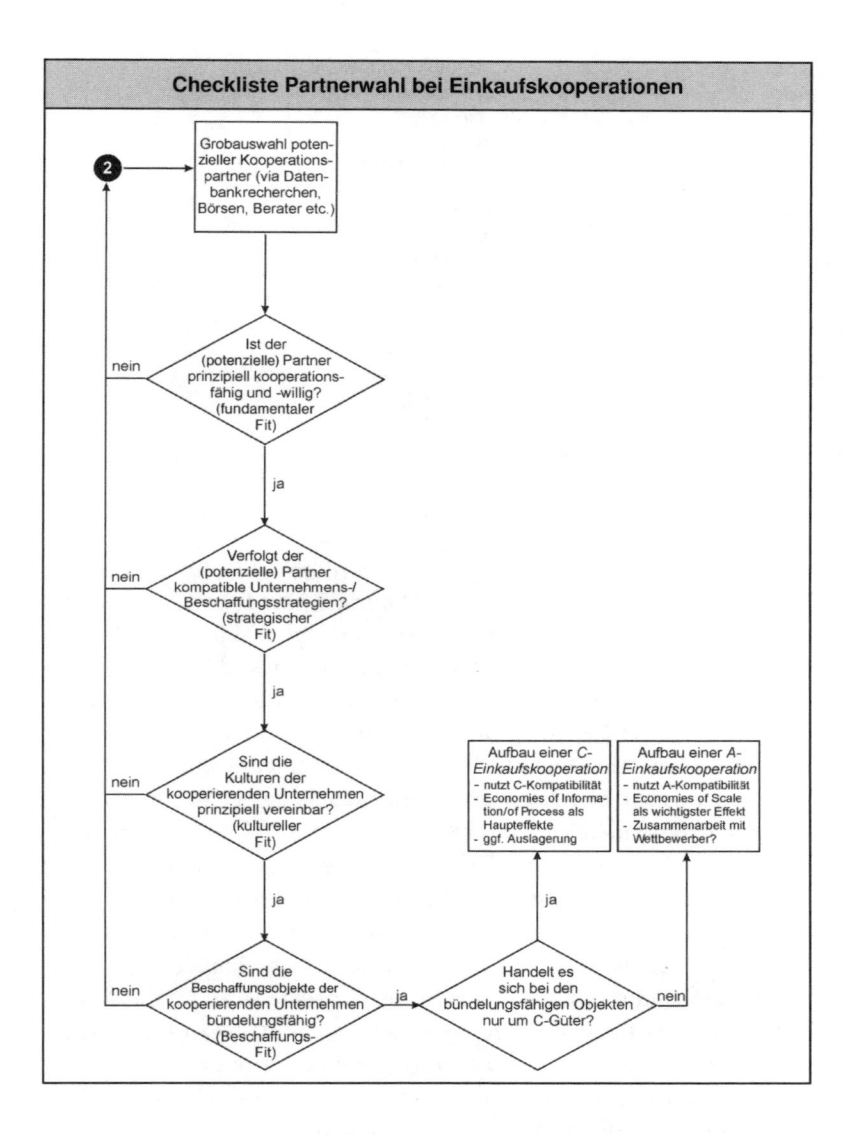

Checkliste Partnerwahl bei Einkaufskooperationen

- Grobauswahl potenzieller Kooperationspartner (via Datenbankrecherchen, Börsen, Berater etc.) ②
- Ist der (potenzielle) Partner prinzipiell kooperationsfähig und -willig? (fundamentaler Fit) — nein → ②; ja ↓
- Verfolgt der (potenzielle) Partner kompatible Unternehmens-/Beschaffungsstrategien? (strategischer Fit) — nein → ②; ja ↓
- Sind die Kulturen der kooperierenden Unternehmen prinzipiell vereinbar? (kultureller Fit) — nein → ②; ja ↓
- Sind die Beschaffungsobjekte der kooperierenden Unternehmen bündelungsfähig? (Beschaffungs-Fit) — nein → ②; ja →
- Handelt es sich bei den bündelungsfähigen Objekten nur um C-Güter?
  - ja → Aufbau einer C-Einkaufskooperation
    - nutzt C-Kompatibilität
    - Economies of Information/of Process als Haupteffekte
    - ggf. Auslagerung
  - nein → Aufbau einer A-Einkaufskooperation
    - nutzt A-Kompatibilität
    - Economies of Scale als wichtigster Effekt
    - Zusammenarbeit mit Wettbewerber?

zum einen ähnliche beziehungsweise kompatible Objekte, die kooperativ beschafft werden sollen, und stellt zum anderen jeweils eine Arbeitsgruppe dar, die sich aus all denjenigen Kooperationspartnern zusammensetzt, die Bedarf an diesen Gütern haben. Je nach gewählter Form der Einkaufskooperation (A oder C) variiert auch die konkrete Ausgestaltung der Warengruppen. Abbildung 5.9 zeigt eine beispielhafte Warengruppenstrukturierung.

1 Stahl/Blech	16 DIN- und Normteile (inkl. Lager)
2 NE-Metalle	17 Chemikalien/Oberflächenbehandlung
3 Kunststoffe	18 Werkzeuge
4 Gussteile	19 Betriebsstoffe
5 Zerspanungsteile	20 Schweißmaterial
6 Stanz-, Zieh- und Biegeteile	21 Verpackung
7 Schmiedeteile	22 Transport
8 Fließpressteile	23 Arbeitsschutz
9 Sinterteile (Metall)	24 Entsorgung
10 Elektro- und Elektronikbauteile	25 Bürobedarf
11 Elektromaterialien/-bedarf	26 Druckerzeugnisse
12 Pumpen/Motoren/Elektromotoren	27 Datenverarbeitung
13 Dichtungen	28 Lohnbearbeitung
14 Gummiformteile	29 Dienstleistungen
15 Schläuche	

Abb. 5.9: Beispielhafte Warengruppenstrukturierung
Quelle: Arnold/Eßig 1997, S. 78

In Phase B des Kooperationsmanagements werden sieben Prozessschritte definiert, die den Ablauf des kooperativen Materialeinkaufs beschreiben und im Einzelnen wie folgt dargestellt werden können (vgl. Abbildung 5.8):

Prozessschritt 1 sieht vor, für jede Warengruppe einen so genannten Koordinator zu bestimmen. Dieser stammt aus dem Kreis der beteiligten Einkaufsleiter. In der Regel besitzt er die größte Markttransparenz für den in dieser Warengruppe bearbeiteten Objektbedarf und vereinigt dann meist auch das größte Volumen auf sich. Seine Aufgabe ist die Steuerung der Warengruppenmitglieder und insbesondere die Durchführung der zentralen Ausschreibung in Prozessschritt 4. Dies soll Doppelarbeiten vermeiden und so die Effizienz der Kooperation erhöhen. Zudem entsteht damit ein objektspezifisches Kompetenzzentrum, das als Ansprechpartner für alle Fragen der Kooperationsmitglieder zu diesem spezifischen Objektbereich fungiert. Die Konstituierung der Warengruppe erfolgt durch Konsolidierung der Einzelbedarfe. Da die Warengruppen selbst meistens auf einem zu hohen Abstraktionsniveau aggregieren, wird die Bildung so genannter Unterwarengruppen erforderlich.

Diese Vorstrukturierung macht es dann leicht, in Prozessschritt 3 die Ausschreibungspakete zu definieren. Als Lieferanten werden bei der Ausschreibung die bisherigen Lieferanten sämtlicher Kooperationspartner sowie neue, aufgrund von Lieferantenanalysen als positiv bewertete Zulieferer berücksichtigt. Dadurch erhöht sich die Lieferantentransparenz und -auswahl für die Kooperationspartner signifikant.

Nachdem der Koordinator die gemeinsame Ausschreibung durchgeführt (Prozessschritt 4) und die Ergebnisse ausgewertet hat (Prozessschritt 5), müssen vor dem Vertragsabschluss (Prozessschritt 7) noch Verhandlungen mit den Lieferanten geführt werden (Prozessschritt 6). Jeder Prozessschritt geht mit einer Art »Leitfrage« einher, die in der folgenden Aufstellung dargestellt ist.

Leitfragen für den kooperativen Beschaffungsprozess

Leitfrage

- Prozessschritt 1:
  Bestimmung eines Koordinators
  (federführender Einkäufer) — *Wer?*

- Prozessschritt 2:
  Konstituierung der Warengruppe — *Was?*

- Prozessschritt 3:
  Definition der Ausschreibungspakete
  und Wahl geeigneter Ländermärkte — *Wo?*

- Prozessschritt 4:
  Durchführung und Auswertung
  einer gemeinsamen Ausschreibung — *Welche Alternativen?*

- Prozessschritt 5:
  Durchführung von Verhandlungen — *Welche Konditionen?*

- Prozessschritt 6:
  Vertragsabschluss — *Welcher Lieferant?*

Die Ergebnisse des in den Warengruppen kooperativ abgelaufenen Beschaffungsprozesses werden in der Kontrollphase des Kooperationsmanagements erfasst. Probleme beim Ergebnisnachweis ergeben sich insbesondere aus der Vielschichtigkeit der Kooperationsrente. Neben monetär messbaren Ergebnissen gehören zur so genannten »Kooperationsrente« insbesondere nicht monetär messbare Erfolge wie Know-how-Austausch, Prozessverbesserungen, Technologieanregungen und so weiter Hinzu kommen bilaterale Kontakte der Kooperationspartner, die zusätzliche Ergebnisse außerhalb der eigentlichen Kooperationsstruktur erzielen. Grundlage der Kontrollphase bildet aus diesem Grund ein Methodenmanagement, welches in erster Linie die Konzeption und Methodik der Erfolgsmessung gestalten muss, um möglichst alle Ebenen des Kooperationserfolgs zu erfassen. Die Probleme der Erfolgsmessung und mögliche Erfolge von Einkaufskooperationen sollen am Beispiel verdeutlicht werden.

Fallbeispiel Erfolgsmessung in Einkaufskooperationen

In den Jahren 1994/95 kam eine Einkaufskooperation von 13 mittelständischen Unternehmen der Automobilzuliefer- und Metall verarbeitenden Industrie zustande. Im Rahmen des Aktionsforschungsprojektes »Einkaufskooperationen mittelständischer Unternehmen in Baden-Württemberg« wurde ein Erfolgsmesskonzept für Einkaufskooperationen praktisch erprobt. Es umfasst vier Ebenen A bis D, die mit unterschiedlichem Strukturierungs- und Detaillierungsgrad sowohl Aspekte der Ergebnis- als auch der Prozesskontrolle abdecken.

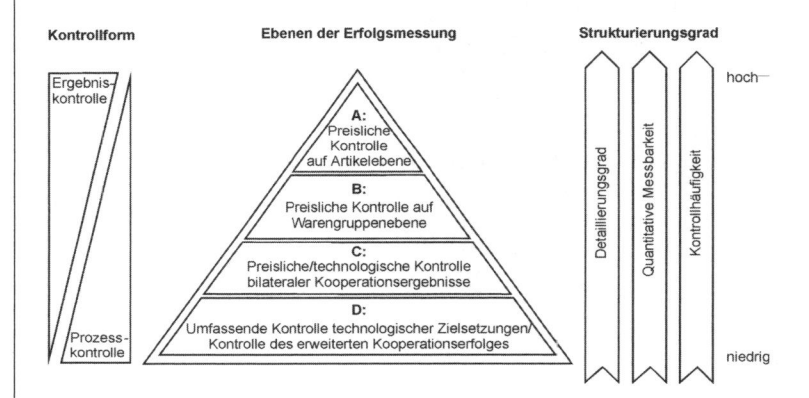

Kontrollform — Ergebniskontrolle / Prozesskontrolle

Ebenen der Erfolgsmessung:
- A: Preisliche Kontrolle auf Artikelebene
- B: Preisliche Kontrolle auf Warengruppenebene
- C: Preisliche/technologische Kontrolle bilateraler Kooperationsergebnisse
- D: Umfassende Kontrolle technologischer Zielsetzungen/ Kontrolle des erweiterten Kooperationserfolges

Strukturierungsgrad (hoch — niedrig): Detaillierungsgrad, Quantitative Messbarkeit, Kontrollhäufigkeit

Im Rahmen der Ergebnismessung wurde beispielsweise für jede Warengruppe ein aggregierter Kontrollwert auf einer Preisniveauskala ermittelt (Ebene B des oben genannten Konzepts). Als Soll-Wert (100 Prozent) gilt das Preisniveau dieser Warengruppe im Jahr 1993, also vor Kooperationsbeginn. Die Ist-Werte der Kooperation wurden durch schriftliche Befragung der betroffenen Unternehmen (Einkaufsleiter als Experten) gewonnen. Um exogene Markteinflüsse auszuschalten, wurde aus externen Quellen (Marktpreisstatistiken, Expertenschätzungen) das Marktpreisniveau je Warengruppe ermittelt. Der Erfolg wurde hier nicht aus der Abweichung von Soll- und Ist-Werten ermittelt (Mehr-Perioden-Ver-gleich), sondern zeitpunktbezogen. Bei Abschluss einer Warengruppe wurde die Differenz von Ist-Werten und dem jeweiligen Marktpreisniveau ermittelt. Alle Warengruppen konnten ein Preisniveau erreichen, das zwischen 1 und 15 Prozentpunkten unter dem Marktpreisniveau lag. Diese Ziele wurden unter anderem dadurch erreicht, dass ausländische Beschaffungsquellen von den Kooperierenden gemeinsam besser erschlossen werden konnten – manch einem der beteiligten Unternehmen war der Zugang zu Auslandsmärkten aufgrund fehlender Ressourcen zuvor generell verschlossen.

Darüber hinaus wurden separat Prozessverbesserungen, Informationsaustausch et cetera ermittelt (Ebene D des oben genannten Konzepts). Dabei zeigten sich durchweg positive Resultate.

(Quelle: Arnold 1998, S. 47–56, Arnold/Eßig 1997, S. 98–111)

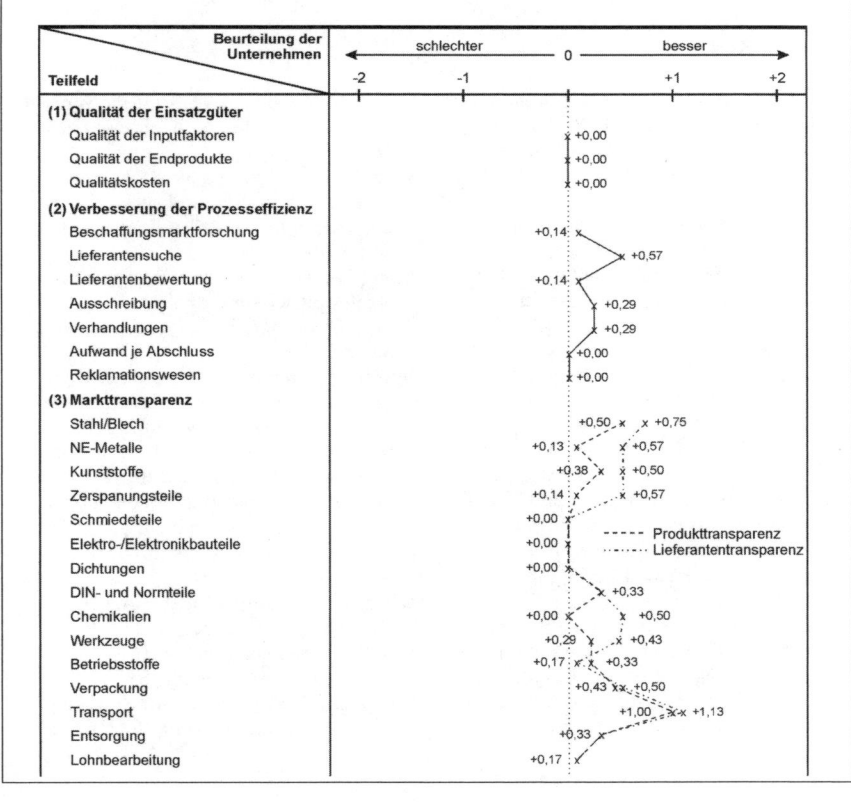

Teilfeld	Beurteilung der Unternehmen
(1) Qualität der Einsatzgüter	
Qualität der Inputfaktoren	+0,00
Qualität der Endprodukte	+0,00
Qualitätskosten	+0,00
(2) Verbesserung der Prozesseffizienz	
Beschaffungsmarktforschung	+0,14
Lieferantensuche	+0,57
Lieferantenbewertung	+0,14
Ausschreibung	+0,29
Verhandlungen	+0,29
Aufwand je Abschluss	+0,00
Reklamationswesen	+0,00
(3) Markttransparenz (Produkttransparenz / Lieferantentransparenz)	
Stahl/Blech	+0,50 / +0,75
NE-Metalle	+0,13 / +0,57
Kunststoffe	+0,38 / +0,50
Zerspanungsteile	+0,14 / +0,57
Schmiedeteile	+0,00
Elektro-/Elektronikbauteile	+0,00
Dichtungen	+0,00
DIN- und Normteile	+0,33
Chemikalien	+0,00 / +0,50
Werkzeuge	+0,29 / +0,43
Betriebsstoffe	+0,17 / +0,33
Verpackung	+0,43 / +0,50
Transport	+1,00 / +1,13
Entsorgung	+0,33
Lohnbearbeitung	+0,17

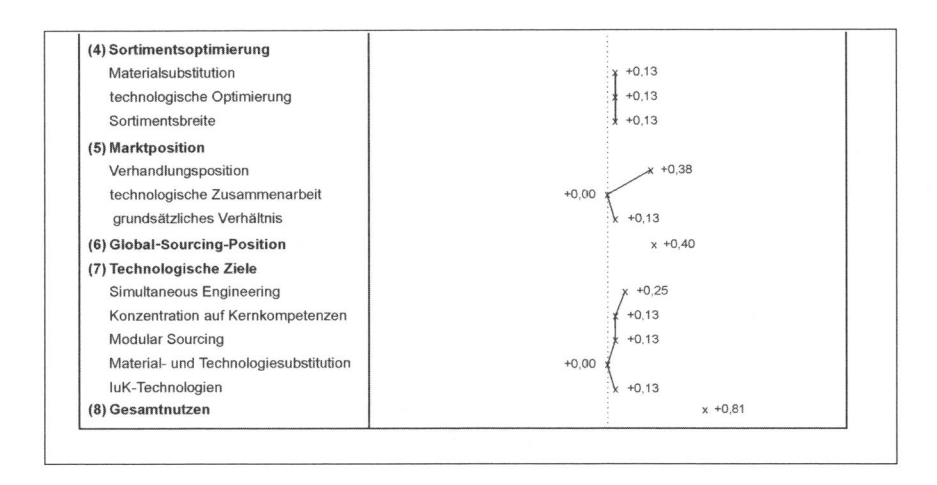

(4) Sortimentsoptimierung		
Materialsubstitution		+0,13
technologische Optimierung		+0,13
Sortimentsbreite		+0,13
(5) Marktposition		
Verhandlungsposition		+0,38
technologische Zusammenarbeit	+0,00	
grundsätzliches Verhältnis		+0,13
(6) Global-Sourcing-Position		+0,40
(7) Technologische Ziele		
Simultaneous Engineering		+0,25
Konzentration auf Kernkompetenzen		+0,13
Modular Sourcing		+0,13
Material- und Technologiesubstitution	+0,00	
IuK-Technologien		+0,13
(8) Gesamtnutzen		+0,81

Literatur

Arnold, U.: »Einkaufskooperationen in der Industrie«, in: Arnold, U. (Hrsg.): *Erfolg durch Einkaufskooperation: Chancen, Risiken, Lösungsmöglichkeiten*, Wiesbaden 1998, S. 13–56

Arnold, U.; Eßig, M.: *Einkaufskooperationen in der Industrie*, Stuttgart 1997

Austermann, M.: »Zielgerichtete Einkaufs- und Lieferantenentwicklung«, in: *Beschaffung aktuell*, o. Jg. (2001), Nr. 10, S. 42–47

Bapp, K. B.: »Erster Lieferantentag der Deutschen Bahn«, in: *Beschaffung aktuell*, o. Jg. (2002), Nr. 1, S. 48ff.

Boddy, D.; Cahill, C.; Charles, M.; Fraser-Kraus, H.; Macbeth, D.: »Success and Failure in Implementing Supply Chain Partnering: An Empirical Study«, in: *European Journal of Purchasing and Supply Management*, 4. Jg. (1998), Nr. 2/3, S. 143–151

Bogaschewsky, R.: »Rationalisierungsgemeinschaften mit Lieferanten«, in: Bloech, J.; Bogaschewsky, R.; Frank, W. (Hrsg.): *Konzernlogistik und Rationalisierungsgemeinschaften mit Lieferanten*, Stuttgart 1994, S. 95–115

Hendrick, T.; Ellram, L.: *Strategic Supplier Partnering: An International Study*, Tempe/Az. 1993

Himpel, F.: *Industrielle Beschaffungsnetzwerke: Theoretische Fundierung, Entwicklungsprinzipien und Gestaltungsaspekte*, Wiesbaden 1999

Klein, H.; Aichbauer, S.: »Beschaffung als Supply-Chain-Gestalter?«, in: *Beschaffung aktuell*, o. Jg. (2002), Nr. 2, S. 32ff.

Mische, J.; Buchholz, W.: »Hoechst Procurement International (HPI): Neuausrichtung der strategischen Beschaffung bei Hoechst«, in: Hahn, D.; Kaufmann, L. (Hrsg.): *Handbuch industrielles Beschaffungsmanagement: Internationale Konzepte, innovative Instrumente, aktuelle Praxisbeispiele*, Wiesbaden 1999, S. 639–656

Nalebuff, B.; Brandenburger, A.: *Coopetition – kooperativ konkurrieren: Mit der Spieltheorie zum Unternehmenserfolg*, Frankfurt/Main et al. 1996

Pampel, J. R: *Kooperation mit Zulieferern: Theorie und Management*, Wiesbaden 1993

Scheuing, E. E.: *Value-Added Purchasing: Partnering for World-Class Performance*, Menlo Park/Ca. 1998

Stölzle, W.: »Beziehungsmanagement mit Lieferanten: Konzepte, Instrumente, Erfolgsnachweise«, in: Hildebrandt, H.; Koppelmann, U. (Hrsg.): *Beziehungsmanagement mit Lieferanten: Konzepte, Instrumente, Erfolgsnachweise*, Stuttgart 2000, S. 1–23

Strub, M.: *Das große Handbuch Einkaufs- und Beschaffungsmanagement*, Landsberg/Lech 1998.

Stuart, I.; McCutcheon, D.; Grant, R.: »Strategic Supplier Alliances and Information Exchanges: Process and Content«, in: Kemp, R. A.; Lamming, R. C. (Hrsg.): *Looking to the 21st Century in Purchasing and Supply Chain Management: Proceedings for the First Worldwide Research Symposium on Purchasing and Supply Chain Management*, Tempe/Az. 1995, S. 227–238

Voegele, A. R.; Backhaus, M.: »Purchasing Empowerment: Bestleistungen im Einkauf«, in: Hahn, D.; Kaufmann, L. (Hrsg.): *Handbuch industrielles Beschaffungsmanagement: Internationale Konzepte, innovative Instrumente, aktuelle Praxisbeispiele*, Wiesbaden 1999, S. 489–504

Weiber, R.: »Herausforderung Electronic Business: Mit dem Informations-Dreisprung zu Wettbewerbsvorteilen auf den Märkten der Zukunft«, in: Weiber, R. (Hrsg.): *Handbuch Electronic Business: Informationstechnologien, Electronic Commerce, Geschäftsprozesse*, Wiesbaden 2000, S. 1–35

Wildemann, H.: »Entwicklungsstrategien für Zulieferunternehmen«, in: *Zeitschrift für Betriebswirtschaft*, 62. Jg. (1992), Nr. 4, S. 391–413

Wildemann, H.: »Zulieferer: Im Netzwerk erfolgreich«, in: *Harvard Business Manager*, 20. Jg. (1998), Nr. 4, S. 93–104

Wildemann, H.: »Das Konzept der Einkaufspotentialanalyse: Bausteine und Umsetzungsstrategien«, in: Hahn, D.; Kaufmann, L. (Hrsg.): *Handbuch industrielles Beschaffungsmanagement: Internationale Konzepte, innovative Instrumente, aktuelle Praxisbeispiele*, Wiesbaden 1999, S. 435–452

Womack, J. P.; Jones, D. T.; Roos, D.: *Die zweite Revolution in der Autoindustrie: Konsequenzen aus der weltweiten Studie des Massachusetts Institute of Technology*, 3. Aufl., Frankfurt/Main et al. 1991

Teil 3
Prozesse

6
Beschaffungsmarktforschung

Rudolf O. Large

Grundlagen der Beschaffungsmarktforschung

Marktforschung

In Marktwirtschaften werden die zur Beschaffung erforderlichen Transaktionen über *Märkte* abgewickelt. Wissen über die relevanten Beschaffungsmärkte ist deshalb eine unabdingbare Voraussetzung der Erfüllung der Beschaffungsfunktion. Wissen über Märkte kann durch *Marktforschung* erlangt werden. Da die Beschaffungsmarktsituation einen Einfluss auf die externen Erfolgspotenziale der beschaffenden Unternehmung ausübt, handelt es sich sogar um eine strategische Beschaffungsmanagementaufgabe.

Empirische Untersuchungen haben gezeigt, dass ein großer Teil der befragten Unternehmungen kontinuierlich oder zumindest fallweise Beschaffungsmarktforschung betreibt (Large, 2000a, S. 85). Dies ist zunächst ein positives Ergebnis. Nach aller Erfahrung haben Beschaffungsmanager jedoch sehr unterschiedliche Vorstellungen, wenn sie den Begriff Beschaffungsmarktforschung verwenden. Diese reichen von einer systematischen Erforschung der Beschaffungsmärkte bis zur Suche nach neuen Lieferanten mit Hilfe eines Lieferantenverzeichnisses oder des Versendens einer Anfrage.

Allgemein kann *Marktforschung* als »systematische Gewinnung und Auswertung von Informationen über die Gegebenheiten und Beeinflussungsmöglichkeiten auf Märkten« (Köhler, 1993, Sp. 2782) umschrieben werden. Wesentliche Elemente sind dabei die Systematik und die spezielle Absicht der Marktbeeinflussung. Der systematischen Marktforschung wird häufig die eher zufällige *Markterkundung* gegenübergestellt. Zwischen beiden Formen der Informationsversorgung besteht jedoch eher ein gradueller als ein prinzipieller Unterschied. Obwohl sich die Marktforschung traditionell auf die Absatzmärkte einer Unternehmung konzentriert, können auch Beschaffungsmärkte systematisch untersucht werden. Dementsprechend existiert neben der Absatzmarktforschung auch eine *Beschaffungsmarktforschung*.

Praxishandbuch innovative Beschaffung. Herausgegeben von Ulli Arnold und Gerhard Kasulke
Copyright © 2007 WILEY-VCH Verlag GmbH & Co. KGaA, Weinheim
ISBN: 978-3-527-50114-4

Beschaffungsmarktforschung

Allerdings müssen hinsichtlich der *Übertragbarkeit* von Gedanken der Absatzmarktforschung auf die Beschaffungsmarktforschung einige Einschränkungen vorgenommen werden (Arnold, 1997, S. 258). Wichtige Unterschiede sind der Grad der Rationalität der Marktpartner, die Zahl der Marktpartner, die auf Beschaffungsmärkten geringer ist, und die Anzahl unterschiedlicher Beschaffungsobjekte (Stangl/Koppelmann, 1984, S. 350). Die ersten beiden Aspekte beruhen jedoch stärker auf der Unterscheidung von Konsumgüter- und Investitionsgütermarktforschung. Am bedeutsamsten ist deshalb der letzte Punkt. Während eine Unternehmung ihre Produkte auf einer überschaubaren Anzahl von Märkten absetzt, sieht sich das Beschaffungsmanagement aufgrund der Vielzahl unterschiedlichster Beschaffungsobjekte mit sehr vielen und sehr unterschiedlichen Märkten konfrontiert, wodurch eine Auswahl der zu erforschenden Beschaffungsmärkte notwendig wird. Andererseits kann bei der Beschaffungsmarktforschung von einer weitaus größeren Bereitschaft der Anbieter ausgegangen werden, über das eigene Unternehmen Auskunft zu geben. Ursache dafür ist das natürliche Eigeninteresse der Anbieter, mit ihren Kunden in Kontakt zu treten und diese über das eigene Leistungsspektrum zu informieren. Auf Absatzmärkten haben dagegen die Kunden, vor allem die Endkunden, kein oder wenig Interesse, Informationen weiterzugeben, und müssen deshalb oft durch Anreize dazu bewegt werden.

Aufbauend auf diesen allgemeinen Gedanken kann eine Arbeitsdefinition der Beschaffungsmarktforschung aufgestellt werden. *Beschaffungsmarktforschung* ist die unternehmerische Tätigkeit der Informationsversorgung, die alle Handlungen der systematischen Gewinnung und Aufbereitung von relevanten Informationen über Beschaffungsmärkte und über deren Beeinflussbarkeit umfasst, die für die Erreichung der strategischen Beschaffungsziele erforderlich sind (Large, 2000a, S. 83). Primäres Ziel der Beschaffungsmarktforschung aus Sicht des *strategischen Beschaffungsmanagements* ist deshalb, die zukünftigen Auswirkungen der Beschaffungsmärkte auf die internen und externen Erfolgspotenziale rechtzeitig zu erkennen. Gleichzeitig sollen Möglichkeiten der direkten Einflussnahme auf die Beschaffungsmärkte und damit auf das Erfolgspotenzial erforscht werden. Aus operativer Sicht steht die Lieferantensuche im Rahmen der Lieferantenauswahl im Vordergrund. Allerdings ist auch hier im Gegensatz zur kurzfristigen Markterkundung der systematische Aspekt, also die umfassende und überlegte Suche nach potenziellen Lieferanten, von elementarer Bedeutung.

Vorauswahl der zu erforschenden Beschaffungsmärkte

Marktabgrenzung

Wie bereits angesprochen, agiert das Beschaffungsmanagement im Vergleich zum Absatz auf sehr vielen Märkten. Die Marketingmitarbeiter eines Herstellers von Bearbeitungszentren müssen beispielsweise den Werkzeugmaschinenmarkt und auch in Ansätzen die Märkte ihrer Kunden kennen. Dessen Beschaffungsmanager bewegen sich dagegen auf sehr vielen unterschiedlichen Märkten. Sie beschaffen Gussrohlinge auf dem Markt für industrielle Gießereierzeugnisse, bestückte Leiterplatten auf dem Markt für elektronische Baugruppen, Kopierpapier auf dem Papiermarkt und Transportleistungen auf dem Güterverkehrsmarkt. Deswegen ist eine umfassende Beschaffungsmarktforschung auch für große Unternehmungen unmöglich. Die systematische Erforschung aller Beschaffungsmärkte würde die Beschaffungsfunktionskosten in die Höhe treiben. Hieraus ergibt sich die Notwendigkeit einer Schwerpunktsetzung, indem bestimmte Beschaffungsmärkte für die Beschaffungsmarktforschung ausgewählt werden. Die Möglichkeit der Vernachlässigung von Märkten ergibt sich vor allem aus der vergleichsweise hohen Transparenz vieler Industriegütermärkte (Stangl/Koppelmann, 1984, S. 350) sowie aus der geringen Bedeutung einzelner Beschaffungsobjektgruppen.

Bevor bestimmte Beschaffungsmärkte überhaupt selektiert werden können, muss eine *Marktabgrenzung* erfolgen. Prinzipiell sollte ein Beschaffungsmarkt so weit gefasst sein, dass er alle relevanten Marktteilnehmer umschließt. Allerdings bewirkt eine zu weite Abgrenzung eine hohe Komplexität des Beschaffungsmarkts. Zwei für unsere Zwecke wichtige Kriterien zur Marktabgrenzung sind das Beschaffungsobjekt und die Region, aus der beschafft werden soll.

Abgrenzungskriterien

Das Kriterium »Beschaffungsobjekt« führt zu einer *sachlichen Abgrenzung* der Beschaffungsmärkte. Dabei lassen sich im Prinzip alle Klassifikationsmerkmale zur Bildung von Beschaffungsobjektgruppen verwenden. Besonders wichtige Kriterien sind die verfügbaren Produkt- und Produktionstechnologien, die erreichbaren Qualitäten und die Spezifität der lieferbaren Beschaffungsobjekte. Beispielsweise kann der Markt für Graugussrohlinge nach Zeichnung bis 20 Kilogramm betrachtet werden. Zusätzlich können, sofern dies konstruktiv möglich ist, auch Substitutionsgüter einbezogen werden. Ein Beispiel dafür ist die Erweiterung des Marktes für spanend bearbeitete Zeichnungsteile um Anbieter, die diese Teile auch als Feinguss herstellen können. Ebenso kann es sinnvoll sein, insbesondere bei Make-or-buy-Entscheidungen oder bei Entscheidungen über Modular Sourcing, vor- und nachgelagerte Märkte einzubeziehen. Auch bei der Abschätzung von zukünftigen Entwicklungen, zum Beispiel der Preisentwicklung oder der technologischen Entwicklung, sind die Vorproduktmärkte von entscheidender Bedeutung. So werden zum Beispiel die Preise und Qualitäten bestückter Leiterplatten wesentlich von denen der Bauteile bestimmt.

Obwohl heute vielfach von einem vernetzten Weltmarkt gesprochen wird, ist zum zweiten die *räumliche Abgrenzung* von Beschaffungsmärkten eine wichtige Vorgehensweise zur Reduktion von Komplexität. Neben dem Weltmarkt können nationale, regionale und sogar lokale Märkte betrachtet werden. Nationale Beschaffungsmärkte werden häufig abgegrenzt, um sich auf Länder, die bisher nicht systematisch erforscht wurden, zu konzentrieren. Ein Beispiel waren die Märkte Mittel- und Osteuropas in den neunziger Jahren oder heute neue Technologiemärkte wie Indien. Regionale Märkte umfassen die Anbieter einer Region, zum Beispiel des Rhein-Neckar-Dreiecks. Regionen können auch grenzübergreifend sein, wie zum Beispiel die Region Saarland, Lothringen und Luxemburg. Sinnvoll ist eine regionale Marktabgrenzung, wenn eine bestimmte Region spezifische Merkmale aufweist oder wenn transportkostenintensive Beschaffungsobjekte eine Konzentration auf die Heimatregion verlangen. Bei Dienstleistungen oder Produktionsmaterialien, die eine enge Einbindung des Lieferanten erfordern, kann sogar eine Konzentration auf den lokalen Markt gerechtfertigt sein (»Schornsteinlieferanten«).

Vorauswahl

Hand in Hand mit der Marktabgrenzung geht häufig schon eine *Vorauswahl* der zu erforschenden Beschaffungsmärkte einher. Wesentliches Kriterium dafür ist die strategische Bedeutung der Märkte, das heißt die vermutete Bedeutung der Beschaffungsobjekte, der Anbieter oder der Beschaffungskonkurrenten für das Eröffnen und Sichern von Erfolgspotenzialen. Wichtigster Antrieb für die systematische Erforschung der mittel- und osteuropäischen Märkte war die Erwartung deutlicher Kostensenkungspotenziale durch vergleichsweise niedrige Produktionskosten. Häufig ist auch das zunehmende

Versorgungsrisiko Auslöser einer intensiven Beschaffungsmarktforschung. Die Vorauswahl der zu erforschenden Beschaffungsmärkte erfolgt also auf Basis einer ersten Abschätzung der Beschaffungschancen und -risiken.

Anhaltspunkte für die Notwendigkeit der Beschaffungsmarktforschung geben *Marktsignale*, das heißt Informationen, die häufig in Verbindung mit der üblichen Tagesarbeit oder, denkt man an politische Veränderungen, sogar im Privatleben empfangen werden. Eine besondere Rolle spielen dabei Gespräche mit Lieferantenvertretern, mit Kollegen aus anderen Unternehmungsbereichen und mit Einkäuferkollegen anderer Unternehmungen. Wichtige Anregungen können deshalb aus der Mitwirkung in Einkäuferarbeitskreisen resultieren. Neben der Tagespresse können auch Fachzeitschriften, insbesondere die Zeitschrift *Beschaffung aktuell*, Impulse geben, welche Märkte genauer untersucht werden müssen. Hinweise, die zur genaueren Beschäftigung mit bestimmten Beschaffungsmärkten führen, können aber auch von Schlüsselkunden, zum Beispiel im Fall der Automobilzulieferindustrie, oder aus der eigenen Forschung und Entwicklung kommen.

Objekte der Beschaffungsmarktforschung

Märkte sind Institutionen, auf denen sich Anbieter und Nachfrager mit der Absicht, bestimmte Güter zu tauschen, begegnen. Jeder Markt, bestehend aus Anbietern und Nachfragern, zeigt eine bestimmte Wettbewerbssituation und ist von einem bestimmten Marktumfeld umgeben.

Anbieter

Die Anbieterseite kann aus Sicht einer beschaffenden Unternehmung sehr heterogen zusammengesetzt sein. Zunächst gehören dazu alle Anbieter einer Beschaffungsobjektgruppe und gegebenenfalls von Substituten, zu denen bereits Geschäftsbeziehungen bestehen (Lieferanten). Der Umfang des Wissens über Lieferanten hängt wesentlich von der Dauer der Lieferanten-Abnehmer-Beziehung ab, ist jedoch im Vergleich zu sonstigen Anbietern hoch. Die restlichen Anbieter gliedern sich in vier Gruppen. Zunächst gehören dazu frühere Lieferanten, von denen aus verschiedenen Gründen nicht mehr bezogen wird. Weiterhin gibt es eine Reihe von Anbietern, die bekannt sind, jedoch aufgrund uninteressanter Angebote nie als Lieferanten berücksichtigt wurden. Auch über diese Anbieter liegen also mehr oder weniger aktuelle

Informationen vor. Die dritte Gruppe setzt sich aus bekannten Anbietern zusammen, die nie zur Abgabe eines Angebots aufgefordert wurden. Der Informationsstand ist deshalb in der Regel sehr gering.

Die letzte Gruppe umfasst all jene Anbieter, die der beschaffenden Unternehmung nicht bekannt sind. Dabei kann es sich um Anbieter handeln, die bisher noch nicht aufgefallen sind, um solche, die auf bisher nicht erforschten Teilmärkten, zum Beispiel bestimmten Auslandsmärkten, operieren, oder um gänzlich neue Anbieter. Durch Neugründungen, Insolvenzen, Diversifikationen, Übernahmen oder Allianzen verändert sich die Anzahl der Anbieter auf einem Markt permanent. Die Wahrscheinlichkeit für das Erscheinen neuer Anbieter hängt dabei wesentlich von den Markteintrittsbarrieren und der Attraktivität der Märkte für die Anbieter ab.

Die Anzahl der Anbieter sowie das Wachstum einzelner Anbieter bestimmen die Gesamtkapazität der Anbieterseite. Diese Größe ist vor allem für die Abschätzung von Knappheiten von Bedeutung. Beispiele dafür sind die jüngsten Knappheiten auf dem Stahlmarkt und vielen weiteren Rohstoffmärkten, die nicht nur durch Nachfragesteigerungen in Schwellenländern ausgelöst wurden.

Neben der Änderung der Anzahl und der Kapazität ist der Wandel von Anbietereigenschaften, welche die Erlös- und Kostenpotenziale der beschaffenden Unternehmung beeinflussen, von besonderer Bedeutung. Auf den Gesamtmarkt bezogen betrifft dies vor allem die marktübliche Leistungsfähigkeit (Leistungsstandard) hinsichtlich Technologie, Produktivität, Qualität und Logistik. Hervorzuheben sind vor allem Diskontinuitäten, die mit der Einführung neuer Technologien entstehen. Ein Beispiel dafür ist die Entwicklung bei aktiven elektronischen Bauelementen. Weiterhin sind die üblichen Bezugskonditionen, vor allem das Preisniveau auf dem Markt, von Bedeutung. Die Veränderung von Eigenschaften kann auch durch eine Verschiebung der räumlichen Marktstruktur verursacht werden. Treten zum Beispiel heimische Anbieter aus dem Markt aus und Anbieter aus Niedriglohnländern ein, so wird sich eine Preisreduktion, möglicherweise aber auch eine Senkung des Qualitätsniveaus auf dem Markt einstellen.

Nachfrager

Den Anbietern stehen die Nachfrager, zu denen auch das beschaffende Unternehmen gehört, gegenüber. Aus Sicht der beschaffenden Unternehmung können Nachfrager drei unterschiedliche Positionen einnehmen. In der Regel besteht zwischen den Nachfragern auf Beschaffungsmärkten entwickelter Volkswirtschaften kein ausgeprägtes Konkurrenzverhältnis. Allerdings können Nachfrager in bestimmten Situationen auch als Beschaffungskonkurrenten auftreten. Der Fall der Konkurrenz kann insbesondere bei knappen Beschaffungsobjekten eintreten. Beispiele dafür sind bestimmte elektronische Bauteile sowie in Phasen des Konjunkturaufschwungs auch Rohmaterial oder anbieterspezifische Maschinenelemente. Jüngstes Beispiel sind Knappheiten auf vielen Rohstoffmärkten. Konkurrenz tritt auch auf, wenn nur ein Anbieter über einen technologischen Vorsprung verfügt, der jenen Nachfragern, denen es gelingt, mit diesem Anbieter eine Geschäftsbeziehung aufzubauen, ein einzigartiges Erfolgspotenzial beschert. Zum Dritten können einzelne Nachfrager als Partner einer Einkaufskooperation durch ein gemeinsames Auftreten am Beschaffungsmarkt ihre Position verbessern. Objekte der Beschaffungsmarktforschung sind in diesem Fall Beschaffungsobjektgruppen, die gemeinsam bezogen werden können, sowie potenzielle Kooperationspartner.

Marktumfeld

Das Marktumfeld beschreibt die Rahmenbedingungen, welche das Geschehen auf den Beschaffungsmärkten beeinflussen können. Besonders großen Einfluss hat das Marktumfeld, wenn es, wie im Fall der internationalen Beschaffung, von dem bekannten Heimatumfeld abweicht. Ein anderer Schwerpunkt der Erforschung des Marktumfeldes sind neue Märkte mit spezifischen Rahmenbedingungen. Die Kenntnis des Marktumfeldes ermöglicht eine erste Beurteilung der Leistungsfähigkeit und der Leistungsbereitschaft der Anbieter sowie der Kosten der Leistungserstellung. Außerdem kann eine grobe Einschätzung der Versorgungsunsicherheit vorgenommen werden (Pfohl/Large, 1993, S. 261). Änderungen im Marktumfeld können, wie an den folgenden Beispielen ersichtlich, zu einer Verschiebung der Chancen und Risiken, die von einem Markt ausgehen, führen.

Rahmenbedingungen

Das Marktumfeld setzt sich aus mehreren Schichten zusammen. Eine dieser Schichten, welche die Grundprinzipien einer Gesellschaft sowie spezielle rechtliche und moralische Normen beschreibt, ist der institutionelle Rahmen.

Beispielsweise kann erforscht werden, welche Rollen Bestechung und Vorteilnahme oder der Umweltschutz moralisch und rechtlich für einen Markt spielen. Eine enge Beziehung zum institutionellen Rahmen weisen die kulturellen Rahmenbedingungen auf. Dazu gehören die Sitten und Gebräuche, wobei aus Sicht des Beschaffungsmanagements insbesondere die Handelsbräuche auf bestimmten Märkten wichtig sind. Zu den kulturellen Rahmenbedingungen gehören auch die Muttersprache, die Kenntnis von Fremdsprachen oder das Vorherrschen bestimmter Dialekte oder Fachsprachen. Als Teil der kulturellen Rahmenbedingungen kann auch das Ausbildungsniveau der Menschen, insbesondere der Mitarbeiter potenzieller Lieferanten, angesehen werden.

Zu den wirtschaftlichen Rahmenbedingungen zählen die aktuelle konjunkturelle Lage und langfristige Wirtschaftsentwicklung. Zu den wirtschaftlichen Rahmenbedingungen gehört auch die kostengünstige Verfügbarkeit von Ressourcen wie menschlicher Arbeitsleistung, Energie, Rohstoffe und so weiter. Ebenso sind allgemeine volkswirtschaftliche Kenngrößen wie zum Beispiel Arbeitslosigkeit, Durchschnittslohn, Inflationsrate, Volkseinkommen interessant, da sie ein erstes Bild der Produktionsbedingungen der Anbieter vermitteln. Eng verbunden damit sind die technologischen Rahmenbedingungen, zu denen beispielsweise die Ausstattung mit Fertigungs- und Kommunikationstechnologien sowie die dazugehörigen Infrastrukturen gehören. Ein besonderes Merkmal ist die Verkehrsinfrastrukturausstattung. Als letzte Gruppe können natürliche Rahmenbedingungen angeführt werden. Hierzu zählen beispielsweise klimatische Bedingungen, die Verfügbarkeit von natürlichen Rohstoffen und das Vorhandensein geografischer Hindernisse. Welche Rahmenbedingungen im Einzelnen eine besondere Rolle spielen, hängt nicht zuletzt von dem betrachteten Markt und dem Zweck der Beschaffungsmarktforschung ab.

Wettbewerbssituation

Bisher wurden die drei großen Untersuchungsobjekte – die Anbieter, die Nachfrager und das Marktumfeld – isoliert betrachtet. Zur Beurteilung eines Marktes kommt es jedoch wesentlich darauf an, in welcher Art und Weise sich Nachfrager und Anbieter auf einem Markt gegenüberstehen und wie das Marktumfeld auf diese Beziehungen einwirkt. Aus Sicht der Anbieter geht es also vor allem um die Wettbewerbssituation in einer Branche.

Ein wichtiges Merkmal zur Beschreibung der Wettbewerbssituation ist die Anzahl der Marktteilnehmer. Daraus lassen sich Aussagen über Marktformen ableiten. Ein bekanntes Beispiel ist das Marktformenschema der Volkswirtschaftslehre. In der Regel werden auf Beschaffungsmärkten sehr viele Nachfrager vorzufinden sein. Stehen diese einem einzelnen Anbieter gegenüber, so entsteht ein Monopol. Häufiger ist der Fall des Oligopols, bei dem wenige Anbieter auftreten. Beispiele hierfür sind die Märkte für Kugellager oder Werkzeugmaschinen. Bilaterale Polypole, das heißt die Fälle vieler Anbieter und vieler Nachfrager, liegen beispielsweise bei einfachen Zeichnungsteilen, Bauleistungen und Normteilen vor.

Die Marktform hängt wesentlich von der Weite der Marktabgrenzung ab. Das wird am Beispiel des Marktes für spanend bearbeitete Teile nach Zeichnung deutlich. Bei lokaler Abgrenzung handelt es sich bei diesem Markt oft um ein Monopson. Es gibt am Ort einen größeren Industrieabnehmer und mehrere kleine Teilefertiger. Bereits bei regionaler oder nationaler Abgrenzung liegt ein bilaterales Polypol vor. Das gleiche Problem tritt bei sachlicher Abgrenzung auf. Wird der Markt für ein bestimmtes Beschaffungsobjekt abgegrenzt, zum Beispiel ein bestimmtes Zeichnungsteil, so liegt aufgrund der Abnehmerspezifität auch bei nationaler Abgrenzung ein Monopson vor. Im Falle eines bestimmten beziehungsspezifischen Beschaffungsobjektes, zum Beispiel einer von einem Abnehmer und einem Lieferanten gemeinsam entwickelten Getriebekomponente, nimmt der Markt die Form eines bilateralen Monopols an.

Dieses Phänomen ist auch durch eine dynamische Betrachtung der Märkte zu erklären. Während sich auf dem Markt für beziehungsspezifische Beschaffungsobjekte, zum Beispiel Getriebe, zunächst viele Anbieter und Nachfrager gegenüberstehen können, wird durch die Entscheidung von zwei Partnern zur gemeinsamen Entwicklung eines bestimmten Getriebes der Markt für dieses Getriebe in ein bilaterales Monopol überführt. Nach der Entwicklungsphase kann der Abnehmer dieses Getriebe nur bei diesem Lieferanten kaufen, und der Lieferant hat dafür nur einen Abnehmer. Eine weitere wettbewerbsrelevante dynamische Größe ist die voraussichtliche Änderungsgeschwindigkeit der Anzahl von Anbietern oder Nachfragern auf einem Markt. Ausschlaggebend dafür sind die Höhe der Markteintritts- und Marktaustrittsbarrieren sowie die Marktattraktivität.

Eine weitere Möglichkeit zur Beschreibung der Marktverhältnisse ist die Messung von Marktanteilen. Besonders bedeutsam ist die Analyse der relativen Marktanteile gegenüber dem wichtigsten Wettbewerber (Large, 2000a, S. 90). Ein großes Maschinenbauunternehmen mit Serienproduktion ist beispielsweise auf dem Wälzlagermarkt aufgrund des Beschaffungsmarktanteils im Vergleich zu Pkw-Herstellern unbedeutend, im Vergleich zu vielen Sondermaschinenbauern jedoch auch für Wälzlageranbieter von Bedeutung.

Marktbeeinflussung

Im ersten Abschnitt wurde als Ziel der Beschaffungsmarktforschung auch die Ermittlung der Möglichkeiten einer direkten Einflussnahme auf die Beschaffungsmärkte gefordert. Die Möglichkeiten der Einflussnahme auf den Markt beziehungsweise auf das Marktumfeld hängen wesentlich von der eigenen Stellung ab. Große Unternehmungen können beispielsweise ihre Vorstellungen über gute Lieferanten mit Hilfe der Lieferantenwerbung vermitteln. Möglich ist auch die Beeinflussung der Anzahl der Anbieter durch eine gezielte Lieferantenentwicklung. Bei der Lieferantenentwicklung wird einem Lieferanten, der auf einem bestimmten Markt bisher nicht tätig war, durch eine entsprechende Förderung geholfen, auf diesem Markt tätig zu werden. Mit anderen Worten werden dabei die Markteintrittsbarrieren für potenzielle neue Anbieter mit Hilfe der Abnehmer überwunden.

Die Beeinflussung der anderen Nachfrager kann in vielfältiger Weise erfolgen. Das Spektrum reicht von Vorträgen auf Einkäufertagungen über die Mitwirkung in Arbeitskreisen bis hin zur Anregung von Einkaufskooperationen. Zur Beschaffungsmarktforschung gehört deshalb auch die gezielte Suche nach anderen Nachfragern und nach Möglichkeiten zum Informationsaustausch. Die Möglichkeiten der Einflussnahme auf das Marktumfeld sind sehr begrenzt und hängen wesentlich von der Stellung der Unternehmung ab. Ein gewisser Einfluss auf den institutionellen Rahmen ist jedoch durchaus gegeben. Dabei kann der Weg über einflussreiche Verbände hilfreich sein. Als Beispiel sei hier die Initiative »Ethikleitlinien« des Bundesverbands Materialwirtschaft, Einkauf und Logistik genannt.

Aufgaben und Methoden der Beschaffungsmarktforschung

Form der Marktforschung

Die Aufgaben der Beschaffungsmarktforschung sind sehr vielfältig und hängen vor allem von der Form der Marktforschung ab. Bereits im vorangegangenen Abschnitt wurde deutlich, dass Beschaffungsmarktforschung mehr ist als die Suche nach neuen Lieferanten oder das Versenden von Anfragen. Beschaffungsmarktforschung darf nicht mit einer »Lieferantenforschung« gleichgesetzt werden, sondern steht im Sinne einer umfassenden Beschaffungsmarktforschung für die Erforschung der Anbieter, der Nachfrager, des

Marktumfeldes und der Wettbewerbssituation. Ebenso sollte eine möglichst regelmäßige Beschaffungsmarktforschung durchgeführt werden, damit Signale, die auf eine Änderung der Erfolgspotenziale hindeuten, rechtzeitig aufgenommen und interpretiert werden. Aus Sicht des strategischen Beschaffungsmanagements interessiert primär die strategische Beschaffungsmarktforschung, wenngleich auch die operative Marktforschung wichtige Informationen liefert. Die strategische Komponente ist auf das Erkennen zukünftiger Auswirkungen der Beschaffungsmärkte auf die internen und externen Erfolgspotenziale ausgerichtet. Die operative Beschaffungsmarktforschung hat dagegen eher die gegenwärtigen Marktbedingungen und -entwicklungen zum Gegenstand.

Entsprechend dem zeitlichen Bezug können Längs- und Querschnittanalysen unterschieden werden. Längsschnittanalysen erlauben eine dynamische Betrachtung von Märkten, da Informationen zu verschiedenen Zeitpunkten erfasst werden. Hinsichtlich der Forschungsziele und der angewandten Methoden spaltet sich das Gebiet der Beschaffungsmarktforschung vor allem in die explorative und die deskriptive Marktforschung auf. Im Rahmen der explorativen Beschaffungsmarktforschung wird ausgehend von einem geringen Kenntnisstand versucht, mit Hilfe von Sekundäranalysen und persönlichen Interviews erste Informationen zu gewinnen. Die deskriptive Beschaffungsmarktforschung umfasst die Beschreibung von Märkten und die Prognose der zukünftigen Marktentwicklung. Neben einer systematischen Analyse von Sekundärmaterial ist dazu in der Regel die Informationsgewinnung durch standardisierte Befragung erforderlich.

Prozess der Marktforschung

Der Prozess der Marktforschung lässt sich generell in mehrere Phasen untergliedern. Zur praktischen Umsetzung der Beschaffungsmarktforschung sollten die folgenden Fragen beantwortet werden (Abbildung 6.1):

- Für welche Beschaffungsobjekte brauchen Sie Informationen?
- Mit welchen Merkmalen können Sie diese Beschaffungsobjekte eindeutig beschreiben?
- Können Sie eine Konzentration auf bestimmte Länder oder Regionen vornehmen?
- Welche Informationen brauchen Sie
  - über Anbieter?
  - über die Wettbewerbssituation?
  - über das Marktumfeld?
- Welche Erhebungsmethoden benötigen Sie dazu?
- Welche Quellen sind für die Fragestellung geeignet?
- Welche Darstellungs-, Auswertungs- und Dokumentationsmethoden benötigen Sie?

Abb. 6.1: Arbeitsschritte zur Durchführung der Beschaffungsmarktforschung

Die Aufgabe der Auswahl der Beschaffungsobjekte oder genauer die Auswahl der zu erforschenden Beschaffungsmärkte wurde bereits im Abschnitt »Vorauswahl der zu erforschenden Beschaffungsmärkte« diskutiert. Die Bestimmung der notwendigen Informationen wurde im Zusammenhang mit den Objekten der Beschaffungsmarktforschung (Abschnitt »Objekte der Beschaffungsmarktforschung«) vorgenommen. Als wichtigstes Aufgabengebiet bleibt nun die Datenerhebung und verbunden damit die Auswahl geeigneter Erhebungsmethoden und Datenquellen. Da die Art der genutzten Datenquellen weitgehend von der Erhebungsmethode abhängt, können beide Aspekte gemeinsam behandelt werden.

Primärforschung

Bei der Primärforschung werden bisher nicht vorhandene Daten mit Hilfe der Befragung von Personen oder durch direkte Beobachtung der Realität gewonnen. Die einfachste Form ist die Befragung eigener Mitarbeiter des strategischen und operativen Beschaffungsmanagements, der Logistik, der Konstruktion und der Produktion, die in direktem Kontakt mit aktuellen Lieferanten stehen und deshalb über Detailwissen verfügen. Da Beschaffungsmarktforschung mehr sein soll als eine Sammlung von Informationen über die eigenen Lieferanten, wird diese Informationsquelle nicht ausreichen.

Bedeutsamer für die Erhebung umfassender Daten ist deshalb die Befragung von Anbietern beziehungsweise von anderen Nachfragern. Die Befragung von Anbietern kann in Form von schriftlichen Befragungen, persönlichen Interviews oder Telefoninterviews durchgeführt werden. Eine spezielle, heute häufig genutzte Form der schriftlichen Befragung ist die Erfassung von Informationen über Lieferanten mit Hilfe von Einkaufshomepages oder Marktplätzen (Reinelt, 2002, S. 586–589). Mit diesem Instrument können auch bisher unbekannte Anbieter angesprochen und zur Übersendung einer Lieferantenselbstauskunft aufgefordert werden. Aufgrund des Geschäftsinteresses von Anbietern kann innerhalb kurzer Zeit eine Vielzahl von Daten vorliegen. Deshalb darf der hierdurch entstehende administrative Aufwand nicht unterschätzt werden. Jede eingereichte Lieferantenselbstauskunft erfordert eine Bearbeitung und Selektion. Aus diesem Grunde verzichten einige Unternehmen bewusst auf den Einsatz dieser Form der Datenerfassung.

Auch traditionelle schriftliche Befragungen sind kostengünstiger als Interviews, erfordern jedoch bereits eine klare Strukturierung der Einzelfragen. Interviews lassen mehr Raum für die individuelle Erhebung, sind jedoch in der Durchführung bedeutend aufwändiger. Da die Lieferanten in aller Regel ein starkes Interesse an einer Kontaktaufnahme beziehungsweise -intensivierung haben, ist die Bereitschaft zur Mitwirkung im Vergleich zur Absatzmarktforschung groß. Schwieriger ist die Befragung von anderen Nachfragern, vor allem wenn eine Konkurrenzbeziehung auf den Absatzmärkten besteht. Hier empfiehlt sich eher die Kontaktaufnahme in Arbeitskreisen und ein informelles Gespräch. Verfügen andere Nachfrager über Einkaufshomepages, kann man oft detaillierte Informationen über deren Lieferantenpolitik und über nachgefragte Beschaffungsobjekte erlangen.

Bei Befragungen tritt stets das Problem der Glaubwürdigkeit der Informationen auf. Deshalb ist die direkte Beobachtung eine wichtige Ergänzung der Befragung. Im Rahmen von Besuchen vor Ort können Beschaffungsmanager wichtige Informationen über die Leistungsfähigkeit eines Lieferanten durch Beobachtung sammeln. Detaillierte und strukturierte Beobachtungen lassen sich mit Hilfe von Lieferantenaudits durchführen. Allerdings steht in der Regel bei Audits weniger die breite Erhebung von Daten zur Beschaffungsmarktanalyse als die Beurteilung der Leistungsfähigkeit eines einzelnen Neulieferanten im Vordergrund.

Sekundärforschung

Bei der Sekundärforschung wird auf bereits vorhandene Daten zurückgegriffen. Als wichtige Quellen sind hier Veröffentlichungen von Marktteilnehmern (Anbietern und anderen Nachfragern), wie zum Beispiel Geschäftsberichte, Zeitschriftenartikel, Vorträge, Imagewerbung sowie Produktkataloge und andere Produktinformationen, zu nennen. Weitere Quellen, die sich für die Auswertung der Marktstrukturen anbieten, sind Daten von Dritten. Hierzu gehören Zeitungen, Fachzeitschriften und Bücher, die sich vor allem für die explorative Beschaffungsmarktforschung eignen. Weiterhin können öffentliche Statistiken, zum Beispiel die Datenreihen über die Entwicklung von Preis- oder Lohnindizes, Aufschluss über die Kostensituation bestimmter Lieferbranchen geben. Wichtig sind im Rahmen der Auslandsmarktforschung auch Statistiken anderer Länder und internationaler Institutionen (zum Beispiel der OECD oder der Weltbank), die einen Einblick in das Marktumfeld eröffnen. Gute Brancheninformationen sind häufig von den Herstellerverbänden (zum Beispiel dem VDMA) in gedruckter Form oder auch als direkte Auskunft zu erhalten. Daneben gibt es umfangreiche Lieferantenverzeichnisse, die von verschiedenen kommerziellen Anbietern veröffentlicht werden. Lieferantenverzeichnisse helfen vor allem, bisher unbekannte Anbieter für bestimmte Sachgüter oder Dienstleistungen zu ermitteln. Bekannte Beispiele dafür sind *Wer liefert was?*, *Europages* und das *Thomas' Register of American Manufacturers*. Alle diese Quellen sind heute bequem und in der Regel kostenlos im Internet zu finden. Dies betrifft vor allem auch die Datenbanken von *Wer liefert was?* (www.wlw.de) und *Europages* (www.europages.com), die im Internet frei verfügbar sind.

Schließlich bieten kommerzielle Marktforschungsinstitute und Beschaffungsdienstleister gezielt Informationen auf Anfrage an. Vor Durchführung einer Sekundärforschung sollte im Sinne einer Checkliste kritisch geprüft werden, welche der in Abbildung 6.2 aufgeführten Quellen die notwendigen Daten effizient liefern können.

Aufgrund der Eigenschaften der Beschaffungsobjekte liegen die Schwerpunkte eher bei der explorativen Forschung. Im Rahmen der deskriptiven Forschung dominiert die Sekundärforschung. Allerdings sollte man nicht so weit gehen, die Notwendigkeit von Befragungsmethoden für Beschaffungsmärkte generell zu bezweifeln. Gerade spezielle Informationsbedarfe lassen sich in der Regel nur durch eine primäre Datenerhebung gewinnen.

An die Phase der Datenerhebung schließt sich die Aufbereitung, Weitergabe und Dokumentation der Daten an. Bei fallweiser und damit problem-

- Geschäftsberichte und Imagewerbung
- Produktkataloge und Produktinformationen
- Vorträge
- Aufsätze in Zeitungen, Fachzeitschriften und Büchern
- Pressemeldungen
- Lieferantenverzeichnisse (z. B. *Wer liefert was?*, *Europages*, *Thomas' Register of American Manufacturers*)
- öffentliche Statistiken (z. B. Preis- oder Lohnindizes)
- regelmäßige Länderinformationen
- Branchenberichte der Verbände
- Marktübersichten in Fachzeitschriften
- spezielle Marktanalysen für Einkäufer sowie Berichte kommerzieller Marktforschungsinstitute und Beschaffungsdienstleister

Abb. 6.2: Quellen der Sekundärforschung

bezogener Beschaffungsmarktforschung bietet sich die Erstellung eines Forschungsberichts an, der in schriftlicher Form oder als Präsentation den betroffenen Beschaffungsmanagern vorgestellt werden kann. Sinnvoller, gerade bei laufender Beschaffungsmarktforschung, ist die Übertragung der Ergebnisse in das Einkaufsinformationssystem der Unternehmung.

Träger der Beschaffungsmarktforschung

Organisation

Bisher wurde nicht thematisiert, wer die Beschaffungsmarktforschung im Unternehmen durchführen soll. Mit anderen Worten ist dies die Frage nach dem Träger der Beschaffungsmarktforschung. In erster Linie muss geklärt werden, welche Organisationseinheit die Aufgabe der Beschaffungsmarktforschung übernimmt. Da es sich bei der regelmäßigen und umfassenden Beschaffungsmarktforschung um eine strategische Aufgabe handelt, sollte diese stets einer zentralen und strategisch orientierten Organisationseinheit zugeordnet werden. Abbildung 6.3 gibt einen Überblick über die organisatorische Verankerung verschiedener Beschaffungsaufgaben (Large, 2000a, S. 239ff.; Large, 2000b, S. 291f.). Diese Untersuchung bestätigt die Vermutung, dass die Beschaffungsmarktforschung ganz überwiegend in zentralen

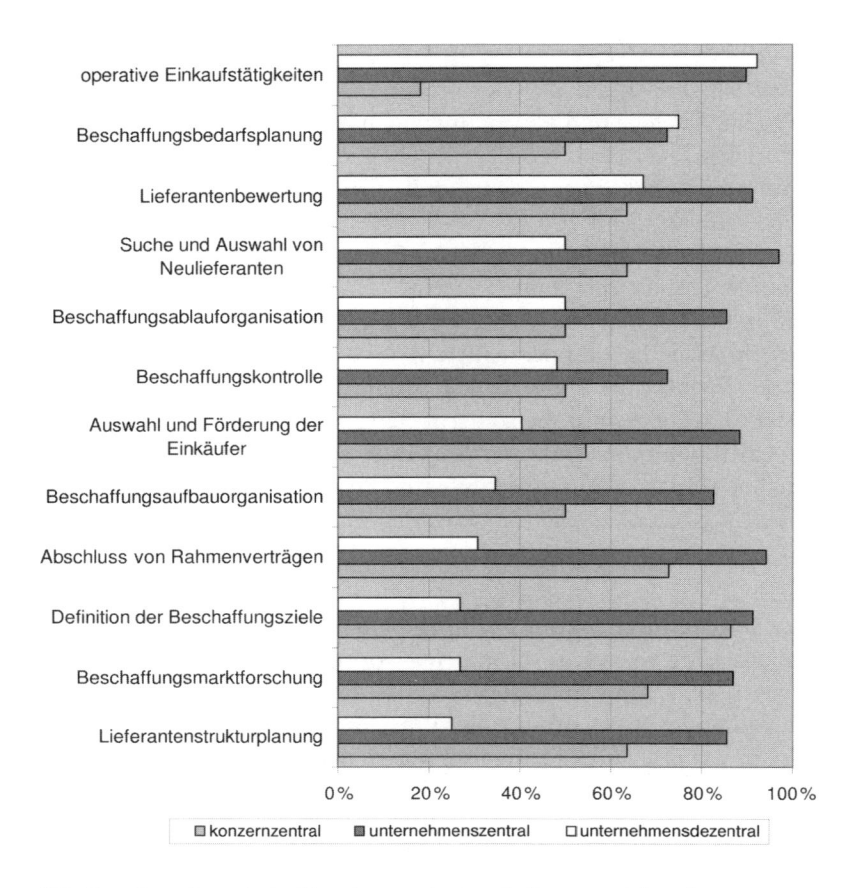

Abb. 6.3: Organisatorische Verankerung der Beschaffungsmarktforschung
(Quelle: Large, 2000a, S. 240)

Organisationseinheiten der Beschaffung erfüllt wird (in 87 Prozent der Unternehmen). Sofern Konzerne mit entsprechenden zentralen Beschaffungseinheiten vorliegen, findet sich auch häufig die konzernzentrale Ausübung der Beschaffungsmarktforschung (68 Prozent).

Personenkreis

Hinsichtlich des Personenkreises, der die Beschaffungsmarktforschung durchführt, muss die Frage beantwortet werden, über welche Fähigkeiten ein Beschaffungsmarktforscher verfügen muss, um die aufgezeigten Aufgaben zu erfüllen. Dabei geht es insbesondere um den Stellenwert von speziellem Methodenwissen. Die Absatzmarktforschung, vor allem die Konsumgütermarktforschung, stellt hohe Ansprüche an das statistische Methodenwissen des Marktforschers. Deshalb wird die Absatzmarktforschung in der Regel von Spezialisten durchgeführt. Dagegen haben die bisherigen Ausführungen gezeigt, dass die Anforderungen der Beschaffungsmarktforschung an das statistische Instrumentarium im Vergleich zur Absatzmarktforschung begrenzt sind. Beschaffungsmarktforschung kann deshalb durchaus von jenem strategischen Einkäufer durchgeführt und verantwortet werden, der für einen bestimmten Beschaffungsmarkt primär zuständig ist (Lead Buyer). Allerdings erscheint es trotzdem sinnvoll, innerhalb eines strategischen Zentraleinkaufs spezialisierte Stellen zu schaffen, um die einzelnen Beschaffungsmanager in schwierigen Fragen der Datenerhebung und -auswertung zu unterstützen oder um aufwändige Sonderstudien, zum Beispiel über ein neues Zielland, anzufertigen.

Fremdvergabe

Eine aus strategischer Sicht angemessene Beschaffungsmarktforschung sollte umfassend, zukunftsorientiert und deskriptiv angelegt sein und ist deshalb mit sehr hohem Aufwand verbunden. Beschaffungsmarktforschung bewegt sich stets im Spannungsfeld von Notwendigkeit und Realisierbarkeit. Die Notwendigkeit wurde bereits aufgezeigt. Die Voraussetzungen für eine aus strategischer Sicht zufrieden stellende Beschaffungsmarktforschung sind jedoch für die überwiegende Zahl von Einkaufsabteilungen kleiner und mittlerer Unternehmungen aufgrund finanzieller und personeller Restriktionen nicht gegeben. Diese Unternehmen sollten deshalb die Beschaffungsmarktforschung auf dem Weg der Fremdvergabe an professionelle Marktforschungsunternehmen, die nicht nur Absatzmarktforschung, sondern auch ausdrücklich Beschaffungsmarktforschung anbieten, realisieren.

Literatur

Arnold, U.: *Beschaffungsmanagement*, 2. überarb. u. erw. Aufl., Stuttgart 1997.

Köhler, R.: »Marktforschung«, in: Wittmann, W. et al. (Hrsg.): *Handwörterbuch der Betriebswirtschaft*, 5., völl. neu gest. Aufl., Stuttgart 1993, Sp. 2782–2803

Large, R. (2000a): *Strategisches Beschaffungsmanagement. Eine praxisorientierte Einführung mit Fallstudien*, 2. überarb. u. erw. Aufl., Wiesbaden 2000

Large, R. (2000b): »Zentralisation der Beschaffung in Industrieunternehmen. Ergebnisse einer empirischen Untersuchung«, in: *Zeitschrift Führung und Organisation*, 69(2000)5, S. 289–295

Pfohl, H.-C.; Large, R.: »Sourcing from Central and Eastern Europe: Conditions and Implementation«, in: *International Journal of Physical Distribution and Logistics Management*, 23(1993)8, S. 5–15

Reinelt, G.: »Multimediale Beschaffungsmarktforschung«, in: Hahn, D.; Kaufmann, L. (Hrsg.): *Handbuch Industrielles Beschaffungsmanagement. Internationale Konzepte, innovative Instrumente, aktuelle Praxisbeispiele*, 2. Aufl., Wiesbaden 2002, S. 563–592

Stangl, U.; Koppelmann, U.: »Beschaffungsmarktforschung – ein prozessuales Konzept«, in: *Zeitschrift für betriebswirtschaftliche Forschung* 36 (1984) 5, S. 347–370.

7
Beziehungsmanagement mit Lieferanten

Wolfgang Stölzle

Kooperatives Agieren mit Lieferanten – Erfolgspotenziale durch das Management von Beziehungen

Seit Anfang der neunziger Jahre ist eine Trendwende hinsichtlich der strategischen Relevanz zu konstatieren, die der Beschaffung im Allgemeinen und dem Umgang mit Lieferanten im Besonderen aus betriebswirtschaftlicher Perspektive beigemessen wird. Der Bedeutungszuwachs manifestiert sich in einer Vielzahl von Konzepten, welche die Beschaffung zentral betreffen oder zumindest tangieren. In diesem Zusammenhang wird auch eine Übertragung des absatzseitig entwickelten Relationship-Marketings (Beziehungsmarketing) sowie des Kundenbindungsmanagements auf die Beschaffung des Abnehmers diskutiert – das hier den Gegenstand der Betrachtung bildende Beziehungsmanagement mit Lieferanten.

Die Tatsache, dass es sich dabei nicht um eine Konzeptinnovation, sondern um die Übertragung bereits vorhandener Konzepte auf ein neues Anwendungsgebiet handelt, bringt dem Beziehungsmanagement häufig den Vorwurf ein, nichts anderes zu sein als »alter Wein in neuen Schläuchen«. Dieser Vorbehalt erscheint nur in Teilbereichen gerechtfertigt, da bei der Übertragung eines Konzepts immer auch veränderte Rahmenbedingungen Berücksichtigung finden müssen. In diesem Zusammenhang kann es erforderlich sein, auf einzelne Komponenten des ursprünglich zugrunde liegenden Konzepts teilweise oder unter Umständen vollständig zu verzichten beziehungsweise im Zuge der Anpassung neue Konzeptkomponenten hinzuzufügen. Mithin erscheint auch eine völlige Neustrukturierung des Konzepts als Problemlösungsansatz erforderlich. Vor diesem Hintergrund wird hier das Ziel verfolgt, interessierten Praktikern Anregungen für die Lösung der Probleme, mit denen sie sich im Zusammenhang mit einem Beziehungsmanagement mit Lieferanten konfrontiert sehen, zu bieten. Dazu sollen auf Basis theoretisch fundierter Erklärungen Vorschläge zur Generierung von diesbezüglichen Problemlösungen unterbreitet werden. Daneben gilt es, hinsichtlich unternehmensspezifischer Probleme Anregungen zu einer möglichen Problemstrukturierung zu geben. Schließlich soll den-

Praxishandbuch innovative Beschaffung. Herausgegeben von Ulli Arnold und Gerhard Kasulke
Copyright © 2007 WILEY-VCH Verlag GmbH & Co. KGaA, Weinheim
ISBN: 978-3-527-50114-4

jenigen Interessierten, die mit Fragen des strategischen Beschaffungsmanagements nicht im Detail vertraut sind, ein kompakter Überblick bezüglich der wichtigsten im Rahmen des Beziehungsmanagements mit Lieferanten zum Einsatz kommenden Instrumente vermittelt und erläutert werden, welche Lebenszyklusphasen einer Zulieferer-Abnehmer-Beziehung von besonderer Bedeutung sind.

Im Weiteren erfolgt zunächst eine Vorstellung des dem Beziehungsmanagement zugrunde liegenden Konzepts und seiner Komponenten. Daran schließt sich eine am Lebenszyklus einer Zulieferer-Abnehmer-Beziehung orientierte, vertiefte Darstellung der einzelnen Konzeptkomponenten an, in deren Verlauf es deutlich zu machen gilt, mit Hilfe welcher Methoden und Instrumente die einzelnen Konzeptkomponenten bei ihrer Umsetzung Unterstützung finden können.

Bei dieser Darstellung wird, obwohl das Management einer Zulieferer-Abnehmer-Beziehung prinzipiell von beiden Seiten aus thematisiert werden kann, einer Argumentation aus der Perspektive des beschaffenden Unternehmens der Vorzug gegeben. Stellenweise finden die Ausführungen dort, wo es für notwendig erachtet wird, das Verständnis des beschaffenden Unternehmens für die Interessenlage des Zulieferers zu wecken, eine Ergänzung um eine Argumentation aus der Perspektive des Zulieferers. Des Weiteren sind die Ausführungen zunächst auf industrielle Zulieferer-Abnehmer-Beziehungen bezogen. Eine Übertragung der hier getroffenen Aussagen auf den Handel als Lieferanten oder als Abnehmer ist prinzipiell möglich, wird hier aber nicht explizit verfolgt.

Konzeptverständnis des Beziehungsmanagements

Das Konzept des Beziehungsmanagements mit Lieferanten wurde in Analogie zum Relationship- beziehungsweise Beziehungsmarketing als dem Beziehungsmanagement aus Sicht des absatzorientierten Marketings entwickelt. Dem interessierten Leser möge hinsichtlich der zugrunde liegenden theoretischen Basis der Hinweis auf den »Industrial-Marketing-and-Purchasing«-Ansatz (IMP-Ansatz), die Agency-Theorie sowie die Transaktionskostentheorie genügen.

Das Beziehungsmanagement mit Lieferanten fokussiert auf eine hohe Bindungsintensität zwischen Zulieferer und Abnehmer und erfährt damit eine enge Auslegung auf so genannte partnerschaftliche Beziehungsgefüge. Da eine Abgrenzung des Begriffs der Partnerschaft über eine prägnante Definition nicht möglich erscheint, bedient man sich umfangreicher Merkmalskataloge zur Abgrenzung von rein marktlichen Beziehungen zu Partnerschaften. Im Folgenden wird ein anderer Weg gewählt, indem anhand von Checklisten verdeutlicht werden soll, durch welche Merkmale produktspezifischer, marktspezifischer und partnerspezifischer Art eine Zulieferer-Abnehmer-Beziehung geprägt ist, damit sie sich für die Ausgestaltung als strategische Partnerschaft anbietet.

Die Investition in den Aufbau einer strategischen Partnerschaft bietet sich vor allem bei Vorliegen der nachstehenden *Produkteigenschaften* an:

- sehr stark auf den Kunden zugeschnitten,
- Nähe zur Kernkompetenz des Abnehmers,
- enge wechselseitige Anpassung von produktspezifischen Schlüsselprozessen,
- technisch komplexes Teil oder integriertes Subsystem,
- basierend auf neuer Technologie,
- Innovationssprünge bezüglich produktspezifischer Technologien oder Prozesse,
- häufige Änderungen in der Produktgestaltung,
- ausgeprägtes Engineering,
- hohe produktspezifische, finanzielle Investitionen.

Weitere Indikatoren dafür, dass der Aufbau einer strategischen Partnerschaft sinnvoll sein könnte, bestehen in einer hohen Wertigkeit des Beschaffungsobjekts bei einem gleichzeitig auftretenden hohen Versorgungsrisiko.

Auch die *Eigenschaften des Marktes,* auf dem die Beschaffungsgüter gehandelt werden beziehungsweise auf dem die Lieferanten agieren, lassen Aussagen darüber zu, ob sich der Aufbau einer strategischen Partnerschaft empfiehlt. Dies ist tendenziell der Fall bei einer starken Nachfrage auf einem schnell wachsenden Markt oder aber auf einem umkämpften und relativ konzentrierten Markt.

Für den Aufbau einer strategischen Partnerschaft eignen sich vor allem Lieferanten mit folgenden allgemeinen *Partnereigenschaften*:

- große Lieferanten mit breitem Sortiment,
- hoher technologischer Standard,
- eigene Entwicklungs- und Innovationsaktivitäten,
- ausgeprägte Fertigkeiten und Fähigkeiten bei Produktionsgestaltung, Engineering und Fertigung,
- starke Angebotsmacht,
- hohes Entwicklungspotenzial.

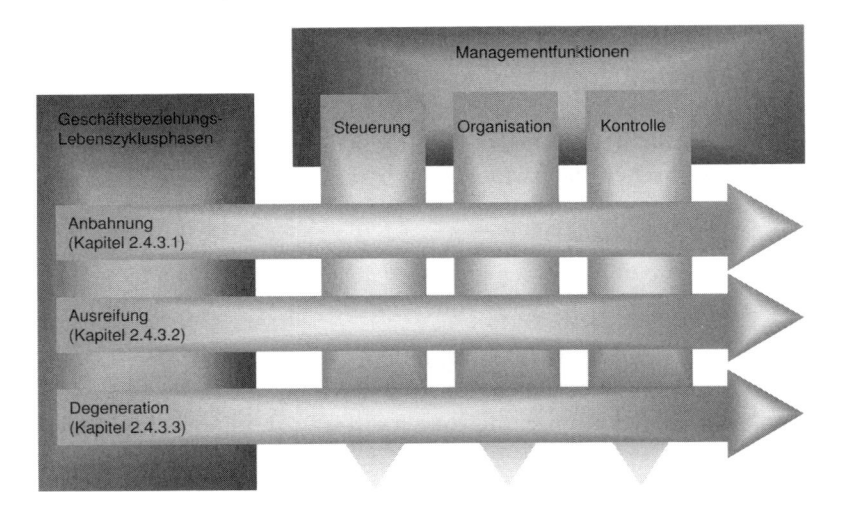

Abb. 7.1: Lebenszyklusorientierte Betrachtung der Beziehungsmanagementkomponenten

Zu konkreten Konzeptkomponenten hat sich in der Literatur bisher keine einheitliche Auffassung gebildet. Bei Bevorzugung einer pragmatischen Vorgehensweise bietet sich eine für ein Management von Partnerschaften geeignete Strukturierung der Konzeptkomponenten an. Bei einem funktionalen Managementverständnis gelangt man zu den bereits ausgearbeiteten Konzeptkomponenten der Steuerung, Organisation und Kontrolle. Die Steuerung umfasst dabei auch Elemente der Planung. Demgegenüber entbehren die Führung und die Managemententwicklung bislang einer hinreichenden Konkretisierung. Der Forderung nach einer dynamischen Betrachtung des Beziehungsmanagementkonzepts wird hier in der Weise Rechnung getragen, dass sich im weiteren Verlauf der Arbeit die Betrachtung der Konzeptkomponenten und der ihnen zugehörigen Instrumente an den grundlegenden Lebenszyklusphasen, denen eine partnerschaftliche Zulieferer-Abnehmer-Beziehung unterliegt, orientiert. Zu diesem Zweck bietet sich die Grundstruktur einer Matrix an, welche die Managementfunktionen Steuerung, Organisation und Kontrolle mit den Geschäftsbeziehungs-Lebenszyklusphasen der Anbahnung, Ausreifung und Degeneration verbindet.

Im Folgenden wird kurz in allgemeiner Form auf die einzelnen Konzeptkomponenten – also Steuerung, Organisation und Kontrolle – eingegangen, um zunächst das Konzeptverständnis zu wecken. Im weiteren Verlauf der Arbeit wird dann die Darstellung in detaillierter Form und lebenszyklusorientiert präzisiert.

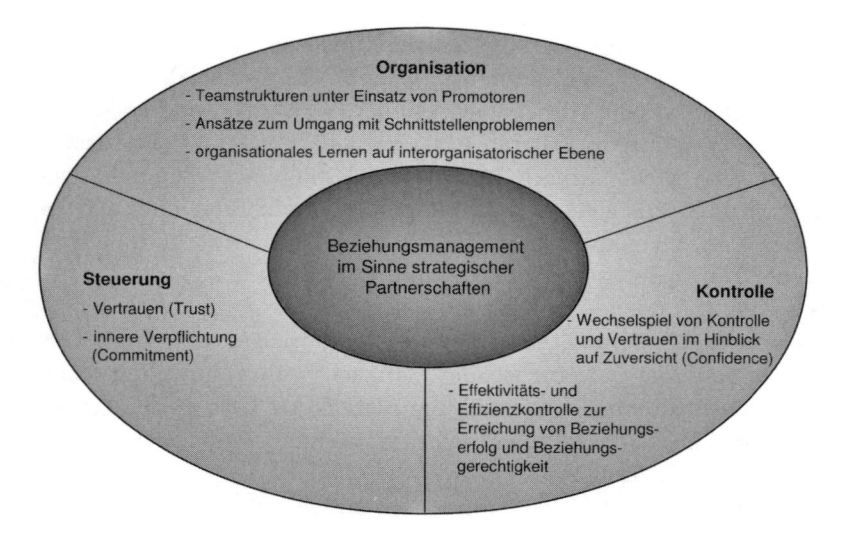

Abb. 7.2: Vorschlag einer Systematisierung der Konzeptkomponenten

Die *Konzeptkomponente der Steuerung* umfasst die Konstrukte Vertrauen (Trust) und innere Verpflichtung (Commitment). Dabei empfiehlt sich für einen Aufbau und Erhalt von institutionenbezogenem Vertrauen grundsätzlich die Berücksichtigung der folgenden Aspekte:

- *Risikobereitschaft:* Wer seinem Partner Vertrauen entgegenzubringen wünscht, geht damit insofern ein Risiko ein, als er nicht weiß, ob der Partner sich ihm bietende opportunistische Verhaltensspielräume auszunutzen gewillt ist oder nicht. Vor diesem Hintergrund empfiehlt es sich, dem Partner vergangenheitsbezogene Informationen, welche die eigene Vertrauenswürdigkeit bei zurückliegenden Transaktionen bezeugen, zur Verfügung zu stellen, mit der der Partner diese positiven Verhaltensmuster in die Zukunft projiziert und somit Vertrauen zu seinem Partner fasst.
- *Ex-ante-Reziprozität*: Darunter versteht man, dem Partner im Vorfeld zu signalisieren, dass man ihm Vertrauen entgegenbringt. Dies kann beispielsweise über die Bereitstellung von Marktdaten geschehen, deren Erhebung für den Partner anderenfalls mit hohen Kosten verbunden wäre. Mit diesem Vertrauensvorschuss verbindet sich die Erwartung, dass dies vom Partner honoriert wird und Letzterer seinerseits eine Bereitschaft zum Einsatz vertrauensbildender Maßnahmen entwickelt.

- *Verlässlichkeit:* Dahinter verbirgt sich die Annahme, dass ähnliche Organisations- und Prozessstrukturen ähnliche Reaktionen bei den Partnern hervorrufen, was die Vorhersehbarkeit der Handlungsweisen des Partners im Vergleich zu anderen Akteuren auf dem Markt planbarer – sprich: verlässlicher – macht und diesem deshalb mit Vertrauen honoriert wird. Daraus leitet sich die Handlungsempfehlung einer aktiven Generierung von Ähnlichkeiten zwischen den Partnern ab, zum Beispiel bei der Teambesetzung im Buying- und Selling-Center.
- *Integrität:* Die eigene Integrität muss dem Partner gegenüber selbstbewusst bekundet werden, damit dieser zu der Einschätzung gelangt, dass sie von dauerhafter Natur ist und man sich mithin durch konstante Verhaltensmuster in einer Beziehung auszeichnet. Gelangt der Partner zu dieser Einschätzung, so entwickelt er leichter Vertrauen in die Zukunftsfähigkeit der Beziehung.
- *Ökonomische Betroffenheit:* Dahinter verbergen sich bereits getätigte, spezifische, das heißt für eine spezielle Beziehung ausgelegte und nur für diese einsetzbare Investitionen. Ein Unternehmen, das hohe spezifische Investitionen für eine Beziehung erbracht hat, ist naturgemäß am Erhalt dieser Beziehung interessiert. Gelingt es ihm, dem Partner auf diese Weise das eigene Interesse am Fortbestand der Beziehung zu kommunizieren, so stärkt dies auch beim Partner das Vertrauen in eine auf lange Sicht angelegte Partnerschaft.

Das Konstrukt des *Commitments* umfasst die Entwicklung eines Gefühls der inneren Verpflichtung zwischen den Partnern, das nicht zwingend vertraglich fixiert sein, wohl aber subjektiv empfunden werden muss. Dieses Gefühl der inneren Verpflichtung kann sich aufgrund vergangener Zugeständnisse des Partners, der Realisierung gemeinsamer Erfolge gegenüber Wettbewerbern, des Austauschs vertraulicher Informationen sowie persönlicher Sympathien oder Gemeinsamkeiten entwickeln. Im Unterschied zur eher passiv entstehenden Loyalität zeichnet sich die innere Verpflichtung durch eine aktive Komponente in dem Sinne aus, dass explizit Maßnahmen zur Commitment-Steigerung ergriffen werden sollen. Vertrauen und innere Verpflichtung gehen miteinander Hand in Hand, was insbesondere am Beispiel der Wechselkosten veranschaulicht werden kann. Dabei ist davon auszugehen, dass sich eine innere Verpflichtung besonders dann einstellt, wenn die Wechselkosten – resultierend aus dem Abbruch der derzeitigen und dem Aufbau einer neuen Geschäftsbeziehung – tendenziell hoch sind. Dabei setzen sich die Wechselkosten maßgeblich aus zusätzlichen Transaktionskosten, aus Sunk

Costs sowie aus Opportunitätskosten zusammen. Als relevante Einflussgrößen lassen sich das Vertrauen in den derzeitigen Partner (als Determinante zusätzlicher Transaktionskosten), die spezifischen Investitionen in die derzeitige Beziehung (als Determinante der Sunk Costs) und die Zufriedenheit mit dem derzeitigen Partner (als Determinante der Opportunitätskosten) identifizieren. Alle drei Größen finden also zumindest implizit Eingang in das Vertrauenskonstrukt, so dass eine scharfe Trennung zwischen Vertrauen und innerer Verpflichtung mithin unmöglich erscheint.

Auf die Konstrukte Vertrauen und Commitment lässt sich aus Sicht des Abnehmers prinzipiell aktiv Einfluss nehmen mit Hilfe der Instrumente des Signaling & Screening, der Selbstbindung und des Reputationsaufbaus als Kategorien des Signaling sowie der Lieferantenförderung.

Vertrauen entwickelt sich nur in kleinen Schritten und über einen langen Zeitraum hinweg als Reaktion auf vertrauensbildende und vertrauensstärkende Maßnahmen. Dabei wirken die Erwartungen bestätigende Aktionen eines Partners tendenziell vertrauensstabilisierend, die Erwartungen übertreffende Aktionen tendenziell vertrauensverstärkend. Vertrauen selbst ist ein fragiles Konstrukt, das durch einen Missbrauch abrupt zerstört werden kann. Zu den vertrauensbildenden Maßnahmen zwischen Kooperationspartnern sind zum Beispiel zu zählen:

- Ausschluss von Konkurrenz zwischen den Kooperationspartnern als Basis der Vertrauensbildung,
- Erhaltung der Selbstständigkeit des Partnerunternehmens,
- gegenseitige Bevorzugung des Partnerunternehmens beim Abschluss von Verträgen,
- gegenseitige Nichtausbeutung, zum Beispiel durch Vereinbarung von Cost-plus-Verträgen,
- Wahrung der Geschäftsautonomie der Beteiligten im Hinblick auf Vertragsabschlüsse mit Dritten ohne Zustimmung von Kooperationspartnern,
- ausgewogene Verteilung der Entscheidungsrechte zwischen den Kooperationspartnern ohne zentralistische Strukturen,
- Vereinbarung von Sanktionsmöglichkeiten bei Nichtbeachtung der Regeln sowie
- Ermöglichung des ungehinderten Austritts von Partnern aus der Kooperation.

Der im Rahmen der Thematisierung strategisch ausgerichteter Zulieferer-Abnehmer-Beziehungen generell geforderte Einsatz vertrauensbildender

Maßnahmen sollte nicht zu dem Umkehrschluss verleiten, Misstrauen wäre von vornherein abzulehnen. Vielmehr weist *Misstrauen*, verstanden als eine Zuspitzung der Erwartungen ins Negative, durchaus Wirkungen auf, die als konstruktiv gelten können. Misstrauen hilft, Fehler und Risiken zu vermeiden, vor Täuschung oder Betrug zu schützen, die Gefahr von Enttäuschungen zu reduzieren sowie eigene Vorteile zu sichern. Gleichwohl erschöpft sich Misstrauen häufig in Vermeidungs-, Abwehr- und Verweigerungshaltungen. Diese »Negativstrategien« sind eher geeignet, Misserfolg abzuwehren, als offensiv Erfolg anzustreben, da sie wenig chancen- und zukunftsorientiert sind und im Extremfall sogar ausgesprochen zukunfts- und chancenfeindliche Züge annehmen können. Wenn sich Vertrauen auch unter diesem Aspekt innerhalb strategisch ausgerichteter Zulieferer-Abnehmer-Beziehungen als die tendenziell überlegene Größe erweist, so stellt ein höchstmöglicher Vertrauensumfang dennoch nicht zwingend das optimale Maß dar: Wo der für das jeweilige Unternehmen optimale Grad an Vertrauen, das es seinem Geschäftspartner entgegenzubringen wünscht, angesiedelt ist, hängt im Wesentlichen von der eigenen Risikobereitschaft und der eigenen Erwartungshaltung ab. Ebenso wenig stellt Vertrauen einen Garant für das langfristige Bestehen einer Kooperation dar. Voraussetzung hierfür ist vielmehr die Verfolgung gleichgerichteter Kooperationsziele durch die Kooperationspartner. Ein gewisses Maß an Misstrauen innerhalb einer Kooperation ist eher als rational denn als dem Fortgang der Kooperation hinderlich einzustufen.

Die Konzeptkomponente der *Organisation* ist im Vergleich zu der Steuerungskomponente nur im Ansatz durchdrungen. So existieren bisher erst einzelne Anhaltspunkte dafür, welche Organisationsformen in welcher Art der Ausgestaltung die Umsetzung des Beziehungsmanagements am zweckmäßigsten unterstützen. Diskutiert werden dabei insbesondere speziell zugeschnittene Teamstrukturen unter Berücksichtigung des Einsatzes von Promotoren. Weitere Anknüpfungspunkte bieten Ansätze zum Umgang mit Schnittstellenproblemen sowie die Weiterentwicklung der Wissensbasis im Rahmen eines organisationalen Lernens auf interorganisatorischer Ebene.

Zwischen den Konzeptkomponenten der *Kontrolle* und der Steuerung bestehen enge Wechselbeziehungen in dem Sinne, dass Kontrolle und Vertrauen nicht als Substitute zu betrachten sind, sondern sich gegenseitig ergänzen und fördern können. Durch Kontrolle lässt sich im Nachhinein bestätigen, dass der dem Lieferanten gewährte Vertrauensvorschuss gerechtfertigt war. Dies steigert die Zuversicht (Confidence) hinsichtlich des zukünftigen Erfolgs der Beziehung und führt zu einer – gegebenenfalls mit einem weiteren Vertrauensvorschuss verbundenen – Vertrauensextension.

Insgesamt wird mit der Konzeptkomponente der Kontrolle versucht, die Erreichung der Ziele Beziehungserfolg und Beziehungsgerechtigkeit zu gewährleisten. Der Beziehungserfolg stellt dabei die Messgröße dar, die sich mit Hilfe der Kontrollkomponente in Form quantitativer und qualitativer Werte erfassen lässt. Welche Beurteilung man diesen Werten beimisst, ob sie mithin als grundsätzlich wünschenswert oder nicht wünschenswert, in ihrer Tendenz noch verbesserbar oder bezüglich ihrer Qualität als ausreichend erachtet werden, mündet in die Frage der Beziehungsgerechtigkeit. Was als »gerecht« einzustufen ist, unterliegt einem subjektiven Werturteil – es können mithin keine allgemeingültigen Aussagen dazu abgegeben werden, was im Rahmen einer strategischen Zulieferer-Abnehmer-Beziehung als »gerecht« zu beurteilen ist. Dementsprechend lassen sich auch keine allgemeingültigen Handlungsempfehlungen generieren. Generell sollten sich beide Akteure im Vorfeld über ihre eigenen, ihrer Unternehmenskultur entsprechenden Wertmaßstäbe klar werden und darauf aufbauend gemeinsam ein System von Normen entwerfen, das, vergleichbar mit ethischen oder philosophischen Richtlinien, die Messlatte für die spätere Beziehungsbeurteilung und unter Umständen die Verteilung gemeinsam erzielter – und dem Partner kommunizierter – Gewinne und Einsparungen bildet. Zur Generierung zum Beispiel branchen- und/oder, auf den internationalen Kontext bezogener, kulturspezifischer »Gerechtigkeitsaspekt«-Kataloge bedürfte es der Bereitschaft einer Vielzahl von Unternehmen, welche sich bereits solcher Normensysteme bedienen und die Inhalte der ihren Kooperationsvereinbarungen zugrunde liegenden Normensysteme öffentlich zugänglich und damit diskutierbar machen.

Bezüglich der Durchführung der Kontrolle sind zwei Fragestellungen von Relevanz: erstens die Messung der Konzeptwirkungen im Rahmen einer Effektivitätskontrolle und zweitens die innerhalb einer Effizienzkontrolle stattfindende Messung der mit der Konzeptimplementierung verbundenen Kosten. Im Hinblick auf das Vertrauenskonstrukt ist für die Durchführung der Kontrolle die Frage zu beantworten, welche Art von Kontrollen, zum Beispiel Verhaltens- oder Ergebniskontrollen, zielführend erscheint und welche Kontrollinstitution dafür einzusetzen ist. Hierzu zeichnen sich derzeit für das Beziehungsmanagement (noch) keine generell akzeptierten Lösungen ab. Ob sich die ersten Ansätze des Kooperationscontrollings in konzeptioneller Hinsicht problemlos auf das Beziehungsmanagement als spezielle Kooperationsform übertragen lassen, bleibt zu diskutieren. Von besonderer, vor allem strategischer Relevanz sind hierbei die Auditierung, das Benchmarking sowie das Target Costing.

Einsatz ausgewählter Methoden und Instrumente bei einer lebenszyklusorientierten Betrachtung des Beziehungsmanagements

Im Folgenden gilt es, die Bedeutung der Managementfunktionen Steuerung, Organisation und Kontrolle für die drei Basislebenszyklusphasen Anbahnung, Ausreifung und Degeneration einer Zulieferer-Abnehmer-Beziehung aufzuzeigen sowie zu konkretisieren, welche Instrumente aus strategischer Sicht als für die Umsetzung besonders zweckmäßig einzustufen sind.

Anbahnungsphase

Die Konzeptkomponente *Steuerung*, welche die Konstrukte Vertrauen (Trust) und Verpflichtung (Commitment) umfasst, kann in der Anbahnungsphase durch die Instrumente Signaling & Screening, die Selbstbindung und den Reputationsaufbau als Kategorien des Signaling sowie die Lieferantenentwicklung Unterstützung finden.

Das Instrument des Signaling zielt auf die Schaffung von Vertrauen, um die explizit aus der Sicht eines Lieferanten bestehenden Risiken einer Zusammenarbeit zu vermindern und ihn zu einer Auftragsannahme sowie zum Aufbau einer langfristigen Partnerschaft zu motivieren. Konkret will der Abnehmer in Form von Selbstbindung und/oder Reputationsaufbau Signale dafür setzen, dass er nicht beabsichtigt, opportunistische Verhaltensspielräume in Anspruch zu nehmen.

Das Signaling steht in einem engen Zusammenhang mit dem Instrument des Screening. Dieses ist dem Signaling zeitlich vorgeschaltet und auf die Suche nach Informationen über Risikoquellen in Beziehungsgefügen wie unterschiedlich ausgeprägte spezifische Investitionen gerichtet. Eine Identifikation solcher Risikoquellen bildet die Voraussetzung dafür, bestehende oder vermutete Informationsasymmetrien abbauen und in diesem Zuge gegenseitiges Vertrauen aufbauen zu können. Zur Realisierung des Screening bietet sich etwa eine sorgfältige und detaillierte Ausarbeitung der Ausschreibungsunterlagen durch den Abnehmer an, da die potenziellen Kooperationspartner auf diese Weise gezielt zur Abgabe der für die Identifikation von Risikoquellen relevanten Informationen aufgefordert werden. Darauf aufbauend lässt sich das Instrument des Signaling im Anschluss abnehmerseitig zur Reduzierung von für den Lieferanten bestehenden, aus dem Informationsvorsprung des Abnehmers resultierenden Informationsasymmetrien einsetzen.

Die Selbstbindung bezweckt die Verminderung subjektiv durch den Lieferanten empfundener Risiken. Ihre Anwendung liegt insbesondere dann nahe, wenn die durch den Lieferanten getätigten, beziehungsbedingten Investitionen eine hohe Spezifität aufweisen. Die Selbstbindung des Abnehmers kann dabei im Eingehen einer langen Kooperationsdauer, in der Zusicherung eines bestimmten Auftragsvolumens, in der Integration des Lieferanten in die eigene Entwicklungstätigkeit im Rahmen des Simultaneous Engineering oder im Coaching des Lieferanten zum Ausdruck kommen.

Mit dem Aufbau und der Erhaltung von Reputation werden mehrere Ziele verfolgt:

- die Sicherung eines exklusiven Angebots seitens eines hervorragenden Lieferanten für das beschaffende Unternehmen und der Ausschluss konkurrierender Abnehmer von dieser Bezugsquelle,
- die Generierung positiver Ausstrahlungseffekte für den Aufbau weiterer Zulieferer-Abnehmer-Beziehungen sowie
- die Reduzierung der lieferantenseitigen Forderungen nach einer Selbstbindung des Abnehmers.

Letztgenannter Punkt ist insofern von Interesse, als zwischen Reputation und Selbstbindung ein substitutionales Verhältnis besteht und eine Reputation des Abnehmers diesem die Möglichkeit bietet, auf eine Selbstbindung weitgehend zu verzichten. Geringe Investitionen in selbstbindende Maßnahmen sind für den Abnehmer gleichzeitig auch mit Kostenreduktionen verbunden. Reputationsfördernd können sich zum Beispiel folgende Maßnahmen auswirken: Angaben und Auskunftsmöglichkeiten hinsichtlich eigener Bonität, die Nennung eines Bürgen für aus dem abzuschließenden Vertrag resultierende Zahlungsverpflichtungen und Anführung von Referenzen bei anderen Lieferanten bezüglich Kundenbeurteilung und Kundenstatus. Weiterhin sind mittelbare Maßnahmen zu nennen, mit denen sich der Ruf des Abnehmers auf dem Beschaffungsmarkt positiv beeinflussen lässt. Dazu zählen unter anderem die klassischen Maßnahmen der Lieferantenförderung und -entwicklung wie die Durchführung von Lieferantentagen, die Herausgabe einer Lieferantenzeitung und die Ausschreibung von Lieferantenpreisen. Aber auch auf der Absatzseite des Abnehmers angesiedelte Gütesiegel, Zertifikate und durchgeführte Audits vermögen ihn zu einem begehrten Partner auf der Beschaffungsseite werden zu lassen, da ein Lieferant aus einer rationalen Erwägung heraus eher bereit sein wird, hohe spezifische Investitionen in eine Beziehung zu tätigen, je stärker er davon überzeugt ist, dass der Kooperationspartner langfristig erfolgreich am Markt agieren wird.

```
         Screening ←————————→ Signaling
Sorgfältige und detaillierte
Ausarbeitung der Aus-
schreibungsunterlagen
                    ↙                    ↘
       Selbstbindung ←— substitutionales Verhältnis —→ Reputation
```

- Eingehen einer langen Vertragsdauer
- Zusicherung eines bestimmten Auftragsvolumens
- Integration der Lieferanten in die eigene F&E-Tätigkeit im Rahmen des Simultaneous Engineering
- Coaching des Lieferanten

- Angaben und Auskunftsmöglichkeiten hinsichtlich der eigenen Bonität
- Nennung eines Bürgen für die aus dem abzuschließenden Vertrag resultierenden Zahlungsverpflichtungen
- Angabe von Referenzen bei anderen Lieferanten bzgl. Kundenbeurteilung und Kundenstatus
- klassische Maßnahmen der Lieferantenförderung und -entwicklung
- Existenz von auf der Absatzseite des Abnehmers angesiedelten Gütesiegeln, Zertifikaten und Nachweis über durchgeführte Audits

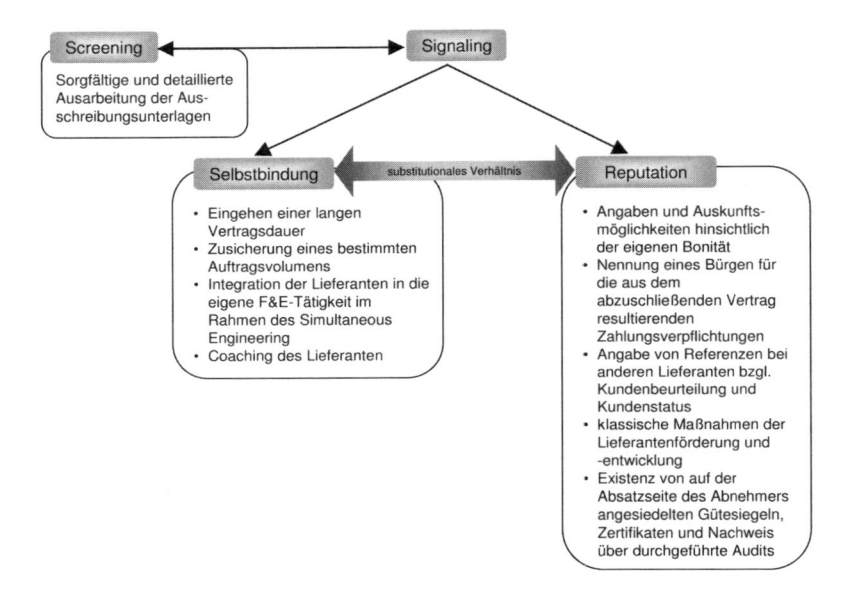

Abb. 7.3: Ausgewählte Maßnahmen zur Realisierung des Signaling und Screening in der Anbahnungsphase

Auch mit Hilfe des Instruments der Lieferantenentwicklung lässt sich auf die Beziehungsmanagementkomponente der Steuerung über Vertrauen und innere Verpflichtung aktiv Einfluss nehmen. Unter Lieferantenentwicklung versteht man dabei den Aufbau einer Beziehung zu einem Anbieter, der bisher aufgrund fehlender Leistungsfähigkeit in diesem Segment des Beschaffungsmarktes nicht tätig war und durch Maßnahmen der Lieferantenförderung dazu erst in die Lage versetzt werden muss. Bei der Lieferantenentwicklung unterstützt der Abnehmer den zukünftigen Lieferanten aktiv bei der Beseitigung von Markteintrittsbarrieren, obwohl abnehmerseitig die Unsicherheit besteht, nicht zu wissen, ob der zukünftige Lieferant den Vertrauensvorschuss, dem man ihm zu diesem Zeitpunkt gewährt, später honorieren wird. Dennoch kann die Gewährung eines solchen Vertrauensvorschusses rational sein, zum Beispiel aus folgenden Motiven heraus:

- Es existiert bislang kein Lieferant, der das gewünschte Beschaffungsobjekt mit den erforderlichen Eigenschaften anbieten kann.
- Es lässt sich für ein gefordertes und nicht beziehbares Beschaffungsgut kein geeignetes Substitutionsgut finden.

- Eine Eigenproduktion eines benötigten, aber nicht erhältlichen Beschaffungsgutes soll oder kann nicht erfolgen, weil zum Beispiel das technische Know-how oder die erforderlichen Kapazitäten fehlen.
- Potenzielle Lieferanten sind zwar vorhanden, jedoch zu weit entfernt oder zu hochpreisig.
- Durch eine Steigerung der Anzahl der Anbieter im Beschaffungsmarkt soll die Wettbewerbsintensität erhöht werden.

Voraussetzung für die Bereitschaft des Abnehmers, einen solchen Vertrauensvorschuss zu gewähren, ist, dass er bei diesem Lieferanten ein hohes Leistungspotenzial sieht, das es auszuschöpfen gilt. Für die Durchführung der Lieferantenentwicklung kommen prinzipiell alle weiter zu nennenden Maßnahmen in Frage. Mit der Lieferantenentwicklung sind für den Abnehmer auch Risiken verbunden. Beispielsweise ergeben sich für den Abnehmer nach Eingang einer inneren Verpflichtung Barrieren, einen Lieferantenwechsel durchzuführen. Diese hindern ihn daran, mit neuen und leistungsfähigeren Anbietern eine Geschäftsbeziehung aufzubauen.

Das Beziehungsmanagement mit Lieferanten kann in der Anbahnungsphase durch eine speziell zugeschnittene Gestaltung von *Teamstrukturen* unter Berücksichtigung des Einsatzes von Promotoren eine wirksame organisatorische Unterstützung erfahren.

Um ein Team zweckmäßig zusammenstellen zu können, ist die Kenntnis um die von diesem Team zu erfüllenden Aufgaben von herausragender Bedeutung. In der Anbahnungsphase sind folgende Hauptaufgaben zu leisten:

- Es ist zu erheben, welche Unternehmen aktuell grundsätzlich als Lieferanten in Frage kommen und welche Unternehmen gegebenenfalls durch den Einsatz des Instruments der Lieferantenentwicklung in der Zukunft zur Verfügung stehen könnten.
- Es sind erste Kontakte anzubahnen.
- Der gesamte Prozess der Auftragsvergabe und des Beziehungsaufbaus ist zu koordinieren.
- Es ist eine Entscheidung zu treffen hinsichtlich der zu wählenden beziehungsweise zu akzeptierenden Liefer- und Zahlungsmodalitäten, der Forderung nach Garantiezusagen und der Zusicherung von Produkteigenschaften und Leistungsspezifika.
- Die getroffenen Entscheidungen sind im Rahmen von Kooperationsverhandlungen und unter Berücksichtigung der Belange des zukünftigen Partners so weit als möglich durchzusetzen. Zwar soll der Geschäfts-

partner nicht unter Druck gesetzt werden. Die Bereitschaft, eine langfristige Partnerschaft eingehen zu wollen, darf aber auch nicht dazu führen, dass der Abnehmer zu Beginn der Beziehung seine eigenen Belange zurückstellt in der Erwartung, er werde eigene Interessen später im Rahmen von Nachverhandlungen durchsetzen. Vielmehr sind bereits in der Anbahnungsphase die Grundlagen für ein reibungsloses Funktionieren der späteren Partnerschaft zu legen.

Ein derart heterogenes Aufgabenpaket ist in den seltensten Fällen zufrieden stellend von einer Person zu bearbeiten. Deshalb greift man in dem beschaffenden Unternehmen häufig auf Teamstrukturen zurück, die sich in Form von Buying-Centern beziehungsweise Buying-Teams konstituieren. Die Teams sollten für die in der Anbahnungsphase zu erfüllenden Aufgaben folgende Promotoren, das heißt hier Personen, die den Beziehungsanbahnungsprozess aktiv und intensiv fördern, als Teammitglieder umfassen:

- *Fachpromotor*: Er muss über technisches und/oder betriebswirtschaftliches Expertenwissen verfügen, um die Anforderungen an das Beschaffungsobjekt spezifizieren und potenziell in Frage kommende Lieferanten nennen zu können. Darüber hinaus versetzt ihn sein Expertenwissen idealerweise in die Lage, Suchfelder für weitere Lieferanten abzuschätzen, konkret einzufordernde Leistungskataloge zu erstellen und erste Kontakte herzustellen.
- *Machtpromotor*: Er muss über die für die Bereitstellung der im Zuge der Auftragsvergabe und der Beziehungsanbahnung erforderlichen Ressourcen verfügen. Damit ist er verantwortlich dafür, dass alle benötigten Teammitglieder zeitlich in ausreichendem Maße zur Verfügung stehen und gegebenenfalls von ihren übrigen Aufgaben entbunden werden. Für den Prozess der Entscheidungsfindung sind unter Umständen Informationen notwendig, deren Erhebung zum Beispiel im Rahmen einer Marktforschungsstudie finanzielle Aufwendungen erfordert. Diese Finanzmittel müssen zur Verfügung stehen. Die Aktivitäten interner Opponenten sind zu begrenzen, um den Erfolg des Beziehungsaufbaus nicht aus dem eigenen Unternehmen heraus zu gefährden. Dies kann zum Beispiel dadurch geschehen, dass der Machtpromotor die Diskussion transparent macht und kanalisiert, klare Entscheidungen trifft und auf ihre Durchsetzung achtet. Zusätzlich hat der Machtpromotor die Verhandlungen mit dem Partnerunternehmen voranzutreiben und dort befindlichen Opponenten beziehungsweise Machtpromotoren sein Verhandlungsgeschick

und sein Durchsetzungsvermögen entgegenzustellen, um ihnen gegenüber die Interessen des beschaffenden Unternehmens zum Ausdruck zu bringen und möglichst schnell eine beiderseits Nutzen stiftende Übereinkunft zu erzielen. Er sollte weitere, für die Durchführung des Vorhabens in Frage kommende Teammitglieder benennen und kontaktieren.
- *Prozesspromotor*: Der Prozesspromotor muss in der Anbahnungsphase den ganzen Prozess des Beziehungsaufbaus koordinieren, insbesondere die Konstituierung des Buying-Teams sowie die Entscheidungsfindung innerhalb desselben.

Es sollte mindestens eine Gespannstruktur – bestehend aus Fach- und Machtpromotor, auch möglich in Personalunion – zum Einsatz kommen. Eine solche Gespannstruktur ist unter Einbezug des Prozesspromotors auf das Modell einer Promotoren-Troika erweiterbar. Das Promotorengespann beziehungsweise die Promotoren-Troika bilden dabei idealerweise das Grundgerüst des sich für die Dauer der Anbahnungsphase bildenden Buying-Teams. Dieses Team wird je nach zu klärenden Fragestellungen beziehungsweise zu erledigenden Aufgaben durch weitere Experten und operative Kräfte ergänzt.

Insgesamt lässt sich konstatieren, dass der Entscheidungsfindungsprozess, und mit ihm die Dauer der Anbahnungsphase, unter Einsatz von multipersonalen Teams zunimmt. Die dafür benötigte Zeitdauer kann sich empirischen Untersuchungen zufolge mehr als verdoppeln. Dieser Mehrbedarf an Zeit wird zurückgeführt auf das Hinzukommen des Fachpromotors. Dessen Auftreten wirkt, im Gegensatz zum prozessverkürzenden Tätigwerden des Machtpromotors, stets prozessverlängernd, da durch die gedankliche Vorwegnahme später potenziell auftauchender Probleme und die Suche nach möglichen Problemlösungsalternativen ein erheblicher teaminterner Diskussionsbedarf ausgelöst wird. Dem zeitlichen Mehrbedarf in der Anbahnungsphase steht jedoch häufig eine problemlosere und damit weniger kostenintensive Abwicklung der Geschäftsprozesse während der Ausreifungsphase der Geschäftsbeziehung entgegen.

Kritisch an einer auf dem Promotorenmodell basierenden Teamorganisation sind die diesem Modell zugrunde liegenden Schwachstellen. In einschlägigen empirischen Studien wird das Vorhandensein von Promotoren in erfolgreich verlaufenen Projekten im Nachhinein aufgezeigt. Es fehlen aber empirisch fundierte Handlungsempfehlungen darüber, wie das Aufspüren, Fördern und Binden von Promotoren durchzuführen ist und wie sie aktiv zu einem Team zusammengeführt werden können. Einzelne Autoren geben ganz pragmatisch mehr oder minder plausibel erscheinende Handlungsempfehlungen. Solche Hinweise, die sich zum Beispiel für das Identifizieren, Fördern und Binden von Beziehungspromotoren in der Literatur finden sind in Teilen auch auf das Finden, Fördern und Binden von Fach-, Macht- und Prozesspromotoren übertragbar. Auf die hier erwähnten Handlungsempfehlungen wird im Zusammenhang mit der Erörterung des Einsatzes von Beziehungspromotoren, die mit Beginn der Ausreifungsphase einer Geschäftsbeziehung zum Zuge kommen, eingegangen.

Dem aus Sicht des beschaffenden Unternehmens eingesetzten Buying-Team sollte von der Seite des zuliefernden Unternehmens aus ein Selling-Team entgegengesetzt werden. Auf diese Weise besteht für beide Seiten die Möglichkeit, eine Analyse ihrer Interessen und deren Vertretung gegenüber einem potenziellen langfristigen Geschäftspartner zu gewährleisten. Wird ein Großteil der wesentlichen Punkte, die zukünftig Anlass zu Unstimmigkeiten zwischen den Partnern bieten könnten, bereits im Vorfeld geklärt, dann lässt sich aus dem Gefühl des Sich-nicht-übervorteilt-Wissens heraus eine stabile Vertrauensbasis entwickeln, mit der die nicht im Vorfeld erfassbaren Unsicherheiten einer Geschäftsbeziehung später auf unkonventionellem Wege gelöst werden können.

In der Anbahnungsphase kommt der Kontrollaspekt in einer zukunftsorientierten Ausrichtung zum Tragen. In diesem Zusammenhang stellen sich vor allem folgende Fragen:

- Für welche Beschaffungsobjekte und unter welchen Marktbedingungen empfiehlt sich bei den gegebenen Beschaffungsstrukturen der Aufbau einer partnerschaftlichen Beziehung?
- Wie könnte sich unter dem Blickwinkel der Beziehungsgerechtigkeit eine für beide Seiten akzeptable Messung und Verteilung des Beziehungserfolgs darstellen?
- Welche Lieferanten erweisen sich für eine derart enge, organisatorische Verzahnung als besonders geeignet? Soll eine gänzlich neue Geschäftsbeziehung etabliert oder eine bereits bestehende Geschäftsbeziehung zu einer partnerschaftlichen Beziehung ausgebaut werden? Bezieht sich diese nur auf ein neues Produkt oder eine Produktgruppe?

Da der Aufbau einer strategischen Partnerschaft mit einem erheblichen Ressourceneinsatz verbunden ist, kommt der Auswahl eines geeigneten Lieferanten innerhalb der Anbahnungsphase einer partnerschaftlichen Zulieferer-Abnehmer-Beziehung eine herausragende Bedeutung zu. Das zum Zweck einer fundierten Lieferantenauswahl besonders geeignete – wenn auch relativ

Phasengliederung der Auditierung	Schritte zur Ausarbeitung eines Audits
Konzeption des Audits	1. Untersuchung der Ausgangssituation 2. Erfassung der Zielsetzung des Audits 3. Analyse der Anforderungen an das Audit
Umsetzung der Konzeption des Audits	4. Strukturierung des Audits 5. Ableitung und Gewichtung der Fragen für das Audit
Auditplanung Auditvorbereitung Auditdurchführung Auditkontrolle	6. Erarbeitung einer Anleitung zur Abwicklung des Audits
Kontrolle der Konzeption des Audits	7. Ermittlung von Hinweisen zur Weiterentwicklung des Audits

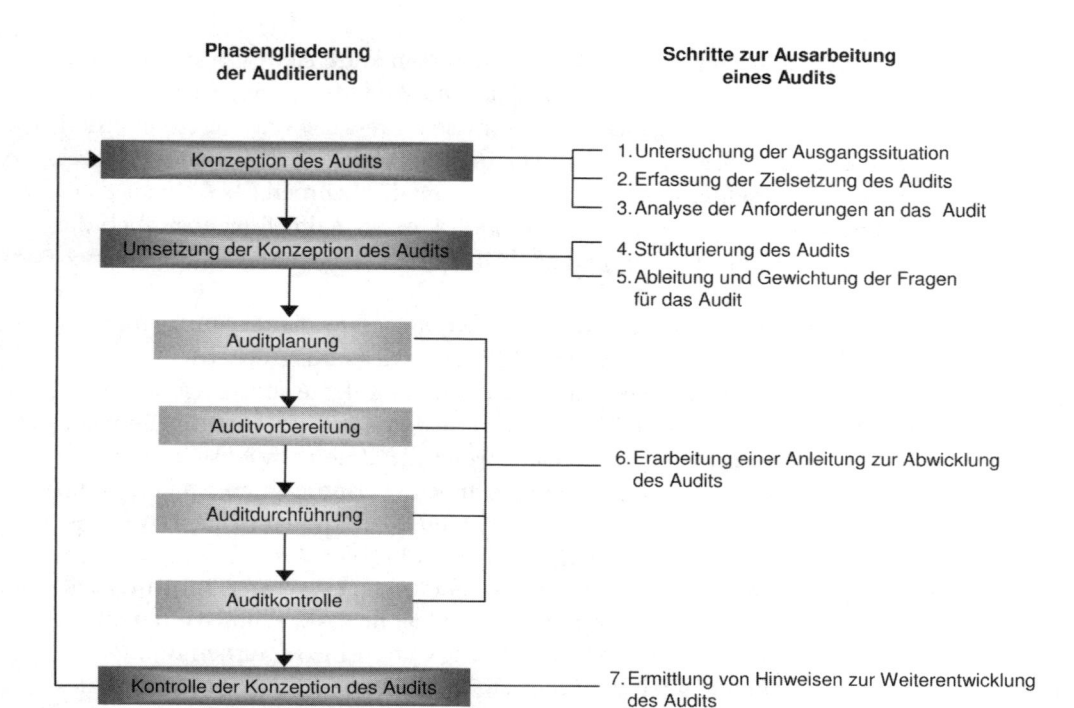

Abb. 7.4: Phasenmodell für die Realisierung eines Audits

aufwändige – Instrument des Lieferantenaudits erfährt deshalb an dieser Stelle eine ausführliche Würdigung. Das Ergebnis dieser Auditierung kann später auch als Grundlage für eine qualifizierte Lieferantenentwicklung und/oder -förderung herangezogen werden. Dabei handelt es sich um einen qualitativen Soll-Ist-Vergleich des Leistungsprofils des Lieferanten, bei dem neben einer systematischen Auflistung der zu überprüfenden Objekte messbare Bewertungskriterien vorgegeben werden. Das Lieferantenaudit ermöglicht die Erhebung von Weiterentwicklungspotenzialen im Rahmen der Lieferantenauswahl sowie eine ursachenorientierte Verfolgung der Schwachstellen und die Ableitung von Verbesserungsmaßnahmen, die den Ausgangspunkt einer systematischen Lieferantenentwicklung bilden können.

Im Folgenden soll exemplarisch aufgezeigt werden, wie die einzelnen, innerhalb eines Phasenmodells positionierten Module zur Durchführung eines Audits schrittweise realisiert werden können.

Bei der Konzeption des Audits wird dessen konkrete Ausgestaltung festgelegt. Den Ausgangspunkt hierzu bildet die Auditdefinition, bei welcher der Auditanlass, die verfolgten Auditergebnisse, -adressaten und -auditoren fixiert werden. Der Anlass für ein Audit kann darin bestehen, dass es von externer Seite im Zuge einer Kooperationsanbahnung im Rahmen des Aufbaus einer langfristigen Lieferbeziehung gefordert wird. Prinzipiell ist aber auch die Selbstinitiierung eines Audits möglich. Zu den verfolgten Auditergebnissen zählen die Planung von Korrekturmaßnahmen, die Dokumentation von Schwachstellen sowie die Bewertung und Darstellung der Leistungsfähigkeit oder Effizienz des betrachteten Funktionsbereichs. Als Adressaten, also diejenigen, in deren Interesse die Durchführung des Audits liegt, kommen sowohl unternehmensinterne als auch -externe Interessenten in Betracht: interne Interessenten, zum Beispiel wenn die Unternehmensleitung durch das Audit Planungshilfen bekommen möchte, externe Interessenten, wenn es sich bei den Adressaten um Lieferanten oder Banken handelt. Auch bei den Auditoren lässt sich eine Einteilung in die Kategorien intern und extern vornehmen. Während bei den externen Auditoren zwischen einer Durchführung durch den Kooperationspartner oder einer neutralen Einheit differenziert werden kann, ist bei einer Durchführung durch einen internen Auditor auf dessen Unabhängigkeit von dem zu auditierenden Funktionsbereich des Unternehmens Wert zu legen.

Herrscht Klarheit über den Auditanlass, die zu erwartenden Ergebnisse, -adressaten und -auditoren, dann besteht der erste Umsetzungsschritt in einer Analyse der Ausgangssituation. Dabei sollten neben den oben bereits erwähnten »Hard Facts« aus früheren Transaktionen resultierende, persönliche Erfahrungen von Einkäufern oder anfordernden Abteilungen mit dem betreffenden Lieferanten Berücksichtigung finden. Bereits bestehende Instrumente zur Lieferantenauswahl wie Vor-Checklisten und Potenzialschätzungen können für die Konzipierung des Audits eine Hilfestellung bieten und sollten deshalb inhaltlich mit dem Audit abgestimmt werden. Kommen in Teilbereichen bereits Audits zum Einsatz, so sind diese miteinander abzugleichen, um Überschneidungen inhaltlicher wie terminlicher Art zu vermeiden.

Der zweite Schritt bei der Auditkonzipierung besteht in der Erfassung der Zielsetzung des Audits. Dabei sind sowohl die Auditziele beziehungsweise -kriterien und ihr Umfang als auch der Umfang der Auditobjekte festzulegen. Die bei der Auditdefinition bereits angesprochenen, verfolgten Auditergebnisse dienen als Anhaltspunkt zur Fixierung der Auditziele. Dabei gilt es, diese Ziele inhaltlich zu präzisieren und auf ihre Kompatibilität mit den von der Unternehmensleitung definierten Unternehmenszielen, gegebenenfalls mit von einem dominierenden Marktpartner auferlegten beziehungsweise im Rahmen einer Kooperation vereinbarten Zielen sowie mit bestehenden Gesetzen, Verordnungen oder Auflagen, einer Prüfung zu unterziehen. Neben der inhaltlichen Präzisierung sind die Auditziele unter Umständen auch in quantitativer Hinsicht zu spezifizieren. Dabei stellt sich die Frage nach dem Umfang des zu auditierenden Objektes: Soll ein komplettes System, ein Subsystem, ein einzelner Prozess den Gegenstand des Audits bilden oder aber eine Schnittstelle oder ein ausgewähltes Verfahren?

Im dritten Schritt der Auditkonzipierung steht die Analyse der an das Audit gestellten Anforderungen an. Hierbei sind Anforderungen an die inhaltliche Ausgestaltung, an die Bewertung und an die Durchführung zu unterscheiden. Die Anforderungen an die inhaltliche Ausgestaltung beziehen sich darauf, dass der Abnehmer eine für die verschiedensten Lieferanten einsetzbare Lieferantenbeurteilung benötigt, die möglichst nicht nur die aktuellen, sondern soweit möglich auch die zukünftigen Anforderungen an die Lieferanten widerspiegelt, bei den Lieferanten nicht nur das aktuelle, sondern auch das zukünftige Leistungspotenzial mit in die Bewertung einfließen lässt und darauf aufbauend Qualifizierungsmaßnahmen aufzeigt. Die hinsichtlich der Bewertung gestellten Anforderungen beziehen sich darauf, dass die Bewertung vergleichbar sein sollte. Bezüglich der Durchführung ist darauf zu achten, dass der für die Auditierung sowohl im auditierten wie auch im auditierenden Unternehmen betriebene Aufwand in einem ausgewogenen Verhältnis zum Ergebnis der Auditierung stehen sollte. Im Sinne des hier angesprochenen Kostenbewusstseins dürfte es tendenziell sinnvoller sein, die Anzahl der zu auditierenden Lieferanten zu beschränken, als auf eine sorgfältige Planung und Durchführung zu verzichten oder vergleichsweise unpräzise Ergebnisse in Kauf zu nehmen.

Zu Beginn der Umsetzung der Auditkonzeption steht eine zweckmäßige Strukturierung der späteren Vorgehensweise. Darauf aufbauend erfolgen nicht nur die Formulierung konkreter Fragen sowie ihre Gewichtung, sondern auch die Erarbeitung einer Anleitung zur Abwicklung von Planung, Vorbereitung, Durchführung und Kontrolle des Audits. Die Umsetzung der Auditkonzeption umfasst dabei innerhalb des Phasenmodells die Schritte vier bis sechs.

Im vierten Schritt zur Umsetzung des Phasenmodells ist für einen strukturierten Auditaufbau Sorge zu tragen. Zweckmäßig erscheint in diesem Zusammenhang ein modularer Aufbau des Audits. Hierfür sind die Lieferanten entsprechend der für den Adressaten relevanten Rahmenbedingungen, denen sie unterliegen, zu klassifizieren. Beispielhaft können für solche Rahmenbedingungen der Grad der Komplexität des Vormaterials oder die Art der

Bereitstellungsstrategie angeführt werden. Für die verschiedenen Klassen lassen sich spezifische Auditmodule bilden, die entsprechend für die Auditierung der Lieferanten, auf welche die dort abgebildeten Rahmenbedingungen zutreffen, herangezogen werden.

Der fünfte Schritt der Auditierung befasst sich mit der Ableitung und Gewichtung der Fragen im Rahmen der Erstellung eines Fragebogens, anhand dessen das Audit durchgeführt werden soll. Der Fragebogen unterstützt die vollständige Abwicklung der Auditierung, erleichtert dem Auditor die Erfassung des Erfüllungsgrades der Anforderungen und hilft, das Verständnis der Sachverhalte auf Seiten der Mitarbeiter des zu auditierenden Unternehmens zu wecken, da sich durch eine entsprechende Gestaltung des Fragebogenaufbaus die Fragen in den Gesamtzusammenhang der Untersuchung einbetten lassen. Da die Fragen die objektiven Anforderungen an Kriterienkategorien wie Qualität, Preis, Logistik und Umweltschutz in unterschiedlicher Weise abbilden und unternehmensspezifische Unterschiede hinsichtlich der ihnen zukommenden Relevanz bestehen, sollten die Fragen gemäß der ihnen zukommenden Bedeutung gewichtet werden. Um eine transparente und reproduzierbare Bewertung in dem Sinne sicherzustellen, dass gleiche Antworten zu einer gleichen Bewertung führen, sind mögliche Antworten vorzugeben und mit einer Gewichtung zu versehen. Dabei sollte dem Zustand, der dem anfangs formulierten, wünschenswerten Idealzustand entspricht, die Gewichtung 100 Prozent zugeordnet werden. Die als mangelhaft oder ungenügend eingestufte Merkmalsausprägung bekommt hingegen die Gewichtung 0 Prozent zugeschrieben.

Während des sechsten Schrittes der Auditierung gilt es, eine Anleitung zur Abwicklung von Planung, Vorbereitung, Durchführung und Kontrolle des Audits zu erarbeiten. In diesem Zusammenhang sind zum Beispiel folgende Aktivitäten durchzuführen:

- Feststellung der für die Module wichtigen Entscheidungen des Lieferanten,
- Festlegung der Auditoren und des Termins der Auditierung,
- Ankündigung der Auditierung beim Lieferanten,
- Entwicklung von Instrumenten, welche die Auditdurchführung erleichtern und die Vergleichbarkeit der Ergebnisse verschiedener Auditierungen sicherstellen, zum Beispiel in Form von Fragebögen und Checklisten, sowie
- Zusendung von Informationsmaterial an den Lieferanten.

Schließlich ist, sofern es sich bei der durchgeführten Auditierung nicht um eine einmalige Überprüfung eines einzelnen Lieferanten handelt, eine Kontrolle der Auditkonzeption zweckmäßig. In diesem siebten Schritt des Phasenmodells gilt es, Hinweise zur Weiterentwicklung des Audits zu ermitteln, wenn die Auditierung als Instrument im Rahmen einer Lieferantenentwicklung und -förderung zu einem späteren Zeitpunkt bei dem fraglichen Lieferanten wiederholt werden soll, aber auch, wenn das in diesem Fall entwickelte Audit beziehungsweise Auditmodul mehrfach als Instrument der Lieferantenbeurteilung und -auswahl zum Einsatz gelangt. Hierbei ist zum einen zu überwachen, ob die Zielsetzung des Audits erreicht wurde. Zum anderen gilt es festzustellen, ob eine generelle Erfüllbarkeit der Anforderungen gewährleistet war. Aber auch Veränderungen im Umfeld des auditierten Unternehmens und des Adressaten können dazu führen, dass Modifikationen hinsichtlich der Auditkonzeption und/oder ihrer Umsetzung erforderlich werden.

Ausreifungsphase

Analog zur Vorgehensweise in der Anbahnungsphase wird nachfolgend aufgezeigt, welche Methoden und Instrumente geeignet erscheinen, eine Umsetzung der Beziehungsmanagementkomponenten Steuerung, Organisation und Kontrolle in der Phase der Ausreifung des Konzepts zu unterstützen.

Der Problematik des Umgangs mit *Informationsasymmetrien* kommt in der Ausreifungsphase eine besondere Bedeutung zu. Denn das Vorhandensein von Informationsasymmetrien verlangt nach vertrauensbildenden Maßnahmen, um ein möglichst langes Bestehen der strategischen Partnerschaft zu sichern. Dazu bedarf es der Steuerungskonstrukte Vertrauen (Trust) und Verpflichtung (Commitment). Im Zusammenhang mit einer Erläuterung von möglicherweise in der Ausreifungsphase auftretenden Typen von Informationsasymmetrien wird auf die Instrumente des Signaling, des Reputationsaufbaus, der Lieferantenförderung und der Selbstbindung als vertrauensbildende und eine innere Verpflichtung erzeugende Maßnahmen im Sinne einer Reaktionsmöglichkeit auf die ungleiche Informationsverteilung eingegangen. In diesem Zusammenhang soll auch das Für und Wider der beiden Extrempositionen »Selbststeuerung« versus »Lieferantenbeeinflussung« im Rahmen der Steuerung einer langfristigen strategischen Partnerschaft mit einem Lieferanten aufgezeigt werden.

Für eine Reihe von in der Ausreifungsphase einer langfristig ausgerichteten Zulieferer-Abnehmer-Beziehung auftretenden Problemen lässt sich die Agency-Theorie mit ihrer Analyse bestehender Informationsasymmetrien und damit einhergehender, voneinander abweichender Risikoverteilungen bei den

Ex-post-Beobachtbarkeit des Verhaltens des Agents \ Variierbarkeit des Verhaltens des Agents	gegeben	nicht gegeben
gegeben	Hidden Intention/ Holdup/ Hidden Information ↓ Kontrollsystem/ Autorität	Hidden Characteristics/ Qualitätsunsicherheit ↓ Informationssystem/ Offenbarung
nicht gegeben	Hidden Action/ Moral Hazard ↓ Anreizsystem	-

Abb. 7.5: Agency-Probleme und geeignete Mechanismen zur Verhaltenssteuerung

Akteuren zur Erklärung und Systematisierung auftretender Probleme sowie der darauf aufbauenden Generierung von Problemlösungsvorschlägen heranziehen. Dabei wird, stark vereinfacht formuliert, unterstellt, dass eine der beiden Kooperationsparteien im Rahmen der Erfüllung der an sie delegierten Aufgabe aufgrund von Informationsvorsprüngen über einen Spielraum zu opportunistischem Verhalten verfügt – diese Partei wird als Agent bezeichnet. Der angesprochene Spielraum zu opportunistischem Verhalten und seine Ausnutzung sind für den Auftraggeber, den Principal, zumindest nicht vollständig einsehbar – die Informationen sind asymmetrisch verteilt. Abhängig davon, ob für den Auftragnehmer (Agent) prinzipiell die Möglichkeit der Inanspruchnahme opportunistischer Verhaltensspielräume besteht und ob für den Auftraggeber (Principal) zumindest im Nachhinein die Möglichkeit besteht, ein opportunistisches Verhalten seines Auftragnehmers aufzudecken, lässt sich eine Vier-Felder-Matrix mit drei realistischerweise auftretenden Typen von Agency-Problemen aufspannen, denen mit jeweils unterschiedlichen Verhaltenssteuerungsmechanismen sinnvoll begegnet werden kann.

Dieser Sachverhalt soll am Beispiel der Beziehung zwischen einem Hersteller (als Principal) und einem Systemlieferanten (als Agent) veranschaulicht werden. Typischerweise verfügt ein Systemlieferant über Informationsvorsprünge, vor allem bezüglich der von ihm gefertigten Komponenten. Dies gilt besonders dann, wenn der Lieferant eigenes Entwicklungs- sowie Technologie-Know-how besitzt und der Hersteller nicht (mehr) auf die Alternative der Eigenfertigung auszuweichen vermag. Das vom Hersteller in einer solchen Beziehung erwartete Leistungsergebnis kann in einer nach Menge, Qualität, Ort und Zeit spezifizierten Anlieferung der komplexen Komponenten zu einem vereinbarten Preis liegen. Darüber hinaus erwartet der Hersteller Leistungen des Systemlieferanten im Hinblick auf die Entwicklung neuer Komponenten und die Koordination der Vorlieferanten. Das Hauptziel des Herstellers liegt in einer Minimierung ihm entstehender (so genannter Agency-)Kosten. Diese setzen sich aus der Vergütung des Systemlieferanten in Abhängigkeit des vereinbarten Preises und der angelieferten Menge, der Risikoprämie des Lieferanten zum Beispiel in Gestalt einer vergüteten Mindestabnahmemenge und den Überwachungskosten, etwa im Zuge einer Auditierung, zusammen (so genannte Kontrollkosten des Principals). Der Lieferant hingegen ist unter der Annahme einer ergebnisbezogenen Entlohnung, die sich aus der Menge der abgelieferten Komponenten bemisst, bestrebt, die vereinbarte Stückzahl mit einem möglichst niedrigen Anstrengungsniveau zu erbringen und zudem eine weitgehende Absicherung gegen exogene Risiken zu erlangen. Weiterhin bemüht sich der Lieferant um eine Reduzierung seiner Garantiekosten, zum Beispiel in Form der Übernahme von Gewährleistungen, von Dokumentationsleistungen sowie gegebenenfalls von Schadenersatzleistungen.

Vor diesem Hintergrund lassen sich im Folgenden exemplarisch die Agency-Probleme der Hidden Characteristics, Hidden Intention sowie Hidden Action unterscheiden.

Hidden Characteristics

Das Problem der Hidden Characteristics beschreibt die im Vorfeld (ex ante) bestehende Unsicherheit des Abnehmers über die Eignung des Lieferanten zur Leistungserstellung. Der Hersteller vermag sich also bei der Auswahl des Systemlieferanten kein vollständiges Bild über dessen Eignungsprofil in Form vorhandener Kenntnisse, Fähigkeiten, Erfahrungen, der Qualifikation der Mitarbeiter oder zur Verfügung stehender Kapazitätsreserven in der Fertigung zur Bedienung von Bedarfsspitzen des Herstellers zu machen. Dabei ist es prinzipiell möglich, dass der Abnehmer grundsätzlich nicht in der Lage ist, sich ein Urteil über die Leistungsfähigkeit seines potenziellen Lieferanten zu bilden. Es ist aber auch denkbar, dass ihm die Kosten für die »Qualitätsprüfung« des Lieferanten als zu hoch erscheinen. Der Abnehmer geht deshalb das Risiko ein, mit der betreffenden Aufgabe einen ungeeigneten Lieferanten zu betrauen, was sich ihm aber erst im Zuge der Anlieferung der Komponenten offenbart. Für den Lieferanten besteht die Möglichkeit, die Informationsunsicherheit seines potenziellen Abnehmers während der Anbahnungsphase zu reduzieren, indem er ihm weitere Informationen gibt. Auf diesem Wege trägt der Lieferant auch dazu bei, seine Reputation zu verbessern, indem er dem Abnehmer bereits im Vorfeld eine Idee davon vermittelt, wie er in der Auftragsbeziehung generell und speziell beim Auftreten exogener, das heißt von ihm selbst nicht beeinflussbarer Risiken zu agieren gedenkt. Konkret kommen dafür verschiedene Ausprägungsformen des Signaling des Lieferanten in Frage. Damit zeigt er dem Abnehmer beispielsweise auf, inwieweit er auf dessen spezielle Wünsche in der Auftragsbeziehung einzugehen vermag. Weiterhin kann der Lieferant im Zuge einer Selbstbindung von vornherein freiwillig seinen opportunistischen Handlungsspielraum einschränken oder dem Abnehmer in gewissem Umfang eine Garantie für das angestrebte Leistungsergebnis geben. Diese Option ist zu empfehlen, sofern dem Lieferanten eine nachträgliche Korrektur seines Leistungsergebnisses offen steht. Die gezielte Betonung der eigenen Reputation schließlich gilt gegenüber dem Abnehmer als Zeichen vorbeugender Sorgfalt, die für Letzteren insbesondere dann von Bedeutung ist, wenn eine Nachbesserung des Leistungsergebnisses nicht in Frage kommt. Wurde dem Agency-Problem der Hidden Characteristics während der Anbahnungsphase nicht erfolgreich begegnet beziehungsweise erhielt der Abnehmer durch vorhandene Informationssysteme und vom Lieferanten eingesetzte Maßnahmen unzureichende oder unzutreffende Informationen, so dass sich das Problem der Hidden Characteristics in der Ausreifungsphase der Beziehung manifestiert, sind zu diesem Zeitpunkt nur noch eine Schadensbegrenzung und die Ergreifung langfristig verbessernder Maßnahmen, zum Beispiel Lieferantenförderung, möglich. Mit Hilfe des Instruments der Lieferantenförderung kann aber gleichzeitig auch eine innere Verpflichtung seitens des Lieferanten für die Zukunft aufgebaut werden, wodurch sich die Wahrscheinlichkeit des Auftretens zukünftiger »Täuschungsversuche« dieser Art verringern lässt.

Hidden Intention respektive Hold-up oder Hidden Information

Das hier angesprochene Agency-Problem bezeichnet den Sachverhalt, dass dem Lieferanten opportunistische Verhaltensspielräume zur Verfügung stehen und er auch beabsichtigt, sie zum Nachteil seines Abnehmers auszunutzen. Zu den sich dem Lieferanten bietenden, opportunistischen Handlungsspielräumen können der Einsatz minderwertiger Materialien, eine partielle Fremdvergabe über verlängerte Werkbänke mit der Folge eines niedrigeren Qualitätsniveaus oder die Einbehaltung von an sich weiterzugebenden Kostenreduzierungen gehören. Für den Abnehmer besteht erst im Nachhinein die Möglichkeit, ein opportunistisches Verhalten seines Geschäftspartners im Zuge von Kontrollen, zum Beispiel Qualitätsprüfungen, aufzudecken und dem Lieferanten zukünftig mit direktiven Verhaltensnormen unter Androhung von Sanktionen zu begegnen. Mögliche Gründe für das Problem der Hidden Intention liegen im Vorhandensein eines bewussten Opportunismus seitens des Lieferanten, in einem kommunikationsarmen Umfeld, aufgrund dessen dem Abnehmer relevante Informationen verborgen bleiben, sowie im Auftreten exogener Störgrößen wie zum Beispiel Streiks, die im Falle einer ergebnisbezogenen Entlohnung das Einkommen des Lieferanten mindern und ihn veranlassen, den Abnehmer durch Ausschöpfen von Handlungsspielräumen am Risiko »partizipieren« zu lassen. Dem Agency-Problem der Hidden Intention kann grundsätzlich durch den Aufbau von Kontrollsystemen begegnet werden, wobei prozess- respektive verhaltens- und ergebnisbezogene Kontrollformen zur Verfügung stehen. Auch die Ausübung von Autorität im Sinne der Formulierung direktiver Verhaltensnormen ist denkbar. Ein präventives Eingreifen in den Leistungserstellungsprozess wird jedoch auch durch diese Maßnahmen nicht ermöglicht, da für den Abnehmer das Verhalten des Lieferanten nach wie vor lediglich im Nachhinein (ex post) nachvollziehbar ist. Der Aufbau von Kontrollsystemen in Verbindung mit der Formulierung direktiver Verhaltensnormen ist mit einer Reihe von Nachteilen verbunden. Mit der Formulierung der Verhaltensnormen und der Überwachung ihrer Einhaltung mittels einer Ergebnismessung geht nicht nur oftmals ein erheblicher Zeit- und Kostenaufwand einher, sondern sie gelten zudem bei komplexen und weitgehend unstrukturierten Aufgaben als nicht durchführbar. Darüber hinaus sind mit einer Sanktionierung keine positiven Leistungsanreize verbunden. Da gerade innerhalb strategischer Partnerschaften der Leistungserstellungsprozess per definitionem durch Komplexität und schlecht strukturierbare Aufgaben, deren Bewältigung eine hohe Problemlösungskompetenz erfordert, geprägt und seine Kontrolle insofern kostenintensiv ist, bietet sich alternativ der Aufbau von Vertrauen und einer beiderseitigen inneren Verpflichtung an. Um dem Vertrauen den Wahlcharakter zu verleihen und erkennen zu lassen, dass Vertrauen nicht aus Mangel an Alternativen gewährt wird, ist die Sanktionsfähigkeit und -bereitschaft zu den unverzichtbaren Elementen vertrauensbasierter Beschaffungskooperationen zu zählen.

Hidden Action respektive Moral Hazard
Der Problemtyp der Hidden Action zeichnet sich im Vergleich zu dem der Hidden Intention dadurch aus, dass für den Abnehmer auch im Nachhinein nicht die Möglichkeit besteht, Rückschlüsse auf das Verhalten des Lieferanten zu ziehen. Für den Lieferanten ergibt sich dann die Option, die Ursachen für die Verfehlung des angestrebten Leistungsergebnisses auf exogene Störgrößen zu schieben. Insofern erscheint die Installierung von Kontrollmechanismen nicht zielführend. Als geeignete Maßnahme zur Verhaltenssteuerung kommen lediglich Anreizsysteme in Betracht. Dabei stehen grundsätzlich verhaltens- und ergebnisbezogene Anreizsysteme zur Verfügung. Da für den Abnehmer auch im Nachhinein nicht erkennbar ist, mit welchem Anstrengungsniveau der Lieferant die Leistungserstellung erbracht hat, ist der Einsatz verhaltensbezogener Anreizsysteme bei Vorliegen des Problemtyps der Hidden Action prinzipiell nicht sinnvoll. Aber auch der Einsatz ergebnisbezogener Anreizsysteme erscheint hier nicht per se zweckmäßig, da der Abnehmer nicht zwischen dem Vorliegen eines unzureichenden Leistungsniveaus seines Lieferanten und dem Auftreten exogener Störgrößen zu trennen vermag. Dem Lieferanten bietet sich stets die Möglichkeit, ein mangelhaftes Ergebnis auf die vorliegenden Begleitumstände zu schieben, ohne dass ihm das Gegenteil bewiesen werden kann. Damit handelt es sich beim Einsatz ergebnisbezogener Anreizsysteme lediglich um eine aus Mangel an Alternativen verfolgte Second-best-Lösung. Neben den klassischen ergebnisbezogenen Entlohnungsformen, die eindimensional an der Leistung, zum Beispiel den abgelieferten Komponenten, ansetzen, ist auch an Aktivitäten der Lieferantenförderung, wie etwa spezielle Schulungsmaßnahmen für die Mitarbeiter des Systemlieferanten, zu denken. Die Maßnahmen lassen sich dabei auch an die freiwillige Aufdeckung von Gestaltungsspielräumen knüpfen.

Zu beachten ist, dass die Rolle des Principals keineswegs grundsätzlich und auf Dauer auf den Abnehmer und die Rolle des Agents nicht von vornherein und ausschließlich auf den Lieferanten festgelegt ist. Vielmehr können im Rahmen einer Zulieferer-Abnehmer-Beziehung durchaus mehrere Principal-Agent-Beziehungen auftreten, und zwar auch mit umgekehrten Vorzeichen.

Tendenziell lässt sich festhalten, dass die Gefahr des Auftretens von Informationsasymmetrien respektive der Bedarf an vertrauens- und Commitment fördernden Maßnahmen zur Substitution des Informationsbedarfs unter folgenden Bedingungen verhältnismäßig hoch ist:

- wenn es sich um ein neues Beschaffungsobjekt handelt,
- wenn es sich bei der Bezugsquelle um einen neuen, bislang unbekannten Lieferanten handelt,
- wenn das Beschaffungsrisiko, zum Beispiel in finanzieller Hinsicht, verhältnismäßig hoch ist,
- wenn der Wert des Beschaffungsobjekts absolut oder bezüglich des Gesamtvolumens relativ hoch ist,
- wenn das Beschaffungsobjekt einer laufenden und regelmäßigen Verbrauchsstruktur unterliegt,
- wenn keine Substitutionsgüter vorhanden sind,
- wenn für die Beschaffung große räumliche Entfernungen zu überbrücken sind,
- wenn der Beschaffungsmarkt von einer hohen Dynamik geprägt ist und
- wenn der Beschaffungsmarkt eine vergleichsweise geringe Transparenz aufweist.

Die theoriegeleiteten Erkenntnisse der Agency-Theorie sind, wie oben dargelegt, von hoher Relevanz für die Erklärung des Steuerungsbedarfs strategischer Zulieferer-Abnehmer-Beziehungen und stellen insbesondere die Bedeutung des Vertrauenskonstrukts heraus. Diese Erklärungsmuster, welche Möglichkeiten zur Reduzierung von Agency-Kosten aufzeigen, finden Eingang in die Diskussion prinzipiell in Frage kommender Möglichkeiten der Einflussnahme auf eine bestehende Zulieferer-Abnehmer-Beziehung und spielen auch bei der Ableitung konkreter Handlungsempfehlungen bezüglich des Einsatzes geeigneter Lieferantenförderungsmaßnahmen sowie zweckmäßiger Anreizsysteme eine wichtige Rolle. In ihrer einfachsten Form besteht die Steuerung, hier verstanden als Reaktion auf das Auftreten von Problemen, in der Wahl zwischen Abbruch oder Fortführung der Zulieferer-Abnehmer-Beziehung. Diese passive Form der Beziehungssteuerung ist innerhalb einer strategischen Partnerschaft, mit deren Aufbau hohe irreversible Investitionen verbunden sind, denkbar ungeeignet.

Die zweite Möglichkeit zur Beeinflussung des Lieferantenverhaltens besteht darin, die Mitarbeiter des zuliefernden Unternehmens im Rahmen direkter sozialer Interaktionen relativ eng zu führen, wobei hier prinzipiell alle

Techniken zum Zuge kommen können, die aus dem Bereich der Mitarbeiterführung bekannt sind. Eine solche Form der Steuerung, die auch als Lieferantenführung bezeichnet wird, kann mit dem Führungsverständnis des Lieferanten konfligieren und bietet sich innerhalb einer gleichberechtigten, auf gegenseitiger Achtung beruhenden strategischen Partnerschaft allenfalls als Übergangslösung oder als nur auf kurze Zeit angelegte Maßnahme der Lieferantenentwicklung bei einem sehr kleinen Lieferanten an.

Dem Verständnis einer gleichberechtigten, auf gegenseitigem Vertrauen und innerer Verpflichtung beruhenden Zulieferer-Abnehmer-Beziehung trägt eine auf dem Selbststeuerungsparadigma basierende Lieferantenbeeinflussung am ehesten Rechnung: Hierbei betreibt der Abnehmer eine Lieferantenbeurteilung, deren Ergebnis er seinem Lieferanten, zum Beispiel in Form eines Stärken-Schwächen-Profils, mitteilt. Die Ableitung und anschließende Umsetzung von Verbesserungsmaßnahmen überlässt er allerdings seinem Lieferanten. Es besteht aber die Möglichkeit, ihm im Rahmen einer Lieferantenförderung Unterstützung bei der Umsetzung von Verbesserungsmaßnahmen anzubieten.

Maßnahmen der Lieferantenförderung dienen in diesem Zusammenhang dazu, den Lieferanten aktiv bei der Lösung von Problemstellungen, die er mit eigenen Mitteln nicht bewältigen kann, zu unterstützen. Dazu bieten sich Ansatzpunkte technischer, wirtschaftlicher und personeller Art sowie eine Verbesserung der Kommunikationsbeziehungen an. Bei der Umsetzung gilt es zu beachten, dass Maßnahmen der Lieferantenförderung mit einem erheblichen Eingriff des Abnehmers in die Souveränität seines Zulieferers verbunden sind. Dem stehen erfahrungsgemäß gerade Zulieferunternehmen kleiner und mittlerer Größe aufgeschlossen gegenüber, wohingegen größere Unternehmen vergleichsweise häufig bereits die Unterbreitung eines solchen Vorschlags als Anmaßung empfinden. Mit dem Eingriff in die Souveränität des Partners geht ein hohes Konfliktpotenzial einher – dessen Umgang macht ein hohes Maß an Sensibilität und den Einsatz vertrauensbildender und -fördernder Maßnahmen seitens des Abnehmers unabdingbar.

Für die Kooperation zwischen Lieferant und Abnehmer in der Ausreifungsphase wesentlich prägende, *organisatorische Gestaltungsmerkmale* empfehlen sich wiederum speziell zugeschnittene Teamstrukturen unter Berücksichtigung des Einsatzes von Promotoren. Aber auch der Umgang mit Schnittstellenproblemen und die Weiterentwicklung der Wissensbasis im Rahmen eines organisationalen Lernens auf interorganisatorischer Ebene stellen innerhalb der Ausreifungsphase Herausforderungen dar. Eine Erörterung dieser letztgenannten Punkte würde allerdings den Rahmen der vorliegenden Arbeit sprengen.

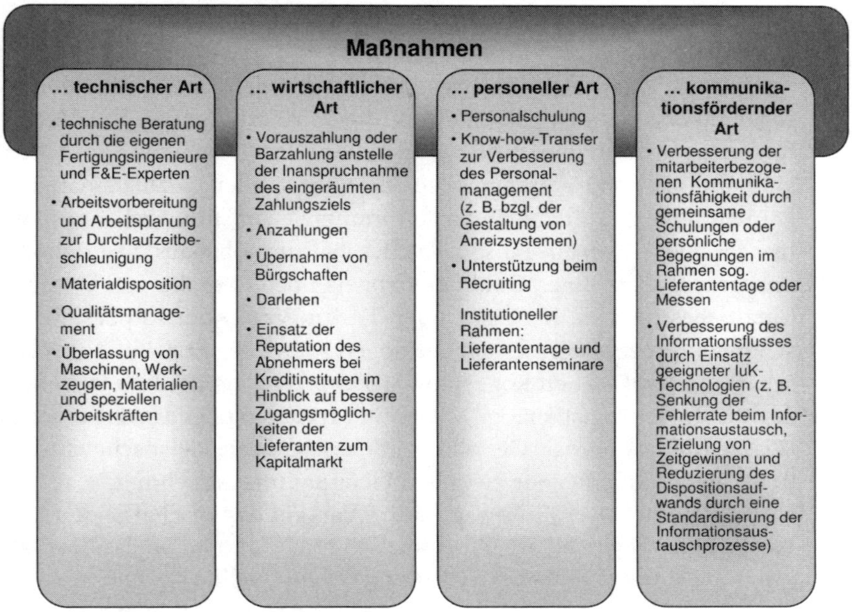

Maßnahmen

... technischer Art
- technische Beratung durch die eigenen Fertigungsingenieure und F&E-Experten
- Arbeitsvorbereitung und Arbeitsplanung zur Durchlaufzeitbeschleunigung
- Materialdisposition
- Qualitätsmanagement
- Überlassung von Maschinen, Werkzeugen, Materialien und speziellen Arbeitskräften

... wirtschaftlicher Art
- Vorauszahlung oder Barzahlung anstelle der Inanspruchnahme des eingeräumten Zahlungsziels
- Anzahlungen
- Übernahme von Bürgschaften
- Darlehen
- Einsatz der Reputation des Abnehmers bei Kreditinstituten im Hinblick auf bessere Zugangsmöglichkeiten der Lieferanten zum Kapitalmarkt

... personeller Art
- Personalschulung
- Know-how-Transfer zur Verbesserung des Personalmanagement (z. B. bzgl. der Gestaltung von Anreizsystemen)
- Unterstützung beim Recruiting

Institutioneller Rahmen: Lieferantentage und Lieferantenseminare

... kommunikationsfördernder Art
- Verbesserung der mitarbeiterbezogenen Kommunikationsfähigkeit durch gemeinsame Schulungen oder persönliche Begegnungen im Rahmen sog. Lieferantentage oder Messen
- Verbesserung des Informationsflusses durch Einsatz geeigneter IuK-Technologien (z. B. Senkung der Fehlerrate beim Informationsaustausch, Erzielung von Zeitgewinnen und Reduzierung des Dispositionsaufwands durch eine Standardisierung der Informationsaustauschprozesse)

Abb. 7.6: Ausgewählte Maßnahmen der Lieferantenförderung

Teamstrukturen gelten als geeignete Organisationsform des Beziehungsmanagements auch von Zulieferer-Abnehmer-Beziehungen in der Ausreifungsphase. Das Gestaltungsspektrum der Teamstrukturen umfasst die Bildung von heterogen zusammengesetzten Teams unter Einbeziehung von Mitarbeitern aus unterschiedlichen Funktionsbereichen, die Bildung spiegelbildlicher Teams bei beiden Kooperationspartnern sowie die Möglichkeit der Konstituierung eines gemeinsamen Teams.

Unter heterogen zusammengesetzten Teams werden Beschaffungs- (Buying-Teams) und, bei spiegelbildlicher Anordnung der Lieferanten-Abnehmer-Schnittstelle, Verkaufsteams (Selling-Teams) verstanden, deren Mitglieder unterschiedlichen Funktionsbereichen angehören. Auf diese Weise besteht die Möglichkeit, ein breites Spektrum an Qualifikationen und Erfahrungen in die Geschäftsbeziehung einzubringen.

Die Teammitglieder können dabei seitens des beschaffenden Unternehmens zum Beispiel folgenden Funktionsbereichen angehören:

- *Einkauf:* Der Einkäufer erledigt im Rahmen der Ausreifungsphase vornehmlich dispositive Aufgaben.
- *Produktion:* Mitarbeiter der Produktion sind in der Lage, konkrete Aussagen zu den von dem Beschaffungsobjekt zu erfüllenden Mindestanforderungen zu treffen, die für eine reibungslose Produktion vonnöten sind. Im Falle von Lieferengpässen oder auftretenden Qualitätsmängeln können sie Auskunft über in Frage kommende Substitute geben respektive abschätzen, ob ein Einsatz des Beschaffungsobjektes im Produktionsprozess trotz eines Qualitätsmangels noch tolerabel ist. Darüber hinaus besitzen sie Kenntnis über die im Produktionsprozess herrschenden Prozessabläufe und vermögen so bei der Erstellung von beschaffungslogistischen Konzepten Machbarkeitsaussagen zu treffen.
- *Logistik:* In der Logistik tätige Mitarbeiter verfügen über das notwendige Wissen für die optimale Gestaltung der beschaffungslogistischen Strukturen an der Schnittstelle zwischen Lieferant und Abnehmer.
- *Verkauf/Vertrieb:* Der Einbezug von im Verkauf des beschaffenden Unternehmens tätigen Mitarbeitern empfiehlt sich dann, wenn das Beschaffungsobjekt von erheblicher Bedeutung für die Qualität des Endprodukts ist, da der Verkauf Kenntnis über die absatzmarktseitigen Anforderungen besitzt. Auf diese Weise lässt sich die Wahrscheinlichkeit, dass das Endprodukt von den Kunden akzeptiert und auch gekauft wird, erheblich steigern. Im Laufe der Ausreifungsphase auftretenden Änderungen von Absatzmarktstrukturen oder Kundenanforderungen kann so proaktiv begegnet werden.
- *Forschung und Entwicklung*: Mitarbeitern aus dem F&E-Bereich, die an einer Weiterentwicklung des bereits existierenden Endprodukts arbeiten, bietet sich die Möglichkeit, den Lieferanten frühzeitig auf gegebenenfalls notwendige Anpassungen seines Produkts aufmerksam zu machen und ihn im Rahmen eines Simultaneous Engineering aktiv in den Weiterentwicklungsprozess einzubeziehen.
- *Informationssysteme/DV:* Der Einbezug von Mitarbeitern des Informatikbereichs bietet den Vorteil, dass auf Informations- und Kommunikationstechnologie basierende Prozesse während der laufenden Ausreifungsphase verbessert werden können.
- *Recht:* Durch die frühzeitige Hinzuziehung juristischer Experten lassen sich bei Auftreten von Meinungsverschiedenheiten über die Auslegung von Vertragsinhalten möglicherweise eine Eskalation und damit ein Vertrauenseinbruch vermeiden.

Ein heterogen zusammengesetztes Beschaffungsteam muss dabei keineswegs zeitgleich aus Mitgliedern aller oben angeführten Funktionsbereiche bestehen, räumlich konzentriert angesiedelt oder von dauerhaftem Bestand sein. Vielmehr ist es im Prinzip ausreichend, diese Mitglieder formal dem – quasi virtuell existierenden – Buying-Center zuzuordnen, so dass sie bei Bedarf als kompetente Ansprechpartner dauerhaft zur Verfügung stehen, sich verantwortlich fühlen und gegebenenfalls auch über die erforderlichen Ressourcen verfügen, sich in zeitlich stärkerem Umfang zu engagieren. Die Buying-Center können dabei grundsätzlich für ein einzelnes Beschaffungsobjekt zuständig sein oder aber für eine Gruppe von Beschaffungsobjekten, die dem gleichen Produktionsprozess unterliegen, oder aber auch für eine ganze Warengruppe, sofern es sich um Ware handelt, die ohne weitere Be- oder Verarbeitungsschritte weiter veräußert werden soll wie zum Beispiel bei Zubehör oder Handelsware.

Analog gestaltet sich die Bildung heterogen zusammengesetzer Selling-Teams auf der Lieferantenseite. Diese können sich auf den Vertrieb eines einzelnen Produkts, aber auch auf den Vertrieb einer Produktgruppe konzentrieren. Von großer Bedeutung ist vor dem Hintergrund einer strategischen Partnerschaft die Fokussierung auf einen Schlüsselkunden oder eine Gruppe von Schlüsselkunden. Dies wird auch als Key-Account-Management bezeichnet. Die Bildung spiegelbildlicher Teams in Form von Buying-Centern auf der Seite des beschaffenden Unternehmens und Selling-Centern auf der Seite des Lieferanten bietet den Vorteil, dass jederzeit kompetente Ansprechpartner sowohl für interdisziplinäre als auch für funktionsbereichsspezifische Entwicklungen von Problemlösungen zur Verfügung stehen. Darüber hinaus finden bei dieser »Doppelbesetzung« die funktionsbereichsspezifischen Unternehmensinteressen sowohl des beschaffenden wie auch des zuliefernden Unternehmens im Rahmen des Problemlösungsprozesses Berücksichtigung. Negativ zu beurteilen an der Bildung spiegelbildlicher Teams ist der doppelte Ressourceneinsatz. Insofern ergibt sich hier die Frage nach der Zweckmäßigkeit der Konstituierung eines gemeinsamen Teams. Weitgehend offene Fragen stellen sich in diesem Zusammenhang in Bezug auf die Ressourcenausstattung, die Entscheidungsbefugnis und die Anreizmechanismen sowohl auf der Teamebene wie auch auf der Ebene der einzelnen Mitarbeiter.

Während der Ausreifungsphase tritt die Bedeutung von Macht-, Fach- und Prozesspromotoren zugunsten des Beziehungspromotors in den Hintergrund, wenngleich eine eindeutige Abgrenzung des Beziehungspromotors zu den drei vorgenannten Promotorentypen nicht möglich ist. Dabei versteht man unter Beziehungspromotoren Personen, die interorganisationale Austauschprozesse initiieren, gestalten und vorantreiben, indem sie zur Überwindung der Barrieren des »Nicht-voneinander-Wissens«, des »Nicht-zusammenarbeiten-Könnens«, des »Nicht-zusammenarbeiten-Wollens« sowie des »Nicht-zusammenarbeiten-Dürfens« beitragen. Sie erbringen dabei folgende Leistungen:

- *Erreichen von Personen:* Können, wollen oder dürfen zwei Personen nicht miteinander interagieren, so besteht die Möglichkeit der Kontaktaufnahme, indem man den Umweg über den Beziehungspromotor wählt. Anlässe, die zwei Partner an einer persönlichen Kontaktaufnahme hindern, können darin begründet liegen, dass ein solcher Kontakt als »politisch unerwünscht« angesehen wird oder aber finanzielle oder zeitliche Überlegungen dagegen sprechen.
- *Zusammenbringen von Personen:* Der Beziehungspromotor kann sich anstelle einer aktiven Gesprächsführung auch darauf beschränken, Gesprächspartner zusammenzuführen, ihren Dialog zu unterstützen und ihnen beim Aufbau von Koalitionen mit geeigneten Partnern zur Seite zu stehen.
- *Dialogführung mit Personen:* Der Beziehungspromotor übernimmt eine Rolle als »Übersetzer«, um interkulturelle, interdisziplinäre und zwischenmenschliche Distanzen zu überbrücken.
- *Steuern von Interaktionsprozessen zwischen Personen:* Der Beziehungspromotor kann die Interaktionsprozesse zwischen Personen fördern durch das Erarbeiten von gemeinsamen Zielen und Plänen sowie von Berichts- und Kontrollsystemen, durch das Moderieren kritischer Phasen der Zusammenarbeit zwischen den Kooperationspartnern sowie durch die Erarbeitung und Vermittlung von Vorschlägen zur Konfliktregulierung.
- *Fördern sozialer Bindungen zwischen den Partnern:* Der Beziehungspromotor vermag Einfluss zu nehmen auf die Ausbildung eines gewissen Maßes von Vertrauen und innerer Verpflichtung in Bezug auf die Zusammenarbeit, indem er auf direktem und indirektem Wege die Einstellungen seiner Gesprächspartner in dieser Richtung beeinflusst.

Darüber hinaus leisten Beziehungspromotoren einen wichtigen Beitrag zum organisationalen Lernen auf interorganisatorischer Ebene, indem sie die Kooperationsparteien in der Artikulation ihrer Problemlösungsbedürfnisse, aber auch ihrer Lösungspotenziale unterstützen und dafür sorgen, dass die vorgetragenen Argumente auch von der Gegenseite wahrgenommen und verstanden werden. Weiterhin tragen Beziehungspromotoren zur Regelung von

Kooperationskonflikten bei, wie sie typischerweise bei Fragen der Gewinnverteilung entstehen. Dabei stellen Beziehungspromotoren eine angemessene Wahrnehmung der beiderseitigen Leistungen und Gegenleistungen sicher und lenken dadurch die Ansprüche, welche die beiden Parteien gegeneinander geltend machen, in realistische und den Aspekt der Beziehungsgerechtigkeit berücksichtigende Bahnen. Schließlich verfügen Beziehungspromotoren über das Potenzial, einen unerwünschten Know-how-Abfluss, sei es an den Partner oder an Dritte, zu reduzieren. Ein Beziehungspromotor weiß, wer welche Informationen braucht und anzubieten hat. Er kann so gewährleisten, dass Informationen nach Form und Inhalt die richtigen Adressaten erreichen. Außerdem hat er Kenntnis darüber, über welche Informationen der Partner schon verfügt, und kann daher abschätzen, welchen Schaden ein Know-how-Abfluss bewirken würde. Der Leistungsbeitrag eines Beziehungspromotors innerhalb einer Zulieferer-Abnehmer-Beziehung kann sich zum Beispiel bei lieferantenseitigem Einsatz eines Beziehungspromotors darin manifestieren, dass zum einen durch die Entwicklung kundenspezifischer und innovativer Problemlösungen die Kundenzufriedenheit steigt, wodurch der Abnehmer stärker an seinen Lieferanten gebunden wird. Zum anderen nehmen Vertrauen und innere Verpflichtung des Abnehmers generell zu, so dass der Lieferant höhere Absatzmengen und/oder höhere Preise mit diesem Kunden zu erzielen vermag. Insofern ist der Einsatz von Beziehungspromotoren nicht als lediglich »nice to have« einzustufen, sondern stellt ein wichtiges Instrument zur Verbesserung des Unternehmenserfolges dar.

Zur Erzielung ihrer Leistungsbeiträge sind Beziehungspromotoren auf die Nutzung eines persönlichen Netzwerkes angewiesen. Die Voraussetzungen für dessen Aufbau liegen zum einen in den persönlichen Eigenschaften des Beziehungspromotors und zum anderen in der Position, die er innerhalb eines hierarchischen Systems einnimmt, begründet. Zu den persönlichen Eigenschaften, welche die Netzwerkbildungsfähigkeit des Beziehungspromotors ausmachen, gehört das Vorhandensein folgender Faktoren:

- *Expertenwissen:* Personen, die über ein bestimmtes Maß an Expertenwissen verfügen, sind in der Lage, Fachgespräche mit potenziellen Problemlösern zu führen sowie ihre Kompetenz und ihren Problemlösungsbedarf hinreichend zuverlässig abzuschätzen. Fachlich kompetente Personen werden eher um Rat gefragt und als Vermittler von Experten akzeptiert.
- *Wissen über die Netzwerkpartner:* Beziehungspromotoren erwerben sich oder besitzen bereits hinreichendes Wissen über die (potenziellen) Ko-

operationspartner und relevante Drittparteien. Dieses Wissen bezieht sich sowohl auf vorhandene als auch auf fehlende Ressourcen dieser Akteure.
- *Sozialkompetenz:* Beziehungspromotoren benötigen soziale Kompetenz, um die Interaktionsbereitschaft bei einmal gefundenen Partnern zu wecken und zu erhalten. Dazu müssen sie über Kommunikations-, Konflikt- und Koordinationsfähigkeit sowie über Einfühlungsvermögen verfügen.
- *Charisma:* Personen, die charismatisch erscheinen, werden von ihren Interaktionspartnern in einem gewissen Maß als Vorbild angesehen, dessen Verhalten und Meinung besonders beachtet wird.
- *Kooperationserfahrung:* Beziehungspromotoren benötigen hinreichende Erfahrungen, wie sich geeignete Kooperationspartner finden und für eine Zusammenarbeit gewinnen lassen. Darüber hinaus kennen sie typische Konflikte, die im Rahmen einer Kooperation auftreten können.

Die Einnahme einer hierarchischen Position im Top- oder Middle-Management innerhalb eines Unternehmens sowie die Besetzung einer zentralen Stelle innerhalb eines Netzwerks tragen zur Steigerung der Attraktivität einer Person als Interaktionspartner bei.

Grundsätzlich besteht die Möglichkeit, die Aufgaben des Beziehungsmanagements nicht nur auf einen Beziehungspromotor, sondern auf mehrere Personen zu verteilen. Nach dem Kriterium der Phase der Zusammenarbeit kann zum Beispiel zwischen Anbahnern beziehungsweise Akquisiteuren und Abwicklern unterschieden werden. Nach dem Inhalt lassen sich Beziehungspromotoren differenzieren, die für technische, kaufmännische, juristische, organisatorische oder soziale Fragen zuständig sind, so dass zum Beispiel die Problemlösungs- und Konflikthandhabungsinteraktionen von unterschiedlichen Beziehungspromotoren unterstützt werden. Gemessen an dem Kriterium »hierarchischer Rang« ist eine Spezialisierung von Beziehungspromotoren dergestalt denkbar, dass Typ 1 des Beziehungspromotors Top-Manager zusammenbringt und Typ 2 des Beziehungspromotors den Dialog zwischen mittleren Ebenen fördert. Ferner könnte eine Differenzierung nach Kundschafter- und Botschafterrollen vorgenommen werden. Es kommt zu derartigen Spezialisierungen, wenn die Kapazität einer Einzelperson nicht ausreicht, wenn der Dialog mit bestimmten Personen spezifische Anforderungen an die Qualifikation eines Beziehungspromotors stellt, über die dieser nicht verfügt, oder wenn die Kontrolle der Beziehung zu Kooperationspartnern eine Machtquelle darstellt, auf die man zugreifen möchte. Nachteile einer solchen

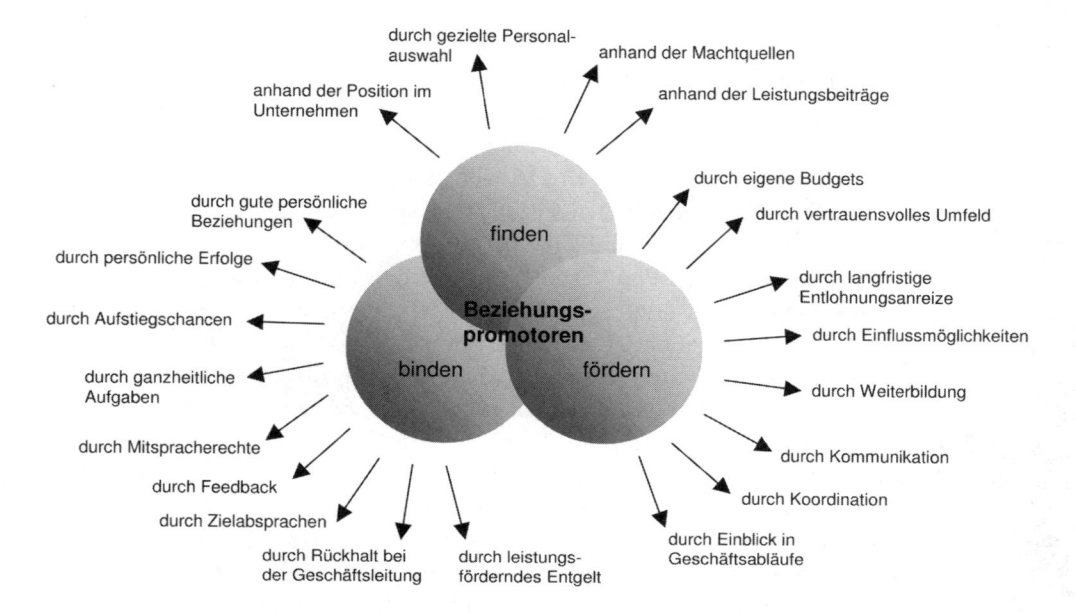

Abb. 7.7: Handlungsempfehlungen für das Finden, Fördern und Binden von Beziehungspromotoren

Verteilung von beziehungsfördernden Funktionen auf verschiedene Beziehungspromotoren sind darin zu sehen, dass mehrere Schnittstellen zum Kooperationspartner bestehen, die aufeinander abzustimmen sind, um die Gesamtkooperation auf ein einheitliches Ziel hin auszurichten. Daraus erwächst ein höherer Koordinationsbedarf.

Zur Identifikation von Beziehungspromotoren im eigenen und im Partnerunternehmen können die oben angeführten Eigenschaften herangezogen werden. Erfüllt eine Person einen Großteil dieser Anforderungen, kann sie als potenzieller Beziehungspromotor gelten.

Die Förderung potenzieller Beziehungspromotoren beinhaltet die Schaffung günstiger Rahmenbedingungen, die zur Gestaltung und Pflege von Außenbeziehungen motivieren. Dazu ist es notwendig, Ressourcen als Voraussetzungen für einen solchen Einsatz bereitzustellen. Dazu gehören beispielsweise finanzielle Mittel für die Anbahnung und Aufrechterhaltung persönlicher Kontakte zu Mitarbeitern des eigenen Unternehmens und der (potenziellen) Kooperationspartner. Zusätzlich muss in den Unternehmen ein offenes und vertrauensvolles Klima gefördert werden, das es potenziellen

Promotoren erleichtert, die Aufgabe der Beziehungspflege weitgehend unbehindert von Reglementierungen wahrzunehmen und damit Spielräume für informelle Kontakte zu schaffen. Auch die Freistellung von administrativen Tätigkeiten sowie das Schaffen materieller und immaterieller Anreize zur Entwicklung von strategischen Partnerschaften sind wichtig. Schwierigkeiten bestehen bei der Operationalisierung der von Promotoren erbrachten Leistungsergebnisse als Grundlage einer zweckmäßigen Gestaltung der Leistungsanreizsysteme. Von Vorteil ist es, wenn der Beziehungspromotor über ausreichendes Wissen hinsichtlich der Ziele, Ressourcen, Alternativen und Strategien des eigenen Unternehmens verfügt. Dazu können ihm Kommunikationsmöglichkeiten wie regelmäßige Orientierungsgespräche mit Fachleuten, Vorgesetzten und vor allem auch mit Beziehungspromotoren, die im Rahmen anderer strategischer Partnerschaften agieren, dienen. Der Aufbau des Netzwerks, das ein Beziehungspromotor benötigt, um die an ihn gestellten Aufgaben erfüllen zu können, ist nur mittel- bis langfristig möglich. Dies ist darauf zurückzuführen, dass zum einen eine gewisse Zeit notwendig ist, um das Vertrauen von internen und externen Gesprächspartnern zu gewinnen. Zum anderen bedarf auch die Ausbildung eines hinreichenden Verständnisses für die individuellen Anforderungen und Bedürfnisse des Kooperationspartners Zeit.

Es ist ausgesprochen wichtig, Beziehungspromotoren an das eigene Unternehmen zu binden und sich ihrer Loyalität zu versichern, da Beziehungspromotoren generell durch Rollenkonflikte gefährdet sind und sich hierdurch erhebliche Risiken für das Unternehmen, das sie zu vertreten haben, ergeben können. So ist zum Beispiel nicht auszuschließen, dass ihre Einstellung gegenüber dem eigenen Unternehmen negativ beeinflusst wird oder sie die Position des Kooperationspartners relativ unreflektiert einnehmen und dadurch vornehmlich dessen Interessen verfolgen. Des Weiteren hat der Beziehungspromotor gegebenenfalls gegen das ihm innerhalb des eigenen Unternehmens entgegengebrachte Misstrauen anzukämpfen, welches aus dem Spannungsverhältnis zwischen seiner Verpflichtung einerseits, günstige Kooperationen auszuhandeln, und seiner Bereitschaft, Zugeständnisse gegenüber dem Partner einzuräumen, um Vertrauen zu entwickeln, resultieren kann. Zur Bindung von Beziehungspromotoren eignen sich der Aufbau enger persönlicher Beziehungen, die Erzielung persönlicher Erfolge, die Gewährung von Aufstiegschancen, die Übertragung ganzheitlicher Aufgaben, das Treffen von Zielabsprachen, die Gewährung von Mitspracherechten und Rückhalt durch die Unternehmensführung sowie die Durchführung von Feedbackgesprächen.

Ein Schnittstellenmanagement zur Lösung bestehender sowie zur Vermeidung potenzieller Schnittstellenprobleme sowie das organisationale Lernen auf interorganisatorischer Ebene lassen sich ebenfalls durch den Einsatz eines Beziehungspromotors zumindest in Teilen unterstützen.

Die Konzeptkomponente der *Kontrolle* zielt in der Ausreifungsphase auf die Messung des Beziehungserfolgs ab. Dabei lassen sich finanzielle und nicht-finanzielle Erfolgsgrößen differenzieren. Im Folgenden wird zunächst kurz auf verschiedene Ansätze zur Strukturierung finanzieller und nicht-finanzieller Erfolgsgrößen sowie auf für die Umsetzung geeigneten Instrumente eingegangen. Die wichtigsten der Instrumente finden eine eingehendere Erläuterung.

Die Effekte einer partnerschaftlichen Zulieferer-Abnehmer-Beziehung zeigen in finanzieller Hinsicht positive Auswirkungen auf die Leistungsfähigkeit eines Unternehmens, was sich in einer Senkung von Gemeinkosten und Kapitalintensität sowie einer Steigerung von Arbeitseffizienz, Cashflow, Fixkosteneffizienz sowie Rentabilität widerspiegeln kann. Das Zustandekommen dieser Effekte ist auf das Vorhandensein und den Ausprägungsgrad von Treibern der finanziellen Leistungsfähigkeit zurückzuführen. So lässt sich die Verringerung der Gemeinkosten zum Beispiel mit dem Verzicht auf Wareneingangskontrollen sowie auf die Integration von Informationssystemen zur Reduzierung des administrativen Aufwands begründen. Messen kann man die Auswirkungen mittels finanzieller Erfolgsgrößen beispielsweise in Form der Kennzahl »Gehaltssumme aller Mitarbeiter/Gehaltssumme der Mitarbeiter in den indirekten Leistungsbereichen (also Verkauf und Marketing, Einkauf, Lagerung, Qualitätssicherung, Produktionskontrolle)«. Steigt diese Kennzahl im Zeitablauf, so spiegelt sich darin eine im Vergleich zur Gesamtmitarbeiterzahl sinkende Zahl von Gemeinkosten verursachenden Leistungsbereichen wider.

Bezogen auf die nicht-finanziellen Erfolgsgrößen ist ein positiver Einfluss einer partnerschaftlichen Zulieferer-Abnehmer-Beziehung hinsichtlich einer Steigerung des Qualitätsniveaus des Lieferanten, der Übereinstimmung mit den Qualitätsspezifikationen der gemeinsamen Kunden, der Lieferfähigkeit des Lieferanten sowie der eigenen Lieferfähigkeit zu den Kunden, der Flexibilität und der Stabilität von Planungsdaten sowie eine Beschleunigung von Neuproduktentwicklungsprozessen möglich. Analog zu dem Vorgehen hinsichtlich der Abbildung der finanziellen Leistungsfähigkeit lassen sich auch die genannten nicht-finanziellen Leistungsdimensionen mit Hilfe erfolgswirksamer Treiber positiv beeinflussen – im letztgenannten Fall bestehen diese Treiber in spezifischen Eigenschaften, welche die partnerschaftliche

Beziehung aufweisen sollte. So lässt sich das Qualitätsniveau des Lieferanten beispielsweise durch gemeinsame Anstrengungen zur kontinuierlichen Verbesserung von Produkten und Verfahren sowie seine Beteiligung im Entwicklungsprozess für neue Produkte steigern. Messbar wird dies in Form nichtfinanzieller Erfolgsgrößen wie dem »Prozentsatz der eingehenden, nicht mit den Spezifikationen übereinstimmenden Materialien«. Sinkt diese Kennzahl im Zeitablauf, so ist dies als Indikator dafür zu deuten, dass die Lieferzuverlässigkeit des Lieferanten hinsichtlich der geforderten Art und Qualität des Beschaffungsobjekts steigt.

Weitere Anregungen zur Ergänzung der oben beschriebenen, eher als pragmatisch und intuitiv einzustufenden Vorgehensweise zur strukturierten Erfassung der Effekte partnerschaftlicher Zulieferer-Abnehmer-Beziehungen bieten theoretische Erklärungsangebote. Beispielhaft wird der Transaktionskostensatz aufgegriffen, dessen Kostenkategorien sich teilweise im Instrument der Total Cost of Ownership wieder finden.

Zu den während der Ausreifungsphase zu berücksichtigenden Kategorien von Transaktionskosten zählen:

- Kontrollkosten im Sinne der Überwachung und Absicherung der Einhaltung der partnerschaftlichen Vereinbarungen. Diese stehen in einer engen Wechselbeziehung zu den im Rahmen der Steuerungskomponente diskutierten Konstrukten des Vertrauens und der inneren Verpflichtung.
- Verhandlungskosten für nachträgliche Anpassungen der Zusammenarbeit resultierend aus Konflikten über die Interpretation und Erfüllung von Vereinbarungen oder resultierend aus veränderten Umweltbedingungen. Aufgrund der dauerhaft angelegten Beziehungsgefüge sind Nachverhandlungen häufig unvermeidlich.
- Opportunitätskosten, die auf die Veränderung von Umweltbedingungen zurückzuführen sind und zum Ausdruck bringen, dass die Inhalte der in der Vergangenheit praktizierten Zusammenarbeit sich im Nachhinein als suboptimal erweisen. Ein weiterer Grund für das Auftreten von Opportunitätskosten ist in einem im Vorfeld nicht absehbaren, opportunistischen Verhalten des Partners zu sehen, welches die eigene Position als suboptimal erscheinen lässt.

Das Instrument der Total Cost of Ownership wurde ursprünglich aus einer erweiterten Beschaffungsperspektive abgeleitet und erhebt den Anspruch, alle im Zusammenhang mit dem Material-, Waren- und Informationsfluss bis hin zum Endverbraucher entstehenden Kostenkategorien zu erfassen und mit Kosteneinflussgrößen zu unterlegen. Die Strukturierung der Kostenkategorien ist zum Beispiel in folgender Form möglich:

- streng an der Prozesskette ausgerichtet,
- an den Entscheidungsbereichen orientiert, die Einfluss auf Entstehen und Höhe der betrachteten Kostenkategorien nehmen, oder
- transaktionsorientiert.

Die Strukturierung der Kostenkategorien nach der Prozesskette kann zum Beispiel in folgender Form erfolgen:

- Traditional Basic Input Costs, die den Einkaufspreis enthalten,
- Direct Transaction Costs, zu denen etwa die Kosten der Bedarfsermittlung oder der Auftragsabwicklung zählen,
- Supply Relational Costs, welche zum Beispiel die Kosten der Lieferantenförderung und -zertifizierung abbilden,
- Landed Costs, zu denen insbesondere die Kosten des externen Material- und Warenflusses gehören,
- Quality Costs/Factors, unter die vornehmlich die Qualitätssicherungs- und Gewährleistungskosten fallen,
- Operations/Logistics Costs, worunter die Kosten des innerbetrieblichen Material- und Warenflusses, etwa im Zusammenhang mit Losgrößen, Verpackungen, Beschädigungen, Beständen, der Lagerung oder der Kommissionierung, zu subsumieren sind,
- Indirect Financial Costs, die aus den vereinbarten Zahlungsmodalitäten resultieren,
- Tactical Input Factors, denen beispielsweise die Kosten für vertrauensbildende Maßnahmen in einer dauerhaft angelegten Zulieferer-Abnehmer-Beziehung zugerechnet werden können,
- Intermediate Customer Factors, welche die Kosten respektive Margen der bis zur Auslieferung an den Endverbraucher eingeschalteten Institutionen betreffen, und die
- Strategic Business Factors, denen alle Kosten- und Wertschöpfungskomponenten unterliegen, die einen Beitrag dazu leisten, dass sich der Endverbraucher für ein bestimmtes Produkt und/oder eine bestimmte Supply Chain entscheidet.

Eine sich an den Entscheidungsbereichen orientierende Strukturierung der Kostenkategorien liefert für die Betrachtung des Entscheidungsbereichs Einkauf zum Beispiel die Kostenkategorien Management, Auslieferung, Service, Kommunikation, Qualitätssicherung und Preisgestaltung.

Bei der Wahl einer transaktionsorientierten Perspektive lassen sich die eine Transaktionsphase selbst betreffenden Kostenkategorien von solchen differenzieren, die in die der Transaktion vor- oder nachgelagerten Zeiträume fallen.

Von besonderer strategischer Relevanz für die Umsetzung der Kontrollkomponente ist im Verlaufe der Ausreifungsphase das Instrument der *Auditierung*. Sie ermöglicht eine wiederholte, vergleichbare Lieferantenbeurteilung. Werden die Ergebnisse dieser Beurteilung regelmäßig an den Lieferanten rückgekoppelt, kann dies eine Anreizwirkung hinsichtlich der Ergreifung von Verbesserungsmaßnahmen auf ihn ausüben.

Ein weiteres, hinsichtlich des Kontrollaspekts in der Ausreifungsphase besonders relevantes Instrument ist das *Benchmarking*. Dieses findet innerhalb einer Zulieferer-Abnehmer-Beziehung zwei Hauptanwendungsgebiete:

- Erstens kommt, vom Blickwinkel des Abnehmers aus betrachtet, die vergleichende Leistungsbeurteilung ausgewählter Zulieferer in Frage, zum Beispiel im Rahmen einer Gegenüberstellung von unterschiedlichen Prozessen hinsichtlich der Zielgrößen Kosten, Qualität und Zeit.
- Zweitens, und dies ist innerhalb partnerschaftlicher Zulieferer-Abnehmer-Beziehungen die im Vordergrund stehende Variante, bietet sich ein von Zulieferer und Abnehmer gemeinsam initiiertes Benchmarking-Projekt an, zum Beispiel zum Vergleich der von ihnen gestalteten Prozesse mit ausgewählten Prozessmustern anderer Zulieferer-Abnehmer-Beziehungen.

Dabei zielt das Benchmarking prinzipiell auf die Aufdeckung von Leistungslücken und deren Analyse unter Zuhilfenahme geeigneter Messgrößen ab. Hierdurch entstehen Anreizwirkungen, die sich in einem Streben nach Verbesserungsmaßnahmen äußern. Daraus resultiert idealerweise eine Schließung der Leistungslücken, was nicht notwendigerweise schon innerhalb des ersten Durchlaufs, sondern auch erst nach mehrmaligem Durchlaufen der Benchmarking-Phasen erfolgen kann.

Benchmarking-Projekte sind in unterschiedlichsten Ausprägungsformen möglich. Diese Vielfalt ergibt sich im Wesentlichen aus den Parametern Benchmarking-Objekt und Benchmarking-Zielgröße sowie den an einem Benchmarking-Projekt teilnehmenden Akteuren. Als Benchmarking-Objekte kommen Produkte, Methoden, Strategien und Prozesse in Frage. Dabei spielt in Zulieferer-Abnehmer-Beziehungen insbesondere die Betrachtung der Logistikprozesse eine große Rolle, wobei es gilt, die als besonders bedeutsam

Ausprägungsformen des Benchmarking

- **Objekt**
  - Produkte
  - Methoden
  - Prozesse
  - Strategien

- **Akteure**
  - internes Benchmarking
  - externes Benchmarking

- **Zielgröße**
  - Kosten
  - Kundenzufriedenheit bzgl. Qualität, Preis und Zeit

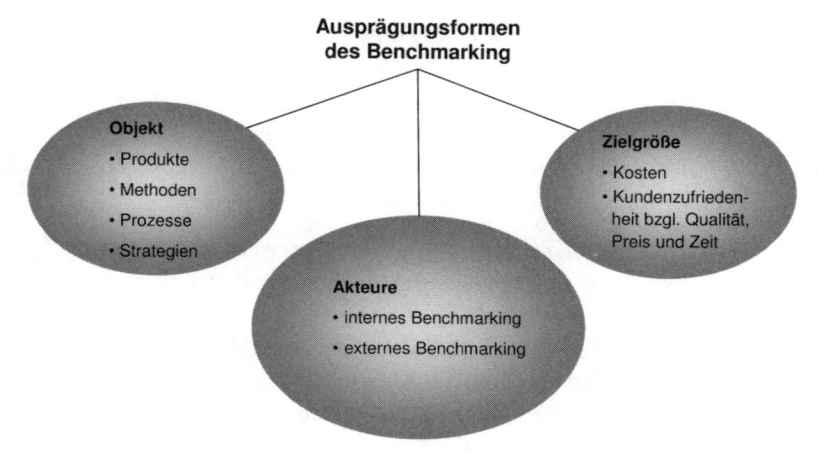

Abb. 7.8: Ausprägungsformen des Benchmarking

beziehungsweise kritisch erachteten Prozesse zu identifizieren und die Schnittstellen in der Prozessverantwortung offen zu legen. Die Benchmarking-Objekte lassen sich danach beurteilen, inwieweit sie die Benchmarking-Zielgrößen Kosten und Kundenzufriedenheit erfüllen. Dabei ist die Kundenzufriedenheit noch hinsichtlich der Zielkategorien Qualität, Preis und Zeit zu präzisieren. Als mögliche Akteure eines Benchmarking-Projekts kommen neben internen Handlungsträgern in Form von anderen Geschäftsbereichen des eigenen Unternehmens auch externe Institutionen in Betracht. Bei dem letztgenannten externen Benchmarking lassen sich nach dem Ausmaß der Wettbewerbsorientierung folgende Ausprägungen differenzieren:

- ein wettbewerbsorientiertes Benchmarking, bei dem ein Vergleich mit Konkurrenten angestrebt wird,
- ein funktionales Benchmarking, bei dem Unternehmen der gleichen Branche sich einem Vergleich, zum Beispiel der Leistungen in einem Funktionsbereich, unterziehen, oder
- ein generisches Benchmarking, um die Leistung des eigenen Unternehmens im Vergleich zu anderen Branchen zu beurteilen.

Nach Maßgabe der Art des Austauschs zwischen den Teilnehmern werden als Spielarten unterschieden:

- ein anonymes Benchmarking, bei dem die eigene Leistung gemessen wird an den Durchschnittswerten einer Gruppe von Vergleichsunternehmen, und

- ein Single-Client-Benchmarking, das eine persönliche Kommunikation zwischen den Partnern im Zuge des Vergleichs vorsieht.

Gemeinsam sind diesen möglichen Benchmarkingformen eine einheitliche Abfolge an Verfahrensschritten sowie die Teilnahme von mindestens zwei Akteuren. Zu den Prozessstufen des Benchmarking zählen die

- Vorbereitungs- oder Planungsphase mit der Auswahl und Abgrenzung der Benchmarking-Objekte sowie der Festlegung der Teilnehmer am Benchmarking-Projekt,
- Datenerhebungsphase mit der Definition der Messgrößen, der Bestimmung der Informationsquellen, der Aufnahme der Daten und der Identifikation der Leistungslücken bei den Akteuren,
- Analysephase mit der Untersuchung der Ursachen der Leistungslücken sowie deren Priorisierung,
- Implementierungsphase mit der Entscheidung über Verbesserungsmaßnahmen sowie deren Umsetzung und die
- Kontrollphase mit einer Fortschrittskontrolle der Realisierung, einem Vergleich der Zielgrößen und der Überleitung zu einer Wiederholung des Benchmarking.

Zur Identifikation geeigneter Messgrößen bietet sich eine Anwendung des Quality Function Deployment an. Dieses Instrument findet üblicherweise Anwendung im Rahmen von Qualitätsverbesserungsmaßnahmen. Dabei werden die Designanforderungen des Abnehmers mit den Produktmerkmalen und dem dafür notwendigen Ressourceneinsatz in Verbindung gesetzt, um eine Verbesserung des Qualitätsniveaus bei gleichzeitiger Senkung der Qualitätskosten zu erzielen. Analog lässt sich bei der Identifikation geeigneter Messgrößen innerhalb des Benchmarking von Zulieferer-Abnehmer-Beziehungen verfahren, zum Beispiel im Hinblick auf das aus Kundensicht mindestens zu erbringende Leistungsniveau bei der Erfüllung logistischer Prozesse.

Neben einem quantitativen Benchmarking, das sich vornehmlich zum Vergleich von Transaktionen anbietet, ist auch ein in qualitativer Form durchgeführtes Benchmarking möglich, zum Beispiel zur Abbildung der innerhalb von Zulieferer-Abnehmer-Beziehungen stattfindenden Interaktionen und der ihnen zugrunde liegenden Strategiemuster. Dabei ist methodisch betrachtet kein grundsätzlich differenziertes Vorgehen erforderlich. Erwähnenswert ist in diesem Zusammenhang, dass sich bei einem qualitativen Benchmarking die Leistungslücken nicht klar bemessen lassen – dies ist aber in der Regel bei den hier untersuchten Fragestellungen auch nicht erforderlich. Im Zuge der Untersuchung der zwei unterschiedlichen Zulieferer-Abnehmer-Beziehungen zugrunde liegenden Strategien oder auch der von zwei Abnehmern eingesetzten Formen des Signaling interessiert, worin die Unterschiede bestehen. Dass eine Quantifizierung der bestehenden Unterschiede nicht immer zum Erkenntnisfortschritt beitragen muss, liegt auf der Hand. Insofern ist zu konstatieren, dass sowohl quantitative als auch qualitative Formen des Benchmarking hinsichtlich einer systematischen Aufdeckung und Analyse von Leistungslücken sowie zur nachhaltigen Unterstützung ihrer Behebung im Rahmen von Zulieferer-Abnehmer-Beziehungen sinnvoll zum Einsatz kommen können.

Das *Target Costing*, auch bekannt unter der Bezeichnung der Zielkostenrechnung, fordert die Abkehr von einer kostenorientierten Preisbildung zugunsten einer marktorientierten, am Preis ausgerichteten Kostenbestimmung. Ausgehend von dem vom Abnehmer vorgegebenen Zielpreis und den von ihm geforderten Produkteigenschaften werden zunächst die Zielkosten der einzelnen Komponenten bestimmt. Dabei versteht sich das Target Costing nicht als Substitut einer operativen Kosten- und Leistungsrechnung, sondern als Instrument eines strategisch ausgerichteten Kostenmanagements. Eine Erweiterung des Ansatzes führt zu einem so genannten Zulieferer-Cost-Engineering, wonach Zulieferer und Abnehmer auf der Grundlage detaillierter Kenntnisse über Kostenstrukturen, Produkteigenschaften und technische Zusammenhänge der Produktentwicklung gemeinsam eine Zielkostenspaltung durchführen und Kostensenkungspotenziale für Produkte und Prozesse ermitteln.

Degenerationsphase

In der Degenerationsphase einer strategischen Zulieferer-Abnehmer-Beziehung stellt sich die Frage, ob die Beziehung durch Ergreifung geeigneter Maßnahmen aufrechtzuerhalten ist, das heißt, ob die Effizienz des Leistungsprozesses (wieder) gesteigert und das gegenseitige Vertrauen erhöht werden können. Ist nicht mit einer Stabilisierung des Leistungsniveaus zu rechnen, gilt es, einen Beziehungsabbruch in die Wege zu leiten. Verglichen mit den Phasen der Anbahnung und Ausreifung einer Zulieferer-Abnehmer-Beziehung wird die Degenerationsphase vergleichsweise nachlässig behandelt. Dieser Sachverhalt äußert sich auch in einem Mangel sowohl an wissenschaftlicher als auch an praxisorientierter Literatur, die sich mit dieser Problemstellung befasst. Im Folgenden sollen Anregungen hinsichtlich kritischer Punkte gegeben werden, die bei der Beendigung einer Zulieferer-Abnehmer-Beziehung Berücksichtigung finden sollten.

Gesteuert wird ein solcher Abbruch der Geschäftsbeziehung prinzipiell darüber, dass der Lieferant keine Aufträge mehr erhält. Dabei kann auf den Beendigungsvorgang über die Parameter Prozessgestaltung und Objektgruppenwahl Einfluss genommen werden. Aus prozessualer Sicht vermag die Beziehungsbeendigung schleichend oder abrupt erfolgen. Bei einer schleichenden Beendigung wird der drohende Beziehungsabbruch, zum Beispiel aus Angst vor Gegenreaktionen, zunächst nicht offen kommuniziert. Es wird auf die Durchführung von Gesprächen zur Verlängerung auslaufender Rahmenverträge verzichtet, der Lieferant erhält bezüglich weiterer Beschaffungsobjekte keine Anfragen mehr und es erfolgt eine schrittweise Verlagerung des Bezugs von Beschaffungsobjekten entsprechend ihrem Bedeutungsgrad auf einen anderen Lieferanten. Hinsichtlich der betroffenen Objektgruppe ist zwischen einer partiellen und einer vollständigen Beendigung zu differenzieren. Die partielle Beendigung entspricht einer (starken) Reduktion des auf diesen Lieferanten entfallenden Beschaffungsvolumens. Im Gegensatz dazu erfolgen bei einer vollständigen Beendigung keine weiteren Bestellungen mehr. Beim Beziehungsabbruch haben nicht nur die im Rahmen juristischer Verträge eingegangenen Verpflichtungen Beachtung zu finden, sondern auch die im Rahmen relationaler, das heißt nicht zwangsläufigerweise in schriftlich fixierter Form vorliegenden Verträge.

Konkret auf den Abbruch einer strategischen Zulieferer-Abnehmer-Beziehung bezogen ist zu konstatieren, dass sich hier besondere Problemfelder eröffnen, da erstens alternative Bezugsquellen kurzfristig kaum zur Verfügung stehen, sich zweitens eine schleichende Beziehungsbeendigung kaum realisieren lässt, weil der Lieferant eine Verringerung seines Auftragsvolumens und die damit einhergehende Kontaktaufnahme und Ausweitung des über seine Konkurrenz abzuwickelnden Beschaffungsvolumens sofort zur Kenntnis nimmt, und drittens der Abnehmer möglichen Gegenreaktionen seines bisherigen Geschäftspartners relativ schutzlos gegenübersteht. Darüber hinaus besteht für den Abnehmer die Gefahr, auf dem Beschaffungsmarkt einen Imageschaden zu erleiden, da der beim Instrument des Signaling aktiv genutzte, nach außen hin wirksame Signaleffekt auch unbeabsichtigt in Erscheinung treten kann. Um dieser unbeabsichtigten Signalwirkung vorzubeugen, ist der Beziehungsabbruch offensiv mit für beide Parteien sich positiv auswirkenden Gestaltungsparametern abzuwickeln. Dies kann in geeigneter Weise auch der Öffentlichkeit kommuniziert werden. Eine Bedingung für die Durchführung einer nicht-konfliktträchtigen Beziehungsbeendigung ist Offenheit.

Eine frühzeitige Information des Zulieferers über den vom Abnehmer beschlossenen Beziehungsabbruch verschafft Ersterem die Möglichkeit zur Planung der Desinvestition spezifischer Investitionen sowie des langfristigen Aufbaus neuer Kundenbeziehungen, wohingegen der Abnehmer bereits nach und nach in die Anbahnungsphase einer neuen Zulieferer-Abnehmer-Beziehung treten kann. Des Weiteren vermag der Abnehmer dem Zulieferer zum Beispiel in finanzieller und/oder immaterieller Weise Unterstützung bei der absatzseitigen Neuorientierung gewähren, die flankiert wird durch eine gemeinsame Öffentlichkeitsarbeit, in der neutrale Gründe für den Beziehungsabbruch ins Feld geführt werden. Auf diese Weise wird der Lieferant im Fortführen weiterer Geschäftsbeziehungen nicht behindert. Eine solche Vorgehensweise erscheint zwar hinsichtlich der zuletzt in der Beziehung aufgetretenen Schwierigkeiten zumindest fragwürdig, ist aber in Anbetracht der zuvor, gegebenenfalls mehrere Jahre andauernden, guten Zusammenarbeit durchaus gerechtfertigt. Der Abnehmer kann seinerseits unter Umständen die eigene Reputation hinsichtlich des verantwortungsbewussten und vertrauensvollen Umgangs mit Lieferanten auch in schwierigen Situationen wie der Beendigung einer Geschäftsbeziehung erhöhen und damit Signale für aktuelle und potenzielle Lieferanten setzen. Auf diese Weise lässt sich auch der aus einer Beziehungsbeendigung resultierenden Verletzung eingegangener moralischer Verpflichtungen aktiv begegnen, indem die Erwartungen des Lieferanten im Speziellen und die des Beschaffungsmarktes im Allgemeinen an die Konditionen des Beziehungsabbruchs übererfüllt werden.

Die Beziehungsbeendigung spiegelt sich in der *organisatorischen Ausgestaltung* der Teamstrukturen darin wider, dass die relative Bedeutung des Machtpromotors im Vergleich zur Ausreifungsphase wieder zunimmt. Dies ist vor allem im Falle einer konfliktären Abwicklung der Degenerationsphase zu beobachten, wenn sich der Fachpromotor nur noch mit Fragen der sich aus dem noch laufenden Geschäft ergebenden, operativen Aufgaben zu befassen hat und der Beziehungspromotor aufgrund der quasi nicht mehr bestehenden, auf Vertrauen basierenden Beziehung keine Aufgaben mehr hat. Dahingegen bleibt im Falle einer bewusst kooperativen Abwicklung der Degenerationsphase weiterhin die Rolle des Beziehungspromotors maßgeblich. Allerdings ist er aufgrund seines Einfühlungsvermögens in die Belange des Zulieferers an dieser Stelle in besonderem Maße auf die moralische und sich in Entscheidungen widerspiegelnde Unterstützung des Machtpromotors angewiesen, um vor möglichen ungerechtfertigten Zugeständnissen an den »zukünftigen Ex-Partner« gefeit zu sein. Die Hauptaufgabe des Beziehungspromotors im Zuge der Degenerationsphase ist in der Vermeidung einer Eskalation zu sehen.

Die unter Umständen langfristig vorzubereitende Beendigung einer strategischen Zulieferer-Abnehmer-Beziehung ist in Erwägung zu ziehen, wenn das Vorliegen eines oder mehrerer der vorliegenden Punkte zutage tritt:

- *Unvermögen des Lieferanten, den an ihn gestellten Anforderungen gerecht zu werden:* Dieses Unvermögen vermag absoluter Natur zu sein und in einem auch nicht durch Maßnahmen der Lieferantenentwicklung behebbaren Nichterfüllen der Abnehmer-Anforderungen begründet liegen. Es kann sich aber auch um ein relatives Unvermögen im Verhältnis zu der durch die Konkurrenz erbringbaren Leistung handeln, das ihn selbst innerhalb einer strategischen Partnerschaft langfristig einholen wird.
- *Schwer wiegendes Fehlverhalten von Mitarbeitern des Lieferanten:* Ein Bestechungsversuch, der Verrat von Geschäftsgeheimnissen an einen Konkurrenten oder ein Betrugsversuch wie zum Beispiel absichtlich falsch ausgestellte Rechnungen oder bewusst verwendetes minderwertiges Material vermögen die Beziehung zwischen den Unternehmen zu zerstören.

Bei den durch einen Abbruch einer strategischen Zulieferer-Abnehmer-Beziehung induzierten Kosten handelt es sich um vertraglich begründete, moralisch begründete und/oder aus einer konfliktären Beziehungsabbruchabwicklung resultierende Zusatzkosten. Die vertraglich begründeten Kosten umfassen zum Beispiel wegen vorzeitiger Vertragskündigung zu zahlende Konventionalstrafen sowie die Schadensausgleichszahlungen für abnehmerspezifisches, zu verschrottendes Vormaterial. Aus der eingegangenen moralischen Verpflichtung heraus können dem Abnehmer Kosten entstehen, wenn er sich in der Pflicht fühlt, dem Zulieferer bei dessen absatzmarktbezogener Neuorientierung Unterstützung zu gewähren – sei diese materieller oder immaterieller Art. Im letzteren Fall entstehen dem Abnehmer unter Umständen Zusatzkosten, da diese Hilfsmaßnahmen seine eigenen Mitarbeiterressourcen in Anspruch nehmen können. Es gilt aber zu berücksichtigen, dass die ursprünglich aus moralischer Verpflichtung resultierenden, zumindest aber mit der moralischen Verpflichtung zu rechtfertigenden Kosten durchaus auch in der Verfolgung eigener Interessen begründet liegen können. Maßnahmen, die der eingegangenen moralischen Verpflichtung Rechnung tragen, lassen sich auch als Instrument des Signaling und damit als Möglichkeit zum Aufbau von Reputation auf dem Beschaffungsmarkt nutzen. Neben vertraglich und moralisch begründeten Kosten sind als weitere Kostenkategorie durch die Auseinandersetzung mit dem Lieferanten entstehende Kosten zu nennen. Neben Kosten der Rechtsprechung wie Rechtsberatungs- und Gerichtskosten haben hier auch durch einen höheren Ressourceneinsatz ausgelöste Kosten Relevanz. Dabei handelt es sich um Kosten, die darin begründet liegen, dass die eigenen Mitarbeiter sich nicht mehr mit der Routinesituation einer bestehenden Geschäftsbeziehung konfrontiert sehen, sondern vor neuen Herausforderungen stehen, deren Lösung zusätzliche Zeit erfordert.

Beziehungsmanagement – auf dem Weg zu einem ausgereiften Konzept

Das Beziehungsmanagement mit Lieferanten sieht sich, wie oben dargelegt, mit besonderen Herausforderungen konfrontiert. Aus diesem Grund ist eine bloße Übertragung bereits vorhandener Konzepte nicht ausreichend – Beziehungsmanagement mit Lieferanten ist mehr als »alter Wein in neuen Schläuchen«. Die besonderen an das Beziehungsmanagement gestellten Herausforderungen äußern sich unter anderem im Auftreten einzelner »Lücken« im Gesamtkonzept, die es zukünftig zu schließen gilt.

Auf dem Weg zu einem ausgereiften Konzept sind noch folgende Hauptaufgaben zu bewältigen:

- *Ausbau der Dynamisierung des Konzepts:* Die vorgeschlagene lebenszyklusorientierte Betrachtungsweise ist um weitere Methoden und Instrumente zu ergänzen.
- *Methodisch-instrumentelle Ausgestaltung der Erfolgsmessung:* Für die Erfolgsmessung im Beziehungsmanagement ist eine Nutzen- und Kostenüberlegungen berücksichtigende, theoretisch fundierte Erweiterung des Methoden- und Instrumentenkatalogs erforderlich. Dieser ist dergestalt zu konkretisieren, dass er für den Einsatz in der unternehmerischen Praxis geeignet erscheint. Als Orientierungshilfe für die Entwicklung unternehmensspezifischer Beziehungsgerechtigkeitsvorstellungen ist der Entwurf branchen- und/oder kulturkreisspezifischer Kriterienkataloge denkbar.
- *Analyse von Affinitäten und Integrationspotenzialen mit bestehenden Konzepten:* Das Beziehungsmanagementkonzept ist auf Affinitäten sowie Integrationspotenziale mit bestehenden Konzepten wie zum Beispiel dem Supply-Chain-Management und dem Just-in-Time-Konzept hin zu untersuchen, um Redundanzen bei der parallelen Realisierung dieser Konzepte in der Unternehmenspraxis zu vermeiden. Gleichzeitig müssen auch mögliche Widersprüche und Unvereinbarkeiten von mit den

Konzepten und ihren Komponenten verfolgten Stoßrichtungen aufgezeigt werden, um von vornherein mit einer hohen Wahrscheinlichkeit des Scheiterns behaftete Konzept-, Komponenten- und Instrumentenkombinationen transparent zu machen.

- *Ausweitung des Konzepts auf kurzfristig angelegte Beziehungsmuster:* Das Beziehungsmanagement ist bisher auf die Betrachtung dauerhaft und intensiv angelegter Beziehungsgefüge gerichtet. Kurzfristig angelegte Beziehungsmuster werden hingegen bislang im Wesentlichen im Rahmen des Netzwerkmanagementkonzepts behandelt – aber auch dort mit vergleichsweise mangelhafter theoretischer Basis. Diese kurzfristig angelegten Beziehungsmuster gilt es in das Beziehungsmanagementkonzept zu integrieren und strategisch relevante Implikationen zu generieren.

Die Bewältigung der angesprochenen Problemfelder erfordert eine enge Zusammenarbeit zwischen Forschung und Praxis. Auf anderem Wege dürfte eine Generierung theoretisch fundierter und gleichzeitig praktikabler Handlungsempfehlungen zur Lösung der sich an der Zulieferer-Abnehmer-Schnittstelle manifestierenden spezifischen Problemfelder kaum gelingen.

Literatur

Arnold, U.: *Beschaffungsmanagement*, 2. überarb. und erw. Aufl., Stuttgart 1997

Hahn, D.; Kaufmann, L. (Hrsg.): *Handbuch Industrielles Beschaffungsmanagement: internationale Konzepte – innovative Instrumente – aktuelle Praxisbeispiele*, 2. überarb. u. erw. Aufl., Wiesbaden 2002

Hauschildt, J.; Gemünden, H. G. (Hrsg.): *Promotoren: Champions der Innovation*, 2. erw. Aufl., Wiesbaden 1999

Hildebrandt, H.; Koppelmann, U. (Hrsg.): *Beziehungsmanagement mit Lieferanten: Konzepte, Instrumente, Erfolgsnachweise*, Stuttgart 2000

Large, R.: *Strategisches Beschaffungsmanagement: eine praxisorientierte Einführung*, Wiesbaden 1999

Pfohl, H.-Chr.; Gareis, K.; Stölzle, W.: »Logistikaudit – Einsatz für die Lieferantenauswahl und -entwicklung«, in: *Logistikmanagement* 1 (1999) 1, S. 5–19

Stölzle, W.: *Industrial Relationships*, München/Wien 1999

Walter, A.; Mörmann, P.: »Beziehungspromotoren – Verkaufen ist nicht alles«, in: *Absatzwirtschaft* 42 (1999) 1, S. 74–78

8
Supplier-Risk-Management

Antonio Conte

Veränderungen und vielfältige Anforderungen am Beispiel der Telekommunikationsindustrie

Die globale Telekommunikationsbranche ist in den vergangenen Jahren von weit reichenden Veränderungen geprägt worden. Insbesondere die Marktsituation im Mobilfunkbereich ist durch einen verschärften Wettbewerbsdruck, finanzielle Belastungen aufgrund der Investitionen in das UMTS-Netz sowie durch eine hohe Subventionierung der Endgeräte gekennzeichnet. Ein energischer technologischer Wandel und sich schnell ändernde Kundenbedürfnisse erfordern darüber hinaus anspruchsvolle und differenzierte Leistungsmerkmale der Endgeräte und Tarife. Es wird daher eine breitere Palette von Produkten und multimedialen Diensten wie Videotelefonie, Internet und Wireless LAN angeboten, deren Investitionen in immer kürzeren Lebenszyklen amortisiert werden müssen. Dies wird durch die gesunkenen Verbindungsgebühren weiter erschwert. Betrachtet man beispielsweise die weitaus niedrigeren Mobilfunktarife in Österreich, so wird sich der Preisverfall in Deutschland voraussichtlich fortsetzen.

Als Folge spezialisieren und konzentrieren sich die Telekommunikationsunternehmen zunehmend auf ihre Kernkompetenzen, um die eigene Wettbewerbsposition zu festigen und auszubauen. Einer Studie der TU München zufolge setzt sich der Trend zur Verringerung der Wertschöpfungstiefe branchenübergreifend fort. Demnach soll sie im Jahr 2008 bei nur noch rund 20 Prozent liegen. Darüber hinaus werden weltweit zunehmend komplexe Halbzeuge und fertige Produkte von einer sinkenden Zahl an Lieferanten beschafft, so dass immer mehr Entwicklungs- und Führungsverantwortung auf diese Lieferanten übertragen wird.

Aus diesen veränderten Marktbedingungen im Telekommunikationssektor erwächst eine Verschärfung der Risikosituation der Unternehmen auf ihrer Beschaffungsseite. Die steigende Zahl an Insolvenzen und die gestiegene Gefahr stärkerer Abhängigkeitsverhältnisse gegenüber Lieferanten einerseits sowie die komplexer gewordenen, weltweiten Beschaffungsvorgänge andererseits sind nur einige Beispiele hierfür. Infolgedessen wird angesichts der gestiegenen Bedeutung des Beschaffungsbereichs ein Supplier-Risk-Management zu einem elementaren Werkzeug für die Sicherung der Wettbewerbsfähigkeit. Dies ist nicht zuletzt vor dem Hintergrund neuer gesetzlicher Bestimmungen wie des Gesetzes zur Kontrolle und Transparenz im Unternehmen (KonTraG) und Basel II zu sehen.

Einkaufsprodukte der Mobilfunkindustrie

Der Warenkorb der eingekauften Produkte und Dienstleistungen ist in der Telekommunikationsindustrie besonders umfangreich, hoch spezialisiert und unterliegt kurzen Innovationszyklen. So gehören hierzu Produkte wie Mobile Networks Infrastructure, Mobile Services & Platforms, Mobile Commercial Systems, IT-Hardware, -Software, -Services oder Content Services, Engineering & Construction, Cable & Accessory, Network Capacities & Broadcast.

Anforderungen an den Einkauf

Das Supply-Management wird aufgrund der abnehmenden Wertschöpfungstiefe zum effektivsten Hebel der Renditesteigerung des Unternehmens. Bereits bei einer angenommenen Umsatzrendite von 3 Prozent und einer Wertschöpfungstiefe von nur 60 Prozent bedeutet eine Senkung der Materialkosten um 1 Prozent so viel Renditesteigerung wie ein Umsatzwachstum von 20 Prozent. Dennoch darf dabei nicht außer Acht gelassen werden, dass Chancen immer auch mit Risiken verbunden sind. Unternehmen der Automobilindustrie mussten beispielsweise Mitte 2003 Betriebsunterbrechungen und damit beträchtliche Ausfallkosten hinnehmen, weil sie lieferantenseitig nicht oder nur schlecht auf Streiks in der Elektro- und Metallindustrie vorbereitet waren. Eine aktuelle Studie (A.T. Kearney: *Assessment of Excellence in Procurement,* News Release, März 2005) belegt zwar, dass 90 Prozent aller Unternehmen dem Risikomanagement ihrer Lieferketten große Bedeutung beimessen. Allerdings halten weniger als die Hälfte Notfallpläne für den Risikoeintritt bereit. Der Anteil der Unternehmen, die ein umfassendes, methodengeleitetes und pro-aktives Supplier-Risk-Management betreiben, liegt noch weit darunter.

Um die Beschaffungsprozesse effizienter zu gestalten und eine Existenzgefährdung des Unternehmens zu vermeiden, ist die Übertragung eines pro-aktiven Risikomanagements auf den Beschaffungsbereich notwendig. Es gilt, alle relevanten Risiken und ihre Auswirkungen so früh wie möglich zu identifizieren, zu bewerten und beherrschbar zu machen. Die Behebung von Schäden nach einem unvorhergesehenen Risikoeintritt soll nur noch in den seltensten Fällen nötig werden. Dazu ist eine enge, fachbereichsübergreifende Zusammenarbeit innerhalb des Unternehmens sowie detailliertes Wissen über Lieferanten und deren Umfeld erforderlich, um Effektivität und Effizienz des Supplier-Risk-Managementprozesses zu garantieren.

Anspruchsvolle Zielsetzungen

Wie im Kapitel »Steuerung von Risiken über die gesamte Geschäftsbeziehung« ausführlich dargestellt werden wird, wird das Risikomanagement eines Unternehmens zunehmend zu einem Risikomanagement in der Beschaffung. Deswegen ist es auch nur folgerichtig, mindestens die Anforderungen, die das KonTraG an das Gesamtunternehmen stellt, in den Beschaffungsbereich zu übertragen. Es wird zur Aufgabe der Beschaffung, ein funktionierendes Risikomanagementsystem mit den vom KonTraG geforderten Elementen einer internen Überwachung, Frühwarnung und Berichterstattung sowie eines Controllings zu installieren.

Durch eine intensive Auseinandersetzung mit Risiken in einem Supplier-Risk-Management gewinnen die Beschaffungsverantwortlichen sowohl einen Überblick über die Gesamtrisikosituation in der Beschaffung als auch detaillierte Informationen über einzelne Risikofaktoren. Eine solche Verbesserung des Informationsstandes bezüglich Lieferanten und deren Umfeld ist der Vorteil einer ganzheitlichen gegenüber einer punktuellen Risikobetrachtung. Die gewonnen Erkenntnisse erweitern die Entscheidungsgrundlage für die Lieferantenauswahl und zeigen Handlungsfelder für eine Lieferantenentwicklung auf. »If you do not actively attack the risks, they will actively attack you!«, heißt es bei T. Gilb (T. Gilb: *Principles of Software Engineering Management*, Reading, MA, 1988).

Die so erlangte Risikotransparenz versetzt die Beschaffungsmanager in die Lage, über fundierte Prognosen relevante Risikofelder frühzeitig zu erkennen und den Risiken pro-aktiv entgegenzutreten. Ihre reaktive Handhabung, also ein Krisenmanagement nach bereits erfolgtem Risikoeintritt, sollte damit weitgehend der Vergangenheit angehören. Die Mittlerfunktion der Beschaffung zwischen Lieferanten und internen Bedarfsträgern tritt bei der Steuerung von Risiken offensichtlich zutage.

Auf der einen Seite werden beim Lieferanten und in seinem Umfeld risikorelevante Schwachstellen aufgedeckt, die ihm vorher möglicherweise nicht bewusst waren. Er kann seinerseits Maßnahmen ergreifen, die zu einer Verbesserung seiner Risikosituation führen. Auf diese Weise trägt ein Supplier-Risk-Management auch zu einer Optimierung der Lieferantenpartnerschaft bei und erhöht die Planungssicherheit des Marktpartners. Andererseits können sowohl die interne Beschaffungspolitik als auch die Beschaffungsstrategien pro-aktiv angepasst werden, damit wahrscheinliche Risikoeintritte ein geringeres Schadensausmaß für die internen, ablauforganisatorisch nachgeordneten Fachbereiche annehmen. Ein Supplier-Risk-Management muss somit nicht nur die Beschaffungsfunktion, sondern die risikoorientierte Optimierung der gesamten vorgelagerten Wertschöpfungskette im Blick haben, um optimale Wettbewerbsbedingungen am Markt zu schaffen.

Erkenntnisse aus einem kontinuierlichen Supplier-Risk-Management sind auch in anderen Bereichen sinnvoll zu nutzen. So kann beispielsweise bereits bei der Entwicklung neuer Produkte auf mögliche Beschaffungsrisiken aus der Vergangenheit oder prognostizierte Risiken in der Zukunft hingewiesen werden. Dies ermöglicht eine bessere Handhabung oder sogar ein frühzeitiges Umgehen der Risiken durch eine geschickte Beschaffungspolitik. Die langfristige Dokumentation der Lieferantenentwicklung in einem Risikoreporting gibt wertvolle Hinweise für eine weitere Lieferantenqualifizierung und verbessert somit langfristig die Lieferantenpartnerschaft.

Für die Implementierung eines solchen fortschrittlichen Supplier-Risk-Managementsystems hat das Beispielsunternehmen »Das Unternehmen Deutschland« folgende Zielsetzungen formuliert:

- Schaffung von Risikotransparenz über die gesamte vorgelagerte Wertschöpfungskette,
- frühzeitige und vollständige Identifikation sowie rechtzeitige Einleitung einer effektiven und effizienten Bewältigung der relevanten Risiken,
- objektive, einheitliche Bewertung und Gewichtung der Risiken zu ihrer nachvollziehbaren Priorisierung,
- Verbesserung der Informationsbasis über Lieferanten und ihr Umfeld als Basis für ihre Auswahl, Lieferanten-Workshops und Lieferantenentwicklung,
- Erhöhung der internen Prozesssicherheit,
- Einbeziehung aller relevanten Fachbereiche in den Supplier-Risk-Managementprozess,

- weitgehende Automatisierung der Risikosteuerung und Unterstützung der Entscheidungen durch eine benutzerfreundliche Software,
- Risikodokumentation in einem Risiko-Reporting zur kontinuierlichen Lieferantenkontrolle,
- Integration des systematischen, methodengeleiteten und pro-aktiven Supplier-Risk-Management in die Unternehmensrisikoleitlinien sowie
- Bereitstellung von Risikoinformationen für die Lieferanten und Verarbeitung des Feedbacks für eine mögliche Lieferantenqualifizierung.

Steuerung von Risiken über die gesamte Geschäftsbeziehung

»Der zentrale Einfluss der Beschaffungsaktivitäten auf das Betriebsergebnis von Unternehmen macht den planvollen Umgang mit Risiken im Einkauf zwingend erforderlich«, konstatiert Achim Roesner, Geschäftsführer der BERODE Business Consulting GmbH.

Die Erarbeitung eines innovativen Supplier-Risk-Managementkonzepts vor seiner eigentlichen Umsetzung erfolgte bei Das Unternehmen Deutschland in klar definierten Prozessschritten, die hier zusammengefasst dargestellt werden sollen. Diese klare Struktur verhinderte eine Dopplung von Tätigkeiten ebenso wie ein Auslassen wichtiger Aufgaben und definierte eindeutig Zuständigkeiten. Die abschnittweise und aufeinander aufbauende Darstellung soll die Übertragbarkeit auf andere Industriezweige erleichtern, auch wenn hier auf die Angabe von sensiblen Daten verzichtet werden muss.

Spezifische Anforderungen an das Supplier-Risk-Management und das Unternehmen

Im Unternehmen sind sowohl die Einkaufsprodukte und Dienstleistungen als auch die mit ihnen verbundenen Beschaffungsziele sehr unterschiedlich. Die fehlende Risikotransparenz hinsichtlich Lieferanten und Beschaffungsmärkten sowie die hohe Komplexität der vorgelagerten Wertschöpfungsketten führen zu einer Verkürzung der Reaktionszeiträume für die Beschaffungsverantwortlichen. Ein wesentlicher Anspruch an das Supplier-Risk-Management bei Das Unternehmen war daher, den zeitlichen Spielraum für die Entwicklung von strukturierten Handlungsmaßnahmen zu verlängern und eine pro-aktive Risikobewältigung zu ermöglichen. Hierzu ist die konsequente Nutzung aller vorhandenen internen und externen Informationsquellen und

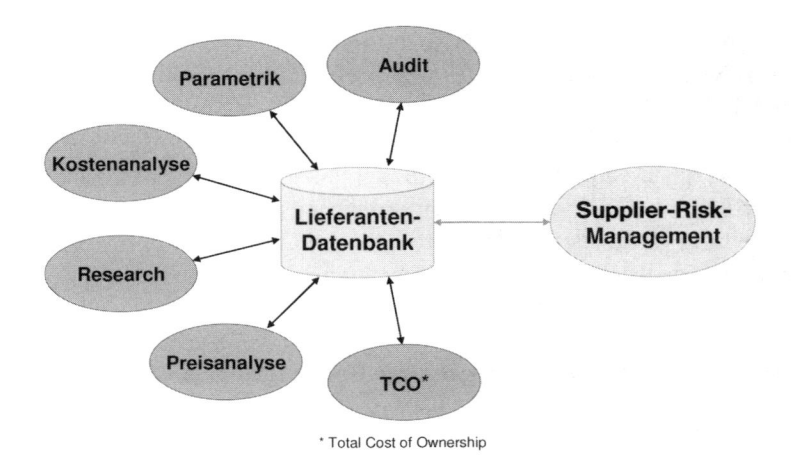

Abb. 8.1: Verknüpfung des Supplier-Risk-Managements mit den bestehenden Elementen des Lieferantenmanagements

Wissensträger erforderlich. So sollten eine möglichst vollständige Identifikation und Analyse der Risiken, ihre objektive Bewertung und die Auswahl effizienter Bewältigungsmaßnahmen gewährleistet werden.

Um gleichzeitig die Anforderungen an die Wirtschaftlichkeit und Vollständigkeit des Supplier-Risk-Managements zu erfüllen, galt es, die Ressourcenaufwendungen zu begrenzen. Dies sollte durch einen standardisierten und automatisierten Risikoanalyse- und Bewertungsprozess erreicht werden, mit der Möglichkeit, auf bereits bestehende Datensätze zurückzugreifen. Bei der Konzeption musste daher berücksichtigt werden, dass Markt-, Lieferanten- und Produktdaten an verschiedenen Stellen des Unternehmens gesammelt und abgerufen werden. Die Integration der fragmentierten Daten spielte somit eine zentrale Rolle, damit sie risikoorientiert verarbeitet werden können.

Daher war es eine nahe liegende Anforderung, ein eigenständiges Supplier-Risk-Management mit dem bestehenden, fortschrittlichen Lieferantenmanagement zu verknüpfen.

»Ähnlich der Unternehmensbewertung im Firmenkundengeschäft bei Banken ist eine Lieferantenbeurteilung über ein Supplier-Risk-Management für strategisch wichtige Zulieferbeziehungen von zentraler Bedeutung«, lautet die Aussage von Professor Dr. Thomas Reichmann, Geschäftsführer der Controlling Innovations Center GmbH.

Der eingeschlagene Weg zur kompletten Lieferanteninformation findet

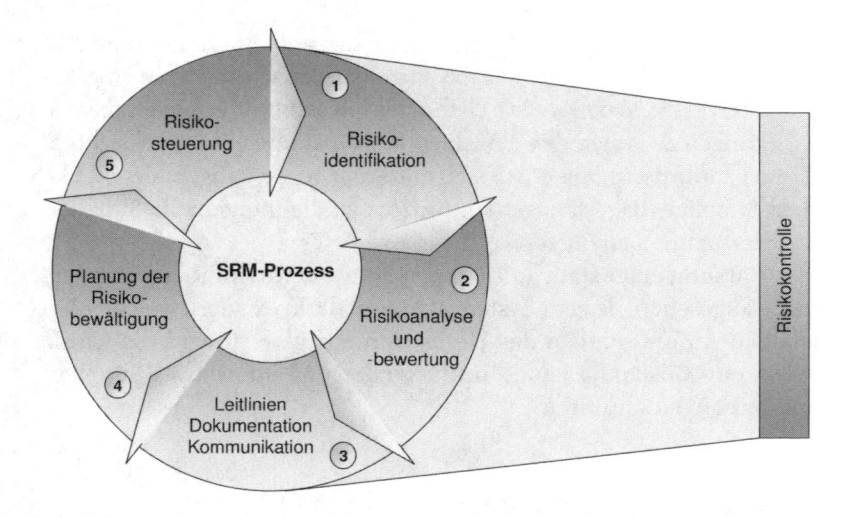

Abb. 8.2: Idealtypischer Supplier-Risk-Managementprozess

mit der Implementierung des Supplier-Risk-Managements somit seine innovative Fortsetzung.

Weiterhin erforderten die globalen Einkaufstätigkeiten von Unternehmen eine Anwendbarkeit des Systems bei den verschiedenen Bilanzierungsformen nach HGB, IAS und US-GAAP. Nur so können Finanzrisiken einheitlich erfasst, verglichen und bewertet werden.

Damit alle getroffenen Handlungsmaßnahmen in ihrer Art und Intensität für eine Risikobewältigung nachvollziehbar bleiben, musste die Risikoanalyse und -bewertung bei Das Unternehmen Deutschland über alle Lieferanten einheitlich erfolgen. Die automatisierte Berechnung von Risikowerten und Gefährdungsklassen unterstützt darüber hinaus die Entscheidungsobjektivität, da sie keine manipulativen Eingriffe in den Bewertungsvorgang zulässt. Des Weiteren sollten im Supplier-Risk-Management durch eine mathematisch-statistische Modellierung realistische Prognosen über die Entwicklung einzelner Lieferanten getroffen werden. Somit können bei Erreichen kritischer Frühwarnwerte umgehend Gegenmaßnahmen eingeleitet werden. Durch die Einrichtung eines Risikoreportings sollte bei Das Unternehmen Deutschland die Ermittlung von Trends unterstützt und die Vorhersagequalität verbessert werden.

Ein weiterer innovativer Anspruch, der an das Supplier-Risk-Management gestellt wurde, war eine periodische Kontrolle der Risikosituation durch ein automatisiertes System. Das bedeutet einerseits, dass die Entscheider durch das

System periodisch zur Aktualisierung der Basisdaten aufgefordert werden sollten. Andererseits sollte nach der Eingabe einzelner Fortschrittsdaten eine Aktualisierung der Risikosituation des Lieferanten in Echtzeit erfolgen, die alle Wechselwirkungen zwischen den einzelnen Risikoparametern berücksichtigt.

Aus diesen Anforderungen ergab sich die Aufgabe, den abgebildeten, idealtypischen Supplier-Risk-Managementprozess an die individuelle Situation bei dem Unternehmen anzupassen.

Von der Nutzung einer standardmäßigen Software für ein Risikomanagement wurde abgesehen, da kein System auf dem Markt existiert, welches den beschriebenen Anforderungen des Unternehmens gerecht wird. So wurde beschlossen, ein vollständig neues, umfassendes und innovatives Supplier-Risk-Management einzuführen.

Zusammenstellung des Projektteams

Nachdem im ersten Schritt die Anforderungen für das Supplier-Risk-Management festgelegt und ein erstes Grobkonzept erarbeitet wurde, musste in Schritt zwei das Projektteam zusammengestellt werden. Die Zusammenführung externer Dienstleister mit dem branchenspezifischen Wissen von Das Unternehmen Deutschland erwies sich bei der Entwicklung eines maßgeschneiderten und innovativen Risikomanagementsystems als entscheidender Erfolgsfaktor. Auch bei der späteren Umsetzung ist ein kontinuierlicher Informationsaustausch unter den Beteiligten unerlässlich.

- Das Controlling Innovations Center (CIC) unter Leitung von Professor Dr. Reichmann lieferte hier die Controllingexpertise von der Kennzahlensystematik bis hin zur Vergleichbarkeit von internationalen Bilanzierungsstandards. Darüber hinaus stellte es sein Expertenwissen für die Bildung von Gewichtungsfaktoren und kritischen Werten zur Verfügung.
- Die BERODE Business Consulting GmbH unterstützte Das Unternehmen Deutschland bei der konzeptionellen Entwicklung des Supplier-Risk-Managements und beriet Das Unternehmen bei der Integration des Risikomanagements in die Beschaffungsorganisation.
- Für die Konzeptentwicklung und Projektkoordination war Purchasing Cost Management (PCM) verantwortlich, welches die erforderliche branchenspezifische Expertise und das Know-how der Lieferantenanalyse lieferte. Ebenso verantwortete PCM die Verknüpfung des Supplier-Risk-

Managements mit dem bestehenden Lieferantenmanagement und die Softwareentwicklung.
- Unterschiedliche Fachbereiche von Das Unternehmen Deutschland brachten bei der Implementierung ihr spezifisches Know-how ein. So unterstützte beispielsweise der Fachbereich Infrastruktur und IT die Entwicklung der benötigten Software und das unternehmensinterne Controlling die Bildung von vergleichbaren Kennzahlen. Die technische Entwicklung steuerte beschaffungsobjektspezifisches Wissen bei und das Marketing unterstützte die interne Kommunikation.

Festlegung der entscheidenden Parameter einer Risikoanalyse

Das Projektteam musste nun in weiteren Arbeitsschritten die Parameter für eine systematische Risikoanalyse festlegen. Dazu wurden zunächst durch die genaue Analyse der Bedarfsanforderungskataloge an Lieferanten und deren Beschaffungsobjekte die entscheidenden Risikofelder herausgearbeitet, denen Das Unternehmen Deutschland auf seiner Beschaffungsseite gegenüberstand:

- Mengenrisiken,
- Qualitätsrisiken,
- Zeit-/Terminrisiken,
- Entgelt-/Preisrisiken,
- Liefer-/Logistikrisiken,
- Servicerisiken und
- Kommunikationsrisiken.

Unter Mengenrisiken fällt beispielsweise das Risiko einer Belieferung mit einer falschen Menge. Qualitätsrisiken umfassen unter anderem die Risiken einer Falschlieferung, einer Nicht- beziehungsweise Schlechterfüllung von Produktspezifikationen oder einer schleichenden Veraltung der Technologie. Lieferverzögerungen bis hin zum dauerhaften Lieferantenausfall können den Zeitrisiken, Lieferungen an einen falschen Ort und einzelne Lieferausfälle den Liefer- und Logistikrisiken zugeschrieben werden. Kommt der Lieferant seinen Wartungsaufgaben nicht nach oder weist er Gewährleistungsansprüche zurück, so sind hierunter Servicerisiken zu verstehen. Kommunikationsrisiken umfassen beispielsweise die Verletzung der Geheimhaltungspflicht.

Risikoausmaße, -rubriken und -kennzahlen

Ausgehend von diesen Risikofeldern wurde einerseits entlang der vorgelagerten Wertschöpfungskette in Richtung der Lieferanten nach Risikoursachen, also nach Faktoren, die ihren Eintritt beeinflussen, gesucht. Andererseits wurden entlang der nachgelagerten Wertschöpfungskette die Risikoausmaße für die ablauforganisatorisch folgenden Funktionsbereiche analysiert.

Um mögliche Risikoausmaße zu erkennen und richtig bewerten zu können, wurden Workshops mit allen ablauforganisatorisch nachgeordneten Fachbereichen durchgeführt und dabei praxisgerechte Ansätze entwickelt. Dadurch wurden beschaffungsobjektbezogen sowohl potenzielle direkte Auswirkungen von Risiken auf einzelne Fachbereiche als auch indirekte Vernetzungen und Folgewirkungen identifiziert. Zur Bestätigung und Vervollständigung dieser Ergebnisse wurden zusätzlich Ablaufanalysen von innerbetrieblichen Prozessen durchgeführt. Auf diese Weise war es möglich, für die wichtigsten Beschaffungsobjekte und deren potenzielle Beschaffungsrisiken die Risikoausmaße zuverlässig abzuschätzen. So konnten in Zusammenarbeit mit dem unternehmensinternen Controlling Stillstandskosten für Netzinfrastrukturen infolge von Lieferausfällen abgeschätzt werden. Hieraus resultierende Reputationsverluste und Kundenabwanderungen am Absatzmarkt wurden mit der Marketingabteilung durch die Analyse von Marktforschungsdaten ebenfalls abgeschätzt.

Bei der Suche nach Ursachen von Beschaffungsrisiken führte PCM Workshops mit den Fachbereichen Technische Entwicklung, Infrastruktur und IT sowie Controlling durch. Dabei lag der Fokus weniger auf der Identifizierung einzelner vorgelagerter Risiken, sondern stärker auf einer risikoorientierten, ganzheitlichen Erfassung der Lieferantensituation, welche den Eintritt von Beschaffungsrisiken begünstigen könnte. Als Ergebnis der Workshops wurden vier Risikorubriken definiert, welche die Situation des Lieferanten kennzeichnen:

- Zentrales Kriterium bei der Lieferantenbewertung ist die Risikorubrik Finanzen, da ein hier gefährdeter Lieferant ein erhebliches Risiko für die TMD darstellt.
- Die Risikorubrik Markt befasst sich mit der Stellung des Lieferanten auf dem relevanten Markt beziehungsweise den relevanten Märkten.
- Die Risikorubrik Prozess befasst sich mit Risiken, die mit den verschiedenen Lieferanten auf den unterschiedlichen Arbeitsablaufebenen auftreten können.
- Die Zusammenarbeit mit einem Lieferanten ist häufig an Projekte gekoppelt. Daher ist ein zielgerichtetes Projektcontrolling für die Lieferantenbewertung von entscheidendem Interesse (Risikorubrik Projekt).

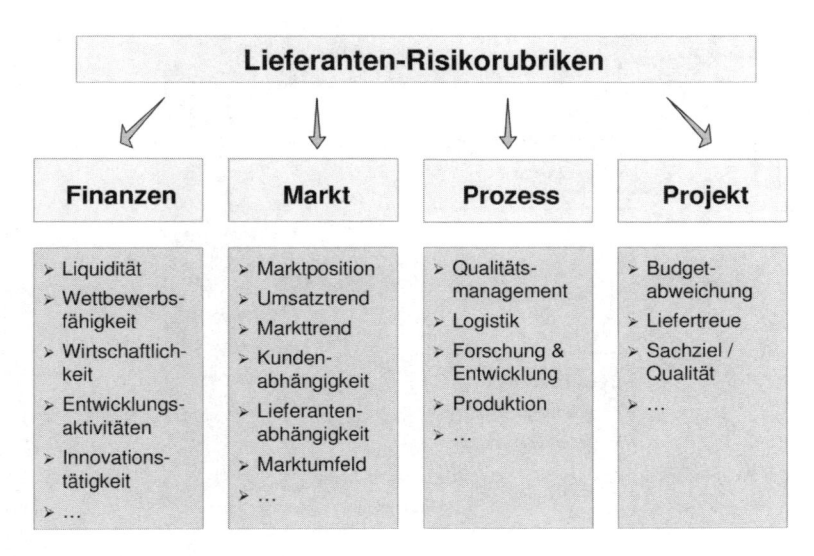

```
                        Lieferanten-Risikorubriken
           ↙              ↓              ↓              ↘
     Finanzen          Markt          Prozess         Projekt

  › Liquidität      › Marktposition  › Qualitäts-     › Budget-
  › Wettbewerbs-    › Umsatztrend      management       abweichung
    fähigkeit       › Markttrend     › Logistik       › Liefertreue
  › Wirtschaftlich- › Kunden-        › Forschung &    › Sachziel /
    keit              abhängigkeit     Entwicklung      Qualität
  › Entwicklungs-   › Lieferanten-   › Produktion     › ...
    aktivitäten       abhängigkeit   › ...
  › Innovations-    › Marktumfeld
    tätigkeit       › ...
  › ...
```

Abb. 8.3: Risikorubriken und Risikoausprägungen

Unter den Risikorubriken wurden jeweils Risikoausprägungen identifiziert, welche die Rubriken näher beschreiben und konkret Einfluss auf die oben formulierten Beschaffungsrisiken haben. Zur Erfassung der Ausprägungen wurden jeweils greifbare und einfach anzuwendende Kennzahlen entwickelt, die mit relativ geringem Aufwand lieferantenbezogen ermittelt werden können. Auf den Hinweis der Controllingabteilung hin wurde der Einsatz relativer Kennzahlen den absoluten vorgezogen, weil Letztere ohne Vergleichsmaßstab keine Aussage über einen Lieferanten erlauben. Hierfür bedarf es mindestens einer Größenangabe des Unternehmens.

So wurden beispielsweise für die Risikorubrik »Finanzen« die Kennzahlen Liquidität, dynamischer Verschuldungsgrad, Nettoumsatzrendite, Gesamtkapitalrentabilität, Kapitalstruktur, Investitionsrate und Anlagendeckung festgelegt. In enger Zusammenarbeit mit dem *Controlling Innovations Center* wurde dann erarbeitet, wie diese Kennzahlen auf der Grundlage der unterschiedlichen Bilanzierungsformen abgebildet werden können, um eine internationale Vergleichbarkeit der Lieferanten herzustellen.

Als Informationsquellen für die Ermittlung der Kennzahlen für die einzelnen Lieferanten werden:

```
                    > Liquidität              > Verschuldungsgrad
                    > Investitionsrate  Finanzen  > Anlagendeckung
                         > Umsatzrentabilität
  > Vertrag             > Gesamtkapitalrentabilität
  > P-Umfang            > Kapitalstruktur              > Marktanteil
  > P-Management                                       > Umsatzwachstum
  > P-Team                                             > Wachstumsrate
  > ...         Projekt    Risiko-        Markt
  > Entwicklung           kennzahlen                   > Reaktion
  > P-Bedeutung                                        > Lieferantenanteil
  > Sicherheit         > Umsatzanteil F&E              > Umsatzanteil
                       > Beschaffungserfahrung
                       > Prozessdokumentation
                 > Prozessqualität     > Logistikerfahrung
                 > Fertigungstiefe  Prozess  > Rate eigener Lizenzen
```

Abb. 8.4: Risikokennzahlen

- Marktdaten (Wettbewerb, Trends, Struktur),
- Lieferantendaten (Finanzen, Prozesse, Marktaktivitäten, Organisation),
- Projektdaten (Personal, Technik, Termine, Budgets),
- Umfelddaten (makroökonomische, technologische, ökologische, rechtliche)

herangezogen. Bei der Wahl der für die Messung der Kennzahlen benötigten Daten wurde gleichzeitig ihre Verfügbarkeit analysiert. Zu ihrer Erhebung werden bei Das Unternehmen Deutschland Bilanzanalysen vom Controlling sowie Kostenanalysen, Lieferanten- und Produkt-Audits vom Einkauf in Zusammenarbeit mit der Technischen Entwicklung durchgeführt. Dabei wurde eine risikoorientierte Anpassung der Erhebung notwendig. Außerdem werden externe Dienstleister wie das BERI-Institut oder Marktforschungsinstitute beauftragt. In vielen Fällen allerdings liegen die Daten bereits vor, weil sie im Rahmen anderer Beschaffungstätigkeiten erhoben und in der innovativen Lieferantendatenbank abgelegt wurden. Somit wird durch die Verknüpfung des Supplier-Risk-Managements mit der Lieferantendatenbank lediglich eine Aufbereitung der Basisdaten für eine Risikoanalyse erforderlich, was die zusätzlichen laufenden Kosten in Grenzen hält.

Ermittlung von Gewichtungsfaktoren

Einen weiteren wichtigen Parameter der Risikoanalyse stellen die Gewichtungsfaktoren für die entwickelten Risikoausprägungen dar. Die Festlegung von Gewichten wurde notwendig, weil die Risikorubriken von mehreren Risikoausprägungen beeinflusst werden und der Einfluss der Ausprägungen auf die Rubriken unterschiedlich hoch sein kann. Mit den Gewichten wird somit die Bedeutung der einzelnen Risikotreiber für das Gesamtrisiko beschrieben. Da sich eine Abschätzung der Gewichte und ihrer Verhältnisse untereinander als sehr schwierig erwies, wurden auch hier das Controlling Innovations Center und die BERODE Business Consulting GmbH hinzugezogen, um eine willkürliche Festlegung zu vermeiden. Auf ähnliche Weise wurden die Gewichte ermittelt, mit denen die Risikorubriken in die Gesamtbeurteilung des Lieferanten eingehen.

Eintrittswahrscheinlichkeiten und kritische Werte

In Zusammenarbeit mit den unterschiedlichen Fachbereichen wurden – angefangen bei den Kennzahlen auf der untersten Ebene über die Risikoausprägungen und Risikorubriken hoch bis auf die Ebene des gesamten Lieferanten – jeweils kritische Schwellenwerte definiert. Dadurch werden den konkret ermittelten Werten unterschiedliche Gefährdungsklassen zugeordnet, aus denen sich unterschiedlich dringlicher Handlungsbedarf ergibt. Auf der Ebene der Risikoausprägungen können den berechneten Werten beziehungsweise den Gefährdungsklassen Eintrittswahrscheinlichkeiten gegeben werden. So bekommen die Werte einen besser erfassbaren Bezug.

Risikohandhabung

Die auf allen Stufen dargestellten Gefährdungsklassen geben den Projektgruppen die Möglichkeit, sukzessive nach den Risikoursachen zu suchen. Angefangen auf der Lieferantenebene können sie sich an den Gefährdungsgraden bis zu den Bestimmungsfaktoren für die Kennzahlen vorarbeiten, welche als Auslöser für die Risiken verstanden werden. So bekommen sie detaillierte Anhaltspunkte für die Planung der Risikohandhabung. Da die betrachteten auslösenden Faktoren in ihrer Gesamtheit bekannt sind, konnten für sie bereits in der Konzeptionierungsphase des Supplier-Risk-Managements entsprechende mögliche Handhabungsmaßnahmen definiert werden. Dabei wurden die Risikoleitlinien aus der Unternehmensführung in den Beschaffungsbereich übertragen und bei der Formulierung der Maßnahmen berücksichtigt.

Zur weiteren Unterstützung der Risikohandhabung wurde ein Risiko-

Reporting entwickelt, welches die Risikowerte aufzeichnet, deren Verläufe in die Zukunft extrapoliert und in Trendvorhersagen abbildet. Deswegen wurden nicht nur gefährliche Zustandsdaten, sondern auch gefährliche Entwicklungen bei der Formulierung der Maßnahmen berücksichtigt.

Erstellung eines automatisierten Prozesses

Nachdem die Parameter eines Risikomanagements und ihre Verhältnisse zueinander herausgearbeitet wurden, sollte deren Berechnung für den einzelnen Lieferanten in einem automatisierten Prozess stattfinden. Dazu mussten die grundsätzliche Struktur und der Aufbau eines softwarebasierten Risikoanalyse-Tools erarbeitet werden. Eine der schwierigsten Anforderungen war es hierbei, das Tool so zu konstruieren, dass es bereits bestehende, unternehmensinterne Daten aus unterschiedlichen Quellen der Lieferantendatenbank verarbeiten kann. Der klaren und eindeutigen Definition von Schnittstellen und Kanälen des Datenimports kam deswegen höchste Bedeutung zu. Darüber hinaus wurden die Fragebögen für zukünftige Lieferantenselbstauskünfte angepasst und auf einen reibungslosen elektronischen Datenimport in das Risikoanalyse-Tool vorbereitet. Die Automatisierung erforderte vom PCM des Weiteren eine anspruchsvolle statistisch-mathematische Modellierung der Berechnungsschritte zur Ermittlung der Risikowerte und ihrer Trends.

Bei der anschließenden Programmierung durch das PCM mit der Unterstützung des Fachbereichs Infrastruktur und IT wurde besonderer Wert auf die Benutzerfreundlichkeit der Softwareoberfläche und die Offenheit des Systems für zukünftige Erweiterungen gelegt. So wurden eine klare Verzeichnisstruktur für die Datenbank und die hinterlegten Risikorubriken festgelegt sowie eindeutige, standardisierte Eingabemasken konstruiert. Ein weiteres Ziel war es, den Benutzer schrittweise durch alle Ebenen der Software zu führen, um sicherzustellen, dass sämtliche verfügbaren Daten Eingang in den Risikomanagementprozess finden. Für die Anwendung der Software wurden ein leicht verständliches Handbuch verfasst und Unterlagen für interne Schulungen zusammengestellt.

Die Verwendung von Eingabemasken, sorgfältig definierten Importschnittstellen und einer automatischen Risikoanalyse bringt gegenüber manuellen Vorgängen erhebliche Zeit- und Kostenvorteile mit sich. Der personelle Aufwand zur Bedienung des Systems und zur Aufbereitung der gesammelten Informationen wird so auf ein Minimum reduziert. Gleichzeitig werden der Umfang, die Verfügbarkeit und die Darstellung von Risikoinformationen für die Entscheider verbessert und die Beurteilung einer erfolgten Risikohandhabung vereinfacht. Ein weiterer entscheidender Vorteil der Automatisierung ist die Herstellung einer objektiven Entscheidungsgrundlage, da ein manueller Eingriff in die Berechnung und damit die Manipulation der Ergebnisse verhindert wird.

Festlegung von Zuständigkeiten und Kommunikationswegen

Für einen reibungslosen Ablauf des Supplier-Risk-Managements mussten in einem weiteren Schritt die Zuständigkeiten und Kommunikationswege im Unternehmen festgelegt werden. Die Risikoanalysen werden auf operativer Ebene von einzelnen Projektgruppen in der Verantwortung des Fachbereichs Einkauf und PCM durchgeführt. Dabei werden sie bei Bedarf durch die unterschiedlichen Fachbereiche und ihr spezifisches Know-how unterstützt. Aus diesen Projektgruppen gehen die jeweiligen Risikoreporte mit den vorgeschlagenen Handhabungsmaßnahmen an den darüber angesiedelten Lenkungsausschuss. Dieser koordiniert die Risiken und ihre Bewältigung unter Berücksichtigung eines vorgegebenen Budgets. Als Ergebnis gibt er Handlungsanweisungen an die Projektgruppen zurück.

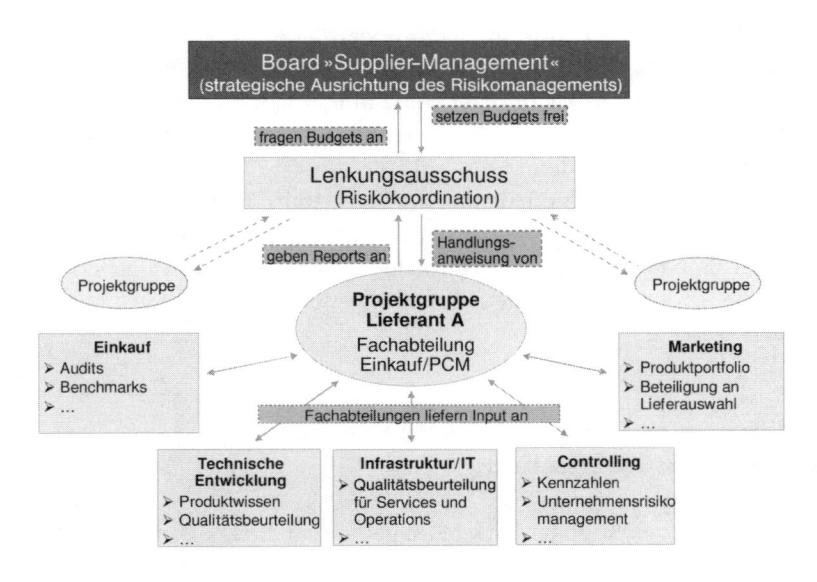

Abb. 8.5: Kommunikation und Zuständigkeiten im Supplier-Risk-Management

Die strategische Ausrichtung des Risikomanagements geschieht durch das Board »Supplier-Management« unter Berücksichtigung der Risikoleitlinien der Unternehmensführung. Hier werden auch die gesamten Aspekte eines Lieferantenmanagements koordiniert. Sollte der Lenkungsausschuss Maßnahmen für notwendig halten, die über den budgetierten Rahmen hinausgehen, dann muss er die Dringlichkeit mit Risikoreporten beim Board darlegen, um dort die Mittel freizusetzen. Der jeweilige Input der Fachbereiche sowie die Koordination auf den verschiedenen Ebenen greifen ähnlich einem Zahnradsystem ineinander. Nur das Zusammenspiel aller Beteiligten ermöglichte die Entwicklung des Supplier-Risk-Managements und garantiert seine erfolgreiche Umsetzung.

Evaluierung und Implementierung

Vor seiner eigentlichen Implementierung bei Das Unternehmen Deutschland wurde der Supplier-Risk-Managementprozess in einem umfangreichen Testlauf auf seine Nutzbarkeit hin überprüft. Dabei konnten Fehler in den Berechnungsmustern für einzelne Werte aufgedeckt und behoben werden. Auch die Benutzerfreundlichkeit der Software inklusive des Datenimports konnte aufgrund des Anwender-Feedbacks weiter verbessert werden. Die Struktur der Risikoreporte wurde nochmals überarbeitet und für die konkrete Darstellung von vergangenen Lieferantenentwicklungen angepasst. Somit können weitere Anhaltspunkte für eine Lieferantenqualifizierung gewonnen werden, die der Ausrichtung des Unternehmens auf langfristige Lieferantenpartnerschaften gerecht werden.

Ebenso wurden mit der Unterstützung der Marketingabteilung Schulungen erarbeitet und kleinere Workshops im Fachbereich Einkauf durchgeführt, welche das Risikobewusstsein der Mitarbeiter schärfen sollten. In gleichem Maße sollte die Akzeptanz des neuen Systems bei den Anwendern gewonnen und verstärkt werden.

Die Umsetzung: automatisierte Prozesse und manuelle Tätigkeiten

Die Umsetzung des Supplier-Risk-Managements bei Das Unternehmen Deutschland ist durch das Ineinandergreifen von manuellen Tätigkeiten und automatisierten Prozessen gekennzeichnet. Die Identifikation der Risiken,

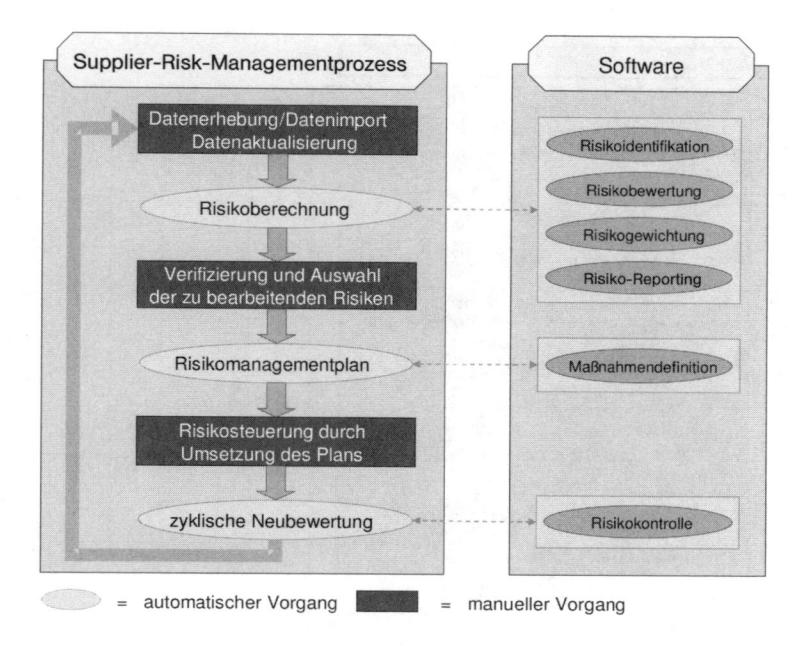

Abb. 8.6: Der Supplier-Risk-Managementprozess

ihre Analyse und Bewertung bis hin zur Bereitstellung eines Maßnahmenplans sind automatisiert worden. Die Entscheider können sich somit auf die Auswahl der zu bearbeitenden Risiken und die Umsetzung des Risikomanagementplans konzentrieren. Hierdurch wird ein höchstmögliches Maß an Effektivität und Effizienz über den gesamten Prozess gewährleistet.

Datenerhebung und -aktualisierung sowie Datenimport

Der Supplier-Risk-Managementprozess beginnt mit einem Datenimport aus der Lieferantendatenbank in die innovative Risikomanagement-Software. Dazu sind durch die sorgfältige Konfiguration der Schnittstellen oftmals nicht mehr als drei Handgriffe nötig. Neu erhobene Daten, beispielsweise aus durchgeführten Lieferanten- und Produkt-Audits, werden von den unterschiedlichen Fachbereichen über Eingabemasken in das System eingegeben. Werte älteren Datums werden dabei aktualisiert und ersetzt. Besteht bereits

Projektmanagement (Wie gut werden Projekte gemanagt?)					Auswirkungen auf		
Risikokriterium		T	B	S	Termine	Budget	Sachziel
1. Projektarbeit nach anerkannter Vorgehensweise (z.B. VM-Basis)	○ das Projekt arbeitet nach einer anerkannten Vorgehensweise	2			1	0	1
	● es ist vorgesehen, dass nach einer anerkannten Vorgehensweise gearbeitet wird	0 / 1 / 3	0 / 0 / 1	0 / 1 / 3			
	○ das Projekt arbeitet nicht nach einer anerkannten Vorgehensweise						
2. Ausbildung der Projektleitung	○ besitzt bereits eine fundierte Ausbildung als Projektleiter/in	3			3	3	3
	○ die Ausbildung wird vor Projektbeginn stattfinden	0 / 2 / 3 / 3	0 / 2 / 3 / 3	0 / 2 / 3 / 3			
	● besitzt keine Ausbildung als Projektleiter/in						
	○ Projektleiter/in ist zz. noch nicht bekannt						
3. Projektmanagement-Erfahrungen der Projektleitung	○ hat bereits vergleichbare Projekte erfolgreich geleitet	4			3	3	3
	○ hat bisher nur kleinere Projekte oder Teilprojekte geleitet	0 / 2 / 3 / 3	0 / 1 / 2 / 3	0 / 2 / 3 / 3			
	● besitzt noch keine Projektmanagement-Erfahrungen						
	○ Projektleiter/in ist zz. noch nicht bekannt						
4. Fachliche Kenntnisse der Projektleitung	○ besitzt umfassende fachliche Kenntnisse	2			1	1	1
	● besitzt fachliche Kenntnisse in Teilbereichen	0 / 1 / 2 / 3	0 / 1 / 2 / 3	0 / 1 / 2 / 3			
	○ besitzt keine fachlichen Kenntnisse						
	○ Projektleiter/in ist zz. noch nicht bekannt						
5. Verfügbarkeit der Projektleitung	○ hat nur dieses Projekt	3			2	2	2
	○ hat zwei Projekte	0 / 1 / 2	0 / 1 / 2	0 / 1 / 2			
	● hat mehr als zwei Projekte bzw. noch zusätzliche Linienaufgaben						
6. Befugnisse der Projektleitung	● entscheidet in Geld-, Personal- und Sachfragen	1			0	0	0
	○ entscheidet nur "nach Rücksprache"	0 / 2 / 3	0 / 2 / 3	0 / 2 / 3			
	○ ist nur für die Softwareentwicklung verantwortlich						
		17	15	17	10	9	10
						29	

Abb. 8.7: Eingabemaske (Projektmanagement)

ein Lieferantenprofil, so kann der Mitarbeiter einzelne Risikorubriken zur Aktualisierung anwählen. Besteht kein Profil, wird er systematisch durch alle Rubriken und Risikokennzahlen geführt. Das hat den Vorteil, dass einerseits ein Bewusstsein für fehlende Werte und für die Komplexität der Risikosituation geschaffen wird. Andererseits soll sichergestellt werden, dass alle den Projektgruppen verfügbaren Daten eingegeben werden.

Risikoberechnung in der Supplier-Risk-Management-Software

Da das Supplier-Risk-Management grundsätzlich auf der Idee basiert, das Lieferantenrisiko anhand mehrerer Kriterien zu analysieren, wurde das Konzept eines mehrstufigen Scoring-Modells für die Berechnung des Gesamtrisikos zugrunde gelegt. Hierbei handelt es sich um ein Bewertungsverfahren, das in der Lage ist, quantitative und qualitative Kriterien miteinander zu kombinieren. Somit wird die integrierte Verarbeitung von quantitativen Finanz- und Marktkennzahlen sowie qualitativen Kriterien aus Lieferanten- und Produkt-Audits möglich. Die Ausgestaltung in einem mehrstufigen Modell erscheint aufgrund der Zusammensetzung des Lieferantenrisikos über sämtliche Ebenen der Risikorubriken, -ausprägungen und Kennzahlen hinweg sinnvoll.

Risikoberechnung

Die einzelnen Berechnungsschritte werden im Folgenden am Beispiel der Rubrik Projekt mit den Risikoausprägungen Budgetabweichung, Liefertreue und Sachziel/Qualität erklärt.

Zunächst setzt das System die einzelnen eingegebenen Basisdaten aus den Lieferanten- und Produkt-Audits in so genannte Scores um. Im Falle der

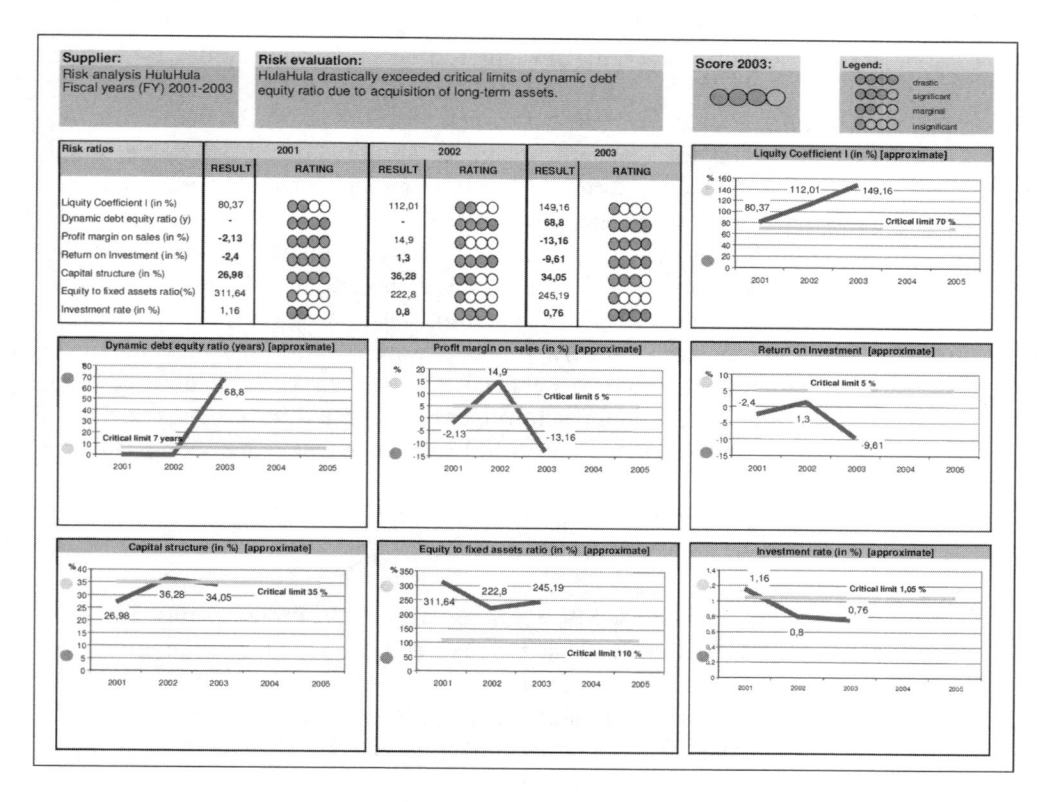

Abb. 8.8: Risikoreport über das Finanzrisiko eines Lieferanten (3 Jahre)

Rubrik Projekt stellen drei Scores auf einer Skala von 0 (kein Risiko) bis 4 (bedrohliches Risiko) den Einfluss der Basisdaten auf die drei Risikoausprägungen dar. Sind dabei einzelne Daten nicht ermittelbar, so gibt das System ihnen den Score 2 (bedeutsames Risiko), damit auch unter unvollständiger Information eine Berechnung erfolgen kann.

Aufgrund der Vielzahl von Basisdaten und ihrer Scores werden sie unter den Kennzahlen Vertrag, Projektumfang, Projektmanagement, Projektteam, Entwicklungsumgebung, Projektbedeutung, Sicherheit et cetera zusammengefasst. Auf dieser Grundlage ergeben sich durch einfache Summenbildung die Scores für die einzelnen Risikoausprägungen.

Im Anschluss werden diese nach ihrer Bedeutung für die Risikorubrik Projekt prozentual gewichtet und ergeben in ihrer Addition den Risikoscore für die gesamte Rubrik.

Die dargestellte Bewertungssystematik ist für die übrigen Risikorubriken *Finanzen, Markt* und *Prozess* ähnlich. Diese gehen zusammen mit der Rubrik *Projekt* ebenfalls prozentual gewichtet in den Gesamtscore des Lieferanten ein.

Über die Verhältnisse von tatsächlichem Score zu maximalem Score werden Kennzahlen, Risikoausprägungen, Risikorubriken und Lieferanten jeweils in vier kritische Gefährdungsklassen mit unterschiedlich hoher Risikointensität eingeordnet. Diese vier Bereiche sind prozentual durch die jeweiligen Obergrenzen von 25, 50, 75 und 100 Prozent definiert. Demnach wird den Projektgruppen und dem Lenkungsausschuss auf allen Ebenen der Risikoanalyse die Dringlichkeit eines Handlungsbedarfs angezeigt.

Darüber hinaus werden durch die Software alle Risikoentwicklungen von bestehenden Lieferantenpartnerschaften in einem Risiko-Reporting aufgezeichnet und über Trendberechnungen für die Zukunft prognostiziert. Die Software kann somit den Risikoverantwortlichen frühzeitig über gefährliche Entwicklungen in einzelnen Bereichen informieren und ist damit ein vollwertiges und innovatives Frühwarnsystem im Beschaffungsbereich.

Risikostatus

Durch die umfassenden Berechnungen erhält die Projektgruppe als Ergebnis einen detaillierten Risikostatus über den betrachteten Lieferanten. Weil das System diese Lieferantenrisiken an den potenziellen beschaffungsobjektbezogenen Risikoausmaßen im eigenen Unternehmen spiegelt, werden die Lieferantenrisiken dem Lenkungsausschuss in einer Dringlichkeits-Rangfolge dargestellt. Dies ist möglich, weil zuvor im System die Lieferanten und die von ihnen bezogenen Beschaffungsobjekte über die Beschaffungsrisiken mit

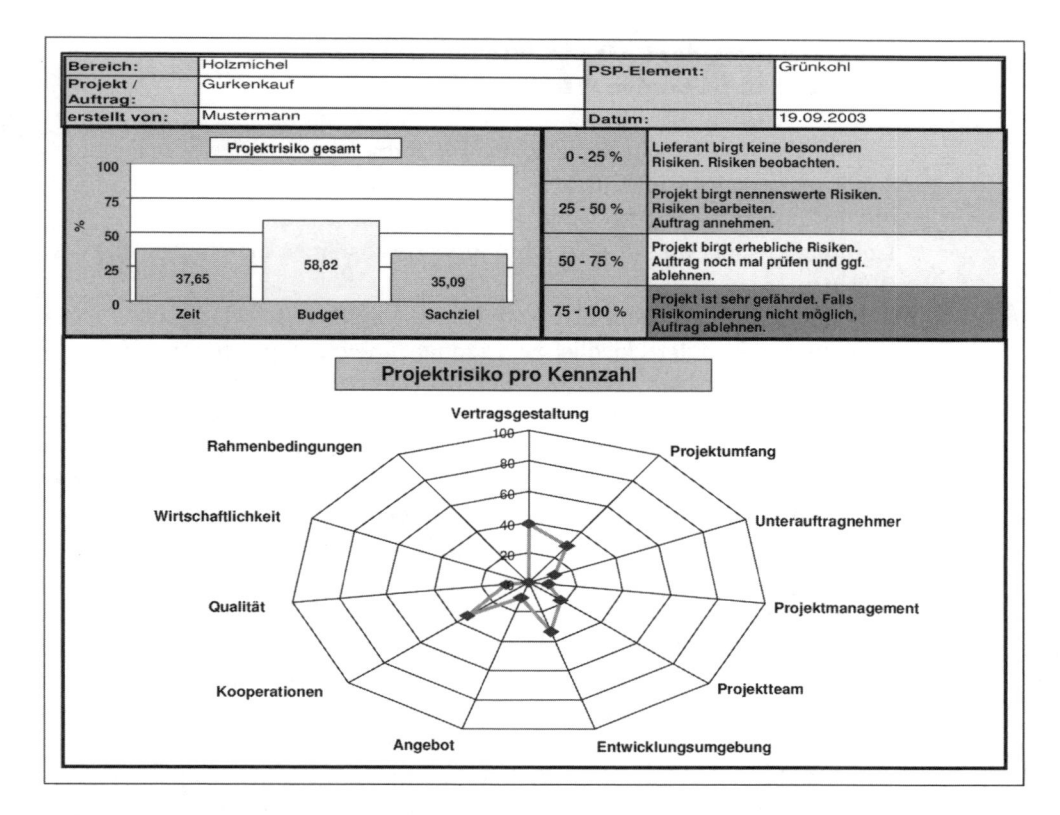

Abb. 8.9: Ergebnismaske (Projektrisiko)

den potenziellen Risikoausmaßen verknüpft worden sind. Die Entscheider können sich nun, angefangen bei dem Lieferanten mit der höchsten Risikopriorität, über einzelne und aggregierte Risikotreiber informieren. In übersichtlichen Ergebnismasken werden ihnen für jede Risikorubrik und deren jeweilige Bestimmungsfaktoren Zustandsdaten, Entwicklungen und dazugehörige Gefährdungsklassen angezeigt. Damit die sukzessive Suche nach einzelnen Risikotreibern effizient erfolgt, werden die wichtigsten Daten zur schnellen Erfassung in Diagrammen grafisch dargestellt.

Verifizierung der Risikoanalyse und Auswahl der zu bearbeitenden Risiken

Trotz der sorgfältigen Berechnung durch die Supplier-Risk-Management-Software müssen die identifizierten Risiken in einer manuellen Untersuchung überprüft werden. Die Notwendigkeit dazu lässt sich an den Beispielen des Liquiditätsrisikos und des Verschuldungsrisikos eines Lieferanten gut darstellen.

Während die Ursachen für identifizierte Liquiditätsschwierigkeiten eines Lieferanten sehr unterschiedlich sein können, unterscheiden die ausgegebenen Liquiditätskennzahlen nicht, welche Ursachen zu den Umständen geführt haben. Werden liquide Mittel zur Tätigung von Investitionen in das Anlagevermögen oder zur Schuldentilgung verwendet, so wird sich das in der Verbesserung anderer Kennzahlen niederschlagen. Die Verschlechterung der Liquiditätssituation des Lieferanten wird hierbei in den meisten Fällen unbedenklich sein, wenn dadurch eine bessere Gewinnsituation in der Zukunft erlangt wird. Steigt dagegen der Lieferant mit liquiden Mitteln in einen neuen, unerschlossenen Auslandsmarkt ein und hat womöglich in der Vergangenheit ein ähnliches Projekt ohne Erfolg abbrechen müssen, so ist das Liquiditätsrisiko und Verschuldungsrisiko hier erheblich höher einzuschätzen.

Die Projektgruppen müssen daher manche identifizierten Risikotreiber auf ihren tatsächlichen Handlungsbedarf hin überprüfen, um Fehlinterpretationen zu vermeiden. Nach einer gewissenhaften Verifizierung der Risikoanalyse fällen sie in Absprache mit dem Lenkungsausschuss die Entscheidung über die weiter zu bearbeitenden Risiken, indem diese in der Software ausgewählt werden.

Erstellung eines Risikomanagementplans in der Supplier-Risk-Management-Software

Auf der Grundlage der zuvor ausgewählten Risiken erstellt die Supplier-Risk-Management-Software einen Risikomanagementplan für die kritischen Lieferanten. Das bedeutet, dass den Verantwortlichen von der Software Vorschläge für die weitere Handhabung der Risikotreiber gegeben werden. Der große Vorteil dabei ist, dass die im System hinterlegten komplexen Wechselwirkungen zwischen den Risiken berücksichtigt und so zielgenau Synergiepotenziale ausgenutzt werden können. So werden auch hier die Vollständigkeit und Effizienz durch das automatisierte System sichergestellt.

Die Auswahl der Risikobewältigungsmaßnahmen wird im Wesentlichen durch den Risikotreiber selbst und durch die Gefährdungsklasse, in die er vom System eingeordnet worden ist, festgelegt. Die durch das System empfohlenen Maßnahmen können demnach in ihrer Art und Intensität erheblich variieren.

Beispielsweise wird für sich anbahnende, noch nicht akute Liquiditätsschwierigkeiten die Handlungsempfehlung »Lieferantenmarkt beobachten und Ursachenforschung« ausgegeben. Für schwache Projekt- oder Prozessrisiken werden unterschiedliche Möglichkeiten wie »Schulungsmaßnahmen« oder die »feste Installation eines Mitarbeiters beim Lieferanten« vorgeschlagen. Bei dauerhaften Qualitätsrisiken oder drohenden Insolvenzen werden der Aufbau eines Ausweichlieferanten beziehungsweise ein Lieferantenwechsel empfohlen. Bestehen auf dem Beschaffungsmarkt Machtungleichgewichte, so können je nach Situation eine Volumenkonzentration oder das Vorantreiben der Lieferantenpartnerschaft adäquate Lösungen darstellen. Die hier dargestellten Handhabungsmöglichkeiten stellen nur einen kleinen Auszug aus einem umfangreichen Katalog dar. Der erhebliche Umfang des Katalogs ergibt sich aus der Vielfalt der in der Software verarbeiteten Risikotreiber, die jeweils unterschiedliche Maßnahmen erfordern. Die Software unterstützt demnach die Arbeit der Projektgruppen auch bei der Auswahl effektiver Maßnahmen, indem sie die Komplexität der Entscheidung verringert. Zusätzlich wird durch das System die Einhaltung der Risikomanagementleitlinien des Unternehmens gewährleistet.

Umsetzung des Risikomanagementplans

Der für die identifizierten und relevanten Risiken aufgestellte Risikomanagementplan bedarf wiederum einer manuellen Überprüfung durch die Entscheider. Oftmals können die vorgeschlagenen Maßnahmen nicht exakt umgesetzt werden und bedürfen einer spezifischen Anpassung an den betrachteten Lieferanten. Dies gilt im Besonderen für Maßnahmen, die sich direkt und pro-aktiv auf den Lieferanten beziehen und weniger für Maßnahmen, die interne Umstellungen erfordern, wie zum Beispiel eine Erhöhung des Lagerbestands. Die von der Software gegebenen Handhabungsmaßnahmen sind somit nicht als strikte Vorgabe zu verstehen, sondern eher als enger Rahmen für eine Ausgestaltung.

Sind die Maßnahmen vom Risikomanager in der Projektgruppe konkret herausgearbeitet worden, so müssen die Mittel für deren Umsetzung freigesetzt werden. Liegen diese außerhalb des budgetierten Rahmens und bedürfen sie einer gesonderten Genehmigung durch übergeordnete Hierarchieebenen, kann der Lenkungsausschuss die Dringlichkeit ihrer Freisetzung zeitnah mit dem vom System ausgegebenen Risikoreport dokumentieren.

Bei der Umsetzung der Maßnahmen müssen die Projektgruppen ebenso ihren Fortschritt kontrollieren und in das System eingeben. Zwar werden Planfortschritte, die den Risikostatus des Lieferanten in der Software auf einem aktuellen Stand halten sollen, bei Beginn der Risikohandhabung festgesetzt. Allerdings ist ein laufender Vergleich mit dem tatsächlichen Fortschritt notwendig, da sich Abweichungen ergeben können.

Zyklische Kontrolle durch die Supplier-Risk-Management-Software

Die Risikokontrolle wird wiederum weitgehend von der Software übernommen. Über Verknüpfungen mit der Lieferantendatenbank können dort vorgenommene Aktualisierungen von Lieferantendaten direkt in die Risikomanagement-Software übernommen werden. Der Vorteil einer zentralen Datenbank tritt hierbei wieder offen zutage. Änderungen, die von anderen Beschaffungsfunktionen vorgenommen werden, können so auch für die Risikoeinschätzung nutzbar gemacht werden. Weil darüber hinaus die Zusammenhänge einzelner Risikotreiber im System modelliert sind, wird dadurch auch der Risikostatus der Lieferanten in Echtzeit aktualisiert. Werden einzelne Basisdaten über einen längeren Zeitraum nicht aktualisiert, so macht die Software die Projektgruppen darauf aufmerksam und fordert sie zu einer Aktualisierung auf. Der Zeitraum ist dabei abhängig von den betreffenden Daten und variiert von zwei Wochen bei einzelnen Fortschrittswerten der Bewältigungsmaßnahmen bis zu einem Jahr bei Länderrisiken.

Mit der Aktualisierung der Daten beginnt der innovative Supplier-Risk-Managementprozess von neuem und stellt damit einen kontinuierlichen Kreislauf dar. Somit wird die Bearbeitung von Lieferantenrisiken auf einem hohen Aktualitätsniveau gehalten und ermöglicht für Das Unternehmen Deutschland ein frühzeitiges und pro-aktives Eingreifen, bevor kritische Lieferantensituationen entstehen.

Ergebnisse: Erfolge in der Praxis

Obwohl die Implementierung des Supplier-Risk-Managements bei Das Unternehmen Deutschland erst Mitte 2004 erfolgt ist, konnten schon erste Erfolge bei seiner Anwendung verbucht werden. Zwar ist die Abbildung der Erfolge in quantitativen Größen kaum möglich, weil tatsächliche Risikoeintritte nicht nur von den ergriffenen pro-aktiven Handhabungsmaßnahmen abhängen, sondern auch von schwer messbaren Eintrittswahrscheinlichkeiten und Risikoausmaßen. Die Intensität der Ausmaße reicht von Lieferverzögerungen und Kundenunzufriedenheit bis hin zu der Extremsituation des Totalausfalls eines Lieferanten und eines unternehmensgefährdenden Verlusts eigener Marktanteile. So kann das Ausbleiben von Risikoeintritten ebenso wenig ursächlich auf das Supplier-Risk-Management zurückgeführt werden wie damit verbundene Kosteneinsparungen. Allerdings sind qualitative Ergebnisse, die bei der Lieferantenauswahl beziehungsweise der Analyse von Lieferantenpartnerschaften erzielt worden sind, darstellbar.

Szenario »Mobility Infrastructure«

Ein wesentliches Beschaffungsfeld von Das Unternehmen Deutschland ist die »Mobility Infrastructure«, also die Infrastruktur rund um die Mobilfunknetze. Im Zuge technischer Neuerungen galt es, bestehende und poten-

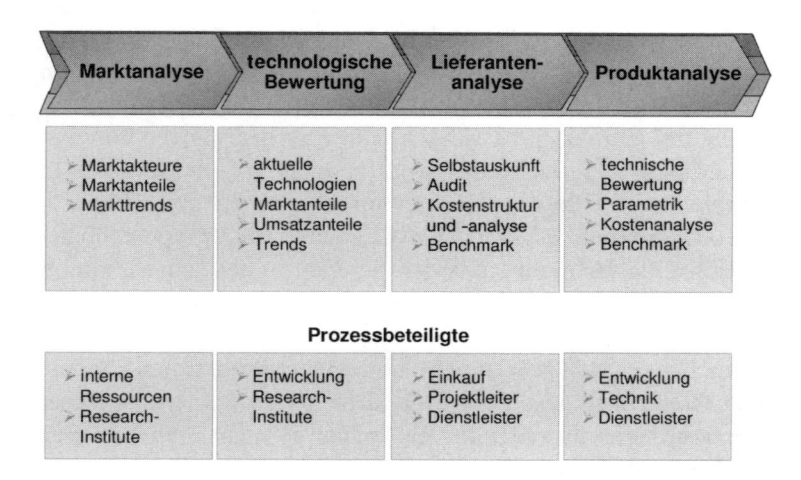

Abb. 8.10: Der Analyseprozess bei der Lieferantenauswahl

zielle neue Lieferanten für eine langfristige Lieferantenpartnerschaft auszuwählen. Die Entscheidung für diese strategische Lieferantenpartnerschaft hat maßgeblichen Einfluss auf die Wettbewerbsfähigkeit und den langfristigen Unternehmenserfolg. Dies ist bedingt durch ein stark technologiegetriebenes Umfeld und durch eine hohe Endkundensensibilität hinsichtlich der technologischen Aktualität der Endprodukte. Die Lieferantenentscheidung bedarf daher einer umfassenden Analyse.

Der dargestellte Analyseprozess bindet erhebliche personelle und finanzielle Ressourcen und ist die Grundlage einer strategischen Entscheidung. Je nach Komplexität des Produktes und Größe der Lieferanten verursachen derartige Projekte Kosten von 200 000 bis 500 000 Euro. Mit Hilfe der Risikoanalyse werden potenziell unsichere Lieferanten bereits im Vorfeld identifiziert. Somit werden unnötige Kosten bedingt durch zusätzliche Analyse für einen Lieferantenwechsel bei Eintritt von Krisen vermieden.

Im konkreten Beispiel »Mobility Infrastructure« wurden auf Basis der Risikoanalyse vier potenzielle Lieferanten zur Auswahl vorgeschlagen. Dabei handelte es sich um Global Player. Von diesen vier Lieferanten wurden zwei aufgrund besserer Kostenstrukturen und Angebotsmodalitäten präferiert. Die geforderten Leistungsmerkmale der Einkaufsprodukte erfüllten alle vier Lieferanten annähernd gleich gut. Eine im Anschluss durchgeführte Risikoanalyse der Lieferanten lieferte allerdings Ergebnisse, welche die endgültige Auswahl noch maßgeblich beeinflusste.

Die Analyse von Prozess- und Projektrisiken zeigte keine wesentlichen Unterschiede, aufgrund deren eine Entscheidung für oder gegen einen bestimmten Lieferanten hätte gefällt werden können. Allerdings wiesen die Zustandskennzahlen für die Finanzrisiken bei einem Lieferanten auf ein erhebliches Liquiditätsrisiko hin. Der Verlauf der Liquiditätskennzahlen über die vergangenen drei Jahre zeigte darüber hinaus eine bedrohliche Entwicklung. Durch eine nähere Betrachtung war diese nicht auf Investitionen in Anlagevermögen oder auf Engagements in attraktiven neuen Märkten zurückzuführen, sondern hatte substanziellen Charakter. Die Extrapolation der Verläufe ließ frühzeitig vermuten, dass der Lieferant in der nahen Zukunft womöglich in ernsthafte Liquiditätsschwierigkeiten kommen würde. Die damit verbundenen möglichen Lieferausfälle oder Qualitätsmängel hätten für Das Unternehmen geschätzte Kosten in Millionenhöhe verursachen können. Da auch keine Möglichkeit gesehen wurde, diese auszuräumen, ist dieser vormals präferierte Lieferant nach der Risikoanalyse nicht mehr für eine Auswahl berücksichtigt worden.

Bei der Analyse der Finanzrisiken zeigte sich außerdem der Vorteil der

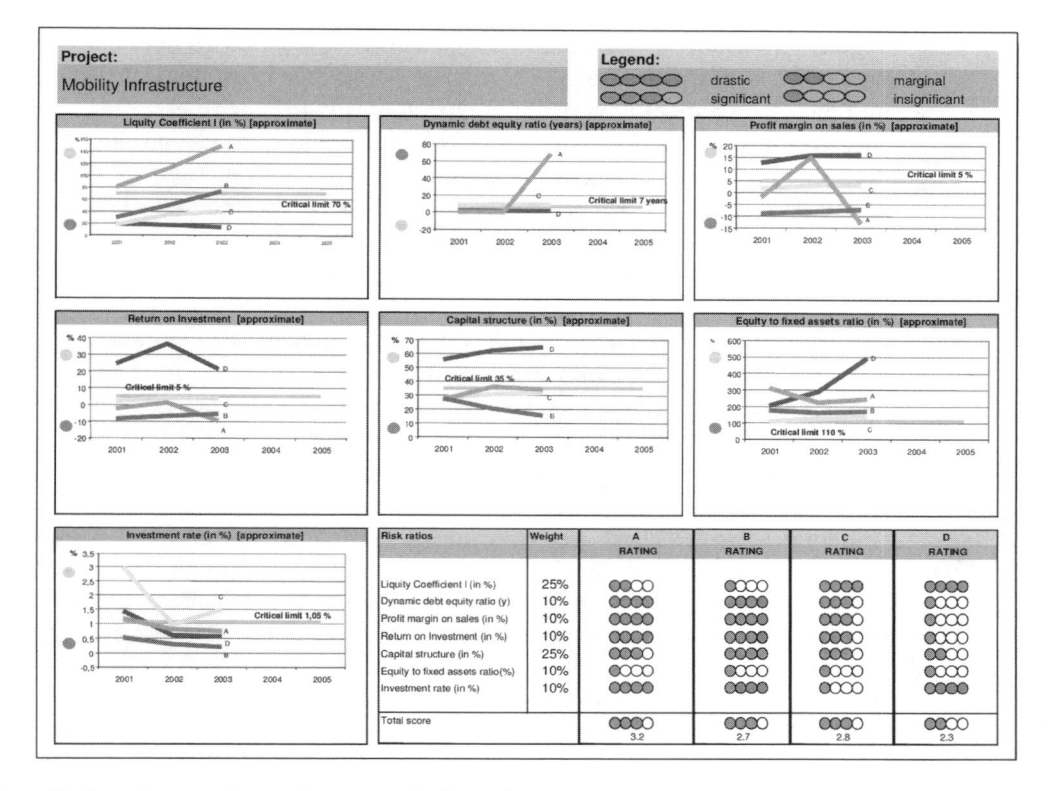

Abb. 8.11: Finanzrisiken Lieferantenvergleich (3 Jahre)

innovativen Gestaltung relativer Finanzkennzahlen. So konnten Bilanzdaten, welche in unterschiedlichen Bilanzierungsstandards vorlagen (IAS, US-GAAP), in vergleichbare Risikowerte übertragen werden. Dies unterstrich die universelle Anwendbarkeit des Supplier-Risk-Managements auf internationaler Ebene.

Auch die Analyse der Risiken in der Rubrik Markt führte zu der Nichtberücksichtigung eines weiteren Lieferanten. Im Risikobereich »Marktposition« zeigten die Kennzahlen seiner Marktanteile deutschlandweit und weltweit bedenkliche Werte. Durch die Betrachtung der Vergangenheitswerte und deren Verläufe wurden weitere Marktanteilsverluste prognostiziert. Bei der genaueren Ursachenforschung war dieser kontinuierliche Rückgang auf ein vermindertes Engagement in den vergangenen Jahren auf den betreffenden Märkten zurückzuführen. Das Risikomanagement bei Das Unternehmen befürchtete dadurch einen mittelfristigen Rückzug dieses Lieferanten aus diesen Märkten. Da jedoch eine langfristige Zusammenarbeit mit Lieferanten im Bereich »Mobility Infrastructure« geplant war, wurde auch dieser ebenfalls vormals präferierte Lieferant nicht weiter berücksichtigt. In beiden Fällen war darüber hinaus ausschlaggebend, dass jeder Lieferantenwechsel, selbst bei kleineren Lieferanten, mit erheblichen Prozesskosten verbunden ist. Daher war es nicht sinnvoll, neue Lieferantenbeziehungen aufzubauen, von denen erwartet wurde, dass sie aufgrund von Lieferantenrisiken nicht lange Bestand haben.

Aufgrund der durchgeführten detaillierten Risikoanalyse konnten somit die Chancen, die in der Zusammenarbeit mit den Lieferanten gesehen wurden, an den damit verbundenen Risiken gespiegelt werden. Auf dieser nun kompletten und vorausschauenden Basis wurden nicht die zunächst vorgezogenen Lieferanten ausgewählt, sondern die, die nach einer Risikoanalyse das bessere, langfristige Chancen-Risiken-Verhältnis boten.

Dennoch wurden durch die Risikoanalyse auch für die beiden verbliebenen Lieferanten unterschiedliche Risiken identifiziert. Ihre frühzeitige Erkennung ermöglichte jedoch ein pro-aktives Herangehen, um deren Eintritt zu verhindern. Beispielsweise konnten so den Lieferanten bedeutende Schwächen in der Projektorganisation dargelegt werden, die es durch Schulungen, Personalaufstockung und Standortkonzentration des Projektteams zu beseitigen galt, um Zeitverzögerungen zu vermeiden. Ebenso konnten die Lieferanten dazu angeleitet werden, eine bessere Entwicklungsumgebung für das Projekt zu schaffen. Identifizierte, aber marginale Finanz- und Marktrisiken stehen seit der durchgeführten Risikoanalyse unter erhöhter Beobachtung, so dass Veränderungen schnellstmöglich registriert werden können. Vertragsrisiken konnten durch die Risikoanalyse vor Vertragsabschluss erkannt und ausgeräumt werden.

Die Lieferanten standen den oben genannten Hinweisen erstaunlich offen gegenüber, zumal sie auch eine Kritik an ihrem Unternehmen bedeuteten. Allerdings profitieren sie auch von diesen Hinweisen, wenn dadurch effizientere und sicherere Abläufe in ihrem Unternehmen ermöglicht werden. Sie selbst laufen dann weniger Gefahr, Pönalen zu entrichten oder etwa Imageverluste hinzunehmen. Des Weiteren konnten nach einer risikoanalytischen Betrachtung und nach Lieferanten-Feedback auch die Schnittstellen zwischen Das Unternehmen Deutschland und den betrachteten Lieferanten verbessert werden. Das Supplier-Risk-Management trägt also auch wesentlich zur gezielten Lieferantenentwicklung bei und fördert langfristige Partnerschaften. So setzt sich das beschaffende Unternehmen auch weniger dem Risiko von Kosten des Lieferantenwechsels aus. Außerdem können die Lieferanten davon ausgehen, dass sie von Das Unternehmen Deutschland neue Aufträge erhalten, wenn sie durch eine gute Risikosituation überzeugen.

Diese anschaulichen positiven Effekte des Risikomanagements auf die Lieferantenauswahl und die Lieferantenqualifizierung sollen hier als Beispiele für die Unterstützung der Entscheider über die gesamte Lieferanten- und Abnehmerbeziehung genügen.

Im Vergleich zu früheren Lieferantenbeziehungen zeichnet sich ein erfreulicher Trend ab, der auf das Supplier-Risk-Management zurückzuführen ist. Die Fälle, in denen ein Krisenmanagement aufgrund eingetretener und unvorhergesehener Risiken nötig wurde, scheinen seit der Implementierung stark rückläufig zu sein. Durch diese verbesserte Bezugssicherheit ergibt sich bei Das Unternehmen Deutschland eine erhöhte interne Prozesssicherheit. Aufgrund der erst vor kurzem erfolgten Implementierung können hierfür allerdings noch keine gesicherten Ergebnisse verkündet werden.

Ergebnisse

Die dargestellten Ergebnisse zur Optimierung der Wertschöpfungskette seien hier noch einmal zusammengefasst:

- Schaffung von Risikotransparenz und Erweiterung der Entscheidungsbasis bei der Lieferantenauswahl um Risikoaspekte,
- Gewinnung von Anhaltspunkten für eine gezielte Lieferantenqualifikation,
- positive Auswirkungen auf Lieferantenpartnerschaften und Vermeidung von Kosten des Lieferantenwechsels,
- erhebliche Einsparungen durch weniger »Troubleshooting« nach unvorhergesehenen Risikoeintritten,
- verbesserte Lieferantenkontrolle durch kontinuierliche Überwachung der Risiken,
- verbesserte interne Prozesssicherheit aufgrund erhöhter Versorgungskonstanz, Qualitätssicherheit und Schnittstellenoptimierung sowie die
- Erfüllung der Anforderungen nach KonTraG.

Diese Ergebnisse gewinnen vor allem vor dem Hintergrund der geringen zusätzlichen Kosten der Implementierung aufgrund des Rückgriffs auf bestehende Datensätze an Gewicht. Daneben sind auch die geringen laufenden Kosten und der relativ geringe zusätzliche Personaleinsatz durch die weitgehende Automatisierung zu nennen.

Ausblick: Fortführung des Supplier-Risk-Managements

Betrachtet man das zu dieser Themenstellung laufende und oben dargestellte Projekt, so lassen sich vier wesentliche Faktoren für ein erfolgreiches, pro-aktives Supplier-Risk-Management erkennen.

Der erste Erfolgsfaktor sind die Risikotransparenz und das erweiterte Wissen über den Zulieferer zu jedem Zeitpunkt der Abnehmer- und Lieferantenbeziehung. Diese Transparenz ist nur zu erreichen, wenn zur Identifikation aller möglichen Risikotreiber auch sämtliche internen und externen Informationsträger einbezogen werden. Das waren bei Das Unternehmen Deutschland vor allem die einzelnen Fachbereiche und externe Experten. Darüber hinaus ist eine explizite Betrachtung der Risiken erforderlich, um die Gesamtheit der Risikosituation eines Lieferanten zu erfassen. Nur wenn alle möglichen Risiken bekannt sind, fallen die tatsächlichen Risiken auch auf.

Als zweiter Erfolgsfaktor gilt das frühzeitige Erkennen potenzieller Gefahren, die von Risiken und Risikotreibern ausgehen. Dazu ist bei Das Unternehmen Deutschland ein innovativer, automatisierter Prozess entwickelt worden, der für bestehende Lieferantendaten in Echtzeit einen Risikostatus für diesen Lieferanten berechnet und Handlungsmaßnahmen für identifizierte Risiken bereitstellt. Dies ermöglicht erst eine zeitnahe Handhabung der Risiken. Je frühzeitiger Risiken erkannt und bearbeitet werden, desto geringer ist tendenziell der Aufwand, der zu ihrer Verminderung betrieben werden muss.

Was ist die Innovation am Supplier-Risk-Management für den Einkauf?

Durch die Beteiligung aller internen Fachbereiche und externen Experten wurde Know-how gebündelt, erfolgreich in einen Unternehmensprozess integriert und dadurch folgende Innovationen erreicht:
- erstmalig bekommen die Entscheider die Transparenz über die mit dem Lieferanten verbundenen Risiken;
- implizite Risikoabschätzungen im Rahmen eines generellen Lieferantenmanagements werden abgelöst durch eine explizite Risikobetrachtung und detaillierte Risikoinformationen;
- frühzeitige Erkennung von Risiken und ihre pro-aktive Handhabung statt reaktiver Behebung der durch sie entstandenen Schäden;
- Risiken können durch ihre automatisierte, standardisierte und objektive Ermittlung zwischen den Lieferanten verglichen werden.

Die Objektivität der Bewertung von Risiken und die objektive Auswahl der Handhabungsmaßnahmen bilden zusammen den dritten Erfolgsfaktor. Dies wird ebenfalls durch die automatisierte Berechnung sichergestellt, so dass die Risiken für alle Lieferanten in vergleichbarer Form vorliegen. Das bedeutet, dass so auch eine objektive Dringlichkeitsrangfolge erstellt werden kann. Das System gewährleistet darüber hinaus, dass für diese Risiken auch die passenden Maßnahmen ergriffen werden. Die Objektivität der Risikoanalyse und der Maßnahmenauswahl sorgt somit dafür, dass die relevanten Risiken richtig bearbeitet werden.

Der vierte Erfolgsfaktor liegt in der Kontinuität des Supplier-Risk-Managements. Nur wenn die volatilen Lieferantendaten auf einem aktuellen Stand gehalten werden, ist eine sinnvolle Bearbeitung von Risiken möglich. Eine regelmäßige Kontrolle der Daten sowie eine ständige Kontrolle des Lieferantenrisikostatus ist daher für eine zeitnahe Risikobearbeitung unabdingbar.

Betrachtet man im Rahmen einer Kosten-Nutzen-Gegenüberstellung den gesamten Aufwand zur Durchführung des Supplier-Risk-Managementprozesses hinsichtlich Mitarbeiterstunden und Ausgaben für Softwarelösungen im Verhältnis zu den Einsparungen und Verbesserungen, so erkennt man den hohen Wirkungsgrad dieser Vorgehensweise. Dieser Erfolg spricht für eine Fortführung des Supplier-Risk-Managements bei Das Unternehmen Deutschland.

Mehr noch: Das Risikomanagement soll bezüglich der wichtigsten Lieferanten beziehungsweise der bedeutendsten Beschaffungsobjekte auf die gesamte vorgelagerte Wertschöpfungskette ausgedehnt werden, um die Bezugs- und Qualitätssicherheit weiter zu erhöhen. Die Software erlaubt dabei durch ihre offene Gestaltung eine Erweiterung mit neuen und angepassten Elementen. Zur Berücksichtigung von Vorlieferanten stehen Das Unternehmen zwei Wege offen. Zum einen könnte dies in Eigenregie geschehen und zum anderen das System für die direkten Lieferanten lizenziert werden.

Gemeinsam mit der Kostenanalyse ist das Supplier-Risk-Management der erste Schritt zur Auswahl der Lieferanten und zum Aufbau einer Lieferantenpartnerschaft. Auf dieser Basis werden Lieferantenentwicklungsprogramme durchgeführt und so ein Lieferanten- und Supply-Chain-Management initiiert. Hierdurch können strategisch wichtige Lieferanten systematisch aufgebaut und ihre Leistungen optimiert werden – ein außerordentlicher Ansatz für die zukünftigen Herausforderungen.

9
Strategisches Kostenmanagement im Einkauf: ein ganzheitlicher Ansatz zur Kostensteuerung

Antonio Conte

Ausgangssituation

Die Anforderungen an den Einkauf sind aufgrund der Veränderungstreiber (wie zum Beispiel Deregulierungen, neue Technologien, neue Wettbewerber und die sich schnell ändernden Kundenbedürfnisse) stark angestiegen. Hinzu kommen die Globalisierung für die Telekommunikationsunternehmen und die daraus resultierenden Einflüsse und Auswirkungen. Diese zwingen den Einkauf, sich an anderen Branchen zu orientieren und sich auf die Kernbereiche zu konzentrieren. Dies erklärt aber auch das Ansteigen von Trends wie zum Beispiel das Outsourcing in dieser Branche sowie die Neuausrichtungen der Einkaufsabteilungen. Um die Wettbewerbs- und Innovationsfähigkeit zu stärken, nimmt die Bedeutung des Einkaufs am Gesamterfolg des Unternehmens auf diese Weise stetig zu. Der Erfolg im Einkauf ist nur möglich, wenn strategische Zielformulierungen und operative Umsetzungen mit geeigneten Instrumenten und Methoden ausgerüstet sind.

Um seinen Beitrag zum Unternehmenserfolg zu leisten, ist der Einkauf gehalten, Kosten reduzierende Maßnahmen für die einzukaufenden Produkte, Investitionsgüter und Dienstleistungen zu entwickeln und einzuführen. Die Einkaufstätigkeiten sind in einen Supplier-Cost-Controlling-Prozess einzubinden. Dass herkömmliche Ansätze für diese Situation nicht ausreichen, hat die Automobilindustrie in den vergangenen Jahren erfahren müssen. Alleine die Tatsache, über Marktmacht zu verfügen und den Lieferanten unter Druck zu setzen, reicht nicht. Das angestrebte Ziel, auf der einen Seite den niedrigstmöglichen Preis für ein Produkt oder eine Dienstleistung zu bezahlen und auf der anderen Seite eine partnerschaftlich ausgerichtete Lieferanten-/Abnehmerbeziehung zu haben, wird auf diese Weise kaum erreicht. Um das letztgenannte Ziel umzusetzen, ist tief greifendes Wissen über das Zulieferunternehmen, die eingekauften Produkte und die Produktkostenstrukturen beim Lieferanten im Einkauf erforderlich.

Zielsetzung und Anforderungen: Kostentransparenz

Aufgrund der dargestellten Ausgangssituation gewinnt die Kostentransparenz im Einkaufsumfeld zunehmend an Bedeutung. Zu wissen, wie hoch die Kosten für den Lieferanten beziehungsweise Dienstleister bei der Herstellung seiner Produkte sind, ermöglicht erst einen fairen Umgang im Rahmen einer Lieferantenpartnerschaft. Auf diese Weise hat der Einkäufer die Möglichkeit, den niedrigsten Preis für seine Einkaufsprodukte zu erzielen. Gleichzeitig ist die Gefahr gebannt, einen Lieferanten aufgrund klassischer Verhandlungsprozesse, im Rahmen von Machtausübung, finanziell zu überfordern.

Die globale Strategie des Einkaufs steht somit verstärkt für die aktive Mitgestaltung und Steuerung von Einkaufspreisen. Das reaktive Verhalten gegenüber dem Lieferanten, das heißt auf Preisangebote mit pauschalen Preissenkungsvorschlägen zu reagieren, sollte der Vergangenheit angehören. Der Einkäufer gibt den Preis für ein bestimmtes Produkt vor und geht mit einer klaren Preiszielformulierung in ein Verhandlungsgespräch. Die Produktkosten stehen dabei im Vordergrund, nicht der Angebotspreis eines Lieferanten.

Durch die gewonnene Kostentransparenz entstehen auch Vorteile für den Lieferanten. Ist der Einkäufer von einem fairen Einkaufspreis überzeugt, wird er diesen Lieferanten auch bei zukünftigen Auftragsvergaben berücksichtigen. Außerdem bekommt der Lieferant auf diese Weise eine Lieferanten-/Abnehmerbeziehung mit einer höheren Planungssicherheit. Diese Sicherheit reduziert sein unternehmerisches Risiko. Darüber hinaus bedeutet mehr Planungssicherheit für den Lieferanten einen innerbetrieblich geringeren Aufwand. Die auf diese Weise optimierten Wertschöpfungsketten beinhalten eine höhere Effizienz für alle Beteiligten und ermöglichen eine Wertgestaltung, die zu optimalen Wettbewerbsbedingungen im Markt führen.

Neben der Nutzung von Kostentransparenz im Rahmen der Preisverhandlungen und der aktiven Mitgestaltung von Preisen ist die *Kostenanalyse* auch in anderen Bereichen sinnvoll einsetzbar, zum Beispiel während der Entwicklungsprozesse neuer Produkte. In diesem Zusammenhang werden Kostenabschätzungen vorgenommen, um Zielpreise (Cost Targets) während des

Entwicklungsprozesses zu kontrollieren und zu steuern und gegebenenfalls in den Prozess einzugreifen. Erfahrungen zeigen, dass ein nicht kostengesteuerter Entwicklungsprozess im Allgemeinen Produktkosten mit sich bringt, die über dem ursprünglichen Kostenziel liegen. Dieses wird durch ein kontinuierliches Kostenabschätzen vermieden.

Vor Beginn des Entwicklungsprozesses müssen für zukünftige Projekte Budgets erstellt werden. Hierzu ist es erforderlich, bereits auf Basis von Funktionsbeschreibungen und groben Abmaßen die möglichen Produktkosten vorzuschätzen. So sollte sich der Einkauf im Rahmen der Kostentransparenz folgende Ziele setzen:

- bessere Beurteilung des Angebotspreises durch ausreichende Lieferanteninformationen und Transparenz der Kostenstrukturen,
- Transparenz über die Selbstkosten als Basis für Lieferantenworkshops und Preisverhandlungen,
- kontinuierliche Prüfung der Produktkosten während des Entwicklungsprozesses zur sicheren Einhaltung vorgegebener Zielpreise,
- Abschätzung von zukünftigen Projektkosten für Budgeterstellungen,
- höhere Transparenz über den gesamten Beschaffungsmarkt sowie einzelner Lieferanten,
- schnelle Reaktionszeiten bei der Abschätzung von Produktkosten und
- Lieferanteninformationssystem für ein zielgerichtetes Management von Lieferanteninformationen.

Das Konzept: drei Säulen des Kostenmanagements

Aufgrund der oftmals unterschiedlichen Einkaufsprodukte und Dienstleistungen sowie der unterschiedlichen Zielstellungen ist eine differenzierte Vorgehensweise bei der Gestaltung von Kostentransparenz erforderlich. Hierzu werden zwei unterschiedliche Analyseansätze (erste Säule: Parametrik, zweite Säule: Einkaufskostenanalyse), ergänzt durch ein strukturiertes Lieferanten- und Produktinformationsmanagement (dritte Säule), eingesetzt. Die beiden Analyseansätze sind von der Vorgehensweise unterschiedlich. Sie können sowohl singulär als auch komplementär eingesetzt werden. Beim ersten Ansatz handelt es sich um Parametrik. Im Rahmen einer Top-down-Annäherung werden Funktionen und geometrische Eigenschaften zur Beurteilung herangezogen. Der zweite Ansatz stützt sich auf die Einkaufskostenanalyse. In diesem Fall werden Herstellprozesse, Materialien und Unternehmensstrukturen analysiert und bewertet. Durch die dritte Säule, das Lieferanten- und Produktinformationsmanagement, werden die Analyseansätze unterstützt und zum anderen die Umsetzung der Analyseergebnisse durch eine zielgerichtete Argumentation beim Lieferanten erst ermöglicht. Im Nachfolgenden werden die drei Säulen näher erläutert.

Erste Säule: Parametrik

Das parametrische Modell berechnet Kosten aufgrund »technischer« Parameter. Sie werden zur Abschätzung von Kosten beeinflussenden Faktoren eingesetzt, zum Beispiel Lohnstunden für Softwareentwicklung, Softwaregrößen anhand der Anzahl an programmierten Zeilen (LoC, Lines of Code). Darüber hinaus können sie für die Abschätzung von Kosten für Fertigungsprodukte und Ersatzteile eingesetzt werden. Aufgrund ihrer Vielzahl an mathematischen Gleichungen, Basisregeln, Annahmen, Datenbanken und Logik lassen sich durch parametrische Modelle Software- und Hardwareprodukte präzise beschreiben. Auf diese Weise können Aufwände beziehungsweise Kosten, die zur Erstellung der Produkte beim Lieferanten notwendig sind, beurteilt werden.

Ein grundlegendes Merkmal der parametrischen Kostenberechnung ist, dass sie über die Hardwareproduktion, die Hardwareentwicklung bis hin zur Softwareentwicklung die Kosten aus den technischen Parametern ableitet. Zu den grundsätzlichen parametrischen Daten, die verwendet werden, gehören:

- Prototypen, die entwickelt und produziert werden,
- Zeitplan für Vorentwicklung (Preliminary Development), umfassende Entwicklung, Produktion und Integration, Test,
- Voraussetzung der Arbeitsleistung in Technik und Herstellung,
- Hardwaregeometrie bestehend aus Größe und Gewicht der elektronischen und mechanischen Elemente,
- Aufwand für Neuentwürfe (New Design), die vorausgesetzt werden, sowie der Index der Entwicklungsschwierigkeit (Development Engineering Task),
- Voraussetzungen des spezifischen Wirkungsfeldes, der Entwicklung und der Produktion,
- Technology Difficulty Index (Stand der Technik) der mechanischen und elektronischen Teile der Hardware,

- Herstellungsprozess, der in der Fertigung angewandt wird,
- technischer State-of-the-Art.

Die zum Rechnungsresultat führenden Parameter sind dynamisch miteinander verbunden. Normalerweise führt die Änderung einer Eingabe zu Änderungen weiterer Parameter. Ein Beispiel ist die Produktionsmenge (Production Quantity). Diese Variable hat direkten Einfluss auf die Zeitachse und den Herstellungsprozess. Werden Stückzahl und Herstellungsprozess geändert, muss infolgedessen auch die gewählte Unit Learning Curve (ULC) überprüft und gegebenenfalls geändert werden. Diese Art der gegenseitigen Abhängigkeit zeigt deutlich den Unterschied zwischen diesem Modell und einer Berechnung durch einen Taschenrechner oder eine einfache CER (Cost Estimation Relation).

Der Einsatz parametrischer Modelle zur Beurteilung von Kostenstrukturen wurde in den USA zu Beginn der achtziger Jahre bekannt. Zu diesem Zeitpunkt beschäftigten sich sowohl die US-Army als auch die NASA intensiv mit dieser Art der Kostenbewertung. Diese Modelle sollten auf deren Empfehlung auch in der privaten Wirtschaft eingesetzt werden.

Zweite Säule: Einkaufskostenanalyse

Mit Hilfe der Einkaufskostenanalyse werden die Kostenbestandteile eines Fertigungsproduktes analysiert, die beim Lieferanten anfallen. Hierbei werden sämtliche direkte Kostenarten entlang des Fertigungsprozesses sowie die Gemeinkosten identifiziert. Die Analyse kann auf Basis der Ist-Daten eines Lieferanten aufgesetzt werden. Ist der Lieferant unbekannt oder sind Ist-Daten nicht verfügbar, können auch Kostensimulationen auf Basis von Best-Practice-Fertigungsprozessen erarbeitet werden. Die Aufgaben der Einkaufskostenanalyse in Unternehmen kann in strategische sowie in operative Aufgaben unterteilt werden. Die strategischen Aufgabenfelder beziehen sich vor allem auf einkaufsunterstützende Tätigkeiten während der Produktentwicklungsphase. Hierzu gehören:

- Lieferantenbewertung zur Auswahl der Schlüssellieferanten,
- Analyse der Kostenstruktur, um Optimierungspotenziale zu identifizieren und Lieferanten zu entwickeln,
- Entwicklung von Zielpreisen für die Produktentwicklung,
- Einkaufskostencontrolling während der Produktentwicklung,

- Unterstützung des Produktentwicklungsprozesses, um Qualitätsprodukte auf niedrigem Kostenniveau zu entwickeln,
- Durchführung von Make-or-buy-Entscheidungen,
- Durchführung von Wettbewerbsteilanalysen.

Die operativen Aufgabenfelder beziehen sich auf einkaufsunterstützende Tätigkeiten während der Serienlieferung. Hierzu gehören:

- Kalkulation von Designänderungen,
- Bestimmung der Einkaufskosten für das endgültige Produktdesign,
- Bestimmung der Kosten für Volumenänderungen,
- Unterstützung der Preisverhandlungen mit Lieferanten,
- Durchführung von Lieferantenworkshops.

Der Genauigkeitsgrad bei der Durchführung einer Einkaufskostenanalyse wird durch den Umfang an verfügbaren Informationen und durch die Qualität der erhobenen Daten bestimmt. Außerdem ist die Art der Kostenverteilung auf das Produkt von entscheidender Bedeutung. Es empfiehlt sich hier, eine möglichst verursachungsgerechte Verteilung der Gemeinkosten durch differenzierte Gemeinkostenfaktoren zu nutzen. Werden diese Aspekte eingehalten, kann eine Kostenanalyse mit wenig Informationen über ein Produkt und geringem Aufwand durchgeführt werden. Wird allerdings eine detaillierte Produktkostenstruktur als Grundlage für eine Verhandlung benötigt, empfiehlt es sich, die einzelnen Kostenarten sorgfältig zu erheben und gegebenenfalls mit zusätzlichen Quellen (zum Beispiel Datenbanken oder Brancheninformationen) zu plausibilisieren.

Zur Durchführung von Einkaufskostenanalysen können am Markt verfügbare Systeme eingestzt werden. Diese ermöglichen eine strukturierte Aufnahme der notwendigen Daten, die Durchführung von Simulationen und eine präzise Berechnung der Produktkosten. Zu den benötigten Informationen zur Durchführung einer Einkaufskostenanalyse gehören unter anderem folgende Informationen:

- *Informationen zum Produkt:* Stückzahl pro Jahr, Spezifikationen, eingesetztes Material (kg, Euro/kg), Verpackung und Versand
- *Informationen zum Lieferanten:* Gesamtumsatz pro Jahr, Materialaufwand pro Jahr, Anzahl Mitarbeiter pro Unternehmensbereich, Arbeitszeiten, Schichtmodelle, Löhne, Gehälter, zusätzliche soziale Leistungen, Krankheitsstände

- *Informationen zum Herstellprozess:* genutzte Maschinen und Anlagen, Ausschussraten, Prozessverluste, Zykluszeiten, Anzahl Mitarbeiter an der Maschine.

Bei der Durchführung einer Einkaufskostenanalyse wird grundsätzlich zwischen der lieferantenbezogenen Analyse und der lieferantenunabhängigen Analyse unterschieden. In den meisten Fällen ist die lieferantenbezogene Einkaufskostenanalyse die genauere. Dies bedeutet jedoch, dass das Produkt in der Serie gefertigt wird, das heißt, dass Ist-Fertigungsdaten vorliegen und der Lieferant bereit ist, diese Informationen mitzuteilen. Ist das der Fall, so werden im Rahmen eines Wert- und Kostenanalyse-Workshops beim Lieferanten die aktuellen Prozess- und Kostendaten aufgenommen und die Produktkosten ermittelt.

Sollte der Lieferant einen entsprechenden Workshop nicht zulassen oder das Produkt noch nicht in Serie gefertigt werden, wird eine lieferantenunabhängige Einkaufskostenanalyse durchgeführt. Hierbei gilt es, die Fertigungsprozesse mit Unterstützung von Spezialisten zu erarbeiten und die entsprechenden Fertigungsparameter wie Zykluszeiten oder Ausschussraten festzulegen. Notwendige Informationen über Anlagen-, Lohn- oder Materialkosten werden aus bestehenden Datenbanken entnommen oder individuell im Markt recherchiert. Auf diese Weise wird eine Best-Practice-Analyse erarbeitet. Diese kann zur Zielerreichung eingesetzt werden.

Die Vorteile der Einkaufskostenanalyse liegen in dem hohen Detaillierungsgrad und der Genauigkeit der Produktkalkulation sowie der Vergleichbarkeit der einzelnen Kostenpositionen (zum Beispiel Material-, Lohn-, Maschinen- oder Gemeinkosten) mit dem Lieferanten. Darüber hinaus bietet eine entsprechende Kalkulation eine hohe Akzeptanz beim Lieferanten. Aus diesem Grunde ist eine auf diese Weise erarbeitete Produktkalkulation ideal für Preisverhandlungen. Der hohe Detaillierungsgrad bedeutet auf der anderen Seite allerdings einen hohen Aufwand und setzt ein tief greifendes Wissen über den Fertigungsprozess voraus. Insofern eignet sich die Einkaufskostenanalyse vorwiegend für Produkte mit überschaubarer Komplexität, zum Beispiel Einzelteile oder kleinere Baugruppen.

Dritte Säule: Lieferanten- und Produktinformationsmanagement

Das Lieferanten- und Produktinformationsmanagement verfolgt vor allem zwei Aufgaben. Zum einen wird durch eine strukturierte Erhebung sämtlicher recherchierbarer Informationen über Lieferanten und Produkte eine solide Basis für die beiden Analyseansätze geschaffen. So werden zum Beispiel im Rahmen durchgeführter Audits und Unternehmensanalysen neben Informationen zur Leistungsfähigkeit von Unternehmen auch die Gemeinkostenstrukturen erhoben. Zum anderen ist ein umfangreiches Wissen über Lieferanten und Produkte einschließlich der Fertigungsprozesse eine optimale Grundlage für wirkungsvolle und faire Preisverhandlungen. Alle Daten und Informationen über die auditierten und analysierten Unternehmen werden in den so genannten Unternehmensdatenbanken strukturiert abgelegt.

Die Unternehmensdatenbanken erfüllen in erster Linie den Zweck, beim Lieferanten erhobene und analysierte Daten und Informationen strukturiert abzulegen. Bei den Daten handelt es sich meist um absolute Kosteninformationen der Unternehmen (zum Beispiel Personalkosten der Einkaufsabteilung, IT-Kosten, Telefonkosten) oder andere quantitative und qualitative Daten. Die erste Strukturebene der Datenbank sind Parameter wie Größe des Unternehmens, Anzahl der indirekten Mitarbeiter in den einzelnen Abteilungen, Wertschöpfungstiefe, organisatorische Ausrichtung, Fertigungsstandorte. Diese Datenbanken sind die Basis zur Beurteilung von Leistungsfähigkeiten einzelner Unternehmen im Rahmen von Benchmark-Vergleichen. Darüber hinaus können sie zur Simulation von Kostenstrukturen unbekannter Unternehmen herangezogen werden.

Für eine Simulation von Gemeinkostenstrukturen ist eine Basis an vergleichbaren Unternehmen erforderlich. Es ist davon auszugehen, dass Unternehmen grundsätzlich unterschiedlich sind und deshalb ein Benchmarking von ganzen Unternehmenseinheiten zu unzulänglichen Ergebnissen führt. Aus diesem Grund gilt es, Vergleiche wesentlich differenzierter durchzuführen. Hier empfiehlt sich die Betrachtung auf Basis unterschiedlicher funktionaler Einheiten (zum Beispiel Rechnungsprüfung, Personalverwaltung, Grundlagenforschung). Durch eine Vielzahl analysierter Unternehmen und eine für diesen Zweck eingerichteten Unternehmensdatenbank steht eine ausreichende Datenbasis zur Ableitung von Gemeinkostenstrukturen neuer Lieferanten zur Verfügung. Bei der Durchführung einer Kostensimulation werden für jede funktionale Einheit die am besten geeigneten Vergleichswerte herausgezogen. Für diesen Prozess wurden Algorithmen aufgebaut, die für jede Funktionseinheit mehrere Vergleichswerte identifizieren würden, um somit eine sichere Aussage treffen zu können. Auf diese Weise wird ein Unternehmen in seinen Gemeinkostenstrukturen möglichst der Realität entsprechend simuliert. Die Gemeinkosten in Verbindung mit den durch die Parametrik oder die Einkaufskostenanalyse ermittelten direkten Kosten ergibt eine sehr hohe Genauigkeit bei der Kalkulation von Produktkosten.

Kombination der drei Säulen

In der täglichen Einkäuferpraxis besteht die Aufgabe, bei einer Vielzahl von unterschiedlichen Einkaufsprodukten bei unterschiedlichen Zielsetzungen die erforderliche Kostentransparenz zu schaffen. Um für diese Vielzahl an Produkt-Ziel-Kombinationen jeweils ein adäquates Werkzeug zur Verfügung zu haben, können für die Gestaltung individuelle Bewertungsansätze herangezogen werden. Vor dem Hintergrund des Produktes und des definierten Zieles wird eine Kombination aus Parametrik und Einkaufskostenanalyse, unterstützt durch die erarbeiteten Lieferanten- und Produktinformationen, festgelegt. Auf diese Weise können die vor jedem Projekt definierten Zielstellungen im Rahmen der Kostentransparenz mit relativ wenig Aufwand erreicht werden.

Vorteile der Kombination von Parametrik und Einkaufskostenanalyse

- schnelle und zielführende Gestaltung von Kostentransparenz
- Veränderungen von Rahmenbedingungen können sofort kostenrechnerisch berücksichtigt werden
- Gestaltung von Kostentransparenz bei jeder Art von Produkt und Dienstleistungen im Rahmen von Projektierungen
- schnelle Identifizierung von Kostentreibern zur Potenzialfreisetzung

---

Durch ein nachhaltiges und solides Lieferanten-/Produktinformationsmanagement sowie beide Analyseansätze besteht erstmals die Möglichkeit, Lieferantenangebote objektiv zu bewerten und sachlich ausgerichtete Verhandlungen zu führen. Der Einkäufer muss nicht mehr ausschließlich über Prozentpunkte verhandeln. Er kann auf Basis von objektiven Kriterien den Preis mitgestalten.

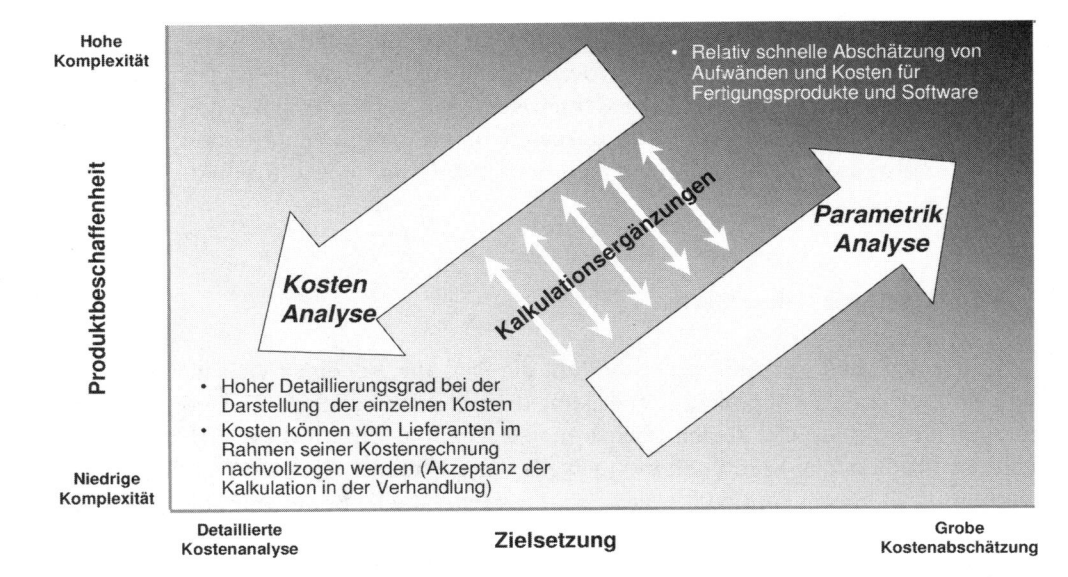

Abb. 9.1: Einsatzfelder von Parametrik- und Kostenanalyse

Analyseszenarien

Obwohl jede Einkaufsproduktart eine Vielzahl an Bewertungs- und Analyseszenarien möglich macht, werden hier zur vereinfachten Darstellung lediglich drei verschiedene Einkaufsprodukte eines Telekommunikationsunternehmens mit jeweils einer Zielsetzung näher betrachtet. Im ersten Fall handelt es sich um eine elektronische Funknetzstelle, eine Norde B (Element des UMTS-Funknetzes). Ziel ist eine grobe Kostenabschätzung zur Beurteilung des derzeitigen Einkaufspreises. Im zweiten Fall handelt es sich um eine Abdeckung aus Aluminium, die als Vorbereitung einer Kostenverhandlung mit dem Lieferanten analysiert werden soll. Im dritten Fall geht es um eine geplante Software, für die ein Preis zwecks Budgetierung ermittelt werden muss.

Fall 1: Kalkulation einer elektronischen Funknetzstelle mittels Parametrik und Kostenanalyse

Da es sich bei diesem Fertigungsprodukt um ein relativ komplexes Produkt handelt und zudem die Zielsetzung einer groben Kostenabschätzung gegeben ist, hat sich das Projektteam für einen parametrischen Ansatz zur Beurteilung der Fertigungskosten entschieden. Darüber hinaus sollten die Gemeinkostenstrukturen des Lieferanten mittels Kostenanalyse erarbeitet werden.

In der ersten Projektsitzung wurde entschieden, die Beurteilung der Fertigungskosten auf Basis von einzelnen Funktionseinheiten durchzuführen und diese später zu aggregieren. Als Funktionseinheit wurden Elemente wie Kühler, Stromversorgungseinheit, Amplifier, Schrank bezeichnet. Aus diesem Grund wurde zu Beginn eine klar nachvollziehbare Baukastenstruktur für die Norde B erarbeitet. Nachdem das Aggregat zerlegt war, konnte für jede Funktionseinheit ein parametrisches Modell aufgebaut werden, das heißt, die relevanten Parameter zur Beschreibung der einzelnen Funktionseinheiten wurden identifiziert und in das verwendete Parametrik-Analysesystem eingegeben.

Erforderliche Marktpreise für Rohstoffe oder DIN- und Normteile wurden aus Datenbänken entnommen oder individuell recherchiert. Zur Durchführung von Marktrecherchen greift das Unternehmen auf externe Dienstleister zurück. Aus der Parametrikanalyse, ergänzt durch Marktpreise für genormte Bauteile, wurden die Herstellkosten ermittelt. Um von diesen Kosten zu dem Angebotspreis zu gelangen, mussten die Gemeinkostenzuschläge ermittelt werden. Die Beurteilung der Gemeinkosten wie Material-, Fertigungs- oder Vertriebs- und Verwaltungsgemeinkosten kann über zwei alternative Vorgehensweisen erreicht werden:

- Die Gemeinkostenzuschlagsätze werden auf Basis durchgeführter Kostenaufnahmen beim Lieferanten entwickelt (Kostenanalyse).
- Aus bestehenden Datenbanken werden vergleichbare Unternehmen identifiziert und daraus Benchmark-Werte abgeleitet (Kostensimulation).

Bei dem beschriebenen Projekt entschied das Team, zuerst die Gemeinkosten über eine Simulation zu bewerten. Zu diesem Zweck wurden für den Lieferanten die Kategorisierungsparameter identifiziert. Mit Hilfe der Unternehmensdatenbank konnten anschließend die geeigneten Gemeinkostenzuschlagsätze ermittelt werden. Durch Rückspielung der ermittelten Gemeinkostenzuschläge in das Parametriksystem und Berücksichtigung einer üblichen Gewinnmarge ließ sich ein realistischer Angebotspreis errechnen.

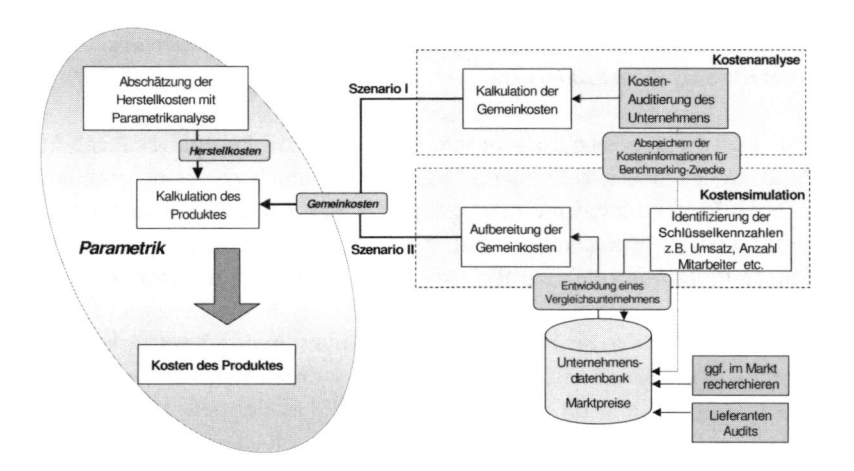

Abb. 9.2: Ablauf einer Kalkulation von Fertigungsprodukten durch Parametrik und Kostenanalyse

Fall 2: Kalkulation eines Aluminiumdruckgussteils mittels Einkaufskostenanalyse

Beim zweiten Analysefall handelt es sich um ein mechanisch bearbeitetes Aluminiumdruckgussteil, das zuerst kostenanalytisch und lieferantenunabhängig kalkuliert werden sollte. Ziel war die Erstellung einer Grundlage für eine Preisverhandlung mit dem Lieferanten. Für das Produkt wurde der Fertigungsprozess einschließlich sämtlicher Fertigungsparameter erarbeitet, unter Einbeziehung von Fertigungsspezialisten aus dem Bereich Druckgusstechnik und mechanische Bearbeitung. Die erforderlichen Kosteninformationen bezüglich Lohn, Maschinen, Material und Gemeinkosten wurden aus entsprechenden Datenbanken entnommen und in die Produktkostenkalkulation eingebracht. Marktpreise für DIN- und Normteile und Rohmaterialien wurden im Markt individuell recherchiert. Für das festgelegte Ziel war die Durchführung einer Kalkulation im Rahmen eines »Best-Practice-Ansatzes« erforderlich. Auf diese Weise wurden Fertigungsparameter und Kosten für sehr effiziente Prozesse erarbeitet. Diese Best-Practice-Kalkulation diente als Zielgröße für den Lieferanten.

In einem anschließend durchgeführten Workshop wurden die Ansätze diskutiert und mit den Ist-Parametern des Lieferanten verglichen. Auf diese Weise ergaben sich zwei Differenzen. Eine Differenz bestand aufgrund der

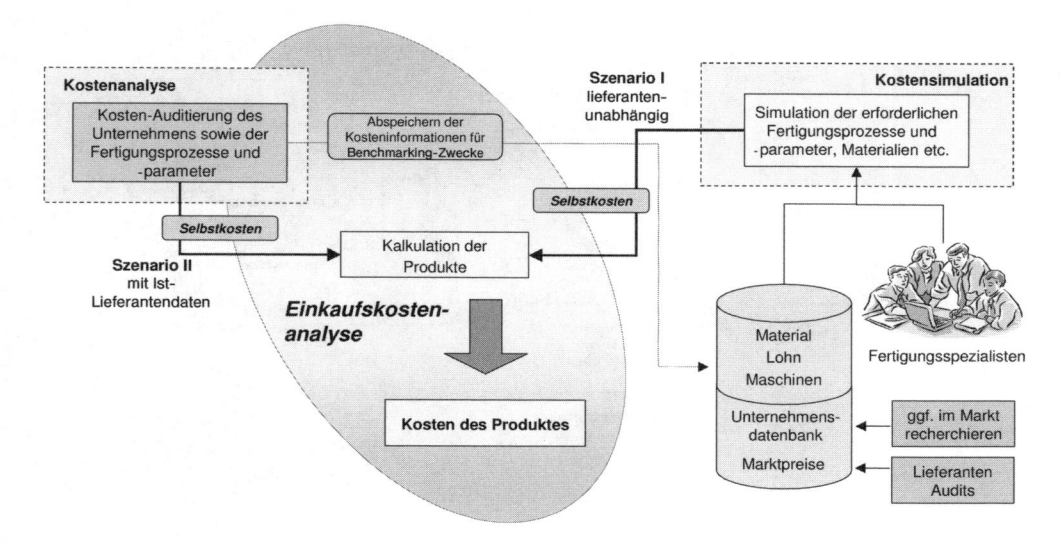

Abb. 9.3: Ablauf einer Kalkulation von Fertigungsprodukten durch Einkaufskostenanalyse

wirtschaftlicheren Fertigungsweise in der Kalkulation. Hier wurden Kostensenkungsziele auf Basis der im Workshop identifizierten und vom Lieferanten umzusetzenden Handlungsmaßnahmen aufgezeigt. Außerdem war eine Kostendifferenz aufgrund einer unzureichenden Produktkalkulation seitens des Lieferanten festzustellen. Dieser Teil der Kostendifferenz wurde im Workshop verhandelt und führte unmittelbar zu einer Preisreduzierung.

Fall 3: Kalkulation von Software durch Parametrik und Einkaufskostenanalyse

Mittels Parametrik wird eine Abschätzung des Aufwandes für die Entwicklung der Software beziehungsweise die Erstellung einer Software vorgenommen. Dabei sind sämtliche Aufwandsbereiche der Softwareentwicklung wie Konzept/Design, Projektmanagement, CTV Coding, Testing, Validation (CTV), Dokumentation, Enhancement und Integration zu berücksichtigen. Um das Gesamtergebnis in Form von monetärem und zeitlichem Aufwand erhalten zu können, wurde vom Einkauf zusammen mit der Technik eine Strukturierung des Produktes vorgenommen. Die benötigten technischen Eingabeparameter (Qualität des Produktes und der Entwicklungsumgebung, Qualität

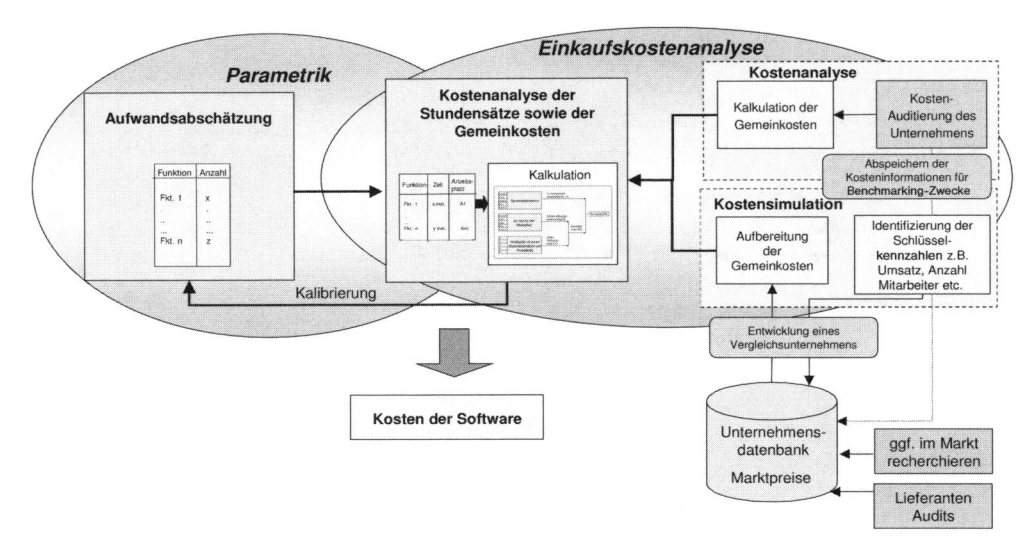

Abb. 9.4: Ablauf einer Softwarebewertung durch Parametrik und Einkaufskostenanalyse

des Entwicklerteams, Schwierigkeitsgrad der Integration) wurden anschließend bestimmt.

Im Rahmen der Einkaufskostenanalyse sind parallel die verschiedenen Stundensätze von den an der Leistungserstellung beteiligten Mitarbeitern inklusive der Personalnebenkosten sowie der Gemeinkosten zu ermitteln. Die notwendigen Daten zur Analyse der Stundensätze sowie der Gemeinkosten werden durch Kostenaufnahmen beim Lieferanten erarbeitet. Lässt der Lieferant Kostenaufnahmen nicht zu, können diese Werte durch Simulationen mit Hilfe von Unternehmensdatenbanken hergeleitet werden. Aus der Multiplikation des Aufwandes in Stunden mit den verschiedenen Stundensätzen ergeben sich die Kosten der Softwareerstellung.

Ergebnisse

Im Rahmen der durchgeführten Projekte konnte das Unternehmen im Einkauf signifikante Kostenreduzierungen erreichen. Darüber hinaus wurde in den Projektteams, die an der Bearbeitung beteiligt waren, das Maß an Produkt- und Lieferantenkenntnis erheblich verbessert. Außerdem wurde eine Verbesserung der Lieferanten-Abnehmer-Beziehung erreicht. Einige

Ergebnisse:

- *Softwareentwicklung:* Bei einem Ausschreibungsvolumen von rund 19 Millionen Euro wurde innerhalb von neun Projekten eine Einsparung von etwa 7,5 Millionen Euro, rund 40 Prozent, erreicht. Davon waren rund 4,5 Millionen Euro auf klassische Preisreduzierungen durch Verhandlung und etwa 3 Millionen Euro auf Preisreduzierung durch Wertanalytik (Cost Avoidance) zurückzuführen.
- *Fertigungsprodukte:* Beim Einkauf von Antennen mit einem Einkaufsvolumen von rund 2,1 Millionen Euro wurde im Rahmen eines Einkaufskostenanalyseprojektes eine Preisreduzierung von etwa 300 000 Euro pro Jahr, rund 15 Prozent, erreicht. Realisiert wurden die Einsparungen von einem dreiköpfigen Projektteam in kurzer Zeit.
- *Dienstleistungen:* Bei einer angebotenen Dienstleistung wurde durch eine differenzierte Kalkulation und Kostensimulation eine Stundensatzreduzierung von rund 24 Prozent erreicht.
- *Qualitative Ergebnisse:* Durch eine Unternehmensanalyse wurde erkannt, dass ein wichtiger Lieferant seit mehr als einem Jahr aufgrund von Auslastungsproblemen Verluste erwirtschaftet. Die absoluten Kosten und der bisherige Preis für das Unternehmen zeigten eine signifikante Differenz. Der Lieferant hätte demnach eine Preisanhebung von bis zu 12 Prozent erreichen müssen, um die Kosten zu decken. Auf Basis dieser Erkenntnis konnte für einen größeren Teilbereich dieses Unternehmens durch eine gezielte Auftragsbearbeitungsplanung eine erhebliche Steigerung der Auslastung erreicht werden. Ziel war, den Lieferanten mit seinem Know-how auch in Zukunft zu erhalten und den bisherigen Einkaufspreis zu stabilisieren. Durch gemeinsame Entwicklungsmaßnahmen mit dem Lieferanten soll innerhalb von zwei Jahren der bisherige Preis schrittweise um 10 Prozent reduziert werden.

Ausblick

Die beiden wesentlichen Erfolgsfaktoren durch das Kostenmanagement sind erstens die Kostentransparenz durch die Analyse der Unternehmenskostenstruktur (direkte und indirekte Kosten) und zweitens, die Transparenz der Wertschöpfungskette, die über Kostentreiber in der Herstellung der Produkte Aufschluss zu jedem Zeitpunkt der Abnehmer-Lieferanten-Beziehung gibt. Damit ist der Einkauf in der Lage, mit dem Lieferanten über Kosten und

Gewinne zu sprechen. Zudem entsteht eine größere Sicherheit bei der Beurteilung von Angeboten und Einkaufsverträgen.

Strategisches Kostenmanagement: Worin besteht die Innovation?

- Aufbau der Kostenbestandteile des Lieferanten
- Zielpreise können vereinbart werden
- Preisverhandlungen können auf objektiven Kriterien aufbauen
- Entstehung von Kennzahlen zur Verbesserung einer Lieferantenpartnerschaft
- Basis für Vertrauensbildung

Drittens kommt noch hinzu: gezielter Einsatz von unterschiedlichen Bewertungsansätzen. Hierdurch kann jedes Produkt aus dem Warenkorb des Unternehmens kostenmäßig beurteilt werden. Unter Berücksichtigung der Zielstellung erfolgt diese Beurteilung mit dem geringstmöglichen Aufwand.

Kostentransparenz ist der erste und wesentliche Schritt beim Aufbau einer Lieferantenpartnerschaft. Auf dieser Basis kann über die Durchführung von Potenzialanalysen und Lieferantenentwicklungsprogrammen ein Lieferanten- und Supply-Chain-Management aufgesetzt werden. Strategisch wichtige Lieferanten lassen sich systematisch aufbauen und ihre Lieferleistungen optimieren. Dieser Ansatz ist vor allem in der Telekommunikationsindustrie von außerordentlicher Bedeutung für die Zukunft.

10
Preis- und Kostenmanagement in der Beschaffung

Willi Muschinski

Begriffsabgrenzung und Ziele

In der betriebswirtschaftlichen Literatur werden die Begriffe Preis- und Kostenmanagement oft synonym verwendet, obwohl sie unterschiedliche Sachverhalte beschreiben. Der Preis umfasst nämlich neben den Kosten auch den anteiligen Gewinn und stellt somit den umfassenderen Begriff dar. Inwieweit die Unternehmen ihre Gewinnziele durchsetzen können, hängt von einer Vielzahl von Faktoren – wie Wettbewerbspositionen, rechtlichen und wirtschaftlichen Rahmenbedingungen oder Markttransparenz – ab, die der Anbieter selbst nur bedingt beeinflussen kann. Die Preisbildung beinhaltet also auch unternehmensexterne Komponenten, die sich in einem politisch-menschlichen Kontext vollziehen. Das Preismanagement in der Beschaffung umfasst daher auch die Beeinflussung und die bewusste Nutzung der Rahmenbedingungen von Preisbildungsmechanismen wie Ausnutzung beziehungsweise Erhöhung eigener Marktmacht, Verhandlungsführung oder Verbesserung der Markttransparenz durch Beschaffungsmarktforschung, um bessere Einstandspreise zu realisieren.

Unabhängig davon wie die Preisbildung erfolgt, ob an der Börse, abgeleitet aus Kundenbedürfnissen im Rahmen einer Conjoint-Analyse oder mit Hilfe von Kalkulationsverfahren als Bottom-up-Rechnung, stets sind die Kosten eine wesentliche Komponente der Preisbildung. Im Rahmen des Kostenmanagements in der Beschaffung geht es primär um die aktive Gestaltung der Beschaffungskosten. Ziel ist es dabei, nicht dem Lieferanten einen angemessenen Gewinn zu verweigern, sondern vielmehr nachhaltige Kostenvorteile in der Beschaffung durch Optimierung von Fertigungsverfahren, Transaktionsprozessen oder Produkten zu generieren.

Wesentliche Ziele des Preis- und Kostenmanagements in der Beschaffung sind (Kasulke, S. 64f.):

- Beurteilung von Angebotspreisen,
- Vergleich der Preisentwicklung im Zeitablauf,
- Transparenz internationaler Kostenstrukturen,
- Ermittlung der Hauptkostentreiber der Beschaffungsobjekte,
- Überprüfung der Angemessenheit des Einstandspreises,
- Optimierung der Einstandspreise beziehungsweise Produktkosten,
- schnelle Bereitstellung von Kosteninformationen für eigene Kalkulationen,
- Erstellung von Kostenbudgets,
- Kostenvorgabe und Überwachung bei Innovationsprozessen und
- Claim-Management bei Produktänderungen.

Bedeutung des Preis- und Kostenmanagements

Empirische Untersuchungen über die Relevanz von Entscheidungskriterien bei der Lieferantenauswahl belegen, dass dem Preis- und Kostenmanagement der Bieter, neben ihrem Qualitäts- und Logistik-Know-how, eine überragende Bedeutung zukommt (Muschinski 1998, S. 12). Dieses Ergebnis ist keineswegs überraschend. So betrug im Jahr 2003 der Anteil des Materialverbrauchs einschließlich des Einsatzes an Handelswaren sowie der Lohnarbeiten im Durchschnitt der deutschen Industrie 55,6 Prozent des Bruttoproduktionswertes (Statistisches Bundesamt, Fachserie 4, Reihe 4.3, Tabelle 8). Mithin hängt die Wettbewerbsfähigkeit der Unternehmen in starkem Maße von der Kostenkompetenz der ausgewählten Lieferanten ab sowie dem Vermögen der eigenen Mitarbeiter, die Beschaffungskosten ständig zu optimieren.

Wie gravierend der Einfluss des Preis- und Kostenmanagements für den Unternehmenserfolg ist, verdeutlicht Abbildung 10.1. Bei einem 50-prozentigen Materialkostenanteil am Umsatz sowie einer Umsatzrentabilität von 5 Prozent bewirkt eine Reduzierung der Materialkosten um lediglich 5 Prozent eine Gewinnsteigerung von 50 Prozent. Beträgt die Umsatzrendite 3 Prozent, erhöht sich der Gewinn um 83 Prozent; im Falle einer 1-prozentigen Umsatzrentabilität bedingt eine Materialkosteneinsparung von 5 Prozent sogar eine 250-prozentige Gewinnerhöhung.

Die hohe strategische Relevanz des Preis- und Kostenmanagements ist jedoch vielen Beschaffungsabteilungen unklar. So ergab eine empirische Untersuchung des Bundesverbandes Materialwirtschaft, Einkauf und Logistik e.V. (BME) und der Hochschule Niederrhein, dass die Geschäftsführer mittelständischer Unternehmen Kostenmanagement als wichtigstes Aufgabenfeld in der

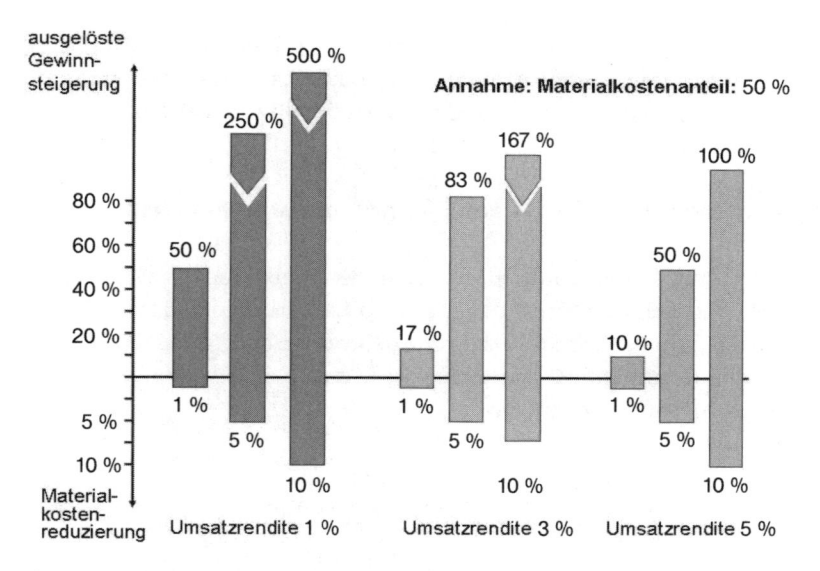

Abb. 10.1: Relevanz des Kostenmanagements in der Beschaffung

Beschaffung ansehen. Die Einkaufsleiter hingegen stuften die Bedeutung dieser Thematik erst an siebter Stelle ein (vgl. Abbildung 10.2). Wird weiterhin die Zufriedenheit der Geschäftsführer mit den Leistungen ihrer Beschaffungsabteilungen betrachtet, fällt auf, dass die Unternehmensleiter in der Realisie-

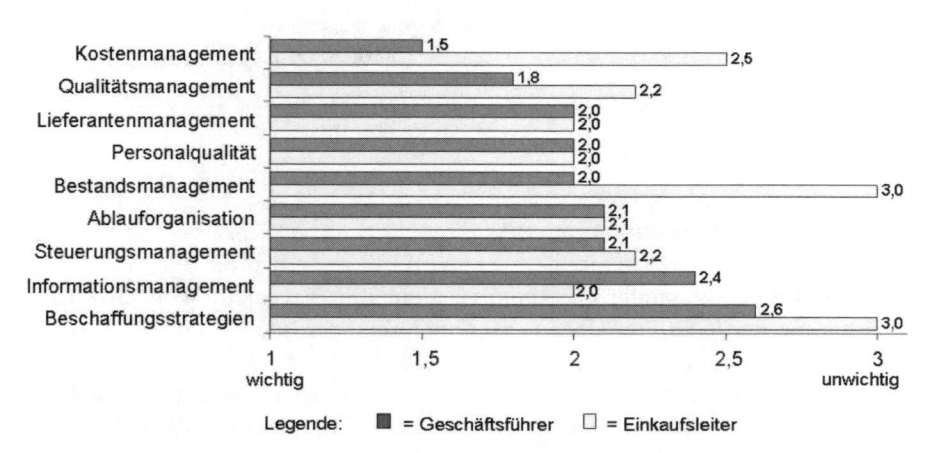

Abb. 10.2: Bedeutung von Aufgabenfeldern in der Beschaffung. Ergebnisse einer empirischen Untersuchung der Hochschule Niederrhein und des BME 2003

rung von Einsparpotenzialen in der Beschaffung das größte Defizit sehen. Eine der wichtigsten Herausforderungen an den Einkauf ist es daher, seine Kompetenz im Managen der Beschaffungskosten nachhaltig zu stärken.

Instrumente des Preis- und Kostenmanagements

Die in der Praxis angewandten Methoden des Preis- und Kostenmanagements sind sehr vielfältig. Es ist daher sinnvoll, Instrumentalklassen zu bilden, denen dann die einzelnen Verfahren zuzuordnen sind. Die in Abbildung 10.3 gewählte Klassifikationssystematik basiert auf Hauptansatzpunkten und -zwecken des Instrumenteneinsatzes.

Instrumente des Preis- und Kostenmanagements
- Leistungstiefenmanagement
- Analyse und Optimierung der Lieferantenbasis
- Kostenanalyse
- Prozesskostenmanagement
- Komplexitätsmanagement
- produktgestaltungsorientiertes Kostenmanagement

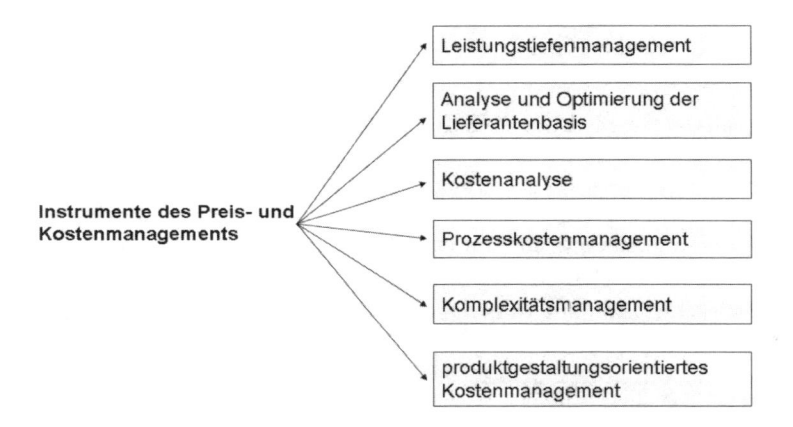

Abb. 10.3: Klassifizierung der Instrumente des Preis- und Kostenmanagements

Leistungstiefenmanagement

Beim Leistungstiefenmanagement steht die Fragestellung nach Eigenfertigung und/oder Fremdbezug im Mittelpunkt der Betrachtungen. Make-or-buy-Entscheidungen erstrecken sich dabei auf Produkte, Produktionsprozesse oder Dienstleistungen. Auf die Verfahren zur Lösung dieser Problemstellung soll hier nicht weiter eingegangen werden, da es beim Leistungstiefenmanagement nicht primär um die Optimierung der Beschaffungskosten, sondern eher prinzipiell um die Klärung der Vorteilhaftigkeit des Fremdbezuges geht.

Analyse und Optimierung der Lieferantenbasis

Instrumente, die auf die Analyse und Optimierung der Lieferantenbasis zielen, bezwecken Einstandspreisänderungen, ohne dabei die Kostentreiber der Beschaffungsobjekte oder -prozesse selbst zu beeinflussen. Sie belassen somit Fertigungs- und Abwicklungsprozesse nahezu unverändert und sehen zudem das Produktdesign als weitgehend unveränderlich an. Variable Größe sind hier einzig die Lieferanten, die – je nach Vorteilhaftigkeit – als austauschbar angesehen werden. Abbildung 10.4 gibt einen Überblick über die Methoden dieser Instrumentengruppe, die im Weiteren kurz vorgestellt werden.

Instrumente
- Beschaffungsmarktforschung
- Angebotsvergleich
- Kontraktmanagement
- Vergabetechniken
    - Verhandlungstechniken/Gesprächsführung
    - Online-Auktionen
- statistische Verfahren
    - Branchenkalkulation
    - Analyse der Preisentwicklung
- Global Sourcing
- Anfragendiversifikation
- Linear Performance Pricing/Multiplikatorpreis
- partieller Preisvergleich
- Verbundbeschaffung
    - horizontale Mengenbündlung
    - vertikale Mengenbündlung

Abb. 10.4: Instrumente zur Analyse und Optimierung der Lieferantenbasis

Ein Grundelement des Preismanagements stellt der *Angebotsvergleich* dar. Er bezweckt die vergleichende Gegenüberstellung der Einstandspreise mit dem Ziel, den günstigsten Bieter zu identifizieren. Der Einstandspreis umfasst dabei alle Kosten, die ausgabewirksam sind, bis das Beschaffungsobjekt im Werk des Abnehmers ist. Zu ihnen zählen beispielsweise Mengenrabatte oder -zuschläge, Mindermengenzuschläge, Boni, die unterschiedlichen Zahlungsmodalitäten, Kurssicherungs-, Transport-, Verpackungs- und Versicherungskosten, Zölle oder Provisionen. Der Zweck der Erfassung der unterschiedlichen Preisnebenbedingungen besteht darin, eine einheitliche Preisbasis für den Angebotsvergleich zu bilden. Leider berücksichtigen viele Standard-Softwareapplikationen, die im Einkauf eingesetzt werden, die verschiedenartigen Preisnebenbedingungen nur unzureichend, so dass die Angebotsvergleiche in der Praxis oft fehlerhaft sind.

Das *Kontraktmanagement* setzt auf dem Angebotsvergleich auf. Ziel ist es, die unterschiedlichen Preisnebenbedingungen so auszugestalten, dass der Einstandspreis sinkt. Häufige Ansatzpunkte sind die Rabatte sowie die Zahlungs- und Preisstellungsbedingungen. Insbesondere der Handel ist bei der Kreierung immer neuer Rabatt- und Bonusarten sowie in der Schaffung zusätzlicher Nachlassquellen (Listengelder, Regalpflege, Lager- und Werbekostenbeteiligungen, Beratungskostenübernahmen oder Neueinführungsprovisionen) äußerst kreativ.

Bei den Vergabetechniken gewinnen *Einkaufsauktionen*, so genannte Reverse Auctions, immer mehr an Bedeutung. Nach der Art des Preisfindungsmechanismus lassen sich folgende offene Auktionstypen unterscheiden:

- *Englische Einkaufsauktion:* Der Abnehmer eröffnet die Auktion mit einem Höchstpreis, der aus einem Target-Costing-Prozess, einer Ausschreibung oder dem aktuellen Preisniveau ermittelt wird. Anschließend unterbieten sich die Wettbewerber gegenseitig im Preis, wobei derjenige den Auftrag erhält, der während der Auktion den niedrigsten Preis abgibt (vgl. Abbildung 10.5).
- *Holländische Einkaufsauktion:* Zu Beginn der Auktion setzt der Abnehmer einen unrealistisch tiefen Vergabepreis an. Der Preis wird anschließend in definierten Preisintervallen schrittweise bis zu einem oberen Limit erhöht. Der Bieter, der zuerst bei einem angezeigten Preis bereit ist, den Auftrag auszuführen, erhält den Zuschlag.

Bei Reverse Auctions können die Wettbewerber den Preisbildungsprozess während der Auktion mitverfolgen. Daher werden diese Auktionstypen auch als offene Auktionen bezeichnet. Bei verdeckten Auktionen (Sealed Auctions) hingegen, die im öffentlichen Vergaberecht von Bedeutung sind, geben die Wettbewerber ihre Gebote verdeckt ab. Da die verdeckten Auktionstypen meistens eine geringere Wettbewerbsdynamik entfalten als die offenen, kommen sie als elektronisch unterstütztes Preisfindungssystem selten zum Einsatz.

In der Praxis werden am häufigsten englische Einkaufsauktionen genutzt.

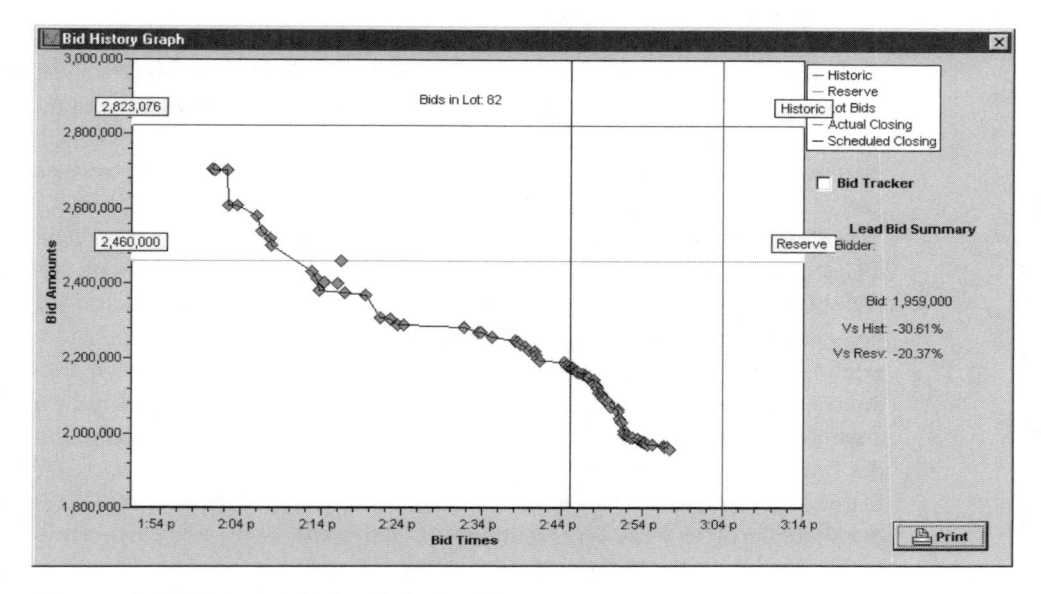

Abb. 10.5: Beispiel einer englischen Einkaufsauktion

In vielen Fällen wird dabei nur eine einzige Position verauktioniert (Single-Position Auction). Da im Einkauf aber häufig mehrere Beschaffungsobjekte von einem Lieferanten bezogen werden können, entwickelten etliche Auktionsanbieter die Möglichkeit, verschiedene Positionen in einer Auktion gleichzeitig zu versteigern (Multi-Position Auction). Durch die Bündelung wird ein größeres Nachfragevolumen erzeugt, was die Konkurrenz der Lieferanten um den Auftrag verstärkt. Meistens lassen sich so niedrigere Einstandspreise realisieren. Die Multi-Position Auctions ihrerseits lassen sich in Bundle- und Cherry-Picking Auctions differenzieren. Während sich bei Bundle Auctions der Abnehmer verpflichtet, immer alle Positionen bei einem Bieter zu kaufen, ist bei Cherry-Picking Auctions auch der Bezug von einzelnen Positionen bei verschiedenen Bietern möglich. Cherry-Picking Auctions erweisen sich dann für den Abnehmer als Vorteil, wenn der Einkäufer starke Leistungsunterschiede der Lieferanten bei den Beschaffungsobjekten erwartet.

Gegenüber der traditionellen Preisfindung, die üblicherweise in nacheinander verlaufenden verdeckten mündlichen Verhandlungen erfolgt, erhöhen Online-Auktionen durch die Simultanität des Bietprozesses bei gleichzeitig sichtbaren Realgeboten der Konkurrenten die Wettbewerbsintensität spürbar. Das direkte Reagieren auf Aktionen ihrer Konkurrenz zwingt die Bieter, stärker an ihre Leistungsgrenzen heranzugehen als bei verdeckten Verhandlungen. Zudem werden bei nacheinander verlaufenden Verhandlungen merklich weniger Verhandlungsrunden abgehalten, wodurch der Preissenkungsspielraum nicht optimal ausgelotet werden kann. Die Automatisierung und die Synchronisierung des Bietprozesses sind also entscheidend für die vergleichsweise höhere Wettbewerbseffizienz von Auktionen (Muschinski 2003, S. 45ff.).

Von den statistischen Methoden der Preisfindung ist die *Branchenkalkulation* von besonderer Relevanz für das operative Kostenmanagement. Sie erlaubt es, die jährlichen Preiserhöhungsforderungen der Lieferanten auf ihre Berechtigung hin zu überprüfen. Dabei geht sie in vier Schritten vor. Zunächst erfolgt die Einordnung eines Lieferanten anhand seiner produzierten Produkte und seiner Beschäftigtenzahl zu einem Wirtschaftszweig und dessen zugehöriger Betriebsgrößenklasse. Diese Klassifizierung ist notwendig, um die Datenbasis des Statistischen Bundesamtes nutzen zu können. Nach der Ermittlung der statistischen Basisdaten einer Branche wird im zweiten Schritt die Kostenstruktur eines repräsentativen Unternehmens dieser Sparte ermittelt. Das veröffentlichte Datenmaterial ist so differenziert, dass der Einkäufer einen guten Überblick über die Kostentreiber einer Branche erhält (vgl. Fachserie 4 Reihe 4.3 und 4.2.4).

Ist die Kostenstruktur bestimmt, sind die Preisänderungen je Kostenart zu eruieren. Die relevanten Preisinformationen veröffentlicht das Statistische Bundesamt monatlich in der Fachserie 17, so dass die Kostenänderungen immer aktuell nachvollziehbar sind. Im letzten Schritt wird das neue Preisniveau des Beschaffungsobjektes berechnet, indem die anteiligen Kostenarten mit ihren entsprechenden Preisveränderungsraten multipliziert und anschließend addiert werden. Abbildung 10.6 zeigt das Ergebnis einer Branchenkalkulation an einem Fallbeispiel aus der Praxis.

Die Branchenkalkulation ermöglicht nicht nur, die Preisforderungen der Lieferanten auf ihre Richtigkeit hin zu prüfen. Sie gestattet es Einkäufern vielmehr auch, aktiv Preissenkungsspielräume zu quantifizieren, wenn sich die Arbeitsproduktivität erhöht beziehungsweise die Preise der Einsatzfaktoren gesunken sind. Mithin ist es den Einkäufern möglich, aus ihrer meist reaktiven Haltung bei den Jahrespreisgesprächen in die Offensive zu gehen. Zudem erhalten sie einen fundierten Einblick in die Kostenstruktur einer Branche, ohne dass der Lieferant seine Kostenstruktur offen legt. Des Weiteren benötigt der Einkäufer nur ein Minimum an Informationen, nämlich die Branchenzugehörigkeit und die ungefähre Mitarbeiterzahl seines Lieferanten, um die Branchenkalkulation durchführen zu können. Nachteilig an dieser Methode ist der relativ hohe Zeitaufwand bei manueller Berechnung

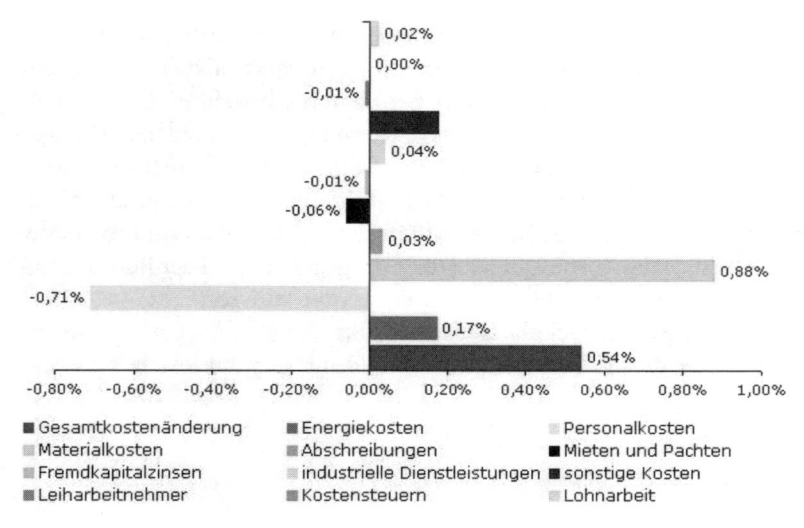

Abb. 10.6: Fallbeispiel einer Branchenkalkulation

(circa fünf bis sechs Stunden), weshalb es sich in der Praxis empfiehlt, Softwarelösungen zur Branchenkalkulation zu nutzen.

Während die Branchenkalkulation ausschließlich eine Beurteilung von Preisänderungen erlaubt, kann mit Hilfe des *Global Sourcing* das absolute Preisniveau der Beschaffungsobjekte auf seine internationale Wettbewerbsfähigkeit hin überprüft werden. Global Sourcing umfasst dabei die bewusste Ausrichtung der Beschaffungspolitik eines Unternehmens an den internationalen Beschaffungsmärkten und deren systematische und langfristige Analyse und Nutzung zur Sicherung der eigenen Erfolgspotenziale. Dabei weist Global Sourcing eine strategische Dimension auf und beschränkt sich nicht auf den reinen Import von Gütern und Dienstleistungen (Arnold, S. 112ff.).

Wie eine Studie der Universität zu Köln und der Unternehmensberatung Masai aus dem Jahr 2003 zeigt, nutzen vergleichsweise wenige deutsche Unternehmen das Instrument Global Sourcing. So wickelten im Jahr 2003 lediglich 13 Prozent der deutschen Unternehmen einen Großteil ihrer Beschaffung international ab. Hingegen versorgten sich 50 Prozent der Unternehmen aus dem europäischen Ausland bei weltweiten Bezugsquellen (Masai, pdf vom 5. Mai 2005).

Hauptziel der Global-Sourcing-Aktivitäten ist empirischen Untersuchungen zufolge die Preissenkung der Beschaffungsobjekte (= kosteninduziertes Global Sourcing). Die angestrebten Kostensenkungen beim Auslandsbezug in Low-Cost Countries können dabei aus niedrigeren Personalkosten, längeren Arbeitszeiten, niedrigerer Besteuerung, geringeren Umwelt- und Sozialstandards oder Währungsvorteilen resultieren. Diesen Einsparpotenzialen stehen erhöhte Mehrkosten für Beschaffungsmarktforschung, Transport, Verpackung, Lagerhaltung, Versicherung, Zölle und Gebühren, Bestell- und Finanzabwicklung, Währungssicherung, Qualitätssicherung, Lieferantenmanagement und zur Abdeckung von Länderrisiken entgegen, die bei der Berechnung der Vorteilhaftigkeit zwingend mit beachtet werden müssen.

Global Sourcing bindet erhebliche Personalkapazitäten im Unternehmen. Es empfiehlt sich, diesen Prozess wie in Abbildung 10.7 dargestellt zu strukturieren.

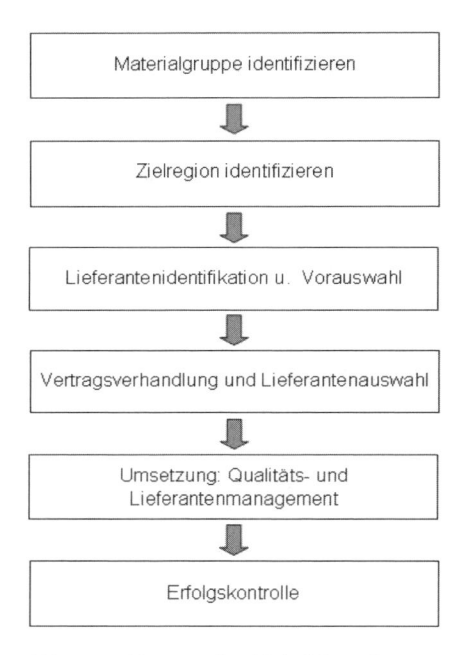

```
┌─────────────────────────────────────┐
│   Materialgruppe identifizieren     │
└─────────────────────────────────────┘
                  ⇩
┌─────────────────────────────────────┐
│     Zielregion identifizieren       │
└─────────────────────────────────────┘
                  ⇩
┌─────────────────────────────────────┐
│ Lieferantenidentifikation u. Vorauswahl │
└─────────────────────────────────────┘
                  ⇩
┌─────────────────────────────────────┐
│ Vertragsverhandlung und Lieferantenauswahl │
└─────────────────────────────────────┘
                  ⇩
┌─────────────────────────────────────┐
│      Umsetzung: Qualitäts- und      │
│        Lieferantenmanagement        │
└─────────────────────────────────────┘
                  ⇩
┌─────────────────────────────────────┐
│          Erfolgskontrolle           │
└─────────────────────────────────────┘
```

Abb. 10.7: Prozess des Global Sourcing

Die Identifikation der geeigneten Materialgruppen erfolgt meist anhand von Punktungsmodellen (vgl. Abbildung 10.8), mit deren Hilfe die Einkäufer oder das Buying-Team das Eignungsprofil einer Materialgruppe bewerten.

Ist die Materialgruppe für eine internationale Beschaffung geeignet, sind im nächsten Schritt die Länder zu bestimmen, aus denen eine Beschaffung

K.O.Filter								
Berührt das Produkt eine Kernkompetenz?	NEIN							
Unterliegt das Produkt einem Patentschutz?	NEIN							
Kann die Prozessstabilität gewährleistet werden?	JA							

Komplexitätsgrad		Punkte	Gewichtung	gew.Punkte	mögl.Punkte	antlg.Punkte(%)		
Turnus technischer Abstimmung:	alle 3 bis 6 Monate	3	25	75	100	75		
Betreuungsintensität:	Lieferantenbesuch eigenes Personal	2	25	50	100	50		
Spezifität des Produkts:	Zeichnungsteil	2	25	50	100	50		
Produktumfang:	Komponente	3	25	75	100	75	2.Gewichtung	gew.Punkte
	Gesamt:	100	250	400	62,5		25	15,63

Qualitätsanforderung								
Qualitätssicherung(QS) des Produkts:	Stichprobe bei WE	3	30	90	120	75		
Notwendige Mitarbeiterqualifikation:	angelernte Tätigkeit	3	70	210	280	75	2.Gewichtung	gew.Punkte
	Gesamt:	100	300	400	75		25	18,75

Transport- und Lagerfähigkeit								
Fragilität und Haltbarkeit:	unempfindlich / haltbar	4	60	240	240	100		
Witterungssensibilität:	witterungsresistent	4	40	160	160	100	2.Gewichtung	gew.Punkte
	Gesamt:	100	400	400	100		25	25,00

Versorgung der Produktion und Vorhersagegenauigkeit								
Bedarfsschwankungen:	konstant 5% - 10%	3	50	150	200	75		
Geforderte Belieferungssequenz:	monatsgenau	4	50	200	200	100	2.Gewichtung	gew.Punkte
	Gesamt:	100	350	400	87,5		25	21,88

Ergebnis K.O.Filter / Qualitative Bewertung				Mindestanforderung(%): 50	Zielerreichungsgrad(%): 81,25
K.O.Kriterien: kein K.O. Kriterium berührt		Transportempfehlung: keine Einschränkungen			
Eignung Global Sourcing: geeignet		Verpackung: keine spezielle Verpackung notwendig / keine witterungsunempfindliche Verpackung notwendig			
Belieferungssequenz: keine Besonderheiten		Verbrauch: Keine Besonderheiten			

Abb. 10.8: Fallbeispiel eines Punktbewertungsmodells zur qualitativen Prüfung der Global-Sourcing-Fähigkeit einer Materialgruppe

besonders sinnvoll erscheint. Um die regionsspezifischen Kostensenkungspotenziale identifizieren zu können, sind zunächst der Preis des Beschaffungsobjektes und dessen Kostenstruktur (Anteil Personal- und Materialkosten) auf dem heimischen Markt abzuschätzen. Aufbauend auf dieser Grundinformation lassen sich dann bei Kenntnis der Faktorpreise in den ausgewählten Ländern – insbesondere der Personal- und Materialkosten – und der mit dem Bezug aus diesen Ländern verbundenen Mehrkosten die Einsparpotenziale je Zielregion quantifizieren (vgl. Abbildung 10.9). Die Informationsbeschaffung der benötigten Daten sowie die Kalkulation des voraussichtlichen ungefähren Bezugspreises sind sehr zeit- und kostenintensiv, weshalb in der Praxis geeignete Softwarelösungen eingesetzt werden.

Nach der Festlegung der Zielregionen sind im Rahmen der Beschaffungsmarktforschung geeignete Lieferanten vorzuselektieren. Umfangreiche Datenbanken erleichtern heute den Einkäufern die Informationsphase. An die Auditierung der Bieter schließen sich die Vertragsverhandlungen und die Lieferantenauswahl an. Sowohl bei der Lieferantenauswahl als auch beim

Ergebnis: Region:	Ausgangs-Situation Produktpreis (D)	Ersparnis-Potenzial: (%)	Mehrkosten: (%)	EK-Volumen neu: Produktpreis neu	Gesamtersparnis:
Rumänien	1.100.000,00 € / 1.000,00 €	399.094,13 € / 36,28 %	16.020,71 € / 1,46 %	716.926,58 € / 651,75 €	383.073,42 € = 34,82 %
Ukraine	1.100.000,00 € / 1.000,00 €	312.766,21 € / 28,43 %	16.685,47 € / 1,52 %	803.919,27 € / 730,84 €	296.080,73 € = 26,92 %
Estland	1.100.000,00 € / 1.000,00 €	289.556,64 € / 26,32 %	16.862,36 € / 1,53 %	827.305,71 € / 752,10 €	272.694,29 € = 24,79 %
Indien (Außenbezirk)	1.100.000,00 € / 1.000,00 €	330.378,92 € / 30,03 %	74.804,06 € / 6,80 %	844.425,14 € / 767,66 €	255.574,86 € = 23,23 %
Brasilien (Sao Paulo)	1.100.000,00 € / 1.000,00 €	282.315,08 € / 25,67 %	68.336,11 € / 6,21 %	886.021,03 € / 805,47 €	213.978,97 € = 19,45 %
China - Shanghai	1.100.000,00 € / 1.000,00 €	281.679,04 € / 25,61 %	68.363,92 € / 6,21 %	886.684,89 € / 806,08 €	213.315,11 € = 19,39 %

Abb. 10.9: Fallbeispiel zur Bestimmung der Zielregionen

Lieferantencontrolling sollten ausschließlich Total-Cost-Modelle zur Beurteilung des Beschaffungserfolgs genutzt werden.

Das *Linear Performance Pricing*, das auch als Multiplikatoranalyse oder Referenzwertmethode bezeichnet wird, ist ein Verfahren, welches durch Berechnung von Äquivalenzziffern oder mit Hilfe mathematischer Formeln einen Zusammenhang zwischen den technischen Parametern eines Beschaffungsobjektes und seinen Preisen aufzeigt. Dabei wird unterstellt, dass zwischen dem Hauptkostentreiber des Produktes und dem Funktionsparameter eine strenge Beziehung besteht. Einsatzgebiete sind sowohl die Überprüfung des Preisniveaus bei Teilefamilien als auch die Preisschätzung von Neuteilen bei Produktvarianten.

Bei der Durchführung des Linear Performance Pricing ist zunächst der technische Funktionsparameter anzugeben, der die zu analysierenden Teile charakterisiert. Relevante Größen in der Praxis sind meist Gewichts- und Flächenmaße oder diverse Leistungsmerkmale des Produktes wie Kilowatt (kW) oder Kubikzentimeter pro Stunde (cm^3/h). Im zweiten Schritt werden die relevanten Merkmalsausprägungen sowie die Preise der Beschaffungsobjekte quantifiziert. Im anschließenden Analyseteil wird nun der Zusammenhang zwischen Merkmalsausprägung des Funktionsparameters und seinem Stückpreis berechnet. Dabei lassen sich zwei Auswertungsmöglichkeiten differenzieren: die Regressionsanalyse und die Best-Practice-Lösung.

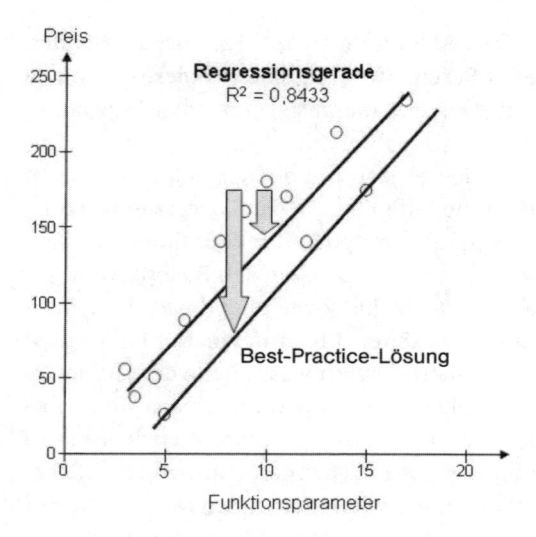

Abb. 10.10: Methodik des Linear Performance Pricing

Bei der Regressionsanalyse wird ein statistischer Zusammenhang zwischen dem Funktionsparameter und dem Preis ermittelt, wobei die Regressionsgerade die Gerade ist, bei der der quadrierte Abstand zu allen Merkmalsausprägungen minimiert ist. Das Quadrat des Korrelationskoeffizienten gibt das Bestimmtheitsmaß an, welches Auskunft darüber gibt, wie stark der Funktionsparameter die Preishöhe beeinflusst. Im Fallbeispiel in Abbildung 10.10 ist das Quadrat des Korrelationskoeffizienten $R^2 = 0{,}8433$. Mithin determiniert die Ausprägung des Funktionsparameters die Preishöhe zu 84 Prozent und ist somit eindeutig der Hauptkostentreiber des Beschaffungsobjektes.

Beschaffungsobjekte, deren Preis-Merkmals-Kombination oberhalb der Regressionsgerade liegen, weisen aus Abnehmersicht ein schlechtes Preis-Leistungs-Verhältnis auf. Die zu realisierende Preissenkung ergibt sich aus der Differenz zwischen dem Ist-Preis und dem Preis, der sich ergibt, wenn der Wert des Funktionsparameters in die Regressionsgleichung eingesetzt wird. Beschaffungsobjekte, deren Preis-Merkmals-Kombinationen unterhalb der Regressionsgeraden liegen, werden nicht weiter betrachtet, da hier von einem überdurchschnittlichen Preis-Leistungs-Verhältnis ausgegangen wird.

Die Best-Practice-Analyse ermittelt zunächst die beiden Beschaffungsobjekte, die die besten Preis-Leistungs-Verhältnisse aufweisen. Anschließend legt man eine Gerade durch diese Punkte, um ein generell gültiges, optimales

Leistungsniveau zu generieren (vgl. Abbildung 10.10). Im abschließenden Schritt wird versucht, alle weiteren Beschaffungsobjekte auf dieses optimale Preis-Leistungs-Niveau zu ziehen. Die sich hieraus ergebenden Einsparpotenziale übersteigen die der Regressionsanalyse erheblich.

Beim *partiellen Preisvergleich* handelt es sich um ein spezielles Verfahren der Angebotsbearbeitung, bei dem die Offenlegung der Lieferantenkalkulation und der anschließende Preisvergleich miteinander kombiniert werden. Dabei gestaltet der Einkäufer die Anfrage so, dass er von den Bietern Auskunft über den Gesamtpreis des Beschaffungsobjekts sowie über die Preise einzelner Teilleistungen erhält. Die ausgewiesenen Preisinformationen können dabei aus Teilpreisen bestehen, also auch Gewinnbestandteile des Anbieters enthalten. Natürlich ist es auch möglich, den Gesamtpreis nach Kostenbestandteilen aufzuschlüsseln und den Gewinnanteil separat ausweisen zu lassen. Liegen nun dem Einkäufer derartige nach einem einheitlichen Schema offen gelegte Lieferantenkalkulationen vor, ist er in der Lage, nicht nur den Gesamtpreis zu vergleichen, sondern auch aus dem Vergleich der einzelnen Teilpreise (= partielle Preise) wichtige Zusatzinformationen für seine Angebotsbearbeitung zu generieren (Arnold, S. 172).

Teilleistungen	Dienst-leister A	Dienst-leister B	Dienst-leister C	Zielpreisermittlung
Stauen	230,00	200,00	257,25	200,00
Vorlauf bis FOB Hafen	750,00	680,00	703,50	680,00
Seefracht	925,00	1050,00	955,00	925,00
Bunkerausgleichsfaktor	158,00	158,00	158,00	158,00
Containermiete	60,00	60,00	60,00	60,00
Währungsausgleichsfaktor	28,50	30,00	28,65	28,50
Containerumschlagsgebühr	420,00	420,00	420,00	420,00
Nachlauf in den USA	400,00	360,00	375,00	360,00
sonstige Gebühren	28,50	27,50	0,00	0,00
Gesamtpreis	3.000,00	2985,50	2957,40	2831,50

Abb. 10.11: Fallbeispiel eines partiellen Preisvergleichs für eine Transportleistung

Generell stehen dem Einkäufer beim partiellen Preisvergleich drei Handlungsoptionen offen:

- *Getrennte Vergabe von Teilleistungen:* Hierbei splittet der Abnehmer die Gesamtleistung in Teilaufträge auf, wobei der jeweils günstigste Bieter den Zuschlag erhält. Diese Vergabestrategie setzt voraus, dass die Gesamtleistung teilbar ist und der zusätzliche Koordinationsaufwand, der nun vom Abnehmer zu erbringen ist, nicht den Nutzen der getrennten Auftragsvergabe übersteigt.
- *Schwachstellenanalyse:* Der Einkäufer ermittelt zunächst Schwachstellen in den einzelnen Angeboten. Als Schwachstelle werden dabei Teilleistungen angesehen, deren Preis mehr als 25 Prozent über dem Durchschnittspreisniveau aller Bieter liegt. Gemeinsam mit dem Anbieter wird dann nach den Ursachen des erhöhten Preises gesucht. Sind diese identifiziert, sollte der Bieter durch geeignete Gegenmaßnahmen eine wettbewerbsfähige Preisgestaltung umsetzen.
- *Cherry-Picking:* Beim Cherry-Picking wird aus allen vorliegenden Angeboten der Minimalpreis je Teilleistung ermittelt. Anschließend wird ein Zielpreis berechnet, der sich als Summe aus der Addition der jeweiligen Minimalpreise je Teilleistung ergibt (vgl. Abbildung 10.11).

Die *Verbundbeschaffung* bezweckt, die Preise nachhaltig durch eine Mengenbündelung zu senken. Je nachdem, auf welcher Wertschöpfungsstufe die Nachfragebündelung betrieben wird, lassen sich horizontale und vertikale Bündelungsstrategien differenzieren. Die Grundformen der horizontalen Verbundbeschaffung stellen das Materialgruppenmanagement und die horizontalen Beschaffungskooperationen dar.

Das Materialgruppenmanagement dient der Konsolidierung der Bedarfe in divisional organisierten Konzernen mit dezentralen eigenständigen Beschaffungsabteilungen. Die Parzellierung des Einkaufs auf einzelne Geschäftseinheiten führt in Konzernen zu verschiedenen Einkaufsstrategien für gleiche Warengruppen, unterschiedlichen Preisen und Konditionen für gleiche oder ähnliche Leistungen und einer hohen Variantenanzahl. In diesem Umfeld ist es Aufgabe des Materialgruppenmanagements, eine kooperative organisationsübergreifende Beschaffung sicherzustellen, die die Vorteile der hohen Nachfragemacht des Konzerns nutzt, gleichzeitig aber die Flexibilität dezentraler Strukturen erhält.

Um zu ermitteln, welche Geschäftseinheit welchen Bedarf aufweist und wo und zu welchen Konditionen eingekauft wird, bedarf es einer konzernweit einheitlichen Materialklassifikation. Einkaufsinformationssysteme, in denen diese Daten abrufbar sind, erlauben vielfach erst die notwendige Informationsbeschaffung. Sind die Bedarfsstrukturen ermittelt, ist zu prüfen, welche

Materialgruppen konzernweit bündelbar sind. Dies ist abhängig von der Höhe des Einkaufsvolumens, der Relevanz der Bedarfe für die Geschäftseinheiten, der Existenz einer überregionalen Lieferantenstruktur und dem Logistikkostenanteil an den Produktkosten des Beschaffungsobjektes. Sind die Voraussetzungen für eine Nachfragebündelung erfüllt, ist das Materialgruppenmanagementteam zu konstituieren, das sich aus Einkäufern und Technikern der verschiedenen Geschäftseinheiten zusammensetzen kann. Es verantwortet für die Materialgruppe die Beschaffungsmarktforschung, die Strategiefestlegung, die ständige Optimierung der Kommunikation von Material- und Lieferantendaten, Wertschöpfungspartnerschaften mit den Lieferanten, die Koordinierung der Bestände und des Materialflusses und die Analyse und Gestaltung der Beschaffungsabläufe (Kalbfuss, S. 840). Der Leadbuyer, der vom Team ausgewählt oder von einer übergeordneten Instanz bestimmt wird, leitet die Gruppe und führt verantwortlich die Verhandlungen mit den Lieferanten. Er berichtet einer übergeordneten Instanz, die die Teams unterstützt und lenkt (vgl. Abbildung 10.12). Die durch das Materialgruppenmanagement realisierbaren Ersparnisse resultieren sowohl aus Senkungen der Einstandspreise als auch aus niedrigeren Bestellabwicklungskosten, da die operativ tätigen Einheiten auf die konzernweit gültigen Rahmenverträge zurückgreifen.

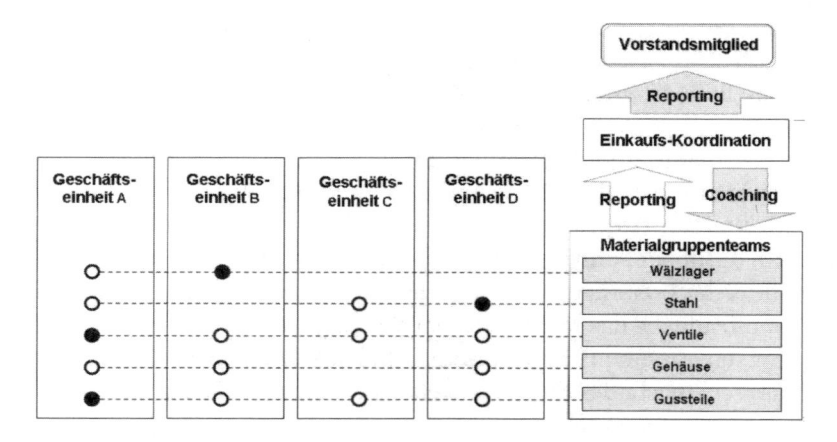

Abb. 10.12: Organisation des Materialgruppenmanagements

Die Beschaffungssituation kleiner und mittelständischer Unternehmen kennzeichnet oft eine geringe Nachfragemacht. Gleichzeitig sehen sich die Unternehmen einer großen Angebotsmacht ihrer Lieferanten gegenüber.

Eine Option, in dieser schwierigen Ausgangssituation nachhaltig Kostensenkungen zu realisieren, ist die Bildung von horizontalen Beschaffungskooperationen, in denen die beteiligten Unternehmen ihre Nachfrage bündeln. Im Vergleich zum Materialgruppenmanagement erweist sich eine Kooperation rechtlich und wirtschaftlich selbstständiger Unternehmen als deutlich komplexer und schwieriger. Besondere zusätzliche Probleme stellen die Partnerwahl (Konkurrenzsituation, ungleiche Bündelungspotenziale, unterschiedliche Zielsetzungen), die Identifizierung der Bündelungspotenziale und die Akzeptanz der Kooperation auf dem Beschaffungsmarkt dar. Trotz dieser Hindernisse lassen sich durch Beschaffungskooperationen hohe Einsparungen generieren (Muschinski 1999, S. 114; Arnold 1998, S. 53).

Bei der vertikalen Verbundbeschaffung bündelt der Abnehmer relevante Bedarfe seiner Lieferanten mit eigener Nachfrage, um anschließend vom niedrigeren Einstandspreis auf zweifache Weise profitieren zu können: unmittelbar vom verbilligten Preis des konsolidierten Beschaffungsobjekts und mittelbar vom niedrigeren Teilepreis bei den Lieferanten, die ebenfalls das Beschaffungsobjekt verbauen. Das niedrige Preisniveau auf der Vorleistungsstufe gestattet es dem Zulieferer aber auch, den Wettbewerb kostengünstiger zu versorgen, was nicht im Interesse des Abnehmers liegt. Um diesen Nachteil zu vermeiden, bedienen sich einige Großkonzerne des »Third-Party-Buy-Sell-Verfahrens«. Die Abnehmer ermitteln hier zunächst die Einstandspreise der zu bündelnden Mengen bei ihren Lieferanten. Anschließend konsolidieren sie alle Bedarfe. Den dadurch realisierbaren geringeren Preis geben sie aber nicht an ihre Zulieferer weiter, sondern beliefern diese über fest vorgeschriebene Bezugsquellen zum alten Preis. Die Preisdifferenz verbleibt beim Abnehmer, wodurch er erhebliche Einsparungen generiert, ohne dass sein Wettbewerber dadurch auch profitiert.

Die meisten Instrumente zur Analyse und Optimierung der Lieferantenbasis sind seit langem bekannt (Strache, S. 15ff.) und können daher auch als traditionelle Methoden des Preismanagements bezeichnet werden. Sie erfordern in der Regel ein kaufmännisches Know-how und sind mit wenigen Ausnahmen leicht anwendbar. Dennoch sind viele dieser Tools in der Einkaufspraxis nicht präsent. Diese Vernachlässigung ist jedoch völlig unbegründet, da sich durch ihre Anwendung oft erhebliche Einsparpotenziale erschließen lassen. Deshalb wurden in jüngster Zeit für etliche dieser Methoden wie Branchenkalkulation, Global Sourcing oder Linear Performance Pricing Softwareprogramme entwickelt, die ihren Einsatz in der Praxis vereinfachen und beschleunigen sollen.

Kostenanalyse

Individualprodukte, das heißt Zeichnungsteile, abnehmerbezogene Baugruppen, Module und Systeme, umfassen in vielen Branchen den größten Teil des Einkaufsvolumens. Aufgrund der hohen Komplexität der Beschaffungsobjekte sowie der zunehmenden Spezialisierung der Angebotsseite beschränkt sich hier die Lieferantenauswahl oft auf wenige Bieter, was eine Preisbildung über die Marktmechanismen erschwert oder sogar verhindert. Insbesondere eine Single-Sourcing-Strategie, verbunden mit hohen Entwicklungs- und Investitionskosten, unterbindet oft eine nachhaltige wettbewerbsorientierte Kostenkontrolle des Produktes über den gesamten Lebenszyklus. Mithin besteht für den Abnehmer die Notwendigkeit, die geforderten Preise auf ihre Berechtigung hin zu überprüfen. Die Aufgabe der Kostenanalyse ist es, zunächst Kostentransparenz herzustellen, das heißt, die Preisforderungen in ihre Gewinn- und Kostenbestandteile aufzuteilen. Auf Grundlage des Kostensplits können dann im nächsten Schritt die Kostenstrukturen optimiert werden (vgl. Abbildung 10.13).

- Kostentransparenz erzeugende Verfahren
  - Produktionskalkulationen
  - Lernkurven-Analyse
- Herstellungskosten optimierende Verfahren
  - den Fertigungsprozess optimierende Verfahren
  - KVP-Projekte
  - Kaizen

Abb. 10.13: Instrumente der Kostenanalyse

Die Kostenanalyse ist eine sehr zeitintensive Methode. Ihr Einsatz sollte sich somit auf potenzialträchtige Materialgruppen konzentrieren. Ihre Durchführung erfordert in vielen Fällen eine Datenerhebung beim Lieferanten, weshalb sie meist beim bestehenden Lieferantenstamm umgesetzt wird. Des Weiteren sieht die Kostenanalyse das Produktdesign sowie den Overheadbereich eines Unternehmens weitgehend als unveränderliche Größen an. Im Mittelpunkt der Optimierungsbemühungen steht daher immer die Reduzierung von Material- und Fertigungskosten.

Um die benötigte Kostentransparenz herzustellen, bedient sich die Kostenanalyse Produktkalkulationen und Lernkurven-Betrachtungen (siehe Abbildung 10.13). Am weitesten verbreitet sind Produktkalkulationen, die in Form einer traditionellen Vollkostenrechnung (Zuschlagskalkulation) die Ist-Kosten des Lieferanten erfassen. Die Durchführung von Produktkalkulationen vollzieht sich in sechs Schritten:

1. Wahl des Beschaffungsobjektes
2. Potenzialeinschätzung
3. Informationsbeschaffung über das Beschaffungsobjekt, den Beschaffungsmarkt und die Lieferantensituation
4. Datenerhebung bei Lieferanten (Rahmenbedingungen, Struktur- und Prozessdaten)
5. Erstellen der Produktkalkulation
6. Abstimmung und gegebenenfalls Verbesserung des Kalkulationsergebnisses

Von entscheidender Bedeutung für die Qualität der Produktkalkulation und damit deren Akzeptanz beim Lieferanten ist die Güte und Verifizierung der erhobenen Daten (Schritt 4). In der Praxis lassen sich die Material- und Fertigungskosten exakt berechnen. Schwierigkeiten hingegen bereitet die Erfassung und ursachengerechte Verteilung der Gemeinkosten. Daher empfiehlt es sich, auf am Markt verfügbare Kalkulationsprogramme zurückzugreifen, die speziell für die Anforderungen der Beschaffung entwickelt wurden. Zum einen werden dadurch die Kosten strukturiert erfasst und aufbereitet, zum anderen plausibilisieren sie die Kosteninformationen der Lieferanten.

Immer häufiger sind die Lieferanten mittlerweile bereit, ihre Kostendaten offen zu legen (Open Book Policy), was zwar die Kostenerfassung merklich vereinfacht, eine Verifizierung der Lieferantenangaben aber nicht ersetzt. Im Interesse des Lieferanten ist es nämlich, seine Kostensituation ungünstiger darzustellen, um seinen Gewinn zu steigern.

Das Ergebnis der Produktkalkulation ist ein detaillierter Kostensplit, der die Kostenstruktur mit den Hauptkostentreibern zeigt (vgl. Abbildung 10.14). Auf dieser Grundlage ist der Einkäufer in der Lage,

- unmittelbar Einsparpotenziale durch einen direkten Vergleich mit dem vertraglich vereinbarten Preis zu erkennen,
- eventuelle Kosten- und Beschaffungsrisiken zu identifizieren,
- Ansatzpunkte für Optimierungen der Herstellkosten zu finden (zweite Stufe der Kostenanalyse) und
- Alternativszenarien zu simulieren.

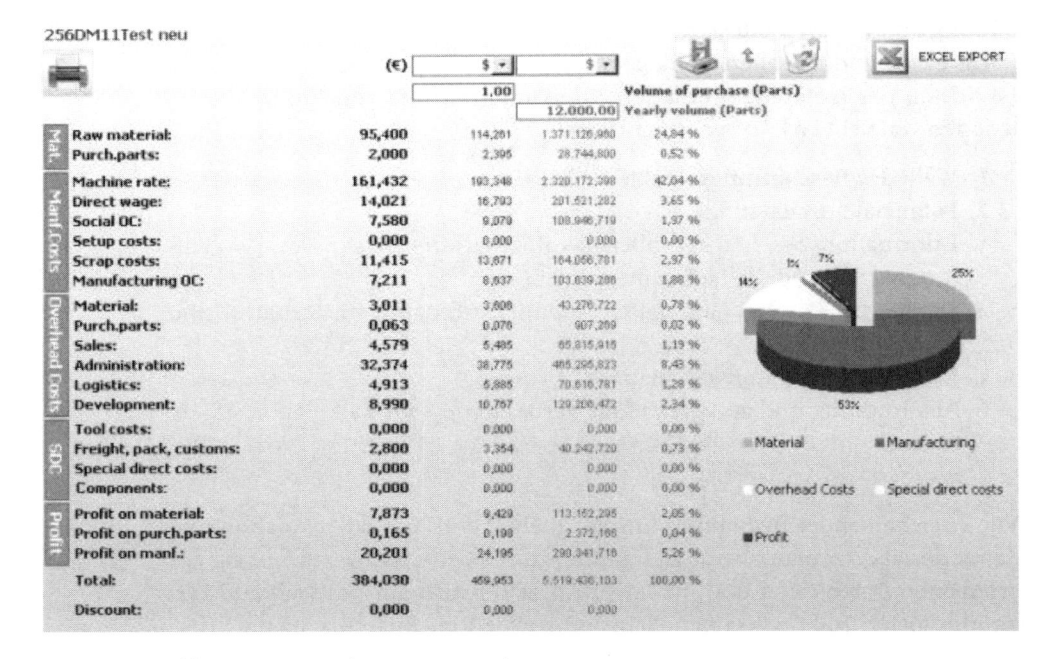

		(€)	$ ▼	$ ▼		
			1,00		Volume of purchase (Parts)	
				12.000,00	Yearly volume (Parts)	
Mat.	Raw material:	95,400	114,261	1.371.126.960	24,84 %	
	Purch.parts:	2,000	2,395	28.744.800	0,52 %	
Manf.Costs	Machine rate:	161,432	193,348	2.320.172.398	42,04 %	
	Direct wage:	14,021	16,793	201.521.282	3,65 %	
	Social OC:	7,580	9,079	108.946.719	1,97 %	
	Setup costs:	0,000	0,000	0,000	0,00 %	
	Scrap costs:	11,415	13,671	164.056.781	2,97 %	
	Manufacturing OC:	7,211	8,637	103.639.288	1,88 %	
Overhead Costs	Material:	3,011	3,606	43.276.722	0,78 %	
	Purch.parts:	0,063	0,076	907.269	0,02 %	
	Sales:	4,579	5,485	65.815.915	1,19 %	
	Administration:	32,374	38,775	465.295.823	8,43 %	
	Logistics:	4,913	5,885	70.616.781	1,28 %	
	Development:	8,990	10,767	129.206.472	2,34 %	
SDC	Tool costs:	0,000	0,000	0,000	0,00 %	
	Freight, pack, customs:	2,800	3,354	40.242.720	0,73 %	
	Special direct costs:	0,000	0,000	0,000	0,00 %	
	Components:	0,000	0,000	0,000	0,00 %	
Profit	Profit on material:	7,873	9,429	113.162.295	2,05 %	
	Profit on purch.parts:	0,165	0,198	2.372.166	0,04 %	
	Profit on manf.:	20,201	24,195	290.341.718	5,26 %	
	Total:	384,030	459,953	5.519.436.103	100,00 %	
	Discount:	0,000	0,000	0,000		

Abb. 10.14: Beispiel eines Kostensplits

Große Schwierigkeiten verursacht die Produktkalkulation beim Lieferanten immer dann, wenn bei diesem für die zu analysierenden Beschaffungsobjekte noch keine oder nur geringe Produktionserfahrungen vorliegen. In diesen Fällen sind die empirischen Ergebnisse von *Lernkurvenbetrachtungen* zu berücksichtigen. Diese besagen, dass während der Anlaufphase die Fertigungszeiten je Produktionseinheit bei jeder Verdoppelung der Ausbringungsmenge um einen bestimmten festen Prozentsatz sinken. Dieses Phänomen ist darauf zurückzuführen, dass sich die Arbeitskräfte mit den Produktionsbedingungen erst vertraut machen müssen. Mit zunehmender Wiederholung der Arbeitsprozesse findet ein Lernprozess statt, wodurch die Fertigungszeiten je Stück sinken. Das Ausmaß des Lernens und damit die Verringerung der durchschnittlichen Produktionsstunden je Stück ist nicht konstant, sondern sinkt mit zunehmender Wiederholung gleichartiger Arbeitsgänge (vgl. Abbildung 10.15). Bis die Lerngewinne allerdings so klein sind, dass sie nicht mehr ins Gewicht fallen, muss – wie die Praxis zeigt – schon eine erhebliche Anzahl von Teilen erstellt werden (Arnold, S. 178; Bronner, S. 33ff.). Die Erkenntnisse der Lernkurventheorie sind generell bei Produktkalkulationen zu berücksich-

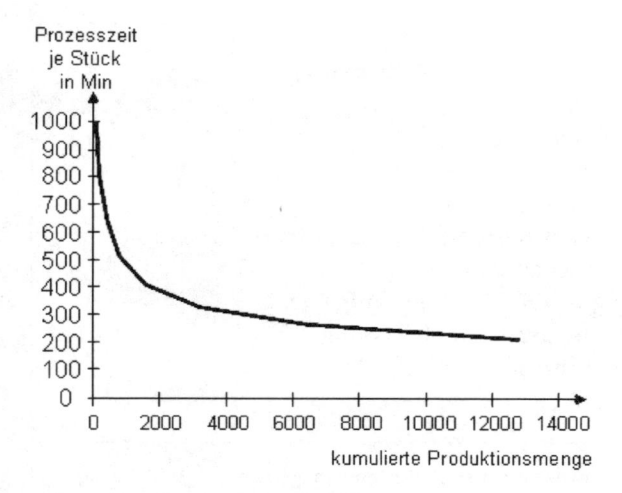

Abb. 10.15: Beispiel einer 80-prozentigen Lernkurve

tigen, da sie Aussagen über die zukünftige Entwicklung der Prozesszeiten und somit der Produktkostenentwicklung gestatten.

Auf Basis der durch Produktkalkulationen und Lernkurvenbetrachtungen erzielten Kostentransparenz werden die Kostenstrukturen in der zweiten Stufe der Kostenanalyse optimiert. Die Anstrengungen konzentrieren sich dabei auf eine Reduzierung der Herstellkosten. Ansatzpunkte bilden Produktivitätserhöhungen durch verbesserte Produktionsverfahren, Betriebsmittel oder Arbeitsprozesse. Im Fokus der Optimierungsbemühungen stehen ferner die Auslastungsgrade der Anlagen, die Rüst- und Durchlaufzeiten, die Produktionslogistik sowie Ausschussquoten und der Materialverbrauch. Die aufgezeigten Hebel zur Kostensenkung lassen sich auch mit Hilfe des Kaizen-Konzeptes oder auch als kontinuierlicher Verbesserungsprozess institutionell organisieren.

Prozessorientiertes Kostenmanagement

Das prozessorientierte Kostenmanagement umfasst zwei unterschiedliche Ansatzpunkte zur Kostenoptimierung in der Beschaffung. Zum einen gilt es, die vom Beschaffungsobjekt unmittelbar selbst ausgelösten Transaktions- und Folgekosten zu minimieren, zum anderen sind die Kosten des Geschäftsprozesses Beschaffung ständig zu optimieren (vgl. Abbildung 10.16).

- Kostentransparenz erzeugende Methoden
  - Total-Cost-Analyse
  - Prozesskostenrechnung
- Prozesskosten optimierende Methoden
  - Ansatzpunkt Beschaffungsobjekt
    - Morphologischer Kasten der Supply Chain
  - Ansatzpunkt Geschäftsprozess
    - Outsourcing von Beschaffungsaufgaben
    - Einschränkung der Einkaufsleistung
    - Standardisierung der Abläufe
    - Lieferantenpolitik

Abb. 10.16: Instrumente des prozessorientierten Kostenmanagements

Die bisher vorgestellten Methoden des Preis- und Kostenmanagements basieren auf dem Einstandspreis. Er umfasst alle ausgabenrelevanten Kosten, bis das Gut im Werk des Abnehmers ist. Eine solche Betrachtungsweise greift allerdings zu kurz, da die Beschaffungsobjekte beim Abnehmer zusätzliche Kosten auslösen, die im Konzept des Einstandspreises nicht erfasst sind. Ziel der *Total-Cost-Analyse* ist es daher, eine umfassende Kostentransparenz herzustellen, indem sie alle durch ein Beschaffungsobjekt verursachten Kosten offen legt, und zwar von seiner Entwicklung bis hin zur Verschrottung.

Wie die Abbildung 10.17 zeigt, weist die Total-Cost-Analyse unterschiedliche Dimensionen auf. Bei der Wertschöpfungsstufenorientierung steht die retrograde Untersuchung der Kostenentwicklung des Beschaffungsobjekts im Mittelpunkt. Zweck ist die unternehmensübergreifende Optimierung der Wertschöpfungskette.

Die Berechnung der Lebenszykluskosten kommt vor allem bei der Beschaffung von Investitionsgütern zum Tragen. Hier werden neben dem Einstandspreis auch die durch das Beschaffungsobjekt ausgelösten Verbräuche an Hilfs- und Betriebsmitteln, die Schulungs-, Service-, Instandhaltungs- und Wartungskosten, der Verfügbarkeitsgrad der Maschine, Ersatzteil- und Garantiekosten, die Leistungsparameter sowie der Restwert beziehungsweise die Rücknahme- und Recyclingkosten berücksichtigt.

Die prozessorientierte Analyse der Total Costs hat sich für die Berechnung der Kosten von Produktionsmaterialien etabliert. Sie differenziert in Vorlaufkosten (Bedarfsanalysen, Marktforschung, Lieferantenauswahl, Produktqua-

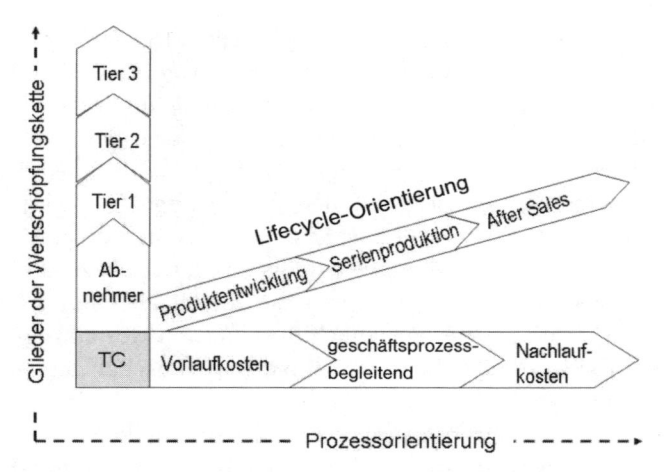

Abb. 10.17: Dimensionen der Total Costs

lifizierung, Audits), geschäftsprozessbegleitende Kosten (Wareneingang, Qualitätskontrolle, innerbetriebliche Logistik, Lagerhaltung, Kommissionierung) und Nachlaufkosten (Gewährleistung, Ausschuss).

Nachdem in der Total-Cost-Analyse alle relevanten Kostenwirkungen des Beschaffungsobjekts ermittelt und quantifiziert worden sind, gilt es, die Kosten zu minimieren. Systematische Ansatzpunkte lassen sich mit Hilfe des morphologischen Kastens der Supply Chain entwickeln, dessen Methodik kurz am Beispiel der Beschaffung von Produktionsmaterialien erläutert wird. Im ersten Schritt wird der durch das Beschaffungsobjekt ausgelöste Beschaffungsprozess unternehmensübergreifend in seine wesentlichen Dimensionen (wie Bedarfsplanung und -ermittlung, Bestellung, Terminverfolgung, Verpackung, Packstückbildung, Transport, Anlieferungskonzepte, Wareneingang, Qualitätssicherung, Reklamation, innerbetrieblicher Transport, Rechnung, Garantie/Gewährleistung, Auftragsabwicklung bei Lieferanten) aufgespalten. Anschließend werden für jede Dimension alle Lösungsmöglichkeiten dargestellt. Die Lösungsmöglichkeiten je Dimension sind nun so zu neuen kreativen Gesamtlösungen zu kombinieren, dass die Total Costs minimiert werden.

Die Personal- und Sachkosten des Geschäftsprozesses Beschaffung werden mit Hilfe der Prozesskostenrechnung erfasst. Sie fallen insbesondere für operative Beschaffungsaufgaben wie Bedarfsplanung, Disposition, Bestellschreibung und -übermittlung, Auftragsbestätigungen, Terminverfolgung, Wareneingang und -prüfung, Reklamationsbearbeitung und Rechnungsprüfung an. Hauptkostentreiber sind die Bestellungen, da die Durchführung der operativen Tätigkeiten mit der Anzahl der Bestellungen variiert. Der Aufwand für die Bestellabwicklung wird unter anderem determiniert von der Bestellmenge, der Teilevielfalt, der Art der Bereitstellung, der Spezifität des Beschaffungsobjekts, der Bedarfssicherheit, den Marktbedingungen sowie der Leistungsfähigkeit der Lieferanten.

Ziel des Geschäftsprozessmanagements ist die Optimierung der für die Beschaffung aufgewandten Personal- und Sachkosten. Ansatzpunkte sind die selektive Gestaltung von Einkaufsleistungen, Outsourcing der Beschaffungsleistung, Standardisierung der Geschäftsprozesse und die Lieferantenpolitik (Melzer-Ridinger, S. 37f.). Grundgedanke der selektiven Gestaltung von Einkaufsleistungen ist es, die Bearbeitungsintensität der Beschaffungsobjekte mit ihrer Bedeutung für das Unternehmen zu koppeln. So ist es unnötig, allen Materialien die gleiche Aufmerksamkeit zu schenken. Vielmehr ist es sinnvoll, bei versorgungsunkritischen Teilen mit geringem Einkaufsvolumen auf eine intensive Beschaffungsmarktforschung, Terminverfolgung und Rechnungsprüfung zu verzichten. Auch eine selektive Lieferantenbewertung und Kennzahlenauswertung erhöht die Effizienz im Einkauf, ohne dass sich die Qualität der Beschaffungsleistung verschlechtern muss.

Die Kosten des Geschäftsprozesses Beschaffung lassen sich ferner durch ein Outsourcing von Beschaffungsleistungen auf Lieferanten senken. Aktuelle Outsourcing-Konzepte zeigt die Abbildung 10.18.

Instrumente	auf Lieferanten verlagerte Tätigkeiten
VMI	Dispositionsaufgaben
DTP	Kostenstellencontrolling, innerbetriebliche Leistungsverteilung
QS-Vereinbarungen	Wareneingangsprüfung
Lieferanten-Kanban	Disposition, innerbetrieblicher Transport
Einkaufsdienstleister	alle Beschaffungstätigkeiten

Abb. 10.18: Outsourcing von Beschaffungsleistungen

Die Ansätze zur Vereinfachung und Standardisierung von Geschäftsprozessen sind vielfältig. Sie umfassen den Einsatz von Rahmenverträgen, den verstärkten Einsatz computergesteuerter PPS-Systeme sowie die Verlagerung der operativen Bestellabwicklung auf die Materialdisposition oder die Bedarfsträger. Insbesondere bei der Beschaffung indirekter Materialien wurden durch den Einsatz von DTP-Systemen die Genehmigungsprozesse erheblich verschlankt und beschleunigt.

Ein weiteres Instrument, um die Kosten des Beschaffungsprozesses zu senken, ist der Einsatz von Stamm- oder Universallieferanten. Insbesondere für C-Artikel findet dieser Ansatz immer mehr Beachtung. Erhebliche Einsparungen resultieren hier aus einer eingeschränkten Angebotseinholung, seltenen Vertragsverhandlungen, definierten einheitlichen Konditionen sowie gleichförmigen Abwicklungsprozessen. So ist es in Praxis heute öfters anzutreffen, dass ein Universallieferant den Abnehmer mit mehreren tausend Artikeln versorgt.

Komplexitätsmanagement

Empirischen Untersuchungen zufolge können Komplexitätskosten bis zu 15 bis 20 Prozent der Gesamtkosten eines Unternehmens bedingen. Beispielsweise löst eine Verdopplung der Variantenanzahl eine Steigerung der Stückkosten um 20 bis 30 Prozent aus (Wildemann 2003, S. 6). Ursächlich für diese Kostenexplosion ist, dass Varianten die Kostendegression über die Menge außer Kraft setzen, eine größere Komplexität der Abläufe in den administrativen Bereichen bewirken und zudem steigende Koordinierungsbedarfe verursachen. Komplexitätskosten sind jedoch nicht mit den Kosten der Variantenvielfalt gleichzusetzen, auch wenn diese einen wesentlichen Anteil an ihnen ausmachen. Zu den Komplexitätskosten, die sich in produkt- und prozessvielfaltsbezogene Kosten differenzieren lassen, zählen Kosten für die zunehmende Datenpflege und Dokumentation bei der Aufnahme neuer Produkte, Kosten der zusätzlichen Lieferantenauswahl und -pflege, Kosten durch steigende Planungs-, Dispositions- und Steuerungsaufwände, Kosten der zunehmenden Koordination der Bestellprozesse, Kosten des Änderungsmanagements oder die Kosten, die durch Doppelerfassungen auftreten.

Die Folgen zunehmender Komplexität in der Beschaffung sind eine vermehrte Vielfalt von Beschaffungsobjekten und -prozessen. Ihre Messung erfolgt durch so genannte Beschaffungsobjekt- und Beschaffungsprozessvielfältigkeitsanalysen (Wildemann 2000, S. 147ff.). Die Berechnung der Komplexitätskosten basiert auf der Prozesskostenanalyse. Sind die Komplexitätsursachen bekannt, ist es Aufgabe des Komplexitätsmanagements, die Vielfalt des Leistungsspektrums (Produkte, Prozesse und Ressourcen) im Unternehmen zu gestalten, zu steuern und zu entwickeln (Schuh, Schwenk, S. 34). Dabei lassen sich generell drei Hauptansatzpunkte unterscheiden. Die Strategie der Komplexitätsreduzierung zielt auf einen erfolgswirksamen Abbau der bestehenden Teile-, Varianten- und Prozessvielfalt in der Beschaffung.

Bei der Komplexitätsbeherrschung gilt es, vermeidbare, vorhandene Komplexität durch effiziente Maßnahmen zu beherrschen. Die Konzepte der Komplexitätsvermeidung setzen schon in den Frühphasen der Produktentwicklung an, indem sie die Neuentstehung von Komplexität verhindern wollen. Nachhaltig Kosten senkende Instrumente des Komplexitätsmanagements in der Beschaffung zeigt Abbildung 10.19.

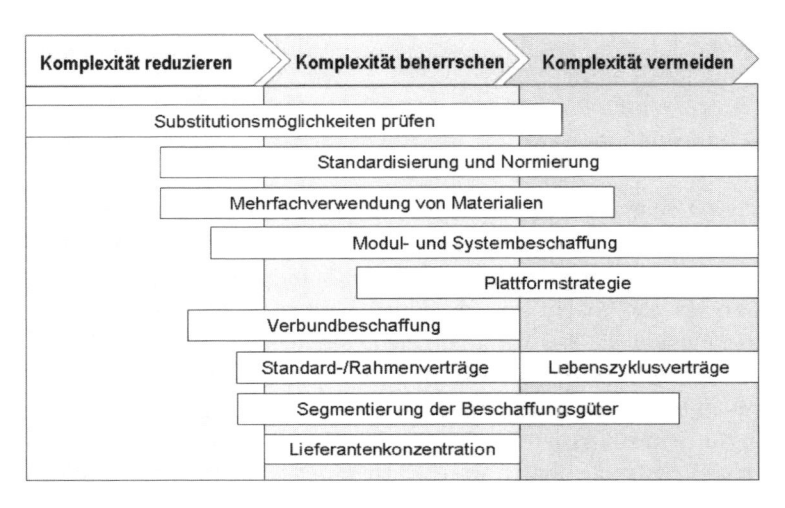

Abb. 10.19: Instrumente des Komplexitätsmanagements in der Beschaffung (in Anlehnung an Wildemann 2000, S. 153)

Produktgestaltungsorientiertes Kostenmanagement

Empirische Untersuchungen über die Möglichkeiten der Kostenbeeinflussung belegen, dass circa 70 Prozent der Produktkosten in der Entwicklungsphase festgelegt werden (Erlenspiel, S. 293). Allerdings sind die frühen Innovationsphasen, in denen die größtmögliche Kostenbeeinflussung durch Lastenheftspezifikationen und konstruktive Umsetzungen umsetzbar ist, durch ein geringes Kostenwissen und eine damit verbundene geringe Kostentransparenz gekennzeichnet (Dilemma der Produktentwicklung). Hier setzen die Verfahren Target Costing, Zielstückkostenanalyse und Variablenkalkulation an (vgl. Abbildung 10.20). Aufgabe des Target Costing ist es, Kostenvorgaben für die Konstruktion sowie für die Lieferanten zu generieren. Als geeignete Varianten haben sich das Market into Company (Ableitung der Kostenvorgaben aus den Kundenpräferenzen) und Out of Competitor (Ableitung der Kostenvorgaben aus erfolgreichen Wettbewerbsprodukten) bewährt. Die Zielstückkostenanalyse hingegen ist eine Methode, die die Kostenermittlung auf Basis von Planungsentwürfen und Konstruktionsskizzen vornimmt. Mit Hilfe der Zielkostenanalyse lässt sich somit prüfen, ob die Kostenvorgaben des Target Costing auch eingehalten werden oder weitere konstruktive Modifizierungen notwendig sind. Bei der Variablenkalkulation werden die Kosten der Neuteile aus der Kombination eines technischen Auslegungsgleichungssystems und eines Gleichungssystems zur Berechnung der Herstellkosten ermittelt (Schlösser, S. 28ff.). Ein großes Feld von Anwendungsmöglichkeiten für die Variablenkalkulation ergibt sich, wenn es gelingt, CAD-Daten mit Kostenrechnungsmethoden zu verknüpfen.

Instrumente
- Kostentransparenz erzeugende Methoden
  - Target Costing
  - Zielstückkostenanalyse
  - Variablenkalkulation
- Kosten optimierende Methoden
  - Simultaneous Engineering
  - Wertanalyse
  - Werkzeugkostenoptimierung

Abb. 10.20: Instrumente des produktgestaltungsorientierten Kostenmanagements

Sind die Kosten des zukünftigen Beschaffungsobjektes ungefähr bestimmt, gilt es, die Vorgaben umzusetzen beziehungsweise bei Überschreitung der Zielvorgaben die Kosten zu reduzieren. Geeignete Verfahren, die hier jedoch nicht vertieft werden, sind das Simultaneous Engineering und die Wertanalyse in Form des Value Engineering. Alle diese Aktivitäten erfordern, dass der Einkauf gemeinsam mit den zukünftigen Lieferanten in die Frühphase der Produktentwicklung einzubinden ist.

Zusammenfassend lässt sich festhalten, dass der Abnehmer über eine Vielzahl von Instrumenten verfügt, mit denen er die Beschaffungsobjektkosten sowie die Kosten des Geschäftsprozesses Beschaffung nachhaltig optimieren kann. Allerdings erfordern viele Methoden eine interdisziplinäre Zusammenarbeit von Einkauf, Konstruktion, Produktion, Logistik und Qualitätssicherung, um die Kostensenkungsmöglichkeiten voll ausnutzen zu können. Hier gilt es in der Praxis noch Abteilungsschranken zu überwinden, damit alle Wissens- und Erfahrungspotenziale des Unternehmens in den Kostenmanagementprozess integriert werden können.

Literatur

Arnold, U.: *Beschaffungsmanagement*, 2. Auflage, Stuttgart 1997

Arnold, U.: »Einkaufskooperationen in der Industrie«, in: Arnold, U. (Hrsg.): *Erfolg durch Einkaufskooperationen*, Wiesbaden 1998

Arnolds, H.; Heege, F.; Tussing, W.: *Materialwirtschaft und Einkauf*. 10. Auflage, Wiesbaden 1998

Bronner, A.: *Angebots- und Projektkalkulationen. Leitfaden für Praktiker*, 2. Auflage, Berlin 1998

Ehrlenspiel, K.: »Produktkostencontrolling und Simultaneous Engineering«, in: Horváth, P.: *Effektives und schlankes Controlling*, Stuttgart 1992

Imai, M.: *Kaizen. Der Schlüssel zum Erfolg der Japaner im Wettbewerb*. 7. Auflage, Berlin 1998

Kalbfuss, W.: »Materialgruppenmanagement«, in: Bouttellier, R.; Wagner, S.; Wehrli, H.-P. (Hrsg.): *Handbuch der Beschaffung. Strategien – Methoden – Umsetzung*, München 2003, S. 835–863

Kasulke, G.: »Strategisches Kostenmanagement im Einkauf: Ein ganzheitlicher Ansatz zur Kostensteuerung«, in: Bundesverband Materialwirtschaft, Einkauf und Logistik (Hrsg.): *Best Practice in Einkauf und Logistik. Erfolgsstrategien der Top-Entscheider Deutschlands*, Wiesbaden 2004, S. 63–76

Melzer-Ridinger, R.: »Verbesserungspotenzial Prozesskosten«, in: *Beschaffung Aktuell*, Heft 12, 2005, S. 37f.

Muschinski, W.: *Empirische Bestandsaufnahme der Lieferantenbewertung in Deutschland*, Mönchengladbach 1998

Muschinski, W.; Pelzer, O.: »Der Preis ist nicht alles«, in: *Beschaffung Aktuell*, Heft 12, 2003, S. 45–48

Muschinski, W.; Schnepp, F.: »Horizontale Beschaffungskooperationen im Elektrohandwerk«, in: *EP* 2/1999, S. 113f.

[ohne Verfasser:] »Die Rolle des Einkaufs in deutschen Unternehmen«, im Internet abrufbar unter: http://www.masaigmbh.de/FP/DL/Masai%20Studie%20Die%20Rolle%20des%20Einkaufs.pdf vom 5. Mai 2005

Schlösser, F.: *Kostenanalyse als Methode zur Optimierung von Entwicklungs- und Fertigungsprozessen*, Hamburg 2004

Schuh, G.; Schwenk, U.: *Produktkomplexität managen. Strategien – Methoden – Tools*, München 2001

Statistisches Bundesamt (Hrsg.): *Fachserie 4 Reihe 4.2.4. Produzierendes Gewerbe. Material- und Wareneingang im Verarbeitenden Gewerbes sowie im Bergbau und in der Gewinnung von Steinen und Erden 2002*, Wiesbaden 2005

Statistisches Bundesamt (Hrsg.): *Fachserie 4 Reihe 4.3. Produzierendes Gewerbe. Kostenstruktur der Unternehmen des Verarbeitenden Gewerbes sowie des Bergbaus und der Gewinnung von Steinen und Erden 2003*, Wiesbaden 2005

Strache, H.: *Einkaufspreise analysieren – Profit verhandeln. Arbeitstechniken für Facheinkäufer/innen*, Wiesbaden 1992

Wildemann, H.: *Einkaufspotenzialanalyse: Programme zur partnerschaftlichen Erschließung von Rationalisierungspotenzialen*, München 2000

Wildemann, H.: *Komplexitätsmanagement im Unternehmen. Leitfaden zur Einführung eines durchgängigen Komplexitätsmanagements*, München 2003

11
Bedarfs-, Bestands- und Kostenplanung (Materialdisposition)

Ruth Melzer-Ridinger

Materialdisposition im Spannungsfeld zwischen Versorgungssicherheit und Kostenminimierung

Der Disponent für fremdbezogenes Produktionsmaterial ist organisatorisch häufig der Abteilung Arbeitsvorbereitung/Produktionsplanung zugeordnet (er wird häufig als Rohstoffdisponent bezeichnet). Er befasst sich mit direktem und indirektem Produktionsmaterial. Interner Kunde des Materialdisponenten ist demnach die Fertigung, die mit Komponenten, die in das Enderzeugnis eingehen (direktes Produktionsmaterial), sowie mit Produkten zu versorgen ist, die für den Betrieb und die Wartung der Fertigungsanlagen, für Reparatur- und Rüstarbeiten (so genannte MRO-Products, Maintenance Repair Operating Products) benötigt werden und auch als indirektes Material bezeichnet werden. Ergebnis der Materialdisposition sind Bestellanforderungen, die an den Einkauf übermittelt werden, der die weitere Abwicklung übernimmt. Die Bestellanforderung enthält Angaben über die Materialidentnummer, einen spätesten Anlieferungstermin, eine Vorschlagsbestellmenge und einen Bestelltermin. Ist der Lieferant festgelegt, kann der Einkauf auch übergangen und ein so genannter Abruf direkt dem Lieferanten erteilt werden.

Die Leistungsfähigkeit der Materialdisposition wird daran gemessen, inwieweit es gelingt, die Fertigung »richtig« – das heißt ohne Beanstandung, termin- und mengengerecht sowie spezifikationsgerecht – mit dem benötigten Material zu versorgen (Kennzahl Lieferbereitschaft). Dabei ist nicht unumstritten, ob die Lieferbereitschaft/Liefertreue an den bestätigten Terminen oder an den Wunschterminen gemessen werden soll.

$$\text{Lieferbereitschaftsgrad} = \frac{\text{Anzahl der »richtig« bedienten Bedarfsanforderungen}}{\text{Gesamtzahl der Bedarfsanforderungen in der Periode}} \cdot 100$$

Eine derart errechnete Kennzahl erlaubt eine Auswertung der Häufigkeit, mit der Bedarfsanforderungen vom internen Kunden beanstandet wurden. Sie gibt keine Information über die Menge oder die Anzahl Bestellpositionen, die in der Periode gefehlt hat.

Ein weiterer Maßstab zur Beurteilung der Leistungsfähigkeit der Beschaffung ist die Höhe der insgesamt für die Bereitstellung entstehenden Kosten (Total Cost of Ownership). Die Materialdisposition hat Einfluss auf die folgenden Kostenarten:

- Einstandskosten als um Preisnebenbedingungen bereinigte Kosten bis zur rechtlichen und physischen Verfügbarkeit des Materials auf dem Werksgelände des Abnehmers. Zur Berechnung der Einstandskosten werden die Listenpreise beziehungsweise der Angebotspreis korrigiert um
  - Preisnachlässe (Rabatt, Bonus),
  - Skonto,
  - Verpackungs- und Versicherungskosten,
  - Transportkosten,
  - Zoll;
- Qualitätsprüfungskosten (bei Stichprobenprüfung);
- Bestellabwicklungskosten (für Administration und Engpassmanagement im Einkauf);
- Personalkosten für die Funktion Disposition;
- Lagerkosten (für Administration, Lagerbewegung, Kapitalbindung).

Die Arbeit des Materialdisponenten ist durch die große Anzahl der Materialien, durch teilweise lange und unsichere Beschaffungszeiten und ungewissen Materialbedarf gekennzeichnet: Die große Variantenvielfalt der auf dem Absatzmarkt angebotenen Enderzeugnisse in Verbindung mit der Reduzierung der Fertigungstiefe hat auch auf der Ebene der fremdbezogenen Komponenten eine explodierende Variantenvielfalt zur Folge. Zahlreiche Materialien weisen wegen der geringen Zahl der Nachfrager sporadischen Bedarf auf, der mit Methoden der statistischen Bedarfsprognose nicht befriedigend vorhergesagt werden kann. Die Strategie des Global Sourcing muss lange und unsichere Beschaffungszeiten in Kauf nehmen, denen auf der Absatzseite Kunden gegenüberstehen, die kurze und zuverlässige Lieferzeiten fordern. Hohe Lagerbestände, die Einsparungen durch Rabatte, Boni und vorübergehende Preistiefs, einen hohen Lieferbereitschaftsgrad sowie geringe Bestellabwicklungskosten versprechen, sind für voluminöse, verderbliche und teure Materialien unerwünscht.

Materialdisposition umfasst die Bedarfsplanung und die Bestellplanung. Dabei beantwortet die Bedarfsplanung für jede Identnummer die Frage, wann (Bedarfstermin) welche Menge (Bedarfsmenge) benötigt wird, die Bestellplanung befasst sich mit der Frage, wann (Bestelltermin) welche Menge (Bestellmenge) bestellt werden soll.

Der Rohstoffdisponent in der Industrie wird durch eine Software unterstützt, die in ein ERP-System wie SAP R/3 eingebettet ist. Er muss daher nicht persönlich den Bedarf jeder Identnummer vorhersagen, die aktuellen Lagerbestände kontrollieren und kostengünstige Bestellmengen und -termine berechnen. Diese Aufgaben werden von der Dispositionssoftware automatisch durchgeführt. Aufgabe des Materialdisponenten ist es vielmehr, die Software in geeigneter Weise zu parametrisieren. Zu diesem Zweck legt der Disponent für jede Materialidentnummer eine Bereitstellungs- und Dispositionsart fest. Dabei kann die Konfliktbeziehung zwischen Versorgungssicherheit und Kostenminimierung nicht durch eine einheitliche Vorgehensweise für alle fremdbezogenen Materialidentnummern gelöst werden. Vielmehr ist der Materialdisponent gefordert, aus dem umfangreichen Kanon von Planungsverfahren und Dispositionsparametern die Verfahren und Parameter auszuwählen, die den individuellen Bedarfsmerkmalen und der Beschaffungssituation gerecht werden.

Bereitstellungs- und Dispositionsarten für fremdbezogenes Material

Datenbasis und Vorgehensweise der Bedarfs- und Bestellplanung werden wesentlich von der für die Identnummer festgelegten Bereitstellungs- und Dispositionsart bestimmt.

Mit der Bereitstellungsart wird entschieden, ob für die betrachtete Identnummer ein Lager gehalten und eine Lagerverwaltung durchgeführt werden soll:

- Bei *lagerorientierter Beschaffung* (Vorratsbeschaffung) weichen Bedarfsmenge und Bestellmenge regelmäßig voneinander ab. Die Abteilung Disposition hat neben der Bedarfsvorhersage eine Bestandsoptimierung durchzuführen. Durch eine geschickte Festlegung der Bestellmenge und des Bestelltermins nutzt sie die Möglichkeit, Einstands-, Lager- und Bestellkosten ganzheitlich zu minimieren, indem sie so genannte Ausgleichs-, Sicherheits- und Spekulationsbestände hält. Abgesehen von

Materialidentnummern, die in einem Kanban-System disponiert werden, ist für die Identnummern eine Lagerverwaltung vorgesehen, die jeden Lagerzugang erfasst, die Lagerabgänge mindestens periodisch verbucht und den Lagerbestand beobachtet, um die nächste Bestellung termingerecht anzustoßen.

- Bei *einsatzsynchroner Beschaffung und Einzelbeschaffung* entspricht die Bestellmenge jeweils der aktuellen Bedarfsmenge, der späteste Anlieferungstermin ergibt sich aus dem geplanten Termin der Verarbeitung. Ein Lagerbestand und eine Lagerverwaltung sind nicht vorgesehen. In diesen Fällen ist eine termin- und mengengenaue Bedarfsplanung die Voraussetzung für die Erreichung des Versorgungsziels.

Mit der Festlegung der Dispositionsart für eine Identnummer steuert der Materialdisponent die Datenbasis für die Bedarfsplanung und deren Verarbeitung in der Bestelltermin- und -mengenplanung. Die Bedarfs- und Bestellplanung kann grundsätzlich verbrauchs- und programmorientiert erfolgen:

- Die *verbrauchsorientierte Disposition* basiert auf Aufschreibungen beziehungsweise Erfahrungen über den Bedarf des betrachteten Materials in der Vergangenheit. Mit Hilfe geeigneter statistischer Verfahren (vgl. Abschnitt »Verbrauchsorientierte Bedarfsprognose«) wird ein Durchschnitt des Bedarfs pro Periode (zum Beispiel Monat) errechnet, der als Prognosewert für die zukünftige(n) Periode(n) verwendet wird. Die verbrauchsorientierte Bedarfsplanung verzichtet auf eine tagesgenaue Bedarfsplanung; prognostiziert wird ein Periodenbedarf, die Verteilung des Bedarfs innerhalb der Periode ist nicht bekannt. Der Einfachheit halber wird eine gleichmäßige Verteilung des Bedarfs in der Periode angenommen. Eine verbrauchsorientierte Bedarfsprognose wird in der Regel auch nicht mengengenau sein. Eine verbrauchsorientierte Bedarfsplanung ist daher nur mit dem Bereitstellungsprinzip Vorratsbeschaffung zu vereinbaren. Die verbrauchsorientiert errechnete Bedarfsprognose wird anschließend verwendet, um eine sinnvolle Lagerergänzungsregel (Bestellregel vgl. Abschnitt »Verbrauchsorientierte Vorratsergänzung«) festzulegen, die eine für die betrachtete Materialidentnummer sinnvolle und für längere Zeit gültige Vorgabe über die Bestellmenge und den Bestelltermin enthält. Die verbrauchsorientierte Disposition wird häufig auch als vergangenheitsorientierte Disposition bezeichnet, weil eine Lagerergänzung grundsätzlich vorgenommen wird, wenn die Lagerabgänge bereits stattgefunden haben. Die

Bestandsführung erfasst Lagerzugänge und Lagerabgänge ebenfalls nachträglich. Der Bedarf wird registriert, wenn zum Starttermin des Fertigungsauftrags, für den das Material benötigt wird, ein Materialentnahmeschein gedruckt wird. Nach Entnahme des Materials aus dem Lager wird der neue Bestand verbucht und (automatisch) mit dem Meldebestand verglichen. Ein Lagerzugang wird unabhängig von einem zukünftigen Bedarf angestoßen (»ins Lager geschoben«), wenn der aktuelle Bestand den vorgegebenen Meldebestand erreicht hat oder ein definiertes Bestellintervall verstrichen ist (Push-Prinzip).

- Im Gegensatz dazu arbeitet die *programmorientierte Disposition* zukunftsorientiert. Der zukünftige Bedarf wird tages- und mengengenau aus dem geplanten Produktionsprogramm, der Stückliste beziehungsweise Rezeptur und der Durchlaufzeit errechnet (vgl. Abschnitt »Programmorientierte Bedarfsmengen- und -terminplanung«). Die Bestandsführung erfolgt ebenfalls zukunftsorientiert, indem der errechnete Bedarf als erwarteter Lagerabgang (Reservierung) vom aktuell verfügbaren Bestand subtrahiert wird. Auf diesem Weg ist erkennbar, wann in der Zukunft ein Lagerzugang erfolgen muss, um die erwarteten Bedarfe befriedigen zu können. Die Bestellmenge wird immer wieder neu auf der Basis der aktuellen Bedarfssituation optimiert (vgl. Abschnitt »Programmorientierte Bestellmengenoptimierung«). Der terminlich und mengenmäßig geplante Bedarf »zieht« Zugänge ins Lager (Pull-Prinzip). Die programmorientierte Disposition wird sowohl bei Vorratsbeschaffung als auch bei lagerloser Beschaffung angewendet.

Verbrauchsorientierte Bedarfs- und Bestandsplanung

Verbrauchsorientierte Bedarfsprognose: Verfahren und Anwendungsbedingungen

Die verbrauchsorientierte Bedarfsprognose basiert auf Aufschreibungen beziehungsweise Erfahrungen über den Lagerabgang des betrachteten Materials in der Vergangenheit. Aus diesen Daten wird mit Hilfe statistischer Methoden ein Durchschnittswert errechnet, der als Vorhersagewert für die kommende Vorhersageperiode dient.

Der Rohstoffdisponent hat in seiner Dispositionssoftware die Auswahl zwischen verschiedenen Prognoseverfahren, die sich durch die Formel zur Berechnung des Mittelwerts unterscheiden. Die bekanntesten Verfahren sind das »gleitende arithmetische Mittel«, die »exponentielle Glättung erster Ordnung« und die »exponentielle Glättung zweiter Ordnung«. Für jedes Verfahren ist ein Prognoseparameter festzulegen, der die Zahl der Bedarfswerte, die in die Berechnung des Mittel- und Prognosewerts eingehen, beziehungsweise deren Gewichtung steuert.

Um ein geeignetes Prognoseverfahren und einen sinnvollen Prognoseparameter auszuwählen, muss der Materialdisponent eine Analyse der Zeitreihe durchführen, mit der er beurteilt, welche charakteristischen Merkmale die betrachtete Materialidentnummer aufweist im Hinblick auf:

- die langfristige Entwicklung des Bedarfs (Trend),
- periodische Schwankungen um den Trend (Saison),
- zufällige Abweichungen von der durch Trend und Saison bestimmten Entwicklung (Zufallskomponente),
- nachhaltige Änderungen der langfristigen Bedarfsentwicklung (Strukturbrüche).

Die Analyse der Zeitreihe ergibt eine Einordnung in eine der folgenden Bedarfsstrukturen:

- regelmäßiger Bedarf ohne erkennbaren Trend ohne beziehungsweise mit Saisonschwankungen,
- regelmäßiger Bedarf mit erkennbarem Trend ohne beziehungsweise mit Saisonschwankungen,
- stark schwankender Bedarf,
- sporadischer Bedarf.

Die langfristige Entwicklung des Bedarfs wird als *Trend* bezeichnet. Weist der Bedarf im Zeitablauf einen Verlauf auf, der um einen (annähernd) konstanten Mittelwert schwankt, handelt es sich um einen Bedarf mit Trend nullter Ordnung. Die Schwankungen um den Mittelwert gleichen sich langfristig aus und lassen keine Gesetzmäßigkeiten erkennen. Zeigt der Bedarf einen im Zeitablauf stetig steigenden oder fallenden Verlauf, handelt es sich um einen Trend erster oder höherer Ordnung. Kann die langfristige Entwicklung des Bedarfs durch eine Trendgerade angenähert werden, liegt ein Trend erster Ordnung (linearer Trend) vor. Trends höherer Ordnung sind durch eine nichtlineare, das heißt durch eine progressive oder degressive Entwicklung des Bedarfs gekennzeichnet (vgl. Abbildung 11.1).

Ein *saisonaler Bedarfsverlauf* liegt vor, wenn die Zeitreihe zyklisch wiederkehrende Maxima und Minima aufweist, die um 20 bis 50 Prozent von dem langfristigen Durchschnittswert abweichen und damit erheblich über den zufälligen

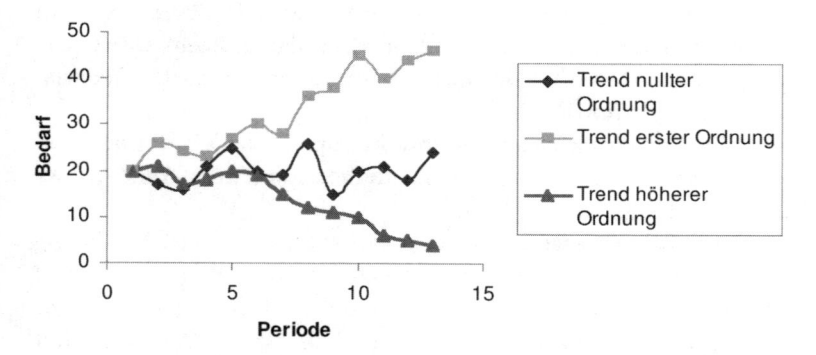

Abb. 11.1: Zeitreihen mit Trend nullter Ordnung, erster Ordnung und höherer Ordnung

Bedarfsschwankungen liegen, und wenn für das Auftreten der zyklischen Schwankungen eindeutige, auch in der Zukunft geltende Ursachen vorliegen.

Die *Zufallskomponente* verursacht wie die Saisonkomponente Abweichungen des Bedarfs vom Trend. Die Abweichungen treten jedoch nicht regelmäßig auf und die Ursachen ihres Auftretens sind nicht erkennbar oder werden nicht untersucht. Von einem stark schwankenden Bedarf wird gesprochen, wenn Bedarfsspitzen um mehrere 100 Prozent über dem Jahresmittelwert liegen.

Von einem sporadischen Bedarf wird gesprochen, wenn das untersuchte Material in der Mehrzahl der Perioden keinen Bedarf aufweist und die jeweiligen Bedarfsmengen in unterschiedlicher Höhe auftreten. In der Praxis weist direktes Produktionsmaterial, das in selten nachgefragte Enderzeugnisse eingeht, einen sporadischen Charakter auf.

Bei der Festlegung der Dispositionsart und der Dispositionsparameter muss sich der Materialdisponent darüber im Klaren sein, dass die statistischen Verfahren der verbrauchsorientierten Bedarfsprognose grundsätzlich nur dann zufrieden stellende Ergebnisse zeigen, wenn die Zeitreihe einen regelmäßigen, nicht-sporadischen Bedarf zeigt. (Linear) trendförmiger und stark schwankender Bedarf kann prognostiziert werden, wenn ein geeignetes Prognoseverfahren und adäquate Prognoseparameter festgelegt werden. Der Aufwand für die Analyse der Zeitreihe und die Festlegung sowie Kontrolle der Prognoseverfahren und -parameter ist nicht unerheblich.

Von einer hohen *Prognosequalität* kann bei verbrauchsorientierter Prognose dann gesprochen werden, wenn (zufällige) Schwankungen des Bedarfs geglättet werden und keine systematischen Prognosefehler auftreten. Die

Prognose ist systematisch falsch (im Gegensatz zu zufällig falsch), wenn sie regelmäßig unter oder über dem Bedarfswert liegt. Das Auftreten von systematischen Prognosefehlern lässt darauf schließen, dass ein Trend oder ein Strukturbruch, das heißt eine nachhaltige Veränderung der Bedarfsentwicklung, nicht erkannt wird.

Das gleitende arithmetische Mittel und die exponentielle Glättung sind Vertreter der Prognoseverfahren, die für Zeitreihen mit einem Trend nullter Ordnung geeignet sind.

Grundlage der Prognose ist bei dem *gleitenden arithmetischen Mittel* eine gleich bleibende Anzahl von n Bedarfswerten der Vergangenheit. Die Anzahl n der Bedarfswerte wird konstant gehalten, indem jeweils der jüngste der Bedarfswerte in die Berechnung einbezogen und der älteste Wert eliminiert wird.

Als Vorhersage für die nächste Periode wird das arithmetische Mittel der letzten n Bedarfswerte errechnet:

$$P_{i+1} = M_i = \frac{B_i + B_{i-1} + B_{i-2} + B_{i-3} + ... + B_{i-n+1}}{n}$$

P_{i+1}: Prognose für die Periode i + 1
B_i: Bedarf der laufenden Periode i
M_i: arithmetisches Mittel der laufenden Periode i
n: Anzahl der Bedarfswerte

Beispiel:

Periode i	Bedarf in i	Prognose für i bei n = 4	Prognosefehler in i
1	80		
2	84		
3	92		
4	76		
5	87	83	4
6	90	84,75	5,25
		86,25	

Das gleitende arithmetische Mittel liefert bei Zeitreihen ohne erkennbaren Trend und ohne Strukturbruch umso bessere Ergebnisse, je höher der Parameter n gewählt wird. Mit einer großen Zahl von Bedarfswerten beeinflussen zufällige Bedarfsausreißer die Prognose nur gering, die Prognose wird ge-

Prognose mit gleitendem arithmetischem Mittel

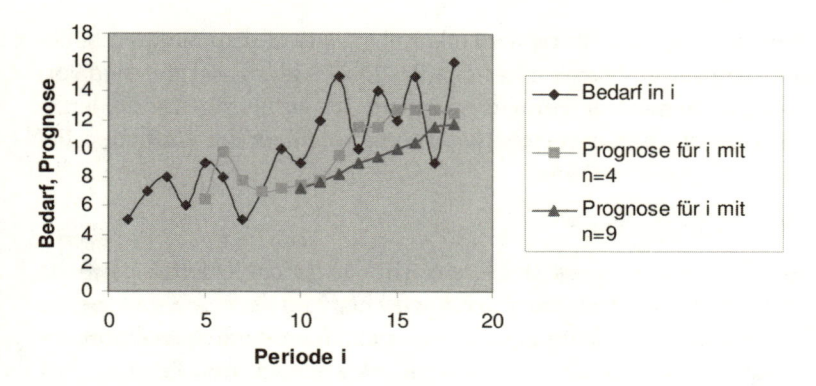

Abb. 11.2: Prognose mit gleitendem arithmetischem Mittel

genüber dem Bedarfsverlauf »geglättet«. Weist die Zeitreihe einen trendförmigen Bedarfsverlauf auf oder ist mit dem Auftreten von Strukturbrüchen zu rechnen, besteht bei der Festlegung des Parameters n ein Zielkonflikt zwischen der Glättung von Zufallsschwankungen einerseits (erreichbar durch n groß) und hoher Reaktionsgeschwindigkeit auf Strukturbrüche und geringem systematischem Fehler durch Hinterherhinken der Prognose (erreichbar durch n klein; vgl. Abbildung 11.2).

Das Verfahren *exponentielle Glättung erster Ordnung* errechnet als gewichteter Durchschnitt des tatsächlichen und des für die laufende Periode vorhergesagten Bedarfswertes:

$P_{i+1} = M_i = (1-\alpha) \cdot M_{i-1} + \alpha \cdot B_i$
P_{i+1}: Prognose für die Periode i
M_i: Mittelwert der Periode i
M_{i-1}: Mittelwert der letzten Periode, Prognose für die Periode i
B_i: tatsächlicher Bedarf der Periode i
α: Gewichtungs- (Glättungs-)faktor

Der Gewichtungsfaktor α kann zwischen 0 und 1 gewählt werden.

Beispiel:
Die Prognose für die laufende Periode i ($P_i = M_{i-1}$) war 120; der tatsächliche Bedarfswert der laufenden Periode i (B_i) sei 100. Bei einem Glättungsfaktor von $\alpha = 0{,}4$ ergibt sich

$$P_{i+1} = (1-0{,}4) \cdot 120 + 0{,}4 \cdot 100 = 112$$

Durch Umstellen der Gleichung wird erkennbar, dass die exponentielle Glättung ein Prognoseverfahren ist, das aus Prognosefehlern »lernt«: Der Vorhersagewert für die nächste Periode entspricht der Vorhersage für die letzte Periode, korrigiert um das α-fache des Prognosefehlers der laufenden Periode:

$$P_{i+1} = M_i = M_{i-1} + \alpha \cdot (B_i - M_{i-1})$$

Bei der Wahl des Glättungsparameters α tritt das gleiche Dilemma auf wie bei dem Parameter n des gleitenden arithmetischen Mittels: Eine zunehmende Glättung von Zufallsabweichungen ist mit einer abnehmenden Reaktionsgeschwindigkeit auf Strukturbrüche und mit »systematischen Fehlern« bei trendförmiger Bedarfsentwicklung verbunden (weiterführend vgl. Melzer-Ridinger, R. 1989, s. S. 92–115).

Für Materialidentnummern, die einen Trend erster oder höherer Ordnung aufweisen, sollte die exponentielle Glättung zweiter Ordnung herangezogen werden. Dieses Verfahren errechnet in jeder Periode eine Trendgerade und extrapoliert die Bedarfsentwicklung bis in die Vorhersageperiode (weiterführend vgl. Melzer-Ridinger, R. 1989, S. 107ff.).

Ergebnis der verbrauchsorientierten Bedarfsprognose ist eine Erwartung über den Bedarf in einer mehr oder weniger langen Periode – eine tagesgenaue Bedarfsprognose ist selbstverständlich nicht möglich. In der weiteren Verarbeitung der Bedarfsprognose zu einer Bestellmenge wird der Einfachheit halber angenommen, dass der Bedarf in der Periode gleichmäßig erfolgt. Der Ungewissheit über den Bedarfsverlauf in der Periode und dem Prognosefehler wird durch das Vorhalten eines Sicherheitsbestands Rechnung getragen.

Verbrauchsorientierte Vorratsergänzung/Bestellregeln

Die Bedarfsprognose ist bei verbrauchsorientierter Disposition die Grundlage, um eine so genannte Bestellregel und deren Parameter festzulegen. Während bei programmorientierter Vorratsergänzung optimale Bestellmengen und -termine individuell für jeden Bedarf ermittelt werden, basiert die verbrauchsorientierte Vorratsergänzung auf einer Regel, die Bestellmenge und Bestelltermin für die Identnummer festlegt und über längere Zeiträume beibehalten wird.

Bestellpunktsystem

Das bekannteste Bestellsystem ist das so genannte Bestellpunktsystem, welches den Bestellzeitpunkt nicht kalendarisch festlegt, sondern einen Lagerbestand (den Meldebestand oder Bestellpunkt) definiert, bei dessen Erreichen oder Unterschreiten eine Bestellung ausgelöst werden soll. Der Zeitraum zwischen zwei Bestellungen (das so genannte Bestellintervall) passt sich an schwankenden Lagerabgang an. Der Meldebestand soll den Bedarf in der Beschaffungszeit decken. Da der Bedarf in der Beschaffungszeit nicht sicher ist, enthält der Meldebestand über den in der durchschnittlichen Beschaffungszeit erwarteten Bedarf hinaus einen Sicherheitsbestand, um unerwartete Verzögerungen der Beschaffungszeit und unerwartet hohen Bedarf mit einer durch den Soll-Lieferbereitschaftsgrad vorgegebenen Wahrscheinlichkeit decken zu können (vgl. Abschnitt »Bestimmung des Sicherheits- und Meldebestands«). Das Bestellpunktsystem arbeitet in der Regel mit einer festen Bestellmenge, die mit dem so genannten Andler-Modell (vgl. Abschnitt »Verbrauchsorientierte Vorratsergänzung«) errechnet wird.

Das folgende Beispiel zeigt die Vorratsergänzung im Bestellpunktsystem:

Woche	1	2	3	4	5	6	7	8	9	10	11	12
Bedarf	50	30	20	40	100	60	100	50	20	40	80	60

Meldebestand s: 60
   Bestellmenge Q: 150
   Lieferzeit: 1 Woche

Bei der Darstellung der Lagerbestandsentwicklung wird unterstellt,

- dass Bestellung und Lieferung jeweils zum Ende der Woche erfolgen,
- dass der Lagerabgang während der Woche kontinuierlich erfolgt,
- dass Fehlmengen nicht nachgeliefert werden.

Abbildung 11.3 zeigt, dass die Zeitspanne zwischen zwei Bestellungen und Lieferungen variiert. In dem dargestellten Zeitraum kommt es einmal zu einer Fehlmenge.

Woche	Bestand Ende Woche	
0	150	
1	100	
2	70	
3	50	Bestellung
4	10	
4	160	Lieferung
5	60	Bestellung
6	0	
6	150	Lieferung
7	50	Bestellung
8	0	
8	150	Lieferung
9	130	
10	90	
11	10	Bestellung
12	0	Lieferung
12	150	

Bestandsverlauf im Bestellpunktsystem

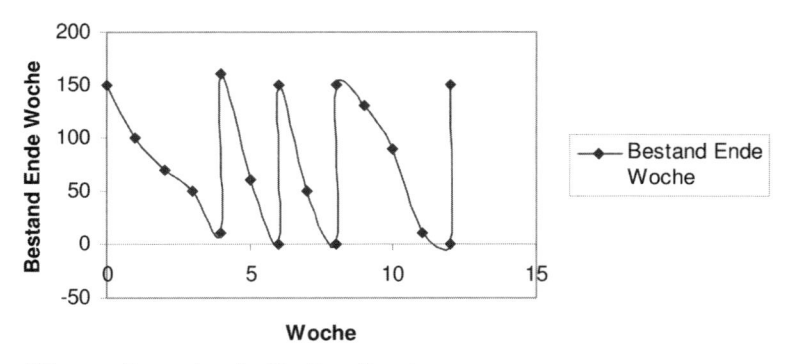

Abb. 11.3: Bestandsverlauf im Bestellpunktsystem

Bestellrhythmussystem

Das Bestellrhythmussystem zeichnet sich dadurch aus, dass Bestellungen in gleich bleibenden Zeitabständen t (Bestellintervall fix) ausgelöst werden.

Die Bestellmenge wird entweder jeweils gleich bleibend gewählt (t-Q-System) oder es wird ein Höchstbestand festgelegt (t-S-System), den das Lager bei Eintreffen der neuen Lieferung erreichen soll.

Eine Kontrolle der Lagerabgänge zwischen den Bestellzeitpunkten wird im Bestellrhythmussystem nicht vorgenommen. Eine Kontrolle des Lagerbestands zum Bestellzeitpunkt erfolgt nur im Bestellrhythmussystem mit Höchstbestand, bei dem die Bestellmenge als Differenz zwischen Lagerbestand zum Zeitpunkt der Überprüfung und gewünschtem Höchstbestand (unter Berücksichtigung des durchschnittlichen Bedarfs in der Beschaffungszeit) bestimmt wird.

Das folgende Beispiel zeigt die Vorratsergänzung im Bestellrhythmussystem:

Woche	1	2	3	4	5	6	7	8	9	10	11	12
Bedarf	50	30	20	40	100	60	100	50	20	40	80	60

Bestellintervall t: 3 Wochen
Bestellmenge Q: 150
Lieferzeit: 1 Woche

Bei der Darstellung der Lagerbestandsentwicklung wird unterstellt,

- dass Bestellung und Lieferung jeweils zum Ende der Woche erfolgen,
- dass der Lagerabgang während der Woche kontinuierlich erfolgt,
- dass Fehlmengen nicht nachgeliefert werden.

Abbildung 11.4 zeigt, dass die Abstände zwischen zwei Bestellungen und – infolge der als sicher angenommenen Lieferzeit – die Abstände zwischen zwei Lieferungen immer gleich sind. Der in der zweiten Hälfte des dargestellten Zeitraums erhöhte Materialbedarf führt in zwei Bestellzyklen zu Fehlmengen.

Woche	Bestand Ende Woche	
0	150	
1	100	
2	70	Bestellung
3	50	
3	200	Lieferung
4	160	
5	60	Bestellung
6	0	
6	150	Lieferung
7	50	
8	0	Bestellung
9	0	
9	150	Lieferung
10	110	
11	30	Bestellung
12	0	
12	150	Lieferung

Bestandsverlauf im Bestellrhythmussystem

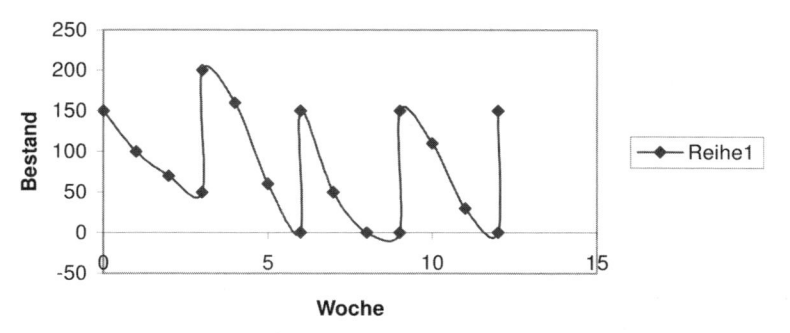

Abb. 11.4: Bestandsverlauf im Bestellrhythmussystem

Optionalsystem

Das Optionalverfahren verbindet die Charakteristika und Vorteile des Bestellpunkt- und des Bestellrhythmussystems.

Wie beim Bestellrhythmussystem erfolgt eine periodische Lagerüberprüfung.

Wie beim Bestellpunktverfahren wird nicht bei jeder Lagerüberprüfung bestellt, sondern nur dann, wenn der Lagerbestand den festgelegten Meldebestand erreicht oder unterschritten hat. Das Optionalsystem kann wiederum in zwei Versionen auftreten, mit fester Bestellmenge Q oder mit Höchstbestand S.

In der nachfolgenden Übersicht sind nochmals die Charakteristika der vorgestellten Bestellsysteme gegenübergestellt:

	Lagerkontrolle	Bestellintervall	Bestellmenge
s-Q-System	nach jedem Lagerabgang	variabel	fix
t-Q-System	periodisch	fix	fix
t-S-System	periodisch	fix	variabel
t-s-Q-System	periodisch	variabel	fix

Bestimmung der kostenoptimalen Bestellmenge

Die Bestellmengenoptimierung hat die Aufgabe, einen prognostizierten Periodenbedarf (in der Regel den Jahresbedarf) in mehrere gleich große Bestellmengen aufzuteilen. Dabei sollen die durch die Bestellmenge beeinflussten Kosten möglichst gering sein. Das Andler-Modell ist ein Entscheidungsmodell der Bestellmengenoptimierung, das unter bestimmten als Modellprämissen bezeichneten Voraussetzungen eine optimale Bestellmenge errechnet. Es basiert auf der Überlegung, dass eine hohe Bestellmenge einerseits die Bestellhäufigkeit im Planungshorizont und damit die Bestellkosten reduziert, andererseits den durchschnittlich im Lager befindlichen Bestandswert und damit die Lagerkosten erhöht. Als optimale Bestellmenge ist die Bestellmenge gesucht, die die Summe aus Lagerkosten und Bestellkosten pro Jahr (p.a.) minimiert. Die Einstandskosten und Fehlmengenkosten werden als nicht entscheidungsrelevant betrachtet:

- Die Andler-Formel berechnet die Lagerkosten p.a. als Prozentsatz (Lagerkostensatz) des durchschnittlichen Bestandswerts. Bei gleichmäßigem

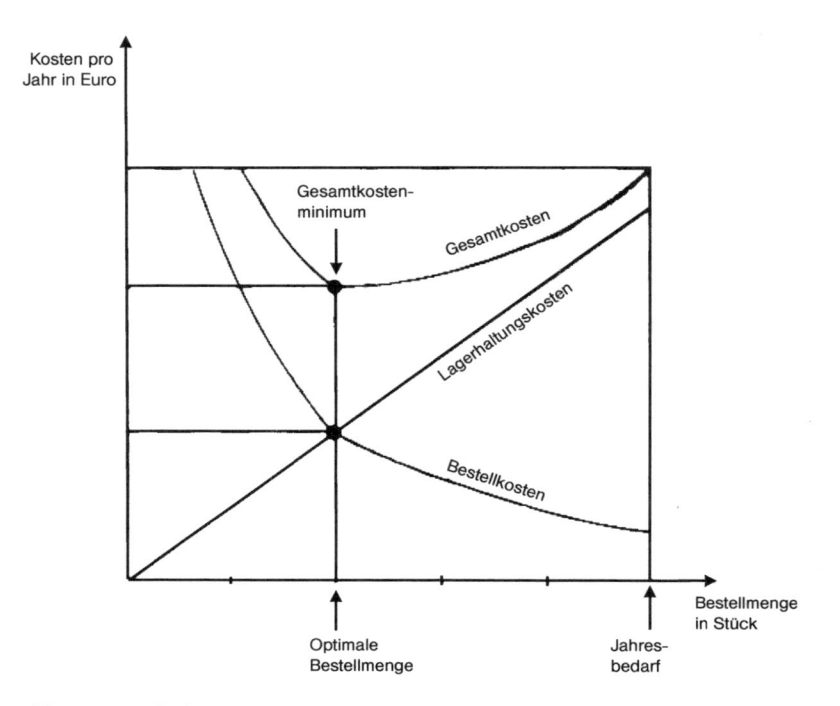

Abb. 11.5: Grafische Bestimmung der kostenminimalen Bestellmenge

Lagerabgang liegt durchschnittlich die Hälfte der Bestellmenge im Lager (Bestand). Der Bestand wird mit den Einstandskosten des Materials bewertet (Bestandswert).
- Die Andler-Formel berechnet die Bestellkosten pro Jahr auf der Grundlage der von der Bestellmenge abhängigen Bestellhäufigkeit (Jahresbedarf dividiert durch Bestellmenge) und eines fixen Kostensatzes je Bestellvorgang (Bestellkostensatz).

Gesamtkosten p. a. = (Bestellkosten p. a.) + (Lagerkosten p. a.) =
Jahresbedarf ÷ Bestellmenge · Bestellkostensatz +
Bestellmenge ÷ 2 · Einstandskosten · Lagerkostensatz

Bei linearem Verlauf der von der zu bestimmenden Bestellmenge abhängigen Lagerkosten und degressivem Verlauf der von der Bestellmenge abhängigen Bestellkosten liegt das Minimum der Gesamtkostenfunktion genau im Schnittpunkt der Lager- und Bestellkostenfunktion (vgl. Abbildung 11.5).

Die mathematische Bestimmung der kostenminimalen Bestellmenge setzt die Lagerkostenfunktion gleich der Bestellkostenfunktion und löst nach der Variablen Bestellmenge auf:

Jahresbedarf ÷ Bestellmenge · Bestellkostensatz = 1/2 Bestellmenge · Einstandskosten · Lagerkostensatz

Jahresbedarf · Bestellkostensatz = 1/2 Bestellmenge^2 · Einstandskosten · Lagerkostensatz

$$\text{optimale Bestellmenge} = \sqrt{\frac{2 \cdot Jahresbedarf \cdot Bestellkostensatz}{Einstandskosten \cdot Lagerkostensatz}}$$

Das folgende Beispiel zeigt den Gedankengang und das Ergebnis des Andler-Modells:

Jahresbedarf der Identnummer	50 000 Stück
Bestellkostensatz	100 Euro
Lagerkostensatz (insb. Kapitalbindungskosten)	0,15 (15 %) p.a. des durchschnittlichen Lagerwerts
Einstandskosten	5 Euro je Stück

Bestellmenge	Q = 2 000	Q = 5 000	Q = 10 000
Anzahl Bestellungen pro Jahr	25	10	5
Durchschnittlicher Lagerbestand in St.	1 000	2 500	5 000
Durchschnittlicher Lagerbestand in Euro	5 000	12 500	25 000
Bestellkosten pro Jahr in Euro	2 500	1 000	500
Lagerkosten pro Jahr in Euro	750	1 875	3 750
Einstandskosten pro Jahr in Euro	250 000	250 000	250 000
Gesamtkosten pro Jahr in Euro	253 250	252 875	254 250

Der Vergleich der Kosten pro Jahr zeigt, dass die Einstandskosten des Materials durch die Bestellmenge nicht beeinflusst und daher in dem Vergleich vernachlässigt werden können. Eine Steigerung der Bestellmenge von jeweils 2 000 auf jeweils 5 000 Stück verursacht zwar eine Steigerung der Lagerkosten um 1 125 Euro pro Jahr. Diese Kostensteigerung ist jedoch sinnvoll, da die Einsparung bei den Bestellkosten 1 500 Euro beträgt. Eine weitere Steigerung der Bestellmenge auf 10 000 Stück lässt die Lagerkosten stärker ansteigen als die Bestellkosten sinken. Keine der betrachteten Bestellmengen ist kostenminimal. Die Andler-Formel errechnet als kostenminimale Bestellmenge (vgl. weiterführend Melzer-Ridinger, R. 1989, S. 141ff. und Schulte, C.: *Logistik*, S. 216ff.):

$$Q = \sqrt{\frac{2 \cdot 50 \cdot 100}{5 \cdot 0{,}15}} = 3.651{,}48$$

Bestimmung des Sicherheits- und Meldebestands

Die Aufgabe des Sicherheitsbestands besteht darin, die Gefahr der Entstehung von Fehlmengen und -kosten zu vermindern. Die Lieferfähigkeit gegenüber dem internen Kunden soll auch dann gewährleistet sein, wenn unerwartet hoher Bedarf und/oder unerwartet lange Beschaffungszeiten auftreten und wenn falsch oder fehlerhaft geliefert wird.

Das Risiko einer Fehlmenge kann, da nicht alle die Lieferbereitschaft beeinflussenden betrieblichen und Marktrisiken vorhersehbar sind, auch durch einen extrem hohen Sicherheitsbestand nicht vollständig ausgeschlossen werden. Wie die weiteren Ausführungen zeigen werden, ist eine Soll-Lieferbereitschaft von nahe 100 Prozent aus Kostengründen auch nicht erstrebenswert. Daher besteht die Aufgabe darin, Fehlmengen mit einer Wahrscheinlichkeit in Höhe des festgelegten Lieferbereitschaftsgrades zu verhindern.

Die Höhe des Sicherheitsbestands beeinflusst als Bestandteil des Lagerhöchstbestands im Bestellrhythmussystem die jeweilige Bestellmenge beziehungsweise als Komponente des Meldebestands im Bestellpunkt- und Optionalverfahren den Bestellzeitpunkt.

Zur Bestimmung des Sicherheitsbestands ist es zunächst erforderlich, das Fehlmengenrisiko zu bestimmen und den gewünschten Lieferbereitschaftsgrad festzulegen.

Die einfachste Methode zur Bestimmung eines Sicherheitsbestands besteht darin, eine so genannte Sicherheitszeit festzulegen und als Sicherheitsbestand den erwarteten Bedarf in der Sicherheitszeit zu halten:

SB = B · SZ
SB = Sicherheitsbestand
SZ = Sicherheitszeit
B = erwarteter/durchschnittlicher Bedarf pro Zeiteinheit (z. B. Monat)

Die Festlegung des Sicherheitsbestands nach dieser Methode ist dann sinnvoll, wenn der Bedarf sehr genau bekannt ist und die Qualitätszuverlässigkeit des

Lieferanten hoch ist, das heißt Fehlmengen nur durch eine unerwartet lange Beschaffungszeit verursacht werden. Die Methode ist jedoch nicht geeignet, Ungewissheiten des Lagerabgangs, die bei verbrauchsorientierter Bedarfsprognose erheblich sind, zu berücksichtigen: Ein Zusammenhang zwischen der Festlegung einer Sicherheitszeit und dem erreichbaren Lieferbereitschaftsgrad ist in diesem Falle nicht erkennbar.

Die im Folgenden dargestellte Vorgehensweise zur Berechnung des Sicherheitsbestands nutzt einige aus der statistischen Wahrscheinlichkeitstheorie bekannte Gesetzmäßigkeiten. Ihre Übertragung auf die Fragestellung der Sicherheitsbestandsplanung setzt voraus, dass der Bedarf pro Zeiteinheit und Länge der Beschaffungszeit eine empirische Häufigkeitsverteilung zeigt, die es erlaubt, die empirische Häufigkeitsverteilung durch eine theoretische Verteilung, insbesondere durch eine Normalverteilung oder eine Poissonverteilung, zu approximieren.

Um auf der Grundlage statistischer Gesetzmäßigkeiten einen Sicherheitsbestand errechnen zu können, werden die folgenden Daten benötigt:

- der angestrebte Lieferbereitschaftsgrad,
- die Standardabweichung des Bedarfs in der Beschaffungszeit als mittlere Abweichung vom erwarteten Bedarf in der Beschaffungszeit.

Der Sicherheitsbestand wird als »Vielfaches der Standardabweichung des Bedarfs in der Beschaffungszeit«, dem so genannten Sicherheitsfaktor, errechnet.

Sicherheitsbestand = Sicherheitsfaktor ·
Standardabweichung des Bedarfs in der Beschaffungszeit

Die Standardabweichung ist ein Streuungsmaß, das die Abweichungen zwischen Bedarf und Prognose angibt. Der Sicherheitsfaktor kann aus einer Tabelle abgelesen werden. Er ist von der geforderten Lieferbereitschaft abhängig.

Ohne auf die statistischen Zusammenhänge einzugehen, verdeutlicht die unten abgebildete Tabelle für eine Normalverteilung den Zusammenhang zwischen Sicherheitsfaktor (Vielfache der Standardabweichung des Bedarfs in der Beschaffungszeit) und dem Lieferbereitschaftsgrad. Bei einer symmetrischen Verteilung sind Bedarfswerte größer als der Mittelwert und kleiner als der Mittelwert gleich häufig. Ohne Sicherheitsbestand (Sicherheitsfaktor = 0) wird ein Lieferbereitschaftsgrad von 50 Prozent erreicht. Mit einem Sicherheitsbestand in Höhe von 1 Vielfachen der Standardabweichung des Bedarfs in der Beschaffungszeit wird der Lieferbereitschaftsgrad auf

84,13 Prozent gesteigert. Die Tabelle zeigt jedoch deutlich, dass weitere Steigerungen des Sicherheitsbestands nur noch geringe Verbesserungen des Lieferbereitschaftsgrades bewirken:

Vielfache der Standardabweichung (Sicherheitsfaktor)	Lieferbereitschaftsgrad (normalverteilter Bedarf)
0,00	50,00 %
1,00	84,13 %
1,29	90,00 %
1,41	92,00 %
1,50	93,31 %
1,75	96,00 %
2,06	98,00 %
2,33	99,00 %
2,5	99,38 %
3,00	99,87 %

Um Verbesserungen der Lieferbereitschaft zu erreichen, müssen jenseits eines Lieferbereitschaftsgrades von circa 95 Prozent gewaltige Steigerungen des Sicherheitsbestands und der Lagerkosten hingenommen werden. Diese »Gesetzmäßigkeit« verdeutlicht das folgende Beispiel und Diagramm:

Der Bedarf der betrachteten Identnummer sei normalverteilt mit einer Standardabweichung des Bedarfs in der Beschaffungszeit von 20. Der Lagerkostensatz betrage 15 Prozent des durchschnittlichen Lagerbestandswerts, die Einstandskosten der Identnummer werden mit 10 Euro angenommen.

Die folgende Tabelle zeigt die Lagerkosten des Sicherheitsbestands in Abhängigkeit von dem geforderten Lieferbereitschaftsgrad:

Sicherheitsbestand = Standardabweichung des Bedarfs in der Beschaffungszeit · Sicherheitsfaktor
Bestandswert = Sicherheitsbestand · Einstandskosten
Lagerkosten p. a. = Bestandswert · Lagerkostensatz

Lieferbereitschafts-grad	Sicherheits-bestand in St.	Bestandswert p.a. des Sicherheitsbestands in €	Lagerkosten p.a. in €
50,00 %	0,00	0,00	0,00
84,13 %	20,00	200,00	30,00
90,00 %	25,80	258,00	38,70
92,00 %	28,20	282,00	42,30
93,31 %	30,00	300,00	45,00
96,00 %	35,00	350,00	52,50
98,00 %	41,20	412,00	61,80
99,00 %	46,60	466,00	69,90
99,38 %	50,00	500,00	75,00
99,87 %	60,00	600,00	90,00

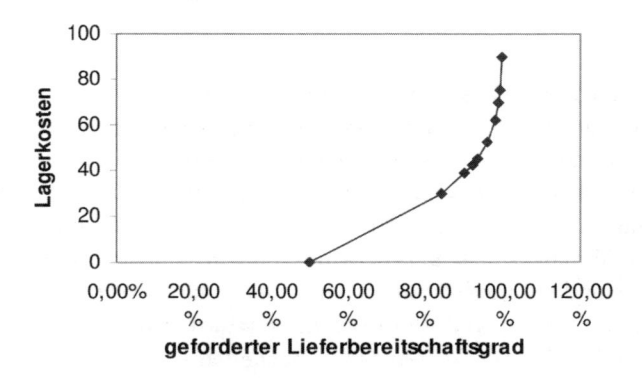

Abb. 11.6: Lagerkosten des Sicherheitsbestands

Der in der oben aufgeführten Tabelle dargestellte Zusammenhang zwischen Sicherheitsfaktor und Lieferbereitschaftsgrad ist für die Bestimmung eines kostenoptimalen/wirtschaftlichen Lieferbereitschaftsgrads und Sicherheitsbestands von großer Bedeutung. Eine Steigerung des Soll-Lieferbereitschaftsgrades ist sinnvoll, wenn die für den Sicherheitsbestand entstehenden Lagerkosten mindestens durch sinkende Fehlmengenkosten kompensiert werden.

Die Prüfung, ob eine Identnummer die Eigenschaften einer Normal- oder Poissonverteilung aufweist, und die Bestimmung des Erwartungswerts und der Standardabweichung des Bedarfs in der Beschaffungszeit sind sehr aufwändig. Die Festlegung des Sicherheitsbestands in der Praxis basiert daher häufig auf Erfahrung und Beobachtung.

Der Meldebestand (Bestellpunkt) als Lagerbestand, bei dessen Erreichen oder Unterschreiten eine Bestellung ausgelöst werden soll, soll den Bedarf der Identnummer decken, bis die Lieferung eingetroffen und für die Fertigung freigegeben ist. Er enthält den Sicherheitsbestand. Der Meldebestand ist daher festzulegen als:

Meldebestand = prognostizierter Bedarf in der erwarteten Beschaffungszeit + Sicherheitsbestand

Programmorientierte Bedarfs- und Bestandsplanung

Programmorientierte Bedarfsmengen- und -terminplanung

Eine programmorientierte Bedarfs- und Bestellplanung ist nur für direktes Produktionsmaterial möglich. Für Rohstoffe, Einzelteile und Baugruppen, für die bekannt ist, welcher Zusammenhang zwischen Produktionsmenge des Enderzeugnisses (Primärbedarf) und Materialbedarf (Sekundärbedarf) besteht, kann eine (theoretisch) tagesgenaue und mengengenaue Planung des Materialbedarfs durchgeführt werden. Auf der Grundlage der für lange Zeiträume (häufig zwölf Monate und länger) bekannten Materialbedarfe wird für jeden Bedarfsfall individuell eine Bestellmengen- und -terminplanung durchgeführt. Die programmorientierte Disposition ist aufgrund des hohen Berechnungsaufwands ohne eine Software-Unterstützung nicht denkbar. Die Bedarfs- und Bestellplanung wird in einem Modul »Materialdisposition« der Produktionsplanungssoftware durchgeführt. Datenbasis und Vorgehensweise einer Produktionsplanungssoftware sind in Abbildung 11.7 grob skizziert.

Die programmorientierte Materialdisposition durchläuft mehrere Schritte:

Im ersten Schritt wird eine Bruttobedarfsrechnung durchgeführt. Hierbei greift die Dispositionssoftware auf die als Stammdatum hinterlegte Stückliste und das geplante Produktionsprogramm (Primärbedarf) zu. Die Stückliste enthält Angaben über den Materialbedarf inklusive Zusatzbedarf für durchschnittlichen Ausschuss. Das Produktionsprogramm gibt an, welche Enderzeugnisse in welchen Mengen bis zu welchem Endtermin gefertigt werden sollen.

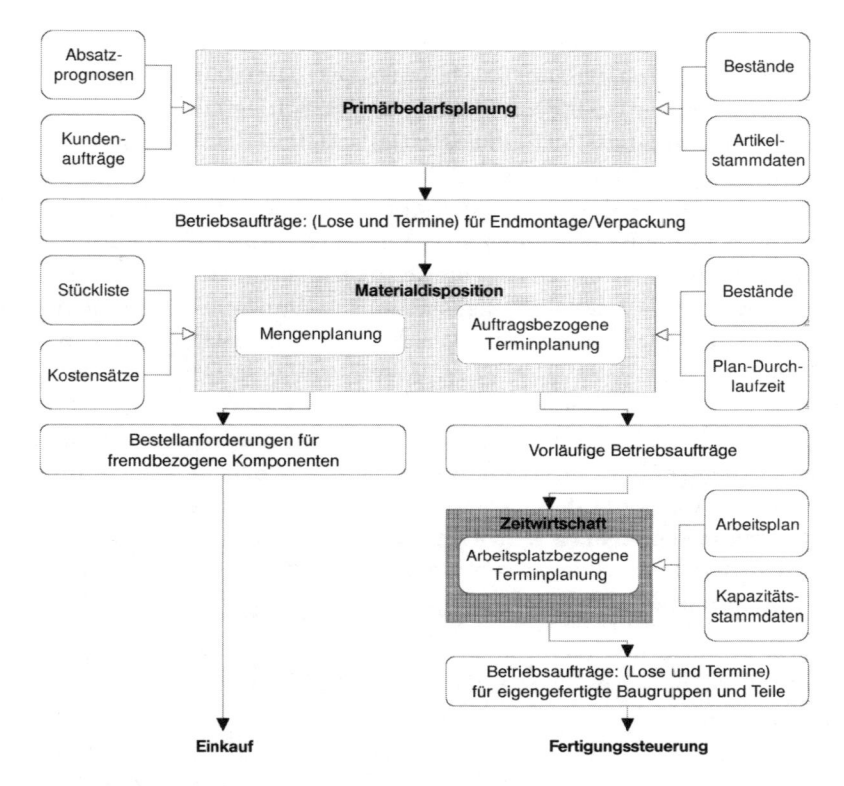

Abb. 11.7: Vorgehen und Datenbasis der programmorientierten Disposition

Im zweiten Schritt wird der errechnete Bruttosekundärbedarf dem so genannten disponierbaren Bestand gegenübergestellt, um den Nettobedarf zu bestimmen, das heißt den Bedarf, der bestellt beziehungsweise gefertigt werden muss. Für die programmorientierte Disposition gilt der Teil des aktuell physisch vorhandenen Bestands als nicht disponierbar, der als Sicherheitsbestand (Stammdatum) für ungeplanten Bedarf vorgesehen ist und der im letzten Dispositionslauf reserviert wurde für Kunden- und Produktionsaufträge. Die Philosophie der programmorientierten Disposition greift planerisch auf zukünftige Lagerzugänge zu, indem sie offene Bestellaufträge als Planlagerzugang zu ihrem Anlieferungstermin betrachtet. Ein Nettobedarf tritt für eine Komponente dann auf, wenn der disponierbare Bestand erstmals nicht mehr ausreicht, den Bruttobedarf zu decken.

Die Bedarfstermine werden in der so genannten Durchlaufterminierung (auftragsbezogene Terminplanung in Abbildung 11.7) bestimmt. Mit Hilfe der als Stammdaten hinterlegten Durchlaufzeiten des Betriebsauftrags auf der nachfolgenden Fertigungsstufe und dessen spätesten Endtermins kann der Bereitstellungstermin errechnet werden, zu dem die Komponenten verfügbar sein sollen (der Starttermin des Betriebsauftrags, in den die Komponente eingeht). Mit Hilfe der Beschaffungszeit der fremdbezogenen Komponenten ist der Bestelltermin bekannt, zu dem die Komponente bestellt werden muss, um planmäßig zum gewünschten Bereitstellungstermin verfügbar zu sein.

Wird die betrachtete Komponente lagerorientiert bereitgestellt (Vorratsbeschaffung), wird im vierten Schritt der programmorientierten Disposition eine wirtschaftliche Bestellmenge errechnet, indem mittels eines so genannten dynamischen Verfahrens der Losbildung die Zusammenfassung der Nettobedarfsmengen bestimmt wird, die die geringstmöglichen Lager- und Bestellkosten aufweist. Als Stammdaten werden der Lagerkostensatz und ein Bestellkostensatz benötigt.

Als Datenbasis benötigt die programmorientierte Disposition demnach:

- ein für einen Planungshorizont (möglichst zuverlässig) geplantes Produktionsprogramm, das angibt, welche Enderzeugnisse zu welchem Termin und in welcher Menge fertig gestellt sein sollen;
- die Strukturstückliste (in der chemisch-pharmazeutischen Industrie Rezeptur genannt), die die eigengefertigten und fremdbezogenen Komponenten, deren Einsatzmengen und die Fertigungsstufe, in der sie verarbeitet werden, nennt;
- die Durchlaufzeit für eigengefertigte Komponenten, die den Zeitraum zwischen Materialbereitstellung und spätestem Endtermin angibt, für fremdbezogene Materialidentnummern die Beschaffungszeit;
- den Lagerkostensatz, der für die betrachtete Komponente die Lagerkosten je Stück und pro Tag Lagerdauer, und einen Bestellkostensatz, der die Kosten einer Bestellabwicklung angibt.

Programmorientierte Bestellmengenoptimierung

In der Software wird für jede Identnummer hinterlegt, ob eine feste (zum Beispiel an der Mindestabnahmemenge oder an Lagerkapazitäten ausgerichtete) Bestellmenge geordert werden soll oder ob diese als »wirtschaftliche« Bestellmenge der individuellen Bedarfssituation angepasst werden soll. Wird als Kennzeichen »wirtschaftliche Bestellmenge« gesetzt, errechnet die Software mittels eines Verfahrens der so genannten dynamischen Losbildung eine kostengünstige Zusammenfassung der errechneten Nettobedarfsmengen. Wie im Grundmodell der Bestellmengenoptimierung nach Andler gilt eine Bestellmenge als günstig, wenn zusätzliche Lagerkosten durch Einsparungen bei den Bestellkosten kompensiert werden. Da die Nettobedarfsmengen und deren Bedarfstermine bekannt sind, kann die Lagerdauer genau berechnet werden. Die dynamischen Modelle der Bestellmengenbestimmung kumulieren die Bedarfsmengen. Andere Bestellmengen werden nicht in Erwägung gezogen.

Die Vorgehensweise der dynamischen Verfahren der Bestellmengenbestimmung sei hier am Beispiel der »gleitenden wirtschaftlichen Losgröße« gezeigt. Dieses Verfahren kumuliert aufeinander folgende Bedarfsmengen, solange die Lager- und Bestellkosten pro Stück sinken.

Die programmorientierte Bedarfsplanung weist für den Planungshorizont Betriebskalendertag 120 bis 230 den folgenden Nettobedarf aus:

Betriebs-kalendertag (BKT)	120	130	145	148	168	180	200	220	230
Nettobedarf der Identnummer 4712	500	1.000	300	2000	550	250	10.000	1.500	500

Als Bestellkostensatz ist 80 Euro hinterlegt.

Die Identnummer kostet 4,20 Euro. Bei einem Lagerkostensatz von 15 Prozent des Lagerwerts p.a. verursacht die Identnummer Lagerkosten in Höhe von 0,001726 Euro pro Tag Lagerdauer.

Bestell-menge	Anlieferungs-termin	Lagerkosten der Bestellmenge in €	Bestellkosten der Bestellmenge in €	Lager- + Bestellkosten pro Stück
500	BKT 120	0	80,00	0,16
1.500	BKT 120	0 + 1.000 · 10 · 0,001726 = 17,26	80,00	0,065
1.800	BKT 120	17,26 + 300 · 25 · 0,001726 = 30,20	80,00	0,061
3.800	BKT 120	30,20 + 2.000 · 28 · 0,001726 = 126,856	80,00	0,054 Bestellmenge 1
4.350	BKT 120	126,856 + 550 · 48 · 0,001726 = 172,42	80,00	0,058

Das Verfahren errechnet die Lager- und Bestellkosten pro Stück und erkennt, dass die Stückkosten bis zur Bestellmenge 3 800 sinken und dort ein Minimum erreichen. Für die Bedarfsmenge 550 zum BKT 168 wird eine zweite Bestellmenge gebildet. Im zweiten Rechengang wird geprüft, welche weiteren Bedarfsmengen in der zweiten Bestellmenge zusammengefasst werden sollen:

Bestell-menge	Anlieferungs-termin	Lagerkosten der Bestellmenge in €	Bestellkosten der Bestellmenge in €	Lager- + Bestellkosten pro Stück
550	BKT 168	0	80,00	0,145
800	BKT 168	0 + 250 · 12 · 0,001726 = 5,18	80,00	0,106
10.800	BKT 168	5,18 + 10.000 · 32 · 0,001726 = 557,50	80,00	0,059 Bestellmenge 2
12.300	BKT 168	557,50 + 1.500 · 52 · 0,001726 = 692,128	80,00	0,063

Als einfaches heuristisches Verfahren der Bestellmengenbestimmung wird die gleitende wirtschaftliche Losgröße häufig in der softwaregestützten Materialdisposition angewendet. Das Verfahren findet nicht immer die optimalen Bedarfszusammenfassungen. Im obigen Beispiel erkennt der Mensch (nicht aber der Computer, der die Berechnungen durchführt), dass eine dritte Bestellung zum Anlieferungstermin BKT 200 sinnvoll sein kann, da zu diesem Termin ein besonders hoher Bedarf auftritt. Diese Alternative wird im Verfahren gleitende wirtschaftliche Losgröße gar nicht geprüft!

(Zur programmorientierten Bedarfs- und Bestellplanung vgl. vertiefend Kernler, S. 77ff.; Melzer-Ridinger, R.: PPS, S. 81ff. und Schulte, C.: *Logistik*, S. 209ff.)

Bestimmung des Sicherheitsbestands

Theoretisch verspricht die programmorientierte Disposition präzisere Bedarfsmengen und -termine für lange Planungszeiträume, da eine bessere Übersicht über die Bedarfssituation bei End- und Zwischenprodukten vorliegt und Kapazitätsungleichgewichte frühzeitig erkennbar sind.

Wenn diese Erwartungen in der Praxis nicht erfüllt werden, ist dies vor allem auf drei Ursachen zurückzuführen:

- *Kurzfristige Änderungen des Produktionsprogramms:* Häufig ist der Bedarf auf dem Absatzmarkt und damit der Bedarf an Baugruppen und Einzelteilen zu dem Zeitpunkt, zu dem der Einkauf Bestellvorschläge freigeben muss, noch nicht auf Realisierbarkeit, Verlässlichkeit und Vorteilhaftigkeit geprüft. Vielmehr werden erst kurzfristig, wenn der Primärbedarf und das Kapazitätsangebot hinreichend sicher bekannt sind, Produktionsprogramme für alle Fertigungsstufen festgelegt.

Zum Zeitpunkt der Bestellauslösung ist daher die Datenbasis für die korrekt und programmorientiert errechneten Bedarfsmengen und -termine falsch.

Änderungen des Produktionsprogramms werden systemtechnisch in einer rollierenden Planung verarbeitet, die es erlaubt, eine mindestens tägliche Neuplanung der Bedarfs- und Kapazitätssituation durchzuführen. Die rollierende Planung verändert die Ecktermine der im letzten Planungslauf errechneten Betriebsauftragsvorschläge und Bestellvorschläge oder deren Losgrößen. Bei langen Durchlaufzeiten über alle Fertigungsstufen werden dabei häufig Start- oder sogar Endtermine in der Vergangenheit erzeugt, weil die Änderung zu spät erfolgt, aber systemtechnisch trotzdem verarbeitet wird. Besondere Verärgerung verursachen beim Einkäufer solche Engpassbestellaufträge, die mit besonderer Mühe und unter Inkaufnahme zusätzlicher Kosten beschafft wurden und anschließend nicht weiter verarbeitet werden können. Dieses Phänomen ist auf zu spät erkannte Material- und Kapazitätsengpässe zurückzuführen und darauf, dass die übrigen von einem Engpass betroffenen Betriebsauftragsvorschläge nicht geändert wurden.

- *Kurzfristige Belastungsanpassungen:* Engpassbestellaufträge und sprunghafte Bedarfsänderungen werden in der Praxis häufig auch durch so genannte Belastungsanpassungen verursacht. Diese werden in einer Kapazitätsüberschusssituation vorgenommen, um zusätzliche Auslastung zu erzeugen oder die Auslastung zu verstetigen. Wenn zu diesem Zweck geplante Betriebsaufträge kurzfristig terminlich und/oder mengenmäßig verschoben werden (vor allem terminlich vorgezogen und mengenmäßig erhöht werden), besteht die Gefahr, dass die im Einkauf entstehenden Nachteile die beim Kapazitätsziel erreichten Vorteile kompensieren.
- *Änderungen der Artikelstammdaten:* Die gleichen Probleme können durch Änderungen der dispositionsrelevanten Artikelstammdaten verursacht werden. Eine Korrektur der Soll-Durchlaufzeiten und der Kostensätze sollte daher auch auf ihre kurzfristigen Wirkungen im Einkauf geprüft werden.
- *Bestandsdifferenzen, Zuverlässigkeit des geplanten Lagerzugangs:* Die programmorientierte Nettobedarfsplanung basiert auf dem aktuellen Buchbestand der betrachteten Identnummer. Entspricht der Buchbestand nicht dem vorhandenen Bestand, wird der Nettobedarf falsch angegeben. Geplante Lagerzugänge werden als in der Zukunft verfügbarer Bestand bereits verplant, bevor sie eingetroffen sind. Sind die Lagerzugangstermine nicht richtig, wird damit auch ein falscher Nettobedarf errechnet.

Auch bei programmorientierter Bedarfsplanung ist demnach mit Prognosefehlern zu rechnen und ein Sicherheitsbestand zur Gewährleistung des geforderten Lieferbereitschaftsgrads erforderlich. Die Überlegungen, die bei der Festlegung des Sicherheitsbestands anzustellen sind, wurden im Abschnitt »Bestimmung des Sicherheits- und Meldebestands« erläutert.

Beispiel einer Bedarfs- und Bestellplanung

Das folgende Beispiel demonstriert die Vorgehensweise und das Ergebnis der verbrauchs- und programmorientierten Bedarfs- und Bestellplanung:

Betrachtet wird das Enderzeugnis »Sessel«, das aus den Baugruppen »Rahmen«, »Polster« und »Bezug« besteht, die wiederum aus den fremdbezogenen Komponenten »Leiste«, »Schrauben«, »Leim«, »Feder«, »Schaumstoff« und »Stoff« gefertigt werden. Die für ein Stück der übergeordneten Fertigungsstufe benötigten Mengen und die Plandurchlaufzeiten sind in der Strukturstückliste angegeben. Aus den für jede Identnummer angelegten Stammdaten sind die Bereitstellungs- und Dispositionsarten sowie die Kostensätze zu entnehmen, die für die Berechnung einer wirtschaftlichen Losgröße und Bestellmenge benötigt werden. Weiterhin ist ein Meldebestand und Sicherheitsbestand für jede Identnummer gepflegt, bei dessen Erreichen eine Bestellung ausgelöst werden beziehungsweise ein Lagerzugang erfolgen soll. Als Bewegungsdatum benötigt die systemgestützte Materialdisposition den physisch vorhandenen Buchbestand beziehungsweise den (frei) verfügbaren Bestand:

Artikelstammdaten

Tab. 11.1: Strukturstückliste

Fertigungs-stufe	Artikel-nummer	Artikel-bezeichnung	Menge	Teile-art	Plandurchlaufzeit (in Betriebskalendertagen)
.0	3000	Sessel	1	FE	4
.1	3001	Rahmen	1	E	3
.2	3010	Holzleiste	8	F	10
.2	3020	Schraube	20	F	10
.2	3030	Leim	1	F	5
.1	3002	Polster	1	E	5
.2	3040	Stahlfeder	6	F	5
.2	3050	Schaumstoff	4	F	5
.1	3003	Bezug	1	E	4
.2	3060	Stoff, blau	5	E	20

FE: Fertigerzeugnis
E: eigengefertigte Baugruppe
F: fremdbezogenes Teil

Tab. 11.2: Dispositionsrelevante Artikelstammdaten

Artikel-nummer	Artikel-bezeichnung	Bereit-stellungs-art	Dispos. art	Los-/ Bestell-menge	Lager-kosten	Rüst-/ Bestell-kosten	Sicher-heits-/ Melde-bestand
3000	Sessel	auftragsor.	Auftr.	–	–	–	–
3001	Rahmen	auftragsor.	Progr.	–	–	–	–
3002	Polster	lageror.	Progr.	wirtsch.	0,10 € pro Tag u. Stck.	200	30
3003	Bezug	auftragsor.	Progr.	–	–		–
3010	Holzleiste	lageror.	Progr.	fest: 1000			100
3020	Schraube	lageror.	Verbr.	wirtsch.	15 % p.a. des Lager-werts	50	400
3030	Leim	lageror.	Verbr.	fest: 2000			500
3040	Stahlfeder	lageror.	Progr.	wirtsch.	0,12 € pro Tag u. Stck.		100
3050	Schaumst.	lageror.	Verbr.	wirtsch.	15 % p.a. des Lager-werts	50	500
3060	Stoff, blau	auftragsor.	Progr.	–	–		–

Bewegungsdaten zum Planungszeitpunkt BKT 130:

Tab. 11.3: Bestandsdaten zum Planungszeitpunkt (Betriebskalendertag BKT 130)

		Buchbestand	Sicherheitsbestand	Meldebestand (verbrauchsor. Disp.)
3002	Polster	100	30	
3010	Holzleiste	500	100	
3020	Schraube	1.000	100	400
3030	Leim	2.000	100	500
3040	Stahlfeder	2.000	100	
3050	Schaumstoff	5.000	100	500

Tab. 11.4: Geplantes Produktionsprogramm (Primärbedarf)

Artikel-nummer	Artikel-bezeichnung	Betriebsauftrag Nr.	Menge	Endtermin (Betriebs-kalendertag)	Starttermin (Betriebs-kalendertag)
3000	Sessel	1	10	152	148
3000	Sessel	2	20	158	154
3000	Sessel	3	50	160	156
3000	Sessel	4	20	165	161

Ergebnis der Materialdisposition

Tab. 11.5: Ergebnis der Materialdisposition für Artikelnummer 3001 und 3003

Artikel-nummer	Artikel-bezeichnung	Betriebs-auftrag Nr.	Menge	Interner Kunde Betriebsauftrag Nr.	End-termin (BKT)	Start-termin (BKT)
3001	Rahmen	5	10	1	148	145
3001	Rahmen	6	20	2	154	151
3001	Rahmen	7	50	3	156	153
3001	Rahmen	8	20	4	161	158
3003	Bezug	9	10	1	148	144
3003	Bezug	10	20	2	154	150
3003	Bezug	11	50	3	156	152
3003	Bezug	12	20	4	161	157

Die Artikelnummern 3001 (Rahmen), 3003 (Bezug) und 3060 (Stoff) werden auftragsorientiert bereitgestellt. Für jeden Primärbedarf wird daher ein Betriebsauftrag »Rahmen« beziehungsweise »Bezug« erzeugt, dessen Menge dem Primärbedarf entspricht und dessen Endtermin dem Starttermin des zugehörigen Sessel-Auftrags entspricht. Für den »Stoff« werden analog Bestellaufträge erzeugt (vgl. Tab. 11.9), deren Anlieferungstermin dem Starttermin des Betriebsauftrags »Bezug« entspricht.

Tab. 11.6: Ergebnis der Materialdisposition für Artikelnummer 3002

Artikelnummer 3002 Polster

Bestand und geplante Lagerbewegungen	Termin BKT	Dispon. Bestand beziehungsweise Nettobedarf	Betriebsauftrag
Buchbestand 100	130		
– Sicherheitsbest. 30	130	70	
– Bruttobed./Res. 10 für Betriebsauftrag 1	148	60	
– Bruttobed./Res. 20 für Betriebsauftrag 2	154	40	
– Bruttobed./Res. 50 für Betriebsauftrag 3	156	–10	Betriebsauftrag 13: 30 Stück Endtermin BKT 156 Starttermin BKT 151
– Bruttobed./Res. 20 für Betriebsauftrag 4	161	–20	

Die Losoptimierung errechnet eine Losgröße von 30 Polstern, fasst also die erkennbaren Nettobedarfe im Planungshorizont zu einem Los zusammen. Der Betriebsauftrag 13 löst Sekundärbedarf an Stahlfedern aus. Die Komponente Schaumstoff wird verbrauchsorientiert disponiert. Eine zukunftsorientierte Bedarfsplanung erfolgt nicht.

Tab. 11.7: Ergebnis der Materialdisposition für Artikelnummer 3010

Artikelnummer 3010 Holzleiste

Bestand und geplante Lagerbewegungen	Termin BKT	Dispon. Bestand beziehungsweise Nettobedarf	Bestellauftrag
Buchbestand 500	130		
– Sicherheitsbest. 100	130	400	
– Bruttobed./Res. 80 für Betriebsauftrag 5	145	320	
– Bruttob./Res. 160 für Betriebsauftrag 6	151	160	
– Bruttob./Res. 400 für Betriebsauftrag 7	153	–240	Bestellauftrag 1: 1000 Anlieferungstermin BKT 153 Bestelltermin BKT 143
– Bruttob./Res. 160 für Betriebsauftrag 8	158	–400	

Tab. 11.8: Ergebnis der Materialdisposition für Artikelnummer 3040

Artikelnummer 3040 Stahlfeder

Bestand und geplante Lagerbewegungen	Termin BKT	Dispon. Bestand beziehungsweise Nettobedarf	Bestellauftrag
Buchbestand 2.000	130		
– Sicherheitsbest. 100	130	1.900	
– Bruttobed./Res. 180 für Betriebsauftrag 13	151	1.720	

Tab. 11.9: Ergebnis der Materialdisposition für Artikelnummer 3060

Artikelnummer 3060 Stoff

Artikel-nummer	Artikel-bezeichnung	Bestell-auftrag Nr.	Menge	Interner Kunde Betriebsauftrag Nr.	Anlieferungs-termin (BKT)	Bestell-termin (BKT)
3060	Stoff	2	50	9	144	124
3060	Stoff	3	100	10	150	130
3060	Stoff	4	250	11	152	132
3060	Stoff	5	100	12	157	137

Der Bestellauftrag 2 hat einen Bestelltermin in der Vergangenheit (der aktuelle Planungszeitpunkt ist BKT 130). Er hätte bereits am BKT 124 bestellt werden sollen. Der Einkauf muss versuchen, die Beschaffungszeit um fünf Tage zu verkürzen, um den Betriebsauftrag 9 termingerecht bedienen zu können.

Die Artikelnummern 3020 (Schraube), 3030 (Leim) und 3050 (Schaumstoff) werden verbrauchsorientiert disponiert. Ihr zukünftiger Bedarf ist zum Planungszeitpunkt BKT 130 noch nicht erkennbar.

Budgetierung in der Beschaffung

Die Budgetierung (Kostenplanung) ist der letzte Schritt der operativen Beschaffungsplanung.

Die Beschaffung verantwortet die auf den Kostenstellen Einkauf, Qualitätsprüfung und Produktionsplanung/Disposition anfallenden und ihnen durch Umlage zugerechneten Gemeinkosten (Personal-, Sach-, Umlagekosten)

Abteilung	Verantwortung für
• Einkauf	• Einstandskosten • Personalkosten für Einkäufer • Sachkosten • Umlagekosten
• Qualitätsprüfung	• Prüfmittel • Prüfanlagen • Personalkosten für Prüfpersonal • Umlagekosten
• Lager	• Lagerkosten (Lagerplatzkosten) • Personalkosten für Lagerverwaltung und -handling
• Produktionsplanung/Disposition	• Lagerkosten (Kapitalbindungskosten Verderb, Schwund) • Personalkosten für Disponenten • Umlagekosten

Abb. 11.8: Kostenverantwortung der Beschaffungsabteilungen

sowie die den Beschaffungsobjekten zurechenbaren Einzelkosten. Die genannten Abteilungen verantworten die in Abbildung 11.8 aufgeführten Kostenarten, die zusammen die Materialkosten ausmachen.

Das Materialkostenbudget ist ein endgültig verabschiedeter Kostenplan, der für das kommende Geschäftsjahr eine verbindliche Aussage über die Höhe der Materialkosten macht. Das Budget ist eine Mischung aus Vorschau, Leistungsmaßstab und Koordinationsinstrument.

Das Beschaffungsbudget wird bedeutender Teil der Finanzplanung. Die auf einzelne Identnummern bezogenen Kostenplanungen sind zentrale Information für die Produktkalkulation.

In der Regel ist der Absatz der dominante Minimumsektor. Der Absatz- und Umsatzplan bildet in diesem Fall den Leitplan für die nachfolgenden Kostenpläne. Neben dem Umsatzplan ist das Materialkostenbudget der wichtigste Teilplan, da der Materialkostenanteil in der Industrie häufig über 50 Prozent liegt.

Im Beschaffungsbudget finden fixe und flexible Budgets Anwendung. Fixe Budgets dienen als Steuerungsinstrument, indem die Kosten auf einen bestimmten Betrag beschränkt werden. Beispielsweise werden für die Kapitalbindungskosten (variable Bestandskosten) fixe Budgets je Warengruppe oder verantwortlicher Mitarbeiter als Steuerungsinstrument vorgegeben. Fixe Budgets finden auch auf Kostenarten und in Abteilungen Anwendung, deren

Kosten weitgehend unabhängig sind von der Absatz- und Produktionsmenge oder deren Abhängigkeit nicht bekannt ist. Dies gilt für die Personalkosten im Einkauf und in der Disposition. Flexible Budgets teilen die Kosten in fixe und variable Bestandteile auf.

Die Budgetierung erfolgt getrennt nach Materialgruppen und Beschaffungsmärkten (Lieferanten oder regionale Märkte). Auf der Grundlage einer ABC-Analyse werden die Identnummern ermittelt, die einen hohen Anteil am Einkaufswert haben. Für die A-Materialien wird möglichst detailliert geplant, während für die B- und C-Materialien eine globale Kostenschätzung durch Extrapolation der Kosten des letzten Geschäftsjahrs erfolgt.

Literatur

Hartmann, H.: *Bestandsmanagement und -controlling. Optimierungsstrategien mit Beiträgen aus der Praxis,* Gernsbach 1999

Hering, E.; Zeiner, H.: *Controlling für alle Unternehmensbereiche,* Stuttgart 1992

Kernler, H.: *PPS der 3. Generation. Grundlagen, Methoden, Anregungen,* 3. Aufl., Heidelberg 1995

Melzer-Ridinger, R.: *Materialwirtschaft und Einkauf. Band 1: Beschaffung und Supply Chain Management,* 4. Aufl., München 2004

Michel, R.: *Know-how des Budgetcontrolling,* Heidelberg 1994

Schulte, C.: *Logistik. Wege zur Optimierung des Material- und Informationsflusses,* 2. Aufl., München 1995

Stölzle, W.; Heusler, K.; Karrer, M.: *Erfolgsfaktor Bestandsmanagement. Konzept, Anwendung, Perspektiven,* Zürich 2004

12
Beschaffungscontrolling

Ulli Arnold und Frank Warzog

Grundlagen des Beschaffungscontrollings

Neuausrichtung des Beschaffungsmanagements

Lange Zeit wurde in der Betriebswirtschaftslehre sowohl von der Praxis als auch von der Wissenschaft die Beschaffung vernachlässigt. Vorherrschend war ein rein abwicklungsorientiertes, operatives Verständnis der Beschaffung als »Erfüllungsgehilfe« von Produktion und Absatz. Inzwischen hat sich dieses Verständnis aufgrund veränderter Rahmenbedingungen – beispielsweise Reduzierung der Wertschöpfungstiefe von Unternehmen, global ausgerichtete Arbeitsteilung und rasante Entwicklung der IuK-Technologien – grundlegend geändert. Die Beschaffung nimmt als Grenzsystem zu den Märkten der Vorleistungen nun eine Schlüsselrolle bei der Neugestaltung und Vernetzung von Wertschöpfungsprozessen ein, soll originäre Erfolgspotenziale erschließen und benötigt daher eine strategische Betrachtungsweise (Arnold 1997, S. 56 und Arnold bereits 1982). Die Neubewertung von Bedeutung und Aufgaben der Beschaffung zeigt sich in der mittlerweile intensiven Diskussion in Forschung und Praxis, die unter den Stichworten Einkauf, Beschaffungsmanagement, Integrierte Materialwirtschaft, Sourcing, Supply-Management und Supply-Chain-Management geführt wird (vgl. Eßig 2004).

Zur systematischen Abgrenzung des Beschaffungsmanagements, welche auch die Gestaltung eines adäquaten Beschaffungscontrollings beeinflusst, eignen sich insbesondere die folgenden Kriterien (vgl. Arnold et al. 2005, S. 42ff.): Auf der Erkenntnisebene des Beschaffungsmanagements lässt sich die Dreiteilung in Akteurs- (Unternehmen), Kooperations- (Dyade) und Netzwerkebene (Supply Chain) unterscheiden. Der Objektumfang reicht von der Erlangung von Sachgütern über Dienstleistungen bis hin zu Informationen und Kapital. Unter dem Verrichtungsumfang können neben der rechtlichen Verfügbarkeit von Inputgütern und den damit verbundenen Transaktionen auch logistische Aspekte wie Lagerhaltung und Transport betrachtet werden.

Praxishandbuch innovative Beschaffung. Herausgegeben von Ulli Arnold und Gerhard Kasulke
Copyright © 2007 WILEY-VCH Verlag GmbH & Co. KGaA, Weinheim
ISBN: 978-3-527-50114-4

Der Konzeptionsumfang unterscheidet einerseits operative Aufgabenfelder, andererseits strategische Aspekte des Beschaffungsmanagements. Kontextabhängig können Unternehmen mit Hilfe der genannten Kriterien den Aufgabenbereich der Beschaffung abgrenzen. Wählt man eine umfassende Betrachtungsweise, so wird deutlich, dass die Neuausrichtung der Beschaffungsfunktion mit einer hohen Komplexität der Aufgaben und gestiegenen Anforderungen an das Management dieser Aufgaben verbunden ist. Um unter diesen Voraussetzungen zielorientierte Entscheidungen treffen zu können, benötigt das Beschaffungsmanagement eine geeignete Basis führungsrelevanter Informationen. Es ist daher notwendig, ein der Komplexität des Beschaffungsmanagements entsprechendes Beschaffungscontrolling zu institutionalisieren, welches diese Informationsbasis bereitstellt und damit eine konsistente Planung, Durchführung und Kontrolle der Beschaffungsprozesse gewährleistet.

Abgrenzung der Controllingfunktion

Zwar widmet sich die betriebswirtschaftliche Forschung seit längerem dem Themengebiet des Controllings, es hat sich jedoch bisher noch kein einheitliches Verständnis des Controllingbegriffs beziehungsweise der Controllingfunktion herausgebildet. Zunächst ist Controlling vom semantisch verwandten Begriff Kontrolle zu unterscheiden. Die Kontrolle beziehungsweise Kontrollphase ist Teil des Managementprozesses und schließt diesen ab. Wesentliches Merkmal ist der Vergleich zwischen einem Soll-Wert und einem Ist-Wert, um Abweichungen festzustellen. Der Controllingbegriff leitet sich jedoch vom englischsprachigen »control« ab, dessen Bedeutung anders gefasst ist: Er enthält Aspekte der Führung und Leitung, der Steuerung und der Koordination. Demzufolge beinhaltet Controlling zwar Kontrollaktivitäten, ergänzt diese jedoch um eine zukunftsgerichtete und strategische Perspektive. In diesem Zusammenhang ist auch die Funktion der Revision abzugrenzen: Diese hat die vergangenheitsorientierte Kontrolle bereits abgeschlossener Vorgänge durch unabhängige interne Organisationseinheiten oder gegebenenfalls externe Personen zur Aufgabe.

Aktuell werden in der deutschsprachigen Literatur vier Controllingsichtweisen diskutiert (vgl. u. a. Weber 2004, S. 22ff.), welche bei der Gestaltung eines Beschaffungscontrollings zu berücksichtigen sind (vgl. Arnold et al. 2005, S. 34): Controlling als Informationsversorgungsfunktion basiert auf einem erweiterten Verständnis des Rechnungswesens und umfasst primär die Abstimmung von Informationsbedarf und Informationsbeschaffung. Es werden vornehmlich finanzielle Größen wie Kosten- und Ergebnisinformationen erfasst, um die Entscheidungsqualität des Managements zu verbessern. Controlling als spezielle Form der Führung wird als Teilsystem der Unternehmensführung verstanden, welches für die Ausrichtung des Unternehmens auf die gesetzten Ziele – insbesondere das Gewinnziel – verantwortlich ist. Der Controllingprozess versteht sich als Regelkreis, der die Management-Teilsysteme Planung, Informationsversorgung und Kontrolle verknüpft. Controlling als Koordinationsfunktion stellt die am Ergebnisziel ausgerichtete Abstimmung der Führungssubsysteme in den Mittelpunkt der Betrachtung. Die Intensität der Koordinationsfunktion kann unterschiedlich ausgeprägt sein und erstreckt sich nach verschiedenen Betrachtungsweisen vom Informationssystem über das Planungs- und Kontrollsystem bis hin zum Führungsgesamtsystem. Seit kürzerer Zeit wird eine vierte Perspektive diskutiert, die Controlling als Rationalitätssicherung der Führung interpretiert. Durch Informationsversorgungs-, Planungs-, Kontroll- und Koordinationsaktivitäten soll das Controlling die Effizienz und Effektivität der Unternehmensführung sichern. Ausgehend von unternehmensspezifischen Erfordernissen – Bacher (2004) spricht hier von Engpasssituationen – ist eine geeignete Controllingsichtweise zu wählen.

Elemente des Beschaffungscontrollings

Frühe Publikationen verstehen das Beschaffungscontrolling als Unterstützungsfunktion für das Beschaffungsmanagement, die sich auf die Aspekte Koordination und Informationsversorgung konzentriert (vgl. Friedl 1990 und Buck 1998). Da diese Auffassung in der Praxis eine weite Verbreitung gefunden hat und auch aktuelle Veröffentlichungen daran anknüpfen (vgl. Arnold/Eßig 2001 und Piontek 2004), soll diese als Grundlage der weiteren Ausführungen dienen. Abbildung 12.1 zeigt die wesentlichen Elemente, die bei der Konzeption eines Beschaffungscontrollings zu berücksichtigen sind.

Ausgehend von Rahmenbedingungen und Vorgaben der Gesamtunternehmung leitet sich die adäquate Ausgestaltung der Beschaffungsfunktion ab. Hierzu können die im Abschnitt »Neuausrichtung des Beschaffungsmanagements« aufgeführten Kriterien zur Abgrenzung der Beschaffungsaufgaben verwendet werden. Ist die Beschaffungsfunktion durch eine hohe Komplexität, volatile Rahmenbedingungen und arbeitsteilige Prozesse gekennzeichnet, steigen die Anforderungen an das Führungspersonal der Beschaffung. In

```
┌─────────────────────────────────────────────────────┐  ┌──┐
│   Unternehmensführung/ Unternehmensziele            │◄─┤  │
└─────────────────────────────────────────────────────┘  │  │
┌─────────────────────────────────────────────────────┐  │  │
│             Beschaffungsmanagement                  │  │  │
│  Ziel: Spezifikation und Umsetzung der Beschaffungsziele │  │
│         Führungszyklus Beschaffungsprozesse         │◄─┤R │
│   ▶ Planung ▶ Durchsetzung ▶ Kontrolle ▶            │  │a │
└─────────────────────────────────────────────────────┘  │h │
┌─────────────────────────────────────────────────────┐  │m │
│              Beschaffungscontrolling                │  │e │
│  Ziel: ergebnisorientierte Koordination und         │  │n │
│        Informationsversorgung/                      │◄─┤b │
│        Messung des Erfolgsbeitrags                  │  │e │
├─────────────────────────────────────────────────────┤  │d │
│              Controllinginstrumente                 │  │i │
├──────────────────────┬──────────────────────────────┤  │n │
│   Organisatorische   │   Unterstützung durch        │  │g │
│       Aspekte        │   IuK-Technologien           │  │u │
└──────────────────────┴──────────────────────────────┘  │n │
                                                         │g │
                                                         │e │
                                                         │n │
                                                         └──┘
```

----▶ Einflussfaktoren   ──▶ Vorgabefunktion   ══▶ Unterstützungsfunktion

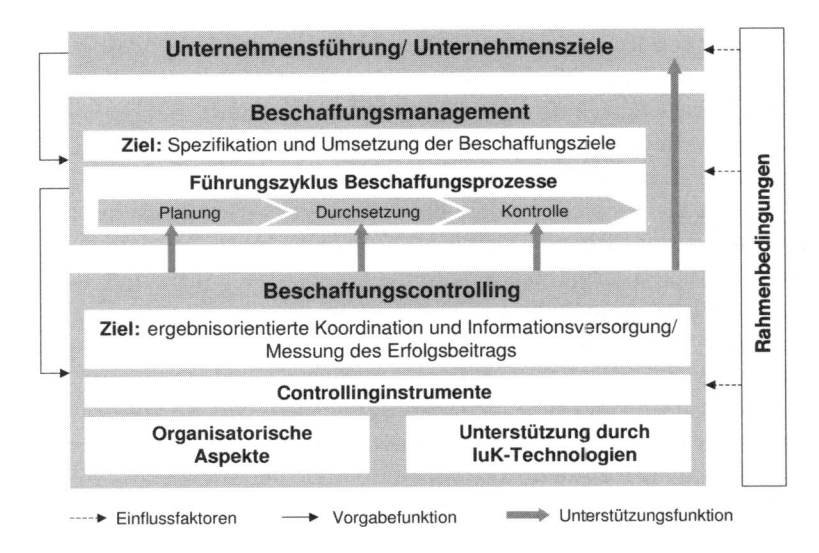

Abb. 12.1: Elemente einer Beschaffungscontrolling-Konzeption

diesem Kontext ist es sinnvoll, das Führungssystem in die Subsysteme Beschaffungsmanagement und Beschaffungscontrolling zu unterteilen. Ziel des Beschaffungsmanagements ist es, die aus den Unternehmenszielen abgeleiteten Beschaffungsziele zu spezifizieren und mittels der Führungsprozesse umzusetzen. Als Ziele des Beschaffungscontrollings werden häufig die Sicherstellung der Adaptions-, Koordinations- und Reaktionsfähigkeit der Beschaffungsführung genannt. Diese erscheinen jedoch für eine präzise Abgrenzung als zu unspezifisch. Daher sollen als primäre Ziele des Beschaffungscontrollings die ergebnisorientierte Koordination und Informationsversorgung sowie die Messung des Erfolgsbeitrags der Beschaffung definiert werden. Im Gegensatz zum Beschaffungsmanagement, das eine Vorgabefunktion erfüllt, indem es beschaffungsrelevante Entscheidungen trifft, nimmt das Beschaffungscontrolling eine Unterstützungsfunktion wahr, um diese Entscheidungen zielorientiert auszurichten. Im Rahmen der Beschaffungsplanung hat das Beschaffungscontrolling beispielsweise die Aufgabe, Entscheidungsträger mit notwendigen Informationen zu versorgen, Planungsmethoden zur Verfügung zu stellen, Teilpläne zu aggregieren und gegebenenfalls auf ihre Konsistenz zu prüfen. Die Plandurchsetzung ist in erster Linie Aufgabe des Managements. Das Beschaffungscontrolling kann hierbei zum Beispiel durch die laufende Koordination der Budgets unterstützend wirken. Im abschließenden Kontrollprozess übernimmt das Beschaffungscontrolling beispielsweise die Durchführung und Dokumentation von Abweichungsanalysen. Um die Ziele beziehungsweise Aufgaben des Beschaffungscontrollings bestmöglich zu erfüllen, sind geeignete Controllinginstrumente, eine entsprechende hierarchisch-institutionale Verankerung sowie die Anwendung von IuK-Technologien notwendig. Im Folgenden sollen die aufgezeigten Elemente des Beschaffungscontrollings kurz erläutert werden:

Ergebnisorientierte Koordination

Unter Koordination wird das Abstimmen einzelner Entscheidungen auf ein gemeinsames Ziel verstanden. Demzufolge soll das Beschaffungscontrolling eine Abstimmung aller Beschaffungsentscheidungen hinsichtlich der Beschaffungsziele beziehungsweise Unternehmensziele sicherstellen, indem es die inhaltliche, zeitliche und formale Koordination der arbeitsteilig vollzogenen Handlungen der Beschaffungsführung gewährleistet (vgl. Friedl 1990, S. 100). Die Priorisierung liegt auf der Koordination der Ergebnisziele, da eine gleichwertige Betrachtung von Sach- und Ergebniszielen kaum eine Differenzierung zu allgemeinen Managementaufgaben zulässt (vgl. Horváth 2003, S. 15f.). Da Beschaffungsaktivitäten selbst stark koordinierenden Charakter aufweisen – einerseits muss die interne Koordination mit den Bedarfsträgern der Beschaffung erfolgen, andererseits müssen die internen Anforderungen mit den externen Möglichkeiten der Beschaffungsmärke abgestimmt werden –, kommt der Koordination der Führungshandlungen im Beschaffungsmanagement eine besondere Bedeutung zu (vgl. Arnold/Eßig 2001, S. 71). Methodisch geschieht die Koordination durch die Gestaltung und laufende Kopplung eines Planungs- und Kontrollsystems sowie eines Informationsversorgungssystems.

Informationsversorgung

Das Beschaffungscontrolling soll »die Bereitstellung aller im Prozess der Beschaffungsführung notwendigen Informationen mit dem erforderlichen Aktualitäts-, Genauigkeits- und Verdichtungsgrad (...) gewährleisten« (Friedl 1990, S. 101). Hierzu ist eine Abstimmung zwischen dem Informationsbedarf der Entscheidungsträger und der Informationserzeugung und -übermittlung notwendig. Dabei führen unterschiedliche Beschaffungssituationen zu qualitativ und quantitativ verschiedenen Informationsbedarfen. Generell lassen sich folgende entscheidungsorientierte Informationsbereiche differenzieren (vgl. Arnold/Eßig 2001, S. 71):

- Informationen über die beschaffungsseitige Mikroumwelt, das heißt über den relevanten Beschaffungsmarkt mit aktuellen und potenziellen Lieferanten sowie Nachfragekonkurrenten;
- Informationen über die beschaffungsseitige Makroumwelt, zu der beispielsweise institutionelle Regelungen (Umweltvorschriften) gehören;
- Informationen über die Anforderungen der internen Bedarfsträger, die die Beschaffung unterstützen sollen;
- Informationen über die Stärken und Schwächen, welche eigene Beschaffungspotenziale verdeutlichen.

Zudem müssen sowohl strategische Informationen zur Erkennung und Bewertung von Chancen und Risiken als auch operative Informationen zur Unterstützung dispositiver Entscheidungen gewonnen werden. Ermöglicht wird dies durch die Anwendung geeigneter Controllinginstrumente sowie durch die Institutionalisierung eines Berichtswesens.

Messung des Erfolgsbeitrags

Neben der »internen« Koordination und Informationsversorgung der Beschaffung gewinnt die Messung und Darstellung des gesamten Erfolgsbeitrags, den die Beschaffung zur Erreichung der Unternehmensziele leistet, an Bedeutung. Dieser Bedeutungszuwachs ist auf verschiedene Faktoren zurückzuführen: Generell wächst bei steigendem Wertanteil der extern beschafften Güter der Einfluss der Beschaffung auf den Unternehmenserfolg. Dies drückt sich in einer Zunahme der Position Materialaufwand in der Gewinn- und Verlustrechnung aus. Das Beschaffungsmanagement gerät stärker in das Blickfeld der Unternehmensleitung und muss daher seinen Erfolgsbeitrag möglichst transparent darstellen können. Dies ist besonders wichtig, wenn verschiedene Funktionsbereiche eines Unternehmens um knappe Ressourcen, zum Beispiel Investitionen in Mitarbeiter, konkurrieren. Ein weiterer Gesichtspunkt sind neu eingeführte Spitzenkennzahlen zur Unternehmenssteuerung, die eine wertorientierte Sichtweise betonen. Das Beschaffungscontrolling muss deutlich machen, welchen Wertbeitrag die Beschaffung leistet. Dabei sind neben den Kosten zunehmend auch Nutzenaspekte der Beschaffung zu quantifizieren. Weitere Gründe liegen in geänderten Bilanzierungsrichtlinien und neuen Vorgaben zum Risikomanagement.

Controllinginstrumente

Controllinginstrumente sind Hilfsmittel zur bestmöglichen Umsetzung der Controllingziele und -aufgaben. Da ein wesentlicher Anteil der Tätigkeiten des Beschaffungscontrollings auf die Auswahl und Handhabung der Controllinginstrumente entfällt, werden diese im Kapitel »Instrumente des Beschaffungscontrollings« ausführlicher erläutert.

Organisation des Beschaffungscontrollings

Entsprechend seinem Aufgabenumfang muss das Beschaffungscontrolling institutional ausgestaltet werden. Wesentliche Fragestellungen betreffen die Aufbau- und Ablauforganisation des Beschaffungscontrollings. Da diese in der Regel von unternehmensspezifischen Gegebenheiten abhängen, beschränkt sich Kapitel »Organisatorische Aspekte des Beschaffungscontrollings« auf einen kurzen Überblick zu grundsätzlichen organisatorischen Aspekten des Beschaffungscontrollings.

Unterstützung durch IuK-Technologien

Zur Erfassung, Strukturierung, Auswertung und Speicherung von Informationen sind Informations- und Kommunikationstechnologien notwendig, die auch als reale Controllinginstrumente bezeichnet werden (vgl. Horváth 2003, S. 150). Dies kann beispielsweise eine Software zur Abbildung eines Kostenrechnungsverfahrens sein.

Entwicklungsstand des Beschaffungscontrollings

Status quo wissenschaftlicher Konzepte

Aktuell findet eine intensive Diskussion zum Stand des Beschaffungscontrollings statt. Es sind Defizite in Forschung und Praxis zu konstatieren. Die These, dass der Forschungsbereich Beschaffungscontrolling beziehungsweise Supply Controlling eine rückständige Disziplin sei, lässt sich jedoch nicht bestätigen (vgl. Arnold et al. 2005). Auffällig ist, dass unter dem Stichwort Beschaffungscontrolling nur wenige umfassende Monographien verfügbar sind und dass sich sonstige Publikationen zum Beschaffungscontrolling zumeist auf Einzelaspekte, zum Beispiel den Einsatz der Balanced Scorecard, konzentrieren. Aufgrund der Vernetzung betriebswirtschaftlicher Problemstellungen der Beschaffung und der Logistik unter dem umfassenden Konzept des Supply-Chain-Managements – also der wertschöpfungskettenübergrei-

Tab. 12.1: Literaturüberblick zu Aspekten des Supply-(Chain)-Controllings

Autor	Titel	Kurzbeschreibung
Friedl, B. (1990)	Grundlagen des Beschaffungscontrolling	Entwurf einer Gesamtkonzeption mit Schwerpunkt auf Zielen und Aufgaben des Beschaffungscontrollings
Buck, T. (1998)	Konzeption einer integrierten Beschaffungskontrolle	Institutionenökonomisch begründete Analyse und Konzeption eines integrierten Kontrollprozesses für die Beschaffung
Drews, H. (2001)	Instrumente des Kooperationscontrolling	Ableitung und Beschreibung eines Sets von Controllinginstrumenten zur Unterstützung von Unternehmenskooperationen
Weber, J. (2002)	Logistik- und Supply Chain Controlling	Anwendungsorientierter Überblick mit Hinweisen zur Gestaltung eines wertschöpfungskettenübergreifenden Controllings aus logistischer Perspektive
Piontek, J. (2003)	Beschaffungscontrolling	Anwendungorientierter Überblick mit Schwerpunkt auf Instrumenten des Beschaffungscontrollings
Bacher, A. (2004)	Instrumente des Supply Chain Controlling	Ableitung und Beschreibung eines Sets von Controllinginstrumenten zur Führungsunterstützung wertschöpfungskettenübergreifender Aktivitäten

fenden Betrachtung von Liefernetzwerken – konzentrieren sich aktuelle Forschungsbemühungen verstärkt auf Aspekte des Supply-Chain-Controllings. Dies geschieht, obwohl Defizite des Beschaffungscontrollings wie zum Beispiel die Bewertung strategischer Lieferantenbeziehungen oder die Operationalisierung des Erfolgsbeitrags der Beschaffung noch nicht befriedigend gelöst sind. Tabelle 1 gibt einen kurzen Überblick zu wesentlichen deutschsprachigen Monographien, die Aspekte des Beschaffungscontrollings beziehungsweise des Supply-Chain-Controllings behandeln.

Defizite in der Praxis: Beispiel Supplier-Relationship-Controlling

Bisher liegen nur einzelne und fragmentarische empirische Befunde zum Stand des Beschaffungscontrollings vor. Als Kernelement der Beschaffungsfunktion bietet sich das Management und Controlling von Lieferantenbeziehungen an, um den Entwicklungsstand des Beschaffungscontrollings zu analysieren. Daher sollen im Folgenden kurz die Ergebnisse einer Studie mit

Tab. 12.2: Ökonomische Effekte strategischer Lieferantenbeziehungen

Kostenreduzierungen	Nutzensteigerung	
kundenbezogen: – Externe Fehlleistungskosten – Follow up bei Reklamationen – Konventionalstrafen	kundenbezogen: – Wettbewerbsvorteile – Kundenzufriedenheit – Preisoptimierung/ Gewinnmarge – Qualitätsvorsprung	– Innovationsvorsprung – Verkürzung Time to Market – Flexibilität zum Kunden
unternehmensbezogen: – Investitionskosten – F&E-Kosten – Prozesskosten – Personalkosten – interne Fehlleistungskosten – Qualitätskosten	unternehmensbezogen: – Konzentration auf das Kerngeschäft – intensive Nutzung externer Ressourcen – Know-how-Transfer – sinkender Koordinationsaufwand in der Produktion	– Produktanlauf/-auslauf verbessern – Sicherung langer Produktlebenszyklen und Ersatzteilversorgung – Verringerung des gesamten Koordinationsaufwands – Kontinuität in allen Bereichen
beschaffungsbezogen: – Materialkosten – Transaktionskosten (Einkauf) – Logistikkosten (Lagerhaltung, Bestände, Transport)	beschaffungsbezogen: – Versorgungssicherheit – Risikominimierung – steigende Anlieferqualität – saubere Prozess- und Schnittstellendefinition – unmittelbare Hilfestellung bei Engpässen	– Problembewältigung beschleunigen – Sicherheit in den Beziehungen – Transparenz der Kostenstrukturen

Schwerpunkt auf dem Controlling von Lieferantenbeziehungen vorgestellt werden (Arnold/Warzog 2005).

Insbesondere strategische Lieferantenbeziehungen (Supplier Relationships), die sich durch langfristige Bindung, den Austausch komplexer Güter sowie partnerschaftliche Zusammenarbeit auszeichnen, führen zu hohen Anforderungen an das Lieferantenmanagement. Die Studie zeigt, dass hierbei der Teilprozess Lieferantencontrolling die größten Defizite aufweist. Demzufolge sehen die befragten Unternehmen für diesen Teilprozess den größten Handlungsbedarf und verweisen zudem auf fehlende wissenschaftliche Konzepte. Zwar erwarten Entscheidungsträger der Beschaffung durch das Eingehen strategischer Lieferantenbeziehungen vielfältige Effekte zur Kostensenkung und Nutzensteigerung (vgl. Tabelle 12.2); die Messung und Quantifizierung dieser Effekte weist jedoch große Defizite auf (vgl. Abbildung 12.2).

Kaum eines der befragten Unternehmen verfügt über ein Performance-Measurement-System. Dementsprechend können weder die entstehenden

Einsparungen durch das Eingehen relationaler Lieferantenbeziehungen können quantifiziert werden

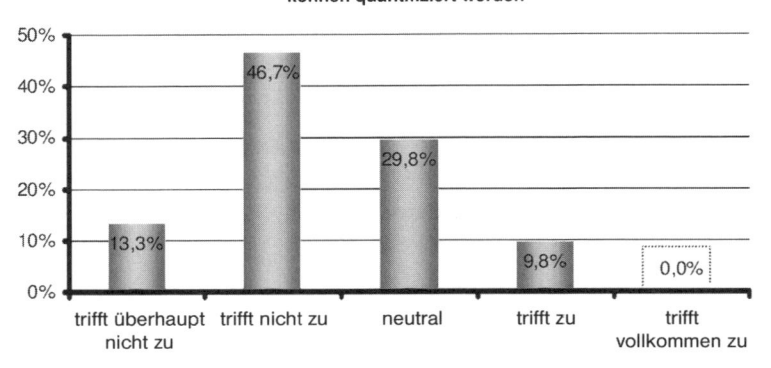

	trifft überhaupt nicht zu	trifft nicht zu	neutral	trifft zu	trifft vollkommen zu
%	13,3%	46,7%	29,8%	9,8%	0,0%

Entstehender Nutzen durch das Eingehen relationaler Lieferantenbeziehungen kann quantifiziert werden

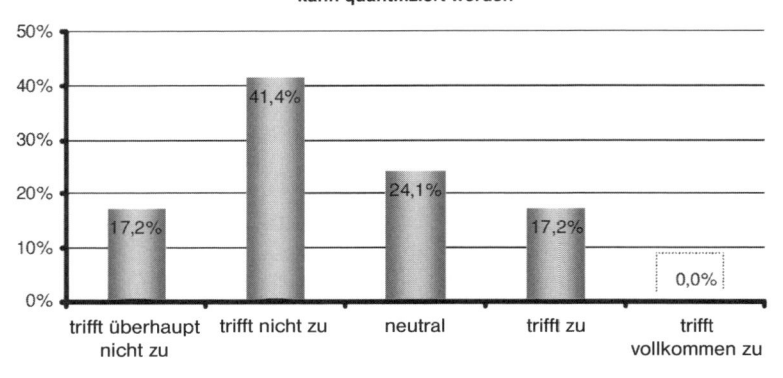

	trifft überhaupt nicht zu	trifft nicht zu	neutral	trifft zu	trifft vollkommen zu
%	17,2%	41,4%	24,1%	17,2%	0,0%

Abb. 12.2: Erfolgsmessung strategischer Lieferantenbeziehungen

Kosten und Einsparungen noch der Nutzen von strategischen Lieferantenbeziehungen auch nur ansatzweise quantifiziert werden. So stellt sich die Frage, wie das Lieferantenmanagement als Kernaufgabe der Beschaffung erfolgsorientiert gesteuert werden kann, wenn Entscheidungsträger im Grunde nicht oder nur sehr ungenau wissen, welche Erfolgswirkung ihre Entscheidungen und Maßnahmen tatsächlich haben.

Um das Informationsdefizit genauer zu analysieren, wurde untersucht, welche Controllinginstrumente in der Beschaffung bisher eingesetzt werden, um die Erfolgswirkungen von Lieferantenbeziehungen aufzuzeigen. Abbil-

Verwendete Controllinginstrumente zur Unterstützung des SRM

Instrument	Wert
Einzelne Kennzahlen	3,66
Benchmarking	3,37
Target Costing	3,33
Preisindizes	3,27
Budgetierung	3,1
Investitionsrechnungen	3,1
Risk Management	2,73
Prozesskostenrechnung	2,62
Total Cost of Ownership	2,31
Balanced Scorecard	1,86
Lieferantenwertrechnung	1,61

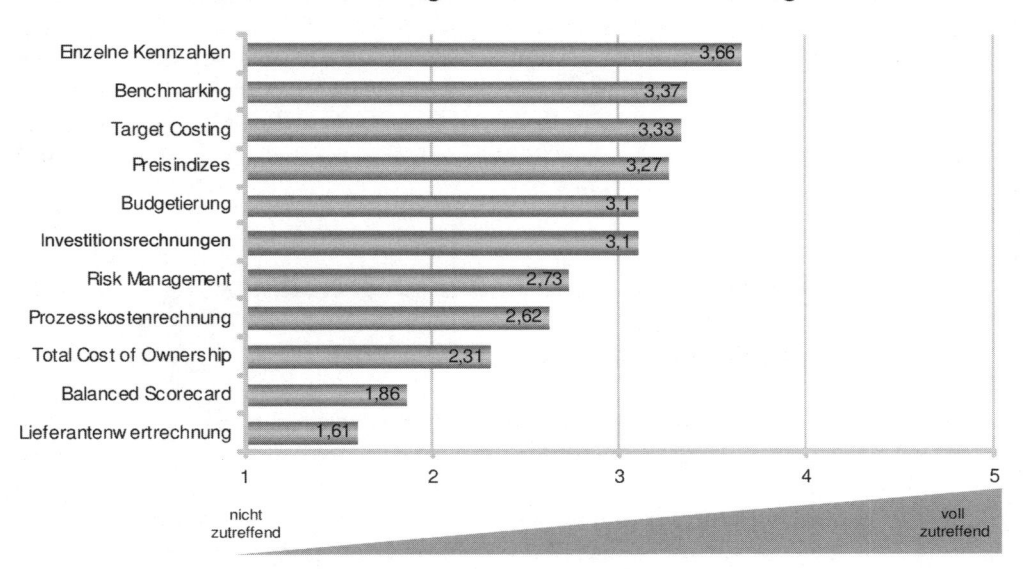

Skala: 1 = nicht zutreffend, 5 = voll zutreffend

Abb. 12.3: Controllinginstrumente für strategische Lieferantenbeziehungen

dung 12.3 verdeutlicht, dass die Mehrheit der Unternehmen eher »traditionelle« Controllinginstrumente – wie zum Beispiel einzelne Kennzahlen, Preisindizes und Budgetierung – einsetzt. Diese decken jedoch nur einzelne Aspekte von Lieferantenbeziehungen ab und ermöglichen keine umfassende Erfolgsermittlung. Positiv zu vermerken ist, dass Lieferanten bereits häufig in den Prozess des Target Costing eingebunden werden. Dies ist zielführend, da bei geringen Fertigungstiefen die Lieferanten für einen Großteil der angestrebten Zielkosten verantwortlich sind. Auch der häufige Einsatz von Benchmarking ist positiv hervorzuheben. Mit diesem Instrument ist es möglich, mittels verschiedener Kriterien die Leistungsfähigkeit von Lieferanten zu vergleichen und Marktinformationen über Best Practices zu erhalten. Dies ist besonders für strategische Lieferantenbeziehungen notwendig, da hier durch das Eingehen langfristiger und enger Beziehungen bilaterale Monopole entstehen, in denen die steuernde Wirkung von Wettbewerbs- beziehungsweise Marktkräften stark eingeschränkt ist.

Einen wesentlichen Hinweis, warum Kostenwirkungen strategischer Lieferantenbeziehungen von den befragten Unternehmen nicht quantifiziert werden können, liefert die eher geringe Verbreitung der Prozesskostenrechnung und des Total Cost of Ownership. Viele der von den Entscheidungsträgern vermuteten Kostenwirkungen könnten bei Nutzung dieser Instrumente transparenter gestaltet werden. Instrumente, die mehrere Erfolgsdimensionen integrieren – Balanced Scorecard oder Lieferantenwertrechung –, werden von den befragten Untenehmen bisher kaum eingesetzt. Ohne diese kann jedoch der Erfolg von Lieferantenbeziehungen nicht ganzheitlich aufgezeigt werden.

Instrumente des Beschaffungscontrollings

Konzeptionelle Einordnung und Überblick

Instrumente wie zum Beispiel die Kapitalwertrechung sind Hilfsmittel, die zur Ableitung konkreter Handlungsanweisungen dienen und damit die Aufgabenerfüllung unterstützen (vgl. Drews 2001, S. 27). Das Beschaffungscontrolling kann auf eine Vielzahl von Instrumenten zurückgreifen (vgl. u.a. Piontek 2004), wobei generell verwendbare Controllinginstrumente wie Kennzahlen oder Portfolioanalysen entsprechend den Anforderungen des Beschaffungsmanagements modifiziert werden. Zur Systematisierung der Instrumente des Beschaffungscontrollings liegen verschiedene Ansätze vor. Arnold/Eßig (2001) differenzieren beispielsweise extern und intern orientierte Controllinginstrumente, während Bacher (2004) sich an den Phasen des Führungszyklus orientiert. Generell fällt eine Systematisierung schwer, da eine eindeutige Zuordnung der Instrumente häufig nicht gegeben ist. Aus Sicht der Praxis erscheint es zweckmäßig, die Instrumente entsprechend der Unterstützung im Führungszyklus beziehungsweise ihrer Nutzung in den Beschaffungsprozessen zu kennzeichnen. Die alphabetisch geordnete Übersichtsdarstellung (vgl. Tabelle 12.3) berücksichtigt zusätzlich, ob der Anwendungsbereich der Instrumente eher strategischer oder operativer Natur ist. Allerdings ist hierbei nur eine tendenzielle Zuordnung möglich. Dem Anwender sollen jedoch zumindest Hinweise zu Einsatzmöglichkeiten der aufgeführten Instrumente gegeben werden.

Da nicht alle Instrumente erläutert werden können, konzentrieren sich die folgenden Teilkapitel auf ausgewählte Instrumente, die die aktuellen Entwicklungen des Beschaffungsmanagements unterstützen. Häufig wird der Erfolg des Beschaffungsmanagements über die Zielgröße Kosten beziehungsweise Kostensenkung gemessen. Aufgrund sinkender Fertigungstiefen steigt das Kostensenkungspotenzial, welches die Beschaffung über die Gestaltung der

Tab. 12.3: Überblick zu Instrumenten des Beschaffungscontrollings

Controllinginstrument	Anwendungsbereich										
	Führungsprozess			Beschaffungsprozess						Ents.-Ebene	
Legende: xx = primärer Anwendungsbereich x = sekundärer Anwendungsbereich	Planung	Durchsetzung	Kontrolle	übergreifend	Situationsanalyse	Bedarfsanalyse	B.-marktforschung	Lieferantenmanag.	Bestellabwicklung	strategisch	operativ
ABC-Analyse	xx				xx	xx		x		xx	x
Abweichungsanalyse			xx		x	xx		xx	xx		xx
Balanced Scorecard	x	xx	xx	xx						xx	
Benchmarking	x		xx		xx	x		x		xx	
Budgetierung	xx	x	x	x							xx
Checklisten	x		xx		x		x	xx			xx
Economic-Value-Added-Rechnung	x		xx	xx						x	
Erfahrungskurvenanalyse	xx				xx	xx				xx	
Finanzanalyse	x	x			x			xx		x	
Früherkennungssysteme	xx				xx	xx	x	x		xx	
Investitionsrechnungen	xx					x		xx		x	x
Kennzahlen	x	xx			x	x	x	x	xx		
Kosten-Leistungs-Rechnung	x	xx									xx
Lieferantenwertrechnung	xx	x						xx	xx		
Linear Performance Pricing	xx				x	xx	x				
Nutzwertanalyse	xx					x		xx			xx
Portfoliomethode	xx				xx	xx	x			xx	
Preisstrukturanalyse	x					x		xx		x	xx
Produktlebenszyklusanalyse	xx				xx	xx				xx	
Prozesskostenrechnung	x		xx	xx						xx	x
Risikoanalyse	xx	x			xx	x		x		xx	x
Scoring-Modell	xx					x		xx			xx
Shareholder-Value-Rechnung	xx		x	xx						xx	
SWOT-Analyse	xx		x		xx			x		xx	x
Target Costing	xx	x	x	xx				x		xx	
Total Cost of Ownership	xx		x	xx				xx		xx	x
Wertanalyse	xx	x	x			xx				x	xx
XYZ-Analyse	xx					xx	xx			xx	x
Zeitreihenanalyse	xx					xx			xx		xx

Lieferantenbeziehungen erschließen kann. Daher sollte das Beschaffungscontrolling strategisch orientierte Instrumente des Kostenmanagements einsetzen: Die Prozesskostenrechnung schafft Kostentransparenz in Gemeinkostenbereichen, Target Costing bindet Lieferanten frühzeitig in die Gestaltung der Produkt- und Produktionskosten ein und Total Cost of Ownership zeigt Kostenwirkungen in ihrer Gesamtheit auf. Die Integration mehrerer Erfolgsdimensionen im Sinne einer Wertorientierung wird durch folgende Instrumente gewährleistet: Supplier Lifetime Value zur Bewertung strategischer Lieferantenbeziehungen, Economic-Value-Added-Ansatz zur periodischen Erfolgsmessung der Beschaffung sowie die Balanced Scorecard als übergreifendes Instrument des Performance Measurement. Auf einzelne Kennzahlen soll hier nicht weiter eingegangen werden, da diese ausführlich im folgenden Kapitel »Informationsmanagement im Einkauf« erläutert werden.

Prozesskostenrechnung

Klassische Verfahren der Kosten- und Leistungsrechung basieren auf der Betrachtung variabler Einzelkosten und sind daher wenig geeignet, fixe Gemeinkosten verursachungsgerecht zu verrechnen. Vor dem Hintergrund steigender Gemeinkosten, die auch im Beschaffungsbereich anfallen, wurde daher die Prozesskostenrechnung entwickelt. Mit ihrer Hilfe sollen Aktivitäten in indirekten Bereichen definiert und deren Ressourceninanspruchnahme bewertet werden. Die Prozesskostenrechnung zeigt die Kosten- und Kapazitätswirkung veränderter Ablaufstrukturen, einer veränderten Anzahl der Prozessdurchführungen und einer rationelleren Prozessdurchführung (vgl. Mayer 1998, S. 5f.). Für die Beschaffung lässt sich mit Hilfe der Prozesskostenrechnung beispielsweise beantworten, welche Kosten für eine Bestellung oder die Etablierung einer neuen Lieferantenbeziehung anfallen. Bei einer unternehmensübergreifenden Betrachtung können in Zusammenarbeit mit Lieferanten wesentliche Kostentreiber identifiziert und dadurch Prozesse im Hinblick auf ihre Kostenwirkungen quantifiziert und optimiert werden.

Die Vorgehensweise zur Prozesskostenrechnung zeigt Abbildung 12.4. Zunächst sind die einzubeziehenden Unternehmensbereiche abzugrenzen und über Zusammenhangshypothesen die Haupt- und Teilprozesse vorzustrukturieren. Nach Ermittlung der Teilprozesse pro Kostenstelle mittels einer Tätigkeitsanalyse werden Kosteneinflussgrößen (Cost Driver) bestimmt, die eine Maßgröße für die Kostenverursachung darstellen. Leistungsmengenneutrale (lmn) Kosten sind auf leistungsmengeninduzierte (lmi) Prozesse umzu-

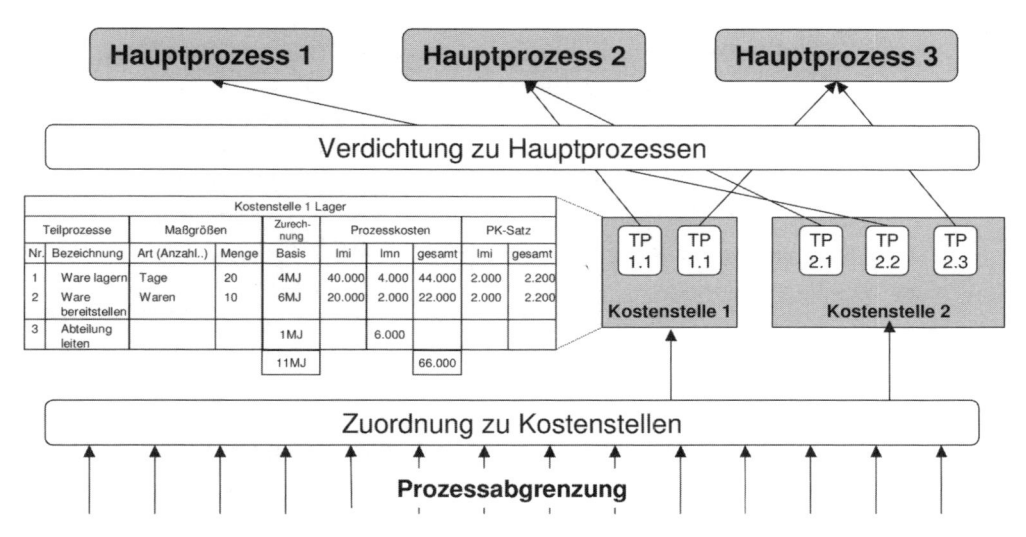

Abb. 12.4: Vorgehensweise Prozesskostenrechnung

legen. Die Prozesskostensätze lassen sich dann jeweilig aus der Division der gesamten Prozesskosten durch die Prozessmengen errechnen. Abschließend können die leistungsabhängigen Prozesskosten den Kostenträgern zugerechnet werden.

Target Costing

Target Costing – auch Zielkostenmanagement genannt – ist ein marktorientiertes Konzept zur umfassenden Kostenplanung, Kostensteuerung und Kostenkontrolle. Es zielt insbesondere auf die frühen Phasen des Produktentstehungsprozesses ab. Die Struktur der Produktkosten soll in Abhängigkeit der Marktanforderungen beeinflusst werden. Die Frage »Was wird ein Produkt kosten?« wird durch die Frage »Was darf ein Produkt kosten?« ersetzt. Ausgangspunkt des Target Costing sind die vom Markt erlaubten Zielkosten, die in Relation zu den geschätzten Standardkosten gesetzt werden. Hieraus resultiert in der Regel ein Kostenreduktionsbedarf. Die Gesamtzielkosten werden nach kundenorientierten Produktwertrelationen auf Funktions-, Komponenten- und Teilekosten aufgespalten. Zur Zielkostenerreichung müssen abschließend Kostensenkungsmaßnahmen ergriffen werden, um die definierten Kostenreduktionserfordernisse abzuarbeiten (vgl. Möller 2002, S. 43).

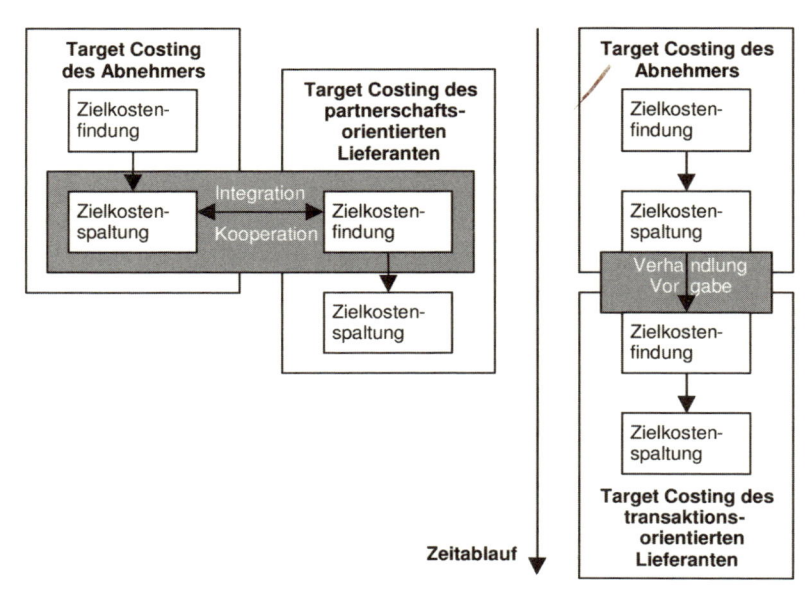

Abb. 12.5: Lieferantenintegration in die Prozesskostenrechnung

In Abhängigkeit der Intensität der Zusammenarbeit sind Lieferanten in den Target-Costing-Prozess zu integrieren (vgl. Abbildung 12.5). Strategische Lieferanten, die beispielsweise komplexe Module liefern und am Entwicklungsprozess beteiligt sind, sollten frühzeitig in den Target-Costing-Prozess integriert werden, da sie einen hohen Ergebniseinfluss besitzen. Sie können wichtige Impulse für Produktfunktionen und Komponentenspezifikationen geben und Produktkosten strukturell beeinflussen. Bei transaktionsorientierten Lieferantenbeziehungen eignet sich das Target Costing, um Marktanforderungen den Lieferanten gezielt zu kommunizieren.

Total Cost of Ownership

Die Gesamtkosten einer zu beschaffenden Leistung können mit einem Eisberg verglichen werden. Die Einstandskosten (Einkaufspreis) als »sichtbare Spitze« machen nur einen (häufig geringen) Teil der Gesamtkosten aus. Der Ansatz des Total Cost of Ownership verfolgt das Ziel, alle mit dem Kauf verbundenen Kosten zu berücksichtigen. Hierzu ist eine umfassende und längerfristige Betrachtung notwendig, die auch andere Funktionsbereiche eines

Total Cost of Ownership

Prä-Transaktionskomponenten:
- Bedarfsanalyse
- Beschaffungsmarktanalyse
- Lieferantenanalyse
- Anbindung des Lieferanten
- Lieferantenentwicklung
- Verhandlungsprozess

Transaktionskomponenten:
- Preis
- Bestellung/Abwicklung
- Transport
- Zölle/Steuern
- Rechnungsprüfung/Zahlungsvorgang
- Qualitätsprüfung
- Reklamationen/Rücksendungen
- Nachverfolgung und Ersatz

Post-Transaktionskomponenten:
- Fertigungsunterbrechung
- Ausschuss vor Verkauf
- Ausschuss beim Handel/Kunden
- Garantiefälle/Reparatur und Ersatz
- Vertrauens- bzw. Reputationsverlust
- Kosten für Ersatzteile
- Kosten für Wartung
- Kosten für unbrauchbare Teile/Abfall

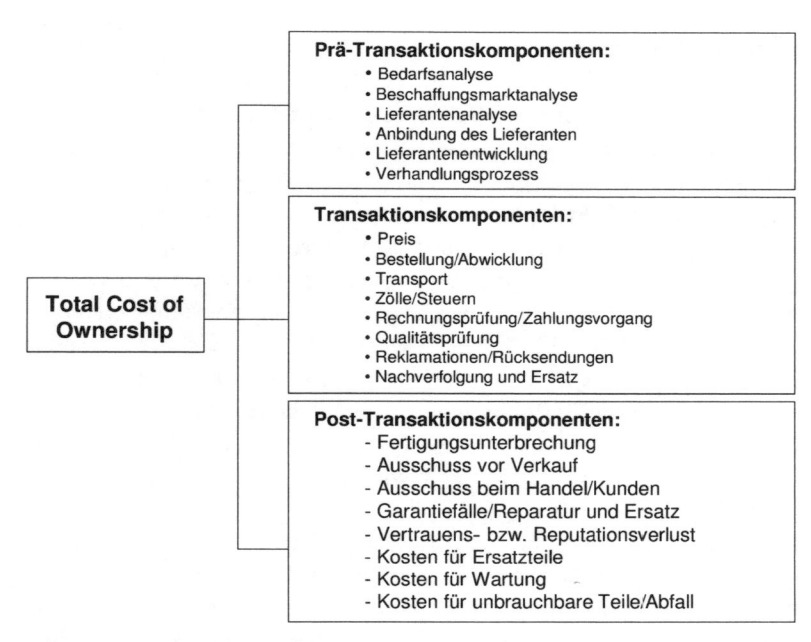

Abb. 12.6: Kostenkategorien des Total-Cost-of-Ownership-Ansatzes
(Quelle: in Anlehnung an Ellram 1999, S. 599)

Unternehmens einschließt. Eine Möglichkeit zur Differenzierung der zu berücksichtigenden Kostenkomponenten zeigt Abbildung 12.6; entsprechend einer Lebenszyklusrechnung werden Vorlauf-, Ausführungs- und Nachlaufkosten unterschieden.

Anwendung findet das Konzept vor allem bei Outsourcing-Entscheidungen, Vorhaben zur Reduktion der Lieferantenbasis und der Auswahl von Schlüssellieferanten. Problematisch ist die Erfassung der notwendigen Informationen. Insbesondere Post-Transaktionskomponenten wie Reputationsverlust oder Fertigungsunterbrechung lassen sich nur schwer quantifizieren beziehungsweise prognostizieren. Auch die Quantifizierung späterer Switching Costs stellt ein nicht triviales Prognoseproblem dar. Aus pragmatischer Sicht sollten je nach Entscheidungssituation unterschiedlich ausdifferenzierte Modelle des Total Cost of Ownership verwendet werden.

Supplier Lifetime Value

Im Gegensatz zu traditionellen Verfahren der Lieferantenbewertung, welche in erster Linie die momentane Situation einer (einzelnen) Lieferantenbeziehung analysieren, versucht das Instrument des Supplier Lifetime Value explizit das zukünftige Erfolgspotenzial der Lieferantenbeziehung zu ermitteln und zu quantifizieren (vgl. Arnold/Eßig 2003 und Arnold 2004). Es handelt sich somit um ein strategisches Bewertungssystem, welches das Beschaffungsmanagement in die Lage versetzen soll, den Wert einer Lieferantenbeziehung und deren zukünftige Entwicklung zu erkennen, um entweder diese Beziehung langfristig zu stabilisieren oder gegebenenfalls Maßnahmen zu einem Lieferantenwechsel einzuleiten. Das erweiterte Modell integriert die Teilbereiche: 1) Berechnung des Supplier Lifetime Value, 2) den geplanten Target Supplier Lifetime Value (TSLV) sowie 3) das Supplier Valueing (vgl. Abbildung 12.7).

Die Berechnung des Supplier Lifetime Value orientiert sich an der monetären Bewertung von Kundenbeziehungen, die in der Literatur unter dem Konzept des Customer Lifetime Value diskutiert werden. Basis für die Berechnung des Supplier Lifetime Value ist die Kapitalwertmethode, die folgende Vorteile bietet:

- Die Methodik ist explizit zukunftsorientiert und berücksichtigt somit künftige Potenziale – aber auch Risiken – von Lieferantenbeziehungen.
- Mit Hilfe des Supplier Lifetime Value lassen sich Kennzahlen der Beschaffung mit dem Ansatz der wertorientierten Unternehmensführung verknüpfen.
- Lieferantenbeziehungen werden als Investitionsobjekte betrachtet. Dies bedeutet, dass heutige Investitionen in die Lieferantenbeziehung, die mit höheren Auszahlungen verbunden sind, unter dem Aspekt von langfristig zu erwartenden positiven Zahlungsströmen (Einzahlungen) getroffen werden.

Der Target Supplier Lifetime Value ist die langfristig geplante Erfolgsgröße der Lieferantenbeziehung. Diese Größe lässt sich zum Beispiel als Performance-Indikator für Lieferantengespräche verwenden. Analog zur Gap-Analyse wird unterstellt, dass zwischen den gesetzten Zielen der Planung und der Prognose der Zielerreichung unter Beibehaltung der bisherigen Aktivitäten eine Lücke entsteht. Diese Lücke wird durch das Supplier Valueing geschlossen. Dieses umfasst Strategien und Maßnahmen des Supplier-Relationship-

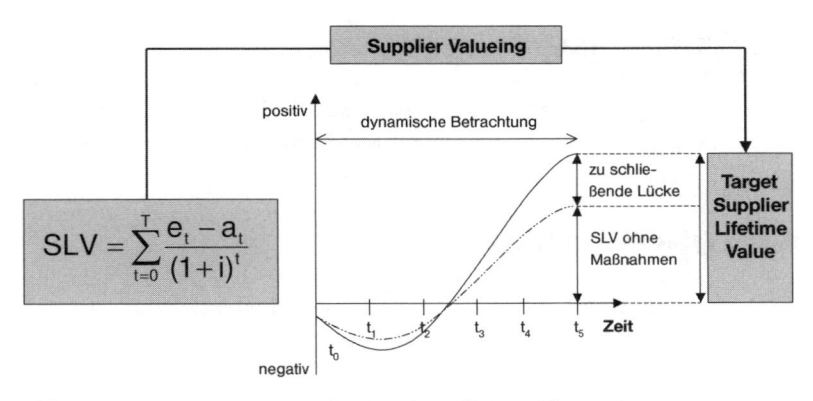

Abb. 12.7: Integriertes Konzept des Supplier Lifetime Value

Managements, die der Erreichung des Target Supplier Lifetime Value dienen. Abbildung 12.8 zeigt die Vorteile des Supplier Lifetime Value in der Phase der Lieferantenauswahl. Lieferantenspezifische Auszahlungen umfassen alle direkten Materialkosten sowie anfallende Transaktionskosten der Lieferantenbeziehung. Lieferantenspezifische Einzahlungen resultieren aus Anstrengungen zur Kostensenkung oder aus Wettbewerbsvorteilen, die der Lieferant

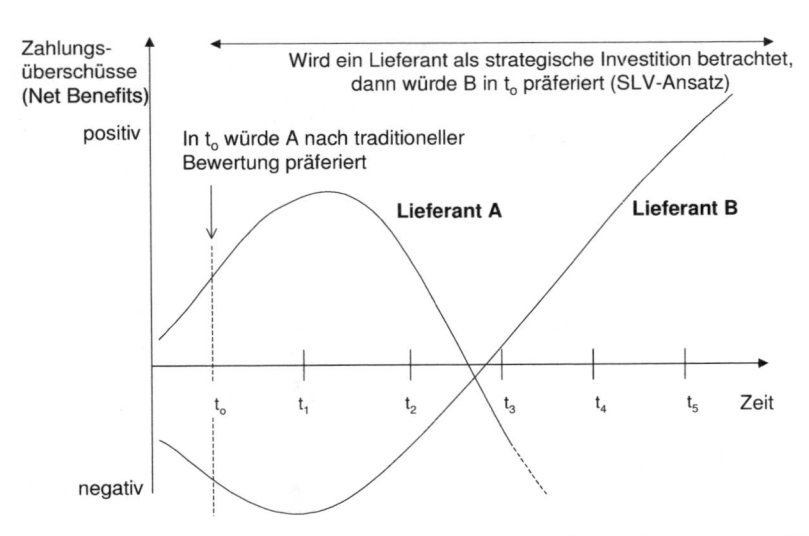

Abb. 12.8: Supplier Lifetime Value versus traditionelle Lieferantenbewertungsverfahren (Quelle: Arnold/Eßig 2003, S. 77)

generiert. Die zukunftsorientierte Betrachtungsweise des Supplier Lifetime Value führt zu einer strategischen und langfristig vorteilhaften Entscheidung. Den Vorteilen des Supplier Lifetime Value steht allerdings die Problematik der Operationalisierung der dafür notwendigen Rechnungsgrößen gegenüber.

Economic Value Added (EVA)

Das EVA-Konzept ist ein Übergewinn- oder Residualverfahren, das zur Unternehmenssteuerung eingesetzt wird und mittlerweile weite Verbreitung gefunden hat. Der Übergewinn wird durch den EVA als Spitzenkennzahl wiedergegeben und stellt den Betrag dar, der über die Kapitalkosten hinaus mit dem investierten Kapital verdient wird. Berechnet wird der EVA als Differenz des Nettogewinns nach Zinsen und Steuern (Net Operating Profit after Taxes – NOPAT) und den Kosten für das zur Gewinnerzielung eingesetzte

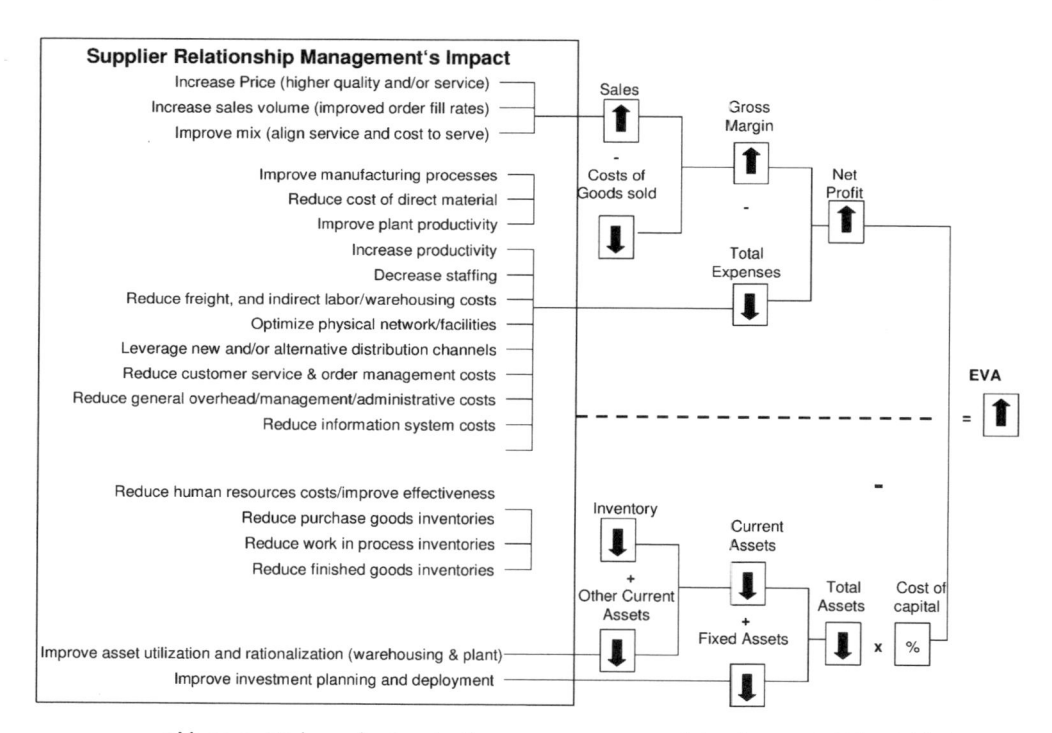

Abb. 12.9: Wirkung des Beschaffungsmanagements auf den Economic Value Added (Quelle: Lambert/Pohlen 2001, S. 13)

Eigen- und Fremdkapital. Da sich die verwendeten Größen jeweils auf eine Periode beziehen, dient der EVA von seiner Grundidee her der einperiodischen Performancemessung. Um den Beitrag des Beschaffungsmanagements zum Unternehmenserfolg zu messen, muss das Beschaffungscontrolling die Stellhebel zur Beeinflussung des EVA identifizieren und möglichst quantifizieren. Abbildung 12.9 zeigt hierzu einen konzeptionellen Vorschlag. Neben den Stellhebeln zur Beeinflussung der Kostengrößen werden auch Ursache-Wirkungs-Zusammenhänge zwischen Beschaffungsaktivitäten und Umsatzsteigerung aufgezeigt. So wird eine im Sinne der Wertorientierung ganzheitliche Erfolgsmessung der Beschaffung gewährleistet.

Balanced Scorecard

Defizite klassischer Kennzahlensysteme, die zumeist einseitig auf monetäre Größen ausgerichtet sind, haben zur Entwicklung neuer Ansätze des Performance Measurement geführt. Diese verbinden quantifizierbare Maßgrößen verschiedener Dimensionen, um die Leistung beziehungsweise Leistungspotenziale unterschiedlicher Unternehmensobjekte zu beurteilen. Zusätzlich sollen durch Kommunikationsprozesse die Strategiediskussion verstärkt, die Mitarbeitermotivation gefördert und Lernprozesse angeregt werden. Mittlerweile liegen eine Reihe verschiedener Ansätze vor, von denen die Balanced Scorecard die weiteste Verbreitung gefunden hat (vgl. Horváth 2003, S. 585f. und Weele 2004). Die Balanced Scorecard verknüpft finanzielle Zielgrößen mit Leistungsperspektiven und kann so als Instrument eingesetzt werden, um die Lücke zwischen Strategieformulierung und Strategieumsetzung zu schließen. Kennzeichnend ist die Berücksichtigung der vier Perspektiven Finanzen, Kunden, interne Prozesse sowie Lernen und Wachstum. Jede Perspektive enthält strategische Ziele, Messgrößen, Zielwerte sowie Maßnahmen zur Erreichung der Zielwerte. Zudem werden die Zusammenhänge der strategischen Ziele über Ursache-Wirkungs-Ketten aufgezeigt. Wird die Balanced Sorecard als Performance-Measurement-Instrument in der Beschaffung verwendet, ist die Grundstruktur entsprechend den spezifischen Gegebenheiten zu modifizieren. Häufig wird den vier vorgeschlagenen Perspektiven eine Lieferantenperspektive hinzugefügt.

Zur Umsetzung der Balanced Scorecard wird folgende Vorgehensweise vorgeschlagen. Als Output sollten dabei eine Balanced Scorecard Map sowie eine Balanced-Scorecard-Matrix erstellt werden (vgl. Wagner 2004, S. 110):

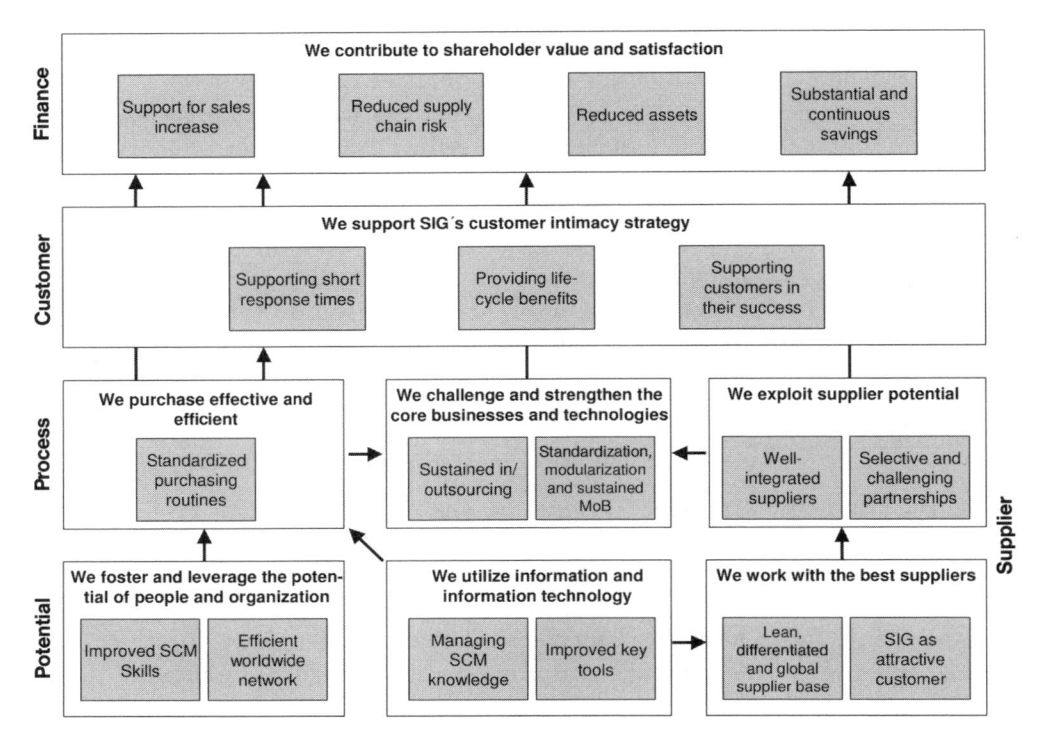

Abb. 12.10: Corporate SCM/Purchasing BSC-Map der SIG
(Quelle: Wagner, S. 2004, S. 113)

- Formulierung der strategischen Ziele,
- Selektion der strategischen Ziele,
- Modellierung von Ursache-Wirkungs-Beziehungen,
- Definition der Messgrößen,
- Festlegung von Zielwerten und Etappierung,
- Festlegung der strategischen Programme,
- Überführung der strategischen Programme in Aktionen sowie
- Plausibilitätscheck und Überprüfung der Ressourcen.

Abbildung 12.10 zeigt ein Beispiel für eine Balanced Scorecard Map, die Perspektiven, strategische Ziele und deren Ursache-Wirkungs-Zusammenhänge aufzeigt. Ein Beispiel für eine Balanced-Scorecard-Matrix, die Perspektiven, strategische Ziele, Messgrößen und Zielwerte verdeutlicht, zeigt Tabelle 12.4.

Tab. 12.4: Beispiel einer Balanced Scorecard für die Beschaffung
(Quelle: Kaufmann 2002, S. 21)

	Strategic Goal	**Measure**	**Target**
Financial Perspective	Increase operating profit margin	Purchase volume as a percentage of Cost of Goods Sold (COGS)	Below 40 %
	Lower inventories	Inventories as a percentage of sales	10 % less than previous year
	Improve bill paying pattern	Day's accounts payable outstanding (DAPO) as defined by corporate finance	23 days
Internal Customer Perspective	Achieve an innovator image	Products younger than 2 years as a percentage of purchase volume	45 %
		# of internal hits at supply Management's website	> 5000
	Become a valued partner of engineering	Percent of value analyses/ target costing with purchasing participation	80 %
	Be a key-contributor to strategy formulation	Percentage of strategy board meeting with supply management on the agenda	80 %
Process Perspective	Early purchasing involvement	Hrs. spend of Product Development Teams (PDTs) by buyers	10 % more than previous year
	Roll out global sourcing implementation	# of direct material quotes solicited through local sourcing teams (LST)	> 500 per LST
	Speed up ordering process for M&E	# of days between capital appropriation and placement of order	< 10
	More efficient buying of MROs	Average activity costs per MRO order	< $ 14
Supplier Perspective	Concentrate on key suppliers	# of modul suppliers for direct material	> 30
	Source from high-quality suppliers	Defective parts per million (ppm)	15 % better than previous years
	Be a preferred customer	Supplier Satisfaction Index as developed	5 % better than previous year
Human Resources Perspective	Continuous improvement	# of process improvement suggestions from buyers	> 10 per buyer
	Achieve high employee satisfaction	Employee Satisfaction Index as developed in 1993	15 % better than previous years
	Improve language skills	Percent of training hrs. for language training	> 40 %

Organisatorische Einbindung des Beschaffungscontrollings

Neben der funktionalen Betrachtungsweise, die Ziele und Aufgaben des Beschaffungscontrollings abgrenzt, ist eine institutionale beziehungsweise organisationsstrukturelle Betrachtungsweise notwendig. Schließlich muss eine geeignete organisatorische Lösung zur Aufgabenbewältigung des Beschaffungscontrollings gefunden werden. Zur Einbindung des Beschaffungscontrollings in die Unternehmens- beziehungsweise Beschaffungsorganisation sind im Wesentlichen vier Gestaltungsalternativen zu berücksichtigen: Aufgabenträger, Kompetenzzuordnung, Unterstellung und hierarchische Einordnung (vgl. Friedl 1990, S. 120ff.). Abbildung 12.11 zeigt hierzu das Beispiel einer Kombinationsmöglichkeit der Gestaltungsalternativen.

Aufgabenträger des Beschaffungscontrollings

Sind Ziele und Aufgaben des Beschaffungscontrollings abgegrenzt, muss zunächst entschieden werden, wer Aufgabenträger des Beschaffungscontrollings ist. Erst ab einer bestimmten Größe beziehungsweise Komplexität der Beschaffungsorganisation ist es sinnvoll, Aufgaben des Beschaffungscontrollings in einer eigenen Organisationseinheit zu institutionalisieren. In kleineren Organisationseinheiten tritt das Koordinationsziel des Beschaffungscontrollings in den Hintergrund, gleichwohl sind ergebnisorientierte Informationen für ein zielgerichtetes Beschaffungsmanagement notwendig. In diesem Falle müssen die Aufgaben des Beschaffungscontrollings beispielsweise direkt von der Beschaffungsleitung oder einem Zentralcontrolling wahrgenommen werden. Um die Unterstützungsfunktion des Beschaffungscontrollings für die Entscheidungsträger zu gewährleisten, ist eine arbeitsteilige und damit entsprechend spezialisierte eigenständige Organisationseinheit vorzuziehen.

Kompetenzen des Beschaffungscontrollings

Unter Kompetenzen sind die Zuständigkeiten und Befugnisse zu verstehen, die dem Beschaffungscontrolling zu seiner Aufgabenerfüllung übertragen werden. Hierbei ist zu klären, ob das Beschaffungscontrolling als Stabs- oder Linieneinheit organisiert wird und wie Kompetenzen, Berichtswege et cetera zwischen Beschaffungscontrolling und Zentralcontrolling verteilt sind. Aufgrund der Zielsetzung des Beschaffungscontrollings erscheint zunächst eine Organisation als Stabsstelle, die über keine Anweisungsbefugnisse verfügt, angebracht. Dies birgt jedoch die Gefahr der Wirkungslosigkeit. Bei-

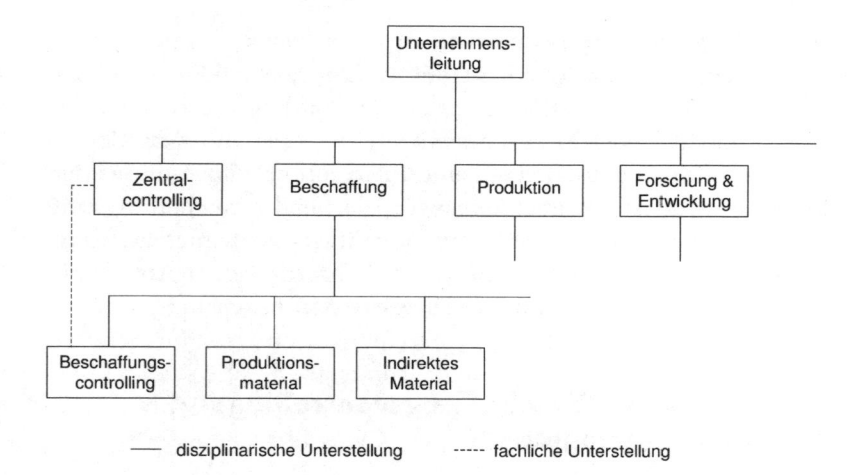

Abb. 12.11: Organisatorische Einordnung des Beschaffungscontrollings

spielsweise kann eine einheitliche Nutzung der Controllinginstrumente kaum durchgesetzt werden. Daher bietet sich eine Organisation als Querschnittsfunktion an, die für bestimmte Aufgaben fachliche Anweisungsbefugnis gegenüber ausführenden Stellen hat (vgl. Abbildung 12.11). Spezifische Kompetenzen sollten vom Beschaffungscontrolling wahrgenommen werden, während übergeordnete Kompetenzen wie zum Beispiel die Definition von Spitzenkennzahlen im Sinne einer bereichsübergreifenden Koordination beim Zentralcontrolling verbleiben sollten.

Unterstellung des Beschaffungscontrollings

Das Beschaffungscontrolling kann sowohl dem Zentralcontrolling als auch der Beschaffungsführung unterstellt sein. Zusätzlich sind die Alternativen einer fachlichen und disziplinarischen Unterstellung zu berücksichtigen, woraus sich verschiedene Kombinationsmöglichkeiten der Unterstellung ergeben. Abbildung 12.11 zeigt eine disziplinarische Unterstellung unter die Beschaffungsführung, kombiniert mit einer fachlichen unter das Zentralcontrolling. Hierdurch werden sowohl eine anforderungsgerechte Ausgestaltung des Beschaffungscontrollings als auch die Ausrichtung an unternehmensübergreifenden Zielsetzungen und Spitzenkennzahlen gewährleistet.

Hierarchische Einordnung des Beschaffungscontrollings

Die hierarchische Einordnung klärt, auf welcher Ebene der Controlling- beziehungsweise der Führungshierarchie das Beschaffungscontrolling angesiedelt wird. Mit steigender Anzahl der Hierarchieebenen droht die Gefahr, dass dem Beschaffungscontrolling nur eine untergeordnete Rolle zugewiesen wird. Wünschenswert ist eine dem Aufgabenspektrum des Beschaffungscontrollings entsprechende hohe Einordnung – möglichst direkt unter dem Zentralcontrolling und der Beschaffungsführung. Hierdurch werden das Koordinationsziel des Beschaffungscontrollings sowie dessen Akzeptanz gefördert.

Unterstützung des Beschaffungscontrollings durch IuK-Technologien

Der Einsatz von IuK-Technologien ist mit zunehmender Größe und Komplexität der Beschaffungsfunktion, dem steigenden Informationsbedarf und den damit anfallenden Datenmengen unverzichtbar geworden. Das Beschaffungscontrolling hat hierbei die Aufgabe, das Beschaffungsmanagement bei der Auswahl von IuK-Systemen zu unterstützen sowie ein dem Informationsversorgungsziel entsprechendes Controllingsystem zu etablieren. Da im folgenden Kapitel »Informationsmanagement im Einkauf« das Purchasing-Information-Portal, welches auf der Business-Warehouse-Lösung von SAP

Systemseitige Abbildung des Beschaffungscontrollings

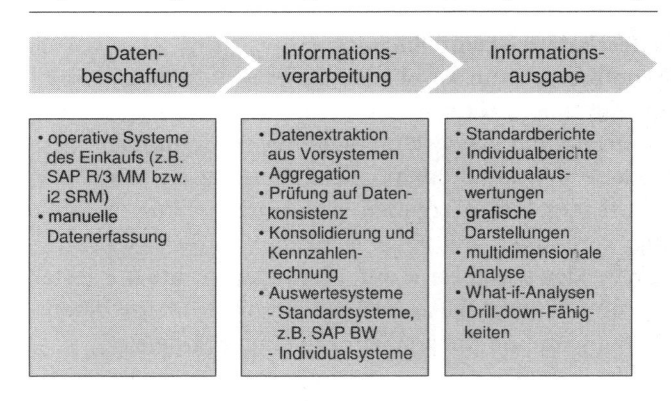

Datenbeschaffung	Informationsverarbeitung	Informationsausgabe

• operative Systeme des Einkaufs (z.B. SAP R/3 MM bzw. i2 SRM)
• manuelle Datenerfassung
	• Datenextraktion aus Vorsystemen
	• Aggregation
	• Prüfung auf Datenkonsistenz
	• Konsolidierung und Kennzahlenrechnung
	• Auswertesysteme
	  - Standardsysteme, z.B. SAP BW
	  - Individualsysteme
		• Standardberichte
		• Individualberichte
		• Individualauswertungen
		• grafische Darstellungen
		• multidimensionale Analyse
		• What-if-Analysen
		• Drill-down-Fähigkeiten

Abb. 12.12: Struktur eines Einkaufscontrollingsystems (Quelle: Espich, G.W. 2004, leicht verändert)

aufbaut, erläutert wird, soll an dieser Stelle nur kurz die generelle Struktur zur systemseitigen Abbildung des Beschaffungscontrollings aufgezeigt werden. Diese baut auf den drei Elementen Datenbeschaffung, Informationsverarbeitung und Datenausgabe auf (vgl. Abbildung 12.12). Um den manuellen Aufwand gering zu halten, sollten Daten möglichst aus operativen Systemen übernommen werden. Für den Schritt der Datenauswertung bieten sich Verfahren der Business Intelligence wie zum Beispiel Data Mining und OLAP-Technik an (vgl. Kemper et al. 2004). Die Informationsausgabe und Weiterleitung an die Entscheidungsträger erfolgt mittels Standard- und Individualberichten.

Abschließend ist zu konstatieren, dass sich auch das Beschaffungscontrolling einer Kosten-Nutzen-Betrachtung unterziehen muss. Es ist zu prüfen, ob die durch das Beschaffungscontrolling zur Verfügung gestellten Informationen auch tatsächlich zur Entscheidungsfindung beitragen und den entsprechenden Nutzen stiften (Verbesserung der Entscheidungsqualität). Die – gegebenenfalls automatisierte – Generierung von Zahlenfriedhöfen entspricht sicherlich nicht dem vom Beschaffungscontrolling unterstützten Ergebnisziel.

Literatur

Arnold, U.: *Strategische Beschaffungspolitik: Steuerung und Kontrolle strategischer Beschaffungssubsysteme von Unternehmen*, Frankfurt am Main et al. 1982

Arnold, U.: *Beschaffungsmanagement*, Stuttgart 1997

Arnold, U.: »Supplier Lifetime Value – Ein Konzept zur Lieferantenbewertung in Industrie und Handel«, in: Bauer, H. H.; Huber, F. (Hrsg.): *Strategien und Trends im Handelsmanagement*, München 2004, S. 177–196

Arnold, U.; Eßig, M.: »E-Business und Beschaffungscontrolling«, in: Weber, J.; Schumann, M. (Hrsg.): *E-Business und Controlling*, krp Kostenrechungspraxis, 45 (2001), Sonderheft 2, S. 65–72

Arnold, U.; Eßig, M.; Kummer, S.; Stölzle, W.; Weber, J.: »Supply (Chain) Controlling zwischen Rückschritt und Fortschritt. Thesen zum Entwicklungsstand einer dynamischen Disziplin«, in: *Controlling*, 17 (2005), 1, S. 41–48

Arnold, U.; Warzog, F.: *Supplier Relationship Management – Explorative Studie zum Stand des Supplier Relationship Management in der Industrie*, Arbeitspapier 1/2005, Stuttgart 2005

Bacher, A.: *Instrumente des Supply Chain Controlling. Theoretische Herleitung und Überprüfung der Anwendbarkeit in der Unternehmenspraxis*, Wiesbaden 2004

Buck, T.: *Konzeption einer integrierten Beschaffungskontrolle*, Wiesbaden 1998

Drews, H.: *Instrumente des Kooperationscontrolling – Anpassung bedeutender Controllinginstrumente an die Anforderungen des Management von Unternehmenskooperationen*, Wiesbaden 2001

Ellram, L. M.: »Total Cost of Ownership«, in: Hahn, D.; Kaufmann, L. (Hrsg.): *Handbuch industrielles Beschaffungsmanagement*, Wiesbaden 2002, S. 595–607

Eßig, M.: »Integriertes Beschaffungsmanagement. Der Ansatz des »House of Sourcing und Supply Management«, in: Eßig, M. (Hrsg.): *Perspektiven des Supply Management. Konzepte und Anwendungen*, Berlin et al. 2005, S. 3–26

Friedl, B.: *Grundlagen des Beschaffungscontrolling*, Berlin 1990

Horváth, P.: *Controlling*, München 2003

Kaufmann, L.: »Purchasing and Supply Management – A Conceptual Framework«, in: Hahn, D.; Kaufmann, L. (Hrsg.): *Handbuch industrielles Beschaffungsmanagement*, Wiesbaden 2002, S. 3–23

Kemper, H.-G.; Mehanna, W.; Unger, C.: *Business intelligence – Grundlagen und praktische Anweisungen: eine Einführung in die IT-basierte Managementunterstützung*, Wiesbaden 2004

Lambert, D. M.; Pohlen, T. L.: »Supply Chain Metrics«, in: *The International Journal of Logistics Management*, 12 (2001), S. 1–19

Mayer, R.: »Prozesscostenrechung – State of the Art«, in: Horváth & Partner (Hrsg.): *Prozesskostenmanagement*, München 1998, S. 3–27

Möller, K.: *Zulieferintegration in das Target Costing: auf Basis der Transaktionskostentheorie*, München 2002

Piontek, J.: *Beschaffungscontrolling*, München et al. 2004

Wagner, S.: »Gewinnbringender Einsatz der Balanced Scorecard im Beschaffungsmanagement«, in: Bundesverband Materialwirtschaft und Logistik (Hrsg.): *Best Practice in Einkauf und Logistik*, Wiesbaden 2004, S. 103–115

Weber, J.: *Einführung in das Controlling*, Stuttgart 2004

Weele, A.; Lardenoije, E.; van Raaij, E. M.: »Performance management models and purchasing: Relevance still lost«, in: Calvi, R.; Merminod, N. (Hrsg.): *Proceedings of the 14th IPSERA Conference*, Archamps 2004, S. 687–697

13
Informationsmanagement im Einkauf – das Purchasing Information Portal (PIP)

Mario Schoddel

Einkaufsinformationen als Wettbewerbsvorteil

Informationen und Informationstechnologien spielen im operativen und strategischen Einkauf eine entscheidende Rolle. Die gesamte Qualität des Beschaffungshandelns wird wie in Abbildung 13.1 dargestellt von der Planung (Situationsanalyse, Bedarfsanalyse, Beschaffungsmarktanalyse und -auswahl

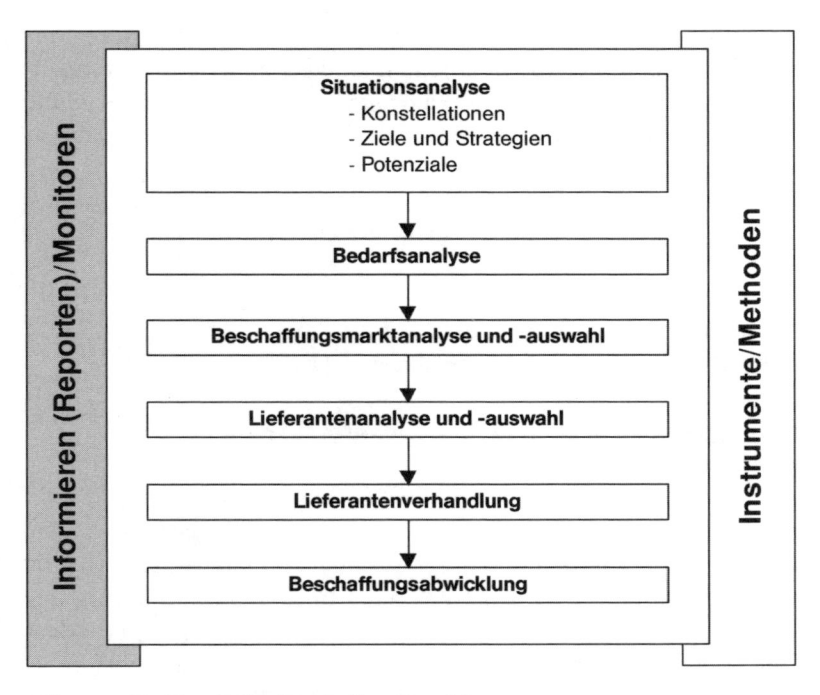

Abb. 13.1: Die Phasen des Beschaffungshandelns
Quelle: in Anlehnung an Prof. Dr. Udo Koppelmann

Praxishandbuch innovative Beschaffung. Herausgegeben von Ulli Arnold und Gerhard Kasulke
Copyright © 2007 WILEY-VCH Verlag GmbH & Co. KGaA, Weinheim
ISBN: 978-3-527-50114-4

sowie Lieferantenanalyse und -auswahl) über die Realisation (Lieferantenverhandlung und Beschaffungsabwicklung) bis hin zur Kontrolle (Beschaffungsmonitoring) entscheidend durch die zur Verfügung stehenden Informationen bestimmt. In einem dynamischen Wettbewerbsumfeld kann der Funktionsbereich Einkauf nur durch den zielorientierten Einsatz von Informationen und/oder Informationstechnologien die Wertschöpfung des Unternehmens steigern beziehungsweise gegenüber den Wettbewerbern des Unternehmens Vorteile erzielen.

In der Einkaufspraxis müssen jedoch Führungskräfte und Entscheidungsträger oft mit sehr unvollständigen Daten operieren oder können benötigte Einkaufsinformationen nicht finden. Eine fundierte Entscheidungsfindung beim Beschaffungshandeln ist gar nicht oder nur mit hohem manuellem Aufwand möglich.

Die beschriebenen Problematiken löst das Purchasing Information Portal (PIP). Das PIP erhöht die Vollständigkeit der im Einkauf vorhandenen Informationen wesentlich, vereinfacht das Auffinden von Einkaufsinformationen und stellt das Monitoring des Beschaffungshandelns sicher. Die vorgestellte Lösung versetzt durch internationale und mobile Informationsversorgung die Führungskräfte und Entscheidungsträger in der Beschaffung im Sinne von »Transforming Purchasing Information into Added Value« in die Lage, Prozesskosten und Beschaffungsobjektkosten im Unternehmen zu senken.

Das Ergebnis: Durch die im Purchasing Information Portal bereitgestellten Informationen werden Wettbewerbsvorteile erzielt.

Die Lösung: das Purchasing Information Portal (PIP)

Einführung bei einem Dienstleistungsunternehmen in Deutschland

Aufgrund des exponentiell gestiegenen Informationsbedarfs sowie der daraus resultierenden Informationskomplexität brauchte das deutsche Dienstleistungsunternehmen für die Analyse, Steuerung und Optimierung des Funktionsbereichs Einkauf eine Lösung, die weitgehend automatisiert arbeitet und die Steigerung der Effektivität und Effizienz der Arbeitsabläufe in Einkaufsplanung, -reporting und -monitoring bei wachsendem Informationsbedarf ermöglicht.

Abb. 13.2: Reporting mit dem Purchasing Information Portal

Die Entscheidung fiel bei diesem Dienstleistungsunternehmen auf das Businesswarehouse der SAP AG.

Dieses Tool wurde unter der Bezeichnung Purchasing Information Portal bei einem Dienstleistungsunternehmen implementiert (vgl. Abbildung 13.2). Die leistungsstarke und flexible Data-Warehouse-Lösung unterstützt Dienstleistungsunternehmen bei der Sammlung, Aufbereitung und Analyse von Einkaufsinformationen sowie bei der Steuerung und Optimierung des Einkaufs.

Internationalisierung des PIP

Nach den positiven Praxiserfahrungen bei dem deutschen Dienstleistungsunternehmen und der Schaffung der technischen Voraussetzungen bei den internationalen Gesellschaften des Dienstleistungskonzerns wurde das Purchasing Information Portal für alle Gesellschaften des Dienstleistungskonzerns in Europa und Amerika eingeführt.

Einkaufsplanung, -reporting und -monitoring im PIP

Das internationale und mobile Purchasing Information Portal stellt folgende Informationen innerhalb des Informationsclusters Purchasing Management Information für die Führungskräfte und Entscheidungsträger im internationalen und nationalen Einkauf bereit (vgl. Abbildung 13.3):

- Purchasing Scorecard,
- Personal,
- Einkaufsplanung,
- Einkaufskennzahlen (Basisdaten, Wertbeitrag und Ressourceneinsatz),
- Commodity-Management und
- Benchmarking (quantitativ und qualitativ).

Im Purchasing Information Portal werden im Subcluster Purchasing Scorecard die auf internationaler und lokaler Ebene vorhandenen Scorecards zu-

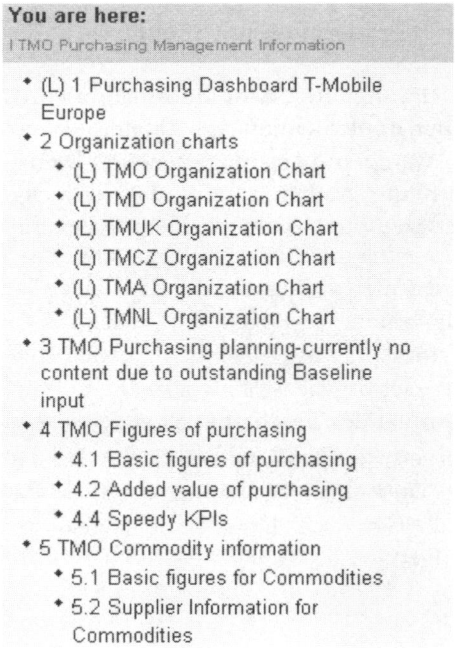

```
You are here:
I TMO Purchasing Management Information

* (L) 1 Purchasing Dashboard T-Mobile
  Europe
* 2 Organization charts
    * (L) TMO Organization Chart
    * (L) TMD Organization Chart
    * (L) TMUK Organization Chart
    * (L) TMCZ Organization Chart
    * (L) TMA Organization Chart
    * (L) TMNL Organization Chart
* 3 TMO Purchasing planning-currently no
  content due to outstanding Baseline
  input
* 4 TMO Figures of purchasing
    * 4.1 Basic figures of purchasing
    * 4.2 Added value of purchasing
    * 4.4 Speedy KPIs
* 5 TMO Commodity information
    * 5.1 Basic figures for Commodities
    * 5.2 Supplier Information for
      Commodities
```

Abb. 13.3: Managementinformationen im Purchasing Information Portal

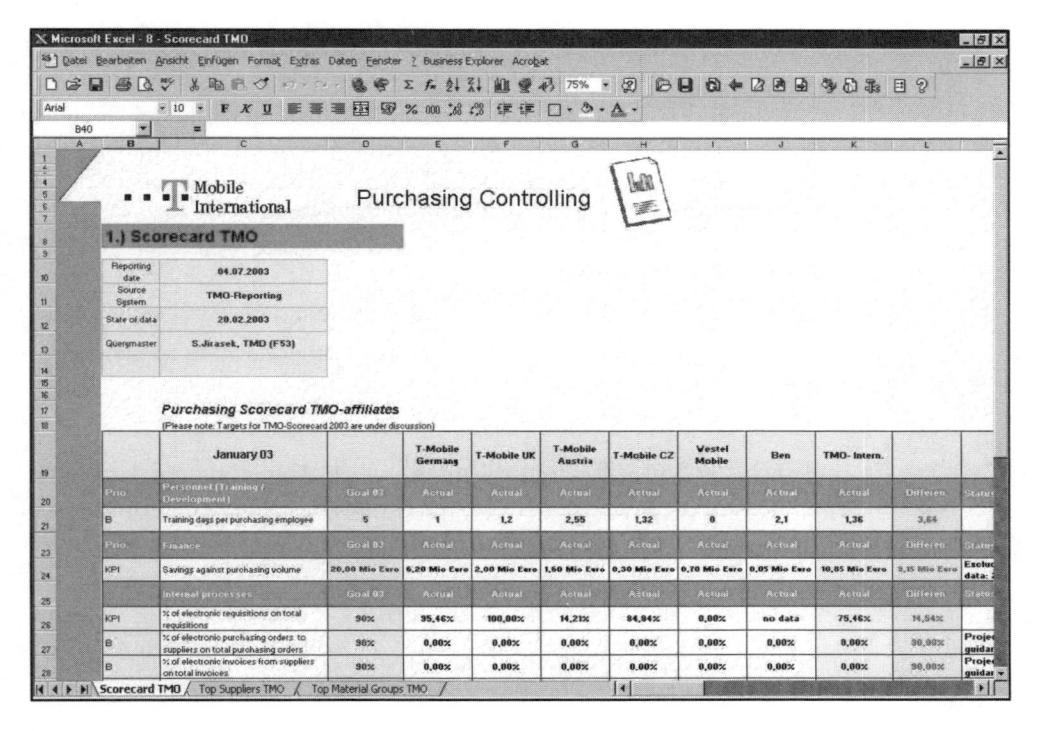

Abb. 13.4: Internationale Purchasing Scorecard

sammengeführt und bereitgestellt. Insbesondere bei der Realisierung der mittelfristigen Ziele in der Beschaffung und den jährlichen Top-Maßnahmen unterstützt die Purchasing Scorecard Unternehmen bei der Zielerreichung. Durch die kennzahlenorientierte Definition von Zielen, die Festlegung von Zielvorgaben, die Ermittlung der Ist-Ausprägung dieser Kennzahlen sowie die Darstellung der Abweichung zur Zielvorgabe ist eine permanente Rückkoppelung über die Strategiekonformität des Beschaffungshandelns sowie die Steuerung des Funktionsbereichs möglich. In Abbildung 13.4 wird die internationale Purchasing Scorecard eines Dienstleistungsunternehmens dargestellt.

Im Subcluster Personal werden folgende Personalkennzahlen/Informationen bereitgestellt:

Tabelle 13.1

Kennzahl/Information	Zweck
Organisationscharts	schnelles Auffinden von Zuständigkeiten
Telefonlisten	schnelles Auffinden von Ansprechpartnern
Anzahl Mitarbeiter Plan/Ist	Ressourceneinsatz
Mitarbeiterzufriedenheit (nur Dienstleistungsunternehmen)	Motivation der Mitarbeiter
durchschnittliche Weiterbildungskosten	Personalqualität/quantitatives Benchmarking
durchschnittliche Trainingstage je Einkäufer	Personalqualität/quantitatives Benchmarking

Im Subcluster Einkaufsplanung werden – wie in Abbildung 13.5 dargestellt – zum Jahresanfang Budgetinformationen der internen Kunden in Form einer Einkaufsplanung nach Kostenstellen, Kostenarten (Operational Expenditure

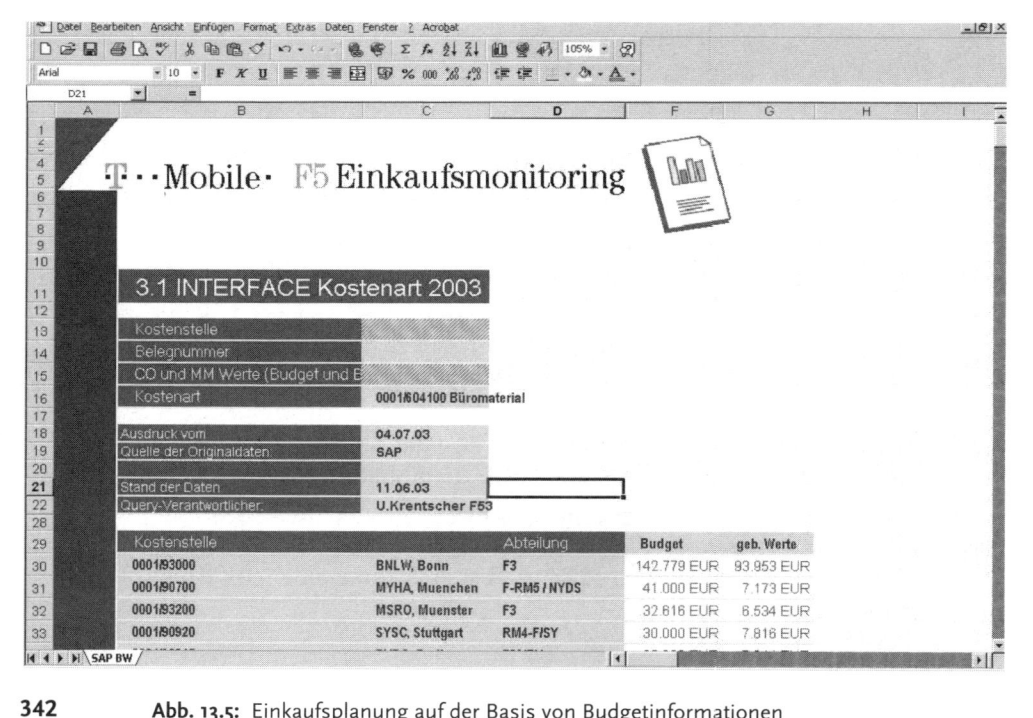

Abb. 13.5: Einkaufsplanung auf der Basis von Budgetinformationen

– OPEX und Capital Expenditure – CAPEX) sowie Projekte für die einzelnen Einkaufsabteilungen bereitgestellt. Im Jahresverlauf werden die Planinformationen um die Budgetausschöpfung ergänzt, damit der Funktionsbereich Einkauf gemeinsam mit dem Controlling mögliche offene Einsparpotenziale identifizieren und realisieren kann.

Schwerpunkt des Purchasing Information Portal bildet der Subcluster Einkaufskennzahlen. Dort werden die Basisdaten der Beschaffung (Was wird getan?), der Wertbeitrag der Beschaffung (Wie erfolgreich wird es getan?) sowie der Ressourceneinsatz (Welche Kosten wurden verursacht?) in der Beschaffung bereitgestellt.

Im Bereich Basisdaten werden die Arbeitsbelastungskennzahlen der Einkaufsbereiche zur Verfügung gestellt (vgl. Abbildung 13.6). Diese geben Auskunft über Effektivität und Effizienz des Bereichs. Zusätzlich unterstützen diese Kennzahlen die Kapazitätsplanung und Ressourcenlenkung im Funktionsbereich Beschaffung.

Im Detail werden die nachfolgenden Einkaufskennzahlen/Informationen bereitgestellt (siehe Tabelle 13.2).

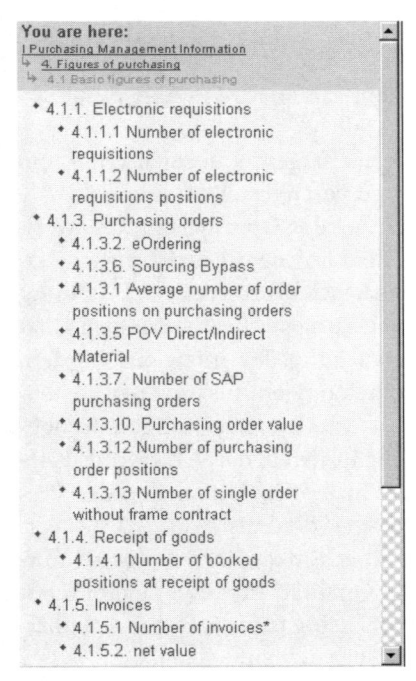

```
You are here:
| Purchasing Management Information
  ↳ 4. Figures of purchasing
     ↳ 4.1 Basic figures of purchasing

• 4.1.1. Electronic requisitions
    • 4.1.1.1 Number of electronic
      requisitions
    • 4.1.1.2 Number of electronic
      requisitions positions
• 4.1.3. Purchasing orders
    • 4.1.3.2. eOrdering
    • 4.1.3.6. Sourcing Bypass
    • 4.1.3.1 Average number of order
      positions on purchasing orders
    • 4.1.3.5 POV Direct/Indirect
      Material
    • 4.1.3.7. Number of SAP
      purchasing orders
    • 4.1.3.10. Purchasing order value
    • 4.1.3.12 Number of purchasing
      order positions
    • 4.1.3.13 Number of single order
      without frame contract
• 4.1.4. Receipt of goods
    • 4.1.4.1 Number of booked
      positions at receipt of goods
• 4.1.5. Invoices
    • 4.1.5.1 Number of invoices*
    • 4.1.5.2. net value
```

Abb. 13.6: Auszug – verwendete Basisdaten der Beschaffung

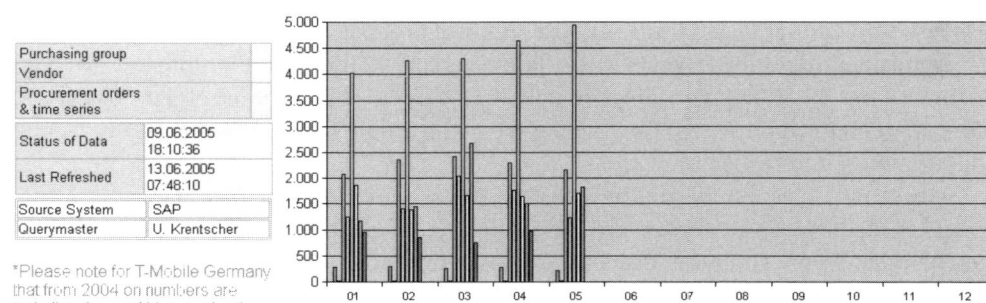

Purchasing group	
Vendor	
Procurement orders & time series	
Status of Data	09.06.2005 18:10:36
Last Refreshed	13.06.2005 07:48:10
Source System	SAP
Querymaster	U. Krentscher

*Please note for T-Mobile Germany that from 2004 on numbers are including Leased Lines orders!

Data of TMI (UK) since end of 2004 integrated in TMO Purchasing; data of TMO (A) integrated in TMA

Purchasing group	2003	2004	Cumulated	01	02	03	04	05	06	07	08	09	10	11
▷ TMO (mandant 550)	1.071	2.258	1.313	277	293	254	273	216						
▷ T-Mobile Traffic	323	279	98	13	19	22	15	29						
▷ T-Mobile GER total	31.898	53.252	11.317	2.077	2.352	2.422	2.305	2.161						
▷ T-Mobile AUT total	14.307	18.398	7.669	1.255	1.396	2.028	1.769	1.221						
▷ T-Mobile UK total	50.240	56.652	22.185	4.029	4.265	4.312	4.637	4.942						

Abb. 13.7: Anzahl Bestellungen

Exemplarisch für alle Arbeitsbelastungskennzahlen wird in Abbildung 13.7 die Kennzahl »Anzahl Bestellungen« dargestellt.

Im Bereich Added Value werden die Wertbeiträge der europäischen und amerikanischen Einkaufsbereiche erfasst und bereitgestellt.

Die Einkaufsfunktionen orientieren sich bei der Optimierung der Wertschöpfung an den Funktionsbereichszielen Senkung der Beschaffungsobjekt- und Prozesskosten (Savings), Reduktion des Beschaffungsrisikos, Erhöhung der Beschaffungsflexibilität/-autonomie, Steigerung der Beschaffungsqualität sowie der dienstleistungsorientierten Versorgung des internen Kunden. Savings stellen das Ergebnis einer zielgerichteten Beeinflussung der Kostenstruktur im Sinne von Total Acquisition Costs von Dienstleistungsunternehmen dar. Total Acquisition Costs umfassen alle Kosten in der Versorgungskette vom Lieferanten über das Unternehmen (inklusive der dort anfallenden Prozesskosten) bis zum Endkunden beziehungsweise der Entsorgung. Die Zielerreichung der Funktionsbereichsziele wird über Einkaufskennzahlen/Informationen zu den Themen Einkaufspreise, Qualität, Prozesse, Lieferanten sowie Warengruppen und Materialien im Purchasing Information Portal überwacht. Im Detail sind sie in Tabelle 13.3 auf Seite 347 aufgelistet.

Aufgrund der Bedeutung der erzielten Einsparungen (Savings) für den

Tabelle 13.2

Kennzahl/Information	Zweck
Anzahl elektronische Bestellanforderungen	Darstellung der Arbeitsbelastung
Anzahl elektronische Bestellanforderungspositionen	Darstellung der Arbeitsbelastung
Wert elektronische Bestellanforderungspositionen	Darstellung der Arbeitsbelastung
Quote elektronische Bestellanforderungen zu Bestellanforderungen gesamt	Senkung von Prozesskosten
Anzahl SAP-Anfragen (nur Dienstleistungsunternehmen)	Darstellung der Arbeitsbelastung
Anzahl SAP-Anfragepositionen (nur Dienstleistungsunternehmen)	Darstellung der Arbeitsbelastung
Anzahl Bestellpositionen (nur Dienstleistungsunternehmen)	Darstellung der Arbeitsbelastung
Anzahl der Bestellungen	Darstellung der Arbeitsbelastung
Einkaufsvolumen	quantitatives Benchmarking
Anzahl Einzelbestellungen	Darstellung der Arbeitsbelastung
Einkaufsvolumen in Fremdwährungen	quantitatives Benchmarking
Anzahl der elektronischen Bestellungen	quantitatives Benchmarking
Quote der elektronischen Bestellungen zu Bestellungen gesamt	Senkung von Prozesskosten
Anzahl gebuchte Wareneingangspositionen	Darstellung der Arbeitsbelastung
Anzahl Rahmenverträge	Reduktion Beschaffungsobjekt- und Prozesskosten
Einkaufsvolumen über Rahmenverträge	Reduktion Beschaffungsobjekt- und Prozesskosten
Anzahl der Rechnungen	Darstellung der Arbeitsbelastung
Wert der gebuchten Eingangsrechnungen	Darstellung der Arbeitsbelastung
Wert der gebuchten Eingangsrechnungen nach Lieferanten	Darstellung der Arbeitsbelastung
Wert der gebuchten Eingangsrechnungen nach DUNS	Verbesserung Verhandlungsposition
Anzahl der elektronischen Rechnungen	Reduktion von Prozesskosten
Quote der elektronischen Rechnungen zu Rechnungen gesamt	Senkung von Prozesskosten

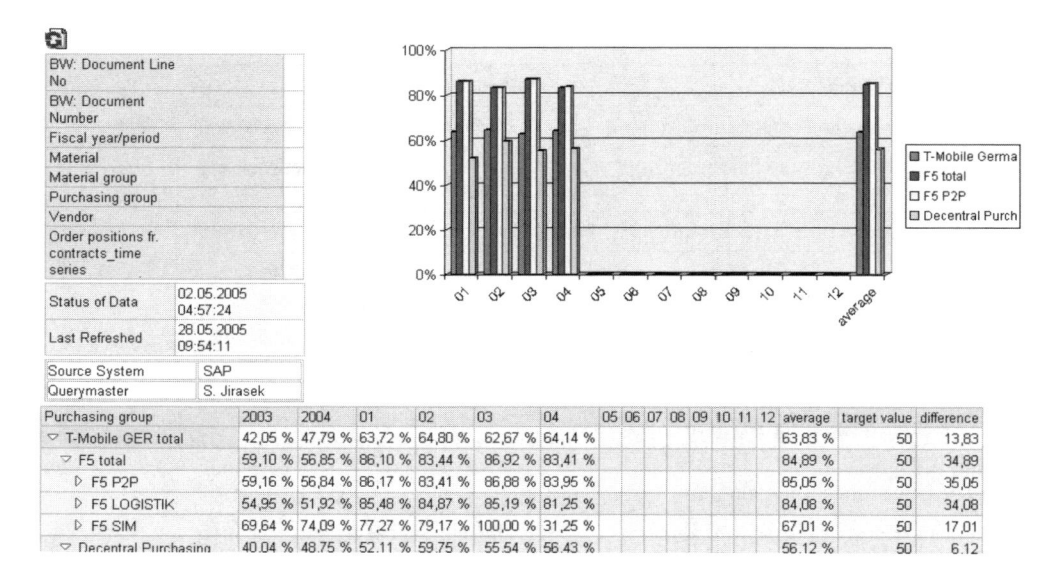

Purchasing group	2003	2004	01	02	03	04	05	06	07	08	09	10	11	12	average	target value	difference
▽ T-Mobile GER total	42,05 %	47,79 %	63,72 %	64,80 %	62,67 %	64,14 %									63,83 %	50	13,83
▷ F5 total	59,10 %	56,85 %	86,10 %	83,44 %	86,92 %	83,41 %									84,89 %	50	34,89
▷ F5 P2P	59,16 %	56,84 %	86,17 %	83,41 %	86,88 %	83,95 %									85,05 %	50	35,05
▷ F5 LOGISTIK	54,95 %	51,92 %	85,48 %	84,87 %	85,19 %	81,25 %									84,08 %	50	34,08
▷ F5 SIM	69,64 %	74,09 %	77,27 %	79,17 %	100,00 %	31,25 %									67,01 %	50	17,01
▽ Decentral Purchasing	40,04 %	48,75 %	52,11 %	59,75 %	55,54 %	56,43 %									56,12 %	50	6,12

Abb. 13.8: Quote der mengenmäßigen Nutzung von Rahmenverträgen

Gesamtkonzern und die Einkaufsbereiche des Unternehmens sowie der Komplexität der Ermittlung von Savings werden die erzielten Einsparungen in einem aus dem PIP verlinkten intranetbasierten Tool (dem Savings Reporting Tool – SRT) durch alle internationalen und nationalen Einkäufer erfasst (vgl. Abbildung 13.9). Die erzielten Savings werden monatlich in den Datenbestand des Purchasing Information Portal überspielt und stehen dort für savingsbezogene Analysen bereit.

Nach Erfassung der Einsparung durch den Einkäufer werden die gemeldeten Savings monatlich im Savings Reporting Tool nach mit dem Controlling des Unternehmens definierten Regeln hinsichtlich ihrer EVA-, EBIDTA- und EBIT-Effekte automatisiert berechnet. Die Budgetrelevanz der Einsparungen wird ebenfalls ermittelt und die Budgets der internen Kunden nach Rücksprache mit Einkauf und Controlling um die erzielten Einsparungen reduziert (vgl. Abbildung 13.10).

Im Einkauf werden Personal- und Sachressourcen eingesetzt. Mithin werden mit Hilfe der Kennzahlen/Informationen im Bereich Ressourceneinsatz die Führungskräfte des Einkaufs in die Lage versetzt, die Wirtschaftlichkeit des Funktionsbereichs sicherzustellen. Die verwendeten Kennzahlen/Informationen finden sich in Tabelle 13.4 auf Seite 350.

Tabelle 13.3

Kennzahl/Information	Zweck
Savings	Senkung der Kosten
Ratio Savings zu Funktionskosten des Einkaufs	Senkung der Kosten
Skontoquote	Senkung der Kosten
Beschaffungsvolumen zum Umsatz	quantitatives Benchmarking
Quote der mengenmäßigen Nutzung von Rahmenverträgen	Senkung der Kosten
Quote der wertmäßigen Nutzung von Rahmenverträgen	Senkung der Kosten
mengenmäßige Einkaufsumgehung	Reduktion der Beschaffungsobjekt- sowie der Prozesskosten
wertmäßige Einkaufsumgehung	Reduktion der Beschaffungsobjekt- sowie der Prozesskosten
Termintreue der Lieferanten	Senkung der Prozesskosten/ Erhöhung der Sicherheit
Bestellpositionen mit überschrittenem Lieferdatum	Senkung der Prozesskosten/ Erhöhung der Sicherheit/ Obligotransparenz
Quote SAP-Anfragen zu Bestellungen	Steigerung Beschaffungsmarkttransparenz
Quote Bestellungen mit Zahlungsbedingungen	Senkung von Prozesskosten
Quote Bestellungen mit Incoterms	Senkung von Prozesskosten
Quote Bestellpositionen mit Materialnummern	Senkung von Prozesskosten
Quote Bestellpositionen mit Bezug zur eBanf	Senkung von Prozesskosten
Qualitätsbeurteilung durch internen Kunden	Erhöhung Kundenzufriedenheit/ Senkung Prozesskosten
Einkaufsvolumen nach Lieferanten	Lieferantenanalyse für Einkaufsverhandlungen
Einkaufsvolumen nach Lieferanten (DUNS)	Lieferantenanalyse auf Konzernebene
Anzahl aktive Lieferantenstammsätze	Prozessoptimierung
Quote Reduktion der aktiven Lieferanten	Reduktion der Beschaffungsobjekt- und Prozesskosten
durchschnittliches Einkaufsvolumen bei aktiven Lieferanten	quantitatives Benchmarking
ABC-Analyse der Lieferanten	Segmentierung zur Strategiewahl
Einkaufsvolumen nach Warengruppen	Segmentierung zur Strategiewahl
ABC-Analyse der Warengruppen	Segmentierung zur Strategiewahl
Einkaufsvolumen nach Materialien	Segmentierung zur Strategiewahl
ABC-Analyse der Materialien	Segmentierung zur Strategiewahl
Anzahl aktive Warengruppen	Transparenz über Beschaffungsobjekte
Anzahl aktive Materialien	Kostensenkung durch Standardisierung

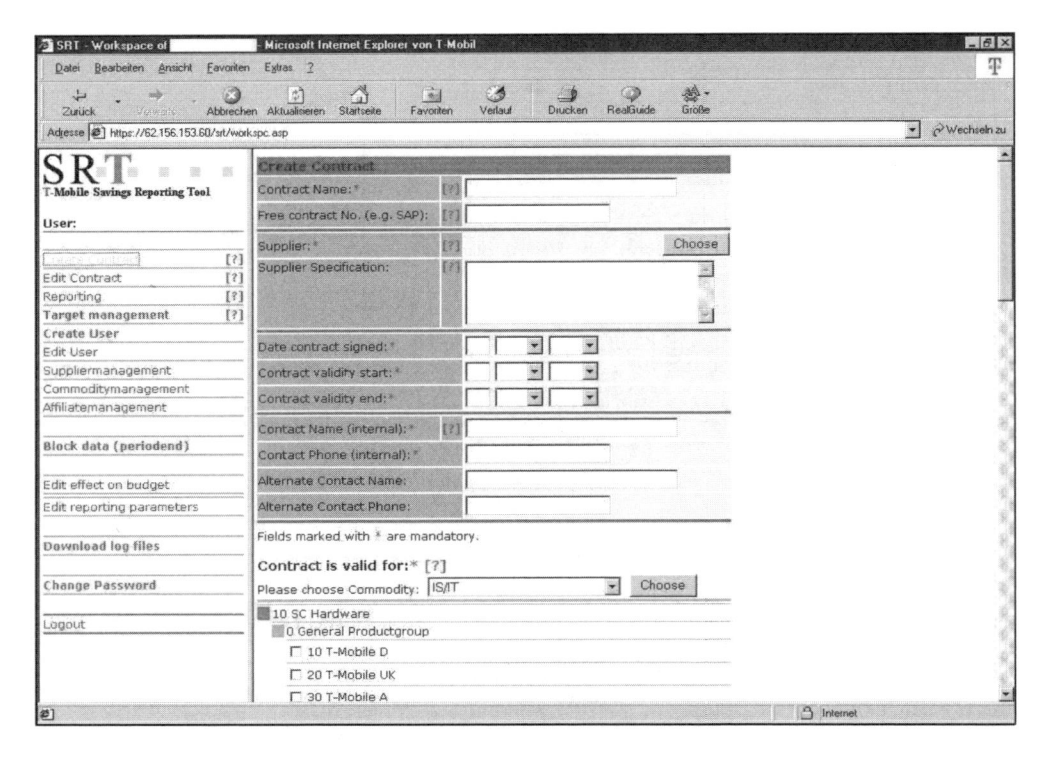

Abb. 13.9: Erfassung der Savings im Savings Reporting Tool

Liegt im Einkauf eine Matrixorganisation vor, werden im Subcluster Commodity Information die meisten der bisher beschriebenen Einkaufskennzahlen und Informationen in einer warengruppenorientierten Hierarchie nach Commodity, Subcommodity und UNSPSC bereitgestellt. Dies ermöglicht auch eine funktionale Steuerung der Einkaufsbereiche. In Abbildung 13.11 wird diese funktionale Sichtweise für die Anzahl Bestellpositionen dargestellt.

Im Subcluster Benchmarking werden Teile der genannten Einkaufskennzahlen im Rahmen eines quantitativen Benchmarkings innerhalb des Konzerns mit Hilfe von Centers for Advanced Purchasing Studies (CAPS, im Internet abrufbar unter: www.capsresearch.org) mit anderen Branchen verglichen und analysiert (vgl. Abbildung 13.12).

Parallel dazu werden in diesem Subcluster qualitative Benchmarkinginformationen der Einkaufsbereiche des Dienstleistungskonzerns bereitgestellt.

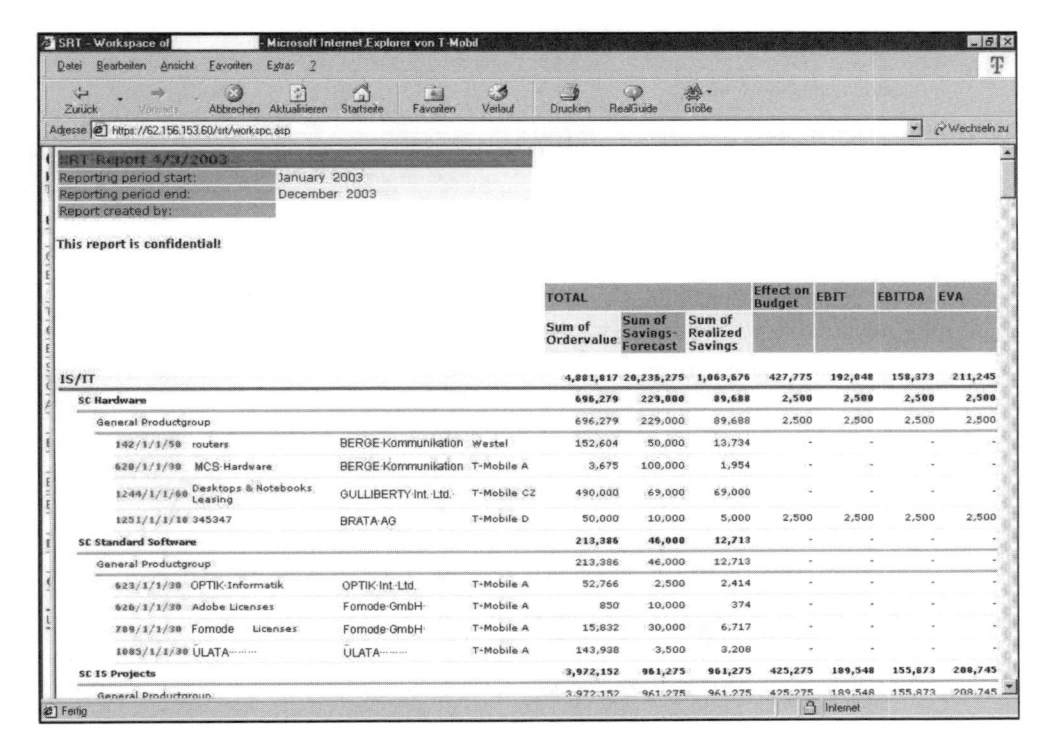

Abb. 13.10: Bereitstellung von Einsparungen (Savings) nach EVA/EBITA/EBIT und Budgetrelevanz

Ziel ist die Umsetzung der Einkaufsvision des Unternehmens »Best Practice in Mobile Communication« (vgl. Abbildung 13.13).

Funktionalitäten des PIP

Zur Erzielung von IT-Synergien wurde das Purchasing Information Portal auf der Plattform eines SAP Businesswarehouse mit gemeinsamer IT-Architektur realisiert. Die zur Steuerung der Einkaufsbereiche des Konzerns und zur Erzielung von Einkaufssynergien zwischen den Einkaufsbereichen notwendigen Einkaufsinformationen und -kennzahlen werden im Purchasing Information Portal in einem eigenen Infocube bereitgestellt. Ein Infocube beschreibt einen (aus Reporting-Sicht) in sich geschlossenen Datenbestand, zum Beispiel des betriebswirtschaftlichen Bereiches Einkauf. Durch den ad-

Tabelle 13.4

Kennzahl/Information	Zweck
Budgetkontrolle des Funktionsbereichs Beschaffung	Ressourceneffizienz
Beschaffungskosten pro Bestellung	Ressourceneffizienz
Kosten des Funktionsbereichs Beschaffung je Mitarbeiter	Ressourceneffizienz
Personalkosten des Funktionsbereich Beschaffung je Mitarbeiter	Ressourceneffizienz
Sachkosten je Mitarbeiter	Ressourceneffizienz
Sekundärkosten je Mitarbeiter	Ressourceneffizienz
Reisekosten je Mitarbeiter	Ressourceneffizienz

Company Identifier		
Material		
Material group		
Vendor		
Procurement Order Positions & time series		
Status of Data	09.06.2005 18:10:36	
Last Refreshed	11.06.2005 10:06:04	
Source System	SAP	
Querymaster	U. Krentscher	

Material group	...2003...	...2004...	Cumulated	...01...	...02...	...03...	...04...	...05...	...06...
Overall Result	719.838	946.181	245.450	57.584	48.032	48.395	48.860	42.579	
▷ 1000 NETWORK	315.837	197.266	67.141	11.720	13.840	14.015	13.921	13.645	
▷ 2000 IT	33.532	37.507	11.778	3.362	2.082	2.461	2.116	1.757	
▷ 3000 IT (LEASED LINES)	27.925	287.625	21.709	5.436	4.266	3.923	4.006	4.078	
▷ 4000 HANDSETS	34.267	59.290	26.087	5.270	4.831	5.349	5.209	5.428	
▷ 5000 MARKETING / VAS	27.433	23.235	6.444	944	1.072	1.459	1.550	1.419	
▷ 6000 GENERAL PROCUREMENT	209.493	308.318	100.242	28.461	19.461	18.364	19.848	14.108	
▷ Not Assigned Material group (s)	71.351	32.940	12.049	2.391	2.480	2.824	2.210	2.144	

Abb. 13.11: Anzahl Bestellpositionen nach Commodities

ditionalen Aufbau von lokalen Infocubes besteht für die nationalen Einkaufsbereiche jedoch weiterhin die Möglichkeit, eigene Einkaufsinformationen und -kennzahlen in ihrem lokalen Purchasing Information Portal aufzubauen.

Der Großteil der bereitgestellten Informationen/Kennzahlen wird direkt aus den SAP-R/3-Systemen der beteiligten Gesellschaften monatlich geladen. Ist eine Bereitstellung auf diese Art und Weise nicht möglich, erfolgt die Bereitstellung mit Hilfe von integrierten Excel-Links. Für den Anwender ist

Abb. 13.12: Quantitatives Benchmarking mit Hilfe von CAPS

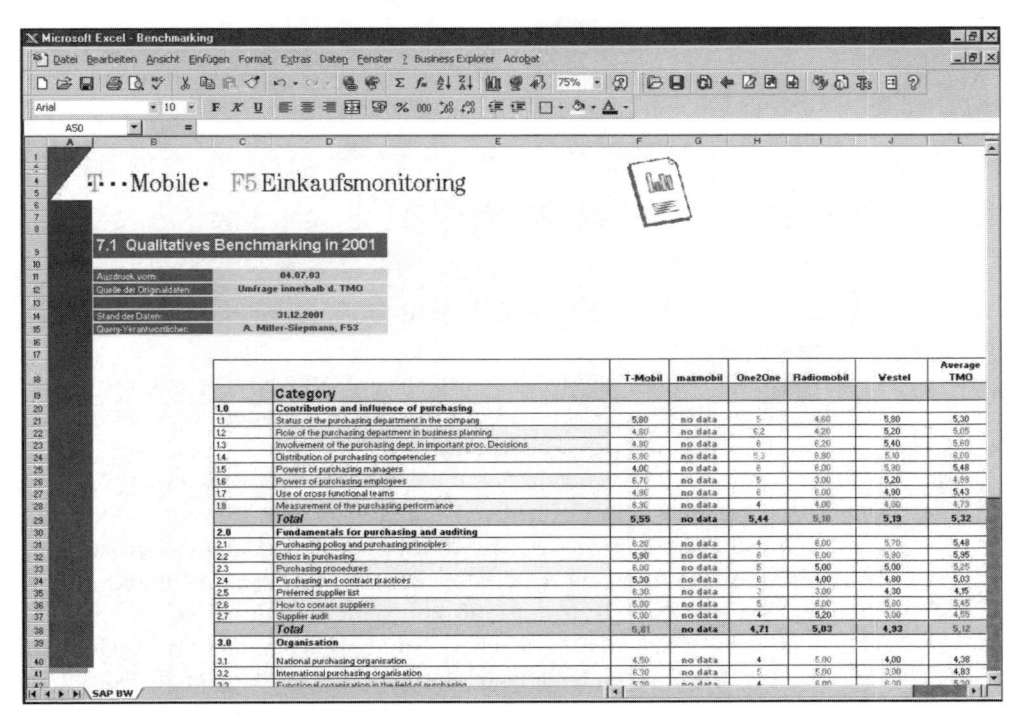

Abb. 13.13: Qualitatives Benchmarking

Informations-
management im Einkauf
– das Purchasing
Information Portal (PIP)

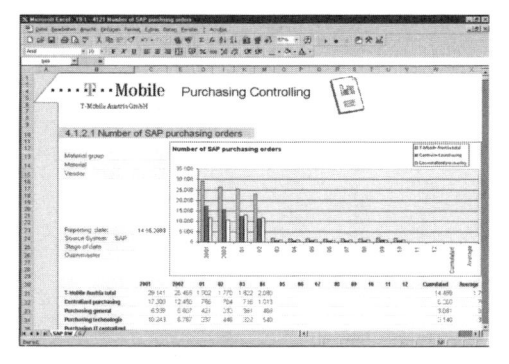

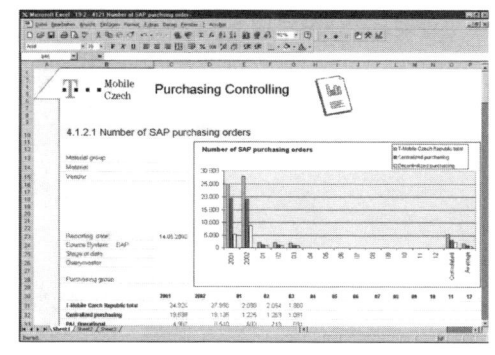

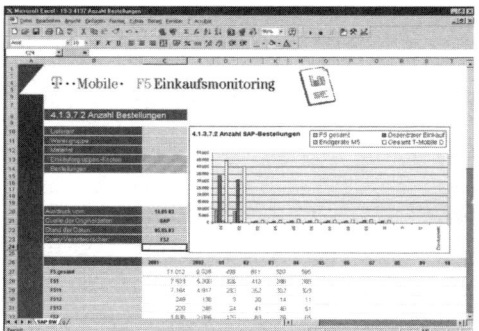

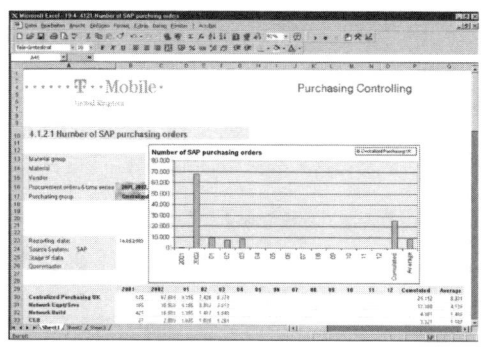

Abb. 13.14: Struktur und Layout der Berichte im Purchasing Information Portal der Landesgesellschaften

immer ersichtlich, wann SAP und Nicht-SAP-Informationen oder -Kennzahlen vorliegen.

Das Layout der Berichte wurde für die Einkaufsgesellschaften in einer einheitlichen Struktur definiert, damit sich die Anwender rasch in allen Berichten zurechtfinden (vgl. Abbildung 13.14).

Das Purchasing Information Portal der Dienstleistungsunternehmen bietet dem Anwender eine Vielzahl von Funktionalitäten. Alle Informationen und Kennzahlen werden grundsätzlich im Aufriss nach der aktuell gültigen Aufbauorganisationsstruktur bereitgestellt, damit die Informationen und Kennzahlen von jeder Führungskraft zur Steuerung des Beschaffungshandelns im eigenen organisatorischen Verantwortungsbereich verwendet werden können. Die gültigen Organisationsstrukturen werden durch Zuordnung der Einkäufergruppen des SAP zu diesen Strukturen abgebildet.

Zusätzlich besteht für alle Berichte standardmäßig die Möglichkeit, diese

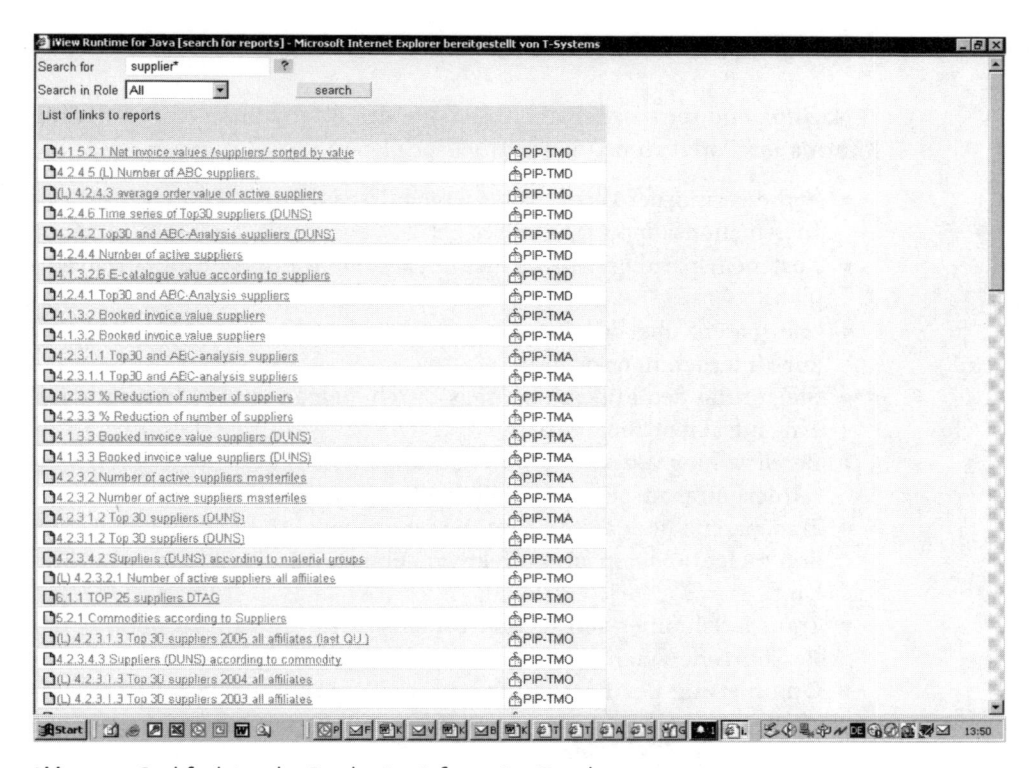

Abb. 13.15: Suchfunktion des Purchasing Information Portal

online nach den Dimensionen Land, Lieferant, Lieferant DUNS-Nummer, Commodity, Subcommodity, Warengruppe (UNSPSC) sowie Material aufzuschlüsseln und vertiefend nach individuellen Gesichtspunkten zu modifizieren und zu analysieren.

Weiterhin ist es – wie in Abbildung 13.15 dargestellt – möglich, mit Hilfe einer integrierten Suchfunktion Informationen und Kennzahlen zu Einkaufsthemen (wie Lieferanten, Savings und Beschaffungskosten) anzeigen zu lassen. Die Suchmaschine listet dann dem Anwender automatisch alle Informationen und Kennzahlen zu den ausgewählten Themengebieten im PIP auf.

Kompakt: die Beiträge des PIP zum Unternehmenserfolg

Nachfolgend die wesentlichen Beiträge des internationalen Purchasing Information Portal zum Unternehmenserfolg:

- Verbesserung der Verhandlungsergebnisse im Einkauf durch effektiven Informationssupport,
- Kosteneinsparungen durch Identifikation und Realisierung von Synergien,
- Transparenz über den operativen und strategischen Beitrag des Einkaufs zur Unternehmensleistung,
- Steigerung des Einkaufsbeitrags durch zielgerichtete Definition von Einkaufsaktivitäten,
- Bereitstellung von strukturierten Informationen zur Steuerung von zentral/dezentral ausgerichteten Einkaufsorganisationen,
- Transparenz über Lieferanten, Warengruppen und Materialien sichert den zielgerichteten und effektiven Einsatz von Ressourcen im Einkauf,
- Transparenz über den Ressourceneinsatz im Einkauf (Erhöhung der Ressourceneffizienz),
- Optimierung der Beschaffungsprozesse (Erhöhung der Prozesseffizienz),
- schnellere Reaktionszeiten auf dem Absatzmarkt durch interne Prozessoptimierung im Einkauf (Erhöhung der Absatzmarkteffizienz),
- Steigerung der Qualität der Informationen und Prozesse im Einkauf durch Monitoring mit Hilfe von Qualitätskennzahlen,
- Unterstützung einer fundierten, termingerechten und zielführenden Entscheidungsfindung beim Beschaffungshandeln,
- Einbeziehung von Informationen externer Anbieter, wie zum Beispiel Dun & Bradstreet, unterstützt die Preisverhandlung und minimiert das lieferantenbezogene Risiko,
- Zeiteinsparung durch schnelles und automatisiertes Berichtswesen,
- Realisierung von Best Practice im Einkauf durch quantitatives und qualitatives Benchmarking für alle Gesellschaften von Dienstleistungsunternehmen,
- hohe Akzeptanz und Anwenderzufriedenheit.

Fazit

Aus den praktischen Erfahrungen zeigt sich, dass durch die internationale Informationsversorgung die Führungskräfte und Entscheidungsträger im Einkauf im Sinne von »Transforming Information into Added Value« in die Lage versetzt werden, Prozesskosten und Beschaffungsobjektkosten zu senken und durch die im Purchasing Information Portal bereitgestellten Informationen Wettbewerbsvorteile zu erzielen. Diese Wettbewerbsvorteile lassen sich dann optimal ausschöpfen, wenn

- Einkaufsinformationen als Produktionsfaktor und strategische Ressource anerkannt sind,
- die Führungskräfte und Entscheidungsträger im Einkauf Informationen als notwendige Voraussetzung ansehen, um die Innovationskraft und die Wettbewerbsfähigkeit des Unternehmens zu steigern,
- im Einkauf die Philosophie »What you can't measure you can't manage« konsequent gelebt wird sowie
- Einkaufsplanung, Einkaufsreporting und -monitoring im Sinne von Einkaufsinfobrokern als bedeutsamer Bestandteil des Funktionsbereichs Einkauf akzeptiert werden.

Literatur

Alteheld, M.: »Einkauferfolg nachhaltig optimieren«, in: *Beschaffung Aktuell* 10/1999, S. 106–107

Arnold, U.: *Beschaffungsmanagement*, 2. Auflage, Stuttgart 1997

Arnolds, H.; Heege, F.; Tussing, W.: *Materialwirtschaft und Einkauf*, 9. Auflage, Wiesbaden 1996

Buchholz, W.: »Leistungsmessung in der Beschaffung«, in: *Beschaffung Aktuell* 2/1993, S. 52–54

Eschenbach, R.: *Erfolgspotential Materialwirtschaft*, München 1990

Eschenbach, R.: *Controlling*, 2. Auflage, Stuttgart 1996

Golle, H.: *Mit Kennzahlen Einkauf steuern und Materialwirtschaft kontrollieren – Wie man Kennzahlen richtig einsetzt und beurteilt*, 5. Auflage, Wiesbaden 1993

Grochla, E. u.a., *Erfolgsorentierte Materialwirtschaft durch Kennzahlen*, Baden-Baden 1983

Hartmann, H.: *Materialwirtschaft – Organisation, Planung, Durchführung. Kontrolle*, 7. Auflage, Gernsbach 1997

Horvath, P.: *Controlling*, 7. Auflage, München 1998

Katzmarzyk, J.: *Einkaufscontrolling in der Industrie*, BME-Schriftenreihe, Frankfurt/Main 1988

Koppelmann, U.: *Beschaffungsmarketing*, 2. Auflage, Berlin 1995

Kunesch, H.: »Controlling in der Materialwirtschaft«, in: *Beschaffung Aktuell* 2/1992, S. 51–56

Pfisterer, J.: *Beschaffungskontrolle*, Berlin 1987

Piontek, J.: *Beschaffungscontrolling*, 2. Auflage, München 1999

Schoddel, M.: »Beschaffungscontrolling«, in: Arnold, U.; Kasulke, G. (Hrsg.): *Praxishandbuch Einkauf – Innovatives Beschaffungsmanagement: Organisation, Konzepte und Controlling*, Köln 2003

Spohrer, H.: *Controlling in Einkauf und Logistik – Die Materialwirtschaft auf dem Prüfstand*, Gernsbach 1995

Weber, J.: *Einführung in das Controlling*, 7. Auflage, Stuttgart 1998

14
Ausprägung einer Warengruppenverschlüsselung

Andreas Oberbörsch

Standardisierungsebenen im Einkauf

Eine wesentliche Basis, die zum einkäuferischen Erfolg führt, ist die Schaffung von Transparenz. Diese Transparenz, die die weit reichende Verfügbarkeit von Informationen beschreibt, bezieht sich auf den Beschaffungsmarkt, wie zum Beispiel das Wissen über Marktstrukturen oder Preisniveaus, aber auch im Besonderen auf die unternehmensinternen Belange wie beispielsweise Bedarfsmengen und -strukturen. Mit diesen Informationen können die einkäuferischen Hebel (wie Lieferantenreduzierungen) in Verhandlungen zielgerichtet angesetzt werden.

Als ein Mittel zur Schaffung dieser Transparenz sei hier die Methode der Standardisierung herausgehoben. Diese Methode kann zum einen auf das Beschaffungsgut an sich angewandt werden und so über Mengenbündelung zu Einkaufserfolgen führen, zum anderen kann sie auf den Einkaufsprozess bezogen werden und so zur Effizienzsteigerung in der Beschaffungsorganisation und bei den Lieferanten führen.

In der Betrachtung von elektronischen Einkaufsprozessen lassen sich die folgenden drei Standardisierungsebenen abgrenzen:

- *Warengruppenverschlüsselung:* Hierunter wird die Erstellung von Gruppen verstanden, bei denen Güter mit sich gegenseitig ausschließenden Merkmalen abgegrenzt werden. So wird ein Kugelschreiber gemäß seines Hauptverwendungszwecks der Gruppe Büromaterial zugeordnet, der mit Logo bedruckte Kugelschreiber aber wird entsprechend seines Zwecks der Gruppe Marketingmaterial zugeordnet. Die Warengruppen dienen zur Vereinheitlichung von Begriffen und zur Komplexitätsreduktion.
- *Katalogformate:* Hierunter werden definierte Datenstrukturen verstanden, die den Austausch von elektronischen Katalogen und Kataloginhalten beschreiben.

- *Transaktionsformate:* Dies sind Datenstrukturen und Prozessdefinitionen, die den Austausch von Geschäftsdokumenten und -informationen im Rahmen einer Käufer-Verkäufer-Beziehung definieren.

Im folgenden Text wird der Anwendungsbereich der Standardisierungsebene »Warengruppenverschlüsselung« erläutert.

Nutzen einer Warengruppenbildung und -verschlüsselung

Die Grundidee einer Warengruppenbildung ist, die Vielzahl von Materialien und Dienstleistungen in Gruppen mit sich gegenseitig ausschließenden Merkmalen zusammenzufassen. Diese bewusste Reduktion der Detaillierung erlaubt es effizient, Einkaufsprozesse durchzuführen. So wird es überhaupt erst möglich, zum Beispiel Marktbearbeitungsstrategien effizient festzulegen und umzusetzen. Zwar könnte ein entsprechendes Vorgehen auf Einzelproduktebene erfolgen, wäre aber vom Aufwand her nicht zu vertreten, weil eine Unzahl von Einzelstrategien umgesetzt und überwacht werden müssten.

Des Weiteren dient die Warengruppe zum Beispiel als Differenzierungskriterium für den Aufbau und die Steuerung von Einkaufsorganisationen, als Suchkriterium in elektronischen Katalogen, bei der Bezugsquellenfindung, als Kriterium zur Kontenfindung oder als Aggregationsebene bei Reporting und Controlling.

Um diesen Funktionen gerecht zu werden, kommen dem Aufbau und der Strukturierung des Warengruppenschlüssels große Bedeutung zu.

Möglichkeiten der Ausprägung

Bei der Ausprägung eines Warengruppenschlüssels ergeben sich zwei grundsätzliche Vorgehensweisen. Erstere ist, einen unternehmensindividuellen Warengruppenschlüssel nach den eigenen Anforderungen und Wünschen zu entwickeln. Als Alternative kann ein »Standard«-Warengruppenschlüssel zur Nutzung herangezogen werden. Die folgenden Unterkapitel zeigen das Vorgehen der Ausprägung sowie die Vor-/Nachteile der jeweiligen Ausprägungsvariante auf.

Eigenentwicklung

Das Vorgehen einer Eigenentwicklung eines Warengruppenschlüssels sieht vor, dass in der ersten Stufe Anforderungen an den neu zu entwickelnden Schüssel gesammelt werden. So werden hier Einkauf und Fachfunktionen entsprechende Anforderungen einbringen. Auf Basis dieser Anforderungen kann begonnen werden, die Struktur des Schlüssels zu entwickeln und den Schlüssel im Detail auszuprägen.

Wesentlicher Vorteil dieses Ausprägungstyps ist es, dass der Warengruppenschlüssel vollständig an den Wünschen und Bedürfnissen der Organisation ausgerichtet werden kann.

Diesem Vorteil steht der Nachteil gegenüber, für Vorgänge, die über die Unternehmensgrenzen hinausgehen, Umsetzungstabellen für Standardschlüssel entwickeln zu müssen. Dies erhöht die Komplexität der Durchführung dieser übergreifenden Geschäftsprozesse. Darüber hinaus entsteht ein wesentlicher Aufwand für die Pflege und Weiterentwicklung des Codes, ausgelöst zum Beispiel durch neue Technologien oder Produktionsprozesse. Dieser Aufwand wird alleine vom entwickelnden Unternehmen getragen.

Nutzung eines Standardschlüsselsystems

Der erste Schritt bei der Ausprägungsvariante Standardschlüsselsystem liegt im Erheben der Anforderungen. In einem zweiten Schritt werden die Anforderungen an den zur Verfügung stehenden Standardschlüsselsystemen gespiegelt. Hierauf basierend ist zu entscheiden, welches der teilweise konkurrierenden Systeme eingesetzt werden soll.

Die Vorteile dieser Vorgehensweise bestehen darin, dass durch die Standardisierung eine unternehmensübergreifende Abwicklung zwischen Partnern, die die gleichen Standardschlüsselsysteme nutzen, übersetzungsfrei durchgeführt werden kann. Die Entwicklung und Pflege des Schlüssels verteilt sich auf viele Nutzer.

Nachteil dieses Ausprägungstyps ist, dass eine Anpassung auf Besonderheiten des eigenen Unternehmens nur begrenzt im Rahmen des Standards möglich ist. Dieser Nachteil wird dadurch aufgefangen, dass eine aktive Mitarbeit bei der Weiterentwicklung der Schlüsselsysteme durch Einbringen von Vorschlägen möglich ist.

Standardschlüsselsysteme

Die vorhandenen Standardschlüsselsysteme lassen sich grundsätzlich in zwei verschiedene Arten einteilen. Zum einen sind Systeme zu statistischen Zwecken entwickelt worden (zum Beispiel Standard International Trade Classification – SITC), die zum Ziel haben, Strukturen etwa für behördliche Statistiken bereitzustellen. Zum anderen dienen die Systeme kommerziellen Zwecken (wie e-Cl@ss oder UNSPSC), die im Unternehmen Anwendung finden.

Folgende kommerzielle Standardschlüsselsysteme werden in den kommenden Abschnitten ausführlich vorgestellt:

- UNSPSC: der weltweit in Großkonzernen verbreitetste Code,
- e-Cl@ass: branchenübergreifender, im deutschsprachigen Raum verbreiteter Code,
- proficl@ss: branchenübergreifender Code mit Schwerpunkt in der Baubranche,
- ETIM: Klassifizierungssystem der Elektrobranche,
- NCS: Produktklassifikation der NATO,
- NGP: Klassifikationssystem der amerikanischen Behörden,
- CPV: Klassifikationssystem der europäischen Behörden.

UNSPSC

Grundlegender Gedanke des United Nations Standard Products and Services Code (UNSPSC) ist es, einen gemeinsamen Warengruppenstandard aufzusetzen und fortzuschreiben, der kostenlos allen Nutzern zur Verfügung steht. Dieser Gedanke wurde von dem United Nations Development Programme (UNDP) 1997 aufgenommen und im jetzigen Standard, dem UNSPSC, als offene und branchenübergreifende Klassifikation umgesetzt.

Der Code besteht aus vier Hierarchiestufen. Die Klassifizierung erfolgt dabei branchenbezogen. Jeweils ein Segment (1. Hierarchiestufe) des UNSPSC bildet eine Branche ab. Die folgenden drei Hierarchiestufen (Familie, Klasse und Commodity) bilden die Klassifizierungsstruktur ab. Entsprechend umfasst ein gültiger UNSPSC-Code acht Stellen.

Durch den streng hierarchischen Aufbau können Produkte und Dienstleistungen jeweils nur an einer Stelle der Klassifikation eingefügt werden. Um diese Bedingung erfüllen zu können, werden die folgenden drei Basisregeln für die Zuordnung herangezogen:

Struktur UNSPSC-Code

Stufe	Code	Beschreibung
Segment:	44-00-00-00	Office equipment and accessories and supplies
Familie:	44-12-00-00	Office supplies
Klasse:	44-12-17-00	Writing instruments
Commodity:	44-12-17-04	Ball point pens

Abb. 14.1: Beispiel UNSPSC-Code

1. Produkte oder Dienstleistungen mit gleicher oder ähnlicher Funktion, gleichem Zweck oder Aufgabe werden unter einer Klassifizierung zusammengefasst.
2. Danach wird untersucht, ob die Herstellung vergleichbar ist oder der gleiche Hersteller das Produkt oder die Dienstleistung liefert.
3. Können die Produkte und Dienstleistungen keiner der beiden Regeln eindeutig zugeordnet werden, so wird das verwendete Hauptmaterial als Zuordnungskriterium herangezogen.

Der UNSPSC der Version 8 umfasst 2 070 Klassen und 18 700 Commodities. Der UNSPSC wird heute in vielen Branchen eingesetzt und zeichnet sich im Besonderen durch seinen weltweiten Einsatz aus.

e-Cl@ss

Das Schlüsselsystem e-Cl@ss ist von einer branchenübergreifenden Initiative der deutschen Wirtschaft mit dem Ziel entwickelt worden, durch ein standardisiertes Klassifikationssystem eine deutliche Vereinfachung des firmenübergreifenden Datenaustausches zu erreichen. Im Jahr 2000 ist der im Umfeld des Instituts der Deutschen Wirtschaft angesiedelte Verein eCl@ss e.V. gegründet worden, der den Schlüssel wartet und weiterentwickelt.

Der e-Cl@ss-Schlüssel hat eine vierstufige Struktur, die aus den Hierarchiestufen »Sachgebiet«, »Hauptgruppe«, »Gruppe« und »Untergruppe« besteht.

Jede Stufe dieser Hierarchie wird mit einem zweistelligen Code beschrieben, so dass ein gültiger e-Cl@ss-Code acht Stellen umfasst.

Die einzelnen Stufen sind mit Schlagwörtern hinterlegt. Auf diese Weise wird die Suche unterstützt, so dass semantisch gleiche Begriffe gefunden werden können, zum Beispiel wird bei der Suche nach »Kuli« oder »Drehkugelschreiber« der Kugelschreiber gefunden.

Struktur e-Cl@ss-Code

Stufe	Code	Beschreibung
Sachgebiet:	24	Büromaterial, Büroeinrichtung, Bürotechnik, Papeterie
Hauptgruppe:	24-24	Schreibgerät, Spitzer, Radier- und Korrekturmittel
Gruppe:	24-24-05	Kugelschreiber
Untergruppe:	24-24-05-01	Kugelschreiber

↳ **Synonyme**: Drehkugelschreiber, Druckkugelschreiber, Einweg-Kugelschreiber, Einwegkugelschreiber, Kuli, Schreibgerät (Kugelschreiber)

Merkmalsleisten: Ausführung der Vorschubmechanik, Ausführung des Inhalts mit Packung, Beschreibung der Besonderheiten, dokumentenecht (J/N), EAN-Code, ...

Abb. 14.2: Beispiel e-Cl@ss-Code

Die Klassifizierung des e-Cl@ss wird um so genannte Merkmalsleisten ergänzt. Hiermit werden für jeden e-Cl@ss-Code Merkmalsausprägungen definiert, die das Produkt beziehungsweise die Dienstleistung näher beschreiben. So ist zum Beispiel für einen Kugelschreiber das Merkmal Dokumentenechtheit hinterlegt. Ein Vorteil ist, dass Objekte mit gleichen Merkmalen gesucht werden können. Nachteilig ist der hohe Pflegeaufwand solcher Merkmalsleisten, der produktindividuell erfolgt.

Änderungen im e-Cl@ss-Code können über die kostenpflichtige Mitarbeit (ab einem Jahresbeitrag von 5000 Euro) im mehrmals jährlich tagenden Fachbeirat eingereicht werden. Diese gesammelten Änderungen werden dann in neuen Versionen berücksichtigt.

Der e-Cl@ss der Version 5.1 umfasst 25658 Klassen, 10993 Standardmerkmalsleisten und 48514 Schlagworte. Entsprechend des Gründungsumfelds wird der e-Cl@ss vorwiegend im deutschsprachigen Raum in den Branchen Chemie und Kraftfahrzeugindustrie verwendet.

proficl@ss

Die proficl@ss-Initiative wurde von führenden Handelsunternehmen und -verbänden unter Kooperation mit dem Fraunhofer Institut für Arbeitswirtschaft und Organisation (IAO) ins Leben gerufen. Ziel der Initiative ist es, die Artikeldaten aller Lieferanten, Hersteller und Händler gemäß einer einheitlichen Klassifikation zu strukturieren. Damit ist gewährleistet, dass die

Struktur proficl@ss-Code

Stufe	Identifizierer	Beschreibung
1	HCB417h001	Fliesen, Platten
2	HCB418h001	Keramische Fliesen und Platten
3	HCB992h001	Steinzeugfliesen und -platten
4	HCB993h001	Steinzeugfliesen (Flächenformate)
5	HCB994c001	Steinzeugfliesen und -platten (Flächenformate)

↳ **Merkmale:**
HAA094f001 Form
HAA095f001 Glasur
HAA096f001 Dekor
HAA097f001 Oberflächentextur
HAA034f001 Farbton
HAA098f001 Abmessung Nennmaß (L x B)
HAA099f001 Abmessungen Werkmaß
HAA089f001 Dicke (mm)
HAA100f001 Frostbeständigkeit
HAA101f001 Chemische Beständigkeit
...

Abb. 14.3: Beispiel proficl@ss-Code

Erstellung von Katalogen für internetbasierte Anwendungen und für Druckmedien sowie der Austausch elektronischer Produktkataloge effizient ablaufen.

Der proficl@ss-Code besteht aus so genannten Basis- und Hierarchieklassen. Die Basisklassen entsprechen den unteren Ebenen anderer Schlüssel, das heißt, sie fassen Produkte, die durch gleichartige Merkmale gekennzeichnet sind, zusammen. Entsprechend sind auf dieser Ebene auch die Merkmalsleisten angesiedelt. Die Hierarchieklassen dagegen schließen mehrere Basisklassen zu Warengruppen zusammen, wobei auch mehrere Hierarchieklassen in eine weitere Ebene eingehen können. Diese Struktur ist streng hierarchisch aufgebaut, das heißt, jede Klasse gehört nur zu einer nächsthöheren Ebene. Durch diese Aufbaustruktur gibt es bei proficl@ss keine festgelegte Anzahl von Hierarchiestufen.

Diesem Aufbau folgend können keine Klassifikationsnummern zur Identifizierung der Hierarchieebene eingesetzt werden. Die verwendeten Nummern sind lediglich Identifikationsnummern.

Der proficl@ss-Code der Version 3.0 verschlüsselt 5 360 Klassen. Entsprechend dem Gründerkreis der Initiative wird proficl@ss vor allem von Unternehmen in den Bereichen Bauen, Gebäudetechnik und Industriebedarf genutzt. Um eine weitere Verbreitung zu forcieren, bestehen enge Kooperationen zu ETIM und e-Cl@ss.

ETIM

Das Elektrotechnische Informationsmodell (ETIM) beschreibt den Klassifikationsstandard der Elektrobranche. Auf Initiative von Großhändlern und Einkaufsgemeinschaften ist der Verein ETIM Deutschland e.V. gegründet worden.

Die ETIM-Klassifikation besteht aus zwei Ebenen. Die untere Ebene ist die »Artikelklasse«, in der vergleichbare, bau- oder funktionsähnliche Produkte zusammengefasst werden. Dieser Klasse sind Artikelmerkmale zugeordnet, die die Ausprägung der Produkte genauer beschreiben. Die obere Ebene ist die »Artikelgruppe«, in der mehrere Artikelklassen eindeutig zusammengefasst werden. Diese Zuordnung erfolgt hierarchiefrei, es werden also keine Klassifikationsnummern verwendet. Um eine Auffindbarkeit zu erleichtern, werden den Klassen Synonyme zugeordnet.

Der aktuelle ETIM-Code der Version 3.0 enthält 1800 Klassen und 5100 Merkmale.

Der ETIM-Code ist eng mit e-Cl@ss und profic@lass verbunden, da die ETIM-Klassifikationsstrukturen in die beiden anderen Codes integriert wurden.

Struktur ETIM-Code

Stufe	Identifizierer	Beschreibung
Artikelgruppe:	EG000027	Leuchten
Artikelklasse:	EC000947	Einbauleuchte für Kompaktleuchtstofflampe

↳ **Merkmale:**
EF000038 Abschirmung
EF000239 Anzahl der Leuchtmittel
EF001264 Geeignet für Einbau von Notbeleuchtung
EF001269 Geeignet für Luftabfuhr
EF001268 Geeignet für Systemdecke
EF000087 Gehäusematerial
EF000441 Justierbar
EF000035 Lampenleistung W
...

Synomyme:
Für EC000947 keine Synoyme vorhanden

Abb. 14.4: Beispiel ETIM-Code

NCS

NCS steht für das NATO Codification System, das zur Identifikation, Beschreibung, Klassifizierung und Zuordnung der NATO-Lagernummern von Artikeln der NATO-Mitgliedstaaten entwickelt worden ist. Das System wird durch die NATO Group of National Directors on Codification (AC/135) verwaltet und vom National Codification Bureau angewendet.

Zur Warenklassifizierung wird innerhalb des NCS ein vierstelliger Code herangezogen. Die ersten zwei Stellen kennzeichnen die Produktklasse, während die zwei weiteren Stellen die Produktgruppe identifizieren. Zur Klassifizierung stehen so 631 branchenübergreifende Codes zur Verfügung.

Um eine NATO-weite einheitliche Klassifizierung über Landes- und Sprachgrenzen hinweg sicherzustellen, hat die NATO ein Klassifizierungshandbuch (Allied Codification Publication – 2) herausgegeben. In diesem Handbuch werden die Inhalte der Materialgruppen mit Einschließungs- und Ausschließungsvermerken genau definiert. Dieses Handbuch ist im Internet abrufbar (http://www.acodp2-3.com/) und vereinfacht die eindeutige Zuordnung.

Durch die starke Dominanz der NATO als Klassifizierungseigentümer wird das NCS fast ausschließlich im militärischen Bereich verwendet.

Struktur NCS Code

Stufe	Code	Beschreibung
Materialklasse	75	Bürogerät und Büroverbrauchsmaterial
Materialgruppe	7510	Büroverbrauchsmaterial

> **Einschließungsvermerk der Materialklasse**
> Kreide; Radierer; Papierklammern; Schreibtinte; Druckfarbe; Büroklammern; Schreibstifte; Federhalter und Federn; Lineale für Bürozwecke; Künstlerverbrauchsmaterial; selbstklebendes Band.
>
> **Ausschließungsvermerk der Materialklasse**
> Bürogeräte; Füllfederhalter; Schriftmalerpinsel; Papierschreibwaren; Vordrucke; mechanische Schreibstifte.

Abb. 14.5: Beispiel NCS-Code

NIGP

Der Code des National Institute of Governmental Purchasing (NIGP) wurde erstmalig bereits 1984 mit dem Ziel eingesetzt, den Beschaffungsprozess in amerikanischen Behörden automatisiert zu unterstützen. Die Nutzung des Codes bedingt die Lizenzierung bei NIGP.

In seiner vollen Ausprägung besteht der NIGP-Code aus einem elfstelligen Schlüssel, der hierarchisch aufgebaut ist. Der Code ist in unterschiedlicher Tiefe nutzbar. In der dreistelligen Version wird die Klasse identifiziert, die fünfstellige identifiziert zusätzlich das Merkmal, die nächsten beiden Ziffern stehen für die Gruppe und die vollständige elfstellige Version ergänzt die Details.

Der NGIP umfasst 202 Produkte und 55 Serviceklassen. Der volle elfstellige Schüssel definiert 250 000 Ausprägungen (Stand 8/2006).

Lizenzierten Codenutzern steht ebenfalls eine Crossreferenz zum UNSPSC zur Verfügung. Der Code wird vom NIGP als »Living Code« bezeichnet, was bedeutet, dass Aktualisierungen laufend durchgeführt werden. Der Code wird von 1400 öffentlichen Behörden in den USA genutzt.

Struktur NIGP-Code

Stufe	Code	Beschreibung
Klasse:	620	Office Supplies: Erasers, Inks, Leads, Pens, Pencils, etc.
Klasse-Merkmal:	620-80	Pens (General Writing Types): Ball Point, Nylon Tip, etc.
Klasse-Merkmal-Gruppe:	620-80-21	Pens, Ball Point, Retractable, Refillable, All Plastic Barrel W/Metal Pocket Clip
Klasse-Merkmal-Gruppe-Detail:	620-80-21-035-4	Fine Point, Black Ink, 12/Box

Abb. 14.6: Beispiel NIGP-Code

CPV

Das Common Procurement Vocabulary (CPV) stellt das europäische Pendant zum amerikanischen NIGP-Code dar. Es wurde 1996 aus der Wirtschaftszweigklassifikation »Classification of Products by Activity (CPA)« entwickelt. Eigentümer des CPV ist das von der europäischen Kommission initiierte Projekt Système d'Information pour les Marchés Public (SIMAP).

Das CPV besteht aus neun Ziffern, die ersten acht Stellen definieren den Inhalt, während die neunte eine Prüfziffer ist. Die ersten beiden Stellen des Codes identifizieren die »Abteilung«, die dritte Stelle die »Gruppe«, die vierte die Klasse und die fünfte Stelle die »Kategorie«. Die Stellen sechs bis acht bestimmen die Kategorie näher. Dieser Hauptcode wird durch einen alphanumerischen Zusatzcode ergänzt, der die Eigenschaften spezifiziert.

Per EG-Verordnung vom 16. Dezember 2003 ist das CPV bei Ausschreibungen durch die europäischen Behörden verbindlich zu nutzen.

Struktur CPV-Code

Stufe	Code	Beschreibung
Abteilung	25000000-1	Gummi-, Kunststoff- und Filmerzeugnisse
Gruppe	25200000-3	Kunststoffprodukte
Klasse	25240000-5	Diverse Kunststoffwaren
Kategorie	25247000-4	Büro- oder Schulbedarf aus Kunststoff
Detaillierung Kategorie	25247220-2	Schreibgeräte aus Kunststoff

↳ Zusatzcode:
E172-9 aus Plastik
E158-8 zur Verwendung in Poststellen

Abb. 14.7: Beispiel CPV-Code

Weiterführende Internetlinks

- UNSPSC: www.unspsc.org
- eCl@ss: www.eclass.de
- proficl@ss: www.proficlass.de
- ETIM: www.etim.de
- NCS: www.nato.int/codification/
- NIGP: www.nigp.com
- CPV: www.simap.eu.int/

15
Supply-Chain-Management

Hansjörg Fromm

Definition und Zielsetzung

Ausgangssituation

Nachdem in den achtziger und neunziger Jahren der Schwerpunkt der Managementaktionen in den Industrieunternehmen auf Programmen wie Total Quality Management (TQM), Continuous Flow Manufacturing (CFM), Wertanalyse und Just-in-Time (JIT) lag, haben Mitte der neunziger Jahre amerikanische Beratungs- und Analystenfirmen wie Gartner, AMR und Forrester den Begriff »Supply-Chain-Management« (SCM) bekannt gemacht. Im Gegensatz zu den erstgenannten Maßnahmen war Supply-Chain-Management erstmalig ein Programm, das eine stark unternehmensübergreifende Aufgabenstellung adressierte. Eine Problematik, die ein Unternehmen für sich allein nicht mehr lösen konnte. Diese Aufgabenstellung war grundsätzlich nicht neu – Supply Chains – oder auf Deutsch »Liefer-«, »Versorgungs-« oder »Logistikketten« – gab es immer schon, jedoch waren sie in der Vergangenheit kaum Gegenstand systematischer Betrachtung. Eine Ausnahme bilden die Arbeiten von Forrester aus den fünfziger Jahren, die im nächsten Abschnitt vorgestellt werden sollen. Forrester hat in diesen Arbeiten das Verhalten von typischen Supply Chains untersucht, obwohl er diesen Begriff noch nicht verwendet hat.

Unter einer »Supply Chain« versteht man die ganze »Kette« von beteiligten Unternehmen, die an der Entstehung und Auslieferung eines Produktes (oder im erweiterten Sinne auch einer Dienstleistung) mit allen seinen Vorprodukten bis hin zu den Grundstoffen beteiligt sind. Die Kette beginnt mit der Herstellung von Grundstoffen und endet mit der Auslieferung des fertigen Produktes zum Endkunden beziehungsweise Verbraucher. Es ist für die Betrachtung nicht wesentlich, ob die »Kettenglieder« verschiedene organisatorische Einheiten in einem Unternehmen oder verschiedene Unternehmen sind. Die Probleme sind meist dieselben.

Entlang einer Supply Chain gibt es eine Fülle von Managementaufgaben,

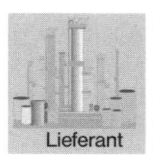

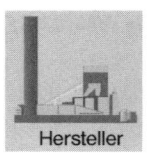

Abb. 15.1: Symbolische Darstellung einer Supply Chain

die alle mit Fragen der Planung, der Beschaffung, der Produktion, der Distribution und des Transports zu tun haben. Diese Aufgaben wurden über viele Jahre hinweg fast ausschließlich unternehmensintern (MRP, TQM, CFM) oder höchstens zwischen zwei eng miteinander verbundenen Partnern einer Supply Chain (JIT) gelöst.

Supply Chain Management erweitert den Betrachtungshorizont auf die *gesamte Kette*. Ziel ist es, alle Managementaufgaben über die gesamte Kette hinweg aufeinander abzustimmen.

In Abbildung 15.1 ist eine Supply Chain symbolisch dargestellt. Grundmaterialien werden bis hin zum Endverbraucher einer ständigen Veredelung unterzogen und schließlich an den Kunden ausgeliefert. (Handelsstufen sind in dieser symbolischen Darstellung vernachlässigt.) Wir nennen dieses Geschehen, das sich in der Abbildung von links nach rechts erstreckt, den »Materialfluss«. Vom Kunden ausgehend fließen Informationen über Kundenwünsche, Trends und Bedarfe in die Supply Chain hinein. Wir sprechen hier vom »Informationsfluss«. Es gibt einen Sprachgebrauch, der die Materialseite als »Supply Chain« im engeren Sinne bezeichnet und die Informationsseite als »Demand Chain«.

Historisch gesehen hat das Management des Materialflusses eine längere Tradition als das Management des Informationsflusses und ist mit dem Begriff der »Logistik« größtenteils identisch.

Dass sich der Begriff »Logistikmanagement« nicht vor dem Begriff »Supply-Chain-Management« durchgesetzt hat, mag damit zu tun haben, dass in unserem Sprachgebrauch der »Logistik« eher eine Vorstellung von Transportwesen und Lagertechnik anhaftet als die Vorstellung von Informationstechnologie. Aus diesem Grunde wurde der Begriff »Supply-Chain-Management« bereitwillig aufgenommen zur Beschreibung der neuen Aufgaben, die mit dem Management (der Synchronisation, der Optimierung) von Material- und

Informationsflüssen über die gesamte Kette hinweg auf unsere Industrie zukommen. Neuerdings gibt es Ansätze, auch Zahlungsströme in die Betrachtung mit aufzunehmen.

Der Forrester-Effekt

Bereits in den späten fünfziger Jahren hat Forrester eine Arbeit publiziert (Forrester 1958), die – basierend auf Simulationsstudien – stark vereinfacht folgende Erkenntnis enthält: Verändert sich am Ende einer Supply Chain (das heißt beim Verbraucher) die Nachfrage auch nur geringfügig, so kann man in weiter vorne liegenden Stationen (im Großhandel, beim Hersteller) eine Überreaktion auf diese Nachfrageschwankung beobachten. Dieser Effekt verstärkt sich zunehmend zum Beginn der Supply Chain hin. Man spricht hier auch von einem »Aufschaukelungseffekt« oder im Englischen vom »Bullwhip«-Effekt (vgl. Abbildung 15.2).

Die Ursachen für diese Überreaktionen liegen in der verzögert oder fehlerhaft weitergegebenen Information oder in der falschen Interpretation von Informationen auf dem Weg vom Verbraucher in die Kette hinein. Kommt beispielsweise ein Kunde zum Einzelhändler und verlangt einen Artikel, der nicht mehr vorrätig ist (zum Beispiel Frostschutzmittel im April), so bestellt der Einzelhändler den Artikel nach. Er wird den Artikel nicht einzeln bestellen, sondern in einer lieferbaren Packungsgröße, zum Beispiel zwölf Stück.

Abb. 15.2: Forrester-Effekt

Diese Bestellung geht an den Großhandel oder an das Zentrallager, und im Falle, dass der Artikel auch hier nicht mehr vorrätig ist, wird er auch hier nachbestellt, diesmal beim Hersteller, und hier ist die wirtschaftliche Bestellmenge oft in der Größenordnung einer Palette. Mit der Bestellung einer Palette kann beim Hersteller der Eindruck aufkommen, dass der Bedarf an diesem Artikel noch einmal unerwartet angestiegen ist. Er beginnt zu produzieren, und es wird viele Tage dauern, bis in den nachfolgenden Stufen der Supply Chain entdeckt wird, dass diese Produktion zwar auch einen Kundenbedarf befriedigt, aber im Wesentlichen die Lager füllt. Erst die überfüllten Lager signalisieren dem Hersteller, dass er besser die Produktion dieses Artikels stoppt.

Dieser sicher etwas überzeichnete Fall soll zeigen, was die typischen Ursachen für den Forrester-Effekt sein können:

- *Falsche Interpretation von Informationen:* Die Bestellung eines Artikels in der Bestell-Losgröße X signalisiert dem Vorgänger in der Supply Chain, dass es einen Kundenbedarf in der Größe X für diesen Artikel gibt, was (wie im Beispiel) nicht immer stimmt.
- *Verzögerungen in der Informationsweitergabe:* Ein überfülltes Lager signalisiert dem Hersteller, dass er zu viel oder den falschen Artikel produziert hat. Bis dieser Sachverhalt entdeckt wird, kann jedoch – abhängig von der Größe des Lagers und der Aufmerksamkeit des Personals – eine mehr oder weniger lange Zeit vergehen.

Bemerkenswert ist, dass der Forrester-Effekt – obwohl schon seit den fünfziger Jahren bekannt – auch heute noch vielfach zu beobachten ist. Das zeigt, dass es mit dem Informationsmanagement in Supply Chains auch heute noch nicht zum Besten steht. Man kann fast sagen, dass viele Supply Chains schlecht geregelte Systeme sind. Wie das Beispiel zeigt, haben Supply Chains die Tendenz, sich mit Beständen zu füllen. Bestände werden immer auch bewusst zur Absicherung bei fehlender Bedarfsinformation eingesetzt. Bestände ihrerseits hemmen mit ihrer Pufferfunktion aber die schnelle Informationsweitergabe.

Der Grundgedanke des Supply-Chain-Managements liegt darin, dieses schlecht geregelte System in ein optimal geregeltes System zu überführen. Dazu bedarf es einer schnellen und lückenlosen Weitergabe von Informationen auf der Bedarfsseite, und zwar über die gesamte Kette hinweg. Schon der Hersteller von Grundstoffen muss in der Lage sein, Bedarfsschwankungen am anderen Ende der Kette, das heißt beim Verbraucher des Endprodukts, frühzeitig erkennen und sich damit rechtzeitig auf diese Veränderung einstellen zu können. Es ist wie an der Verkehrsampel: Die Ampel muss so hoch aufgehängt sein, dass auch noch der letzte Fahrer in der Reihe der wartenden Autos sieht, wenn sie von Rot auf Grün schaltet. Nur dann können sich alle Fahrer in der Reihe gleichzeitig startklar machen und kommen bei Grün rasch und zügig über die Straßenkreuzung.

Die schnelle Informationsweitergabe wurde in der Vergangenheit durch das Fehlen geeigneter Kommunikations- und Informationssysteme erschwert. Telefon, Fax und selbst EDI waren nicht die richtigen Hilfsmittel, um Bestandsveränderungen ohne Zeitverlust über alle Stationen einer Supply Chain hinweg zu kommunizieren. Erst mit dem Aufkommen des Internets ergab sich die Chance, alle an einer Supply Chain beteiligten Unternehmen »informationslogistisch« miteinander zu verbinden.

Neue Herausforderungen

Neben den technologischen Errungenschaften, die in den letzten Jahren Supply-Chain-Management erst möglich gemacht haben, kommt eine ganze Reihe wirtschaftlicher und gesellschaftlicher Entwicklungen hinzu, die SCM zum unverzichtbaren Bestandteil jeder Unternehmensstrategie werden lassen.

- *Anspruchsvollere Kunden:* Verbraucher sind anspruchsvoller geworden, nicht nur was die Qualität eines Produktes anbelangt, sondern auch dessen Verfügbarkeit und Lieferzeit. Studien aus der Automobilindustrie zeigen, dass ein Kunde seine Kaufentscheidung auch von der Lieferzeit des neuen Autos abhängig macht und dass gleichzeitig die Markenloyalität schwindet. Verbraucher können heute über das Internet Produkt- und Preisvergleiche machen, und das sogar überregional. Das macht die Kunden zu hervorragend informierten, preisbewussten und kritischen Verbrauchern, denen selbst der Fachhändler so leicht nichts mehr vormachen kann. Bietet ein Unternehmen seine Produkte über das Internet an, so beansprucht der Kunde eine Information über die Lieferbarkeit und zeigt wenig Toleranz, wenn er die bestellte Ware nicht zur versprochenen Zeit erhält.
- *Kürzere Produktlebenszyklen:* Die immer noch anhaltende technologische Entwicklung bringt es mit sich, dass Produktlebenszyklen immer kürzer werden. Das gilt insbesondere für Produkte der Informations- und Kommunikationstechnologie. Für die Hersteller bedeutet das einen erhöhten

logistischen Aufwand. Bestände veralten rasch oder werden obsolet. Damit müssen sich die Hersteller dieser Produkte von traditionellen Verfahren der Bestandsführung verabschieden und können ihre Lieferbereitschaft nicht mehr über Sicherheitsbestände erhöhen. Aus diesem Grunde hat diese Industrie mit als Erste die neuen Prinzipen des Supply-Chain-Managements aufgegriffen und verwirklicht.

- *Mass Customization:* Fortschrittliche Produktionsverfahren haben es ermöglicht, dass auch bei der Herstellung von Massenartikeln (Autos, Computer, Bekleidung) kundenindividuelle Wünsche mit berücksichtigt werden können. Ein typisches Automobilwerk produziert heute Hunderte von Fahrzeugen am Tag, aber keines gleicht dem anderen, sondern jedes entspricht den Ausstattungswünschen des Kunden. Gleiches gilt für die Computerindustrie. Auch aus der Bekleidungsindustrie ist ein Beispiel bekannt (Levi's Jeans). Es liegt auf der Hand, welche hohen Anforderungen die der Mass Customization zugrunde liegenden Supply Chains nicht nur an die Produktion, sondern auch an die Informationslogistik stellen.

Logistik als bedeutender Wettbewerbsfaktor

Durch zunehmenden Wettbewerbsdruck und die oben beschriebenen Veränderungen des wirtschaftlichen und industriellen Umfelds wird die Logistik zu einem immer bedeutenderen Wettbewerbsfaktor. Der Wettbewerb wird schon längst nicht mehr über die Qualität und den Preis der Produkte allein gewonnen, sondern zunehmend über deren Verfügbarkeit oder Lieferbarkeit. Wer bei einer Kundenanfrage (»Können Sie bis nächste Woche 200 Ihrer Produkte liefern?«) schnell und sicher eine positive Auskunft geben kann, hat das Geschäft meist schon gewonnen. Aus diesem Grunde beobachten wir, dass der Stellenwert der Logistik auch in den Unternehmen wächst. Wurde Logistik in den vergangenen Jahrzehnten eher als eine unterstützende, administrative Funktion angesehen, so rückt sie heute als eine zum Unternehmenserfolg beitragende Funktion oder als ein so genannter »kritischer Erfolgsfaktor« immer weiter in den Vordergrund.

Diese Entwicklung findet auch in den Unternehmensstrukturen ihren Niederschlag. Neue Positionen wie der »Leiter Supply-Chain-Management«, der »Supply-Chain-Manager«, der »Leiter Konzernlogistik« oder der »Vice President Supply-Chain-Management« werden etabliert, und Logistik/Supply-

Chain-Management wird in einem der Vorstandsressorts verankert. Ebenso erkennen immer mehr Unternehmen, dass die Logistik neben der Produktentwicklung und der Produktion zu den Kernkompetenzen gehört.

Ziele und Nutzen von SCM

Die Ziele, die mit Hilfe eines effektiven Supply-Chain-Managements erreicht werden sollen, lassen sich grundsätzlich in zwei Kategorien einteilen:

1. *Marktorientierte Ziele:* Hierzu gehören zum Beispiel die Verbesserung des Servicegrads, die schnellere Reaktionsfähigkeit auf veränderte Marktsituationen, die Verkürzung von Lieferzeiten und die Verkürzung der Einführungszeit neuer Produkte.
2. *Unternehmensorientierte Ziele:* Hierzu gehören zum Beispiel die Reduzierung von Beständen, die Erhöhung der Kapazitätsauslastung, die Erhöhung der Planungsgenauigkeit, die Schaffung von Transparenz sowie die Reduzierung von Kosten.

Knapper ausgedrückt ist es das Ziel eines effektiven Supply-Chain-Managements, das richtige Produkt zur richtigen Zeit am richtigen Ort zum richtigen Preis mit den geringsten Kosten über die gesamte Lieferkette auszuliefern.

In der Presse wird immer wieder über beträchtliche Verbesserungen durch die Einführung von SCM-Systemen berichtet. Hier sind einige typische Ergebnisse:

- Verbesserung des Servicegrades von 95 auf 99,9 Prozent,
- Reduzierung der Auftragsrückstände auf 0 bis 5 Prozent,
- Reduzierung der Auftragsdurchlaufzeit um 5 bis 10 Prozent,
- Bestandsreduzierung um 10 bis 50 Prozent,
- Reduzierung von Abschreibungen und Verschrottungen um 40 bis 50 Prozent und
- Erhöhung der Kapazitätsauslastung um 10 bis 20 Prozent.

Weiterhin, weniger quantifizierbar:

- Erhöhung des Marktanteils,
- Intensivierung der Kundenbindung und eine daraus resultierende Umsatzerhöhung,

- Steigerung der Flexibilität, um schneller auf Marktveränderungen reagieren zu können, und
- Verkürzung der Einführungszeit neuer Produkte (»Speed-to-Market«).

Nach einer Studie von Pittiglio Rabin Todd & McGrath haben Unternehmen mit vorbildlichem Supply-Chain-Management einen Kostenvorteil von 7 Prozentpunkten gegenüber dem Branchendurchschnitt, wenn man die gesamten Supply-Chain-Kosten als prozentualen Anteil des Unternehmensumsatzes betrachtet. Außerdem haben diese Unternehmen eine um 40 bis 65 Prozent kürzere »Cash-to-Cash Cycle Time« (das ist die Zeit von der Bezahlung des Lieferanten bis zum Zahlungseingang vom Kunden). Führende Unternehmen haben um 50 bis 80 Prozent geringere Bestände als ihre Mitbewerber.

Die Erfahrung zeigt, dass die Einführung von SCM-Lösungen bedeutend schneller geht als die Einführung von ERP-Systemen, typischerweise sechs bis zwölf Monate gegenüber zwei bis vier Jahren. SCM-Lösungen haben kürzere Amortisierungszeiten – oft unter einem Jahr gegenüber zwei bis fünf Jahren bei ERP.

Die SCM-Aufgaben im Einzelnen

Ganz im Sinne des betriebswirtschaftlichen Sprachgebrauchs unterscheiden wir im Supply-Chain-Management *strategische, taktische* und *operative* Aufgaben. Das entspricht einer Unterscheidung in *langfristige, mittelfristige* und *kurzfristige* Aufgaben. Im Englischen habe sich für diese drei Kategorien die Begriffe »Supply Chain (Network) Design«, »Supply Chain Planning« und »Supply Chain Execution« eingebürgert.

Diese Hierarchie von Aufgaben findet sich in allen für das Supply-Chain-Management relevanten Unternehmensfunktionen wie Beschaffung, Produktion, Distribution und Vertrieb (letztlich auch in der Entwicklung, wenn wir den »Engineer-to-Market«-Prozess betrachten).

Zu bemerken ist hier, dass das Supply Chain Council nur die Prozesse »Source«, »Make«, »Deliver« und »Return« kennt (was der Beschaffung, Produktion, Distribution und Rücknahmelogistik entspricht) und den Vertrieb (»Sell«) nicht in die eigentlichen SCM-Aufgaben mit aufnimmt.

Viele dieser Aufgaben sind in den Unternehmen schon lange bekannt und verstanden und werden auch – meist innerhalb der Grenzen einzelner Bereiche – systematisch und zufrieden stellend angegangen. Am verständlichsten sind die Aufgaben der operativen Ebene. Hier gibt es – wie wir noch sehen werden – auch die längste und umfassendste Unterstützung durch IT-Systeme. Je mehr man sich in Richtung der strategischen Ebene bewegt, desto weniger systematisch wurden die Aufgaben bisher gelöst. Gerade hier kommt der für das Supply-Chain-Management so wichtige bereichsübergreifende Aspekt zur Geltung.

Ein Master Planning ist nicht möglich ohne Kenntnis der Materialverfügbarkeit, der Produktions-, aber auch der Distributionskapazitäten. Ein Supply Network Design muss nicht nur die eigenen Produktions- und Lagerstandorte mit in Betracht ziehen, sondern auch die Standorte der Lieferanten und die der Kunden.

Zusammenfassend kann man sagen, dass Supply-Chain-Management eine Zusammenführung von (a) bekannten, bereichstypischen, bisher schon systematisch angegangenen und IT-unterstützten und (b) neuen, bisher weniger systematisch angegangenen, bereichsübergreifenden und kaum IT-unterstützten Aufgaben erfordert.

Notwendige organisatorische Voraussetzungen

Supply-Chain-Management ist innerhalb eines Unternehmens ein typischer bereichsübergreifender Geschäftsprozess (die unternehmensübergreifende Situation betrachten wir später). SCM durchzieht quer die Funktionen Einkauf, Beschaffung, Produktion, Distribution und Vertrieb, in manchen Fällen auch Entwicklung und Konstruktion. Dementsprechend sind alle Regeln und Erkenntnisse des modernen »Prozessmanagements« (oder »Geschäftsprozessmanagements«) auf diesen Prozess anzuwenden. Die wichtigsten Bestandteile des Prozessmanagements sind:

- *Prozessverantwortung übertragen:* Die Leistungsmessung im Unternehmen hat sich in der Vergangenheit viel zu häufig auf einzelne funktionale Einheiten konzentriert. So wurden zum Beispiel in der Produktion mit großem Erfolg Programme zur Reduzierung der Durchlaufzeit durchgeführt. Später wurde festgestellt, dass die produzierte Ware nachher umso länger auf der Rampe lag. Für diese Liegezeit (vor der Abholung zum Transport) fühlte sich niemand verantwortlich. Diese »Niemandsländer« findet man immer wieder an den Übergängen von einem Verantwortungsbereich zum anderen. Sie können für die Leistung des Gesamtprozesses sehr schädlich sein. Erst die Übertragung von Gesamtverantwortung für den Prozess von einem Ende zum anderen (»End-to-End«) hilft, die Niemandsländer zu überbrücken und ein straffes, durchgängiges Geschäftsprozessmanagement einzuführen. Für den Prozessverantwortlichen SCM kann, muss aber keine neue Position geschaffen werden. Es gibt Unternehmen, die ihrem Leiter Produktion, Leiter Einkauf oder Leiter Vertrieb diese übergreifende Verantwortung übertragen.

- *Prozesskennzahlen einführen:* »What you cannot measure, you cannot control« – diese bereits von Lord Kelvin (1824–1907) formulierte Erkenntnis ist auch für das Supply-Chain-Management von fundamentaler Bedeutung. Um Messbarkeit herzustellen, ist ein geeignetes Kennzahlensystem einzuführen.

Dieses Kennzahlensystem sollte an den Unternehmenszielen im Sinne einer »Balanced Scorecard« orientiert sein (Kaplan, Forrester 1992). Es sollte hierarchisch aufgebaut sein: Kennzahlen höherer organisatorischer Einheiten sollten strukturiert mit den Kennzahlen der untergeordneten Bereiche abgestimmt sein, so dass die Erfüllung von Bereichszielen notwendigerweise zur Erfüllung der Unternehmensziele beiträgt (»Alignment of Goals«).

Das Kennzahlensystem sollte lückenlos den Gesamtprozess Supply-Chain-Management abdecken, das heißt, nicht nur den Materialfluss (Supply Chain im engeren Sinne), sondern auch den Informationsfluss (Demand Chain) und damit die Planungsprozesse mit in die Betrachtung einbeziehen. Beispiele für SCM-Kennzahlen sind: Lieferzeiten, Lieferqualität, Bestandshöhen, Bestandsreichweiten, Reaktionsfähigkeit auf Kundenwünsche, Planungsgenauigkeit, Prognosegenauigkeit, Auftragsdurchlaufzeit und Kosten.

Der Supply Chain Council (SCC) hat ein Kennzahlensystem erarbeitet, das vier Kategorien von Kennzahlen definiert, die Kategorien »Lieferleistung/Qualität« und »Flexibilität und Reaktionsbereitschaft« (beide markt- beziehungsweise kundenorientiert) und die Kategorien »Kosten« und »Vermögenswerte« (beide unternehmensintern orientiert). Für jede dieser Kategorien werden Kennzahlen in drei Ebenen (Ebene 1 bis Ebene 3) vorgeschlagen, die auf Ebene 1 die Leistung des Gesamtprozesses und auf den Ebenen 2 und 3 die Leistung der Teilprozesse »Plan«, »Source«, »Make«, »Deliver«, und »Return« messen. Tabelle 15.1 zeigt die zu den vier Kategorien gehörenden Kennzahlen der Ebene 1. Jedes Unternehmen wird sich entsprechend seiner strategischen Ausrichtung ein geeignetes Kennzahlensystem aufbauen. Dabei können die Definitionen des Supply Chain Council wertvolle Anregungen lie-

Tab. 15.1: SCOR-Kennzahlen

SCOR-Leistungsattribute (Performance Attributes)	Ebene-1-Kennzahlen (Level 1 Metrics)
Lieferzuverlässigkeit (Delivery Reliability)	Lieferleistung (Delivery Performance) Servicegrad (Fill Rate) Durchlaufzeit Auftragserfüllung (Order Fulfillment Lead Time) Perfekte Auftragserfüllung (Perfect Order Fulfillment)
Flexibilität und Reaktionsfähigkeit (Flexibility and Responsiveness)	Supply-Chain-Reaktionszeit (Supply Chain Responsiveness) Produktionsflexibilität (Production Flexibility)
Kosten (Cost)	Gesamtlogistikkosten (Total Logistics Management Cost) Wertschöpfungsproduktivität (Value Added Employee Productivity) Gewährleistungskosten (Warranty Costs)
Vermögenswerte (Assets)	Cash-to-Cash Cycle Time (Zeit zwischen dem Zahlungsausgang an den Lieferanten und dem Zahlungseingang vom Kunden) Bestandsreichweite (Inventory Days of Supply) Kapitalumschlag (Asset Turns)

fern. Eine Anlehnung an die SCOR-Kennzahlen bietet außerdem den Vorteil, dass aufgrund der angestrebten Standardisierung eine Vergleichbarkeit mit anderen Unternehmen hergestellt wird. So kann sich ein Unternehmen messen, wo es im Vergleich zum Wettbewerb (zum Branchendurchschnitt oder zum Marktführer) steht. Für viele Unternehmen ist dieses »Benchmarking« eine wichtige Grundlage für die eigene strategische Zielsetzung.

- *Ständige Überwachung und Behandlung von Ausnahmesituationen (Monitoring and Exception Handling):* Das Geschäftsprozessmanagement kennt zwei Phasen im »Lebenszyklus« eines Geschäftsprozesses: (a) die Reengineering-Phase (oft auch kontinuierliche Verbesserung) und (b) die Beherrschungsphase. In beiden Phasen spielen Kennzahlen eine herausragende Rolle. In beiden Phasen hilft das Kennzahlensystem, Zielvorgaben (Soll-Werte) zu definieren und aus dem Vergleich der Ist-Werte mit den Soll-Werten Aufschlüsse über den Zustand des Prozesses zu ziehen. Beim Reengineering ist die Zielvorgabe meist hoch angesetzt. Dieser Zielvorgabe will man sich – durch kontinuierliche Verbesserung oder durch Quantensprünge – ständig nähern und sie am Ende des Projektes erreichen oder auch übertreffen. Die Soll-Ist-Analyse liefert hierbei ständig Aufschluss über den Projektfortschritt.

In der Phase der Beherrschung hat die Leistungsfähigkeit des Geschäftsprozesses bereits ihre Zielvorgaben erreicht. Überwachung und Kontrolle sind hier notwendig, um den Prozess auf diesem Niveau zu halten. Ein ständiger Vergleich zwischen Ist- und Soll-Werten wird hier durchgeführt, um Abweichungen von der Norm zu erkennen. Bestimmte Regeln definieren, ob (a) diese Abweichung als normal anzusehen ist (aufgrund statistischer Schwankungen), ob (b) diese Abweichung eine Ausnahmesituation ankündigt oder ob (c) diese Abweichung bereits eine Ausnahmesituation darstellt. Im letzteren Fall wäre ein Eingriff in den Prozess, das heißt eine Behandlung der Ausnahmesituation, erforderlich. Im Fall (b) wäre es sinnvoll, eine Frühwarnung (Alert) auszulösen.

Verfahren zur Überwachung von Supply Chains und zur automatischen Erkennung und Behandlung von Ausnahmesituationen sind unter dem Begriff »Supply Chain Monitoring and Exception Handling« bekannt. Neuerdings wurde der Begriff »Supply Chain Event Management« (SCEM) geprägt (Montgomery, Waheed 2001). Ihm liegt die Vorstellung zugrunde, dass während des Ablaufs von Supply-Chain-Prozessen bestimmte Ereignisse (Events) auftreten, die gewisse Handlungen erforderlich machen. Die Abweichung einer SCM-Kennzahl von ihrem Soll-Wert ist ein Beispiel für ein solches Ereignis.

In der Praxis des Geschäftsprozessmanagements entsteht sehr schnell der Wunsch nach so genannten »Referenzmodellen«. Referenzmodelle liefern einheitliche Definitionen, Beschreibungsmethoden und Standardprozesse für ein bestimmtes Anwendungsgebiet. Der Supply Chain Council (SCC) hat sich mit dem »Supply-Chain-Operations-Reference«-Modell (SCOR-Modell) dieser Aufgabe für den Bereich Supply-Chain-Management angenommen (Supply Chain Council 2005). Mit dem SCOR-Modell liegt heute ein hierarchisches SCM-Prozessmodell in vier Beschreibungsebenen vor. Insbesondere wegen der unternehmensübergreifenden Natur des Supply-Chain-Managements und dem dadurch erhöhten Kommunikationsbedarf kommt dem SCOR-Modell die Bedeutung zu, eine einheitliche Sprachregelung für die Partner einer Supply Chain zu liefern.

Es wurde bisher nicht definiert, wo genau die Grenzen (die beiden »Enden«) des Geschäftsprozesses Supply-Chain-Management liegen. Diese Frage lässt sich auch nicht allgemeingültig beantworten. Den besten Hinweis gibt die Forderung »Von der Formulierung bis zur Erfüllung des Kundenwunsches«. Damit ist klar, dass am Ende des Prozesses die Auslieferung eines Produktes (oder einer Dienstleistung) an den Kunden steht.

Der Beginn des Prozesses kann jedoch ganz unterschiedlich angesetzt werden. Die Differenzierung ergibt sich hauptsächlich durch die Frage, ob das Produkt bei der Formulierung des Kundenwunsches bereits definiert ist oder erst für den Kunden entwickelt oder konstruiert werden muss. So können im letzteren Fall Konstruktionsaufgaben, aber auch Aufgaben des strategischen Einkaufs (Lieferantenauswahl, Lieferantenqualifizierung) im Kundenauftragsprozess mit enthalten sein. Das ist der Fall beim so genannten Engineer-to-Order (ETO), das für den Maschinen- und Anlagenbau typisch ist.

Die Supply Chains dieser Unternehmen sind wesentlich umfangreicher, wenn auch nicht notwendigerweise komplexer als die Supply Chains der Unternehmen mit Standard-Produkten. Bei der Herstellung von Standard-Produkten gibt es eine starke Differenzierung nach der Fragestellung, ob das Produkt (a) vorgefertigt werden kann und aus einem Lager ausgeliefert wird, (b) nach Kundenauftrag gefertigt wird, (c) nach Kundenauftrag konfiguriert oder (d) nach Kundenauftrag endmontiert wird. Diese Differenzierung resultiert in den verschiedenen bekannten Fertigungstypen (a) Make-to-Stock (MTS), Deliver-to-Order (DTO), (b) Make-to-Order (MTO), (c) Configure-to-Order (CTO) und (d) Assemble-to-Order (ATO). In allen diesen Fällen kann jedoch davon ausgegangen werden, dass Entwicklungsprozesse bei der Beauftragung abgeschlossen sind, das heißt ein Engineer-to-Market-(ETM)-Prozess stattgefunden hat, und dass die Lieferantenauswahl und -qualifizierung bereits erfolgt ist.

Informationstechnologie im Umfeld von SCM

Gegenüberstellung und Abgrenzung der Begriffe ERP und APS

Mit den wachsenden Anforderungen, die heute an Unternehmen im Umfeld des Supply-Chain-Managements gestellt werden, haben Softwarefirmen neue Lösungen entwickelt, die diesen Aufgaben gerecht werden sollen. Nach dem großen Erfolg und der weiten Akzeptanz der ERP-Systeme (Enterprise Resource Planning, deutsch auch: betriebswirtschaftliche Standardsoftware) wurde erst nach und nach erkannt, dass diese Systeme nicht alle Planungsaufgaben ausreichend lösen konnten.

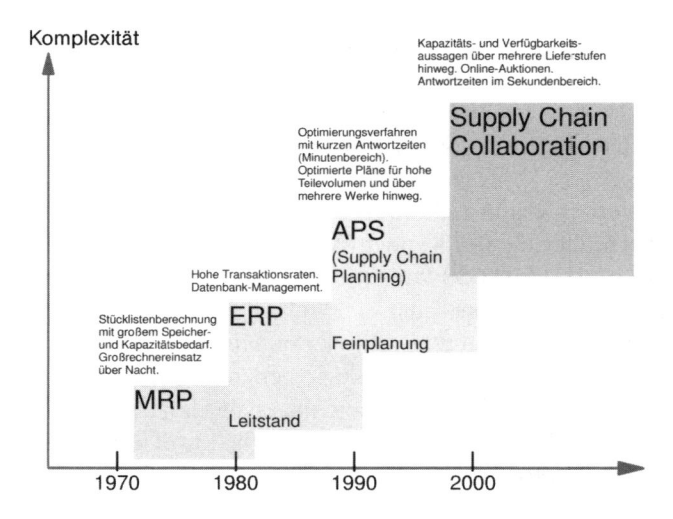

Abb. 15.3: Entwicklung der MRP-, ERP-, APS-Systeme

Deshalb haben sich einige kleinere, innovative Softwarefirmen Anfang der neunziger Jahre darangemacht, solche Lösungen, die zunächst nur als »Nischenlösungen« angesehen wurden, zu entwickeln (Abbildung 15.3).

Marktbeobachter wie AMR, Gartner und Benchmarking Partners haben dafür den Begriff APS-Systeme (Advanced Planning and Scheduling Systems) geprägt und in ihren Publikationen verbreitet.

In Marktanalysen wurden später »SCM-Lösungen« von »ERP-Lösungen« unterschieden, wobei die SCM-Lösungen zunächst mit den APS-Systemen identisch waren und die Trennung deswegen so einfach war, weil sich die Softwarehersteller in die eine oder die andere Kategorie einordnen ließen. Schwierig ist die Unterscheidung des Marktes erst geworden, seit einige ERP-Hersteller SCM-Hersteller aufgekauft haben, um so ihr Angebot zu ergänzen, und andere ERP-Hersteller begonnen haben, eigene SCM-Lösungen zu entwickeln (zum Beispiel SAP).

Eine Abgrenzung der APS-Systeme gegenüber den ERP-Systemen lässt sich grob vereinfacht in einer Hierarchie von Planungsaufgaben darstellen, die wir jetzt für Erklärungszwecke in vier Ebenen eingeteilt haben (vgl. Abbildung 15.4).

Nach dieser Darstellung haben ERP-Systeme vorwiegend transaktionale Aufgaben. Transaktionen sind verbindliche Geschäftsvorfälle wie zum Beispiel Kundenaufträge, Fertigungsaufträge, Bestellungen oder Rechnungsauslö-

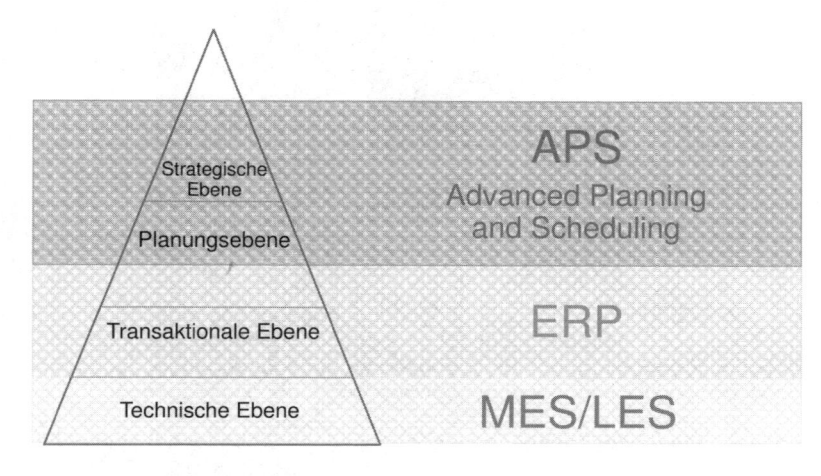

Abb. 15.4: Abgrenzung MES-ERP-APS

sungen. Planung hat immer etwas Vorläufiges, weniger Verbindliches, und setzt sich damit von der verbindlichen, transaktionalen Ebene ab. Es können unter Umständen mehrere Pläne gleichzeitig existieren, und es muss erlaubt sein, verschiedene Szenarien durchzuspielen. Erst wenn ein Plan »verabschiedet« wird, wird er verbindlich und in die transaktionale Ebene zur Ausführung übergeben.

Viele solcher Planungsaufgaben werden im Unternehmen bisher wenig systematisch und höchstens mit individueller IT-Unterstützung wie Tabellenkalkulationsprogrammen angegangen. Der Planungsprozess selbst wird oft nicht ausreichend von allen Beteiligten verstanden und dokumentiert. APS-Systeme erheben den Anspruch, diese Lücke zu schließen, indem sie den Planungsprozess auf eine konsistente, funktionsübergreifende Datenbasis stellen und seine Durchführung überwachen und automatisieren.

Abbildung 15.5 gibt einen Überblick über die typischen Komponenten von APS-Systemen mit Bezeichnungen, wie sie heute bei den meisten Softwareherstellern und teilweise auch in der wissenschaftlichen Literatur üblich sind. Diese Komponenten überdecken grob die Planungsaufgaben, wie sie in Abbildung 15.4 beschrieben wurden. Bezeichnung und Abgrenzung der einzelnen Komponenten können allerdings von Fall zu Fall variieren.

Gemeinsam ist den APS-Systemen, dass ihnen mathematische Planungsmodelle zugrunde liegen. Damit grenzen sie sich auch technologisch von den transaktionsorientierten ERP-Systemen ab. Diese Modelle helfen dem Planer,

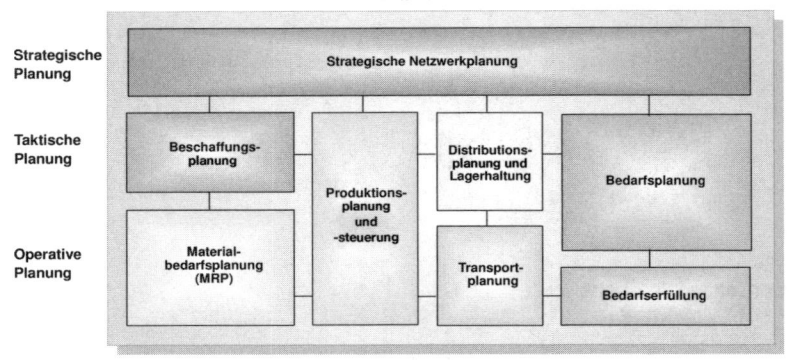

Abb. 15.5: Blockdiagramm APS-System

optimale Entscheidungen zu treffen. Man bezeichnet sie wegen dieser Eigenschaft auch als entscheidungsunterstützende Systeme oder »Decision Support Systems«. In der zwischen der Mathematik und der Betriebswirtschaft stehenden Disziplin »Operations Research« (deutsch, aber weniger gebräuchlich: »Unternehmensforschung«) wurden mathematische Planungsmodelle etwa seit Mitte des 20. Jahrhunderts entwickelt und wissenschaftlich erforscht.

Tabelle 15.2 gibt einen Überblick über die in den verschiedenen Teilbereichen eingesetzten Verfahren.

Erst in der jüngsten Zeit kann man von einem Durchbruch der mathematischen Planungsverfahren in der industriellen Praxis und insbesondere im Bereich des Supply-Chain-Managements sprechen. Das kommt unter anderem daher, dass in heutigen Rechnern Prozessorleistungen und Speichergrößen zur Verfügung stehen, die es erlauben, mathematische Optimierungsprobleme in kürzester Zeit (Minuten, Sekunden, Sekundenbruchteilen) zu lösen.

Damit ist erst ein Einsatz entscheidungsunterstützender Systeme sinnvoll, denn Entscheidungen müssen oft in kürzester Zeit getroffen und Auskünfte umgehend (online) erteilt werden. Ein typisches Beispiel ist die Kundenanfrage, in der sich ein Kunde nach der Lieferbarkeit einer Anzahl von Produkten erkundigt. Wenn diese Produkte nicht am Lager sind, muss geprüft werden, ob sich ein entsprechender Fertigungsauftrag in das laufende Produktionsprogramm einfügen lässt (Try for Fit). Man kann diese Aufgabe mit der Lösung eines Puzzles vergleichen, bei dem bestehende und geplante Aufträge unter Berücksichtigung von Materialverfügbarkeiten, Fertigungs- und Transportka-

Tab. 15.2: OR-Verfahren im Supply-Chain-Management

APS-Teilbereich	Modelle/Verfahren
Strategische Netzwerkplanung	• Standortoptimierung • Supply-Chain-Simulation
Bedarfsplanung	• Statistische Prognoseverfahren (Zeitreihenanalyse, multivariate Analyse) • Neuronale Netze • Dynamische Preisfindungsmodelle (Spieltheorie)
Distributionsplanung und Lagerhaltung	• Netzwerkfluss-Algorithmen • Lagerhaltungstheorie
Transportplanung	• Tourenplanung • Ladungsoptimierung • Transportoptimierung
Produktionsplanung und -steuerung	• Lineare Programmierung • Gemischt-ganzzahlige Programmierung • Ökonomische Losgrößen • Scheduling-Algorithmen • Warteschlangentheorie • Heuristische Verfahren
Materialbedarfsplanung	• Stücklisten-Verfahren (Explosion, Implosion)
Beschaffungsplanung	• Auktionstheorie • Portfoliomanagement • Stochastische Programmierung

pazitäten so lange verschoben werden, bis sich eine entsprechende Lücke für den zusätzlichen Auftrag finden lässt. Mathematisch gesprochen handelt es sich hier um die Lösung eines komplexen kombinatorischen Optimierungsproblems.

Die Lösung dieses Problems ist heute dadurch effizient möglich geworden, dass man das gesamte Planungsmodell einschließlich aller oben genannten Daten in den Hauptspeicher eines Rechners lädt und dort löst (»Memory-Resident Planning«).

SCM als Bestandteil von E-Business

Fortschritte in der Informationstechnik, insbesondere in der Rechnerleistung, haben dazu beigetragen, dass Planungsaufgaben im Umfeld des Supply-Chain-Managements heute unternehmensweit angegangen werden können. Doch erst mit den jüngsten Fortschritten der Kommunikationstechnik, und hier insbesondere den Möglichkeiten des Internets, wird der Durchbruch zum Supply-Chain-Management im eigentlichen, nämlich unternehmensübergreifenden Sinn gelingen. Wenn auch damit die technologischen Voraussetzungen geschaffen sind, so gibt es immer noch viele Aufgaben organisatorischer und mentaler Art zu bewältigen, bevor Unternehmen für diese neue Form der Zusammenarbeit bereit sind (man spricht hier von »Supply Chain Readiness«).

In der Vergangenheit haben sich Unternehmen im Wesentlichen auf sich selbst konzentriert und ihre Planungsaufgaben auf allen Ebenen für sich allein gelöst. Es gab wenig Bereitschaft, über das Notwendigste hinaus mit den Partnern in der Lieferkette zu kommunizieren und sich mit diesen auszutauschen. Dieser Umstand führte zu den bekannten Problemen und Ineffizienzen, wie sie besonders eindringlich durch den Forrester-Effekt beschrieben werden. Erst der Abbau der Kommunikationsbarrieren und die gemeinschaftliche Lösung von Aufgaben führt zu einem durchgängigen, effektiven Supply-Chain-Management.

In Abbildung 15.6 ist dieser Wandel symbolisch dargestellt. Die Darstellung versinnbildlicht, dass dieses Zusammenwachsen von der Basis her stattgefunden hat. Tatsächlich ist ein »Sich-näher-Kommen« auf der physikalischen Ebene etwa in der Automobilindustrie zu beobachten, wo Zulieferer mit ihren Lagern oder Endmontagewerken ganz in die Nähe, ja fast vor die Werkstore der Automobilhersteller gerückt sind, um ohne Zeitverlust und Just-in-Time oder Just-in-Sequence an deren Produktionslinien anliefern zu können.

Die Kommunikation auf transaktionaler Ebene ist der elektronische Datenaustausch mit EDI, der in der Automobilindustrie, aber auch im Handel weite Verbreitung gefunden hat.

Die ersten Unternehmen gehen heute dazu über, auch auf der Planungsebene miteinander zu kooperieren. Für die APS-Systeme bedeutet das, dass gerade die Planungsaufgaben, die an den Schnittstellen zu Kunden und Lieferanten liegen, für den unternehmensübergreifenden Einsatz tauglich gemacht werden müssen (vgl. Abbildung 15.7).

Die Softwarehersteller haben reagiert und Systeme auf den Markt gebracht, die heute vielfach unter dem Schlagwort »Collaborative Planning« angeboten werden. »Collaborative Planning« oder »Supply Chain Collaboration« fügt

Abbau von Kommunikationsbarrieren und gemeinschaftliche Lösung von Aufgaben:

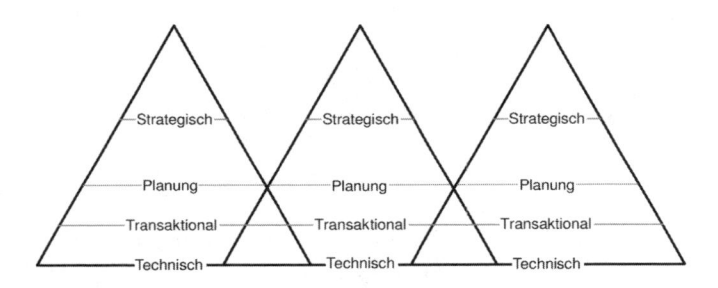

Abb. 15.6: Zusammenwachsen von Aufgaben im Supply-Chain-Management

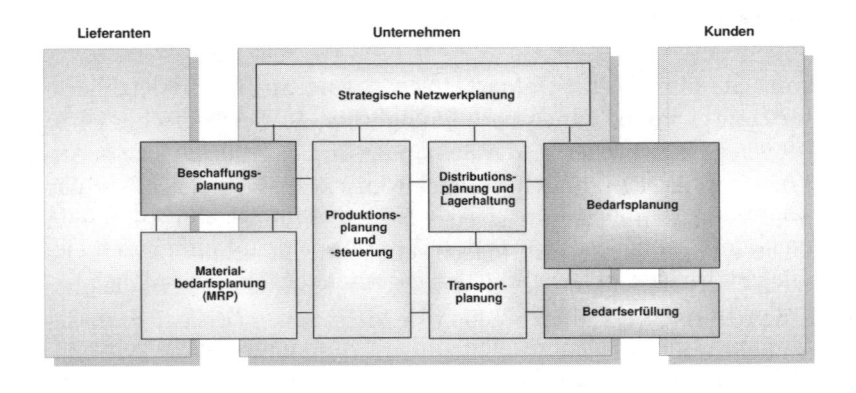

Abb. 15.7: Planungsaufgaben an den Schnittstellen zu Kunden und Lieferanten

sich in einen größeren Kontext ein, der mit »E-Collaboration« oder »Collaborative Commerce« (»C-Commerce«) umrissen wird.

Die heute immer noch dominierende »E-Business«-Anwendung ist das Anbieten und Verkaufen von Produkten und Dienstleistungen über das Internet (»Web-Selling«, »Web-Shops«, oft noch synonym mit »E-Commerce«). Hier spricht man auch von einer B2C-Anwendung (Business-to-Consumer), weil sie sich aus dem unternehmerischen Bereich an die Kunden oder Verbraucher wendet.

Langsamer, aber mit bedeutend höherem wirtschaftlichen Potenzial beginnen sich B2B-Anwendungen (Business-to-Business) durchzusetzen, also Anwendungen, über die Unternehmen untereinander Geschäfte abwickeln. Supply-Chain-Management ist eine dieser B2B-Anwendungen. Für die Verknüpfung von Supply-Chain-Management und E-Business werden bereits Begriffe wie E-SCM, E-Supply Chain und E-Logistik geprägt.

Andere E-Business-Anwendungen sind der elektronische Einkauf (E-Procurement, E-Sourcing) oder die firmenübergreifende Produktentwicklung über das Internet (E-Design, Collaborative Design, E-PLM für Product Lifecycle Management).

Wenngleich sich diese E-Business-Anwendungen unabhängig voneinander entwickelt haben und auch ganz unterschiedliche Softwareanbieter an der Bereitstellung von Lösungen beteiligt waren, so besteht heute die Chance der Integration auf Plattformen, die wir »elektronische Marktplätze« nennen.

Ausblick

SCM und elektronische Marktplätze

Elektronische Marktplätze (E-Marketplaces) sind im Internet etablierte Plattformen, die es ihren Teilnehmern ermöglichen, in elektronischer Form Informationen auszutauschen und miteinander Geschäfte abzuwickeln. Anfänglich hat man als Funktionen der elektronischen Marktplätze nur das Kaufen und Verkaufen beziehungsweise das Durchführen von Auktionen gesehen. Diese Vorstellung wurde jedoch sehr schnell überholt. Es ist heute geradezu ein Charakteristikum der elektronischen Marktplätze, dass sie über das reine Kaufen und Verkaufen hinaus eine Vielzahl von Geschäftstransaktionen ermöglichen.

Im B2B-Bereich zielen elektronische Marktplätze darauf ab, den gesamten Kommunikationsbedarf, der zwischen Unternehmen besteht, auf eine ein-

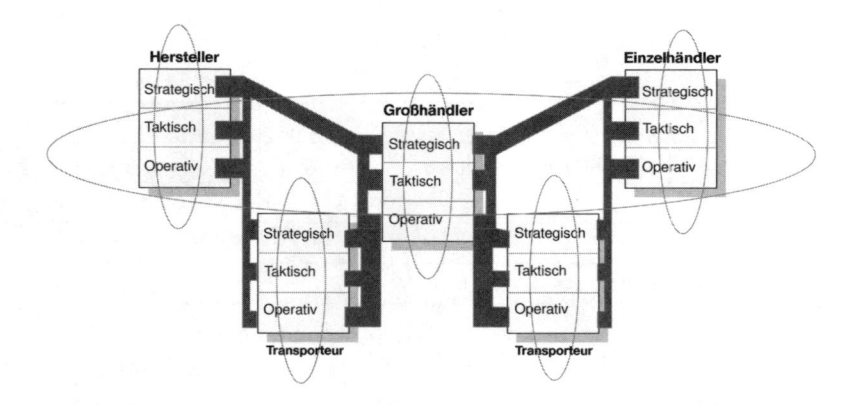

Abb. 15.8: Kommunikation auf allen Ebenen in der Supply Chain

heitliche elektronische Plattform zu stellen. Das kann bei der Geschäftsanbahnung beginnen (Einholen von Informationen, Ausschreibungen, Angebote) und bei der Geschäftsabwicklung enden (Bestellungen, Lieferbestätigungen, Rechnungen). Damit lösen elektronische Marktplätze letztendlich alle Medien und Kommunikationstechnologien ab, die bisher zu diesen Zwecken eingesetzt wurden, also Marketingunterlagen, Kataloge, Schriftverkehr, Telefon, Telefax und EDI.

Ein besonderer Vorzug der elektronischen Marktplätze liegt darin, dass sie sowohl einen öffentlichen Informationsaustausch, wie er bei der Geschäftsanbahnung gewünscht ist, unterstützen, als auch die private, geschützte Kommunikation, wie sie zur Abwicklung von Geschäften erforderlich ist, dass sie aber beide Formen der Kommunikation auf einer einzigen Plattform anbieten und damit den Übergang von der Anbahnungs- in die Abwicklungsphase enorm vereinfachen und beschleunigen. Diesen Vorzug des Internets kennt jeder, der selbst schon in Bücherkatalogen gesurft und dann bei Bedarf oder Gefallen aus der jeweiligen Katalogseite heraus »per Mausklick« ein Buch bestellt hat.

Es liegt auf der Hand, dass elektronische Marktplätze gerade auch für das Supply-Chain-Management eine besondere Chance darstellen, denn hier gibt es zwischen Unternehmen einen Kommunikationsbedarf von der strategisch-planerischen Ebene bis hinunter zur transaktionalen und operativen Ebene (vgl. Abbildung 15.8).

Umfragen haben gezeigt (Richardson 2001), dass vier der zehn wichtigsten Anforderungen, die Unternehmen an die Funktionalität von elektronischen

Tab. 15.3: Wichtigkeit von Funktionen elektronischer Marktplätze

Funktion	Wichtigkeit
Suche nach Produkten	8.6
Auftragsverfolgung (Order Tracking & Tracing)	8.6
Produktkatalog	8.3
Suche nach Lieferanten	8.1
Lieferanten-/Kundenanbindung	7.6
Ausschreibungen	7.4
Lieferanten-/Kundenverzeichnis	7.3
Transportmanagement	6.8
Zusätzliche Handelsinformationen	6.6
Kollaborative Absatz- und Lieferplanung	6.5
Gemeinsame Planung/Steuerung	6.3
Online-Experten	6.1
Bearbeitung von Rückläufern	5.9
Überschussbestände	5.9
Verhandlungen	5.7
Allgemeine Wirtschaftsnachrichten	5.7
Branchenspezifische Nachrichten	5.3
Kollaboratives Produktdesign	5.2
Auktionen	4.5

Marktplätzen stellen, aus dem Umfeld des Supply-Chain-Managements kommen: Auftragsverfolgung, Kunden-/Lieferantenanbindung, Transportmanagement und kollaborative Absatz- und Lieferplanung. Die anderen als wichtig eingestuften Anforderungen sind – wenn es sich nicht um reine Informationsdienste handelt – den Bereichen Einkauf und (mit etwas Abstand) der gemeinsamen Produktentwicklung zuzuordnen.

Wenn die Unternehmen also große Chancen darin sehen, ihre Zusammenarbeit in den Bereichen Supply-Chain-Management, Einkauf und Entwicklung über elektronische Marktplätze abzuwickeln, dann erwächst hieraus eine Herausforderung an die Hersteller und Betreiber (Provider) elektronischer Marktplätze, diese Funktionen in einer integrierten Weise anzubieten.

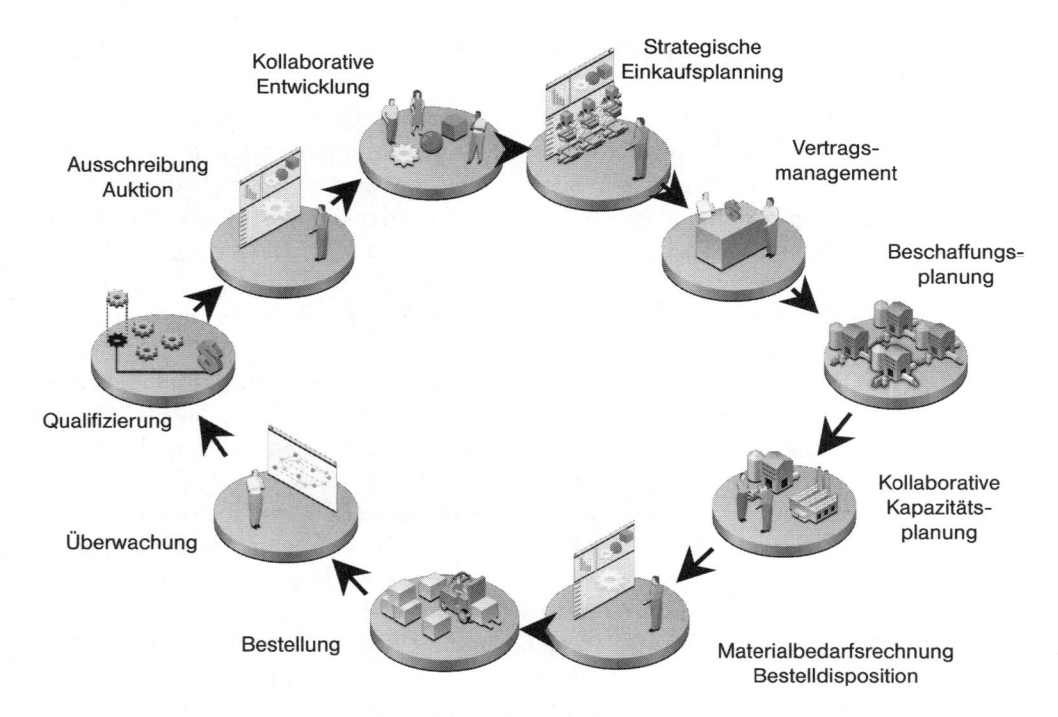

Abb. 15.9: Prozessintegration von Einkaufs-, Entwicklungs- und Logistikaufgaben

Abbildung 15.9 zeigt eine solche Prozessintegration von Einkaufs-, Entwicklungs- und Logistikaufgaben, wie sie heute auf elektronischen Marktplätzen möglich ist und teilweise auch schon realisiert wurde.

Mit Hilfe elektronischer Marktplätze wird sich in Zukunft der Aufwand, neue Geschäftspartner zu finden und mit diesen eine Geschäftsbeziehung aufzubauen, erheblich reduzieren. Damit wird aber auch der Entschluss, eine Geschäftsbeziehung wieder aufzulösen, leichter werden. Dies führt am Ende zu einer größeren Dynamik in der Entstehung und Umbildung von Supply Chains und zu einer größeren Flexibilität und Anpassbarkeit von Supply Chains an bestimmte Markterfordernisse.

Der Weg zur ›On-Demand‹ Supply Chain

Fortschritte in der Informations- und Kommunikationstechnik (APS-Systeme, Internet) haben die Voraussetzungen dafür geschaffen, dass heute ein Supply-Chain-Management über die Grenzen eines einzelnen Unternehmens hinweg praktiziert werden kann. Damit werden die wesentlichen Ursachen des Forrester-Effekts überwunden. Mit den heutigen Technologien können Firmen so eng verzahnt und aufeinander abgestimmt arbeiten, dass man von der Supply Chain als einem »virtuellen Unternehmen« sprechen kann (Reid et al. 1996, Upton, McAfee 1996).

Um den ständig wechselnden Herausforderungen der Zukunft zu begegnen, müssen die Unternehmen weitere Schritte in Richtung Flexibilität, Reaktionsfähigkeit und Anpassbarkeit tun. Unternehmen und Supply Chains müssen in der Lage sein, die wirtschaftlichen Veränderungen in ihrem Umfeld zu beobachten (Sense), um bei Bedarf (On-Demand) die richtigen Antworten darauf geben zu können (Respond). Ist diese Fähigkeit erreicht, dann sprechen wir von einem »Adaptive Enterprise« (Haeckel 1999) oder von einem »On-Demand Enterprise« (Zisman 2003), aber auch von »Adaptive Supply Chains« oder »On-Demand Supply Chains« (Mitchell et al. 2003). Der Weg dahin verlangt ein radikales Umdenken und ist mit Veränderungen in der Organisation und in den Geschäftsprozessen verbunden. Die Informations- und Kommunikationstechnik leistet aber auch hier wichtige Hilfestellung: Mit »Sense-and-Respond«-Technologien gelingt es heute, Sensoren in die wichtigsten Geschäftsabläufe des Unternehmens so zu integrieren, dass wichtige Kenngrößen ständig überwacht, Abweichungen von der Norm beziehungsweise kritische Ausnahmesituationen sofort erkannt und Gegenmaßnahmen eingeleitet werden können (Lin et al. 2002). Auf der Maßnahmenseite (Respond) spielen dabei Verfahren eine Rolle, die ihre Wurzeln auf dem Gebiet der »künstlichen Intelligenz« haben und heute unter dem Begriff »Business Intelligence« bereits weit verbreitet sind.

Auf dem Weg zum Supply Chain Management on Demand (An, Fromm 2005) werden Innovationen in der Informations- und Kommunikationstechnik der Schlüssel zum Erfolg sein. Schon heute ist ein modernes Supply-Chain-Management ohne IT nicht mehr denkbar. Die Informations- und Kommunikationstechnik hat sich dabei von einer kostspieligen Notwendigkeit zu einem entscheidenden Wettbewerbsfaktor entwickelt. Innovationen im Supply-Chain-Management werden in Zukunft mit Innovationen in der IT gleichzusetzen sein.

Literatur

An, C.; Fromm, H.: *Supply Chain Management on Demand*, Berlin/Heidelberg/New York, April 2005

Forrester, J. W.: »Industrial Dynamics: A major breakthrough for decision makers«, in: *Harvard Business Review*, Juli–August 1958, Nachdruck in: *Logistik Management* (1) 2000

Haeckel, S.: »Adaptive Enterprise: Creating and leading Sense-and-Respond Organizations«, in: *Harvard Business School Press*, Cambridge, MA, 1999

Kaplan, R.S.; Norton, D. P.: »The Balanced Scorecard – Measures That Drive Performance«, in: *Harvard Business Review*, Januar–Februar 1992

Lin, G. et al.: »The Sense and Respond Enterprise«, in: *OR/MS Today*, 29 (2) 2002

Mitchell, M.; Bourdé, M.; Butner, K.; Hawker, C.: *Transforming your supply chain to on demand*, IBM Business Consulting Services, 2003

Montgomory, N.; Waheed, R.: *Supply Chain Event Management Enables Companies To Take Control of Extended Supply Chains*, AMR Research Report on European E-Business, September 2001

Reid, R. L.; Rogers, K. J.; Johnson, M. E.; Liles, D. H.: *Engineering The Virtual Enterprise*, 5th Industrial Engineering Research Conference, Minneapolis, MN, May 1996

Richardson, B.: *When Worlds Collide*, Vortrag auf der LINK 2001, Las Vegas, März 2001

Simchi-Levi, D.; Kaminsky, P.; Simchi-Levi, E.: *Designing and Managing the Supply Chain*, McGraw-Hill, 2000

Supply-Chain Council: *Supply-Chain Operations Reference-model, SCOR Version 7.0 Overview*, 2005, im Internet abrufbar unter: www.supply-chain.org

Upton, D. M.; McAfee, A.: »The Real Virtual Factory«, in: *Harvard Business Review*, Juli–August 1996

Zisman, M. D.: *IBM's Vision of the On Demand Enterprise*, IBM Almaden Conference on the Co-Evolution of Business and Technology, 2003

16
Logistik – Prozesse und Konzepte für die Beschaffung

Wolfgang Stölzle und Annette Hoffmann

Grundzüge der Logistikkonzeption

Obwohl der Logistik-Begriff im militärischen Bereich bereits eine lange Tradition hat, wurde seine Übertragbarkeit auf betriebswirtschaftliche Fragestellungen erst in den fünfziger Jahren erkannt und vollzogen. Im Mittelpunkt standen zunächst die traditionellen Funktionen Transport, Lagerung und Umschlag von Gütern. Die Logistik akzentuiert dabei die Art und Weise, wie die involvierten Akteure ihre Transport-, Umschlag- und Lageraufgaben im Verbund wahrnehmen.

Einem zeitgemäßen Verständnis entsprechend verfolgt die Logistik das Ziel, Material- und Warenströme mitsamt den korrespondierenden Informationen intelligent zu bündeln und zu verteilen, um so die Verfügbarkeit von Materialien und Waren zur richtigen Zeit am richtigen Ort zu gewährleisten. Die Logistik erstreckt sich somit auf die gesamte Wertschöpfungskette von der Beschaffung über produktions- und wertsteigernde Dienstleistungen bis hin zur Distribution. Mit der Sicherstellung von Verfügbarkeit bei den Bedarfsträgern verbunden sind Entscheidungen über Bestände, die Wahl von Verkehrsträgern sowie die Optimierung innerbetrieblicher Prozesse.

Die betriebswirtschaftliche Logistikkonzeption zeichnet sich durch einige grundlegende Charakteristika aus:

Wert- und nutzenorientiertes Denken

Wirtschaftliche Güter dienen dem Ver- und/oder Gebrauch. Sie unterliegen somit der Bedürfnisbefriedigung von Individuen und stiften insofern einen Nutzen. Dabei unterscheidet man zwischen Gestaltnutzen, Nutzen aus dem Recht am Gut, Informationsnutzen, Ortnutzen und Zeitnutzen. Diese Nutzenarten und ihre logistische Bedeutung lassen sich anhand von Beispielen verdeutlichen.

Praxishandbuch innovative Beschaffung. Herausgegeben von Ulli Arnold und Gerhard Kasulke
Copyright © 2007 WILEY-VCH Verlag GmbH & Co. KGaA, Weinheim
ISBN: 978-3-527-50114-4

Ein Gestaltnutzen entsteht etwa durch die Beschaffenheit und die Form eines Produktes. Für eine Nutzenstiftung beim Bedarfsträger muss dieser über die Existenz des Produkts informiert werden (Informationsnutzen). Durch dessen Bereitstellung beim Bedarfsträger entsteht ein Ortnutzen. Findet die Verfügbarmachung zum gewünschten Zeitpunkt statt, erzielt man einen Zeitnutzen. Mit der Übertragung des Rechts am Gut wird dieses dem Bedarfsträger zu seiner Disposition überlassen.

Systemdenken

Für die Logistikkonzeption ist das Systemdenken ein prägender Aspekt, denn es fördert das Erkennen von Interdependenzen zwischen den verschiedenen Logistiksystemen. Logistikprozesse müssen im Zusammenhang miteinander betrachtet werden, um ihr Zusammenwirken und ihre Schnittstellen zu verstehen. Die Auswirkungen von Änderungen (insbesondere aus Kostensicht) eines Logistikprozesses auf einen anderen Logistikprozess können so abgeschätzt und entsprechend gesteuert werden. Entscheidet sich beispielsweise ein Unternehmen für die Nutzung eines anderen Transportmittels, kann dies die Anschaffung neuer Behälter bedeuten oder Auswirkungen auf die Lagerbestände haben.

Gesamt- oder Totalkostendenken

In engem Zusammenhang mit dem Systemdenken steht auch das Gesamt- oder Totalkostendenken. Wird beispielsweise bei der Beschaffung im Rahmen der so genannten Make-or-buy-Entscheidung aus Kostengründen eine Fremdfertigung der Eigenfertigung vorgezogen, gilt es auch, die gegebenenfalls höheren Transportkosten sowie die eventuell gestiegenen Bestandskosten infolge der Absicherung neuer Risikokategorien des Outsourcings zu berücksichtigen.

Servicedenken

Logistische Leistungen resultieren aus den Prozessen der Logistiksysteme und erbringen einen eigenen Wertschöpfungsbeitrag. Dieser wird aus Kundensicht als Zusatznutzen – neben dem Grundnutzen aus der Gestalt eines

Produkts – wahrgenommen. Insofern lassen sich Logistikleistungen als Serviceleistungen interpretieren, die maßgeblich die Kundenzufriedenheit beeinflussen. Der Lieferservice als aggregierte Größe für Logistikleistungen enthält die Komponenten Lieferzeit, Lieferzuverlässigkeit, Lieferbeschaffenheit und Lieferflexibilität.

Logistisches Effizienzdenken

Soll ein Logistiksystem effizient gestaltet werden, sind sowohl die Logistikkosten als auch die Logistikleistungen zu berücksichtigen. Das bedeutet beispielsweise, dass zwischen den Kosten- und Servicezielen ein Ausgleich geschaffen werden muss. Dabei erfährt die technologische Effizienzdimension eine Ergänzung um eine wirtschaftliche Effizienzbetrachtung von Logistiksystemen. Was beispielsweise für eine effiziente Lagerhaltung – im Sinne von kurzen Durchlaufzeiten, niedrigen Beständen oder Ähnlichem – spricht, kann gegebenenfalls negative Auswirkungen auf die Lieferzuverlässigkeit und somit auf den Lieferservice haben. Dabei erweisen sich die Messbarkeit des Service und dessen Auswirkungen auf die Logistikkosten als schwierig. Ferner können eine soziale und eine ökologische Effizienzdimension zur Beurteilung von Logistiksystemen herangezogen werden.

Konsequenzen des Logistikdenkens

Bei der Betrachtung der Konsequenzen des Logistikdenkens bietet sich eine Unterscheidung in eine funktionale, prozessuale und institutionale Dimension an. In der Betriebswirtschaftslehre werden in sich geschlossene Aufgabenbereiche als eine betriebswirtschaftliche Funktion angesehen. Somit nimmt die Logistik eine eigene Funktion im Unternehmen ein, die im Querschnitt zu den betrieblichen Grundfunktionen angesiedelt ist. Diese Funktion kann entweder eine eigene Organisationseinheit oder ein spezialisiertes, organisatorisch nicht eigenständig verankertes Teilgebiet bilden. Prozessuale Konsequenzen des Logistikdenkens kommen in der funktions- und bereichsübergreifenden Konfiguration logistischer Aktivitäten zum Ausdruck. Ferner hat das Logistikdenken institutionale Auswirkungen, die aus der Notwendigkeit einer organisatorischen Zusammenlegung logistischer Aufgaben resultieren. Dazu zählen zum Beispiel das Outsourcing ganzer Logistik-Subsysteme (Distribution) an einen spezialisierten Logistikdienstleister oder auch die

Bündelung eingehender Sendungen durch den Einsatz eines Gebietsspediteurs.

Logistiksysteme lassen sich nach mehreren Kriterien voneinander abgrenzen. Eine institutionelle Abgrenzung unterscheidet nach Mikro-, Makro- und Metalogistik. Mikrologistische Systeme sind einzelwirtschaftlich, das heißt unternehmensbezogen ausgerichtet und werden durch die jeweiligen Geschäftstätigkeiten des Unternehmens geprägt. Ein in sich geschlossenes mikrologistisches System bilden beispielsweise das Lagerhaus oder der Fuhrpark eines Unternehmens. In die makrologistische Betrachtung fließen alle Güterbewegungen ein, die gesamtwirtschaftlicher Art sind, zum Beispiel das Güterverkehrssystem einer Volkswirtschaft. Die Metalogistik ist zwischen den beiden zuvor beschriebenen Systemebenen angesiedelt. Hierbei handelt es sich beispielsweise um die Betrachtung unternehmensübergreifender horizontaler oder vertikaler Kooperationen.

Abgrenzung und Bedeutung der Unternehmenslogistik

Die Unternehmenslogistik umfasst die Planung, Steuerung und Kontrolle sowie die Gestaltung der für das einzelne Unternehmen relevanten Material- und Warenbewegungen sowie -bestände einschließlich der damit korrespondierenden Informationsflüsse. Dabei ist eine Differenzierung nach Segmenten des Güterflusses in Beschaffungs-, Produktions-, Distributions- und Entsorgungslogistik besonders für phasenbezogene Logistikentscheidungen hilfreich. Nachstehend werden diese Subsysteme aus mikrologistischer (unternehmenslogistischer) Sicht beleuchtet.

Die Beschaffungslogistik hat die Aufgabe, eine mengen-, termin- und qualitätsgerechte Materialversorgung der internen Bedarfsträger sicherzustellen. Die benötigten Roh-, Hilfs- und Betriebsstoffe, Teile und Komponenten »fließen« von Zulieferern entweder einstufig oder mehrstufig über Umschlagpunkte beziehungsweise Versorgungslager zum Abnehmer. Die Beschaffungslogistik genießt immer dann besondere Bedeutung, wenn das Bedarfsvolumen und die Wertigkeit der zu beschaffenden Güter beachtliche Auswirkungen auf die Kapitalbindung haben und zugleich die Prozesse zur Verfügbarmachung der Güter mit spezifischen Risiken behaftet sind.

Die Produktionslogistik befasst sich mit der Ver- und Entsorgung der Produktion. Darunter fallen alle Tätigkeiten zur Sicherstellung des Material- und Informationsflusses vom Wareneingang über die Stufen des Fertigungsprozesses bis hin zum Versand. Dabei ist ein Entwicklungstrend in Richtung

Produktions- beziehungsweise Fertigungstiefenreduzierung erkennbar, der nach einer Make-or-buy-Analyse zu einer Fremdvergabe einzelner Vorgänge innerhalb der Wertschöpfungskette bis zur Auslagerung ganzer Bereiche führen kann (Outsourcing). Die Produktionsentsorgung hat die möglichst umgehende Weiterleitung der Materialien und Produkte nach Abschluss des Fertigungsprozesses zum Gegenstand. Dies bezieht sich auch auf die Verfügbarmachung der Endprodukte für die Distribution.

Zu den Aufgaben der Distributionslogistik gehört die Güterverteilung mit allen damit verbundenen Informationsflüssen bezüglich der Spezifizierung von Sendungen, Behältern und der eingesetzten Verkehrsträger. Die Konsumgüterindustrie stellt aufgrund heterogener Sendungsstrukturen, Verpackungsarten, besonderer Hygiene- und Temperaturbedingungen sowie weit gestreuter Anlieferungspunkte besondere Anforderungen an die Distributionslogistik. Handelsunternehmen beispielsweise streben eine Bündelung der Warenbelieferung an, wodurch eine Zusammenführung von Sendungen unterschiedlicher Lieferanten erforderlich wird. Eine mögliche Umsetzung dieser gebündelten, lieferantenübergreifenden Versorgung kann durch Zentrallager erfolgen, welche die gesamte Sortimentsbreite eines Handelunternehmens vorhalten. Dabei werden die Waren in den jeweils vom Abnehmer bestellten Mengen und Sorten zur Auslieferung bereitgestellt. Demgegenüber haben Regionallager die Aufgabe, innerhalb einer bestimmten Absatzregion – diese kann zum Beispiel aus mehreren Verkaufsgebieten bestehen – diejenigen Teile des Sortiments, die vergleichsweise nah bei den Kunden liegen müssen, zu bevorraten.

Der Entsorgungslogistik kommt die Aufgabe der Gestaltung und Steuerung der Entsorgungsprozesse von Abfällen zu. Dazu zählen beispielsweise Produktionsabfälle, gebrauchte Verpackungen und Altgeräte, die beseitigt, der Verwertung in einem anderen Unternehmen zugeführt werden müssen oder wieder in die eigene Produktion eingehen. Die Kreislaufführung hat zum Ziel, den Bedarf natürlicher Ressourcen zu reduzieren und Umweltbelastungen durch Emissionen zu beschränken. Es kann im Rahmen der Entsorgungslogistik nach einer Rückführung von Abfällen (Redistribution) sowie einer Versorgung von Demontage-, Recycling- und Beseitigungsanlagen unterschieden werden. Insbesondere ist darauf zu achten, dass Bauteile oder Werkstoffe möglichst kontrolliert im Wirtschaftskreislauf gehalten und die nicht kreislauffähigen Abfälle umweltgerecht beseitigt werden. Mit der Kreislaufwirtschaft sind spezifische Herausforderungen verbunden, die eine Anpassung der unternehmensbezogenen und -übergreifenden Logistiksysteme bezüglich Demontage, Fraktionierung, Aufbereitung und Verwertung erfordern.

Die Logistik hat sich von einer sich stark auf die physischen Abläufe konzentrierenden Unternehmensfunktion zu einem prozessorientierten Managementkonzept entwickelt. Sie integriert Funktionen zu Prozessketten und Unternehmen zu Wertschöpfungsketten. Insofern widmet sich die Logistik verstärkt der Gestaltung und dem Management von komplexen Unternehmensnetzwerken. Dabei können die Erfahrungen aus partnerschaftlichen Logistikkonzepten wie etwa der Just-in-Time-Anlieferung bei den Herausforderungen der Netzwerksteuerung eine wertvolle Unterstützung leisten.

Dass sich die Logistik einer steigenden Bedeutung erfreut, liegt unter anderem an der Anerkennung ihrer Potenziale, die sie für ein Unternehmen birgt. Dazu zählen Rationalisierungsmaßnahmen durch logistische Prozesse, etwa im Zuge der

- Standardisierung von Verpackungen,
- Bestandsreduzierung mit Hilfe von optimierten Bestellpolitiken,
- Verbesserung der Handhabbarkeit von Produkten (Lagern, Umschlagen, Montage),
- Beschleunigung von Lagerprozessen (Systematisierung von Standorten im Lager, Kommissionierungsstrategien),
- Verbesserung des Gewicht-Volumen-Verhältnisses, zum Beispiel durch Erhöhung der Dichte von zu lagernden Produkten,
- Bündelung von Sendungen (zeitliche und räumliche Zusammenfassung),
- Einführung von Linien- und Terminverkehren zur Verkürzung von Wartezeiten und Vermeidung von Abrissen in der Materialversorgung,
- materialflussoptimierten Fabrikplanung und
- Unterstützung aller Prozesse entlang der Wertschöpfungskette durch integrierte Informationssysteme.

Die Auswahl dieser Rationalisierungspotenziale macht gleichzeitig die Interdependenzen der Funktionsbereiche innerhalb eines Unternehmens sowie die wechselseitigen Beziehungen zwischen den Netzwerkakteuren deutlich.

Neben den Rationalisierungs- sind die Wettbewerbspotenziale der Logistik zu erwähnen, denn die Wettbewerbsposition eines Unternehmens lässt sich unter anderem durch dessen Serviceleistungen verbessern. Maßgebliches Element zum Aufbau von Kundenbindung ist der Lieferservice, gegebenenfalls ergänzt um logistikfremde Serviceleistungen. Insbesondere die Kontraktlogistik, die sich durch individuell maßgeschneiderte und schwer substituierbare Logistikdienstleistungsbündel charakterisiert, bietet ein weites Spektrum an Maßnahmen zur Kundenbindung. Aufgrund der relativen Marktintransparenz logistischer Leistungsbündel sowie der begrenzten Imitierbarkeit sind diese Wettbewerbsvorteile von nachhaltiger Natur und damit von strategischer Relevanz.

Unternehmensweite und -übergreifende Logistikprozesse

Logistische Prozesse umfassen Transport-, Lager- und Umschlagvorgänge (Kernprozesse) sowie Verpackungs-, Signier- und Identifizierungsvorgänge (Unterstützungsprozesse). Logistikprozesse schaffen spezifische materielle Verfügbarkeiten auf den nachfolgenden Stufen der Wertschöpfungskette. Somit entstehen logistische Versorgungsketten und -netze als Abfolgen und Verknüpfungen logistischer Prozesse.

Logistikprozesse lassen sich nach unternehmensweiten und unternehmensübergreifenden Prozessen differenzieren. Dabei bezieht sich die unternehmensweite Abgrenzung auf die Prozesse, die in einem Unternehmen zwischen den Lieferanten und den Kunden ablaufen und auf die es einen Einfluss ausüben kann. Die unternehmensübergreifende Betrachtung beschreibt die Prozesse innerhalb eines Unternehmensnetzwerks und beleuchtet daher zusätzlich auch die Abläufe, die ein Unternehmen nicht direkt beeinflussen kann.

Der Materialfluss in der Produktionslogistik bietet sich als Beispiel für einen unternehmensweiten Logistikprozess an. Er umfasst alle Aktivitäten, die in Zusammenhang mit der Versorgung des Fertigungsprozesses mit Einsatzgütern (zum Beispiel Roh-, Hilfs-, Betriebsstoffe sowie Halbfertigerzeugnisse und Kaufteile) und der Abgabe der Halbfertig- und Fertigerzeugnisse an das Absatzlager stehen. Gemäß VDI-Richtlinie 3300 wird der Materialfluss definiert als die Verkettung aller Vorgänge beim Gewinnen, Be- und Verarbeiten sowie bei der Verteilung von Gütern innerhalb festgelegter Bereiche.

Der Materialfluss bildet die physische Ausgestaltung der Wertschöpfungskette vom Lieferanten bis zum Abnehmer mit allen damit verbundenen Teilprozessen. Zum Bearbeiten zählt jeder Vorgang, bei dem ein Erzeugnis dem Zustand näher gebracht wird, in dem es das Unternehmen verlassen soll. Das gilt sowohl für Rohstoffe als auch für Werkstücke. Unter Handhaben versteht man alle Bewegungsvorgänge zu Beginn und Abschluss von Fertigungsvorgängen (Bearbeitung) sowie Förder- und Lagervorgänge. Mit Transportieren ist jede bewusste Ortsveränderung von Gütern zwischen Bearbeitungsstufen und Lagerung gemeint. Das Prüfen schließt jeden Kontrollvorgang während des Materialflusses ein, zum Beispiel das Messen, Wiegen und Kontrollieren. Während ein Aufenthalt jede Unterbrechung des Materialflusses ohne Übergang in ein Lager beschreibt, bewirkt die Lagerung das Abreißen des Materialflusses mit einem Übergang in einen Lagerbereich. Jeder Teilprozess beim Materialfluss steht im Zusammenhang mit korrespondierenden Informationsflüssen innerhalb eines Unternehmens sowie zwischen den beteiligten Unternehmen und Personen.

Als Beispiel für einen unternehmensübergreifenden Logistikprozess wird die Redistribution herangezogen. Aufgabe der Redistributionslogistik ist zunächst, die für ein bestimmtes Rückführungssystem bestimmten Abfälle mengenmäßig zu erfassen und für die Wiederverwertung verfügbar zu machen. Die Redistributionsprozesse verlaufen zu den logistischen Subsystemen der Beschaffung, Produktion und Distribution entgegengesetzt. Gegenstand der Redistributionslogistik sind ausgediente Gebrauchsgüter und Verpackungen, die von den Anfallorten zu den Orten ihres Wiedereinsatzes gebracht werden und im Verlauf dieser Prozesskette weiter gehende Behandlungs- und Aufbereitungsprozesse erfahren.

Die Redistributionslogistik ist als eine Kette unterschiedlicher Teilprozesse zu verstehen. Dazu zählen beispielsweise die Sammlung und Trennung, die Demontage, die Lagerung, der Umschlag, der Transport, die Aufbereitung, der Wiedereinsatz und schließlich die Beseitigung der Objekte. Jeder dieser Teilprozesse besteht wiederum aus Subprozessen, bei deren Durchführung jeweils verschiedene Anwendungstechniken zum Einsatz kommen (zum Beispiel Behältersysteme für die Sammlung der zu beseitigenden Abfälle, Demontagetechniken, unterschiedliche Verfahren zur Aufbereitung sowie zur Deponierung oder Verbrennung). Das hierfür benötigte Fachwissen und die notwendigen Kenntnisse der rechtlichen Rahmenbedingungen erklären die Übernahme von Redistributionsaktivitäten vieler Unternehmen durch spezialisierte Dienstleister.

Ausgewählte Logistikkonzepte in der Beschaffung

In der Beschaffungslogistik lassen sich verschiedene Beschaffungskonzepte unterscheiden. Im Rahmen dieses Beitrags werden zwei besonders verbreitete Konzepte vorgestellt: das Just-in-Time-Konzept und das Gebietsspediteurkonzept.

Just-in-Time-Konzept

Das Just-in-Time-Konzept – auch einsatzsynchrone Anlieferung genannt – sieht eine unternehmensübergreifende, bedarfsgerechte Versorgung vor. Das Ziel des Konzepts besteht in einer bestandsarmen, sofern möglich bestandslosen Versorgung eines industriellen Abnehmers. Das Konzept sieht vor, die benötigten Materialien im Anschluss an den Fertigungsprozess direkt an den Bedarfsträger zu liefern, ohne Bestände vorzuhalten.

Betrachtet man die Just-in-Time-Anlieferung aus prozessualer Sicht, ist die Umstellung der traditionellen Push-Steuerung auf ein Pull-Prinzip hervorzuheben, die aus dem Impuls für ein enges Zusammenwirken der Beschaffung des Abnehmers und der Produktion des Zulieferers hervorgeht. Das Just-in-Time-Konzept setzt eine starke Abstimmung sowie informationstechnische Integration von Zulieferer und Abnehmer voraus. Man unterscheidet zwischen blockgerechten Abrufen, die auf den Bedarf einzelner Zeitabschnitte ausgerichtet sind und Teile betreffen, die noch nicht einer bestimmten Auftragsreihenfolge zugeordnet sind, sowie sequenzgerechten Belieferungen, bei denen es sich um Teile handelt, die in einer festgelegten Fertigungsreihenfolge benötigt und angeliefert werden (Just-in-Sequence-Konzept). Letzteres zeigt sich beispielsweise in der Automobilindustrie, wenn die Teile entsprechend der Reihenfolge der zu produzierenden Fahrzeuge kommissioniert, verladen, transportiert und am Verbauungsort bereitgestellt werden.

Aus institutionaler Sicht der Just-in-Time-Anlieferung ist mindestens ein Zulieferer in das Konzept eingebunden. Das kann, je nach Ausprägung des Synchronisationsgrades, dazu führen, dass sich der Zulieferer bezüglich seiner Distributionslogistik, Vor- und Endmontage bis hin zur Produktgestaltung und Beschaffung neuen Anforderungen stellen muss. Häufig werden Logistikunternehmen mit der Durchführung von Transport- und Kommissionierprozessen beauftragt. Voraussetzung hierfür ist eine enge material-, waren- und informationsflussbezogene Abstimmung. Dabei bewähren sich zum Beispiel partnerschaftlich geprägte Geschäftsbeziehungen zwischen den Abnehmern, den Zulieferern und den eingebundenen Logistikunternehmen. Diese Form von Geschäftsbeziehungen ist charakterisiert durch eine große Bandbreite an gemeinsam gestalteten Prozessen, einer intensiven Beziehungspflege sowie regelmäßigen Interaktionen zwischen den Akteuren. Diese Bedingungen werden nicht nur durch einen vertraglichen Rahmen hergestellt, sondern auch von »weichen Faktoren« wie Zuverlässigkeit, Vertrauen und Commitment flankiert.

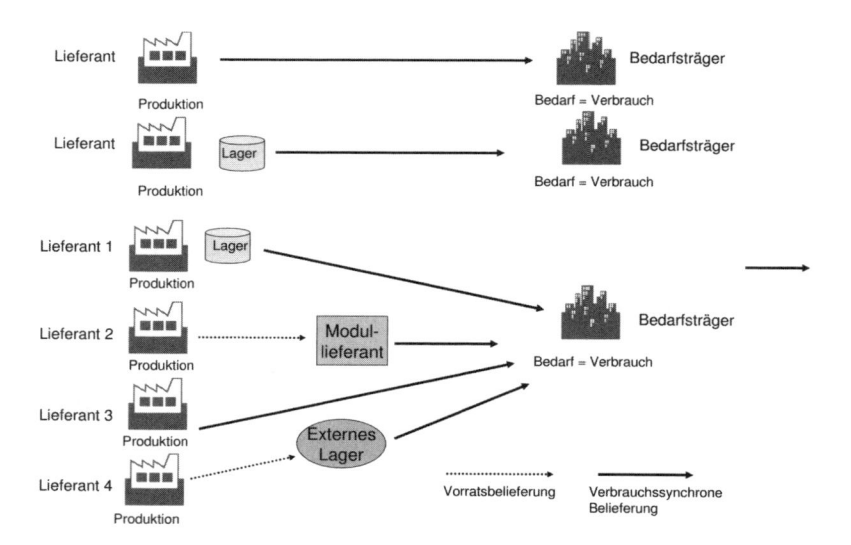

Abb. 16.1: Gestaltungsalternativen der Just-in-Time-Belieferung
Quelle: mit Änderungen entnommen aus Ihde, G. B.: *Transport, Verkehr, Logistik*, 3. völlig überarbeitete und erweiterte Auflage, München 2001, S. 278

Um die Komponenten festzustellen, die kompatibel für eine einsatzsynchrone Anlieferung sind, ist eine ABC-XYZ-Analyse aussagekräftig. Güter werden zunächst nach Verbrauchswert und -menge, Verbrauchsregelmäßigkeit und Prognosegüte differenziert. Die Gütergruppen A, B und C stellen die Wertigkeit (A hoch, B mittel, C gering), X, Y und Z die Vorhersagegenauigkeit (X hoch, Y mittel, Z gering) dar. Es empfehlen sich für eine Just-in-Time-Belieferung Teile und Komponenten, die eine hohe Verbrauchsstabilität und einen hohen Verbrauchswert aufweisen. Für eine AY-Kombination kommt eine Vorratshaltung in Frage, während sich bei einer AZ-Konstellation fallweise eine Einzelbeschaffung oder Vorratshaltung anbietet. Darüber hinaus erfordern Just-in-Time-fähige Güter ein hohes Maß an Standardisierung und Qualitätssicherung, da Lieferausfälle nicht durch Bestandspuffer kompensiert werden können. Einzel- und Sonderanfertigungen sind somit nicht mit einer einsatzsynchronen Anlieferung kompatibel. Die Zulieferer, die Just-in-Time beliefern, bedürfen somit einer hohen Lieferzuverlässigkeit und einer hohen Anpassungsfähigkeit an ein verändertes Abrufverhalten des Abnehmers. Diese Anforderungen können zur Folge haben, dass Lieferanten und Produzenten ihre Standorte in räumliche Nähe zueinander verlagern, um kürzere und somit zuverlässigere Transportwege zu realisieren. Eine Alternative hierzu sind so genannte Just-in-Time-Lager in der Nähe des Abnehmers. Abbildung 16.1 veranschaulicht Beispiele der Just-in-Timebelieferung.

Gebietsspediteurkonzept

Ein Gebietsspediteur ist ein vom Abnehmer beauftragter Logistikdienstleister, der in einem determinierten Einzugsgebiet eine Sammlung und Bündelung von vom Abnehmer abgerufenen Teilen und Komponenten vornimmt und sie dann zur Fertigungsstätte des Abnehmers transportiert (vgl. Abbildung 16.2). Ziel dieses Konzepts ist es, durch die Bündelung der Zulieferverkehre Transportkosten zu senken. Ferner findet eine Strukturierung der Verkehre entsprechend der Anforderungen der Produktionsstätte des Unternehmens statt.

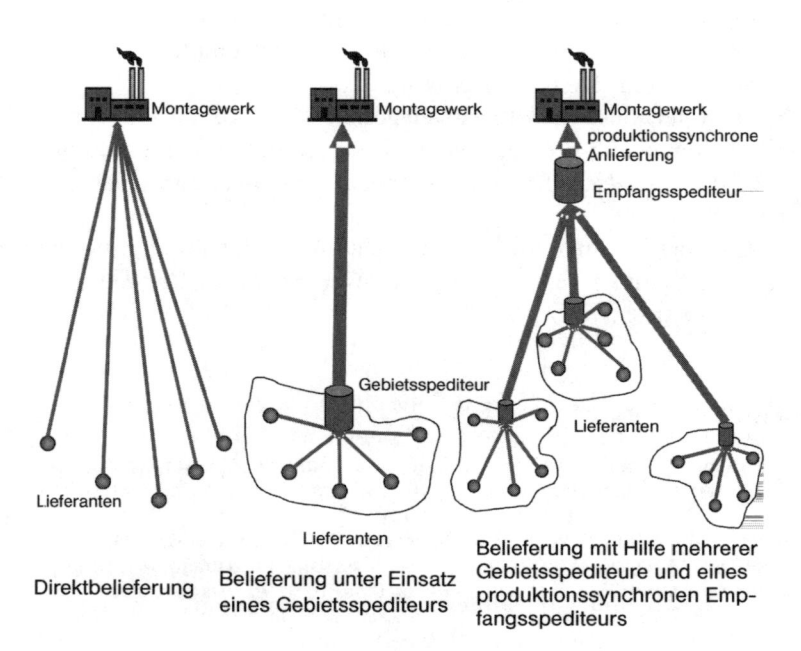

Abb. 16.2: Änderungen in den (Zulieferer-)Transportstrukturen
Quelle: mit Änderungen entnommen aus Fleischmann, B.: »Systeme der Transportlogistik«, in: Arnold, D.; Isermann, H.; Kuhn, A.; Tempelmeier, H. (Hrsg.): *Handbuch Logistik*, Berlin 2002, S. A 1–16f.

Eine prozessuale Sichtweise beleuchtet die Durchführung der Sammelfahrten des Gebietsspediteurs sowie das anfallende Umladen und Zusammenstellen der Sendungen in Umschlagspunkten für den Transport zum Empfangsort des Abnehmers. Damit verbunden sind auch Verpackungs-, Umpackungs- und Lagerprozesse. Voraussetzung für diese Form des Sammelladungsverkehrs ist ein reibungsloser, lückenloser Informationsfluss zwischen dem Abnehmer, den eingebundenen Zulieferern und dem Gebietsspediteur. Dafür sind Lieferabrufsysteme zu installieren, durch welche die Prozesse des Abnehmers und der Zulieferer miteinander verknüpft sind.

Bezogen auf eine institutionale Perspektive stehen die jeweiligen Aufgaben der involvierten Akteure im Vordergrund. Dabei ist der Abnehmer für die Zuordnung des Gebietsspediteurs zum Standort der Zulieferer zuständig. Des Weiteren bestimmt der Abnehmer die Anforderungen an die Zulieferer an der Schnittstelle zum Gebietsspediteur, zum Beispiel in Form einer Rückterminierung vom Zeitpunkt der Warenbereitstellung beim Abnehmer und dem damit verbundenen Bereitstellungstermin der Sendungen für den Gebietsspediteur. Weitere Vorgaben an den Gebietsspediteur seitens des Abnehmers betreffen beispielsweise die Gestaltung von Material- und Informationsflussprozessen sowie das Lieferserviceniveau.

In Anbetracht der möglichen Risikokategorien eines großen Einzugsgebiets sowie der Notwendigkeit von Dispositionsspielräumen zur Sendungsbündelung ist das Gebietsspediteurkonzept nicht für eine einsatzsynchrone Belieferung geeignet.

Gebietsspediteure kommen im Übrigen nicht nur bei der Versorgung von Unternehmen zum Einsatz, sondern auch beim Warenzulauf zu Zentrallagern und Güterverteilzentren.

Literatur

Arnold, D.; Isermann, H.; Kuhn, A.; Tempelmeier, H. (Hrsg.): *Handbuch Logistik*, Berlin 2002

Baumgarten, H.; Stabenau, H.; Weber, J.; Zentes, J. (Hrsg.): *Management integrierter logistischer Netzwerke*, Bern 2002

Bloech, J.; Ihde, G. B. (Hrsg.): *Vahlens Großes Logistiklexikon*, München 1997

Hahn, D.; Kaufmann, L. (Hrsg.): *Handbuch Industrielles Beschaffungsmanagement*, 2. überarb u. erw. Auflage, Wiesbaden 2002

Ihde, G. B.: *Transport, Verkehr, Logistik*, 3. völlig überarb. u. erw. Auflage, München 2001

Isermann, H. (Hrsg.): *Logistik*, 2. überarb. u. erw. Auflage, Landsberg/Lech 1998

Klaus, P.; Krieger, W. (Hrsg.): *Gabler Logistik Lexikon*, 2. überarb. u. akt. Auflage, Wiesbaden 2000

Pfohl, H.-Chr.: *Logistiksysteme*, 6. neu bearb. u. akt. Auflage, Berlin 2000

Verein Deutscher Ingenieure (Hrsg.): *VDI 3300: Materialfluss-Untersuchungen*, Düsseldorf 1973

17
Praxisbeispiel Ersatzteillogistik

Thorsten Brandt

Einleitung

Die T-Mobile ist eine hundertprozentige Tochtergesellschaft der Deutschen Telekom AG und betreibt das T-D1-Mobilfunknetz. In dieser Branche ist man seit einigen Jahren daran gewöhnt, dass die mobile Kommunikation mit Handys so gut wie störungs- und unterbrechungsfrei funktioniert. Doch die Elektronik in den Sende- und Vermittlungsstationen der Mobilfunknetze ist keinesfalls vor Ausfällen oder Störungen sicher. Ein neues zukunftsweisendes Konzept für die Ersatzteillogistik bietet den T-Mobile-Servicetechnikern eine effiziente Ersatzteilversorgung für die circa 20 000 Sende- und Vermittlungsstationen des T-D1-Mobilfunknetzes an. Alle Ersatzteile und -baugruppen werden in einem Zentrallager in Göttingen bereitgestellt und bei Bedarf in der Nacht an die Servicetechniker vor Ort geliefert. Möglich ist die Zustellung in der Nacht beziehungsweise in den frühen Morgenstunden durch ein innovatives Ersatzteillogistiksystem im Nachtexpress mit elektronischem Ablieferungsnachweis. So werden dem Servicetechniker die für eine Reparatur benötigten Teile noch vor 7 Uhr morgens beispielsweise in den Kofferraum des Servicefahrzeugs geliefert. Dadurch ist der Techniker in der Lage, sofort bei Arbeitsbeginn zum Einsatzort zu fahren, um die Störung schnellstens zu beheben.

Die hohe Verfügbarkeit moderner Telekommunikationsnetze beruht auf redundanten Systemkomponenten wichtiger Funktionskreise und auf effizienten Servicekonzepten. Fallen kritische Baugruppen aus, so schalten die Systeme automatisch auf redundante Komponenten um, ohne dass die Benutzer mit ihren Handys überhaupt etwas bemerken. Störungen am T-D1-Netz werden allerdings sofort von der automatischen Netzüberwachung registriert. Tagsüber wachen Spezialisten in zehn bundesweit verteilten T-Mobile-Niederlassungen über die Netzqualität. Nachts beziehungsweise außerhalb üblicher Dienstzeiten überwacht das zentrale Netzkontrollzentrum der T-Mobile automatisch die Funktion ihrer Netzelemente. Diese permanente Netzüberwachung bietet die Möglichkeit, Störungen sofort zu erkennen und zu beseitigen, bevor sie sich richtig auswirken.

Praxishandbuch innovative Beschaffung. Herausgegeben von Ulli Arnold und Gerhard Kasulke
Copyright © 2007 WILEY-VCH Verlag GmbH & Co. KGaA, Weinheim
ISBN: 978-3-527-50114-4

Ausgangssituation und Zielsetzung

Rund 15 000 Antennenstandorte mit Sendeanlagen umfasst das D1-Netz in Deutschland. In Ballungsgebieten überlappen sich die Sendebereiche der Netzzellen so, dass bei Ausfall einer Station die Telefonverbindungen zu einem großen Teil automatisch über benachbarte Antennen fortgesetzt oder von redundanten Kapazitäten aufgefangen werden und somit eine sofortige Instandsetzung nicht dringend notwendig ist. Fällt allerdings eine wichtige Baugruppe in einer höheren Netzebene – wie beispielsweise einer Vermittlungsstelle – aus, ist möglicherweise ein sofortiger Serviceeinsatz erforderlich.

Tritt irgendeine Störung im T-D1-Netz auf, analysiert das automatische Netzüberwachungssystem direkt aus der Ferne, ob ein Hardwaretausch erforderlich und welche Komponente betroffen ist. Ein Serviceauftrag für einen Technikereinsatz wird generiert und gleichzeitig der Ersatzteilbedarf festgestellt. Mit der Kenntnis über die betroffene Komponente wird auch über die Reaktionszeit für die Störungsbeseitigung entschieden. Dies war mit dem herkömmlichen Logistikprozess und der damit verbundenen stark dezentral ausgerichteten Lagerhaltung nicht wirtschaftlich zu realisieren.

ABC-Analyse

Eine hohe Verfügbarkeit aller Ersatzteile lässt sich natürlich durch entsprechende Ersatzteilbestände in den Serviceniederlassungen erreichen. Aber Bestände binden Kapital und kosten Geld. Darüber hinaus haben Elektronikbaugruppen aufgrund der rasanten Entwicklungsgeschwindigkeit der Kommunikationstechnologien einen hohen Wertverfall. Das Optimierungspotenzial innerhalb der Ersatzteilorganisation wurde rechtzeitig erkannt und führte zur Reorganisation der gesamten Ersatzteillogistik.

Eines der Probleme war die dezentrale Vorratshaltung in den Servicestützpunkten. Da es kein Instrumentarium gab, um zu ermitteln, welche Teile in welchen Mengen tatsächlich benötigt wurden, waren die Vorräte meistens deutlich überdimensioniert.

Um den tatsächlichen Bedarf der Serviceabteilung festzustellen, wurden zunächst mit Hilfe der ABC-Analyse die rund 10 000 Hardwarekomponenten der Funktechnik gemeinsam von Fachleuten aus Technik und Logistik klassifiziert.

Als Kriterien für diese Analyse dienen die Ausfallhäufigkeit und die Ausfallwirkung bestimmter Komponenten im Mobilfunknetz. Die Ausfallwirkung

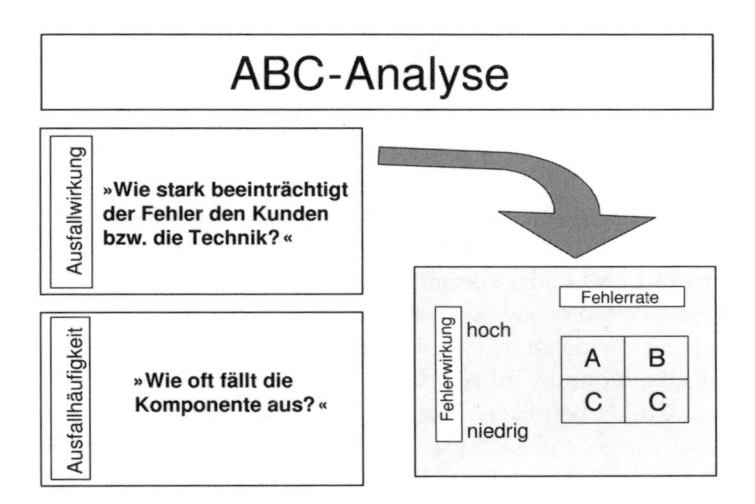

Abb. 17.1: ABC-Analyse

berücksichtigt dabei, wie stark die Beeinträchtigung der Kunden ist und ob ein Ausfall sich noch auf weitere Funktionen des Netzelementes auswirken kann. Bei einer geringen Ausfallwirkung erfolgt grundsätzlich eine zentrale Lagerung. Bei einer hohen Ausfallwirkung betrachtet man zusätzlich die Ausfallhäufigkeit, den Preis der Ersatzkomponente und ob die Lagerung in einem der vier regionalen Lager oder im Kofferraum des Servicetechnikers erfolgt. Das Ergebnis war, dass etwas mehr als die Hälfte der Baugruppen als C-Teile eingestuft wurden und damit nur noch zentral statt an 20 dezentralen Stellen gelagert werden mussten. Für weitere 15 Prozent der Ersatzbaugruppen, die B-Teile, wurde beschlossen, sie in regionalen Lagern (A-LZM) zu konzentrieren.

Jetzt musste nur noch eine adäquate DV-Lösung gefunden werden, die diesen Logistikprozess mit Leben erfüllte.

Es wurde eine SAP-basierte Lösung ausgewählt, die ein hohes Maß an Transparenz gewährleistet und dabei definierte Schnittstellen zu dem externen Transportdienstleister, dem Logistikdienstleister und den Systemlieferanten bietet.

Lagerstruktur

Die neue Lagerstruktur sollte sowohl den hohen Anforderungen des Servicebetriebes genügen als auch den angestrebten Erfolg bei der Bestandreduzierung ermöglichen.

Als ideal erwies sich eine dreistufige Lagerhaltung analog zur Klassifizierung der Ersatzbaugruppen mit einer Logistikzentrale Mobilfunk (LZM), vier regionalen Lagern (A-LZM) und 42 dezentralen Logistikpunkten (DLP, Kofferraum des Servicetechnikers oder Servicepunkt der T-Mobile).

Die LZM wurde im ehemaligen Logistikzentrum der Deutschen Telekom in Göttingen eingerichtet und wird seit dem 1. Januar 2004 von der CTDI Nethouse Services GmbH betrieben. Das moderne Lager verfügt über leistungsfähige Materialfluss- und Informationstechnik und bot somit ideale Voraussetzungen für die Konzentration der bundesweiten Ersatzteillogistik der T-Mobile.

Für die »B-klassifizierten« Komponenten wurden aufgrund der geforderten maximalen Lieferzeit von fünf Stunden regionale Lager in Hannover, Frankfurt, Berlin und Nürnberg ausgewählt.

Neben der Lagerung aller A-, B- und C-Teile erfolgt heute im Zentrallager die Bestandsführung für alle Lagerorte sowie die Steuerung der Bevorratung von B- und A-Teilen in den Außenstellen und Stützpunkten. Auch die Rückführung defekter Teile und deren Instandsetzung bei Fremdfirmen wird hier organisiert.

Die umgesetzten Maßnahmen haben neben einer Reduzierung der Ersatzteilbestände um mehr als 40 Prozent zu einer Reduzierung der Lagerkosten um 60 Prozent geführt.

Ersatzteilströme kanalisiert

Aufgrund des neuen Lagerkonzeptes war es wichtig, die Ersatzteilströme zwischen den Lagerorten und Bedarfsstellen zu kanalisieren. Bereits bei der Festlegung der Organisationsstruktur wurden entsprechende Transportmöglichkeiten berücksichtigt. Aus der Vielzahl von Ersatzteilbewegungen ergaben sich Transportaufgaben mit verschiedenen Zeitanforderungen.

Für die Zustellung der relativ wichtigen B-Teile von den vier regionalen A-LZM an die Fehlerquelle in einer Mobilfunkstation wurden maximal fünf Stunden eingeplant und ein externer Kurierdienst vorgesehen. Die A-LZM wurden in der Bundesrepublik so platziert, dass jeder Ort im Lande innerhalb dieser Zeit zu erreichen ist.

Die Versorgung der DLP mit C-Teilen und der Nachschub verbrauchter A-Teile vom LZM-Göttingen aus sollte innerhalb von 24 Stunden erfolgen. Für diese bundesweiten Ersatzteillieferungen wie auch für den Rücktransport defekter Baugruppen war zunächst der Über-Nacht-Transportdienst TNT-Express vorgesehen, der eine Zustellung der Ersatzbaugruppen am nächsten Morgen bis 9, 10 oder 12 Uhr anbot.

Optimierte Nachtzustellung

Es zeigte sich jedoch bald, dass die Transportfunktion als verbindendes Element zwischen den Lagern und Servicestützpunkten weiteres Optimierungspotenzial bot.

Auch die Servicetechniker sahen eine weitere Steigerung der Effizienz durch eine besonders frühe Zustellung der benötigten Teile, möglichst ohne diese Lieferung persönlich in Empfang zu nehmen. Statt morgens in der Dienststelle auf die Lieferung der Ersatzteile zu warten, wollten die Techniker sofort zum Einsatzort starten – ohne Umwege und ohne kostbare Zeit zu verlieren.

Ein Transportdienstleister, der einerseits extrem frühe Lieferzeiten bei der Ersatzteilversorgung erlaubt, dabei die Vorstellungen der Serviceabteilung berücksichtigt und andererseits die schnelle Rückführung der defekten oder nicht benötigten Ersatzteile in umweltfreundlichen Mehrwegboxen sicherstellt, bot die ideale Lösung.

Realisiert wurde dies durch den TNT-Innight-Express, der die Ersatzteil-Sendungen im Zentrallager in Göttingen bis spätestens 17 Uhr abholt und die Sendungen von dort aus noch in derselben Nacht vor 7 Uhr morgens an den vereinbarten Übergabepunkten zustellt.

Die Ablieferung dieser Ersatzteilsendungen erfolgt dabei direkt in den Kofferraum der Servicefahrzeuge oder in bereitstehende Übergabebehälter.

Die Dokumentation der Zustellung ohne persönliche Übergabe ermöglicht TNT-Innight durch ein barcode- und satellitengestütztes IT-System, das einen elektronischen Abliefernachweis erzeugt.

Zur sicheren und schnellen Erfassung der Sendungsdaten wird Barcode-Identtechnik eingesetzt. Die Ersatzteilsendungen werden daher schon im LZM-Göttingen mit speziellen Adressaufklebern versehen, deren Barcode der Schlüssel zu weiteren – per TNT-Innight-Programm erfassten – sendungsrelevanten Informationen ist.

Bei der Paketübernahme im LZM, beim Eingang in einer der 18 TNT-Inngiht-Niederlassungen und beim Weitertransport wird jede Sendung mit einem Handscanner erfasst. Die Informationen fließen sofort in das zentrale TNT-Innight-Auskunftssystem, damit die Mitarbeiter des Innight-Kundenservice über den Status der Sendungen Auskunft geben können. Um eine lückenlose und gleichzeitig zeitnahe Sendungsverfolgung von der Warenannahme bis zur Zustellung zu ermöglichen, nutzt man die satellitengestützte Ablieferscannung. Dabei werden bei der Sendungszustellung automatisch der Standort bestimmt, die Ablieferzeit erfasst und die Daten zur Zentrale übertragen. Die Handhabung des verwendeten Scannersystems ist zudem einfach.

Nach dem Einlesen des Sendungs-Barcodes bei der Ablieferscannung wird das Handterminal in die Dockingstation der GSM-Fahrzeugbox zurückgesteckt. Die Software des mobilen Systems übernimmt sofort die im Terminal erfassten Daten mit der dazugehörigen Ablieferzeit. Gleichzeitig ermittelt sie über das GPS-Modul die Koordinaten des Fahrzeugstandortes und überträgt den gesamten Datensatz via T-D1-Mobilfunk an das zentrale Auskunftssystem des Transportdienstleisters.

Mit diesem elektronischen Abliefernachweis schließt sich der Kreis der Sendungsverfolgung vom LZM-Göttingen bis zur Ablieferung im Servicefahrzeug und bietet durch eine lückenlose Verfolgung kritischer Ersatzteillieferungen ein hohes Maß an Transparenz und Planungssicherheit.

Zusammenfassung

Das optimierte System der Ersatzteilzustellung wurde zunächst an einem Servicestützpunkt getestet. Es fand so großen Anklang, dass kurzfristig alle Serviceteams der bundesweit verteilten Niederlassungen auf eine direkte Belieferung per TNT-Innight umgestellt wurden. Bei der flächendeckenden Einführung wurden rund 150 Übergabestellen vereinbart. Darunter sind Übergabebehälter, so genannte *Innight-Depots* mit Schließfächern auf Grundstücken von Tankstellen, die 24 Stunden geöffnet haben, oder T-Mobile-Niederlassungen und natürlich die Standorte der Servicefahrzeuge, die eine direkte Kofferraumbelieferung ermöglichen.

18
Unredlichkeit und Korruption in Beschaffungsprozessen

Maike Scholz

Einleitung

Einführung

Allein in Deutschland wird der volkswirtschaftliche Schaden durch Unredlichkeit, schlampig ausgeführte Arbeiten oder nicht optimal organisierte Beschaffungsprozesse von Wirtschaftswissenschaftlern in Summe auf 50 Milliarden Euro geschätzt (vgl. »Deutschland etwas weniger korrupt«, in: *Die Welt* vom 21. Oktober 2004). Bei internationalen Aufträgen werden 10 bis 15 Prozent des Auftragswertes inzwischen als übliches Bestechungsgeld angesehen (Interview mit Peter Eigen, »Korruption hat keine Tradition«, in: *Die Welt* vom 10. Juni 1999).

Die Kosten für den Einkauf von Gütern und Dienstleistungen gehören fast immer (je nach Ausrichtung des Unternehmens) zu den größten Kostenblöcken in einem Unternehmen.

Die große Bedeutung und Verantwortung in den Beschaffungseinheiten, über hohe Geldsummen zu verfügen, besitzt und besaß seit jeher ein beträchtliches Gefahrenpotenzial, diese Summen nicht zielgerichtet im Unternehmenssinn einzusetzen.

Im Folgenden wird eine kurze (und bei weitem nicht vollständige) Übersicht der Erscheinungsformen des unredlichen Verhaltens im Beschaffungsbereich gegeben, die allesamt zu nicht unerheblichen Unternehmensverlusten führen können. Die Führungskräfte sollen in Bezug auf die verschiedenen Risiken sensibilisiert und Maßnahmen zur Vorbeugung aufgezeigt werden.

Definition Unredlichkeit und Korruption

Unter *Unredlichkeit* als Überbegriff für die erläuterten Missbrauchstatbestände wird die vorsätzliche Schädigung fremden Vermögens durch die Verletzung einer Vermögensbetreuungspflicht verstanden.

Korruption (vom lateinischen currumpere für verderben/vernichten/bestechen) ist im weitesten Sinne jedes Erstreben oder Annehmen, Anbieten oder Gewähren, Erleichtern oder Verschweigen von ungebührlichen Zahlungen, anderen Vorteilen oder Begünstigungen Dritter unter Missbrauch einer öffentlich oder privat anvertrauten Entscheidungs- oder Handlungskompetenz zumindest eines der Beteiligten.

Gründe und Mittel, »unredlich« zu werden

Die Gründe für eine Veruntreuung (vorsätzliche Schädigung fremden Vermögens durch Missbrauch, Treuebruch, Vorteilsannahme oder Bestechlichkeit) im Beschaffungsprozess sind vielfältig:

- Absicht der eigenen Bereicherung und überstiegene Ansprüche, Defizite beim Lebensunterhalt der Familie, Extravaganzen der Kinder (meist bei Frauen),
- subjektiv empfundene Unterbezahlung, fehlende Anerkennung, Übergehen bei Beförderungen, Frust, Unzufriedenheit mit dem Unternehmen, Perspektivenlosigkeit,
- Spielleidenschaft, Alkoholismus, Drogenkonsum,
- Imponiergehabe (Profilneurose),
- Erpressung,
- mit kleineren Betrügereien angefangen, die nicht entdeckt wurden,
- Mitleid (mit Not leidenden oder unterstützungsbedürftigen Lieferanten).

Die Motive, warum ein Mitarbeiter in die eigene Tasche wirtschaftet, sind unterschiedlich, stellen aber erste Indikatoren für die Erkennung von unredlichem Verhalten dar.

Auch die Palette der Zuwendungen ist unerschöpflich. Wird die klassische Strafgeschichte eines Korruptionsfalls verfolgt, beginnt das »Anfüttern« eines Einkäufers meist mit Werbegeschenken geringen Wertes, die sich im Rahmen der steuerlichen Grenzen halten. Es folgen die obligatorischen Sachzuwendungen zu Weihnachten, deren Auslieferung größtenteils an die Privatadres-

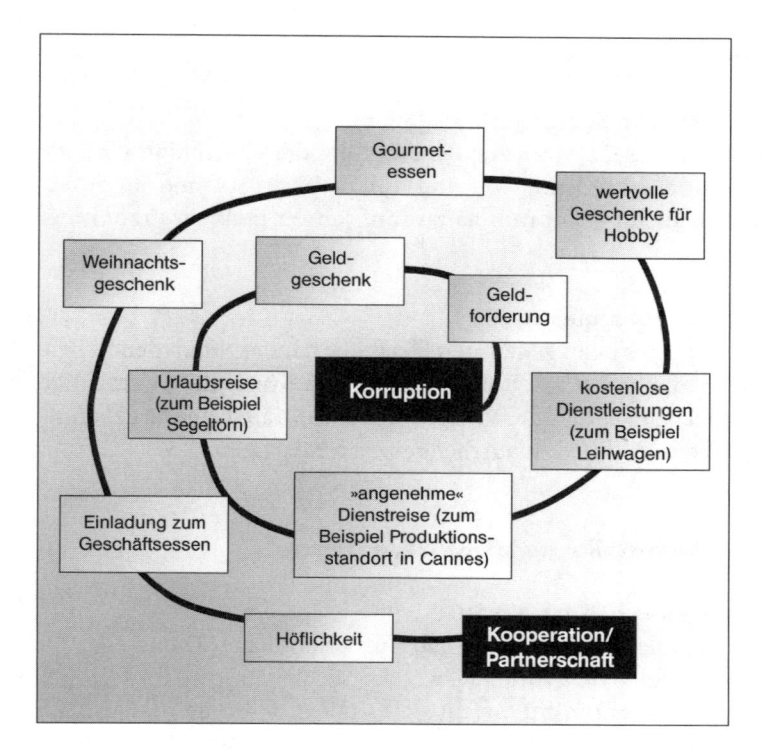

Abb. 18.1: Korruptionsspirale

se erfolgt. Im Hinblick auf erfolgreich abgewickelte Geschäftstätigkeiten in der Vergangenheit und um zukünftige Projekte zu besprechen, trifft man sich im adäquaten Rahmen zum Geschäftsessen. Im Zuge der immer intimer werdenden Geschäftstätigkeit lernt der aufgeweckte Vertriebsmitarbeiter meist schnell Geburtstage oder andere besondere Anlässe des Einkäufers kennen, zu denen entsprechende Geschenke getätigt werden. Man befindet sich schon mitten in der Korruptionsspirale (vgl. Abbildung 18.1).

Rechtslage

Im Hinblick auf die Strafbarkeit der Korruption wird zwischen öffentlich Bediensteten und gewerblichen Arbeitnehmern unterschieden.

Angestellte nach privatem Recht

Strafbarkeit nach dem Strafgesetzbuch (StGB)
Seit der Geltung des Gesetzes zur Bekämpfung der Korruption wird die Bestechlichkeit und Bestechung von und durch Privatpersonen im gesellschaftlichen Verkehr im StGB mit bis zu fünf Jahren Freiheitsstrafe unter Strafe gestellt.

Arbeitsrechtliche Konsequenzen
Bei der Erfüllung des oben genannten Straftatbestandes durch den Arbeitnehmer ist der Arbeitgeber zur außerordentlichen Kündigung berechtigt. Unter Umständen kann bereits der Verdacht auf eine Straftat eine so genannte »Verdachtskündigung« durch den Arbeitgeber rechtfertigen.

Beamte und Angestellte im öffentlichen Dienst

Vorteilsnahme gemäß §§ 331, 333 StGB
Jeder Beamter, Angestellte oder Arbeiter im öffentlichen Dienst, der für sich oder einen Dritten einen Vorteil (Geld oder Sachleistungen) fordert, sich versprechen lässt oder annimmt, macht sich strafbar. Hierunter fallen auch alle Zuwendungen an Beamte und öffentlich Bedienstete, die in keinem konkreten Zusammenhang mit einer Dienstleistung stehen, sondern lediglich der »Klimapflege« dienen.

Das Strafmaß reicht in diesen Fällen von der Verhängung einer Geldstrafe bis zu einer Freiheitsstrafe von bis zu drei Jahren.

Gemäß § 333 StGB (Vorteilsgewährung) wird ebenso derjenige bestraft, der die oben genannten Vorteile anbietet oder verspricht.

Bestechlichkeit gemäß §§ 332, 334 StGB
Jeder Beamte, Angestellte oder Arbeiter im öffentlichen Dienst, der sich bestechen lässt, kann mit bis zu zehn Jahren Freiheitsstrafe bestraft werden. Wird der Vorteil einem Dritten gewährt, so ist dies in gleicher Weise strafbar. Gemäß § 334 StGB wird ebenso derjenige bestraft, der die oben genannten Vorteile anbietet oder verspricht (Bestechung).

Der Unterschied zur Vorteilsnahme besteht darin, dass die Annahme des Vorteils (Geld- oder Sachleistung) zur Vornahme oder Unterlassung einer Diensthandlung führen soll und dies eine Dienstverletzung darstellt.

Disziplinarrechtliche Auswirkungen nach § 70 Bundesbeamtengesetz (BBG)

Gemäß § 70 BBG darf ein Beamter keine Belohnungen oder Geschenke in Bezug auf sein Amt annehmen. Ausnahmen bedürfen der Genehmigung. Ein Verstoß hiergegen gilt als Dienstvergehen gemäß § 77 Abs. 2 Ziff. 3 BBG, welches die Entfernung aus dem Dienst gemäß Bundesdisziplinargesetz (BDG) zur Folge haben kann.

Vorteilsnahme und Bestechlichkeit können nicht bei der Vornahme, sondern auch beim Unterlassen einer Handlung (zum Beispiel Unterlassen einer begründeten Mängelrüge) vorliegen.

Verlustaspekte in der Beschaffung und Vorschläge zur Vermeidung

Im Folgenden soll ein kurzer Überblick über die häufigsten Methoden unredlichen Verhaltens und Vorschläge zu ihrer Vermeidung im Rahmen des Beschaffungsprozesses gegeben werden. Der Übersichtlichkeit halber sind sie in die sieben Teilprozessschritte des Beschaffungsprozesses untergliedert und stellen keinesfalls eine umfassende Aufzählung aller Verlustaspekte dar. Dieses würde den Rahmen des Beitrags sprengen.

Verlustpotenziale bei Bedarfs- und Beschaffungsplanung

Definition

Die Beschaffungsplanung beginnt, wenn ein noch nicht konkret umschriebener Bedarf bei der Fachseite vorliegt, und endet mit Erstellung der Bedarfsmeldung durch die Fachseite. Ziel der Beschaffungsplanung ist es, schon vor der Entstehung eines konkreten Bedarfs die Einbindung des Einkaufs sicherzustellen und den Beschaffungsprozess von Beginn an unter Beschaffungsaspekten mit zu gestalten.

Verlustpotentzial

In fast allen Produktionsunternehmen üben zusätzlich die Planungs- und/oder Konstruktionsabteilungen beziehungsweise die technischen Stellen einen wesentlichen Einfluss auf die strategische Lieferantenauswahl aus. Besonders ins Gewicht fällt, dass es sich hierbei um hochwertige Einkaufsgüter wie zum Beispiel Produktionsanlagen oder Betriebsstätten handelt und dem

Einkauf lediglich die Lieferantenauswahl für die vergleichsweise weniger bedeutsamen Waren und Dienstleistungen überlassen wird. Die im Folgenden genannten Methoden schaffen ein Präjudiz in der Lieferantenauswahl, das einen anstehenden qualifizierten Angebotswettbewerb durch die Einkaufsabteilung nahezu unmöglich macht:

- Eine enge Zusammenarbeit mit einem bestimmten Lieferanten besteht schon in der Konstruktionsphase, so dass später nicht mehr oder nur unter erheblichen Mehrkosten ein Wechsel zu einem anderen Lieferanten vollzogen werden kann.
- Eine bestimmte Materialbeschaffenheit, die nur ein bestimmter Lieferant bereitstellen kann, wird vorgeschrieben.
- Die Markenbezeichnung eines bestimmten Lieferanten wird vorgegeben, obwohl die Beschaffenheit der Güter auch allgemein beschrieben werden kann.
- Die konkrete Lieferfirma wird namentlich in Bedarfsanforderungen, Konstruktionsunterlagen oder Zeichnungen genannt.
- Die unmittelbare Auftragsvergabe erfolgt unter Umgehung der Einkaufsabteilung.

Solche Verhaltensweisen sind meistens nicht nur durch zweifelhafte Anliegen bedingt. Häufiger sind die nachfolgenden Ursachen und Begründungen anzutreffen. Diese bedürfen im Rahmen der Ist-Aufnahme einer eingehenden Analyse des organisatorischen Beschaffungsprozessablaufs und einer Beleuchtung der Zusammenarbeit der Einkaufsabteilung mit ihren Schnittstellen:

- Annahme, die Zwischenschaltung der Einkaufsabteilung sei überflüssig, Zeit raubend und führe zu Übermittlungsfehlern,
- Annahme, der Einkäufer besitze nur unzureichende fachliche Kenntnisse,
- Bestreben, den eigenen Funktions- und Einflussbereich innerhalb des Unternehmens auszuweiten, oder
- Geltungsbedürfnis gegenüber dem Lieferanten (»*Ich* treffe die relevanten Entscheidungen«).

Vorschläge zur Vermeidung

Es ist dafür Sorge zu tragen, dass eindeutige, betriebsinterne Regelungen über die Zuständigkeiten für den Verkehr mit Lieferanten bestehen. Diese sollten folgende Punkte umfassen:

- Für den Verkehr mit Lieferanten ist ausschließlich der Einkauf zuständig.
- Eine unmittelbare telefonische Kontaktaufnahme zwischen technischen Abteilungen und Lieferanten darf nur in begründeten Ausnahmefällen erfolgen. Hierüber ist eine Aktennotiz anzufertigen, von der der Einkauf unverzüglich eine Kopie erhält.
- Vom Lieferanten namentlich an technische Angestellte adressierte Briefe geschäftlichen Inhalts sind vom Empfänger unverzüglich dem Einkauf vorzulegen.
- Das Vorschreiben eines bestimmten Lieferanten oder von Gütern, die nur bestimmte Lieferanten liefern können, ist zu vermeiden.
- An der Auswahl eines Lieferanten ist mindestens ein Einkäufer beteiligt.
- Der Einkauf kann nach eigenem Ermessen Konkurrenzangebote einholen. Die technische Seite hat das Angebot schließlich zu prüfen und eine schriftliche Stellungnahme zu erteilen.
- Zur Erteilung von Aufträgen ist grundsätzlich der Einkauf befugt.

Die Führungskraft ist dafür verantwortlich, die Einhaltung dieser Richtlinien fortlaufend zu prüfen.

Zusätzlich zu der Erstellung solcher Regularien ist es sinnvoll, an den betreffenden technischen Büros Schilder anzubringen, die Betriebsfremden den Eintritt verbieten.

Verlustpotenziale bei der Bedarfsauslösung und -meldung

Definition
Der Prozessschritt beginnt mit der Erstellung der Bedarfsmeldung durch die Fachseite und endet mit dem Eingang der Bedarfsmeldung beim Einkauf.

Verlustpotenzial
Neben der Festlegung auf einen strategischen Lieferanten durch die Konstruktions- oder Planungsabteilung gibt es noch andere Möglichkeiten von Fachabteilungen, im Rahmen des Bedarfsmeldeverfahrens die Einkaufsabteilung zu übersteuern:

- Bedarfsanforderungen werden gestückelt, um wertmäßig begrenzte Anforderungsbefugnisse oder Genehmigungsvorschriften zu unterlaufen (Salami-Taktik).
- Unzulängliche Leistungsbeschreibung, die (nachdem der Auftrag vergeben ist) nachträglich zu Änderungen oder Nachbesserungen führt.
- Fälschen von Bedarfsanforderungen (Zusatzvermerke hinsichtlich Qualität, Menge, Lieferquelle), gefälschte Unterschriften.
- Es werden dem Einkauf Produkte zur Beschaffung vorgegeben, die zunächst im Vergleich zur Konkurrenz preisgünstig erscheinen, aber den Nachteil haben, dass später zu beschaffende Zusatz- oder Ersatzteile nur bei dem Lieferanten des Ausgangs- beziehungsweise Grundproduktes (zu entsprechend hohen Preisen) zu kaufen sind.
- Durch die verbrauchenden Stellen werden absichtlich Materialengpässe erzeugt. Bei der anschließenden Beschaffung unter Zeitdruck muss der Einkäufer bei dem Lieferanten kaufen, der (eventuell schon über die Fachabteilung) auf die Notlage vorbereitet ist und dieses durch entsprechend hohe Preise ausnutzt.
- Aufnahme unnötiger Leistungen in die Ausschreibung, von denen vornherein feststeht, dass sie später fortfallen können. Der (vorher informierte) Lieferant bietet die später fortfallenden Positionen zu so überaus günstigen Preisen an, dass er den niedrigsten Gesamtpreis hat und den Zuschlag erhält.

Wie im Abschnitt »Verlustpotenziale in der Bedarfs- und Beschaffungsplanung« erläutert, müssen diese Vorgehensweisen auch hier nicht ausschließlich dolose Ursachen haben.

Vorschläge zur Vermeidung
Salami-Taktik: Die Beschaffungseinheit muss so gestaltet sein, dass unter den optimalen Bestellmengen bleibende Anforderungsmengen automatisch eine Rückfrage des Einkaufs und bei unzureichender Erklärung eine gründliche Überprüfung auslösen.

Bei einer unzulänglichen Leistungsbeschreibung muss der Einkäufer sich die Gesamtleistung vom potenziellen Lieferanten mit einem Leistungsverzeichnis beschreiben lassen. Anschließend sollte er die notwendigen Posten einzeln bei zusätzlichen Lieferanten nachfragen. (Ein Vorteil des Verfahrens ist nebenbei die Möglichkeit der Verbesserung der Fachkenntnisse des Einkäufers.) Auch kann festgestellt werden, ob ein Systemkauf oder ein Komponenteneinkauf günstiger ist. Zudem kann der Einkäufer die preisliche Angemessenheit der einzelnen Posten überprüfen, was insbesondere beim Verdacht von Absprachen zwischen den Anbietern wichtig ist.

Unangemessen hohe Folgekosten: Der Einkäufer muss für den voraussichtlichen Bedarf (am besten in Abstimmung mit der anfordernden Stelle) andere Beschaffungsmöglichkeiten und die Preise von Zubehör- und Ersatzteilen mit einbeziehen. Auch sind langfristige Abhängigkeiten vom Lieferanten bei Spezialkonstruktionen zu berücksichtigen.

Materialengpässe: »Noteinkäufe« müssen durch die anfordernde Stelle und deren disziplinarischen Vorgesetzten schriftlich begründet werden. Auch macht es Sinn, die durch Noteinkäufe entstandenen Mehrkosten schätzungsweise zu ermitteln und regelmäßig in Sitzungen der kaufmännischen und technischen Leiter vorzustellen, um Prozessverbesserungen zu initiieren.

Nicht zur Ausführung kommende Leistungen: Jede Abweichung zwischen den Inhalten der Ausschreibung und dem Auftrag ist von der anfordernden Stelle schriftlich zu begründen. Auch sollte das Materialwirtschaftssystem so konzipiert sein, dass solche Unstimmigkeiten automatisch ausgeworfen werden. Bei einer Häufung durch die anfordernde Stelle sind durch eine dritte Prüfinstanz (übergeordnete Stelle, Revision) die Gründe für den Fortfall zu prüfen.

Verlustpotenziale bei Anfragen und im Anfragewettbewerb

Definition

Sollte ein Wettbewerb nicht möglich oder sinnvoll sein, wird ein Angebot eines vorgegebenen Lieferanten durch eine Anfrage eingeholt. Bei einem Anfragewettbewerb werden Angebote bei zwei oder mehreren potenziellen Lieferanten eingeholt. Der Prozessschritt beginnt mit Eingang der genehmigten Bedarfsmeldung beim Einkauf und endet mit dem Angebotseingang des letzten Anbieters.

Verlustpotenzial

Eine möglichst große Markttransparenz ist eine wesentliche Voraussetzung für die Einkaufsabteilung, für das Unternehmen die besten Konditionen in der Beschaffung zu erzielen. Entsprechend hoch ist die Bedeutung der Angebotseinholung für die Wahl des Lieferanten – und natürlich auch für den Tatbestand, nicht ganz im Unternehmenssinne »nachzuregulieren«. In dieser

Phase besteht eine hohe Wahrscheinlichkeit, dass durch nachlässig ausgeführte Einkäuferarbeit sowie durch unredliche Machenschaften dem Unternehmen wiederum erhebliche Verluste durch den Beschaffungsprozess entstehen, die sich nur schwer quantitativ ausweisen lassen.

- Es wird bei einer unzureichenden Anzahl potenzieller Lieferanten angefragt (aufgrund verschiedenster Ursachen wie dolose Absichten, Dringlichkeit des Bedarfs, Bequemlichkeit des Einkäufers),
- Ausschreibungen können so formuliert werden, dass nicht eindeutig daraus hervorgeht, ob und gegebenenfalls in welchen Verhältnissen auch Teilangebote akzeptiert werden. Hierdurch erhält der Einkäufer die Möglichkeit, die Offerten in gewissen Grenzen zu akzeptieren oder zu verwerfen.
- Auch besteht die Möglichkeit, die Wahl eines ansonsten ungünstigen Lieferanten mit Hinweis auf eventuelle Gegengeschäfte zu begründen, die dann durch die »Schuld« der Vertriebsabteilung nicht realisiert werden können (oder, wenn Gegengeschäfte zustande kommen, diese sich im Vergleich zum Umfang und den höheren Einkaufspreisen für das eigene Unternehmen nicht rechnen).
- Es wird dafür gesorgt, dass an eine bestimmte Firma gerichtete Anfragen diese nicht erreichen.
- Die Anfrage wird zu spät versandt, so bleibt dem Lieferanten keine Zeit mehr, ein Angebot seriös zu kalkulieren.
- Es wird bei einer hinreichenden Anzahl Lieferanten angefragt, jedoch bevorzugt bei solchen Anbietern, von denen der erfahrene Einkäufer weiß, dass sie das benötigte Gut nicht zu günstigen Konditionen anbieten können, so dass zum Beispiel Anfragevorschriften zwar formal entsprochen wird, diese aber substanziell unterlaufen werden und die Auftragserteilung an den relativ günstigsten Anbieter begründet werden kann.

Diese Methode kann auch dem Ausweis eines möglichst hohen Einkaufserfolges dienen, wenn dieser als Differenz zwischen mittlerem Angebotspreis und vereinbartem Preis oder als Differenz zwischen Preisen von Erst- und Folgeaufträgen ermittelt wird.

Vorschläge zur Vermeidung

Anfrage bei unzureichender Anzahl von Lieferanten: In jedem Fall müssen detaillierte Vorschriften zur Angebotseinholung existieren. Berücksichtigt werden sollten hierbei die Kosten der Angebotseinholung sowie die mögliche Preisdifferenz zwischen günstigstem und avisiertem Anbieter. Zur Erstellung einer solchen Handlungsanweisung bietet sich an, im Vorfeld mit Hilfe von Benchmarks die Werte von branchengleichen Unternehmen zu erheben.

Akzeptanzverhältnis von Teilangeboten unklar: Vorschrift erlassen, die von vornherein in der Ausschreibung die Akzeptanz von Teilangeboten festlegt.

Gegengeschäfte: Bei solchen fallweisen Gegengeschäften ist der Erfolg je Gegengeschäft gesondert zu ermitteln. Hierbei ist die Differenz zwischen dem preisgünstigsten Angebot und dem gegebenenfalls zu zahlenden Mehrbetrag dem auf der Verkaufsseite durch das Gegengeschäft erzielten Deckungsbeitrag gegenüberzustellen.

Anfrage erreicht den Empfänger nicht beziehungsweise zu spät abgesandte Angebotsaufforderungen: Auch hier ist in jedem Fall eine Vorschrift zu erlassen, dass grundsätzlich bei Nichterhalt angeforderter Angebote angemahnt und gegebenenfalls eine Leermeldung des potenziellen Lieferanten eingeholt wird.

Anfragen bei »teuren« Lieferanten: Nur bei aktiver Prüfung durch die Einholung von entsprechend günstigen Angeboten anderer Lieferanten nachzuweisen.

Verlustpotenziale in der Auswertung

Definition

Bei der Auswertung wird überprüft, ob die Angebote mit den im Anfragewettbewerb beziehungsweise in der Anfrage definierten Anforderungen übereinstimmen. Die Angebote werden (gegebenenfalls aufgrund vorher definierter Auswertungskriterien) analysiert und miteinander verglichen. Beginn des Prozessschrittes ist der Angebotseingang, und er endet mit dem Abschluss der Angebotsprüfung beziehungsweise bei Anfragewettbewerben mit der Entscheidung für eine Short List. Eine Short List ist die erste Stufe der Lieferantenauswahlentscheidung und grenzt die Anbieter, mit denen verhandelt werden soll, ein.

Verlustpotenzial

Von allen Teilfunktionen im Materialwirtschaftsbereich ist die Auswahl der Lieferanten die Tätigkeit, bei der am ehesten unsachliche Entscheidungen getroffen werden. Entsprechend breit ist hier das Spektrum möglicher Manipulationen.

Durch die hohe Anzahl von schier unermesslichen Einflussfaktoren (Kosten-, Finanzierungs-, Standort- und Vertrauensfaktoren sowie solche qualitativer, absatzpolitischer, terminlicher, unternehmenspolitischer und sozialer Art, Gewährleistung, Versorgungssicherheit), die in die Angebotsauswertung mit einfließen und zudem noch unterschiedlich gewichtet werden können, ergeben sich auch hier große, oft nicht so einfach nachvollziehbare Ermessensspielräume:

- Die Bestimmung der Auswahlkriterien zur Lieferantenwahl bietet viele Ansatzpunkte, die im konkreten Einzelfall der Entscheidungsbildung zugrunde gelegt werden. Durch das nachträgliche Entfernen oder Hinzufügen einzelner Kriterien besteht noch zusätzlich die Möglichkeit, das Ergebnis zu manipulieren. Auch das Nachverhandeln von einzelnen Konditionen verschafft dem Einkäufer einen großen Ermessensspielraum, den einen oder anderen Lieferanten zu bevorzugen.
- Wird beim Angebotsvergleich das Punktwertverfahren angewandt und das Gewicht der einzelnen Bestimmungsfaktoren für jeden einzelnen Bedarfsfall gesondert festgelegt, kann der Einkäufer das Faktorgewicht so gestalten, dass ein von ihm präferiertes Angebot als das günstigste erscheint. Vor allem aber hat er bei der Benotung des Ausprägungsgrades der einzelnen Faktoren einen erheblichen Spielraum.

Vorschläge zur Vermeidung

Manipulation der Auswahlkriterien: Hierbei gibt es nahezu keine pragmatische Abwehrmaßnahme. Der Einkäufer könnte verpflichtet werden, über jede Änderung der Entscheidungskriterien eine Notiz oder ein Verhandlungsverlaufsprotokoll zu führen, um eine Nachvollziehbarkeit der Vergabeentscheidung zu ermöglichen.

Manipulation beim Punktwertverfahren: Einführung eines vereinfachten Punkwertmodells durch Unterteilung der Wertigkeiten als unerlässliche Voraussetzung in Abstimmung mit der anfordernden Stelle (Vier-Augen-Prinzip). Anschließend wird unter den verbleibenden Angeboten mit exakt vergleichbaren preislichen Bestimmungsfaktoren (Preis, Rabatte, Skonti, Mindermengenzuschläge) das günstigste Angebot ermittelt.

Verlustpotenziale bei der Verhandlung

Definition
Verhandlungen sind erforderlich, wenn das Angebot nach Auswertung bezüglich Preis, weiterer kommerzieller Konditionen, technischer Spezifikationen und Terminen den Anforderungen des Unternehmens nicht entspricht. Der Grundsatz der Wirtschaftlichkeit ist bei der Entscheidung, ob eine Verhandlung durchgeführt werden soll, zu beachten. Unter dem gleichen Gesichtspunkt ist zu entscheiden, ob eine Verhandlung nicht auch telefonisch erfolgen kann.

Verlustpotenzial
Nach Erhalt der Angebote zwecks Verbesserung einzelner Konditionen noch nachzuverhandeln, eröffnet den an der Verhandlung beteiligten Personen (Einkauf und Fachseite) einen weiteren Spielraum zur Manipulation der Auswahl der Anbieter:

- Im Rahmen der Verhandlungen können dem präferierten Lieferanten die Konditionen der Konkurrenten mitgeteilt werden.
- Es besteht die Möglichkeit, den bevorzugten Lieferanten über das veranschlagte Budget oder die Beschaffungsstragie in Kenntnis zu setzen, um wahlweise den Einkauf oder die Fachabteilung zu umgehen.
- Im Rahmen der Anwendung von Punktwertmodellen kann dem Lieferanten die Wertigkeit von bestimmten Leistungen mitgeteilt werden, die er dann entsprechend nachverhandelt, um seine Konkurrenten auszuschalten.
- Durch Steuerung der zeitlichen Reihenfolge von Verhandlungen und eine sehr enge Fristsetzung für die Abgabe von Nachtragsangeboten kann die Auswahl von Lieferanten ebenfalls gesteuert werden.

Vorschläge zur Vermeidung
Informationen über Konkurrenzkonditionen und Budgets: Untersagung dieser Informationsweitergabe an Lieferanten im Rahmen einer Beschaffungsrichtlinie, Androhung arbeitsrechtlicher Konsequenzen bei Missachtung.

Manipulation beim Punktwertverfahren: Vergleiche hierzu den Abschnitt »Verlustpotenzial in der Auswertung«.

Verhandlungsreihenfolge und Zeitdruck: Chancengleichheit durch gemeinsame Auswertung (bei komplexen Beschaffungen) mit der anfordernden Stelle und Festlegung von Mindestbearbeitungszeiten für die Lieferanten

(»gleiches Recht für alle«). Auch muss festgelegt werden, dass die Nachvollziehbarkeit des Auswertungsprozesses gewährleistet ist, um die Lieferantenentscheidung objektiv begründen zu können (Revisionssicherheit).

Verlustpotenziale bei der Auftragsvergabe

Definition
Durch einen Werkvertrag beispielsweise wird der Auftragnehmer zur Herstellung des versprochenen Werkes und der Auftraggeber zur Entrichtung der vereinbarten Vergütung verpflichtet. Gegenstand des Werkvertrages kann sowohl die Herstellung oder Veränderung einer Sache sein als auch ein anderer, durch Arbeit oder Dienstleistung herbeizuführender Erfolg. Dieser Prozessschritt beginnt nach der Vergabeentscheidung und endet mit Eingang des Vertrags oder Auftrags beim Lieferanten.

Verlustpotenzial
Auch im Rahmen der augenscheinlich simplen Tätigkeit der Bestellschreibung kann mit kleiner Ursache ein großer Verlust für das Unternehmen entstehen, wenn die nachfolgend genannten Verhaltensweisen regelmäßig durch verschiedene Mitarbeiter verwirklicht werden:

- Bestellungen werden ohne vorherige Genehmigung des Budgets erteilt und so eine Verbindlichkeit für das Unternehmen geschaffen.
- Bestellwerte werden gestückelt, um bestimmte Unterschriftengrenzen und damit einhergehende Kontrollen zu umgehen.
- Reisekosten oder Spesen werden ohne dazugehörigen Preis mit bestellt, das heißt, egal welche Reisekosten beim Lieferanten anfallen, sie werden ohne Plausibilitätsprüfung beglichen.
- Verwenden von bestimmten Klauseln, die eine erste Anzahlung von mehr als 50 Prozent ohne weitere Begründung der Leistung direkt nach Auftragseingang fällig werden lassen.
- *Ignorieren und keinen Widerspruch einlegen* bei anders lautenden Auftragsbestätigungen mit schlechteren Konditionen als im Vertrag vereinbart (HGB!).
- Fehlende oder im Nachhinein geänderte Vergabevermerke und Beschaffungsdokumentation.
- Setzen oder Ändern der Liefertermine nach hinten (Wegfall von Pönale).

- Schlechtere Zahlungsbedingungen als im Unternehmen üblich werden vereinbart.

Vorschläge zur Vermeidung

Bestellungen ohne den Einkauf: Unternehmensweit muss verankert werden, dass Bestellungen ausschließlich über den Einkauf getätigt werden. Zuwiderhandlungen sind mit arbeitsrechtlichen Konsequenzen zu ahnden. Hilfreich zur Verankerung ist, die alleinige Zahlungsfreigabe durch den Einkauf zu initiieren – was der Einkauf nicht bestellt hat, muss auch nicht von ihm zur Zahlung freigegeben werden –, und so etwas machen Lieferanten erfahrungsgemäß nicht oft mit.

Salami-Taktik: Vergleiche den Abschnitt »Verlustpotenzial in der Bedarfsauslösung und -meldung«.

Reisekosten oder Spesen ohne Preis und Angabe von ungünstigen Zahlungsbedingungen: Erstellung von »Einkäufergeschäftsbedingungen« (EGB), in denen vertragliche Allgemeinpositionen wie zum Beispiel Kilometerpauschalen, Spesensätze, Zahlungsbedingungen oder Zustellgebühren einheitlich definiert sind und die als Vertragsbestandteil mit der Bestellung versandt werden.

Anzahlungsklauseln: Es besteht kein sachlicher Grund, hohe Anzahlungen zu leisten, und es sollte solchen Ansinnen nicht nachgekommen werden, wenn unter annähernd gleichen Bedingungen der Auftrag untergebracht werden kann. Auch dieses Vorgehen sollte in einer Einkaufsrichtlinie untergebracht werden.

Anders lautende Auftragsbestätigungen: Es ist dafür Sorge zu tragen, dass eindeutige, betriebsinterne Regelungen dieses schuldhafte Unterlassen vermeiden.

Fehlende Beschaffungsdokumentation: Eine objektiv nachvollziehbare Dokumentation ist im Rahmen der Revisionssicherheit zwingend zu erstellen.

Veränderung der Liefertermine zugunsten des Lieferanten: Es muss ein Materialwirtschaftssystem eingeführt werden, das die nachträgliche Veränderung von Lieferterminen nicht zulässt. Abweichende Liefertermine werden so aufgeführt und können nur durch einen autorisierten Einkaufsbeauftragten mit entsprechender Begründung geändert werden (Vier-Augen-Prinzip).

Verlustpotenziale in der Auftragsabwicklung

Definition

Die Abwicklung umfasst hauptsächlich das Monitoring der Erbringung von Vertragsleistungen sowie die Bearbeitung von Leistungsstörungen. Dieser Prozessschritt beginnt nach Auftragseingang beim Lieferanten und endet mit Ende/Ablauf der Gewährleistung.

Verlustpotenzial

Nach Zustandekommen zweier übereinstimmender Willenserklärungen (Bestellung und Vorliegen der entsprechenden Auftragsbestätigung) geht der Beschaffungsprozess in die Auftragsabwicklungsphase, an der neben Einkauf und Fachseite in der Regel noch Organisationseinheiten wie Wareneingang und Buchhaltung beteiligt sind. Diese Erhöhung der Anzahl der Schnittstellen sorgt für eine entsprechende Erhöhung des Verlustpotenzials des Unternehmens.

- Es wird keine Liefererminkontrolle und damit kein Monitoring des Wareneingangs betrieben, Pönaleforderungen werden nicht erhoben.
- Nachträgliche Bestelländerungen (Werte, Termine, Inhalte) zugunsten des Lieferanten werden getätigt.
- Bestätigen des Wareneingangs, ohne dass es einen Wareneingang gegeben hat.
- Bestätigen des Empfangs höherer als tatsächlich gelieferte Mengen.
- Verzicht auf Reklamationen bei Minderlieferung.
- Veruntreuung/Unterschlagung von Rücksendungen.
- Verpassen des relevanten Skontotermins oder Nichtziehen von Skonto.
- »Vergessen« von bereits geleisteten Anzahlungen bei der Rechnungsbegleichung.
- Akzeptanz von Doppelberechnungen gerade bei regelmäßigem Gütereingang von einer bestimmten Firma.
- Rechenfehler in den Eingangsrechnungen werden übersehen oder ignoriert.
- Falsche Berechnungsverfahren werden übersehen oder ignoriert.

Vorschläge zur Vermeidung

Fehlende Liefertermkontrollen, Verpassen des relevanten Skontotermins sowie Verzicht auf Reklamationen: Sie können nur im Rahmen von stichprobenartigen, wiederkehrenden Überprüfungen durch Vorgesetzte oder die Revision aufgedeckt werden.

Bestelländerungen (Werte, Termine, Inhalte) zugunsten des Lieferanten werden getätigt: Das genutzte Materialwirtschaftssystem darf nachträgliche Veränderungen von Bestellwerten nicht zulassen. Änderungen können nur durch einen autorisierten Einkaufsbeauftragten mit entsprechender Begründung geändert werden.

Bestätigen des Wareneingangs, ohne dass es einen Wareneingang gegeben hat oder Bestätigung höherer Mengen: Besonders bei Waren, die sofort verarbeitet werden müssen, oder bei Schüttgut lässt sich kaum etwas nachweisen. Abschreckende Wirkung lässt sich durch den überraschenden Einsatz einer Beschaffungsrevision bei den bedarfsanfordernden Stellen beziehungsweise im Wareneingang in kurzen Zeitabständen erzielen.

Veruntreuung und Unterschlagung von Rücksendungen: Wenn von Seiten der Unternehmensleitung und des Betriebsrats von den klassischen Pkw- oder Taschenkontrollen abgesehen wird, kann dieser Art der Veruntreuung kaum begegnet werden. Nur bei einer Häufung von Vorfällen wird überhaupt erst eine Auffälligkeit entdeckt werden können.

»Vergessen« von Anzahlungen, Akzeptanz von Doppelberechnungen, Rechenfehler in den Eingangsrechnungen sowie falsche Berechnungsverfahren: Das Materialwirtschaftssystem muss so konzipiert sein, dass jede Eingangsrechnung auf eine Bestellnummer gebucht wird und so eine Übersicht erfolgen kann. Dazu kommt eine stichprobenartige Überprüfung aller Eingangsrechnungen durch Rechnungskontrolleure, wobei – nach Abwägung der Vor- und Nachteile – die Zuständigkeit und Verantwortung für solche Kontrollen entsprechend im Einkaufs- oder Finanzbereich liegen sollte.

Sicherheit ist Chefsache

Der Leiter einer Beschaffungseinheit als Korruptionsvermeider?

Gerade bei der Behandlung von Sicherheitsthemen im Beschaffungsbereich ist es oft schwierig, die Frage nach der Sinnhaftigkeit und Rentabilität von bestimmten Maßnahmen überzeugend darzustellen. Oft wird gerne der übergeordnete Aspekt der Vermeidung von unabschätzbaren Unternehmensverlusten im Rahmen von Prozesslücken ignoriert, weil es nicht einfach ist, den monetär messbaren Nutzen für das Unternehmen seriös darzustellen. Auch bedeutet zum Beispiel die Implementierung von Prüfschritten (wie zum Beispiel das Vier-Augen-Prinzip) oder die Einführung von Verschlüsselungstechniken zur sicheren Kommunikation, dass kurzfristig gerade im operativen Bereich eine Mehrbelastung entstehen kann. Diese kann sich an der einen oder anderen Stelle durch eine Erhöhung der Prozesskosten oder durch zusätzliche Investitionen niederschlagen. Warum also sollte man sich als Führungskraft aus dem Beschaffungsbereich trotzdem mit der Erhöhung der Sicherheit beschäftigen?

Sicherheit richtig angegangen muss kein reiner Kostenfaktor sein, sondern kann auch ein »Business Enabling Factor« werden, ohne den zumindest Geschäfte wie zum Beispiel E-Commerce oder Online-Auktionen nicht erfolgreich funktionieren würden. Gerade in der Privatwirtschaft ist das Thema Sicherheit längst zu einem Wettbewerbsfaktor geworden: Es muss dem gut informierten, kritischen Kunden nachgewiesen werden, dass seine Wertsachen, Daten oder gar er selbst bei Ihrem Unternehmen gut aufgehoben sind.

Abgesehen von der ethischen und moralischen Verantwortung, die das Unternehmen, die Mitarbeiter und sogar der Gesetzgeber bei dem Leiter einer Beschaffungseinheit sehen, rechnet sich die Einführung von einwandfreien Prozessen in Ihrem Bereich mittel- bis langfristig sehr wohl auch monetär.

Neben wirklichen »Quick Wins«, die so gut wie überall zu finden sind und die sich relativ leicht realisieren lassen, beinhaltet die prozessorientierte Gestaltung von sicheren Beschaffungsprozessen festgelegte Spielregeln für Manager und Mitarbeiter mit unterschiedlichen Tätigkeiten. Die Mitarbeiter kreieren beispielsweise aufgrund vorhandener Rahmenbedingungen nicht ihre eigenen Standards, sondern halten sich an den definierten Rahmen. Sollte ein Mitarbeiter aus dem Einkaufsbereich ausscheiden, sind die von ihm initiierten Prozesse und Aktionen auch für nachfolgende Generationen noch nachvollziehbar und eine zeitaufwändige wie ungenügende Einarbeitungsphase des Nachfolgers entfällt. Die Beziehungen zwischen den bedarfsmeldenden Fachabteilungen und nachgelagerten Stellen können eindeutig definiert und festgelegt werden, was einen hohen Abstimmungsaufwand untereinander einspart.

Sichere und damit nachvollziehbare Beschaffungsprozesse zahlen sich aber auch mittel- bis langfristig durch erzielte Lerneffekte und allgemeingültige Standardabläufe bei den Personalkosten sowie eine Erhöhung der

Arbeitsqualität aus. Nicht zu vergessen ist in diesem Zusammenhang eine Steigerung der Mitarbeiterzufriedenheit, wenn definierte Rahmenbedingungen existieren und einem das ständige Orientieren an permanent wechselnden Anweisungen im Arbeitsalltag erspart bleibt.

Und last but not least wird die Wahrscheinlichkeit gesenkt, dass Vorgesetzte nicht für Verluste, die beispielsweise durch gravierende Prozesslücken oder gezielt ausgenutzte Organisationsfehler entstehen, in die Verantwortung genommen werden können (»gerichtsfeste Organisation und strafentlastende Delegation«).

Hier ist das oberste Management oder der Leiter einer Beschaffungseinheit gefordert, entsprechende Zeichen »pro Sicherheit« und für die Sicherung der betrieblichen Wertschöpfungskette zu setzen: Der Leiter einer Beschaffungseinheit muss für die Konzeption und Einführung von Sicherheitsprojekten stehen, sich über Sicherheitslücken informieren und Impulse geben, ob man bestimmte Risiken unter Kostenaspekten akzeptieren kann oder ob entsprechende Maßnahmen zur Schließung dieser Lücken eingeleitet werden müssen. Das Treffen einer solchen Entscheidung ist oft nicht banal und differiert mit jeder neuen Bedrohungssituation. Wichtig ist hierbei jedoch, dass das Management eine klare Aussage trifft, die die Einführung von Sicherheitsmaßnahmen unterstützt, aber auch nachvollziehbar dokumentiert, warum und unter welchen Prämissen manche Sicherheitsmaßnahmen nicht eingeführt wurden.

Fehlt ein solches Einstehen für die Sicherheit und Qualität und werden die Beschaffungsprozesse unter gänzlich anderen Komponenten wie zum Beispiel schnelles Abwickeln unter geringen Personalkosten priorisiert, sollte nicht zu viel Hoffnung in die Erfolge von Sicherheitsprojekten gesetzt werden – sie würden nur der Alibifunktion dienen und halbherzige Taten oder Maßnahmen folgen lassen, die letztendlich ihr Ziel, die Vermeidung von Unternehmensverlusten jedweder Art, nicht erreichen würden. Diese Tatsache würde, spätestens bei Aufkommen des ersten sicherheitsrelevanten Ereignisses, wiederum dem Management angelastet werden, welches nicht in der Lage war, entsprechende Vorkehrungen zu treffen. In diesem Zusammenhang sei nochmals für Aktiengesellschaften das Gesetz zur Bekämpfung der Korruption (KontraG) genannt, das ebenfalls die eindeutige Verantwortung für Organisationsfehler beim Management sieht.

**Personelle und organisatorische Maßnahmen
durch den Vorgesetzten**

Die Führungskräfte haben Vorbildfunktion für die ihnen unterstellten Mitarbeiter. Ihr Verhalten, aber auch ihre Aufmerksamkeit sind von großer Bedeutung für die Vermeidung von Unternehmensverlusten durch suboptimale Beschaffungsprozesse und dolose Handlungen. Ein falsch verstandener kooperativer Führungsstil oder eine nachlässige Führung können in korruptionssensiblen Aufgabengebieten verhängnisvoll sein.

Im Rahmen Ihrer Befugnisse:

- Achten Sie auf klare Definition und gegebenfalls Einschränkung der Entscheidungsspielräume.
- Erläutern Sie den Mitarbeitern Delegationsstrukturen, eindeutige Vertretungsregelungen und die Notwendigkeit von Mitzeichnungspflichten.
- Individuelle und flexible Bearbeitung von Einkaufsvorgängen kann sehr erfolgreich sein – weisen Sie wiederholt darauf hin, dass jeder Beschaffungsgang revisionssicher dokumentiert werden muss und überprüfen Sie dieses.
- Sprechen Sie mit den Mitarbeitern in regelmäßigen Abständen über die sich aus den innerbetrieblichen Regelungen ergebenden Verpflichtungen.
- Bei offener Unzufriedenheit eines Mitarbeiters mit dem Unternehmen ist eine erhöhte Aufmerksamkeit geboten.
- Sollten persönliche Schwächen oder die Überschuldung eines Mitarbeiters bekannt werden, ist über seinen alternativen Einsatz nachzudenken. Beschäftigte, deren wirtschaftliche Verhältnisse nicht geordnet sind, sollten im Beschaffungsbereich sowie in Tätigkeitsgebieten, in denen sie der Gefahr einer unlauteren Beeinflussung durch Dritte besonders ausgesetzt sind, nicht eingesetzt werden.
- Informieren Sie sich über Korruptionsindikatoren in Ihrem Aufgabengebiet (vergleiche hierzu den Abschnitt »Anzeichen und Warnsignale für Korruption und Unterschlagung«).

Aber auch im Vorfeld einer Stellenbesetzung bestehen viele Möglichkeiten, mancher dolosen Handlung vorzubeugen: Im Rahmen des Personaleinstellungsprozesses sollten von der zuständigen Personalstelle in Zusammenarbeit mit dem Vorgesetzten bereits Maßnahmen getroffen worden sein, die – neben dem fachlichen Aspekt – den Einsatz von loyalem und integerem Personal sicherstellen.

Sorgfalt bei der Personalauswahl muss schon mit Prüfung der Bewerbungsunterlagen einsetzen. Gerade bei den vielen technischen Möglichkeiten zur Manipulation sollte sorgsam auf die Übereinstimmung des tabellarischen Lebenslaufs und der mitgelieferten Zeugnisse geachtet werden. Auch Lücken in Lebensläufen sind kritisch zu betrachten. Es empfiehlt sich sehr, schon bei leichten Zweifeln Telefonate mit den ehemaligen Arbeitgebern eines Bewerbers über die tatsächliche Beurteilung und Hintergründe zu führen.

Üblicherweise müssen Bewerber vor Vertragsabschluss einen so genannten Personalfragebogen ausfüllen. Hiermit besteht die Möglichkeit, zusätzliche sicherheitsrelevante Fragestellungen zu klären:

- Sind Sie vorbestraft oder schwebt ein Strafverfahren gegen Sie, das für die von Ihnen angestrebte Tätigkeit von Bedeutung ist?
- Werden Nebentätigkeiten ausgeübt? (Wenn ja, bei welchem Unternehmen, Name, Anschrift)
- Sind bereits Familienangehörige im Unternehmen beschäftigt? (Wenn ja, wer und Art der Verwandtschaft)
- Liegen Pfändungen vor oder sind Pfändungen in der nächsten Zeit zu erwarten?
- Haben Sie Ansprüche auf Arbeitsentgelt abgetreten?

Bei Bedarf (sensible Tätigkeiten) sollte ein Führungszeugnis (gegen Aufwandsentschädigung) eingefordert werden. Die Einverständniserklärung des Bewerbers zu einer Überprüfung seiner finanziellen Situation über eine seriöse Wirtschaftsauskunftei kann ebenfalls Grundlage für weitere Vertragsverhandlungen sein. Ob die Auskunft tatsächlich eingeholt wird, bleibt der jeweiligen Situation überlassen – hat aber schon manchen Bewerber zu Erklärungen verleitet.

Der Vorgesetzte hat ebenfalls in Zusammenarbeit mit der zuständigen Personalabteilung darauf zu achten, dass die Arbeitsverträge auch mit Klauseln zu sicherheitsrelevanten Themenstellungen zu versehen sind:

- Abtretung und Verpfändung von Vergütungsansprüchen nur mit Zustimmung des Unternehmens.
- Verschwiegenheitsverpflichtung über alle im Rahmen der Tätigkeit zur Kenntnis gelangten betrieblichen Angelegenheiten. Diese dauert auch, soweit rechtlich zulässig, über die Beendigung des Anstellungsverhältnisses hinaus an.

- Zuwendungen und Geschenke sowie Einladungen zu Reisen und Veranstaltungen von Dritten im Rahmen der betrieblichen Tätigkeit dürfen nicht angenommen werden.

Anzeichen und Warnsignale für Korruption und/oder Unterschlagung

Auch bei Einführung aller organisatorischen Präventionsmaßnahmen ist Korruption nicht auszuschließen. Nach dem Ergebnis einer vom Bundeskriminalamt (BKA) durchgeführten Expertenbefragung (vgl. BKA Forschungsreihe *Korruption – hinnehmen oder handeln?*, Wiesbaden 1995, S. 151–160) ist korruptes Verhalten häufig mit Verhaltensweisen verbunden, die als »Korruptionssignale« verstanden werden können. Diese Wertung ist jedoch nicht trivial, weil einige der Indikatoren als neutral oder sogar positiv gelten, obwohl sie sich nachträglich als Korruptionssignale erwiesen haben.

Keiner der Indikatoren ist ein definitiver Nachweis für Korruption. Wenn aber aufgrund von Äußerungen oder Beobachtungen ein Verhalten auffällig erscheint, muss zwingend geprüft werden, ob das Auftreten eines Indikators zusammen mit den Umfeldbedingungen eine Korruptionsgefahr anzeigt. Lottogewinne und größere Erbschaften bei Mitarbeitern sind zwar nicht häufig anzutreffen, aber möglich.

Zu dieser Problematik veröffentlicht die Zentrale Antikorruptionsstelle der freien Hansestadt Bremen *Empfehlungen für Vorgesetzte und Behördenleiter zur Korruptionsprävention*.

Neutrale Indikatoren:

- auffallender und unerklärlich hoher Lebensstandard, aufwändiger Lebensstil, Vorzeigen von Statussymbolen,
- auffällige private Kontakte zwischen Beschäftigten und Lieferanten, zum Beispiel Einladungen,
- unerklärlicher Widerstand gegen eine Änderung der Zuordnung oder Aufgabe oder eine Umsetzung, insbesondere wenn sie mit einer Beförderung beziehungsweise mit einer Gehaltsaufbesserung oder zumindest der Aussicht darauf verbunden ist,
- Ausübung von Nebentätigkeiten ohne entsprechende Genehmigung beziehungsweise Anzeige des Mitarbeiters oder seiner Familienangehörigen oder Nebentätigkeit, die das hauptberufliche Aufgabengebiet

tangiert oder überschneidet (zum Beispiel Einkäufer für DV-Equipment und Ehefrau betreibt Computerfachhandel),
- nicht erklärbare Verhaltensänderung (zum Beispiel aufkommende Verschlossenheit) gegenüber dem Kollegenkreis,
- abnehmende Identifizierung mit dem beruflichen Umfeld oder den wahrgenommenen Aufgaben,
- soziale Probleme (Alkohol-, Drogen-, Spielsucht),
- Prahlen mit Kontakten im dienstlichen und privaten Bereich,
- Vergünstigungen von Dritten.

Alarmindikatoren
Außer den vorstehenden eher neutralen Warnsignalen gibt es auch Indikatoren, die nach den Erfahrungen des BKA charakteristische Alarmindikatoren sind.

Unternehmensinterne Indikatoren

- Umgehen oder Übersehen von Vorschriften, Häufung »kleiner Unregelmäßigkeiten«, Abweichungen zwischen tatsächlichem Vorgangsablauf und späterer Dokumentation,
- ungewöhnliche Entscheidungen ohne nachvollziehbare Begründung,
- Missbrauch von Ermessensspielräumen, das heißt unterschiedliche Bewertungen und Entscheidungen bei Vorgängen mit gleichem Sachverhalt und verschiedenen Anbietern,
- Verheimlichen von Vorgängen,
- auffallend kurze Bearbeitungszeiten bei einzelnen begünstigten Entscheidungen,
- Parteinahme für einen bestimmten Lieferanten, wiederholte Bevorzugung,
- Verharmlosung des Sparsamkeitsprinzips,
- stillschweigende Duldung von Fehlverhalten, insbesondere bei rechtswidrigem Verhalten, und
- Ausbleiben von Reaktionen auf Verdachtsmomente oder Vorkommnisse, fehlende Vorgangskontrolle dort, wo sie besonders notwendig gewesen wäre.

Indikatoren im Bereich der externen Kontakte:

- Vergünstigungen von Dritten (Sonderkonditionen beim Einkauf, bevorzugte Behandlung in bestimmten Restaurants, Einladungen zu privaten oder geschäftlichen Veranstaltungen von Lieferanten),
- auffällig entgegenkommende Behandlung von Lieferanten, kumpelhafter Umgangston oder auffällige Nachgiebigkeit bei Verhandlungen,
- Splitten von Aufträgen, um Unterschriftenregelungen – und damit Kontrollen – zu umgehen,
- Vermeiden des Einholens von Vergleichsangeboten,
- erhebliche beziehungsweise wiederholte Überschreitung der genehmigten Auftragswerte,
- Beschaffungen zu marktunüblichen Preisen, unsinnige Anschaffungen, Abschluss langfristiger Verträge ohne transparenten Wettbewerb,
- auffallend häufige Rechenfehler, häufige Nachbesserungen in den Dokumenten,
- Wettbewerbsangebote besitzen keinen Eingangsstempel (Eingang über die »persönliche Schiene«),
- aufwändige Nachtragsarbeiten, da als Leistungsposition nicht korrekt in der Bestellung berücksichtigt,
- Nebentätigkeiten von Mitarbeitern oder Tätigkeit ihrer Angehörigen für Firmen, die gleichzeitig Auftragnehmer des Unternehmens sind,
- häufige Dienstreisen zu bestimmten Lieferanten (auffallend insbesondere dann, wenn eigentlich nicht erforderliche Übernachtungen anfallen),
- Ausbleiben von Konflikten mit Lieferanten dort, wo sie üblicherweise vorkommen.

Diese Merkmale können insbesondere dann von Interesse sein, wenn sich etwas außerhalb der üblichen Norm bewegt (unerklärliche, nicht nachvollziehbare, sich plötzlich verändernde, auffallende Verhaltensweisen). Als häufiges und hervorstechendes Warnsignal wird der typischerweise aufwändige beziehungsweise ungewöhnlich hohe Lebensstandard von Mitarbeitern mit Nebenverdiensten angesehen, wozu auch das Vorzeigen entsprechender Statussymbole gehört.

Als Warnsignale sind ferner Andeutungen im Kollegenkreis, Gerüchte von außen sowie anonyme Hinweise (zum Beispiel von benachteiligten und dadurch in finanzielle Schwierigkeiten geratene Lieferanten) zu sehen.

Diese Signale werden noch deutlicher, wenn sie sich häufen und auf bestimmte Personen oder Aufgabenbereiche konzentrieren. Anonyme Hinweise geben vielfach den Anlass für Ermittlungen, durch die dann tatsächlich dolose Verhaltensweisen aufgedeckt werden können. Eine ständige Gewichtung und Analyse der »Gerüchteküche« ist dabei unabdingbar, um Missbrauch auszuschließen.

Um die Lieferung von Geschenken oder Zuwendungen am Unternehmen vorbei an einen Mitarbeiter zu vermeiden oder unkontrollierbare persönliche Kontakte zwischen Geschäftspartner und Mitarbeiter zu verhindern, ist zusätzlich darauf zu achten, dass den Lieferanten und Geschäftspartnern keine privaten Adressen oder Telefonnummern der Mitarbeiter mitgeteilt werden.

Private Kontakte zu Lieferanten, die in unmittelbarem Zusammenhang mit der dienstlichen Tätigkeit stehen, sind zu vermeiden oder dem jeweiligen Vorgesetzten oder Ansprechpartner zu melden.

Abschließende Bemerkungen

Unredlichkeit und Korruption im Beschaffungsprozess sind komplexe, sensible und teilweise auch kontroverse Themen. So sind zum Beispiel die Vorstellungen und Wahrnehmungen darüber, wo Korruption anfängt und aufhört, höchst unterschiedlich und bergen großes Konfliktpotenzial innerhalb des Kollegenkreises. Hier ist es unerlässlich, dass über die eingeführten Schutzmaßnahmen Einigkeit bei Leitern und Geschäftsführung darüber herrscht, wo für das Unternehmen die Grenzen gezogen werden sollen und dass diese Regeln über den Beschaffungsprozess hinaus unternehmensweit Anwendung finden.

Teil 4
Handlungsfelder/Instrumente

19
Grundlagen des Global Sourcing

Wilfried Krokowski

Einführung

Der weltweite Einkauf ist heute fundamentaler Bestandteil einer marktorientierten Beschaffungspolitik. Unter dem derzeitigen Kostendruck vieler Unternehmen ist das Auffinden von weltweit günstigen Beschaffungsquellen fast die einzige Chance, sich mit seinen Produkten am Markt zu behaupten.

Global Sourcing ist jedoch mehr als nur die Suche nach den weltweit günstigeren Beschaffungsquellen. Der Zugriff auf weltweite Technologie- und Prozesskenntnisse, die Erfüllung von Local Contents, die Erweiterung der weltweiten Lieferantenbasis, die Unterstützung der globalen Vertriebs- und Produktionsstrategien und die Überprüfung der eigenen Wettbewerbsfähigkeit im internationalen Umfeld sind nur einige Gründe, warum Global Sourcing bei den meisten Unternehmen ziemlich weit oben auf die Prioritätenliste gesetzt wird.

Der immer härter werdende internationale Wettbewerb und die damit verbundene Globalisierung nahezu aller Bereiche der Wirtschaft zwingen den Einkäufer, sich auch außerhalb der Grenzen Deutschlands und damit in anderen Rechts-, Sprach- und Kulturbereichen nach günstigen Beschaffungsmöglichkeiten umzusehen.

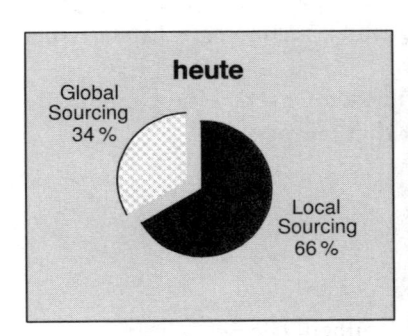

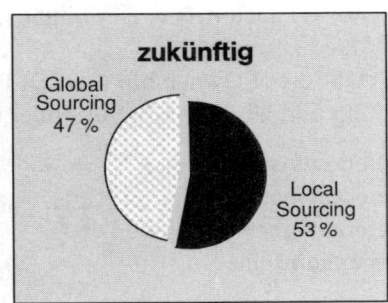

Abb. 19.1: Gründe für den internationalen Einkauf

Auch der Mittelstand muss in Zukunft in vermehrtem Maße weltweit beschaffen. Im Moment beträgt die Quote ausländischer Beschaffungen bei Unternehmen mit einem Einkaufsvolumen von 10 bis 100 Millionen Euro rund 10 Prozent.

Global Sourcing sollte nicht angewendet werden, wenn der Wert der zu beschaffenden Güter und Dienstleistungen in keinem Verhältnis zu den zusätzlichen Aufwendungen für Personal, Kommunikation, Transport und Logistik steht.

Auch die erforderliche operative Versorgungssicherheit ist zu prüfen. Falls bei Ausfall des Beschaffungsgutes sofort die ganze Produktion stillsteht und keine Ersatzbeschaffungsmöglichkeit in der Nähe besteht, ist Global Sourcing nicht angebracht, es sei denn, die Vorteile sind so groß, dass man sich ein umfangreiches Zwischenlager leisten kann.

Erfolgreiches Global Sourcing kann nur betrieben werden, wenn man die Chancen und Risiken erkennt sowie transparente und gesamtheitliche Entscheidungsabläufe schafft. Bei aller sorgfältigen Abwägung wird ein Restrisiko übrig bleiben. Der Grundsatz »Ohne Risiko kein Geschäft« gilt besonders im Bereich Global Sourcing.

Wer sich in das Umfeld des Global Sourcing begibt, benötigt ausgezeichnete Werkzeuge und Instrumente, um die Risiken – und davon gibt es mehr als genug – einer globalen Beschaffungspolitik möglichst transparent und überschaubar zu halten. Jedes Unternehmen muss für sich selbst entscheiden, ob es sich auf wenige Stammlieferanten verlässt oder ob es eine möglichst breit gestreute Lieferantenstruktur zulässt. Höchste Lieferbereitschaft, ein Optimum an Zuverlässigkeit und Kostenminimierung werden auch in Zukunft die Hauptanforderungen an den Lieferanten sein. Daraus abgeleitet ergibt sich die Forderung nach einer Lieferantenauswahl unter dem Gesichtspunkt von Prozesskosten und einer permanenten Lieferantenbewertung hinsichtlich Kosten, Liefertreue, Flexibilität, Qualität, Technologie, Länderrisiko und Marktbedingungen.

Die Total-Cost-of-Ownership-(TOCO)-Philosophie setzt eine permanente Berechnung und Überprüfung folgender Kriterien voraus:

- Lieferantenstrategie,
- Lieferantenauswahl,
- Lieferantenbewertung und
- Kostenkontrolle.

Besonders hervorzuheben ist hierbei die gesamtheitliche Betrachtungsweise. Der Beschaffungsbereich muss neben den direkten Kostenfaktoren auch

Chancen

- Erschließung neuer Beschaffungsmärkte
- Kostenvorteile
- Erhalt der Wettbewerbsfähigkeit
- Vertriebsunterstützung

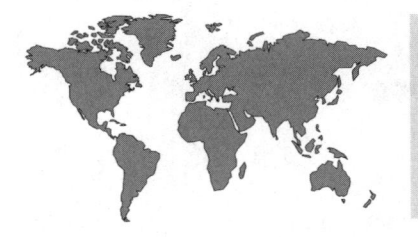

Risiken

- Kostenrisiko
- Qualitätsprobleme
- Flexibilitätsverlust
- Logistikprobleme
- Kommunikationsprobleme

Abb. 19.2: Chancen und Risiken im Global Sourcing

indirekte Kostenfaktoren wie Länderrisiko, Qualitätskosten, Kosten durch Lieferabweichungen und Lagerkosten unbedingt in den Beurteilungs- und Entscheidungsprozess mit einbeziehen.

Mit der Weiterentwicklung von neuen Beschaffungsstrategien wird sich im Unternehmen das gesamte logistische Umfeld ändern. Der gesamte Materialfluss, inner- und außerbetrieblich, muss überdacht werden. JIT-Anliefermethoden und Sicherheitslager sind zu überprüfen. Neue Qualitätskonzepte müssen entwickelt werden, die gemeinsam zwischen Lieferant und der eigenen Qualitätssicherung zu erarbeiten und zu vereinbaren sind.

Kostenkontrollinstrumente verlangen eine stärkere Einbindung der betrieblichen Finanz- oder Controllingabteilung. Kommunikationstechniken wie Internet, E-Mail und IT-Anbindung bedürfen einer raschen Einführung und zügigen Weiterentwicklung im eigenen Unternehmen. Nur so kann mittel- und langfristig sichergestellt werden, dass der Einkauf und die Logistik einen aktiven und entscheidenden Anteil am Unternehmenserfolg leisten und der Produktionsbetrieb internationalem Konkurrenzdruck standhält.

Jüngste Studien belegen, dass die Gründe für das Global Sourcing vielschichtig sind. Neben der Materialkostenoptimierung stehen der Aufbau einer lokalen Supply Chain in Osteuropa und Asien an erster Stelle.

Für viele Firmen ist die weltweite Beschaffung von Materialien und Dienstleistungen der erste Schritt auf dem Weg zur Produktion und zum Aufbau eines eigenen Vertriebs im Ausland. Der international erfahrene Einkaufsstratege wird zum wertvollen Informationsvermittler für das eigene Unternehmen. Er kann den ausländischen Markt analysieren und bewerten, ferner kann er zielgerichtet neue internationale Firmenkontakte Gewinn bringend für den Vertrieb und die Produktion einbringen.

Global Sourcing bedarf einer klaren Abwägung der Vor- und Nachteile unter dem Aspekt der gesamtunternehmerischen Betrachtungsweise. Nachfolgend sind einige Faktoren dieses Entscheidungsprozesses beschrieben.

Grundlagen des Global Sourcing

Sourcing-Strategien

Im Beschaffungsmarketing unterscheidet man zwischen den verschiedenen Sourcing-Strategien, diese lassen sich klassifizieren in regionen-, lieferanten-, teile- und prozessbezogene Strategien. In der Praxis wird der richtige Mix zwischen den verschiedenen Sourcing-Strategien für den Erfolg des Unternehmens ausschlaggebend sein.

In einer Studie der TU Berlin wurden namhafte deutsche Unternehmen befragt, wie sich ihre Beschaffungsstrategie in den nächsten Jahren ändern wird. Das Ergebnis zeigt einen eindeutigen Trend hin zum Komponenten-, Modul- und Systemlieferanten. Der einfache Teilelieferant wird an Bedeutung verlieren.

In diesem Zusammenhang sind auch die Global-Sourcing-Aktivitäten zu betrachten. Nach wie vor besteht ein hoher Bedarf an neuen wettbewerbsfähigen Teilelieferanten, jedoch nehmen die Anforderungen an einen neu ausgesuchten Lieferanten zu.

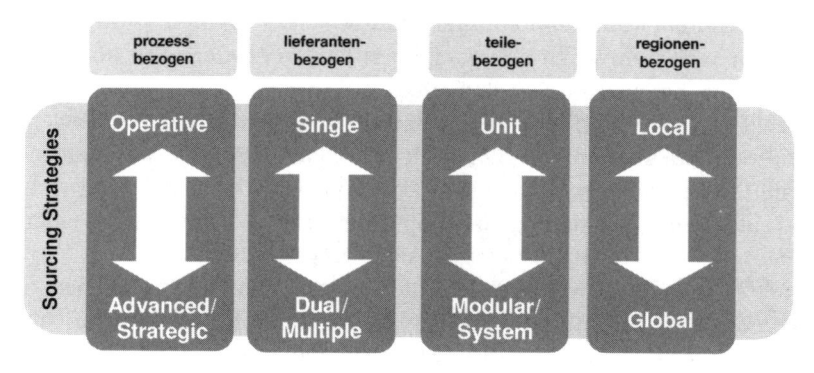

Abb. 19.3: Sourcing-Strategien

regionenbezogen	Beschreibung
Local Sourcing	Bezugsquellen in räumlicher Nähe zum Abnehmer
Domestic Sourcing	Beschaffungsquellen innerhalb Deutschlands (teilweise auch Europa im Rahmen des europäischen Binnenmarktes)
Global Sourcing	**Beschaffungsquellen weltweit**
lieferantenbezogen	
Single Sourcing	eine Bezugsquelle (nur ein Lieferant für ein Beschaffungsobjekt)
Dual Sourcing	zwei Bezugsquellen (Lieferanten-/Bezugsrisiko wird auf zwei Lieferanten aufgeteilt)
Multiple Sourcing	mehrere Bezugsquellen (überwiegend bei Standard- und Spotmarket-Teilen)
teilebezogen	
Unit Sourcing	Bezug von Einzelkomponenten
Modular Sourcing	Bezug von kompletten Baugruppen oder Systemen
prozessbezogen	
Advanced Sourcing	Die Einbeziehung von gesamten Prozessabläufen in die Beschaffungsstrategie (Stichwort: Fabrik in der Fabrik)

Abb. 19.4: Auflistung der Sourcing-Strategien

Neben Kooperationsbereitschaft, Service und Wirtschaftlichkeit wird eine langfristige und vertrauensvolle Lieferanten-Kunden-Beziehung angestrebt. Auf dieser Basis kann sich aus einem klassischen Teilelieferant ein Komponenten- oder später auch Modul- beziehungsweise Systemlieferant entwickeln.

Diese Entwicklung ist auch unter dem Aspekt Global Sourcing zu betrachten, dem auch im weltweiten Umfeld, hier besonders im asiatischen Markt, spezielle Aufmerksamkeit gewidmet werden muss.

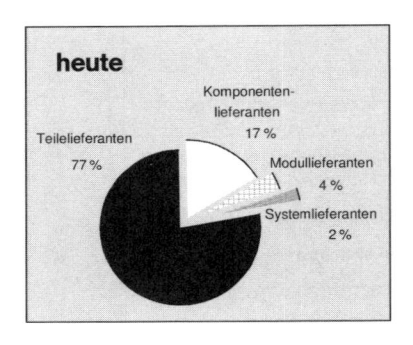

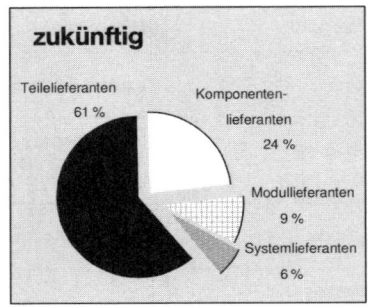

Abb. 19.5: Veränderungen im Sourcing-Verhalten

Der Prozess – Global Sourcing

Eine erfolgreiche Umsetzung kann nur gesamtheitlich erfolgen. Die Implementation einer Global-Sourcing-Strategie und eines entsprechenden Global-Sourcing-Prozesses erfordert vom Unternehmen eine nicht unerhebliche Investition an Zeit, Ressourcen und Geld. Die Umsetzung dieses Prozesses läuft in der Regel in mehreren Stufen ab.

Stufe 1: Informationssammlung
Anfragen, Beschaffungsmärkte, Länderinformationen, Lieferantenbasis, Werkzeuge, Mitarbeiter

Stufe 2: Informationsauswertung und Festlegung der Unternehmensstrategie
Alle beteiligten Stellen einschließlich der Unternehmensleitung sind an diesem Prozessschritt beteiligt

Stufe 3: Unternehmensvorgaben
Vorgaben an alle Unternehmensbereiche durch die Unternehmensleitung

Stufe 4: Umsetzung und Kontrolle
durch alle Unternehmensbereiche

Die interne Analyse und die Abstimmung im eigenen Unternehmen sind die Kernpunkte im Global-Sourcing-Prozess. Hier trennt sich die Spreu vom Weizen. Erfolg wird nur das Unternehmen erzielen, das diese Stufen einver-

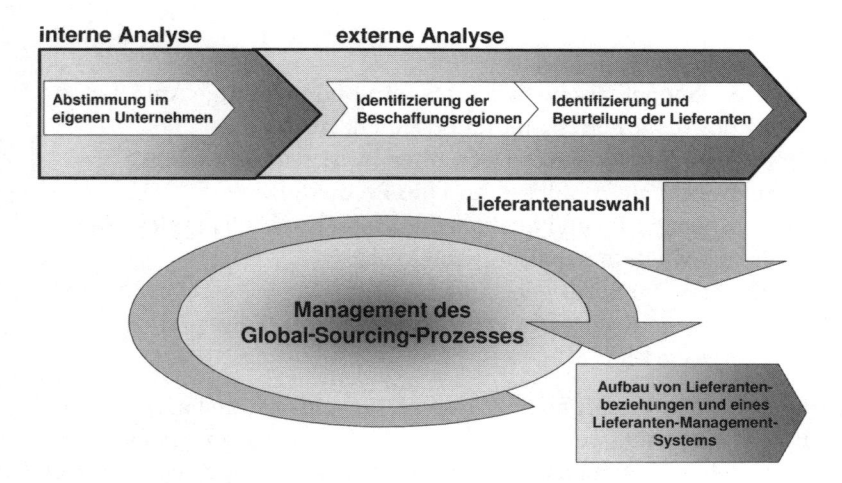

Abb. 19.6: Global-Sourcing-Prozess

nehmlich mit allen Abteilungen und der Geschäftsführung erklimmt. Die externe Analyse beschreibt den Prozess der Lieferantensuche und der Lieferantenbetreuung.

Welche Teile eignen sich für eine weltweite Beschaffung?

Nicht alle Teile bieten sich für eine weltweite Beschaffung an. Daher erscheint es zunächst sinnvoll, eine Analyse des vorhandenen Einkaufsspektrums vorzunehmen. Es empfiehlt sich hierfür die Portfolioanalyse. Im ersten Schritt sind hierzu die Einkaufsteile in vier Gruppen zu unterteilen:

- *strategische Teile,*
- *Engpassteile,*
- *Spotmarket-Teile,*
- *Standardteile.*

Nachstehende Definition beschreibt die Grobklassifizierung dieser Einkaufsteile.

Strategisch

- teilweise monopolistische Lieferantenstrukturen/wenige Anbieter,
- hohes Know-how/hohes Innovationspotenzial,
- überwiegend Single-Source-Lieferanten (werkzeuggebunden),
- Einkaufsvolumen > 1 Million Euro pro Produktgruppe,
- hohe technologische und qualitative Anforderungen/komplexe Teile,
- hohe/lange Wiederbeschaffungszeit,
- bedarfsgesteuerte Bedarfsdeckung,
- hohe logistische Anforderungen/teilweise Just-in-Time und
- hoher Servicegrad.

Aufgrund des hohen Versorgungsrisikos und Einkaufsvolumens ist eine partnerschaftliche Vorgehensweise mit wenigen Lieferanten empfehlenswert. In der Regel bestehen monopolistische Lieferantenstrukturen (Single Source). Ein aktives und abteilungsübergreifendes Lieferantenmanagement muss hier stattfinden. Diese Teile bieten sich nur nach sorgfältiger Abwägung (TOCO-Konzept) zum Global-Sourcing-Bezug an, sie sind jedoch nicht grundsätzlich davon auszuschließen.

Engpassteile

- wie zuvor unter dem Punkt »Strategisch« (jedoch geringeres Einkaufsvolumen),
- dadurch sitzt Lieferant am längeren Hebel und
- verbrauchsgesteuerte Lieferung/teilweise erhöhter Lagerbestand.

Die gleiche Charakterisierung wie bei den strategischen Lieferanten, allerdings sind hier das geringere Einkaufsvolumen und der damit verbundene Stellenwert beim Lieferanten ein weiteres Problem. Hier ist die Zielrichtung, möglichst wenig Teile dieser Kategorie zu haben (Ersatz durch Standardteile). Ein Einkauf im Ausland ist bei diesen Teilen (falls technologisch nicht anders möglich) nicht zu empfehlen. Eventuelle Einsparungen rechtfertigen nicht das erhöhte Versorgungsrisiko.

Spotmarket

- kurze Wiederbeschaffungszeit/Lagerware,
- Standardteile/Handelsware,
- hohes Einkaufsvolumen,
- mehrere Anbieter,

Global-Sourcing-Portfolio

```
Einkaufsvolumen
hoch  | Spotmarket                    Strategisch
      |   • Batterien
      |      Global-Sourcing-         • Module/
      |         Bereich                 Systeme
      |              • Leiterplatten
      |─────────────────────────────────────────
      | • DIN-Teile/Verpackung       • Drehteile
niedrig| Standard                     Engpassteile
       niedrig   Bedeutung für das Unternehmen   hoch
```

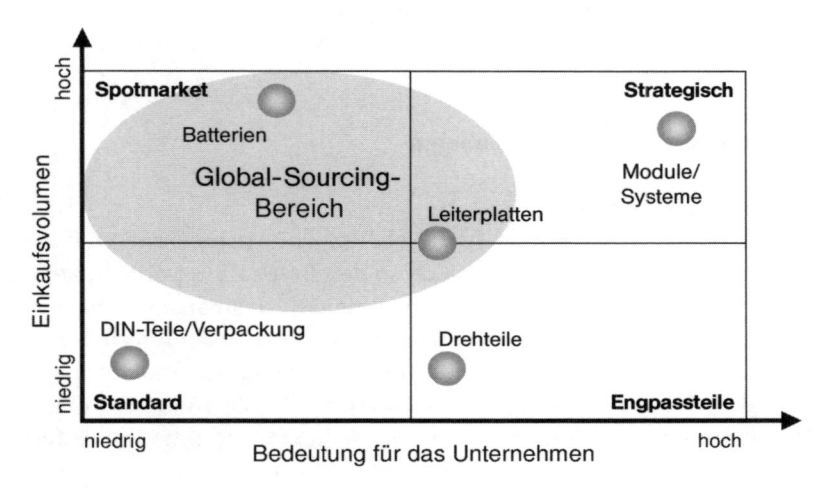

Abb. 19.7: Portfoliodarstellung von Global-Sourcing-Teilen

- nicht werkzeuggebunden und
- Standardlogistik/reale Bedarfsdeckung.

Diese Teile sind in der Regel weniger komplex und zeichnen sich durch einen hohen Standardisierungsgrad aus, damit verbunden ist ein geringeres Versorgungsrisiko. Die Lieferanten sind relativ einfach austauschbar. Hier ist eine weltweite Beschaffungsstrategie angebracht.

Standard

- wie zuvor unter dem Punkt »Spotmarket« (jedoch geringeres Einkaufsvolumen),
- hoher administrativer Aufwand.

In dieser Kategorie befinden sich überwiegend die unkritischen C-Teile. Diese Teile sind durch ein geringes Einkaufsvolumen und einen hohen administrativen Aufwand gekennzeichnet. Die Prozessoptimierung sollte hier Vorrang haben (Outsourcing und Konzentration auf wenige Lieferanten).

Aufbauend auf dieser Klassifizierung kann eine Ableitung für das Unternehmen getroffen werden, welche Teile sich für das Global Sourcing anbieten. Die Ausarbeitung sollte im Team sowie abteilungsübergreifend erfolgen und die Zustimmung der Geschäftsführung haben. Je nachdem, welche Zulieferstrategien und Bereitstellungsprinzipien im Unternehmen angewandt werden, ist Global Sourcing möglich, bedingt einsetzbar oder nicht realisierbar.

Anforderungen an das Unternehmen

Unternehmensorganisation

Im Rahmen der Neuausrichtung der Geschäftsabläufe in modernen Industrieunternehmen ist die Entwicklung auch an den Beschaffungsabteilungen nicht spurlos vorbeigegangen. Heute wird Beschaffungsmanagement mit dem strategischen Einkauf in Verbindung gebracht, der gesamtunternehmerisch zu handeln und zu denken hat und der über sehr gute Marktkenntnisse, national und international, sowie technisches Grundwissen und kaufmännische Kenntnisse verfügen muss. Ferner muss der strategische Einkäufer fähig sein, im Team zu arbeiten und einzelne Projekte intern und extern federführend zu betreuen und umzusetzen.

Grundvoraussetzung für eine effektive und erfolgreiche Einkaufsorganisation ist die Aufteilung der Einkaufsfelder in operative/administrative und in strategische Aufgaben. Ein Einkauf, der täglich fast ausschließlich als Feuerwehr hinsichtlich Terminen, Mengenabweichungen und Produktionsplanänderungen agiert, wird nicht die Zeit haben, strategische Konzepte wie Make-or-buy, Global Sourcing, Lieferantenmanagement, Marktforschung, Target Costing in Zusammenarbeit mit den Nachbarabteilungen Vertrieb, Entwicklung, Produktion und Qualität erfolgreich erarbeiten und umsetzen zu können. Der strategische Einkäufer muss weitgehend vom Tagesgeschäft befreit sein, darf sich jedoch auch nicht zu weit von den täglichen Problemen entfernen. Die Kommunikation zwischen den operativen und strategischen Bereichen muss gewährleistet sein.

Die Aufgabenfelder des operativen oder administrativen Einkaufs müssen nicht zwingend auch in der Organisationseinheit des Einkaufs bearbeitet werden. Aufgaben wie Lieferanten-Forecast, Abrufe, Systempflege und Reklamationen sind häufig in die Produktion beziehungsweise Materialplanung integriert worden. Unter der Prämisse kurzer Informationswege und möglichst weniger Schnittstellen im Unternehmen macht diese Vorgehensweise Sinn. Basisinformationen über Liefertreue, Forecasting, Bestellstatus, Qualitätsdaten et cetera stehen dem strategischen Einkäufer durch zeitgemäße IT-Systeme (zum Beispiel SAP) online zur Verfügung, so dass der zuvor beschriebene Bezug zu den operativen Belangen gegeben ist.

administrativ	strategisch
Mengen	Marktforschung
Termine	Vertragsrecht/Verhandlungen
Rechnungsklärung	Vollkostenbetrachtung
Systempflege	Unternehmensstrategie
Beanstandungen	Lieferantenmanagement
Recycling	Qualitätsvereinbarungen
Klärung mit:	Zusammenarbeit mit:
• Lager	• Marketing
• Wareneingang	• Entwicklung
• Produktion	• Produktion
• Bedarfsanforderer	• Lieferant
• Lieferant	Target Costing
	Kostenreduzierung

Abb. 19.8: Ausrichtung und Aufgaben des Einkaufs

Ausgehend von der strategischen Ausrichtung des Einkaufs ändern sich die Inhalte und die Organisationsformen des Einkaufs. Der Einkauf der Zukunft, teilweise auch heute schon in fortschrittlichen Unternehmen eingeführt, wird in der Regel eine Mischform aus zentraler/dezentraler Stabsfunktion sein. Als Hilfsmittel der Steuerung wird ein entsprechendes Einkaufscontrolling zur Verfügung stehen müssen.

Die Fachkompetenzen in Richtung Global Sourcing gilt es zu zentralisieren. Wenn die Einkaufsaktivitäten zusammengefasst sind, ist es leichter möglich, dass sich die einzelnen Mitarbeiter spezialisieren, und ferner wird vermieden, dass Fachwissen und Kapazitäten doppelt vorgehalten werden müssen. Die Organisation der internationalen Einkaufsabteilung kann analog zum Verkaufsbereich einerseits nach Ländern und andererseits nach Produkten erfolgen oder nach beidem (Matrixorganisation), je nach der Größe und der Komplexität des Beschaffungsspektrums des Unternehmens.

Auch für den Einkauf gilt, im Rahmen des Lean Management und der Konzentration auf das Kerngeschäft mit kompetenten externen Dienstleistern zusammenzuarbeiten.

Abschließend ist zu bemerken, dass für einen erfolgreichen Aufbau und die Umsetzung einer internationalen Beschaffungsstrategie die Unterstützung der Unternehmensleitung eine absolute Voraussetzung ist. Das Unternehmensumfeld (unter anderem Organisation, Einsicht zur Veränderung, Beziehungen zu den Nachbarabteilungen, gemeinsame Vorgaben/Objectives) muss ebenfalls darauf abgestimmt sein.

Aufgabenbereich	externer Dienstleister
Qualitätsüberwachung	Qualitätshäuser/internationale Einkaufs- und Servicebüros
Transport/Lagerung/Versand/ Importabwicklung	Logistikpartner/internationale Spediteure
Einkauf/Lieferantenauswahl und -betreuung	internationale Einkaufs- und Servicebüros

Abb. 19.9: Externe Dienstleister für den Einkaufsbereich

Mitarbeiter
Global Sourcing, Total Cost of Ownership, Optimierung der Arbeitsabläufe, Supply Line Management und viele andere Aspekte bestimmen heute das Handeln des Einkäufers. Flexibilität, Engagement, Teamfähigkeit, Fachkompetenz, Akzeptanz und strategisches/analytisches Denken sind die Voraussetzung, um heute im Bereich der Materialwirtschaft und Logistik erfolgreich zu sein. Auf die Qualifikation und den Erfahrungsschatz jedes einzelnen Mitarbeiters kommt es dabei an. Nur mit entsprechend qualifizierten und motivierten Mitarbeitern sind die Ziele eines effektiven »World-Class«-Beschaffungsmanagements zu erreichen. Neben der Aus- und Weiterbildung des entsprechenden Mitarbeiters müssen auch die entsprechenden organisatorischen Voraussetzungen im Unternehmen geschaffen werden.

In den meisten Betrieben sind die Einkäufer für alles verantwortlich (administrative und strategische Aufgaben), das heißt, ein Großteil des Arbeitsaufwandes (bis zu 90 oder gar 95 Prozent der Arbeitszeit) dient der Bewältigung der administrativen Aufgaben. Für die Gewinn bringenden strategischen Aufgaben bleibt meistens keine Zeit.

Internationale Einkaufsstrategen verfügen hingegen über sehr gute nationale und internationale Marktkenntnisse sowie über technisches Grundwissen und kaufmännische Kenntnisse. Ferner werden gute Fremdsprachenkenntnisse und ein gutes Einfühlungsvermögen in fremde Mentalitäten und Kulturen erwartet.

Zunehmend spielt der moderne Einkäufer die Rolle des Projektleiters oder Moderators. Er vermittelt zwischen den einzelnen Interessenlagen innerhalb und außerhalb des Unternehmens. Eine Einbindung des Einkaufs zum frühestmöglichen Zeitpunkt – im Entwicklungsstadium, wenn es darum geht, im Rahmen des Target Costing oder Benchmarking den Markt zu analysieren und Impulse aus den Beschaffungsmärkten mit in die Diskussion und Entscheidungsfindung einzubringen – muss gewährleistet sein. Ebenfalls muss ein Einkäufer in der Lage sein zu beurteilen, welche Potenziale in seiner Lieferantenbasis und den internationalen Beschaffungsmärkten vorhanden sind (Know-how in den Bereichen Marketing, Produktionstechnologie, Qualität, Entwicklung, Logistik und aktives Kostenmanagement). Immer häufiger werden Lieferanten in strategische Allianzen des Unternehmens einbezogen.

Gerade im Bereich Global Sourcing rücken die Grenzen von Einkaufs- und Vertriebstätigkeiten immer näher zusammen. Der Einkäufer wird als Partner des Vertriebs/Marketings angesehen, wenn es um die Erschließung neuer internationaler Absatzmärkte geht.

Die Neuausrichtung der Einkaufsabteilung bringt meist Economies of Scope mit sich, das heißt ein gesteigertes Innovationspotenzial durch Lerneffekte. Die durch die Global-Sourcing-Strategien betroffenen Mitarbeiter sind gezwungen, in neuen Denkschemen zu arbeiten. Ein asiatischer Lieferant packt eine Sache vielleicht anders an als ein deutscher oder er bietet auch andere Prozessabläufe beziehungsweise Alternativprodukte mit anderen Eigenschaften an. Oftmals entdeckt man bessere Problemlösungen für den eigenen Betrieb, wenn man mit in anderen Schemen denkenden Menschen und Firmen zusammenarbeitet.

Hinsichtlich der Anzahl der Mitarbeiter in diesen strategischen Bereichen kann gesagt werden, dass die Zeit der großen Einkaufsabteilungen endgültig der Vergangenheit angehört, auch hier gilt Qualität vor Quantität. Die strategisch und international ausgerichteten Einkaufsexperten werden eine kleine Gruppe im Unternehmen bilden, die sich organisatorisch mehr in Richtung einer Stabsabteilung entwickeln, mit hohen Anforderungen an deren Kommunikation und Integration. Die administrativen Bereiche werden mehr und mehr vom Einkauf entkoppelt und in die Produktion verlagert.

Internationale Einkaufs- und Servicebüros (IPOs)

Wie so häufig im Leben besteht ein gewaltiger Unterschied zwischen Theorie und Praxis. Der Punkt Global Sourcing wird einfach als neuer Punkt auf die Prioritätenliste des Einkaufs gesetzt. Die Frage für den Einkäufer lautet jedoch, wie man erfolgreich im internationalen Einkaufsgeschäft bestehen kann. Mit Global Sourcing sind, um es erfolgreich betreiben zu können, folgende Aktivitäten eng verbunden:

- Kenntnisse über weltweite Beschaffungsmärkte,
- Lieferantenauswahl und -bewertung,

- Lieferantenmanagement,
- Vollkostenbetrachtung (TOCO),
- internationales Vertragsrecht und Verhandlungsführung,
- Qualifikation und Weiterbildung der Mitarbeiter,
- interne Unterstützung im eigenen Unternehmen und
- lokale Betreuung vor Ort.

Diese Aktivitäten und Aufgaben mit bestehenden Strukturen und vorhandenen Kapazitäten in kurzer Zeit erfolgreich zu bewältigen ist nahezu unmöglich. Hier besteht im Bereich Einkauf die Möglichkeit, wie auch in der Logistik und im Qualitätsbereich einige wesentliche Elemente von außen mit einzubinden und somit Kapazitäts- und Know-how-Engpässe zu überwinden.

Die Bezeichnung »internationale Einkaufsbüros« lässt den Schluss zu, dass es sich hierbei um reine Einkaufsagenturen oder Händler handelt, die im Bereich der Wertschöpfungskette keinen großen Beitrag leisten. Dass diese Sichtweise nicht automatisch richtig ist, zeigt das Leistungsspektrum von renommierten *IPOs* (International Purchasing Offices) besonders im asiatischen Bereich. Neben der reinen Auftragsabwicklung können folgende Arbeiten von professionellen IPOs vor Ort durchgeführt werden:

- Erschließung des Beschaffungsmarktes,
- Plattform für alle Sourcing-Aktivitäten,
- Qualitätsinspektionen/Verschiffungsfreigaben,
- Terminüberwachung,
- Unterstützung bei der Pflege von Lieferantenbeziehungen,
- administrative Unterstützung vor Ort,
- Logistikunterstützung,
- Aufbereitung von aktuellen Länderinformationen,
- Benchmarkinformationen

sowie in Abhängigkeit von der Qualifikation der Mitarbeiter in diesen Einkaufsbüros:

- Angebotseinholung und -verhandlung,
- Vertragsverhandlungen,
- Lieferantenaudits,
- Unterstützung von Besuchern des Stammhauses,
- Verhandlungen von technischen Änderungen,
- Betreuung von Kostenreduzierungsprogrammen,

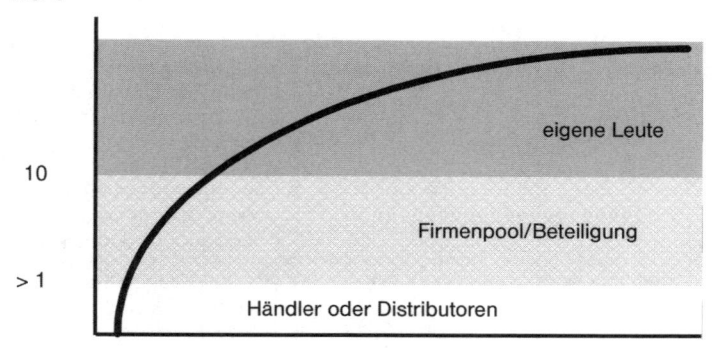

Abb. 19.10: Unterschiedliche Dienstleitungsmodelle bei Einkaufsbüros

- Bearbeitung von Beanstandungen,
- Joint Ventures und Vertriebsunterstützung sowie
- Bedarfsbündelung/Einkaufsmacht.

Wie beschrieben können die Aufgaben eines Einkaufsbüros sehr vielfältig sein und IPOs sind daher als verlängerter Arm der eigenen Einkaufsorganisation anzusehen. Dieser Vorteil wird vielfach von Einkäufern missverstanden, da sie an dieser Stelle den falschen Ehrgeiz entwickeln, alles vom eigenen Schreibtisch aus selbst zu machen. Sehr schnell kommt die Ernüchterung, dass die Auftragsabwicklung mit internationalen Herstellern doch aufwändiger und risikoreicher ist als mit eingefahrenen deutschen Lieferanten.

Dass ein Lieferantenmanagement mit internationalen Lieferanten ein ganz anderes ist als ein Lieferantenmanagement mit lokalen Lieferanten und dass die Qualitätskontrolle von Deutschland aus wesentlich schwieriger zu bewerkstelligen ist, sehen am Anfang nur wenige Unternehmen. Hier setzt die Wertschöpfung der IPOs an.

Wie bei der Lieferantenauswahl ist die Auswahl eines vertrauenswürdigen international tätigen Einkaufspartners von entscheidender Bedeutung. Allein in Hongkong und Singapur sind jeweils über hundert IPOs tätig. Die Büros sind in der Regel mit professionellen und erfahrenen lokalen Einkäufern besetzt und die meisten Mitarbeiter dieser Büros haben eine technische Grundausbildung. Bei der Auswahl des richtigen Büros sind Erfahrung und Vertrauen von besonderer Bedeutung. Nicht jedes IPO ist zu empfehlen und besitzt professionelle Einkaufsmitarbeiter.

internationales Einkaufsvolumen	vertragliche Bindung	Kosten	Vor- und Nachteile
bis ca. 1 Mio. €/Jahr	Dienstleistungsvertrag	1.000–3.000 €/Monat	+ kurzfristige Bindung + hohe Flexibilität + Nutzung mehrerer Büros möglich + geringe Kosten − geringe Individualität − keine Wahrnehmung strategischer Aufgaben
1 bis ca. 10 Mio. €/Jahr	Beteiligung/ Kooperation	ca. 50.000 €/Jahr	− mittelfristige Bindung + bessere Kontrolle + Wahrnehmung strategischer Aufgaben
> 10 Mio. €/Jahr	eigenes Büro/ Mitarbeiter	ca. 250.000 €/Jahr	− langfristige Bindung − hoher Aufwand − hohe Kosten und Risiko + komplette Kontrolle

Abb. 19.11: Vor- und Nachteile der unterschiedlichen Modelle

Grundsätzlich gibt es drei Arten der Einbindung von IPOs:

- auf der Basis von externen Dienstleistern (Leistungen nach Aufwand und Bedarf),
- ein eigenes Einkaufsbüro mit eigenen Leuten und der
- Aufbau eines gemeinsamen Einkaufsbüros mit mehreren beteiligten Unternehmen.

Je nach der Höhe des Beschaffungsvolumens können grundsätzlich drei Alternativen bei der Anwendung des Global Sourcing unterschieden werden: eigenes Einkaufsbüro oder IPOs, Mitglied in einem gemeinschaftlichen Einkaufsbüro oder Beauftragung von Distributoren/Handelsvertretungen.

Unter einem Einkaufsvolumen von 1 Million Euro im internationalen Bereich ist es empfehlenswert, einen Vermittler/Distributor zu beauftragen. Ab 1 bis in den Bereich von 10 Millionen Euro Einkaufswert bietet sich die Möglichkeit, einem Gemeinschafts-IPO beizutreten, wobei man einerseits von den Vorteilen eines internationalen Einkaufs und der größeren gemeinsamen Einkaufsmacht durch Volumenakkumulation profitieren und andererseits die Kosten zwischen den Mitgliedern aufteilen kann.

Weitere Vorteile sind:

- eindeutige Kostenvorteile (rund 50 000 Euro Mitgliedsbeitrag gegenüber rund 250 000 Euro für die Unterhaltung eines eigenen Büros),
- bessere Einkaufsmacht durch Bedarfsbündelung und gemeinsames Auftreten,
- kurze Anlaufphase, da auf bestehendes und erfahrenes Personal aufgebaut wird,
- mehrere Bürostandorte können eventuell abgedeckt werden,
- Erfahrungsaustausch durch beteiligte Firmen,
- direkte Kontrolle und Einflussnahme und die
- Mitgliedsfirmen sind gleichberechtigt an den Büros beteiligt.

Auch kleinere Firmen erhalten mit relativ geringem finanziellem Aufwand einen direkten Zugriff auf die Beschaffungsmärkte. Die Kosten sind für jedes Mitglied im Voraus bekannt und für das eigene Unternehmen budgetierbar. Ferner sind durch die Kontrollmöglichkeiten (Beteiligung) vollständige Transparenz über den Geschäftsverlauf und die Aktivitäten der IPOs sowie deren Effektivität für alle Mitgliedsfirmen gewährleistet.

Die dritte Alternative eines eigenen Einkaufsbüros ist ab dem Bereich von 10 Millionen Euro Einkaufswert anzuraten. Hier kann auf unternehmensspezifische Belange genau eingegangen werden, allerdings sind die Kosten und das Risiko auch voll vom eigenen Unternehmen zu tragen.

Die Zahlen der Abbildung 19.11 basieren auf aktuellen Informationen von weltweit operierenden Firmen mit eigenen Einkaufsbüros.

Interessant sind immer wieder die Gespräche mit den Geschäftsführungen der beteiligten oder interessierten Unternehmen. Während die Einkaufsabteilungen sehr aufgeschlossen gegenüber der Idee eines gemeinsamen Einkaufsbüros sind, wird von der Geschäftsführung ein schneller »Return on Investment« gefordert. Die strategische und langfristige Aufgabe, die diese Büros zu erfüllen haben, wird meistens bewusst übergangen. Ebenfalls wird den interessierten Einkaufsabteilungen entgegengehalten, dass bereits Vertriebsbüros oder -niederlassungen in diesen Ländern bestehen und der Einkauf ohne Bedenken diese nutzen kann. Die Erfahrung zeigt jedoch immer wieder anderes. Vertriebsbüros oder -niederlassungen haben eindeutig andere Aufgaben, die Unterstützung des Einkaufs gehört nicht dazu. Viele Einkaufsabteilungen haben diese Erfahrung schon schmerzhaft machen müssen. Hierzulande wird der Einkauf – zum Wohl des Unternehmens – ja auch nicht durch die Vertriebsbüros umgesetzt. So ist sicherlich die schwierigste Hürde auf dem Weg zur aktiven Teilnahme an einem gemeinsamen Einkaufsbüro oder der späteren

Gründung eines eigenen IPOs, die Geschäftsleitung davon zu überzeugen, dass die jährlichen Kosten in Höhe von rund 50 000 Euro bei einer Beteiligung (entspricht in etwa der Veröffentlichung einer großformatigen Anzeige in einer namhaften Publikation) ein Investment für den strategischen und international operierenden beziehungsweise agierenden Einkauf sind.

Auswirkungen auf das Unternehmen

Zusammenfassend kann gesagt werden, dass Global Sourcing eine Veränderung der gesamten Unternehmensabläufe bewirkt und somit keine Einzelaktion des Einkaufs, sondern wesentlicher Teil einer weltoffenen und gesamtheitlichen Unternehmensstrategie ist. Nachfolgend eine Auflistung dieser notwendigen Veränderungen im Unternehmen:

- andere Logistikkonzepte,
- längere Lieferzeiten/Flexibilitätsverlust,
- Änderung der Entwicklungskonzepte,
- Änderung der Qualitätssysteme,
- neue Instrumentarien und der Einsatz neuer Informationstechnologien,
- Änderungen im Cashflow und Controlling,
- andere Anforderungen an Mitarbeiter,
- neue Verfahrensanweisungen/internationales Vertragsrecht,
- Erschließen neuer Potenziale/Märkte/Kunden/Lieferanten/Kulturen und
- aktive Einbeziehung der Geschäftsführung.

Internationales Beschaffungsmanagement

Weltweite Beschaffungsmärkte

Die weltweiten Beschaffungsmärkte lassen sich zunächst grob in zwei Kategorien einteilen. Das erste Kriterium ist die Unterteilung in Standard-Lieferantenmärkte und Value-Added-Lieferantenmärkte. Abbildung 19.12 zeigt eine Kurzbeschreibung der Eigenschaften dieser Unterteilung.

Eine weitere Klassifizierung kann vorgenommen werden hinsichtlich der logistischen und technologischen Anforderungen.

In der internationalen Beschaffung stehen die Lohnkosten im direkten Verhältnis zu Risiko und Aufwand. Der Abbildung 19.14 ist zu entnehmen,

Standard-Lieferantenmärkte	Value-added-Lieferantenmärkte
lohnkostenorientiert	lohn- und materialkostenorientiert
materialkostenorientiert	technologische Führerschaft
verlängerte Werkbank	Marktkenntnisse
geringes Know-how	Qualität und Zuverlässigkeit
	Logistik und Service
	Kostenreduzierungspotenziale/Wertanalyse
	eigene Entwicklungsmöglichkeiten

Abb. 19.12: Standard- und Value-Added-Lieferantenmärkte

Value-added-Lieferantenmärkte
> Westeuropa
> Nordamerika
> Südostasien

Standard-Lieferantenmärkte
> Osteuropa
> Mittelamerika
> Südamerika

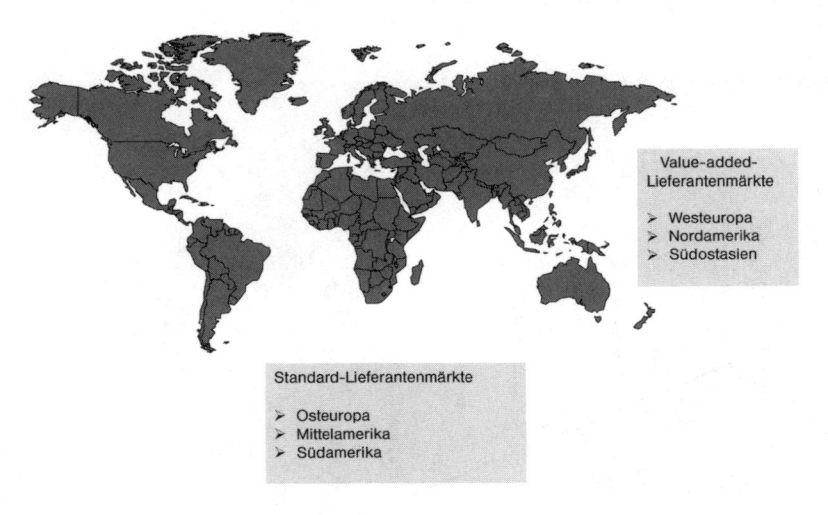

Abb. 19.13: Weltbeschaffungsmärkte

dass Aufwand und Risiko beim Aufbau neuer Lieferantenstrukturen dann am größten sind, wenn die Lohnkosten besonders gering sind.

Die Beschaffungsmärkte Amerikas und Asiens sind überwiegend (fast ausschließlich) dollarorientiert, während der Beschaffungsmarkt Europa einschließlich Osteuropa überwiegend euroorientiert ist. Dies bedeutet, dass Vertragsabschlüsse in amerikanischen und asiatischen Regionen in der Regel in US-Dollar abgeschlossen werden, während in Osteuropa der Euro ohne

Vergleich der weltweiten Beschaffungsmärkte

W. Europa / Japan / USA
Taiwan / Singapur / Hongkong / Korea
 — Hochwertige Know-how-Produkte und Entwicklung
 — Produkte mit hohen Anforderungen und Entwicklung
 — Logistik und Auftragsabwicklung unproblematisch

Mexiko / Malaysia / China / Osteuropa
 — Lohnintensive Produkte mittlerer Kategorie
 — Logistik ist zu berücksichtigen

Thailand / Philippinen / Indonesien / Indien / Vietnam
 — Lohnintensive Produkte einfacherer Kategorie
 — Logistik und Auftragsabwicklung problematisch

Supplier Relation: Value-Added Supplier ↕ Standard Supplier

Anforderungen/Know-how: gering → hoch

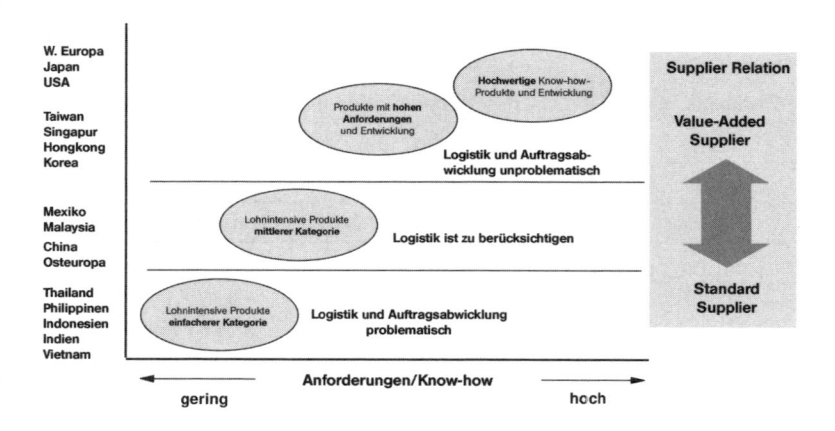

Abb. 19.14: Vergleich der weltweiten Beschaffungsmärkte

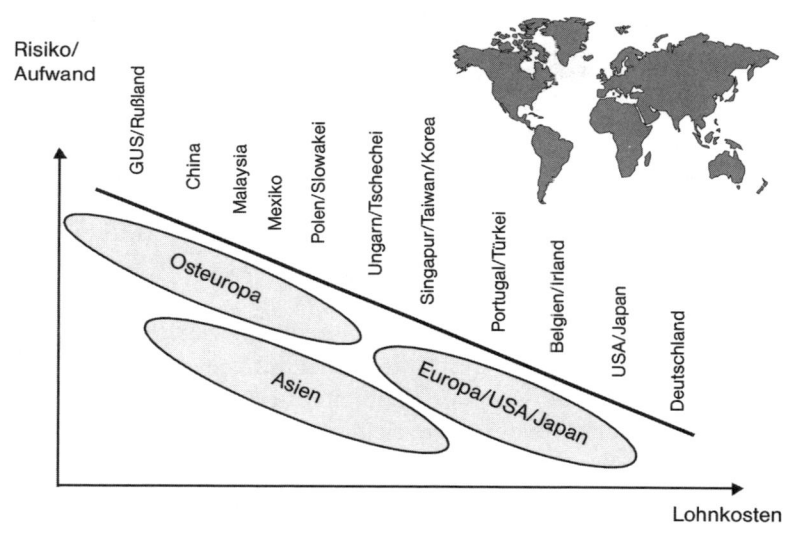

Risiko/Aufwand vs. Lohnkosten

Osteuropa: GUS/Rußland, China, Malaysia, Mexiko, Polen/Slowakei, Ungarn/Tschechei
Asien
Europa/USA/Japan: Singapur/Taiwan/Korea, Portugal/Türkei, Belgien/Irland, USA/Japan, Deutschland

Abb. 19.15: Risiko und Aufwand – Beschaffungsregionen

Handlungsfelder/Instrumente

größere Probleme akzeptiert wird. Diese Tatsache kann für einige Firmen ausschlaggebend und die Grundlage dafür sein, ob sie ihre Sourcing-Aktivitäten mehr in Richtung Osteuropa oder Asien ausrichten. Gerade unter den schwankenden Dollarkursen kann ein Engagement in Euro-Beschaffungsregionen mit einem wesentlich geringeren Risiko verbunden sein, falls man in diesen Regionen den richtigen Lieferanten findet.

Bei der Auswahl der geeigneten Beschaffungsregionen können die Lohnkosten nicht der alleinige ausschlaggebende Faktor sein, von einigen wenigen äußerst lohnintensiven Industriebranchen abgesehen, dafür sind die Anforderungen an die heutigen Beschaffungsgüter zu komplex. Für die meisten Einkäufer gilt daher, das richtige Bezugsland zu finden, das im Verhältnis Lohnkosten und Value-Added-Leistungen das Optimum bietet. Welches das richtige Beschaffungsland für ein Unternehmen darstellt, ist abhängig von seiner strategischen Ausrichtung.

Die Vorgehensweise bei der Suche und Auswahl einer weltweiten Lieferantenbasis kann nur dann von Erfolg gekrönt sein, wenn sie Bestandteil einer unternehmensweiten Global-Sourcing-Strategie ist.

Lieferantenmanagement im internationalen Bereich

Der Erfolg eines Unternehmens steht im direkten Zusammenhang mit der Leistungsfähigkeit seiner Lieferanten. Die Reduzierung der Fertigungstiefe durch Outsourcing und der zunehmende Einsatz von Systemlieferanten bei gleichzeitiger Ausweitung der Beschaffungsaktivitäten über den gesamten Globus verlangen eine gesamtunternehmerische und fortschrittliche Lieferantenpolitik.

Der Lieferant entwickelt sich in diesem komplexen Umfeld von dem reinen Zulieferer zu einem strategischen Geschäftspartner des Unternehmens. Die Rolle des Einkäufers besteht darin, als Teamleiter neue Lieferanten zu erschließen und bestehende Lieferanten zielgerichtet, den sich rasch ändernden Marktgegebenheiten angepasst, weiterzuentwickeln. Lieferantenbeziehungen mit strategischen Lieferanten, besonders im internationalen Umfeld, erfordern ein differenziertes Lieferantenmanagement. Dieses Lieferantenmanagement kann sich im Einzelnen aus folgenden Aktivitäten zusammensetzen:

- partnerschaftliche Lieferantenbeziehung (Win-win),
- Lieferant wird vom Team betreut,

- regelmäßige Business-Review-Meetings:
  - Berichte
  - Lieferantenvergleiche (TOCO-Ansatz),
- regelmäßige und wechselseitige Lieferantenbesuche,
- lokale Betreuung des Lieferanten durch IPOs,
- frühzeitige Einbeziehung in neue Projekte,
- offene Kostendiskussionen:
  - Target Costing,
  - Wertanalyse,
  - Kostenstrukturen sowie
- gezielte Einbeziehung der Geschäftsführung.

Erfolgreiche Firmen beschreiben neue Formen der Zusammenarbeit zwischen dem eigenen Unternehmen und den Lieferanten. Diese Zusammenarbeit ist mehr als ein einseitiges Verlangen von Preisreduzierungen, diese Zusammenarbeit setzt vielmehr ein beidseitiges Kostenmanagement unter dem Aspekt einer »Win-win-Partnerschaft« voraus. Diese Form der Partnerschaft beginnt bereits mit der Ausrichtung zum Kunden (Design-to-Market), der Produktentwicklung (Design-to-Cost) und der laufenden Kostenüberwachung (Wertanalyse).

Internationale Beschaffungslogistik

Der Begriff internationale Beschaffungslogistik umfasst die wirtschaftliche (kostenorientierte) und optimale (prozessorientierte) Versorgung des Unternehmens mit Rohstoffen und Gütern im internationalen Umfeld. Zur Erfüllung dieser komplexen Aufgabe ist ein enges und gut abgestimmtes Zusammenwirken der Bereiche Beschaffungsmarketing, Einkauf, Disposition und Transportlogistik unter Einbeziehung der globalen Lieferantenbasis notwendig. Die organisatorische Einbindung dieser Aufgabenbereiche in die Aufbau- und Ablauforganisation eines Unternehmens sowie die Definition dieser Funktionen und Verantwortlichkeiten (Materialwirtschaft, Logistik, Einkauf et cetera) hängen von der Ausrichtung und dem Stellenwert der jeweiligen Aufgabenbereiche im Unternehmen ab.

In diesem Kapitel liegt das Hauptaugenmerk auf dem Transport der international zu beschaffenden Güter. Die Abbildung 19.16 verdeutlicht den heutigen Stellenwert einer gut funktionierenden weltweiten Beschaffungslogistik.

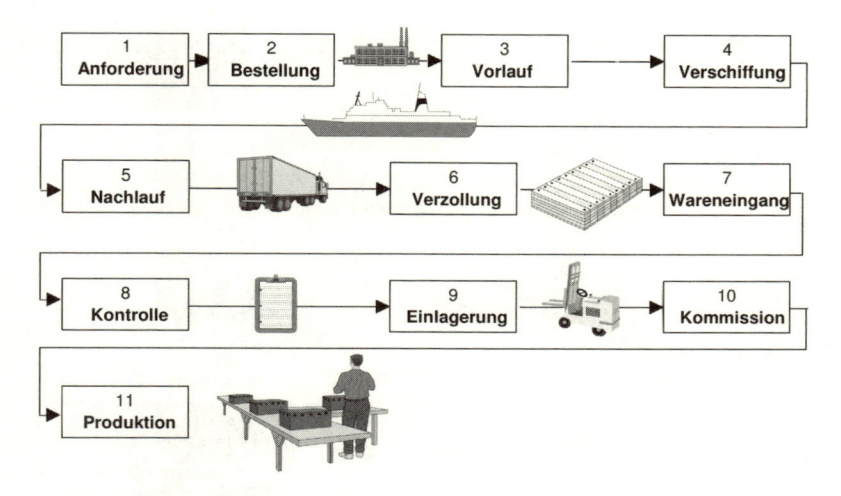

Abb. 19.16: Prozesskette Transportlogistik

Die Anzahl und Menge der internationalen Warenströme hat in der vergangenen Zeit starke Zuwachsraten erfahren. Im Rahmen der zunehmenden Internationalisierung und Globalisierung werden wir mit weiteren Steigerungsraten zu rechnen haben. Dieser Zuwachs des Warenstroms setzt natürlich einen Ausbau der dafür notwendigen Infrastrukturen, Transportkapazitäten und Transportwege voraus.

Innovative Konzepte in der internationalen Beschaffungslogistik
Um auf den globalen Märkten einen entscheidenden Wettbewerbsvorteil erzielen zu können, ist eine optimale Versorgung der Produktion und des Kunden mittels innovativen und nach Kosten optimierten Logistikleistungen Voraussetzung. Diese Logistikleistungen beziehen sich nicht allein auf den Beschaffungsvorgang, sondern sollten sich auch auf den Absatzmarkt beziehen, der idealerweise gleichzeitig mit dem Beschaffungsmarkt entwickelt werden sollte. Das heutige Verständnis von Einkauf benötigt eine dementsprechende Logistik, die all den neuen Anforderungen entspricht. Hierzu sind zeitgemäße Logistiksysteme entstanden, die im Folgenden näher betrachtet werden.

»Logistikdienstleister sind aufgefordert, maßgebliche Probleme in der Zusammenarbeit mit Industrie und Handel zu beseitigen. Globale Erfolge sind nur durch leistungsstarke, qualitativ hochwertige und serviceorien-

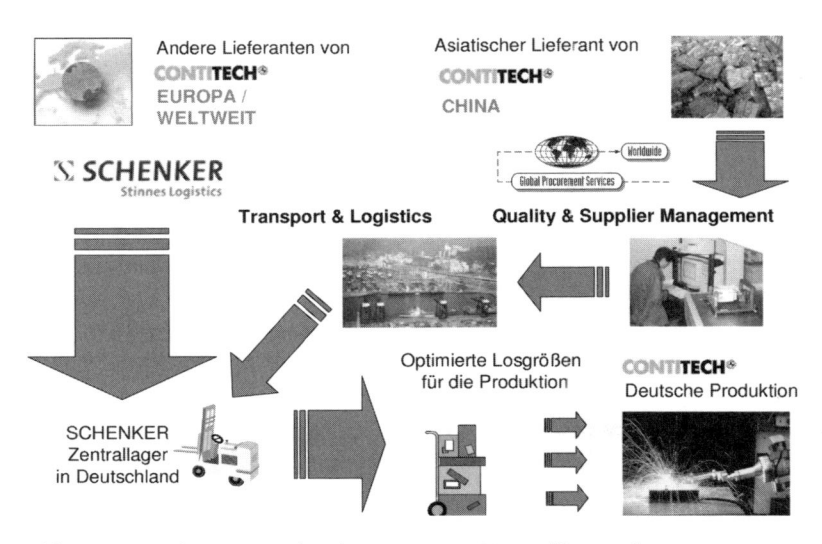

Abb. 19.17: Total Logistics – kundenorientierter Materialfluss weltweit

tierte Partner möglich. Zu den größten Schwierigkeiten bei der Zusammenarbeit zählen der unzureichende Informationsfluss, Service, Kostentransparenz und Flexibilität.«[1]

Im Zuge der gestiegenen globalen Anforderungen durch Produktions- und Distributionsnetze wird sich der Leistungsumfang der internationalen Einkaufsbüros (IPOs) von Einkaufsdienstleistungen (Purchasing Services) weiter zu Total Logistic Services entwickeln. Hierbei geht es um ganzheitliche Logistikleistungen. So werden die in der Region befindlichen Produktionsstätten versorgt. Versorgungskonzepte wie Just-in-Time oder produktionssynchrone Fertigung können damit auch in globalen Netzstrukturen angewandt werden. Gleichzeitig werden die Güterversorgung der Region und die erfolgreiche Platzierung auf dem Markt übernommen. Dem Dienstleister vor Ort obliegt ebenso die Bildung einer unternehmensspezifischen Distributionsstruktur, die gewährleistet, dass die Endkunden bedarfsgerecht versorgt werden. Die Kundenanforderungen werden auch in den aufstrebenden Ländern stetig steigen. Dem Wettbewerbsfaktor Service wird zukünftig ein höherer Stellenwert eingeräumt werden müssen. Da die Kundenanforderungen regional

1) Quelle: Baumgarten, H.: *Trends und Strategien in der Logistik 2000. Analysen – Potentiale – Perspektive*; Berlin 1996.

unterschiedlich sind, haben die Dienstleister vor Ort die große Chance, den jeweils optimalen Service zu bieten.

Die Abbildung 19.17 zeigt einen kundenorientierten Materialfluss im Rahmen eines Total-Logistics-Konzepts mit internationalen Lieferanten und einer produktionssynchronen Anlieferung unter Einbindung externer Dienstleister (Global Procurement Services – www.gps-logistics.com) für die Auftragsabwicklung, Lieferantenbetreuung und Qualitätskontrolle und eines entsprechend kompetenten Partners für die Transportlogistik.

Das Konzept der Total Logistics Services verschafft Dienstleistern entscheidende Wettbewerbsvorteile. Die Abwicklung der globalen Beschaffung im Auftrag von Unternehmen erleichtert zugleich die Versorgung der globalen Produktions- und Distributionsnetze, wo die Kosten aufgrund der einheitlichen Ablaufstruktur minimiert sind. Dem Total-Logistics-Service-Dienstleister obliegen bei der Versorgung der globalen Produktionsstätten vor allem die

- systematische Abwicklung,
- Koordination der Lieferanten und Sublieferanten inklusive Qualitätsüberwachung,
- Gewährleistung der Vollständigkeit des Lieferumfanges,
- Sendungssteuerung und -verfolgung,
- frühestmögliche Informationsbereitstellung für alle Beteiligten der Prozesskette,
- Termin- und Auftragsüberwachung inklusive Reklamationsabwicklung,
- baugruppengerechte Verpackung und
- sequenzgenaue und gegebenenfalls bedarfsorientierte Anlieferung.

Kontrollinstrumentarien

Wie bereits zuvor beschrieben, spielt der moderne Einkäufer immer mehr die Rolle des Projektleiters oder Moderators. Er vermittelt zwischen den einzelnen Interessenlagen innerhalb und außerhalb des Unternehmens. Eine Einbindung des Einkaufs zum frühestmöglichen Zeitpunkt – vielleicht im Entwicklungsstadium, eventuell sogar schon im Marketingstadium, wenn es darum geht, im Rahmen des Target Costing oder Benchmarking den Markt zu analysieren und Impulse aus den Beschaffungsmärkten mit in die Diskussion und Entscheidungsfindung einzubringen – muss gewährleistet sein. Ferner muss ein Einkäufer in der Lage sein zu beurteilen, welche Potenziale in seiner Lieferantenbasis vorhanden sind (Know-how in den Bereichen Marketing, Produktionstechnologie, Qualität, Entwicklung, Logistik und aktives Kostenmanagement).

Das Umfeld hat sich heute gravierend geändert. Es ist politischer Wille, dass sich die deutsche Wirtschaft dem internationalen Wettbewerb stellt. Mit den Begriffen »Made in Germany« oder »Deutsche Qualität« allein sind heute kaum noch Wettbewerbsvorteile zu erzielen. Produktpreis, Kosten und Service sind die ausschlaggebenden Faktoren, um im internationalen Umfeld bestehen zu können. Der Kunde trifft in erster Linie, bei qualitativ vergleichbaren Produkten, die Kaufentscheidung über den Preis und die Verfügbarkeit der Ware. Diesen drei wesentlichen Faktoren:

- Preis/Kosten,
- Verfügbarkeit/Service und
- internationaler Wettbewerb

haben sich heute Produktions- und Handelsbetriebe zu stellen. Damit sind auch im Wesentlichen die Vorgaben für den Beschaffungsbereich festgelegt. Einher mit dieser Ausrichtung gehen:

- kürzere Produktlebenszeiten,
- kürzere Entwicklungszeiten,
- erhöhtes Outsourcing und
- geringere Lagerhaltung.

Zusammenfassend kann gesagt werden, dass die zunehmende Komplexität des Marktes neue Werkzeuge und Instrumentarien in den Beschaffungsbereichen erfordert.

Differenzierte Preisvergleiche, Lieferantenbewertungen, Benchmarking-Analysen, Make-or-buy-Betrachtungen bis hin zum Total-Cost-of-Ownership-Konzept sind moderne Werkzeuge, die der Komplexität des internationalen Beschaffungsmarktes Rechnung tragen.

Total Cost of Ownership (TOCO)

Das Kosten- und Unternehmensrisiko ist im Rahmen einer Global-Sourcing-Entscheidung nicht unerheblich. Viele Unternehmen sind in den letzten Jahren aufgrund falscher Entscheidungen und fehlender Kontrollmechanismen in den Konkurs getrieben worden. Um Entscheidungsprozesse vor dem Hintergrund einer Global-Sourcing-Entscheidung für das Unternehmen in ihrer gesamten Komplexität transparent, weitgehend objektiv und kalkulierbar darzustellen, müssen entsprechende Instrumentarien geschaffen und installiert werden. Eines dieser Werkzeuge ist die Gesamtkostenbetrachtung und Vollkostenanalyse im Rahmen einer Lieferantenauswahl und -bewertung nach dem Total-Cost-of-Ownership-(TOCO)-Konzept.

Die Grundlage des TOCO-Konzeptes bilden

1. die *mikroökonomische Entscheidungsebene*, die alle quantitativen und qualitativen Faktoren hinsichtlich des Lieferanten (Vollkostenanalyse [quantitative Betrachtungsweise] und Lieferantenauswahl und -bewertung [qualitative Betrachtungsweise]) analysiert,
2. die *makroökonomische Entscheidungsebene*, die das erweiterte Beschaffungsumfeld (Länderrisiko, Marktbedingungen et cetera) berücksichtigt.

In der Vollkostenanalyse nach dem TOCO-Konzept werden auch die erweiterten und indirekten Kostenfaktoren berücksichtigt, nachfolgend eine Auflistung.

Direkte Kostenfaktoren:
- Herstellkosten,
- Kosten für Verpackung und Fracht,
- Zoll,
- Zahlungsbedingungen.

Indirekte Kostenfaktoren:
- Werkzeugkosten,
- Testkosten,
- Qualitätskosten,
- Mehrkosten durch Lieferterminabweichungen,
- Garantiezeitbewertung,
- Entsorgung/Recyclingkosten,
- Lieferantenunterstützung,
- Fehlerverhütungskosten,
- Serienanlaufkosten,
- Kapitalbindungskosten (Lagerkosten, Finanzierungskosten et cetera).

Der Auflistung ist zu entnehmen, dass es sich bei dieser Kostenanalyse um mehr als einen einfachen Preisvergleich handelt. In Zielrichtung eines Beschaffungscontrollings werden hierbei die indirekten und zumeist abteilungsübergreifenden Kostenelemente quantitativ und monetär erfasst und bewertet.

Einkaufscontrolling im internationalen Einkauf

Besonders im internationalen Bereich muss im strategischen Einkauf eine Fülle von Daten und Informationen bearbeitet werden. Vielfach dienen diese Daten zur Vorbereitung von strategischen Unternehmensentscheidungen.

Die allgemeine Zielsetzung des Einkaufscontrollings ist die ergebnisorientierte Steuerung des Einkaufs. Für den internationalen Einkauf bedeutet dies eine Steuerung folgender Aufgaben und Aktivitäten:

- die Analyse und Bewertung des weltweiten Beschaffungsmarktes und Aufbau eines Länderratings;
- die Kostenentwicklung unter TOCO-Gesichtspunkten (direkte und indirekte Kosten);
- der Aufbau und die Verfeinerung von Kenntnissen über Kostenstrukturen und Marktpreise;
- die Lieferantenentwicklung (Lieferanten-Performance);
- der Abgleich der Einkaufspolitik mit den Unternehmensvorgaben und Anpassung an den Markt.

Zur Umsetzung dieser Ziele gibt es eine Fülle von Controllinginstrumenten, nachfolgend werden einige aufgeführt:

- ABC-Analyse,
- Einkaufskennzahlen (Lagerbestandsentwicklung, Budget, Beschaffungskosten, Transportkosten et cetera),

```
                    Einkaufscontrolling
                   /                   \
    operatives Einkaufscontrolling    strategisches Einkaufscontrolling

    • Kennzahlen                       • TOCO-Modell
    • Materialkosten                   • Kostenstrukturen
    • Lieferantenbewertung             • Länder- und Lieferanteninformationen
    • Gemeinkosten                     • Vertragsmanagement
    • ABC-Analyse                      • Benchmarking
```

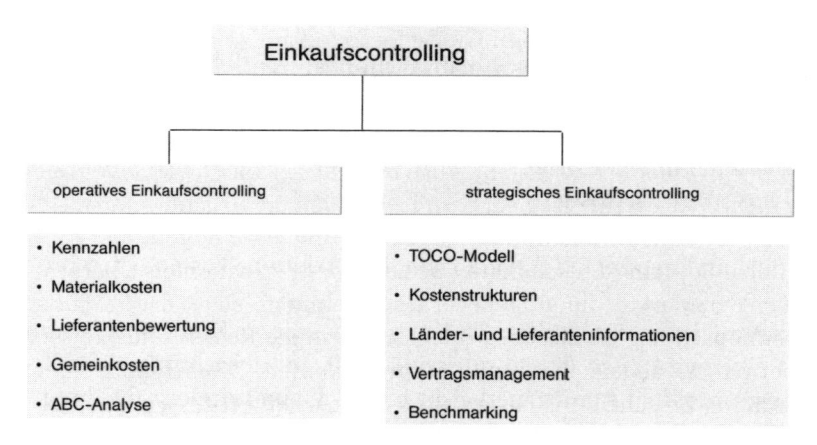

Abb. 19.18: Darstellung eines Einkaufscontrollings

- Materialkostenentwicklung,
- Vollkostenrechnungen (TOCO),
- Lieferantenbeurteilungen (Qualität, Lieferzuverlässigkeit, Preisentwicklung et cetera),
- Kostenstrukturen,
- Benchmarking,
- Beschaffungsmärkte,
- Länderinformationen.

Ein Einkaufscontrolling kann wie folgt strukturiert und im Unternehmen implementiert werden:

Praktische Umsetzung

Bei der Überlegung, mit welchen Produkten man beim Global Sourcing den ersten Schritt wagen soll, wird man zweckmäßigerweise mit einfachen Produkten beginnen, ferner sollten sie einen hohen Verbrauchswert haben und beim möglichen Ausfall geringe Produktionsausfallkosten verursachen beziehungsweise eine Ersatzbeschaffung möglichst schnell abwickelbar sein. Bei zunehmenden Erfolgen ist über die Einbeziehung des ausländischen Lieferanten in die Entwicklung der eigenen Produkte nachzudenken. An höchster Stelle der Partnerschaft können der Aufbau einer gemeinsamen Produktionsstätte im Ausland oder die gemeinsame Vermarktung von Produkten und Dienstleistungen stehen.

Außerdem sollte man sich beim Global Sourcing am Anfang auf wenige Länderregionen beschränken. Es ist nicht sinnvoll, die internationale Beschaffung mit Kunststoffteilen aus Asien, Gussteilen aus Osteuropa und Drehteilen aus Israel zu beginnen, es sei denn, dass hinter jedem dieser Teile ein Einkaufsvolumen in Millionenhöhe steht. Auch hier gilt das Sprichwort »Weniger ist häufig mehr«. All die unterschiedlichen Lieferanten im Ausland – und nicht nur dort – bedeuten Aufwand und verlangen eine intensive Betreuung.

Eine Global-Sourcing-Entscheidung bedarf einer permanenten Überprüfung. Neben den Marktbedingungen, der Unternehmens- sowie der Produkt- und Investitionsstrategie müssen Auftragslage und die Kosten und Preissituation permanent abgeglichen und überprüft werden. Die Struktur einer Global-Sourcing-Entscheidung basiert auf dynamischen Prozessen. Ein zielgerichtetes und erfolgreiches Umsetzen dieser Unternehmensvorgabe setzt zunächst folgende Aktivitäten im Unternehmen voraus:

- klare Vorgaben durch die Geschäftsführung und interne Unterstützung,
- organisatorische Voraussetzungen bei der Einkaufsorganisation (Bildung eines strategischen Einkaufs),
- Qualifikation und Weiterbildung der Mitarbeiter,
- Einbeziehung aller internen Bereiche im Entscheidungsprozess bis hin zum Betriebsrat,
- Kenntnisse über internationales Vertragsrecht und Verhandlungsführung,
- Kenntnisse über weltweite Beschaffungsmärkte,
- innovatives und proaktives Qualitätsmanagement,
- offenes und faires Lieferantenmanagement,
- Vollkostenbetrachtung (Total Cost of Ownership) bei der Lieferantenauswahl, Lieferantenbewertung und Preisvergleich,
- Einbeziehung von externen Dienstleistern,
- Anpassung der Logistik und
- Abwägung und Absicherung von Währungsrisiken.

An dieser Stelle sollen die Zeiträume genauer betrachtet werden. Wer meint, Global Sourcing kann von heute auf morgen im Unternehmen eingeführt werden, irrt gewaltig. Erfahrungen von erfolgreichen Unternehmen zeigen, dass allein der Zeitraum der ersten und zweiten Stufe zwischen einem und zwei Jahren dauert. Liegen dann die ersten konkreten Angebote von Lieferanten auf dem Tisch, sind weitere sechs bis zwölf Monate bis zur ersten Einführung von Global-Sourcing-Teilen in die eigene Produktionslinie einzukalkulieren. Nur selten und meist nur mit der heißen Nadel strickend gelingt es Unternehmen, diese Zeiträume zu unterschreiten.

Produktanforderungen

Zu Beginn werden meist einfache oder einfachste Teile weltweit angefragt. Häufig ist man überrascht, warum Dreh- oder Stanzteile aus Asien oder Osteuropa nicht preiswerter als beim bisherigen lokalen Lieferanten zu beziehen sind. Dies ist kein großes Geheimnis. Der Lohnanteil ist bei diesen Kaufteilen äußerst gering, vielleicht 2 bis 4 Prozent. Die Materialkosten machen hingegen 80 bis 90 Prozent des Angebotspreises aus. Der Rest ist der Gemeinkostenanteil.

Der Lohn ist natürlich in den übrigen Regionen der Welt geringer als in

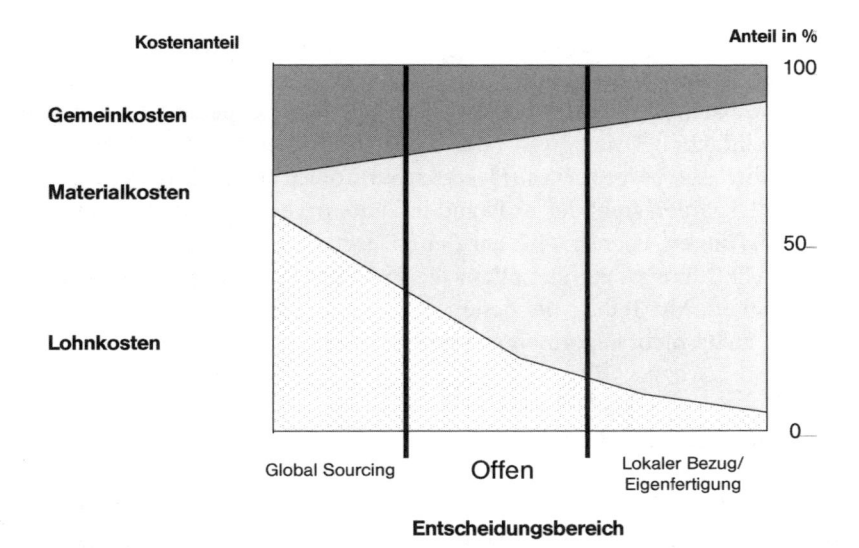

Abb. 19.19: Entscheidungsbereich Global Sourcing

Deutschland, allerdings spielt er bei einem Anteil von 2 bis 4 Prozent keine große Rolle. Die Materialien sind weltweit die gleichen; werden spezielle Legierungen vorgeschrieben – dies ist meistens der Fall –, müssen die Vormaterialien aus Japan oder Europa bezogen werden, und die Preise der Vormaterialien sind nicht niedriger als in Deutschland. Besitzt der lokale Lieferant zudem einen guten und ausgelasteten Maschinenpark, sind auch beim Gemeinkostenanteil keine großen Vorteile zu erzielen. In Summa wird man weltweit bei diesen Produkten ähnliche Einkaufspreise erzielen wie bei lokalen Lieferanten, es sei denn, der bisherige Lieferant ist ein Single-Source-Lieferant und nutzt seine Position einseitig aus.

Für den weltweiten Bezug bieten sich natürlich Teile mit einem hohen Lohnkostenanteil an. Diese Teile oder Baugruppen werden jedoch immer seltener, weil sie meistens schon in Billiglohnländern eingekauft werden. In der Regel wird es sich um Teile oder Baugruppen handeln, die im mittleren Bereich angesiedelt sind, hier bedarf es einer genauen Betrachtungsweise (TOCO-Ansatz), welche Produkte sich zum weiteren weltweiten Bezug anbieten.

Die Abbildung 19.19 zeigt den Entscheidungsbereich für Teile, die sich für einen internationalen Bezug anbieten.

Ebenfalls sind die Stückzahlen von großer Bedeutung. Bei Kleinstserien ist es sinnlos, international anzufragen. Für Leiterplatten oder Baugruppen mittlerer Komplexität sollte der Jahresbedarf bei mindestens 20 000 Stück liegen. Bei einfachen Druckguss- oder Kunststoffteilen (5 bis 20 Gramm Gewicht) sollte die Losgröße mindestens bei 200 000 Stück liegen. Bei kleineren Stückzahlen steht der Aufwand in keinem Verhältnis zu den möglichen Einsparungen, ebenso wird der neue Lieferant kein großes Interesse an dem Geschäft haben. Ferner sollten die Produkte eine gewisse Entwicklungsreife haben. Mit Teilen, bei denen ein zweistelliger Revisionslevel zu erwarten ist, sollte nicht begonnen werden.

Spezifikationen und Normen

Immer wieder wird der Fehler gemacht, mit deutschen Zeichnungen und Spezifikationen/Normen weltweit anzufragen. Man darf nicht überrascht sein, wenn der Lieferant kein Angebot unterbreitet. Nur in Ausnahmefällen wird der potenzielle Lieferant bereit sein, alle Zeichnungen und Spezifikationen selbst zu übersetzen. Die Argumentation, er möchte liefern, also soll er gefälligst dieses tun, wird nicht von Erfolg gekrönt sein.

Hier ist eine enge Zusammenarbeit mit der Entwicklung notwendig, auch muss die Geschäftsleitung beschließen, alle Zeichnungen und Spezifikationen zweisprachig (deutsch/englisch) zu erstellen. Die Normen müssen sich auf internationale (mindestens ISO, besser mit Querverweis auf japanische und amerikanische) Normen beziehen. Auch ist keinem Lieferanten damit geholfen, dass der Anfrage eines Produktes rund 200 Seiten deutscher Hausspezifikation und Querverweise auf vielleicht nicht mehr gültige Normen beigefügt werden. Wenn Global Sourcing im Unternehmen wirklich ernst genommen wird, ist in diesem Bereich anzufangen. Manchmal erhält man wesentlich schneller ein Angebot, wenn man der Zeichnung ein Muster oder zumindest ein Polaroid- oder Digitalfoto beilegt. Ein Bild oder ein Muster haben mehr Aussagekraft als eine überfrachtete Spezifikation.

Preisvorgaben/Target Costing

Nach wie vor scheuen sich viele Einkäufer, realistische Preisvorgaben zu setzen. Kennt man die Kostenstruktur seines Einkaufsteiles genau, so ist dies kein Problem. Als Zielvorgabe im internationalen Bereich sollte im ersten

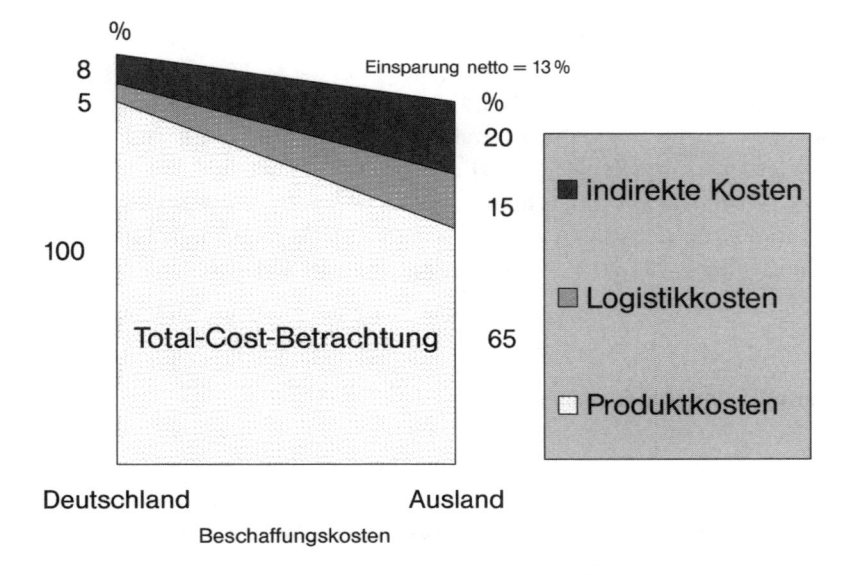

Abb. 19.20: Kosten im Vergleich

Ansatz der heutige lokale Einkaufspreis minus 30 bis 35 Prozent genannt werden. Die 30 bis 35 Prozent Bruttoreduzierung machen nach Abzug der zusätzlichen direkten und indirekten Kosten (TOCO-Modell) rund 10 Prozent Nettoersparnis aus.

Die Abbildung 19.20 zeigt deutlich, dass die Aufwendungen für die Logistik und die indirekten Kosten nicht unerheblich zunehmen. Der Preisvorteil des Einkaufsteiles muss schon bedeutend sein, um diese Kosten abzudecken und zusätzlich reale Einsparungspotenziale zu erzielen.

Sind die Einkaufspreise bereits so ausgereizt, dass damit die reinen Herstellkosten unterschritten werden, sollte man keine großen Hoffnungen hegen, die Teile billiger einkaufen zu können.

Durch die Preisvorgaben wird der Entscheidungsweg wesentlich verkürzt. Es findet kein langes Nachverhandeln statt, der mögliche Lieferant weiß schon zu Beginn einer Geschäftsbeziehung, wie eng er kalkulieren muss, um ins Geschäft zu kommen. Ferner ist zu empfehlen, einen Preisaufbruch/Kostenstruktur anzufragen, dieser kann dann die spätere Grundlage von Preisverhandlungen bilden.

Interne Kommunikation

Vorteilhaft ist, rechtzeitig alle beteiligten Stellen des Unternehmens mit einzuschalten. Spätestens wenn die ersten Musterteile im Hause sind, bedarf es der Unterstützung seitens des Qualitäts-, Entwicklungs- und Produktionsbereiches, um den neuen Lieferanten zu qualifizieren. Bei Outsourcing-Teilen ist auch an den Betriebsrat zu denken, meistens ist eine frühe Information der Sache dienlicher, als das Vorhaben unter strengster Geheimhaltung durchzuführen.

Internationale Kaufverträge

An dieser Stelle sei die Anmerkung erlaubt, dass nicht jedes Kaufteil mit einem internationalen Kaufvertrag abgesichert werden muss. Für den Bezug von Standardteilen (Normteile) aus Asien oder Osteuropa in überschaubaren Einkaufsdimensionen (50 000 bis 100 000 Euro/Jahr) empfiehlt es sich, keinen Vertrag zu schließen. Hier stehen Aufwand und Nutzen in keinem Verhältnis zueinander. Bei größerem und regelmäßig wiederkehrendem Bedarf empfiehlt sich jedoch der Abschluss eines internationalen Kaufvertrages.

Informationsgewinnung

Bei der Informationsgewinnung unterscheiden wir zunächst zwischen der primären und der sekundären Informationsgewinnung. Unter dem Begriff der primären Informationsgewinnung verstehen wir die Gewinnung von Informationen aus:

- Messebesuchen,
- Firmenbesuchen,
- Gesprächen mit Fachkollegen und Lieferanten,
- Gesprächen mit Banken, Spediteuren, Handelskammern et cetera,
- Geschäftsreisen in neue Beschaffungsmärkte,
- Seminaren und Fachkongressen.

Diese Art der Informationsbeschaffung ist kosten- und zeitintensiv. Sie findet ergänzend und zielgerichtet zu der sekundären Informationsgewinnung statt. Hierbei werden unter anderem folgende Quellen herangezogen:

- Bundesstelle für Außenhandelsinformationen (BfAi),
- Industrie- und Handelskammern im Inland,
- Außenhandelskammern (AHKs) im Ausland,
- Handelsvertretungen der entsprechenden Länder in Deutschland und im Ausland,
- Online-Datenbanken (Genios, Internet),
- Lieferantenverzeichnisse,
- Fachverbände (zum Beispiel der BME-Bundesverband für Materialwirtschaft, Einkauf und Logistik in Frankfurt),
- Banken und Sparkassen,
- Fachzeitschriften und Fachartikel.

Der Informationsgehalt der verschiedenen Informationsquellen ist höchst unterschiedlich. An dieser Stelle kann kein Patentrezept gegeben werden, wie der beste Weg und die beste Informationsquelle lauten.

Budget

Nicht zu vergessen ist der interne Aufwand von Global-Sourcing-Aktionen. Der Einkauf muss rechtzeitig Mittel (Reisekosten, Informationsbeschaffung, Aufbau der eigenen Infrastruktur, Kommunikationskosten, Einbeziehung von externen Dienstleistern et cetera) für diese Tätigkeiten in sein Budget einplanen.

20
Programme Management ›General Procurement‹

Björn Lindner

Dieser Artikel gibt einen Einblick darin, wie der Bereich »General Procurement« (GP) innerhalb eines Telekommunikationskonzerns organisiert ist, welche Zielsetzung verfolgt wird, welche Warengruppen betreut werden, wie die Potenziale identifiziert, die entsprechenden Projekte initiiert und umgesetzt werden.

Das integrierte Telekommunikationsunternehmen

Mit der Ausrichtung auf die drei wesentlichen Wachstumsfelder der Branche, Breitband/Festnetz, Geschäftskunden und Mobilfunk, entwickelt der Konzern eine Vier-Säulen-Strategie mit dem Ziel, wachstumsstärkstes integriertes Telekommunikationsunternehmen Europas zu werden.

Internationalisierung und Nachhaltigkeit

Als international ausgerichteter Konzern ist das Unternehmen in etwa 50 Ländern rund um den Globus vertreten. Mehr als ein Drittel der Umsätze im Geschäftsjahr 2004 wurde außerhalb Deutschlands erwirtschaftet. Der Konzern bekennt sich zum Leitbild der Nachhaltigkeit und legt seinem geschäftlichen Handeln sowohl wirtschaftliche als auch soziale und ökologische Kriterien zugrunde.

Drei strategische Wachstumsfelder

Breitband/Festnetz
Das strategische Geschäftsfeld **Breitband/Festnetz** besteht aus zwei Geschäftseinheiten und bedient Privatkunden sowie Klein- und Kleinstunternehmen. Hinzu kommt das Wholesale-Geschäft – also das Geschäft mit Wiederverkäufern. Das Unternehmen verantwortet außerdem mit der gesamten Basisinfrastruktur im Festnetz zugleich das »Rückgrat« des Unternehmens.

Geschäftskunden
Das strategische Geschäftsfeld »Geschäftskunden« umfasst sowohl rund 60 multinational agierende Konzerne und große Institutionen der öffentlichen Hand als auch 160.000 große und mittelständische Unternehmen.

Die Basis für die Top-Kunden bildet das klassische ICT-Outsourcing (Informations- und Kommunikationstechnik-Outsourcing). Über das strategische Geschäftsfeld hinaus werden auch prozessbezogene Dienste und Lösungen bis hin zu kompletten Geschäftsprozessen angeboten.

Mobilfunk
Im strategischen Geschäftsfeld **Mobilfunk** bündelt der Konzern seine Mobilfunkaktivitäten.

Die Welt des Mobilfunks hat in den letzten Jahren eine rasante Entwicklung erfahren. Neue Technologien ermöglichen innovative Sprach- und Datenlösungen für Firmen- und Privatkunden. Gleichzeitig wandeln sich nationale Betriebe mit hoher Produktspezialisierung in komplexe Dienstleistungsunternehmen mit einem breiten Produktspektrum. Noch vor zehn Jahren wurden die nationalen Märkte von nationalen Betreibern dominiert, die fast ausschließlich in ihrem Heimatland tätig waren.

Das Commodity Management

Die Einkaufsorganisation des Konzerns ist seit Anfang 2004 in Kraft und löste die davor implementierte, relativ statisch und stark national ausgerichtete Lead-Buyer-Struktur mit fest zugeordnetem Commodity Management ab.

Basis der Einkaufsphilosophie und der daraus resultierenden, teilweise virtuellen Organisation war eine Bewertung der verschiedenen Commodities und Sub-Commodities basierend auf ihrer Bedeutung:

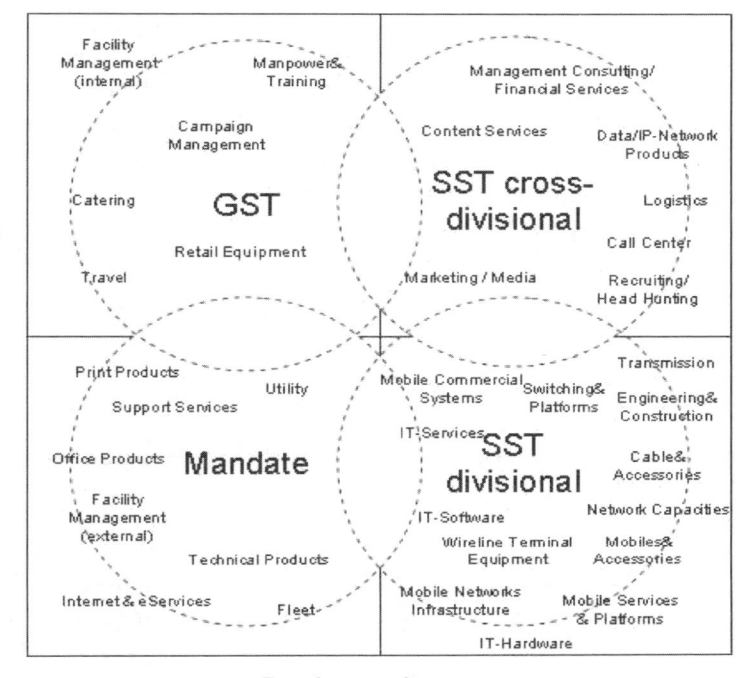

Abb. 20.1: Impact-Faktoren

a) für das direkte Geschäftsergebnis,
b) in Bezug auf eventuelle Überschneidungen mit einer oder mehreren strategischen Geschäftseinheiten.

Basierend auf der Zuordnung aller Commodities und ihrer Bedeutung auf die jeweilige SGE sowie ihrer Bedeutung im Rahmen eines Cross-SGE-Effektes wurden vier verschiedene Arten von Einkaufsstrukturen mit jeweils unterschiedlicher organisatorischer Zusammensetzung und Ausrichtung festgelegt.

Strategische Sourcing-Teams innerhalb einer SGE (SST – SGE)

Basierend auf der Zuordnung werden die Commodities, die eine große Bedeutung innerhalb einer SGE, jedoch nur geringe Auswirkungen im Cross-SGE-Zusammenspiel haben, innerhalb der jeweiligen SGE selbstständig und eigenverantwortlich gesteuert. Als Beispiel hierfür ist für die SGE »Mobilfunk« die Beschaffung der Warengruppe »mobile Endgeräte« zu nennen, die eine hohe, strategische Bedeutung für die SGE »Mobilfunk« besitzt, jedoch kein Auswirkung auf andere SGEs hat.

Über die Zusammensetzung des SST sowie die Zielsetzung und Strategie entscheidet die jeweilige SGE selbstständig und eigenverantwortlich.

Strategische Sourcing-Teams unter Beteiligung mehrerer SGEs (SST-Cross SGE)

Hierunter fallen Commodities, die eine hohe strategische Bedeutung für mehr als eine SGE haben. Als Beispiel ist hierfür die Commodity »Callcenter Services« zu nennen, die aufgrund der strategischen Bedeutung der Kundenbeziehung eine große Bedeutung für die jeweilige SGE besitzt. Da dieser Bedarf jedoch in mehr als einer SGE besteht, werden hierfür SSTs unter Mitwirkung einiger oder aller SGEs gebildet.

Die Teilnehmer werden durch die jeweiligen SGEs benannt und sind innerhalb des SST grundsätzlich gleichberechtigt, unabhängig von der Größe des Beschaffungsvolumens, der SGE-spezifischen Besonderheiten oder der Hierachie. Innerhalb der Teams dienen Erfahrungen der Teilnehmer, bereits implementierte oder von extern bekannte Best-Practice-Ansätze als richtungsweisend für den kommerziellen Erfolg der Teams.

Die SSTs sollen zwar eigenständige Ziele formulieren, erhalten aber in der Regel eine generelle Ausrichtung durch die jeweiligen Einkaufsleiter der SGEs. Die Verantwortung für diese Ziele liegt bei allen Teilnehmern der SSTs.

General Sourcing Teams (GST-Cross SGE)

GST-Cross SGEs werden initiiert, wenn bei der Zuordnung der Commodities erkennbar wird, dass diese Commodity keinen großen strategischen Einfluss auf die Geschäftstätigkeit der jeweiligen SGE hat, jedoch als Commodity in jeder einzelnen SGE vorhanden ist und damit eine entsprechende Bedeutung hat. Als Beispiel hierfür kann die Commodity »Travel« genannt werden, die keine strategische Bedeutung innerhalb einer SGE innehat, jedoch als generelle Commodity über alle SGEs vertreten ist.

Die Zusammenarbeit in diesen »nicht-strategischen« Warengruppen beruht auf gemeinsamen und gleichberechtigten Entscheidungen und Handlungen. Die Teilnehmer werden wie bei den SSTs von den jeweiligen Einkaufsleitern benannt und sind für die Ziele und deren Umsetzung innerhalb der GSTs zuständig und verantwortlich. Sollte eine SGE bewusst keine Vertreter in ein GST entsenden, da zum Beispiel dieses durch personelle Ressourcenknappheit nicht möglich ist, so stehen die Ergebnisse jedoch jeder SGE zur Verfügung und können pragmatisch für den eigenen Geschäftsauftrag übernommen werden. Durch diese Vereinbarung werden die Vorteile einer professionellen Bearbeitung einer Commodity innerhalb der Konzerne für alle Parteien zugänglich gemacht.

Mandatierung und Shared Services

Bei den hierunter fallenden Commodites wird in zwei Kategorien unterschieden.

Mandatierung
Hierbei handelt es sich um Commodities, die weder einen Einfluss auf das Ergebnis einer SGE noch eine strategische Bedeutung für eine beziehungsweise mehrere SGEs haben. Diese Warengruppen können an eine SGE mandatiert werden, so dass die Verantwortung für die Strategie und deren Umsetzung in nur noch einer SGE verankert ist und die daraus resultierenden Ergebnisse für alle anderen SGE übernommen werden. Als Beispiel hierfür dient die Commodity »Office Supply«, welche zwar in jeder SGE vorhanden ist, aber aufgrund nicht-strategischer Ausprägung durch eine operative SGE verantwortet wird. In der Praxis werden hierbei alle Bedarfe der einzelnen SGEs zusammengetragen und gebündelt am Markt innerhalb eines Wettbewerbes ausgeschrieben. Nach erfolgter Lieferantenselektion wird der daraus

resultierende Rahmenvertrag an die SGEs übergeben und die darauf folgende, rechtliche Geschäftsbeziehung erfolgt zwischen der jeweiligen SGE und dem ausgewählten Lieferanten.

Shared Services

Shared Services stellen eine Besonderheit innerhalb der Mandatierung von Commodities dar. Innerhalb des Konzerns wurden und werden Shared Services etabliert, wenn aus der Übertragung eines Mandates ein eigener Geschäftsauftrag definiert werden kann. Dies ist unter anderem der Fall bei der Übertragung des Mandates für die Commodity »Facility Management«, aus dem ein eigenständiges Unternehmen seinen Geschäftsauftrag bezieht. Innerhalb dieser Shared Services geht es nicht nur darum, das Einkaufsvolumen des Konzerns am Markt zu konsolidieren, sondern auch die entsprechende Erbringung von nachgefragten Leistungen durch eigenes Personal zu garantieren. Die Bedarfsermittlung und -deckung erfolgt analog zur Mandatierung, jedoch tritt die jeweilige Shared-Services-Einheit als rechtlich eigenständige Firma auf und tritt in direkte Geschäftsbeziehung zur jeweiligen SGE innerhalb des Konzerns.

Einkaufsbereich ›General Procurement‹ im internationalen Unternehmen

Der gesamte Einkauf der SGE »Mobilfunk« wird durch eine eigene Einkaufsabteilung innerhalb des internationalen Konzerns gesteuert und verantwortet. Hierbei existieren sowohl eine eigene Linienorganisation innerhalb der Legaleinheit als auch eine internationale Matrixorganisation, in der die entsprechenden Mitarbeiter des Einkaufs zwar organisatorisch in einer Landesgesellschaft geführt werden, jedoch funktional an die Einkaufsabteilung des internationalen Konzerns angebunden sind.

Die Entscheidung, ob ein Einkaufsbereich ressourcentechnisch eher international oder national ausgerichtet ist, richtet sich nach der Bewertung der jeweiligen Commodities und der Art der entstehenden Bedarfe.

Basierend auf der Bewertung der Commodites innerhalb des internationalen Konzerns ergibt sich für den Bereich General Procurement eine sehr heterogene Commodity-Struktur, in der eine hohe Anzahl von verschiedenen Produkten und Dienstleistungen berücksichtigt werden muss.

Dieses hat zur Folge, dass nicht nur eine einheitliche, allumfassende Einkaufsstrategie existiert, sondern dass diese innerhalb der verschiedenen Com-

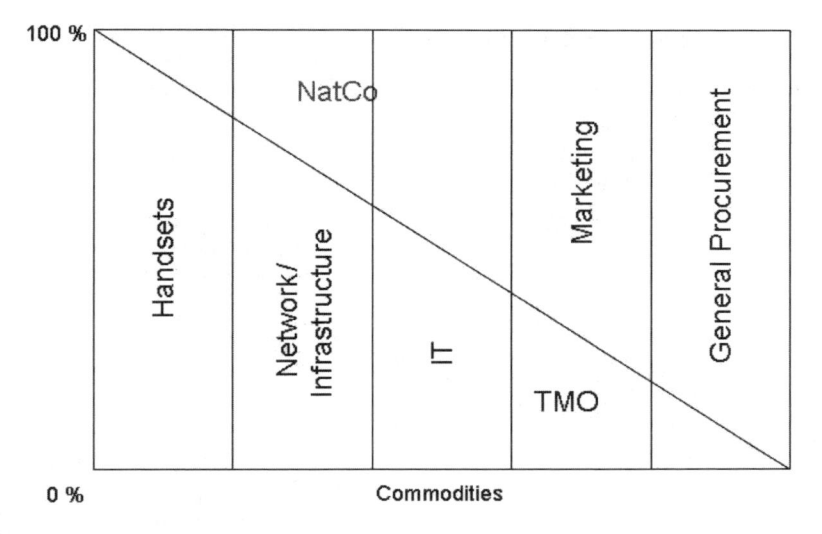

Abb. 20.2: Bewertung der Commodities

[Diagramm: x-Achse "Commodities" mit Bereichen Handsets, Network/Infrastructure, IT, Marketing, General Procurement; y-Achse 0% bis 100%; Diagonale von 100% links nach 0% rechts; oberhalb der Diagonale "NatCo", unterhalb "TMO"]

modities sehr stark variieren kann. So fallen in den Bereich »General Procurement« Commodities, die aufgrund ihrer Definition innerhalb des Konzerns in »Strategischen Sourcing-Teams« oder »General Sourcing Teams« bearbeitet werden. Darüber hinaus ist die Umsetzung der Strategie der »Mandatierung« als auch die Bearbeitung von einzelnen Commodities durch »Shared Services« zurzeit sehr national, das heißt innerhalb von Deutschland, umgesetzt und ergibt für eine entsprechende internationale Bearbeitung eine zusätzliche Komplexität und Herausforderung.

General Procurement Commodities

Tabelle 20.1: General Procurement Commodities

Commodity	Einkauf innerhalb der DTAG	Internationales Potenzial	Anmerkung
Auditing, Financing, Research	SST	High	
Logistik	SST	Medium	Service wird zwar lokal erbracht, aber der Anbietermarkt ist international
Travel	SST	High	
Print	GST	High	
Utility (Power and Air Solution Services)	Shared Services	Low	Heterogener Anbietermarkt in Europa mit unterschiedlichen Rechts- und Steuervorschriften
Technical Products (Clothing, Tools)	GST	High	
Manpower & Training Services	GST	Low	Service wird lokal erbracht
Call Center Services	SST	High	
Office Products	Mandate (T-Com)	High	
Support Services (Catering, Published Products, Translation Services)	GST	Low	
Infrastructural Facility Management	Shared Services (DeTeImmobilien)	Low	Service wird lokal erbracht
Technical Facility Management	Shared Services (DeTeImmobilien)	Low	Service wird lokal erbracht
Commercial Facility Management	Shared Services (DeTeImmobilien)	Low	Service wird lokal erbracht
Fleet Services	Shared Services (DeTeFleet)	Low	Das Flottengeschäft ist seitens der Anbieter sehr stark national ausgerichtet
Marketing (Below the Line)	SST	Medium	Service orientiert sich an lokalen Aktivitäten der Marketing- und Vertriebseinheiten
Marketing (Below the Line)	SST-Cross SGE	Medium	Lokale Ausprägung des zu erbringenden Services zur Marketing- und Vertriebsunterstützung

Acting Programme Management ›General Procurement‹ innerhalb des internationalen Konzerns

Der internationale Konzern hat zur Bearbeitung des Bereiches »General Procurement« ein funktionales »Acting Programme Management« implementiert. Dieses Programm wird jeweils durch einen Leiter für »General Procurement« einer operativen Landesgesellschaft innerhalb des Konzerns für einen definierten Zeitraum verantwortet und gesteuert, bevor diese Aufgabe innerhalb eines rollierenden Systems an eine andere operative Landesgesellschaft weitergegeben wird. Hierbei wurde anfänglich ein Wechsel alle sechs Monate vollzogen, welcher jedoch im Sinne einer höheren Nachhaltigkeit des investierten Aufwandes auf einen längeren Zeitraum ausgedehnt wurde.

Aufgaben des ›Acting Programme Managers – General Procurement‹ (APM-GP)

Der APM-GP verantwortet neben ausgewählten Commodities aus dem Bereich Marketing (Fokus liegt auf Below-the-Line-Aktivitäten) alle anderen Commodities aus dem Bereich »General Procurement«.

Das Aufgabengebiet umfasst die Herstellung einer konzernweiten Transparenz innerhalb der Warengruppen sowie die Erarbeitung von Strategien und Vorgehensweisen in Absprache mit den nationalen Leitern der Bereiche »General Procurement« zur Optimierung von Rahmenverträgen in Bezug auf »Terms and Conditions«, wie zum Beispiel Zahlungsbedingungen, sowie zur Hebung identifizierter Einsparpotenziale.

Der APM-GP dient als »Single Point of Contact« sowohl für Anforderungen innerhalb des internationalen Unternehmens und seiner jeweiligen nationalen, operativen Einheiten als auch für Anforderungen und Fragen innerhalb des Konzerns. Hierbei ist es unter anderem die Aufgabe und Herausforderung, für eine entsprechende Transparenz innerhalb der verantworteten Commodities in der jeweiligen nationalen Gesellschaft als auch von darin vorhandenen internationalen Potenzialen im Sinne von Prozessvereinfachungen und/oder zu hebenden Wertbeiträgen zu sorgen.

Im Rahmen dieser Funktion ist es Aufgabe des APM-GP, für die Multiplikation von Best-Practice-Ansätzen und Projekten zu sorgen. Hierbei ist der Informationsfluss sowohl innerhalb des internationalen Konzerns zu verstehen als auch aus dem internationalen Konzern heraus in die anderen SGEs des Konzerns.

Dieses wird durch folgende Ansätze gewährleistet:

Tabelle 20.2: Ansätze des Informationsflusses

1.	Multilaterale Meetings mit den Leitern „General Procurement"	1 × Quartal
2.	Bilaterale Telefonkonferenzen mit den Leitern „General Procurement"	Alle 4–6 Wochen
3.	Multilaterale Telefonkonferenzen mit allen Leitern „General Procurement"	Bei Bedarf
4.	Update via E-Mail über neue Entwicklungen, Projekte, Best-Practice-Erfahrungen	Alle 4–6 Wochen
5.	„International Shadowing" – hierbei haben Mitarbeiter Gelegenheit, bei ihren Kollegen innerhalb anderer nationaler Gesellschaften vor Ort zu arbeiten und somit den Austausch von Informationen und Best-Practice-Ansätzen im direkten Tagesgeschäft zu gewährleisten	Abhängig vom Bedarf und den Ressourcen der jeweilig beteiligten NatCos

Im Rahmen des Commodity Managements initiiert der APM im Zusammenspiel mit den jeweiligen Bedarfsträgern innerhalb des internationalen Unternehmens und des Gesamtkonzerns sowohl nationale als auch internationale Projekte und kann diese, je nach Ausprägung der Aufgabe und des übertragenen Mandates, länderübergreifend steuern und umsetzen.

21
Elektronische Beschaffungslösungen

Ulli Arnold und Rainer Meyle

Wirkungsrichtungen elektronischer Beschaffungslösungen

Die Festlegung von Beschaffungsstrategien ist ein mehrdimensionales Entscheidungsproblem, dessen Komplexität in der Berücksichtigung unterschiedlichster Einflussfaktoren und Lösungsansätze besteht. Die Notwendigkeit, Kosten- und Qualitätsvorteile zu realisieren, um die Wettbewerbsfähigkeit zu verbessern, rückt zunehmend die Integration elektronischer Beschaffungslösungen in betriebliche Prozesse in den Fokus der Betrachtung. Mit der Konsolidierung des Marktes für E-Business-Anbieter wurden die Erwartungen bezüglich des Kosteneinsparungspotenzials elektronischer Beschaffungslösungen teilweise drastisch korrigiert. Was bleibt, ist die Erkenntnis, dass durch den situationsgerechten Einsatz elektronischer Beschaffungslösungen Prozesse optimiert und dadurch Kosten eingespart werden können. Schließlich lassen sich positive Effekte bezüglich Produkt- und Servicequalität erzielen.

Generell können drei Wirkungsdimensionen elektronischer Beschaffungslösungen unterschieden werden:

a) *Prozessdimension (inputorientiert):* Senkung von Prozesskosten,
b) *Beschaffungspreisdimension:* Verringerung von Einstandspreisen und sonstigen Bezugskosten,
c) *Prozessdimension (outputorientiert):* Erhöhung der Prozessqualität.

Ein Blick zurück ins letzte Jahrzehnt weckt die Erinnerung an komplexe und aufwändige Beschaffungsprozesse für geringwertige, standardisierte und unkritische Bedarfe wie MRO-Güter (zum Beispiel Büromaterial). Die Validität der Beiträge, in denen von Einsparungspotenzialen von über 50 Prozent (teilweise auch bis 90 Prozent) gesprochen wurde, sollte grundsätzlich eher kritisch hinterfragt werden. Dennoch ist unstritten, dass sich gerade operative Prozesse mittels elektronischer Beschaffungslösungen stark vereinfachen und beschleunigen lassen, was letztlich zu positiven Prozesskosteneffekten führt (vgl. Nekolar 2003, S. 1). In welcher Höhe sich das diesbezügliche Einsparungspotenzial offenbart, hängt neben der Güterkategorie und dem eingesetzten Instrumentarium nicht zuletzt von der historischen Prozessqualität ab – auch ohne »e« lassen sich Prozesse mehr oder weniger effizient gestalten.

Dass bei dieser Güterkategorie weder die Senkung von Einstandspreisen noch die Qualität der Austauschprozesse beziehungsweise des Beschaffungsergebnisses im Vordergrund stehen, erscheint unmittelbar einleuchtend. Die Vereinfachung und Standardisierung von Bestell-, Auslieferungs- und Bezahlungsprozessen ist der Schlüssel, der zu einer deutlichen Reduzierung der so genannten Transaktionskosten führt (unter anderem Suchkosten, Kosten für Anbahnung, Durchführung und Kontrolle der Transaktionen, vgl. dazu Williamson 1990, S. 22ff.).

Auch für die Beschaffung von Gütern, die sich in ihren Eigenschaften durch ein hohes Maß an Komplexität und Spezifität auszeichnen, besteht ein breit gestreutes Instrumentarium elektronischer Beschaffungslösungen. Anders als bei der vorher betrachteten Güterkategorie steht hier weniger die Senkung der Kosten des Beschaffungsprozesses im Vordergrund. Aufgrund der regelmäßig hohen Wertigkeit dieser Güter können hier bereits Einstandspreisreduzierungen von wenigen Prozentpunkten zu erheblichen Ergebnisverbesserungen beitragen – ein Hebel, der bei geringwertigen Gütern nicht vorhanden ist. Doch wird nicht nur eine Reduzierung des Einstandspreises angestrebt: Optimierungspotenziale können auf allen Stufen des Güteraustauschprozesses realisiert werden.

Verbesserungen der langfristigen, kooperativ geprägten Zusammenarbeit stehen bei (c) im Vordergrund. Zwar sollen auch hier Prozesse effizient gestaltet und der Einstandspreis minimiert werden. Hauptansatzpunkt ist jedoch die Effektivität von Beschaffungsprozessen: Durch gezielten und permanenten Austausch von Informationen entlang der Wertschöpfungskette sollen Transparenz und Planungssicherheit geschaffen werden, Produktionsprozesse aufeinander abgestimmt und Entwicklungsprozesse beschleunigt werden. Es geht also um die Verbesserung von Leistungsmerkmalen.

Die unterschiedlichen Ansatzpunkte und Zielsetzungen schlagen sich auch in der Benennung unterschiedlicher Einsatzfelder von elektronischen Beschaffungslösungen nieder. Eine einheitliche Nomenklatur dieser Bereiche liegt gegenwärtig noch nicht vor. Die Begriffe E-Purchasing, E-Procurement und E-Sourcing werden recht unterschiedlich interpretiert. Fast allen Beiträgen ist jedoch gemein, dass zwischen einer eher operativen Ausrichtung und einer strategischen Qualität von Beschaffungslösungen unterschieden wird. Begriffe wie E-Sourcing und E-Collaboration repräsentieren die strategischen Ansätze, E-Purchasing beziehungsweise E-Ordering umfassen die rein ope-

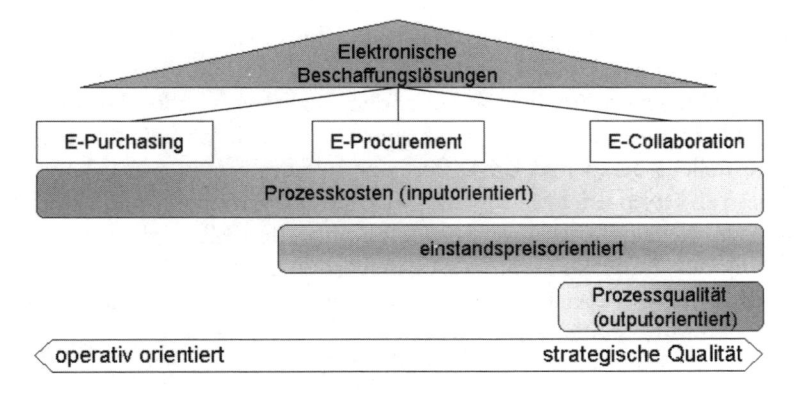

Abb. 21.1: Ansatzpunkte und Wirkungsdimensionen

rativ ausgerichteten Lösungen. E-Procurement-Lösungen beinhalten sowohl operative Ziele als auch strategische Aspekte. Zieht man zusätzlich die identifizierten Wirkungsdimensionen in Betracht, kann man die in Abbildung 21.1 dargestellte Systematik der Ausrichtung elektronischer Beschaffungslösungen vornehmen.

Die unterschiedlichen Wirkungsdimensionen sind dabei naturgemäß nicht überschneidungsfrei. Die operative Sichtweise zielt auf eine größtmögliche Effizienz bei der Durchführung von Beschaffungsprozessen. Strategische Qualität erfordert Wirkungsmechanismen zur Verbesserung des Beschaffungsergebnisses (Output) und soll somit zur Erhöhung des Wertbeitrags der Beschaffung beitragen.

Elektronische Marktplätze

Eine Vielzahl unterschiedlicher elektronischer Beschaffungslösungen prägt den Markt; nahezu unüberschaubar ist die Anzahl von Marktplatzbetreibern. In ökonomischer Hinsicht besteht die Kernfunktion eines realen Marktplatzes darin, Anbieter und Nachfrager eines bestimmten Gutes zusammenzubringen und einen geeigneten Rahmen zur Durchführung von Transaktionen zur Verfügung zu stellen. Gäbe es solche Marktplätze nicht, entstünden sowohl für den Anbieter als auch für den Nachfrager höhere Kosten für die Suche nach einem geeigneten Transaktionspartner. Der einzelne Nachfrager hat die Möglichkeit, die Angebote mehrerer Anbieter miteinander zu vergleichen und den für sich geeigneten Transaktionspartner auszuwählen. Wichtigstes

Entscheidungskriterium dabei ist regelmäßig das Preis-Leistungs-Verhältnis. Auch hierfür bieten Marktplätze optimale Bedingungen, da Preise unterschiedlicher Anbieter unmittelbar miteinander verglichen werden können. Diese Transaktionspotenziale gelten in gleicher Form für reale sowie für elektronische (virtuelle) Marktplätze. Die Differenzierung des Leistungsangebotes von Betreibern elektronischer Marktplätze im Zuge der Marktbereinigung hat unter anderem dazu geführt, dass bei vielen virtuellen Marktplätzen die Unterstützung des Transaktionsprozesses insbesondere durch Funktionalitäten zur Gestaltung von Preisfindungsmechanismen (beispielsweise Reverse Auctions) in den Mittelpunkt gestellt wird.

Grundsätzliche Erscheinungsformen elektronischer Marktplätze

Elektronische Marktplätze lassen sich anhand mehrerer Kriterien voneinander abgrenzen:

Güterbezogene Ausrichtung – horizontale und vertikale Marktplätze

Güterbezogen lassen sich einerseits Marktplätze identifizieren, deren Güterangebot auf eine spezifische Branche ausgerichtet ist (vertikale Ausrichtung). Hier treffen sich Unternehmen unterschiedlicher Wertschöpfungsstufen derselben Branche (zum Beispiel Automobilzulieferer), um spezifische Produkte, Dienstleistungen oder auch nur Informationen auszutauschen. Idealerweise beinhaltet ein solcher Marktplatz alle Eingangsgüter (Rohstoffe, Standardteile und Komponenten), die zur Fertigung eines Endproduktes benötigt werden. Demgegenüber weisen horizontale Marktplätze keinen spezifischen Branchenbezug auf. Hier werden Güter angeboten, die in verschiedenen Branchen benötigt werden (zum Beispiel Büroartikel, Logistikdienstleistungen, Versicherungs- und Finanzdienstleistungen).

Der Betrieb eines Marktplatzes setzt voraus, dass eine kritische Masse an Marktplatznutzern existiert. Nur bei genügend hohem Transaktionsvolumen ist ein profitabler Betrieb des Marktplatzes gewährleistet. Darüber hinaus verursacht eine größere Anzahl von Marktplatzteilnehmern Netzeffekte, die sich in einer höheren Angebotsvielfalt und nicht zuletzt in einer höheren Wettbewerbsdynamik niederschlagen. Der Marktplatz gewinnt somit an Attraktivität für einen Beschaffer. Aus diesem Grund gehen immer mehr Betreiber vertikaler Marktplätze dazu über, auch branchenfremde Teilnehmer zu integrieren; dies führt zu einer zunehmenden Unschärfe des Abgrenzungskriteriums »Güterbezug« (vgl. Wirtz/Mathieu 2001, S. 1338).

Betreiberbezogene Ausrichtung – käuferbetriebene, verkäuferbetriebene und neutrale Marktplätze

Marktplätze lassen sich danach klassifizieren, welche Marktseite für den Betrieb des Marktplatzes zuständig ist beziehungsweise die Gründung der Einrichtung initiiert hat. Ausprägungen sind Buy-Side- und Sell-Side-Solutions sowie neutrale Marktplätze. Die Gestaltung des Marktplatzes als Buy-Side-Solution (käuferbetriebene Marktplatzlösungen) ermöglicht es den beschaffenden Unternehmen, ihre Lieferanten mit Hilfe eines Marktplatzes zu einem Lieferantennetzwerk zu integrieren. Die Steigerung von Prozesseffizienz steht dabei im Vordergrund. Der Zugriff auf mehrere, bereits qualifizierte Lieferanten wird stark vereinfacht. Gleichzeitig wird der direkte Wettbewerb zwischen unterschiedlichen Lieferanten erhöht. Die Vergleichbarkeit der Preise wird infolge einer Erhöhung der Markttransparenz gesteigert. Ein käuferbetriebener Marktplatz kann zu einer höheren Marktmacht der Einkäufer gegenüber der Lieferantenbasis führen.

Bei der Sell-Side-Solution ermöglichen die Anbieter ihren Kunden den direkten Zugriff auf ihre Angebotspalette. Ergänzt um die entsprechenden Front-End-Anwendungen (Desktop-Purchasing-System, elektronische Bezahlsysteme) ergeben sich für die Kunden Möglichkeiten, Beschaffungsprozesse zu vereinfachen und somit kostengünstig durchzuführen. Auch auf der Seite der Anbieter ergeben sich Potenziale zur effizienten Gestaltung des Vertriebssystems. Ein wesentlicher Vorteil dürfte jedoch die beachtliche Kundenbindungswirkung solcher Systeme sein. Der Zugriff auf die Produkte des einmal ausgewählten Marktplatzbetreibers erfordert nur noch geringen Zeitaufwand – verglichen mit der Suche nach Alternativlieferanten. Einstiegsfenster für Out-Supplier werden dadurch stark begrenzt; eine in Grenzen abnehmende Preissensibilität der Kunden ist anzunehmen. Werden Sell-Side-Solutions von einzelnen Anbietern betrieben, dann ist der Begriff des Marktplatzes insofern missverständlich, als es sich somit um eine 1:m-Beziehung handelt.

Damit liegt ein wesentlicher Vorteil neutraler Marktplätze auf der Hand: Angebote und operativer Betrieb des Marktplatzes sind hier voneinander entkoppelt. Der Marktplatzbetreiber (Intermediär oder Cybermediär) übernimmt die Auswahl der Lieferanten, die Aggregation ihrer Angebote und deren Bereitstellung für die Kunden. Gegenüber den Sell-Side-Solutions bieten neutrale Marktplatzanbieter ihren Kunden meist ein höheres Maß an Flexibilität bei der Lieferantenauswahl bei gleicher Effizienz der Transaktionsprozesse. Die erhöhte Markttransparenz führt dazu, dass Spielräume der Lieferanten für Preiserhöhungen reduziert werden. Abbildung 21.2

Betreiber	Verkäuferseite		Intermediär		Käuferseite
Modell		Elektronische Marktplätze			
	E-Selling	Sell-Side-Marktplätze	Neutrale Marktplätze	Buy-Side-Marktplätze	E-Purchasing
Marktplatzstruktur	1:m	n:m	n:1:m	n:m	n:1

Abb. 21.2: Betreibermodelle elektronischer Transaktionen
(Quelle: in Anlehnung an Kärner 2003)

veranschaulicht die Strukturen unterschiedlicher Betreibermodelle für elektronische Marktplätze. 1:m- beziehungsweise n:1-Modelle werden hier ausdrücklich nicht als Marktplätze klassifiziert, sondern als E-Selling- beziehungsweise E-Purchasing-Lösungen bezeichnet.

Zugangsbezogene Ausrichtung – offene und geschlossene Marktplätze

Die Implementierung von Zugangsbeschränkungen ist ein weiteres Unterscheidungskriterium elektronischer Marktplätze. Hierbei lassen sich die Ausprägungen »offener« Marktplatz und »geschlossener« (proprietärer) Marktplatz unterscheiden. Ein offener Marktplatz besitzt keinerlei Zugangsbeschränkungen. Das Angebot ist grundsätzlich für jeden Interessenten zugänglich. Auch die Durchführung von Transaktionen unterliegt prinzipiell keinen Beschränkungen, abgesehen von Zugangsformalitäten oder Zugangsgebühren. Proprietäre Marktplatzsysteme bieten dagegen nur einer selektierten Gruppe von Teilnehmern die Möglichkeit, Angebote einzusehen beziehungsweise abzugeben und Transaktionen durchzuführen. Der Grund hierfür liegt in einer vom Betreiber beabsichtigten Selektion der Benutzergruppe. Motive für eine solche Vorgehensweise könnten beispielsweise der Schutz vertraulicher Informationen (Lieferantendaten, insbesondere Preise bei proprietären Buy-Side-Solutions) oder eine Vorselektion von Lieferanten sein. Daraus ergibt sich eine besondere Anwendungsrelevanz proprietärer Systeme für käuferbetriebene Marktplätze. Hier werden nur Lieferanten zugelassen, welche die vom marktplatzbetreibenden OEM definierten Mindestanforderungen erfüllen (zum Beispiel technische Lizenzierungen, öffentlich-rechtliche Qualifizierungen).

Funktionalitätsbezogene Ausrichtung

Die alleinige Wahrnehmung der Rolle als Vermittler von Angebot und Nachfrage ist für die meisten Marktplatzbetreiber nicht mehr ausreichend. Aufgrund des großen Angebotes an Marktplätzen sind viele Betreiber dazu übergegangen, ihr Leistungsangebot durch Bereitstellung unterschiedlicher Funktionalitäten zur Transaktionsabwicklung zu differenzieren. Den Marktplatzteilnehmern wird ein Instrumentarium zur Verfügung gestellt, welches unterschiedliche Preisfindungsmechanismen in Gang setzt und somit wettbewerbsdynamische Effekte erzeugt (zum Beispiel im Falle von Reverse Auctions) oder Transaktionsvorgänge vereinfacht, um Prozesskosten einzusparen (im Falle von Katalogmanagementsystemen).

Funktionalitäten elektronischer Marktplätze

Je nach Marktplatzausrichtung lassen sich verschiedene Funktionalitäten zur Preisermittlung und zur Transaktionsabwicklung identifizieren (vgl. Rätz 2003, S. 51ff.). Die geläufigsten dieser Funktionalitäten sind schwarze Bretter und Kataloge als Informationsinstrumente mit statischen Preisfindungsmechanismen sowie Börsen und elektronische Ausschreibungen beziehungsweise Reverse Auctions als Instrumente zur Stimulierung dynamischer Preiseffekte (vgl. Abbildung 21.3).

Schwarze Bretter

Anzeigen auf schwarzen Brettern (Bulletin Boards) stellen Lösungen mit relativ geringem Implementierungsaufwand dar und sind in ihrer Gestalt mit Zeitungskleinanzeigen zu vergleichen. Anbieter und Nachfrager können innerhalb der entsprechenden Online-Sektion des Marktplatzanbieters ihre Angebote beziehungsweise Bedarfe anderen Marktteilnehmern auf dieser Plattform zugänglich machen. Es handelt sich dabei primär um ein Instrument zur Unterstützung des Informationsaustausches und zur Transaktionsanbahnung. Schwarze Bretter eignen sich hauptsächlich für selten auftretende, eher spezifische Angebote/Bedarfe, für die eine Katalogisierung nicht sinnvoll erscheint (zum Beispiel gebrauchte Maschinen, Leistungen aus Überkapazitäten). Teilweise werden zusätzlich Instrumente zur Dynamisierung des Preisfindungsmechanismus angeboten (Kombination mit Reverse Auctions). In der Regel findet der Preisfindungsprozess jedoch »offline«, direkt zwischen Anbieter und Nachfrager, statt. Die Vorteile schwarzer Bretter bestehen neben der bereits erwähnten einfachen Zugänglichkeit in einer poten-

Funktionalitäten elektronischer Märkte

Schwarze Bretter (statische Preisfindung)
- **Gestalt**: Platzierung einzelner Angebote/Gesuche, vergleichbar mit Zeitungskleinanzeigen.
- **Vorteile**: Einfache Implementierung und Durchführung.
- **Nachteile**: Keine Unterstützung des Preisfindungs- und Abwicklungsprozesses, lediglich die Transaktionsanbahnung wird unterstützt.
- **Güter**: Eher spezifische, seltene Bedarfe, die nicht katalogisierbar sind, geringe bis mittlere Wertigkeit.

Auschreibungen/Auktionen (dynamische Preisfindung)
- **Gestalt**: Genaue Bedarfsbeschreibung wird elektronisch an Lieferanten übermittelt, diese werden zur Abgabe eines Gebotes aufgefordert. Bei Auktionen ergänzt um dynamischen Preisfindungsprozess.
- **Vorteile**: Wettbewerbssteigerung durch dynamische Gebotsabgabe, Verkürzung des Verhandlungsprozesses.
- **Nachteile**: Hoher Implementierungsaufwand in der Initiierungsphase.
- **Güter**: Mittlere bis hohe Wertigkeit.

Kataloge (statische Preisfindung)
- **Gestalt**: Aggregierung des Angebotes mehrerer Verkäufer zu einem gemeinsamen Produktkatalog mit verschiedenen Suchfunktionen.
- **Vorteile**: Einfache Implementierung, einfache und schnelle Beschaffungsabwicklung, gute Vergleichbarkeit der im Katalog erfassten Lieferanten.
- **Nachteile**: Beschränkung des Lieferantenkreises auf Vorauswahl des Marktplatzbetreibers, kein Spielraum für Preisverhandlungen.
- **Güter**: Standardisierte Güter geringer bis mittlerer Wertigkeit.

Börsen (dynamische Preisfindung)
- **Gestalt**: Kauf- und Verkaufsaufträge werden nach wertpapierbörsenähnlichen Algorithmen abgeglichen.
- **Vorteile**: Dynamische Preisfindung in Echtzeit, deswegen sind Preisvorteile realisierbar. Möglichkeit einer zügigen Beschaffungsabwicklung.
- **Nachteile**: Volatilität der Preise birgt Kostenrisiken, Börsenerfahrungen sollten vorhanden sein.
- **Güter**: Hoch standardisierte Güter (Commodities) mittlerer bis höherer Wertigkeit.

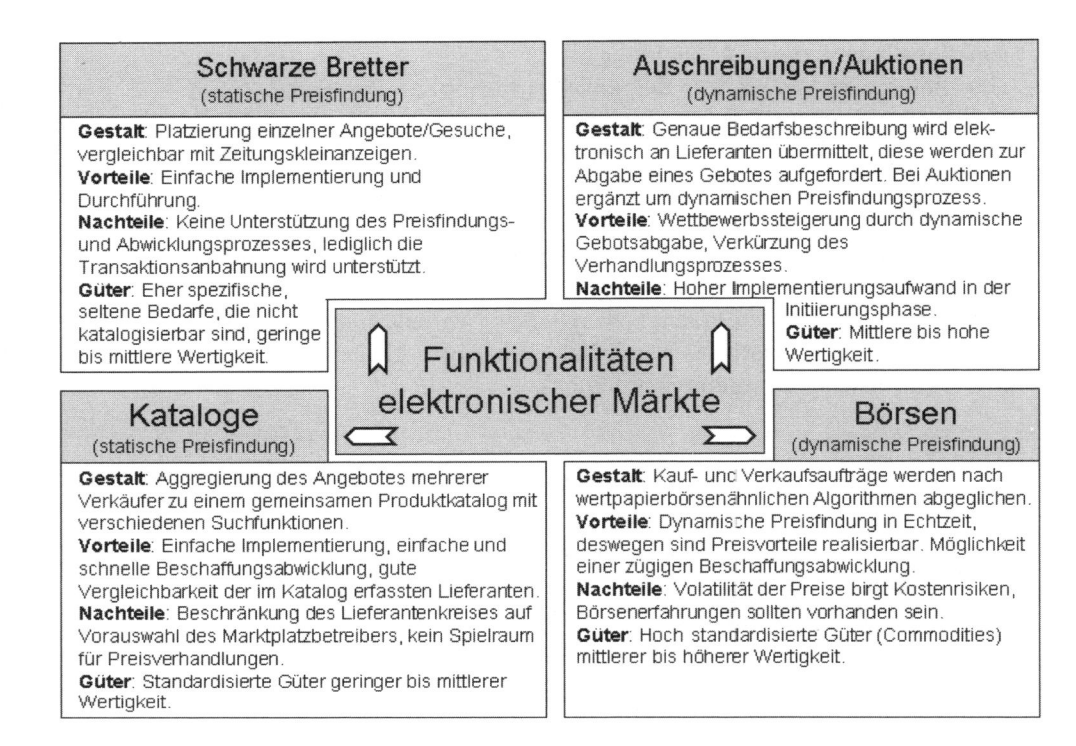

Abb. 21.3: Funktionalitäten elektronischer Marktplätze

ziellen Erweiterung des Interessentenkreises und somit in einer Erhöhung der Wahrscheinlichkeit, einen geeigneten Transaktionspartner zu finden.

Elektronische Kataloge

Das Potenzial elektronischer Kataloge zur Optimierung von Einkaufsprozessen ergibt sich aus der Aggregation von Angeboten mehrerer Lieferanten innerhalb eines standardisierten Produktkatalogs. Die Suche erfolgt nicht lieferantenspezifisch, sondern produktspezifisch anhand der Suchanfrage des Nachfragers – diese hat in der Regel eine Liste entsprechender Produkte unterschiedlicher Lieferanten zum Ergebnis, die bezüglich ihrer Preise und Eigenschaften verglichen werden können. Neben der Bereitstellung von Informationen wie Produktbeschreibung, Preis, Verfügbarkeit und Lieferzeit werden Transaktionsprozesse standardisiert und weitgehend automatisiert vom Marktplatzbetreiber ausgeführt. Der Preisbildungsmechanismus ist statisch, die Güter werden auf Basis von Festpreisen ausgetauscht. Entsprechend der dort abgebildeten Güterkategorie liegt der Fokus auf der effizienten und somit kostengünstigen Durchführung von Beschaffungsprozessen. Die in elektronischen Katalogen angebotenen Güter zeichnen sich regelmäßig durch ein hohes Maß an Standardisierung aus. Üblicherweise werden in Katalogen lediglich Güter von geringer bis mittlerer Wertigkeit angeboten. Bei geringwertigen Gütern werden Kataloge unter dem Gesichtspunkt einer einfachen Bedienbarkeit gestaltet; bei Gütern mit höherer Wertigkeit werden den Funktionalitäten zur Informationsversorgung und Erhöhung der Markttransparenz höhere Bedeutung beigemessen.

Börsen

Innerhalb von Börsen werden standardisierte Güter ausgetauscht, deren Eigenschaften (bespielsweise durch Normen) allgemein bekannt und bezüglich deren Spezifikationen keine weiteren Abstimmungsprozesse mehr erforderlich sind. Börsen eignen sich deshalb insbesondere für die Beschaffung genau spezifizierter Commodities mit mittlerer bis hoher Preisvolatilität. Der Preisfindungsmechanismus ist vergleichbar mit dem von Wertpapierbörsen: Viele Anbieter treffen im Normalfall auf viele Nachfrager, die jeweils auf die von ihnen benötigte Menge eines Gutes (zum Beispiel auf einen bestimmten Rohstoff) ein Gebot abgeben. Es kommt dabei nicht zum direkten Kontakt zwischen Anbieter und Nachfrager. Die Kauf- und Verkaufsorders werden direkt an den Marktplatzbetreiber gerichtet, der diese anhand börsenüblicher Algorithmen miteinander abgleicht und somit den Eigentumsübergang bewirkt. Oftmals werden dem Käufer vom Marktplatzbetreiber Angebote von unterschiedlichen Anbietern unterbreitet, welche er dann entweder annehmen oder ablehnen kann.

Insofern handelt es sich bei Börsen um Instrumente dynamischer Preisermittlung in Echtzeit. Im Gegensatz zu Auktionen ist der Transaktionsabschluss nicht an eine vorgegebene Zeit gebunden. Es gibt keinen Mindestpreis und keinen festgelegten Handelszeitraum – einzige Voraussetzung ist, dass einem bestimmten Angebot ein passender Auftrag zugeordnet werden kann. Einmal abgegebene Angebote können bis zum Zeitpunkt des Eigentumsübergangs zurückgezogen oder an sich schnell ändernde Marktbedingungen angepasst werden. Ein klarer Vorteil von Börsen ist die zeitnahe Abwicklung von Transaktionen. Zudem besteht wegen der regelmäßig hohen Volatilität der Preise an Börsen die Möglichkeit, Preisvorteile zu realisieren. Viele Anbieter nutzen Börsen dazu, Lagerbestände (Restmengen) abzubauen oder Überschussmengen aus freien Produktionskapazitäten zu verkaufen, wodurch ebenfalls Preiszugeständnisse begründet sein können (vgl. Wirtz/Mathieu 2001, S. 1336ff.).

Elektronische Ausschreibungen und Reverse Auctions

Ein wichtiges Instrument zur Beschaffung meist spezifischer und hochwertiger Güter stellen Ausschreibungen (Electronic Bidding, Request for Quotation) dar. Dabei werden potenzielle Lieferanten aufgefordert, für einen genau spezifizierten Leistungsumfang bis zu einem genau festgelegten Termin Angebote abzugeben. Die Art und der Umfang des Angebots können dabei genauso variabel gestaltet werden wie die Zuschlagsregelung. So muss nicht zwangsläufig der preisgünstigste Anbieter den Zuschlag erhalten; ein Konkurrent, der hochwertigere Materialien verwendet oder zusätzliche Dienstleistungen anbietet, kann durchaus bevorzugt werden. Das elektronische Unterstützungspotenzial für diese Art der Güterbeschaffung liegt darin, die Informationsaufbereitung und -weitergabe zu vereinfachen. Anbahnungs- beziehungsweise Vereinbarungskosten lassen sich dadurch senken.

Reverse Auctions stellen eine besondere Art des Preisfindungsmechanismus elektronischer Ausschreibungen dar. Unterscheidendes Merkmal ist die dynamische Gebotsabgabe am Ende des Ausschreibungsprozesses. Nach der Aussendung der Ausschreibungsunterlagen werden gegebenenfalls vorselektierte Lieferanten (Bieter) zur Teilnahme an der Online-Auktion aufgefordert. Im Gegensatz zur bekannteren Form der Englischen Auktion, bei der sich Kaufinteressenten durch sukzessive Angebotsverbesserung gegenseitig überbieten sollen, nimmt hier der Käufer die Rolle des Auktionators ein. Mit dem Ziel, den Lieferauftrag zu erhalten, unterbieten sich die Lieferanten bei einer Reverse (umgekehrten) Auction, um den Auftrag zu erhalten. Die Bieter können innerhalb eines definierten Zeitraumes Gebote abgeben, einmal abgegebene Gebote sind verbindlich. Die Wettbewerbsdynamik wird insofern unterstützt, als den Lieferanten (Bietern) je nach Gestaltung der Auktionsparameter unterschiedliche Informationen zur Verfügung gestellt werden: Ob sie momentan der günstigste Anbieter sind, auf welchem Rang der Preisgebote sie sich befinden, wie groß die Differenz zwischen ihrem und dem nächstbesten Gebot ist. Werden in der Schlussphase der Auktion noch günstigere Gebote abgegeben, führt dies in den meisten Fällen zu einer automatischen Verlängerung der Auktion, um anderen Bietern die Gelegenheit zu geben, dieses Gebot ihrerseits nochmals zu unterbieten.

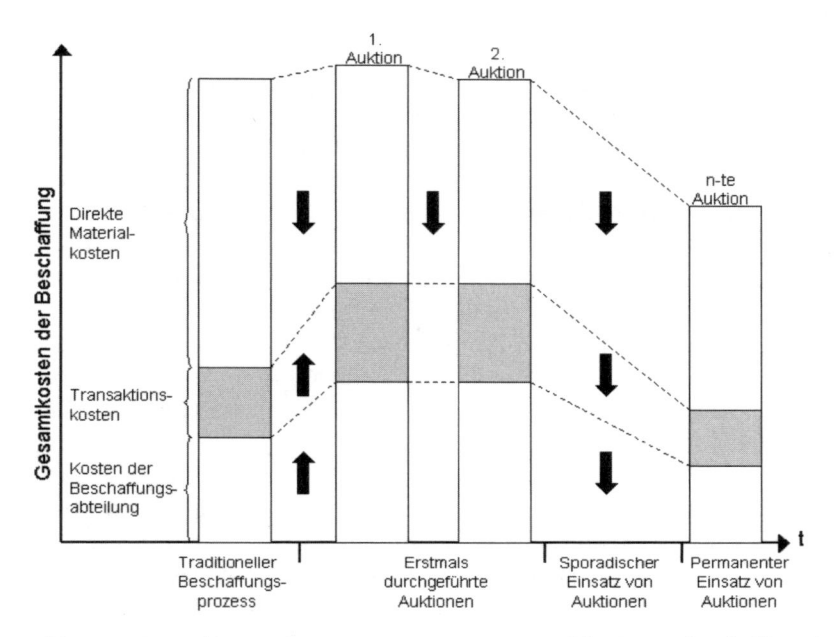

Abb. 21.4: Auswirkungen des permanenten Einsatzes auf die Gesamtbeschaffungskosten (Quelle: Arnold/Kärner/Schnabel 2005, S. 304)

Als Wirkungen der Auktionen stehen oft Einsparungen bezüglich des Einstandspreises im Vordergrund. Untersuchungsergebnisse zeigen, dass sich diese Erwartung insbesondere bei erstmalig durchgeführten Auktionen oft bestätigt. Dies zeigt, dass Reverse Auctions durchaus dafür geeignet sind, Einstandspreissenkungen zu realisieren. Darin ist ebenfalls der Grund zu sehen, dass Reverse Auctions meist für Gütergruppen empfohlen werden, deren Wertigkeit einen genügend großen Hebel für Kostensenkungen durch Reduzierung der Einstandspreise bietet (vgl. Arnold/Kärner/Schnabel 2005).

Betrachtet man jedoch mehrere identische Auktionen, die nacheinander durchgeführt wurden, zeigt sich ebenfalls, dass sich Einstandspreise zumindest nicht in der Größenordnung der ersten Auktion senken ließen. Der Grund dafür liegt auf der Hand: Bereits bei der ersten Auktion sind die Lieferanten durch die Wettbewerbsdynamik oft an ihre »Schmerzgrenze« gelangt. Weitere Preiszugeständnisse der Lieferanten lassen sich – wenn überhaupt – nur in geringerem Ausmaß realisieren. Weitere Preissenkungen hätten in diesem Falle einen derart negativen Effekt auf die Ertragslage der

Lieferanten, dass der Auftrag zu einer Gefährdung ihrer Existenz führen könnte.

Trotzdem stellen Reverse Auctions durchaus ein geeignetes Instrument zur wiederholten Beschaffung identischer Bedarfe dar, da auch andere Wirkungsmechanismen eine Rolle spielen. Einerseits lassen sich durch Reverse Auctions Änderungen der Bedingungen des Beschaffungsmarktes nahezu in Echtzeit in den Einkaufspreis einspeisen. Würden Bedarfe täglich neu verauktioniert, würden beispielsweise Preissenkungen bei Rohstoffen, welche die Lieferanten zur Herstellung der Güter benötigen, unmittelbar zu einem verbesserten Auktionsergebnis führen. Dieser Prozess ist jedoch bei steigenden Rohstoffpreisen genauso in die andere Richtung denkbar; das Risiko besteht also, dass die Einstandspreise für das nachgefragte Gut sich erhöhen.

Ein weiterer Anreiz von Reverse Auctions, dem eine immer größer werdende Bedeutung zugesprochen wird, besteht in der Senkung von Prozesskosten. Dies spielt bei wiederholt durchgeführten Auktionen eine Rolle. Stehen den Einstandspreissenkungen von erstmalig durchgeführten Auktionen noch hohe Implementierungskosten gegenüber, lassen sich Routinisierungs- und Automatisierungspotenziale durch wiederholte Auktionen erzielen und somit Prozesskosten einsparen (vgl. Abbildung 21.4).

Wie bereits erläutert, nehmen die realisierbaren Einstandspreissenkungen bei wiederholten Auktionen regelmäßig ab. Gleichzeitig sinken Transaktionskosten (zum Beispiel Verringerung des Aufwands zur Bedarfsspezifizierung bei gleichen Bedarfen, Lieferantenauswahl und Information der Lieferanten über das Auktionsverfahren, Verkürzung der Prozessdauer) und allgemeine Kosten der Beschaffungsabteilung (zum Beispiel Automatisierung von Auktionen durch Systemintegration). Es wird deutlich, dass sich das Einsatzspektrum nicht nur auf hochwertige Güter und die Zielsetzung nicht nur auf die Senkung von Einstandspreisen beschränkt. Eine optimale Integration des Auktionstools in die IT-Umgebung und die Prozessstrukturen eines Unternehmens ermöglicht eine stark automatisierte Durchführung von Reverse Auctions und somit eine Realisierung von Beschaffungszeitverkürzungen und Prozesskostensenkungen.

Letztlich hängt der Erfolg von Reverse Auctions von zahlreichen Einflussfaktoren ab. Als wichtige Gestaltungsfaktoren von Reverse Auctions können

- die Machtposition des beschaffenden Unternehmens,
- die Anzahl der teilnehmenden Lieferanten,
- der Wettbewerb unter den Lieferanten,

- die Beschreibbarkeit des Bedarfs,
- die Komplexität des Verhandlungspakets,
- das Auktionsvolumen und
- der Aufwand für einen eventuellen Lieferantenwechsel

genannt werden (vgl. Schwab 2003, S. 187ff.).

Da es sich bei Reverse Auctions um ein Instrument zur Förderung des Wettbewerbs unter den Lieferanten handelt, welches letztlich auf eine Reduzierung des Preises abzielt, könnte daraus eine ablehnende Haltung der Lieferanten gegenüber dieser Vorgehensweise resultieren. Eine starke Marktposition des Käufers verhindert allerdings, dass sich die wichtigen Lieferanten dem Teilnahmewettbewerb entziehen; Beschaffungsmacht erzwingt Auktionswettbewerb.

Die Anzahl der teilnehmenden Lieferanten stellt einen weiteren Erfolgsfaktor dar, da eine höhere Teilnehmerzahl regelmäßig eine höhere Bieteraktivität verursacht, was wiederum zu einer Steigerung der Wettbewerbsdynamik führen kann. Dies ist jedoch nur gewährleistet, wenn der Wettbewerb unter den teilnehmenden Lieferanten genügend hoch ist. Bei hoher Auslastung der Kapazitäten der Lieferanten ist deren Anreiz, Preiszugeständnisse in Kauf zu nehmen, entsprechend gering ausgeprägt. Sind Bedarfe nur sehr schwierig zu beschreiben, steigt der Aufwand, der mit der Ausschreibung verbunden ist. Darüber hinaus nimmt die Wahrscheinlichkeit zu, dass die Ausschreibungsunterlagen von den Lieferanten falsch interpretiert werden. Je einfacher Verhandlungspakete zusammengesetzt sind, desto attraktiver sind sie für Lieferanten. Ein Verhandlungspaket, das aus zahlreichen Einzelpositionen unterschiedlich dimensionierter Bauteile besteht, verursacht beispielsweise höhere Rüstkosten als ein Los mit nur einer Produktart. Ähnlich verhält es sich mit den Volumina der einzelnen Lose: Mengenmäßig große Lose begünstigen die Realisierung von Mengendegressionseffekten auf Seiten der Lieferanten. Andererseits stoßen kleinere Lieferanten bei zu groß gewählten Losen möglicherweise an ihre Kapazitätsgrenzen.

Letztlich muss sich ein Unternehmen darüber im Klaren sein, dass die Durchführung in vielen Fällen einen Wechsel des Lieferanten zum Ergebnis hat. Auftretende Wechselkosten und eventuell bestehende Unsicherheiten bezüglich der Leistungsfähigkeit des neuen (unbekannten) Lieferanten müssen den realisierten Preisunterschieden gegenübergestellt werden.

Prozessorientierte Lösungen

Neben den marktplatzbezogenen Lösungen existieren zahlreiche elektronische Beschaffungslösungen zur prozessbezogenen Unterstützung von Beschaffungsvorgängen. Dabei lassen sich grundsätzlich zwei Zielrichtungen der Optimierung von Beschaffungsprozessen identifizieren:

1. die operative Dimension (Schwerpunkt: Lieferantenbasis) mit der Zielsetzung der Steigerung der Prozesseffizienz und somit der Reduzierung von Beschaffungsprozesskosten und
2. die kollaborative (strategische) Dimension (Fokus liegt auf den Schlüssellieferanten) mit der Zielsetzung der Steigerung der Prozesseffektivität durch Zusammenarbeit mit Lieferanten und somit der Steigerung des Gesamtergebnisses der Beschaffung.

Lösungen zur Unterstützung des operativen Beschaffungsprozesses

Eine große Anzahl der benötigten Güter stellt so genannte unkritische Bedarfe dar, die sich durch geringe Wertigkeit und eine relativ geringe strategische Bedeutung auszeichnen. Gerade bei der Beschaffung kleiner Volumina unregelmäßig benötigter Artikel können im Vergleich zu den eigentlichen Bezugspreisen sehr hohe Beschaffungskosten anfallen. Diese lassen sich durch den Einsatz der in Abbildung 21.5 dargestellten Instrumente teilweise erheblich reduzieren.

In der Informationsphase des Beschaffungsvorganges kann eine *Beschaffungshomepage* bei vergleichsweise geringem Implementierungsaufwand beachtliche Unterstützungspotenziale schaffen. Interessierten Lieferanten können das Bedarfsspektrum des Unternehmens sowie die Anforderungen, die es an seine Lieferanten stellt, präsentiert werden. Diese können bei Übereinstimmung ihr Leistungsprofil und weitere Informationen direkt im Informationssystem hinterlegen und sich somit aktiv um Aufträge dieses Unternehmens bewerben. Das Unternehmen erhält dadurch im Idealfall ausführliche Informationen über potenzielle alternative Lieferquellen und deren Leistungsspektrum bei geringem Suchaufwand.

Durch *E-RFI-Tools* (Electronic Request for Information) lassen sich Such- und Informationsprozesse für Ausschreibungen stark vereinfachen. Diese werden mittels standardisierter elektronischer Formulare durchgeführt. Ins-

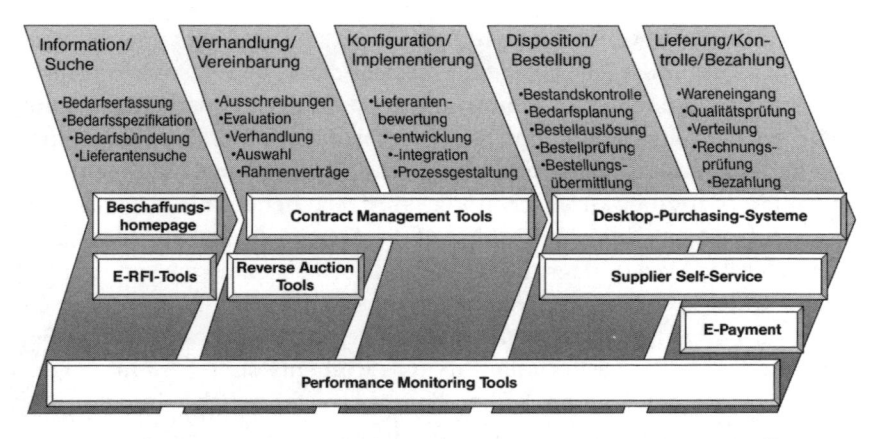

Abb. 21.5: Instrumente zur Unterstützung strategischer und operativer Beschaffungsprozesse
(Quelle: in Anlehnung an Eyholzer/Kuhlmann/Münger 2002, S. 70)

besondere bei wiederholten Ausschreibungen ergibt sich hier großes Einsparungspotenzial, da Unterlagen von früheren Ausschreibungen mit wenig Aufwand aktualisiert werden können. Die Unterlagen müssen nicht mehr jedem einzelnen Interessenten zugeschickt werden; sie werden beispielsweise auf der Beschaffungshomepage zum Download bereitgestellt. Dadurch kann möglicherweise ein größerer Kreis von Lieferanten angesprochen und zur Ausarbeitung eines Kontaktangebotes bewegt werden. Auch durch die Bekanntmachung von Reverse Auctions innerhalb einschlägiger Portale lassen sich möglicherweise zusätzliche Lieferanten ansprechen. Der eigentliche Nutzen von *Reverse Auction Tools* liegt allerdings in der Vereinfachung der Prozesse zur Durchführung von Reverse Auctions. Vollständig in die IT-Landschaft eines Unternehmens integriert lassen sich Reverse Auctions nahezu vollautomatisch anstoßen und durchführen. Das Einsatzspektrum kann somit auf mehrere Gütergruppen erweitert werden; die Durchführungskosten sinken.

Contract Management Tools erleichtern die Verwaltung, Anwendung und Überwachung von Rahmenverträgen. Die Konditionen ausgehandelter Rahmenverträge können dadurch allen Unternehmensbereichen zugänglich gemacht werden. Bei Entstehung eines Bedarfes kann so überprüft werden, ob für diese Gütergruppe bereits ein Rahmenvertrag besteht. Trotzdem sollte überwacht werden, dass in einzelnen Bereichen des Unternehmens keine »Insellösungen« bestehen und Rahmenverträge von einzelnen Mitarbeitern umgangen werden (»Maverick-Buying«).

Ein bereits relativ weit verbreitetes Instrument stellen so genannte *Desktop-Purchasing-Systeme* dar. Die Grundidee besteht darin, den Beschaffungsprozess dezentral, in direkter Verantwortung des jeweiligen Bedarfsträgers, und gegebenenfalls weitgehend automatisiert durchzuführen. Desktop-Purchasing-Systeme bilden die direkte Verbindung zu Katalogen einzelner/mehrerer Lieferanten oder zu elektronischen Marktplätzen. Der Bedarfsträger hat an seinem Arbeitsplatz direkten Zugriff auf die Angebotspalette des/der Lieferanten oder des Marktplatzes und kann somit selbstständig die von ihm benötigten Güter bestellen. Zur Vereinfachung von Genehmigungsprozessen werden oft Einkaufsbudgets vordefiniert, in deren Rahmen auftretende Bedarfe innerhalb eines bestimmten Produktsortiments ohne besondere Freigabe gedeckt werden können. Sollten Freigaben erforderlich sein (zum Beispiel bei Budgetüberschreitung oder Bedarf eines Produktes, das nicht im Katalog enthalten ist), wird der entsprechende Prozess ebenfalls unterstützt. Die Bedarfsanforderung wird automatisch zur Freigabe an den Entscheidungsträger (per E-Mail) weitergeleitet und nach dessen Bestätigung der Bestellvorgang fortgesetzt. Die Auslieferung der entsprechenden Güter erfolgt in der Regel direkt an den Bedarfsträger, welcher dann auch für die Wareneingangsprüfung verantwortlich ist. Durch Koppelung der Desktop-Purchasing-Systeme an das ERP-System lassen sich die Zahlungsprozesse ebenfalls automatisieren (*E-Payment*).

Den wichtigsten Einsatzbereich von Desktop-Purchasing-Systemen stellen Nicht-Produktions-Materialien dar (indirektes Material wie Büroartikel). Durch *Supplier-Self-Service-Tools* können operative Prozesse auch bei direktem Material an den Lieferanten ausgelagert werden. Der Lieferant kann sich durch eine informatorische Kopplung der ERP-Systeme über Lagerbestände oder Bedarfsanforderungen informieren und auf Basis dessen Belieferungsprozesse eigenverantwortlich durchführen. *Performance Monitoring Tools* unterstützen den Gesamtprozess beispielsweise durch einen einheitlichen, automatisierten Prozess zur Lieferantenbewertung, dessen Ergebnisse über das Intranet unternehmensweit zugänglich sind.

E-Collaboration-Systeme

Insbesondere bei strategischen Beschaffungsgütern besteht die Notwendigkeit einer intensiven Zusammenarbeit mit ausgewählten (Schlüssel-)Lieferanten, um Produktverbesserungen zu realisieren und Belieferungsprozesse zu optimieren. Strategische Beschaffungsgüter zeichnen sich oft durch einen sehr hohen Anteil am Gesamtbeschaffungsvolumen aus; eine Senkung von Materialpreisen muss daher ebenfalls angestrebt werden. Beide Zielsetzungen – die Senkung von Prozess- und Materialkosten sowie die optimale Nutzung von Qualitäts- und Innovationspotenzialen der Lieferanten – erscheinen zunächst konfliktär.

Die Realisierung einstandspreisbezogener Einsparungen durch Instrumente zur Erhöhung der Wettbewerbsdynamik (zum Beispiel Reverse Auctions) sind aufgrund der Komplexität der Leistungsbestandteile (insbesondere bei Entwicklungsleistungen et cetera) nur bedingt realisierbar. Die Förderung kooperativer Lieferantenpotenziale schließt eine rein wettbewerbsinduzierte Preissenkung zunächst aus. Negative Effekte eines zu starken Kostendrucks verursachen eine sinkende Leistungsbereitschaft beziehungsweise -fähigkeit und überkompensieren schließlich den Preisvorteil.

Kooperative Leistungsbestandteile erfordern einen umfangreichen Austausch an Informationen zwischen Abnehmer und Lieferant. Dieser Informationsaustausch trägt zunächst zu einer Erhöhung der Transaktionskosten bei, sowohl auf Abnehmer- als auch auf Anbieterseite. Der Bezugspreis wird dadurch bei einer Total-Cost-of-Ownership-Betrachtung negativ beeinträchtigt.

Eine Optimierung der Innovations-, Leistungserstellungs- und Belieferungsprozesse auf Seiten des Abnehmers, des Lieferanten und vorgelagerter Lieferanten (im Sinne des Supply-Chain-Managements) stellt in diesem Problemfeld eine Lösung dar, die eine Senkung der Transaktionskosten und eine Steigerung der Prozessperformance herbeiführen kann. Prozesskosten werden nicht nur beim Abnehmer gesenkt. Die informatorische Kopplung entlang der Wertschöpfungskette führt zu einer Verzahnung von Prozessen der beteiligten Unternehmen. Diese können somit effektiver und effizienter (im Hinblick auf Qualität und Kosten) durchgeführt werden, was letztlich zu einer Reduzierung der Herstellkosten beim Lieferanten und somit zu einer Senkung der Einstandspreise für den Abnehmer führen kann.

Der Informationsbedarf ist vielfältig und beschränkt sich nicht auf einfache Produktdaten. Die Realisierung der geschilderten Ziele erfordert den dynamischen Austausch und die Abstimmung beispielsweise von Konstruktionsdaten (Simultaneous Engineering) und Produktionsprogrammplänen zur Vermeidung von Kapazitätsengpässen.

Einen wichtigen Gestaltungsparameter zur Implementierung des Informationsflusses stellt die Überbrückung von Schnittstellen beziehungsweise Nahtstellen zwischen den einzelnen Wertschöpfungsstufen dar. Eine Harmonisierung der Softwarelösungen und Datenformate der beteiligten Unternehmen ist die Voraussetzung dafür, auf direktem Weg unternehmensübergreifend Daten austauschen, einsehen und bearbeiten zu können. Eine Verbindung der IT-Systeme von Transaktionspartnern kann in unterschiedlichen Intensitäten stattfinden und unterstützt die Gestaltung unternehmensübergreifender Prozesse. Betriebliche ERP-Systeme bieten hauptsächlich Potenziale zur Optimierung unternehmensinterner Prozesse (vgl. Wannenwetsch 2002, S. 73). Spezielle SCM-Systeme können dagegen zur Integration der Prozesse mehrerer Unternehmen beitragen und stellen in der Regel eine effektive Form der Supply-Chain-Integration dar. Zu berücksichtigen ist jedoch der regelmäßig hohe Implementierungsaufwand, aufgrund dessen sich gerade kleinere Unternehmen gegenüber derartigen Lösungen eher zögerlich verhalten.

Eine weitere Möglichkeit besteht in der Implementierung einer unternehmensübergreifenden elektronischen Plattform, welche als »virtueller Unternehmensverbund« fungieren kann. Hier werden alle benötigten Daten der Wertschöpfungspartner hinterlegt, können dort bearbeitet und jederzeit von allen Beteiligten über das Internet eingesehen werden. Angeboten werden solche Plattformen von so genannten Application-Service-Providern (ASP), die den Betrieb des Servers gewährleisten, entsprechende Softwarelösungen zur Verfügung stellen und Implementierungsdienstleistungen anbieten. Im Gegensatz zu SCM-Lösungen ist der Implementierungsaufwand relativ gering. Welche Form der Prozessintegration gewählt wird, hängt letztlich von der Komplexität der abzubildenden Prozesse ab – einem geringeren Implementierungsaufwand steht regelmäßig ein höheres Maß an Standardisierung gegenüber. Funktionalitäten zur individuellen Gestaltung von Prozessen und Informationsflüssen werden nur in begrenztem Umfang angeboten.

Kriterien des Auswahlprozesses

Zur Lösung des Entscheidungsproblems ist neben der differenzierten Darstellung unterschiedlicher elektronischer Beschaffungslösungen eine klare Zuordnung unterschiedlicher Werkzeuge zu unterschiedlichen Gütergruppen und Beschaffungssituationen notwendig. Im Mittelpunkt steht die Frage, bei welchen Beschaffungsproblemen welche Zielsetzungen (welche Priorität?) im Vordergrund stehen und welche elektronischen Lösungen für diese Zielsetzungen das größte Unterstützungspotenzial besitzen. Eine Gewichtung unterschiedlicher Zieldimensionen ist erforderlich, da sich Beschaffungssituationen regelmäßig durch mehrdimensionale Zielsysteme auszeichnen. So kann beispielsweise bei der Beschaffung von Standardteilen die Prozesseffizienz im Mittelpunkt stehen; eine Senkung des Einstandspreises ist jedoch aufgrund eines hohen Beschaffungsvolumens ebenfalls geboten.

Grundlage der Auswahl elektronischer Beschaffungslösungen muss eine Identifikation klarer und operationalisierbarer Kriterien sein, die in ihrer systematischen Betrachtung als Entscheidungsunterstützung zum situationsadäquaten Einsatz unterschiedlicher elektronischer Beschaffungswerkzeuge dienen können.

Sowohl in wirtschaftswissenschaftlicher Literatur als auch in betrieblicher Praxis haben sich dafür unter anderem eine Betrachtung der Kriterien Wertigkeit, Versorgungsrisiko beziehungsweise strategische Bedeutung durchgesetzt (vgl. Arnold 1997, S. 90). Die Bedeutung des Kriteriums Wertigkeit besitzt großen Einfluss auf die Auswahl von elektronischen Beschaffungsinstrumenten, da hier die »Hebellänge« für Kosteneinsparungseffekte durch Einstandspreisminderungen determiniert wird. Demnach erscheinen Güter mit hoher Wertigkeit besonders für Reverse Auctions geeignet, weil mit diesem Instrument eine Erhöhung der Wettbewerbsdynamik erzielt werden kann.

Eine isolierte Betrachtung dieses Kriteriums birgt jedoch beträchtliches Gefahrenpotenzial in sich. Insbesondere bei direktem Material, das oft durch hohe Beschaffungsvolumina gekennzeichnet ist, muss die Auswahl elektronischer Beschaffungswerkzeuge insbesondere unter dem Aspekt der Gewährleistung der Versorgungssicherheit erfolgen. Die Beschaffung von A-/B-Teilen bedingt eine hohe Transaktionskomplexität. Ursächlich dafür sind:

- Komplexität der Güter (zum Beispiel umfangreiche technische Spezifikationen) und damit verbunden ein hoher Abstimmungsaufwand zwischen Abnehmer und Lieferant,
- Komplexität der Liefermodalitäten (zum Beispiel werden vor allem hochwertige Güter häufig Just in Time bezogen).

Infolgedessen müssen dem nachfragenden Unternehmen die qualitätsdeterminierenden Eigenschaften potenzieller Lieferanten bekannt sein. Insbesondere produkt-, aber auch prozessbezogene Qualitätsfaktoren müssen in hohem Maße gewährleistet sein. Eine Verfehlung von Qualitäts- beziehungsweise Prozesszielen würde bei dieser Gütergruppe zu hohen zusätzlichen Prozesskosten beziehungsweise Lieferausfallkosten führen, welche einen erzielten Kostenvorteil (sowohl einstandspreis- als auch transaktionskostenbezogen) leicht überkompensieren könnten.

Indirekte Güter

Eine getrennte Betrachtung von direkten und indirekten Gütern ist ein erster Schritt zur Problemlösung. Die Beschaffung indirekter Güter kann im Hinblick auf die marktliche Verfügbarkeit als weitgehend unkritisch betrachtet werden. Die Beschaffung indirekter Güter und Dienstleistungen weist aus folgenden Gründen nicht die aufgezeigte Risikostruktur der direkten Güter auf:

- Die Qualität der Beschaffungsprozesse indirekter Güter besitzt keinen unmittelbaren Einfluss auf die Qualität des Endproduktes.
- Durch eine geringere Transaktionskomplexität bei der Beschaffung indirekter Güter ist die Leistungsfähigkeit potenzieller Lieferquellen mit vergleichsweise geringerem Aufwand bereits im Vorfeld gut beurteilbar.
- Aufgrund der regelmäßig hohen Standardisierung indirekter Güter ist bei Lieferproblemen ein Lieferantenwechsel schnell und mit geringen Wechselkosten durchzuführen.

Als Schlussfolgerung beschränken sich die Zielsetzungen bei der Beschaffung indirekter Güter weitestgehend auf die kostengünstige Bereitstellung bezüglich Einstandspreis und/oder Prozesskosten. Welcher Stellhebel priorisiert wird, ist lediglich abhängig von der Bestellhäufigkeit und der Wertigkeit der Materialien (vgl. Abbildung 21.6).

Im ersten Feld i1 sind Materialien zusammengefasst, die aufgrund ihres geringen Anteils am Gesamtbeschaffungsvolumen im Bezug auf Einstandspreissenkungen nur wenig Potenzial bieten. Im Gegensatz dazu stehen hohe Prozesskosten, die mit der hohen Bestellhäufigkeit zusammenhängen. Hier bieten sich Einsparpotenziale durch elektronische Katalogsysteme, bei denen alle Teilprozesse der Transaktion (Bestellung, Bestellungsabwicklung, Bezahlung) elektronisch unterstützt werden und somit eine effiziente Bedarfsversorgung gewährleistet werden kann.

Im Feld i2 befinden sich Materialien, die sich durch einen hohen Anteil am Beschaffungsvolumen und eine hohe Bestellhäufigkeit auszeichnen. Als Beispiel sind Hilfs- und Betriebsstoffe genannt (zum Beispiel Treibstoff/Energie, Chemikalien zur Oberflächenbehandlung), die infolge ihres intensiven Einsatzes einen bedeutenden Kostenfaktor darstellen. Dadurch ergibt sich neben den Potenzialen der Effizienzsteigerung ebenfalls die Möglichkeit, durch Einstandspreissenkungen zur Ergebnisverbesserung beizutragen. Der Impuls für eine Einstandspreissenkung kann in den meisten Fällen über eine

Bestellhäufigkeit: hoch / gering

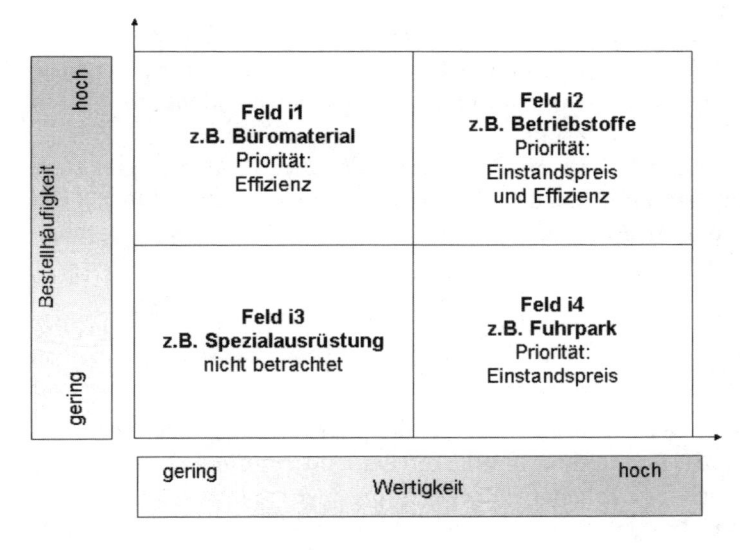

	gering ← Wertigkeit → hoch
Feld i1 z.B. Büromaterial Priorität: Effizienz	**Feld i2** z.B. Betriebstoffe Priorität: Einstandspreis und Effizienz
Feld i3 z.B. Spezialausrüstung nicht betrachtet	**Feld i4** z.B. Fuhrpark Priorität: Einstandspreis

Abb. 21.6: Prioritäten bei indirektem Material

Erhöhung der Wettbewerbsdynamik initiiert werden. Dynamische Preisermittlungsmechanismen elektronischer Verhandlungsinstrumente (Reverse Auctions) können ein adäquates Mittel sein, um diese Zielsetzung zu erreichen. Die Anforderungen bezüglich effizienter Belieferungsprozesse können ebenfalls in der Leistungsbeschreibung berücksichtigt werden. Prozesskostensenkungen können beispielsweise durch das Konzept des Supplier Self-Service realisiert werden: Der Auftragnehmer übernimmt neben der Materialbereitstellung die Verantwortung für operative Prozesse, zum Beispiel Bestandskontrolle, Belieferung, Einlagerung und eventuell Qualitätsprüfung. Zahlungsprozesse können ebenfalls elektronisch durchgeführt werden (vgl. Eyholzer et al 2002, S. 228).

Beschaffungsvorgänge innerhalb des Feldes i4 sind geprägt durch – in zeitlicher Hinsicht – äußerst unregelmäßige Bedarfe. Entsprechend gering ist das Potenzial der Prozessautomatisierung beziehungsweise Prozesskostensenkungen. Der Einstandspreis hingegen bietet Raum für ergebniswirksame Einsparungen. Auch hier können durch Reverse Auctions Einsparungen erzielt werden. Der Fokus liegt hierbei auf den Anschaffungskosten und weniger als im Feld i2 auf Anforderungen bezüglich des Belieferungsprozesses. Dies führt bei standardisierten Gütern zu einer einfachen Leistungsbeschreibung und ebenfalls zu geringeren Anforderungen an den Lieferanten bezüglich zusätzlicher Serviceleistungen. Die Übersichtlichkeit der Bedarfsbeschreibung führt zu einer genauen Kalkulationsgrundlage für potenzielle Lieferanten, was letztlich zu einer erhöhten Wettbewerbsdynamik führen kann.

Im Feld i3 sind elektronische Beschaffungslösungen nur in begrenztem Ausmaß einsetzbar. Aufgrund der niedrigen Bestellhäufigkeit und Wertigkeit ist es in den meisten Fällen nicht zielführend, eine elektronische Beschaffungslösung zu implementieren.

Direkte Güter

Direkte Güter werden unmittelbar für den Herstellungsprozess benötigt und gehen in das Endprodukt ein. Lieferverzögerungen oder gar -ausfälle können weit reichende Folgen für die Fertigungsprozesse (zum Beispiel Fertigungsunterbrechungen) haben. Gleichzeitig handelt es sich bei direktem Material meist um regelmäßig auftretende, geplante Bedarfe. Demzufolge verliert das Merkmal »Bestellhäufigkeit« an Bedeutung, wohingegen der Gewährleistung der Versorgungssicherheit (vgl. dazu Kraljic 1977, S. 72ff.; Arnold 1997) entsprechend höhere Bedeutung beizumessen ist (vgl. Abbildung 21.7).

Das Feld d1 bietet aufgrund des geringen Umfangs der dort betrachteten Beschaffungsvolumen keine Ansatzpunkte für wesentliche Ergebnisverbesserungen durch Einstandspreissenkungen. Es herrscht ein hohes Versorgungsrisiko, wofür unter anderem folgende Gründe ausschlaggebend sein können:

- Fehlmengen bei diesen Gütergruppen führen zu Produktionsverzögerungen;
- aufgrund der hohen Spezifität ist kurzfristig kein Lieferantenwechsel möglich; neue Lieferanten benötigen eine gewisse Anlaufzeit, um spezifische Produktionsfaktoren bereitzustellen und genügend Prozess-Know-how zur Fertigung der Teile aufzubauen (zum Beispiel bei Bauteilen mit hohen Qualitätsanforderungen und geringen Toleranzen, sicherheitskritische Teile).

Ein Höchstmaß an Versorgungssicherheit kann für diese Gütergruppe letztlich nur durch eine ausreichende Bevorratung erreicht werden. Dadurch können etwaige Lieferausfälle zumindest so lange kompensiert werden, bis ein neuer Lieferant für die Teilefertigung qualifiziert wurde. Auch aus Kos-

	Feld d1 **Engpassmaterial** z.B. Spezialschrauben Priorität: Versorgungssicherheit Prozesskosten	Feld d2 **Strategisches Material** z.B. einbaufertige Systeme Priorität: Material- und Prozess- Qualität Innovationspotenziale Prozess-/Materialkosten
	Feld d3 **Standardmaterial** z.B. Standard-Drehteile Priorität: Prozesskosten	Feld d4 **Hebelmaterial** z.B. Rohstoffe Priorität: Einstandspreis

(Y-Achse: Versorgungsrisiko/strategische Bedeutung — gering bis hoch; X-Achse: Wertigkeit — gering bis hoch)

Abb. 21.7: Prioritäten bei direktem Material

tengründen erscheint diese Möglichkeit zieladäquat, da durch die geringe Wertigkeit der Güter nur vernachlässigbare Kapitalbindungskosten (und somit Lagerhaltungskosten) entstehen. Demzufolge bieten elektronische Beschaffungslösungen für diese Güterkategorie nur geringes Unterstützungspotenzial. Einen Ansatzpunkt stellt hier die bereits im Feld i2 beschriebene Supplier-Self-Service-Lösung dar. Hier ist jedoch zu bedenken, dass eine Auslagerung operativer Prozesse regelmäßig mit einem erhöhten Maß an Unsicherheit bezüglich auftretender Materialengpässe einhergeht.

Das Strategiefeld d2 zeichnet sich durch die höchste Komplexität bezüglich der dort auftretenden Entscheidungsprobleme aus. Betrachtet werden strategische Güter, die sich regelmäßig durch eine hohe Spezifität mit hoher Komplexität bezüglich der Spezifikationen und der Liefermodalitäten (Just in Time) auszeichnen. Es handelt sich oft um Module und Systeme, die wesentliche Bestandteile des Endproduktes darstellen. Deren qualitative Eigenschaften besitzen unmittelbaren Einfluss auf die Wahrnehmung der Gesamtproduktqualität des Endabnehmers. Bedingt durch die Transaktionskomplexität und die dadurch entstehenden Transaktionskosten kommt meist nur eine Single-Sourcing-Lösung in Betracht. Dabei bestehen gegenseitige Abhängigkeiten zwischen Abnehmer und Lieferant, beide Vertragsparteien investieren spezifisch in diese Austauschbeziehung.

Ansatzpunkte elektronischer Beschaffungslösungen sind in diesem Strategiefeld Prozessoptimierungen, die sowohl für den Abnehmer als auch für den Lieferanten zu Optimierungspotenzialen im Hinblick auf Prozessqualität und Prozesskosten führen. Durch E-Collaboration-Systeme werden Prozesse elektronisch abgebildet und überwacht. Zielsetzungen vertikaler Integration können somit effizient umgesetzt werden. Diese unternehmensübergreifende Form der Prozessoptimierung führt einerseits zu Kostensenkungen auf Abnehmer- und auf Lieferantenseite. Darüber hinaus lässt sich durch den Einsatz von E-Collaboration-Systemen der Informationsaustauschprozess strukturiert und effizient gestalten, was letztlich zu einer Erhöhung des kooperativen Innovationspotenzials und des Produktverbesserungsprozesses beitragen kann.

Das Feld d_3 beinhaltet die Materialgruppe, deren Beschaffung aufgrund des geringen Versorgungsrisikos als unkritisch bezeichnet werden kann. Das jeweilige Bestellvolumen bietet zunächst keine Ansatzpunkte zur Kosteneinsparung durch Einstandspreissenkungen. Lediglich über die Bündelung von Bedarfen könnte hier ein kritisches Bestellvolumen zur Durchführung von Reverse Auctions erreicht werden. Kostensenkungspotenziale durch Prozessoptimierungen können hier beispielsweise über Marktplätze realisiert werden.

Strategiefeld d_4 beinhaltet so genannte Hebelmaterialien, die sich durch ein hohes Maß an Standardisierung und durch ein geringes Versorgungsrisiko auszeichnen. Marktpotenziale müssen hier in vollem Umfang durch dynamische Preisfindungsmechanismen (Reverse Auctions, Börsen) realisiert werden.

Literatur

Arnold, U.: *Beschaffungsmanagement.* 2. Auflage, Stuttgart, 1997

Arnold, U.; Kärner, H.; Schnabel, M.: »Target oriented use of strategic sourcing tools: A critical analysis creating process awareness for electronic reverse auctions«, in: Calvi, R.; Merminod, N. (Hrsg.): *Proceedings of the 14th IPSERA Conference. Archamps,* 2005, S. 289–323

Eyholzer, K.; Kuhlmann, W.; Münger, T.: »Wirtschaftlichkeitsaspekte eines partnerschaftlichen Lieferantenmanagements«, in: *HMD 228, Praxis der Wirtschaftsinformatik,* o. Jg. 6 (2002), S. 66–76

Kärner, H.: »The Role of Electronic Marketplaces in Supply Chain Management – Developing a Reference Model for Situation Specific Selection«, in: IFPMM (Hrsg.): *IFPMM Summer School Publications,* Vol. 4, Budapest 2003

Kraljic, P.: »Neue Wege im Beschaffungsmarketing«, in: *ManagerMagazin,* 7. Jg. 11 (1977), S. 72–80

Nekolar, A.-P.: *e-Procurement. Euphorie und Realität.* Berlin et al. 2003

Rätz, D.: *Erfolgspotenzial elektronischer B2B-Marktplätze.* Lohmar/Köln 2003

Schwab, A.P.: *Elektronische Verhandlungen in der Beschaffung.* Lohmar/Köln 2003

Wannenwetsch, H. H.; Nicolai, S.: *E-Supply-Chain-Management.* 2. Auflage, Wiesbaden 2004

Williamson, O.E.: *Die ökonomischen Institutionen des Kapitalismus. Unternehmen, Märkte, Kooperationen.* Tübingen 1990

Wirtz, B.W.; Mathieu, A.: »B2B-Marktplätze – Erscheinungsformen und ökonomische Vorteile«, in: *WISU – Das Wirtschaftsstudium,* 30. Jg. 10 (2001), S. 1332–1344

22
Effiziente und harmonisierte Prozesse bei einem Mobilfunkunternehmen: das E-Procurement-Projekt
– Fallbeispiel Deutschland –

Axel Stumpf

Ausgangssituation: neue Strukturen für eine effiziente Organisation

Der Konzern und seine Mobilfunktochter erwarben mehrere Mobilfunkanbieter in Europa, den USA sowie weitere Minderheitsbeteiligungen in mehreren zentral- und osteuropäischen Ländern. Die europäischen Tochtergesellschaften und Joint Ventures agierten zunächst völlig unterschiedlich am Markt und damit einhergehend waren auch Strategie und Organisation verschieden. Die Einkaufsorganisationen waren zunächst selbstständig und wurden für größere Beschaffungsprojekte koordiniert.

Nach einer Anlaufphase veränderte sich die Strategie grundlegend. Im Zuge einer »One-Company«-Zielsetzung wurden die fünf europäischen Mehrheitsbeteiligungen Zug um Zug integriert. Sichtbares Zeichen dafür war ein gemeinsames Branding.

Kernbestandteil dieses Prozesses war von Anfang an der Bereich Einkauf. Stand am Anfang ein Lead-Buyer-Konzept, so finden wir gegenwärtig eine funktionale beziehungsweise Matrix-Organisation vor, die den Sourcing-Bereich zentral bis in alle Teilgesellschaften führt. Demgegenüber ist der Fulfilment-Bereich (Bestellabwicklung) für die jeweiligen Landesgesellschaften zentralisiert.

Die Herausforderung besteht derzeit darin, die neu gebildeten Strukturen so miteinander zu verbinden, dass eine leistungsfähige und hoch effiziente Organisation geschaffen wird. Die vielfältigen bestehenden Tools und Systeme sind so miteinander zu verknüpfen, dass eine durchgängige E-Procurement-Unterstützung möglich wird. Das Ziel ist es, von der Budgetierung bis zur Zahlung der Lieferantenrechnung einen durchgängig elektronischen Prozess zu schaffen.

Praxishandbuch innovative Beschaffung. Herausgegeben von Ulli Arnold und Gerhard Kasulke
Copyright © 2007 WILEY-VCH Verlag GmbH & Co. KGaA, Weinheim
ISBN: 978-3-527-50114-4

Schwachstellenanalyse: die Basis für Verbesserungen

Am Anfang des Prozesses stand eine Schwachstellenanalyse, die mit der Unterstützung einer im Beschaffungsbereich spezialisierten Beratungsfirma durchgeführt wurde. Die Untersuchung dauerte sechs Wochen und bezog alle wichtigen europäischen Gesellschaften ein.

Der Auftrag bestand darin, Verbesserungsmöglichkeiten am bestehenden Fulfilment-Prozess herauszuarbeiten. Dabei wurden mögliche Einflüsse vor- und nachgelagerter Teilprozesse wie Budgetierung, Wareneingang oder Rechnungsbearbeitung einbezogen. Damit sollte erreicht werden, dass mögliche »Roadblocker« für einen schnellen und effizienten Prozess erfasst und eliminiert werden können.

Nachfolgend werden die wichtigsten Ergebnisse der Analyse entlang des gesamten Prozesses im Einzelnen dargestellt.

Budgetierung

Eine Voraussetzung für einen durchgängigen Prozess ist der erste Schritt der Budgetierung. Sofern Maßnahmen für mehr als ein Unternehmen der Gruppe durchgeführt werden sollen, ist es wichtig, die Frage der Allokation zu klären.

Zur Steuerung der Sourcing-Aktivitäten fehlten klare Zuordnungen der Mitarbeiter zu Commodities/Kategorien, Projekten und Lieferanten. Für die zentrale Funktion bei der Mobilfunk-Holding sollte keine eigene Fulfilment-Einheit aufgebaut, sondern die Ressourcen der jeweiligen nationalen Gesellschaft genutzt werden.

Dabei wurde ein Problem deutlich, auf das man bei Projekten im Bereich E-Procurement regelmäßig stößt: Es gibt zwar ein funktionierendes Tool zur Erfassung und Verteilung von Rahmenverträgen – dieses ist aber nicht bedienerfreundlich. Konkret: Die Mitarbeiter wurden bei der Einführung geschult, haben aber das meiste wieder vergessen. Zudem ist die Integration technisch oft nicht vollständig geglückt, das heißt, es müssen Daten doppelt eingegeben werden oder Zugriffe sind nicht aus einem System heraus möglich.

Für alle Punkte ist es wichtig, die gewachsene Organisation zu überprüfen und sowohl Sourcing als auch Fulfilment stringent auszurichten. Ein Prinzip für die Budgetierung ist, dass Mittel dort verfügbar gemacht werden, wo die Kosten beziehungsweise die Investitionen anfallen. Anschließend müssen Prozesse neu definiert und Systeme angepasst werden.

Bedarfsanforderung und Requisition

In der Holding war es für viele neue Mitarbeiter beziehungsweise Mitarbeiter mit neuen Funktionen nicht möglich, sich im »Dschungel« der Einkaufskanäle zurechtzufinden. Die Komplexität rührte zu einem Teil daher, dass der Konzern bereits einige Bereiche in Shared Services zusammengeführt hatte, die alle eine eigene Portallösung zur Abwicklung ihrer Aufträge bereitstellen. Der Einkaufsbereich arbeitete mit einer selbst entwickelten Workflow-Lösung, genannt eBanf, sowie einer neu eingeführten Konzernlösung von SAP, dem Enterprise Buyer Professional (EBP). Daneben existierten Insellösungen für Teilbereiche, die noch mit Papierdokumenten arbeiteten. Eine klare selbsterklärende Struktur, in der der interne Kunde finden kann, wonach er sucht, fehlte.

Die Genehmigung der Bedarfsanforderung in einer internationalen Matrix-Organisation stellte eine weitere Herausforderung dar. Es musste nach einer einfachen Lösung gesucht werden, die nach einer Genehmigung die Beauftragung ermöglicht.

Wesentliche Aufgabe hier ist die einfache Hinführung des Mitarbeiters zum richtigen Bestellsystem. Das nächste Ziel war, einen einfachen internetbasierten Navigator zu schaffen. Für die Genehmigung mussten Prozesse entwickelt werden, die einerseits die lokale Durchführungsverantwortung berücksichtigten, ohne andererseits die Mitwirkung der international Verantwortlichen zu vernachlässigen.

Bestellung

Für die zuverlässige Bestellabwicklung war das größte Problem, dass die Bestellsysteme in jeder Organisation andere waren. Sofern die gleichen Systeme verwendet wurden, wie zum Beispiel SAP EBP, waren Release-Stände und Customizing unterschiedlich. Eine Verbindung zwischen den einzelnen Systemen war nicht vorhanden, so dass eine Übergabe in Zuständigkeiten anderer Gesellschaften nicht möglich war.

Nach Einführung einer einheitlichen Oberfläche muss an der Harmonisierung der Prozesse gearbeitet werden. Dies ist Grundlage für eine spätere Integration.

Wareneingang

Nach der Lieferung ist die Buchung des Wareneingangs grundsätzlich die Voraussetzung dafür, dass eine Rechnung bezahlt werden kann. Stimmen Bestellung, Wareneingang und Rechnung überein, wird die Zahlung ohne weitere Bearbeitung freigegeben. Der Anteil der so genannten 3-Way-Match-Vorgänge, bei denen alle Teilschritte auf Anhieb übereinstimmen, war sehr gering.

Zur Verbesserung des Prozesses wurde empfohlen, den Anforderern folgende Daten des Einkaufsprozesses transparent zu machen:

- Versand der Bestellung,
- durchschnittliche Zeit bis zum Eingang der Lieferung und
- Information zum Wareneingang.

Übergreifende Fragestellungen

Zentrales Thema ist die einheitliche Organisation der strategischen Beschaffungsfunktion und damit der Abgrenzung zur Bestellabwicklung. Dabei stehen zwei Optionen zur Wahl: eine variable Zuordnung der Mitarbeiter im Sinne einer Projektorganisation oder eine feste Zuordnung zu formalen Organisationseinheiten.

In Teilbereichen ist die Frage nach dem Genehmigungsprozess zu stellen. Dieser sollte einheitlich sein und Redundanzen vermeiden.

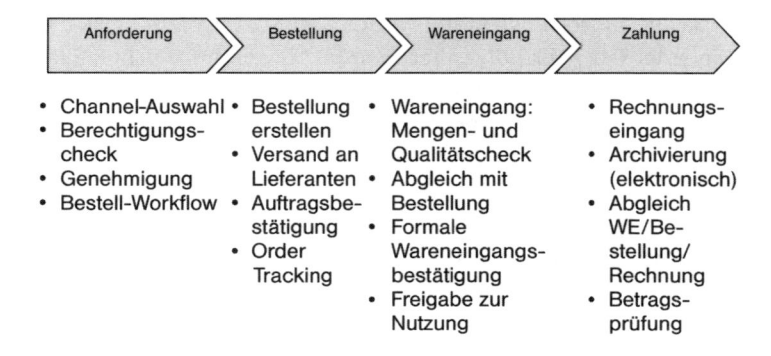

Anforderung	Bestellung	Wareneingang	Zahlung
• Channel-Auswahl • Berechtigungscheck • Genehmigung • Bestell-Workflow	• Bestellung erstellen • Versand an Lieferanten • Auftragsbestätigung • Order Tracking	• Wareneingang: Mengen- und Qualitätscheck • Abgleich mit Bestellung • Formale Wareneingangsbestätigung • Freigabe zur Nutzung	• Rechnungseingang • Archivierung (elektronisch) • Abgleich WE/Bestellung/Rechnung • Betragsprüfung

Abb. 22.1: Analysephase und ihre Ergebnisse

Handlungsfelder/Instrumente

Für die Effizienzsteigerung im transaktionalen Bereich sollten alle Möglichkeiten offen diskutiert werden, wie Shared Service, Business Process Outsourcing und/oder Offshoring.

Im Überblick können die Ergebnisse der Analysephase auch wie in Abbildung 21.1 zugeordnet werden.

IT-Plattform

Die eingesetzten IT-Systeme sind teilweise bereits harmonisiert, da alle Gesellschaften SAP als ERP-System von Anfang an einsetzten. Hier gibt es Unterschiede im Release-Stand und Customizing. Daneben sind verschiedene Systeme im Einsatz, die Lücken in der SAP-Landschaft füllen. Zum Teil werden in den verschiedenen Gesellschaften unterschiedliche Systeme eingesetzt.

Kurzfristig besteht die Zielsetzung, die bestehenden Systeme so zu harmonisieren, dass immer dort, wo der ERP-Hersteller keine eigene, integrierte Lösung anbieten kann, die gleichen Systeme für definierte Prozessschritte

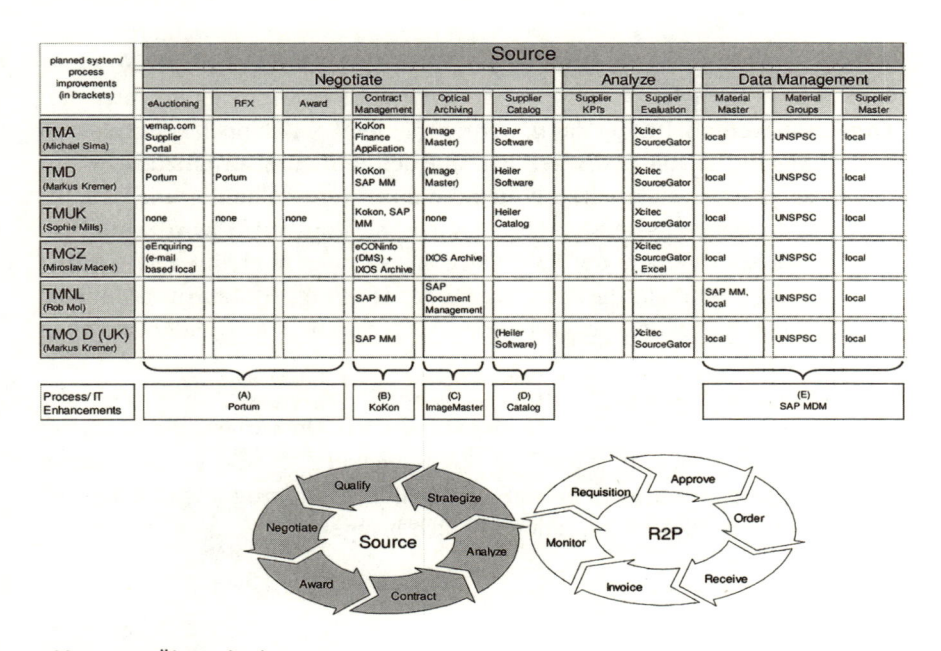

planned system/ process improvements (in brackets)	Source						Analyze		Data Management		
	Negotiate										
	eAuctioning	RFX	Award	Contract Management	Optical Archiving	Supplier Catalog	Supplier KPI's	Supplier Evaluation	Material Master	Material Groups	Supplier Master
TMA (Michael Sima)	vemap.com Supplier Portal			KoKon Finance Application	(Image Master)	Heiler Software		Xcitec SourceGator	local	UNSPSC	local
TMD (Markus Kremer)	Portum	Portum		KoKon SAP MM	(Image Master)	Heiler Software		Xcitec SourceGator	local	UNSPSC	local
TMUK (Sophie Mills)	none	none	none	Kokon, SAP MM	none	Heiler Catalog		Xcitec SourceGator	local	UNSPSC	local
TMCZ (Miroslav Macek)	eEnquiring (e-mail based local			eCONinfo (DMS) + IXOS Archive	IXOS Archive			Xcitec SourceGator, Excel	local	UNSPSC	local
TMNL (Rob Mol)				SAP MM	SAP Document Management				SAP MM, local	UNSPSC	local
TMO D (UK) (Markus Kremer)				SAP MM		(Heiler Software)		Xcitec SourceGator	local	UNSPSC	local
Process/IT Enhancements	(A) Portum			(B) KoKon	(C) ImageMaster	(D) Catalog	(E) SAP MDM				

Abb. 22.2a: Übersicht der Systeme

Request to Pay													
Order				Receive			Pay			Monitor			
Requisition	Approval	Order	Dispatch	Goods	Services	Notification	Optical Archiving	Invoice Clarification	Payment	KPI's	R2P Status	Reporting	Budget Control
EBP 3.0	EBP Workflow	SAP MM	eMail (office supply)	EBP SAP MM		/	FileNet	R/3, WF, Lotus Notes	SAP ERS FI-AP	PIP/BW	EBP	SAP IM / PIP SAP PS	R/3, PIP/BW
EBP 3.0	EBP Workflow	SAP MM	SAP Fax T-Mart	EBP SAP MM			Image Master	R/3	SAP FI-AP (T-Mart EDI)	PIP / Purch. Score Card / SEM	EBP	SAP IM / PIP	PIP
EBP 3.5 PurchCard, SAP MM	EBP/ SAP Workflow	SAP MM	Topcall	EBP, SAP MM	EBP, SAP MM	SAP GRN	FileNet	SAP MM, AP	SAP FI-AP	BW, SAP, PIP	EBP, SAP	SAP IM / PIP SAP PS	SAP, BW
eCONinfo (DMS)	eCONinfo (DMS)	SAP MM		SAP MM			IXOS Archive	eCONinfo (DMS)	SAP FI-AP	PIP / BW		SAP CO / PIP	PIP, SAP MM, eCONinfo
SAP MM	SAP MM	SAP MM	Fax	SAP MM	SAP MM	SAP MM	BasWare	BasWare	SAP FI-AP	BW / PIP	SAP FI	SAP IM / PIP	PIP / TM-PIP
eBanf (EBP)	eBanf Workflow	SAP MM	SAP Fax (T-Mart)	EBP SAP MM			Image Master	R/3	SAP FI-AP (T-Mart EDI)	PIP / BW	eBanf (EBP)	SAP IM / PIP	PIP
(F) EBP		(G) Shared P2P	(H) T-Mart + EDI	(I) GR improvements					(J) EDI	(K) KPI's in BW			(L) SAP IM/PS

Abb. 22.2b: Übersicht der Systeme

verwendet werden. Immer dann, wenn für einen Bereich noch keine elektronische Lösung existiert, ist vereinbart, die definierte Lösung einzusetzen.

Für den Bereich elektronische Ausschreibung und Auktionierung ist dafür ein konzernweites System vorgesehen, das Katalogsystem wird zentral gepflegt. Das Management der Rahmenverträge erfolgt über eine ERP-Lösung der verteilten Kontrakte, die Archivierung wird in einem System durchgeführt, das sich bereits millionenfach bei der Archivierung von Kundenverträgen bewährt hat.

Mittelfristig ist die Zielsetzung, nach Möglichkeit einheitliche und integrierte Lösungen vom ERP-Hersteller zu erhalten. Die vorgestellte Roadmap lässt hoffen, dass in absehbarer Zeit Lösungen vorliegen, die den derzeitigen Nischenanbietern hinsichtlich der Funktionalität ebenbürtig sind und darüber hinaus den Vorteil der Integration mit sich bringen.

Maßnahmenkatalog: kurz-, mittel- und langfristig wirkende Lösungen

Im Rahmen des Beratungsprojektes wurde aus der Schwachstellenanalyse ein High-Level-Maßnahmenplan erarbeitet, der kurz-, mittel- und langfristige Verbesserungsmaßnahmen beinhaltet und einen Großteil der Schwachstellen innerhalb von sechs Monaten beseitigen sollte. Die Maßnahmen betreffen alle Gesellschaften gleichermaßen. In diesem Beitrag wird aber nachfolgend nur auf die Umsetzung beim deutschen Mobilfunkbetreiber näher eingegangen.

Die Umsetzung wurde in fünf Arbeitsgruppen (so genannten Workstreams) organisiert, die mit Leitern aus verschiedenen Gesellschaften besetzt wurden. Die Themenbereiche wurden wie folgt zusammengefasst:

1. Regeln und Rollen in der Zusammenarbeit und IT-Infrastruktur,
2. Rahmenvertragsmanagement,
3. Channel Management unter besonderer Berücksichtigung der Katalogbestellungen,
4. Genehmigungs-, Prüfungs- und Zahlungsprozesse sowie Wareneingangsprozess,
5. Kennzahlen und Kundenerwartungen.

Eine weitere das Projekt unterstützende Maßnahme war die Umorganisation des Einkaufsbereichs in einen strategischen Einkauf (Sourcing) und einen operativen Einkauf (Procure-to-pay).

Neuorganisation und Ziele

Die Neuorganisation war eine wichtige Voraussetzung für die optimale Nutzung der E-Procurement-Systeme und -Prozesse.

Die Sourcing-Funktion wird international zentral geführt und steuert die strategischen Einkäufer der Landesgesellschaften. Dagegen sind die Landesgesellschaften für den Procure-to-pay-Teil verantwortlich. Für Deutschland sieht die Organisation wie in Abbildung 22.3 dargestellt aus.

Die nationalen Sourcing-Abteilungen finden sich auf der rechten Seite. Sie sind fachlich direkt der internationalen Organisation zugeordnet. Kernelement der Abwicklungsfunktion ist die Procure-to-pay-Abteilung, unterstützt durch den System-Support der Abteilung Business Services.

Im Zuge der Neuorganisation erhielt die neu gegründete Einheit P2P Ziele, die die rasche Weiterentwicklung der Funktion fördern sollen:

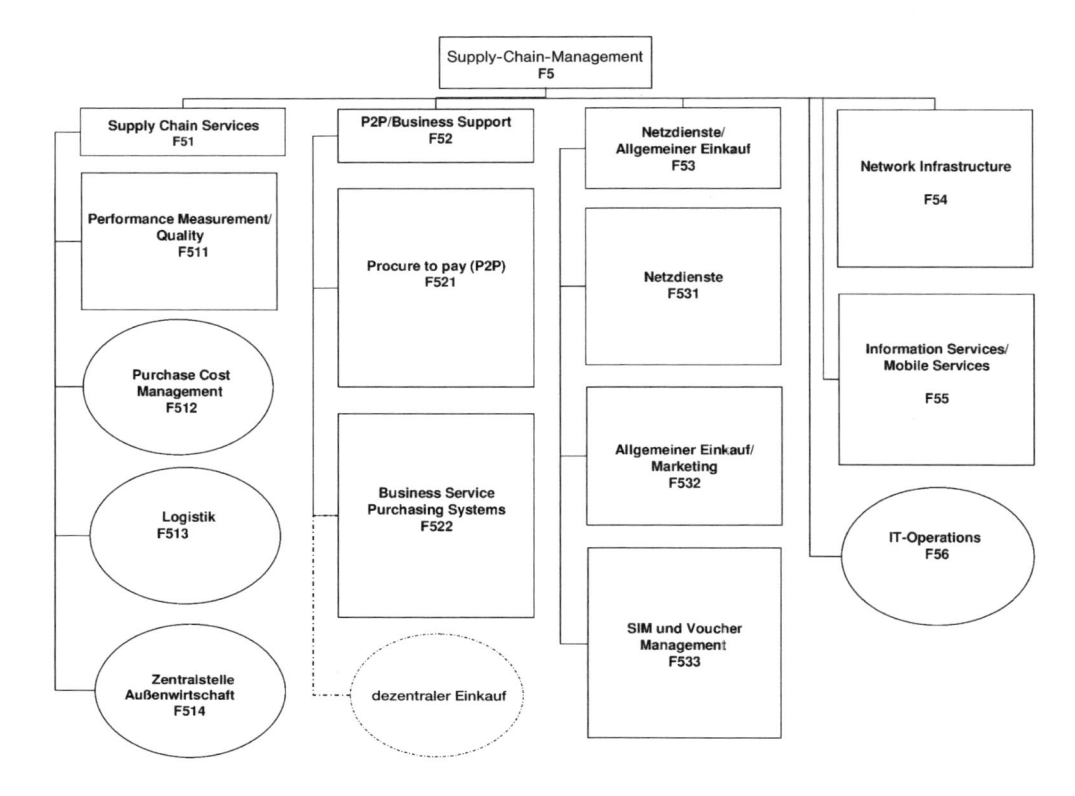

Abb. 22.3.: Neuorganisation des Supply-Chain-Managements

- mehr als 50 Prozent der Bestellungen über Kataloge oder Rahmenverträge,
- internationaler Zugang aller wichtigen Verträge und professionelles Rahmenvertrags-Lifecycle-Management,
- Bearbeitungszeit von der Anforderung zur Bestellung für Katalogbestellungen und Rahmenvertragsabrufe transparent, messbar und veröffentlicht und für mehr als 90 Prozent innerhalb von vier Tagen,
- Bestellstatus für alle wichtigen internen Kunden jederzeit abrufbar,
- Nutzung (interner) Best-Practice-Prozesse und entsprechende Harmonisierung derselben und
- Produktivitätsverbesserung um mehr als 40 Prozent bei den operativen Tätigkeiten.

Im Rahmen eines breit angelegten Change-Prozesses werden seit der Umorganisation nicht nur die Verantwortlichkeiten und Prozesse neu definiert, sondern auch die Mitarbeiter in ihren neuen Rollen und Zielen geschult. Eine zentrale Verantwortung kommt dabei den Führungskräften zu, die sich regelmäßig zu diesen Fragen untereinander austauschen und abstimmen.

Die nachfolgend dargestellten Maßnahmen dienen dazu, die Prozesse in der neuen Organisation zu optimieren und, wenn möglich und wirtschaftlich, international zu harmonisieren.

Regeln und Rollen in der Zusammenarbeit und der IT-Infrastruktur

In dem ersten Teilprojekt wurden Maßnahmen definiert, die die Prozesse zwischen dem internationalen Einkauf (International Sourcing) und dem nationalen Abwicklungsbereich (Procure-to-pay) effizienter gestalten sollten. Als Beispiel dient dazu die englische Organisation, in der bereits zwei Jahre zuvor die Funktionstrennung in strategischen Einkauf und Abwicklung vorgenommen wurde. Bis dato wurde dadurch die Effizienz um rund 30 Prozent gesteigert und alle Prozesse erheblich bescheunigt. In der Folge ergab sich für die Zahlungsabwicklung eine höhere Ausnutzung des Skontos, da die Quote der Vorgänge, die direkt durchgebucht werden konnte, auf über 80 Prozent gesteigert wurde.

In der deutschen Organisation erfolgte daher im Herbst 2004 die Funktionstrennung zwischen Einkauf und Bestellabwicklung. Die Zusammenlegung mit der Kreditorenbuchhaltung wurde zunächst zurückgestellt. Da beide Bereiche jedoch in einem Geschäftsführungsbereich eng zusammenarbeiten, ist die Effizienzsteigerung für P2P und Rechnungswesen dennoch möglich.

Zur Begleitung der Organisationsänderung wurde in Form einer RACI-Matrix entlang des Sourcing-/P2P-Prozesses die Zuordnung von Aufgaben eindeutig vorgenommen. RACI steht für die Klassifizierung der Verantwortung im Prozess:

- R = responsible
- A = accountable
- C = to be consulted
- I = to be informed

Der Schwerpunkt im Sourcing liegt bei Ausschreibung und Auktion, Management der Lieferantenbeziehung, Überwachung der Leistungserbringung, Verhandlung und Vertragsabschluss. P2P kümmert sich um die Bestellabwicklung bis zur Zahlung. Gemeinsam arbeiten beide an der schrittweisen Automatisierung des Einkaufs durch Steigerung der Rahmenvertrags- und Katalogquote.

Die RACI-Matrix wurde ergänzt um eine Tabelle, die Wertgrenzen für die Abwicklung von Bestellungen ohne Mitwirkung des Sourcing-Bereiches festlegt. Diese Wertgrenzen sind ein Instrument, um die Fokussierung des Einkaufs auf wertsteigernde Aktivitäten voranzutreiben, weil geringwertige und nichtstrategische Produkte und Dienstleistungen effizient abgewickelt werden können.

Ein weiterer Baustein zur präzisen Festlegung der Verantwortlichkeiten ist eine Dienstleistungsvereinbarung zwischen Sourcing und Procure-to-pay, in der die Aufgaben von P2P für das Sourcing beschrieben sind. Dazu gehören zum Beispiel Bestellabwicklung, Terminüberwachung, Vorbereitung von Abnahmeschreiben, Überwachung der Obligos, Rechnungsklärungen, Management von Zahlungsmethoden (zum Beispiel einer Procurement-Card-Lösung). Wie üblich sind aber nicht nur die Aufgaben als solche, sondern auch die notwendigen Voraussetzungen, insbesondere die Mitwirkungspflichten des Sourcing-Bereiches und die Bearbeitungszeiten (Lead Times), beschrieben.

Das Dokument sichert einen einheitlichen Prozess, der auch für Dritte nachvollziehbar und transparent ist, und stellt sicher, dass alle Regeln beachtet werden – bei gleichzeitig maximaler Prozesseffizienz.

Der letzte Bereich in diesem Teilprojekt befasst sich mit der IT-Infrastruktur. Wie oben ausgeführt, gab es Defizite insbesondere in den Teilprozessen elektronische Ausschreibung und Auktionen, Vertragsmanagement und Durchgängigkeit der Workflow-Systeme.

Das elektronische Tool zur Durchführung von Ausschreibungen und Auktionen wurde im letzten Jahr eingeführt. Aus unterschiedlichen Gründen wie Zeitdruck, mangelnder Fertigkeit im Umgang und Sorge der Mitarbeiter vor einer geänderten Rolle stieg die Nutzung nur langsam an. Um diese zu forcieren, wurde 2005 eine frühzeitige Jahresplanung aller möglichen Ausschreibungen aufgesetzt – verbunden mit der Benennung von Multiplikatoren, die ihre Kollegen schnell und effizient bei der Vorbereitung und Durchführung von Ausschreibungen und Auktionen unterstützen können. Zusätzlich werden mit den Führungskräften entsprechende Ziele vereinbart.

	Requisitioner	Sourcing	Procure 2 Pay
Demand			
Budget Planning	R/A	C	
Identification of demand (refer to Channel Selection)			
> pre-sourced [1]	R/A	C	
> new demand [2]	R/A	C	
Sourcing			
Initial cost/price information (Rfi)	C	R/A	
Transmission of Rfi to suppliers	I	R/A	
Validation of Rfi	C	R/A	
Target setting	C	R/A	
Compiling of RfQ			
> technical part	R/A	C	
> commercial part	C	R/A	
Transmission of RfQ to suppliers	I	R/A	
Validation of RfQ			
> technical part	R/A	C	
> commercial part	C	R/A	
Supplier short-list	R/A		
Negotiation	C	R/A	
Vendor selection	C	R/A	
Frame contract			
> initiation	R/A	C	
> preparation	C	R/A	
Establishment of pricebook		R/A	
Check and balance	C	R/A	
Contract Signature	I	R/A	I
Reporting of Savings in SRT			
> forecast		R/A	
> actual		R/A	C [3]
Implementation of contract into SAP systems (e.g. KoKon)	I	A	R
Market research	C	R/A	
Procurement strategy per commodity		R/A	
Baseline/Target setting		R/A	
Benchmarking		R/A	
Requisition			
Create Purchase Requisition	R/A	C [4]	
Business Authorization	R/A		
Reception of Requisition			R/A
Check for Sourcing need [5]			R/A
P2P Authorization Check			R/A
Sourcing Authorization Check [6]		R/A	
Order			
Creation of PO			R/A
Transmission of PO to supplier	I	I	R/A
Order confirmation			R/A
Order tracking	R/A	C	C
Escalation of significant deviation	I	C	R/A
Clarification of escalated incident	C	R/A	C
Customer Information regarding order status	I		R/A

Abb. 22.4.: RACI-Matrix

	Requisitioner	Sourcing	Procure 2 Pay
Receipt			
Goods receipt	R/A		
Quality/quantity check	R/A		
Match with PO?	R/A		C
Formal confirmation of receipt	R/A		
Release goods of usage	R/A		
Payment			
Reception of Invoice			R/A
Archiving			R/A
Match PO/Receive/Invoice			R/A
Verification Invoice amount			R/A
Miscellaneous			
Managing Supplier relation			
> Negotation/General issues		R/A	I
> Process		I	R/A
Definition of Vendor KPIs [7]	R/A	R/A	
Contract management		A	R
Catalogue Administration		A	R
[1]...Goes to Requisition			
[2]...Goes to Sourcing			
[3]...SAP figures only			
[4]...Channel Selection/Website			
[5]...Rules/Threshold see SLA			
[6]...I required (see SLA)			
[7]...Together with Performance Mgmt			

Abb. 22.4.: RACI-Matrix (Fortsetzung)

Rahmenvertragsmanagement

Für das Rahmenvertragsmanagement gibt es seit einigen Jahren eine ERP-basierte Plattform. Ziel ist es, alle Rahmenverträge im Konzern darüber zu steuern, um eine maximale Bündelung und Compliance (Ausschöpfung der Vereinbarungen) zu erreichen. Zur optimalen Nutzung des Systems war zunächst die technische Anbindung aller lokalen ERP-Systeme an das zentrale Kontraktsystem zu verifizieren und gegebenenfalls nachzuarbeiten. Die in großer Zahl vorhandenen lokalen Rahmenverträge werden derzeit schrittweise über ein Migrationsprojekt in das Zentralsystem überführt. Danach werden die Führungskräfte und Mitarbeiter verpflichtet, Rahmenverträge ausschließlich zentral anzulegen. Sobald dieses umgesetzt ist, werden die Commodity-Manager sämtliche Verträge überprüfen, um Überlappungen zu bereinigen und Vereinbarungen weiter zu bündeln.

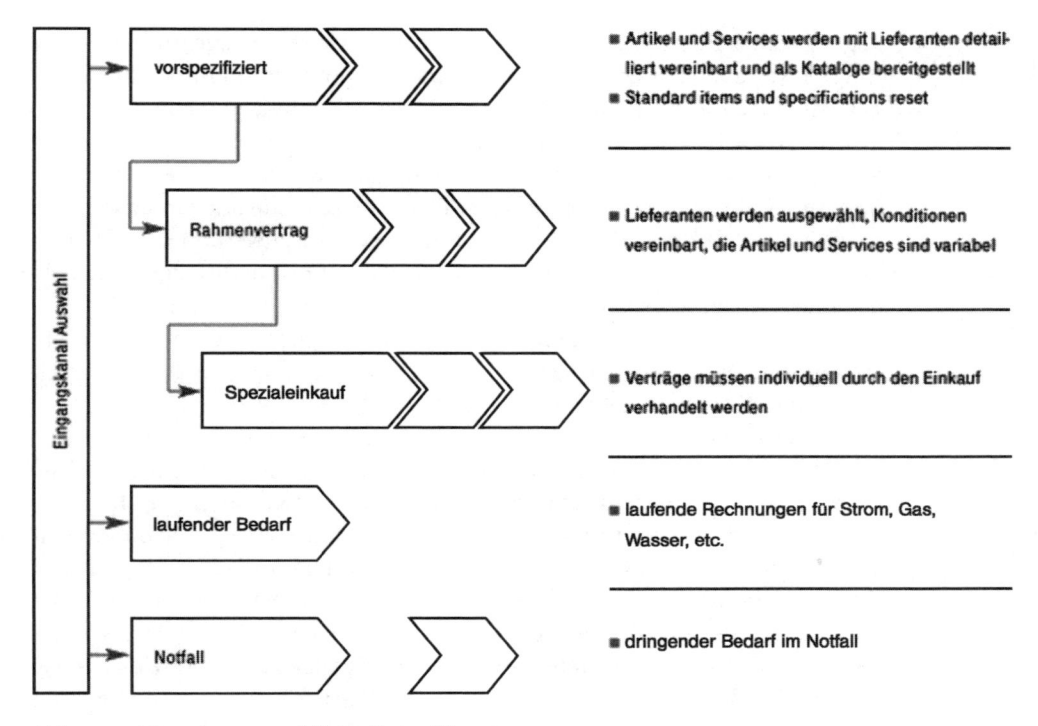

Abb. 22.5: Managementmodell der Einkaufskanäle

Channel-Management unter besonderer Berücksichtigung des Katalogmanagements

Ein zentraler Baustein der E-Procurement-Plattform ist das professionelle Management der Einkaufskanäle. Die in Abbildung 22.5 dargestellte Struktur wird dabei technisch abgebildet und unterstützt.

Das Modell sieht vor, dass zukünftig alle Beschaffungsvorgänge über einen einheitlichen Eingangskanal adressiert werden. Das Basissystem muss in der Lage sein, Kataloge und präferierte Lieferanten mit Rahmenverträgen einzubinden. Die Katalogabrufe werden schrittweise an ausgewählte Fachbereiche verlagert, so dass kein Mitarbeiter des Einkaufs in den Prozess eingreifen muss.

Die Abrufe aus Rahmenverträgen werden von spezialisierten Mitarbeitern im neu gegründeten Bereich Procure-to-pay abgewickelt. Aufgrund der Spezialisierung können diese Vorgänge »fabrikmäßig« schnell und effizient abgewickelt werden. Individuelle Themen wie Projektverträge und Werkleistungen werden nach wie vor zu den Experten vom Sourcing-Bereich weitergeleitet, die dann die passende Sourcing-Strategie anwenden können.

Da zurzeit Bestellprozesse noch in verschiedenen Systemen abgewickelt werden, wurde zur besseren Orientierung der Fachbereiche ein intranetbasiertes Tool entwickelt. Dieses ermöglicht eine schnelle und einfache Information, über welchen Kanal welches Produkt geordert werden kann. Hinzu kommen grundlegende Informationen über den Commodity-Bereich sowie geeignete Ansprechpartner, die bei Fragen weiterhelfen können.

In Zukunft wird daran gearbeitet, das Tool direkt mit den jeweiligen Bestellsystemen zu verbinden, so dass der interne Kunde für alle Vorgänge lediglich über einen Kanal geleitet wird.

Die Katalogabwicklung wird als Schlüssel zur weiteren Automatisierung des Bestell- und Zahlungsprozesses angesehen. Deshalb wurde dafür das Ziel gesetzt, bereits in diesem Jahr 50 Prozent aller Transaktionen über Kataloge oder Rahmenverträge abzuwickeln. Bis 2008 werden es dann rund 80 Prozent sein. Das bedeutet, dass nicht mehr nur geringwertige Artikel wie Büroartikel, Visitenkarten oder Möbel über Kataloge abgewickelt werden, sondern auch hochwertige Artikel wie Netzelemente, Rechner oder Services wie Softwareentwicklung und vieles andere mehr. Dazu wertet der Bereich Procure-to-pay regelmäßig die Commodities aus und vereinbart mit dem internationalen Sourcing-Bereich Ziele zur konkreten Anbindung von Katalogen und Rahmenvertragslieferanten.

Genehmigungs-, Prüfungs- und Zahlungsprozesse sowie Wareneingangsprozess

Für die effiziente Gestaltung der Genehmigungs-, Prüfungs- und Zahlungsprozesse wurden folgende Teilprozesse genauer betrachtet:

- von der Bedarfsanforderung bis zur Bestellung,
- Zusammenarbeit zwischen Fachbereich, Sourcing und Procure-to-pay und
- Zahlungsprozess unter besonderer Berücksichtigung des so genannten 3-Way-Match – das heißt, Bestellung, Wareneingang und Rechnung stimmen im ersten Anlauf überein. Die Zahlung kann effizient durchgeführt werden.

Der erste Teilprozess wurde in der Vergangenheit geprägt von mehrfachen Kontroll- und Freigabeschritten. Diese wurden in einem internationalen Diskussionsprozess zu einem einstufigen Budgetfreigabeverfahren umgestaltet. Liegt die Freigabe vor, kann die Bestellung angestoßen werden. Verbunden mit der stetig steigenden Quote an Katalogen und Rahmenverträgen, kann die Prüfung der Kontierungsinformationen standardisiert werden und im Einzelfall wegfallen.

Der zweite Teilprozess regelt die Abgrenzung zwischen Sourcing und Procure-to-pay. Kernelement ist die klare Abgrenzung der Aufgaben einerseits und die Dokumentation der Sourcing-Ergebnisse andererseits, damit die Bestellabwicklung reibungslos vonstatten gehen kann. Die Festlegung einer Wertgrenze für geringwertige Einzelbestellungen für Procure-to-pay ermöglicht es dem Sourcing, sich auf die werthaltigen, strategischen Einkaufsthemen zu konzentrieren.

Der Zahlungsprozess kann durch die stärkere Verzahnung zwischen Bestellabwicklung und Rechnungsprüfung profitieren. Rechnungsabweichungen, die zu einem erheblichen Nachbearbeitungsaufwand führen, können dadurch reduziert werden, dass Bestellungen aktuell gehalten werden und zum Zeitpunkt der Rechnungsstellung dem letzten Stand der Vereinbarungen entsprechen.

Kennzahlen und Kundenerwartungen

Die Steuerung des gesamten E-Procurement-Systems erfolgt durch Zielvereinbarungen und die Messung aller Teilprozesse und -leistungen. Für die Steuerung der Sourcing-Abteilungen handelt es sich um die klassischen Ziele, die bereits seit langem verfolgt und in einer Balanced Scorecard überwacht werden. Sie enthält Parameter wie Cost Savings, Zahl der eRfX und E-Auctions sowie regelmäßige Lieferantenbewertungen.

Neu ist eine Scorecard für den Bereich Procure-to-pay, die alle Kennzahlen aus der Dienstleistungsvereinbarung, Durchlaufzeiten, Effizienzgrößen und Obligoquoten enthält. Die Daten werden monatlich automatisch aus den Systemen gezogen und dem Management zur Verfügung gestellt. In mehreren Stufen werden diese Kennzahlen von allen Gesellschaften automatisch bereitgestellt.

Neben der Messung der eigenen Performance wird auch auf die Kundenerwartungen eingegangen. Wurde in der Vergangenheit der Einkaufsprozess oft als Black Box wahrgenommen, so werden die Fachbereiche in Zukunft aktiv über Abweichungen vom Standardprozess informiert. Bereits beim Eingang einer Anforderung wird klassifiziert, ob ein Rahmenvertrag existiert. Falls nicht, und die definierte Wertgrenze ist überschritten, handelt es sich um einen Sourcing-Fall, der nicht in den garantierten Lead Times abgehandelt werden kann. Der verantwortliche Mitarbeiter meldet sich beim Anforderer und legt die Vorgehensweise gemeinsam mit diesem fest. Daneben besteht systemseitig die Möglichkeit, sich über den Bearbeitungsstatus zu informieren.

Ausblick: die Zukunft des E-Procurement

Neben dem hier dargestellten Projekt, das sich auf die Professionalisierung der Procure-to-pay-Funktion konzentriert, wird in Zukunft insbesondere die Sourcing-Funktion von weiteren E-Procurement-Tools profitieren. Der Vorteil wird dann sein, dass die Vielzahl von Informationen, die ein strategischer Einkäufer für sein tägliches Geschäft benötigt, an einer Stelle gesammelt und einfach abgerufen werden kann. Dazu werden als Nächstes die bereits bestehenden Elemente für E-Sourcing und Lieferantenbewertung integriert.

Neue Elemente, wie ein integriertes Dokumenten- und Contract-Management, werden die vorhandenen Teillösungen für verteilte Kontrakte, ERP-Kontrakte und Archivierung integrieren und dahingehend ergänzen, dass Verträge vom Entstehungsprozess bis zum Ende aller gegenseitigen Verpflichtungen elektronisch verfügbar sind. Das Ganze wird dadurch vervollständigt, dass der Einkäufer in Kürze über ein so genanntes Mobile Buyer Cockpit (MBC) auf alle Systeme unter einer Oberfläche zugreifen kann. Single-sign-on ist nur ein Vorteil dieses Systems. Wir gehen heute davon aus, dass wir die vollständige elektronische Unterstützung im Jahr 2006 erreicht haben werden – und zwar nicht nur im Mobilfunk, sondern auch im gesamten Konzern.

23
E-Vergabe: Ausschreibungen durchgängig elektronisch

Hanns Vollath

Der Einkauf von Bauleistungen bei einem Dienstleistungsunternehmen

Die Festnetzsparte der ›Das Unternehmen Deutschland‹

Mit rund 41,2 Millionen Schmalbandanschlüssen – inklusive ISDN-Kanälen – und derzeit rund 8,5 Millionen Breitbandanschlüssen gehört Das Unternehmen Deutschland zu den größten Festnetzanbietern Europas. Es betreut Privat- und Geschäftskunden in Deutschland, Ungarn (über T-MT), Kroatien (über Hrvatske Telekomunikacije) und in der Slowakei (über Slovak Telecom). Das Unternehmen Deutschland beliefert außerdem Mobilfunk- und Internetanbieter sowie rund 200 Telekommunikationsunternehmen mit Festnetzprodukten und -diensten. Im Geschäftsjahr 2005 erzielte Das Unternehmen einen Umsatz von rund 26 Milliarden Euro.

Technische Grundlage aller Dienstleistungsaktivitäten sind hochmoderne Netze, darunter etwa 195 000 Kilometer Glasfaser und ein IP-Netz (Internet Protocol – IP), in dem pro Monat ein Datenvolumen von rund 30 000 Terabyte übertragen wird. Das Netz von Das Unternehmen Deutschland bildet damit eine der leistungsfähigsten Infrastrukturen auf Basis von Internettechnologie weltweit.

In Deutschland ist Das Unternehmen bundesweit vertreten. Die Flächenorganisation gliedert sich in acht Regionen, in denen jeweils eine Niederlassung für Privat- und Geschäftskunden, technische Infrastruktur und Kundendienst zuständig ist.

Praxishandbuch innovative Beschaffung. Herausgegeben von Ulli Arnold und Gerhard Kasulke
Copyright © 2007 WILEY-VCH Verlag GmbH & Co. KGaA, Weinheim
ISBN: 978-3-527-50114-4

Die Einkaufsorganisation

Der Einkauf von Das Unternehmen Deutschland gliedert sich in sechs Hauptbereiche:

- EK 1: Grundsätze Einkauf und Logistik
- EK 2: Logistikplanung
- EK 3: Einkauf, Netzinfrastruktur, Festnetz
- EK 4: Einkauf Kundenbedarf, IT, Netzkapazität
- EK 5: Allgemeine Waren und Dienstleistungen
- EK 6: Einkauf Tiefbauleistungen und Montage

Insgesamt sind im Einkauf mehr als 350 Mitarbeiter beschäftigt. Das Gesamteinkaufsvolumen betrug im Jahr 2005 mehr als 3,7 Milliarden Euro.

Zu den Kernaufgaben des Einkaufs gehört die konsequente Ausschöpfung von Kostensenkungspotenzialen im Rahmen der Bedarfsdeckung. Dazu werden Einkaufsverhandlungen intensiviert, nachgefragte Leistungen standardisiert, Beschaffungsvorhaben divisions- und beteiligungsübergreifend gebündelt und nicht zuletzt die Effizienz und Effektivität von Beschaffungsprozessen kontinuierlich gesteigert. Der Einkauf leistet damit einen nachhaltigen Beitrag zur Steigerung des Unternehmensergebnisses und zur Verbesserung der Wettbewerbsposition von Das Unternehmen Deutschland.

Der Einkauf von Bauleistungen: Struktur und Prozesse

Den Einkauf von Bauleistungen, insbesondere von Tiefbauleistungen, nehmen die operativen Einkaufsstellen der Regionen Nordwest, Mitte-Ost, West und Süd wahr. An den Standorten in Hannover, Dresden, Düsseldorf und Nürnberg sind insgesamt rund 115 Mitarbeiter im Einkauf von Bauleistungen tätig. Durchschnittlich werden im Jahr rund 6 500 Lieferanten in die Ausschreibungs- und Vergabeprozesse dieses Einkaufsbereichs eingebunden. Die Mitarbeiter im Einkauf von Bauleistungen sichten jährlich etwa 100 000 Angebote, schließen 2 900 Kontrakte, 15 000 Einzelverträge und nehmen bis zu 15 000 Vertragsänderungen vor.

Sehr hoch ist auch die Zahl der Bestellungen aus Kontrakten mit örtlichen Lieferanten: Sie beträgt rund 345 000 pro Jahr. Bei diesen Abrufbestellungen handelt es sich ungefähr zur Hälfte um Leistungsanforderungen im

Bereich Entstörung, also etwa um die Reparatur beschädigter Leitungen. Die andere Hälfte der Abrufbestellungen umfasst überwiegend Leistungsanforderungen im Bereich Neubau, wie die Verlegung und Montage von Erdkabeln in Neubaugebieten, sowie die Montage von Telekommunikationsanschlüssen.

Zudem sind für jede dieser mittels Abrufauftrag oder Einzelbestellung ausgeführten Leistungen rund 365 000 Leistungserfassungsblätter im SAP-System der Produktion zu erfassen.

Am Anfang des Einkaufprozesses für eine Bauleistung steht die genehmigte Bestellanforderung (BANF) aus einem der Produktionsbereiche wie dem Technischen Kundendienst. Handelt es sich hierbei um größere Investitionen wie Netzerweiterungen – also nicht um Abrufbestellungen aus bestehenden Rahmenkontrakten –, enthält die Bestellanforderung neben einem detaillierten Leistungsverzeichnis eine Leistungsbeschreibung sowie eine Investitionskostenabschätzung. Die Anforderung wird von den Einkäufern in eine Leistungsanfrage umgesetzt und im Ausschreibungsverfahren ausgewählten, qualifizierten Lieferanten zur Abgabe eines Angebots vorgelegt oder vorab öffentlich im E-Vergabe-Portal angeboten. Aufgrund eines Preisvergleichs und gegebenenfalls von Nachverhandlungen (zum Beispiel in Form einer elektronischen Auktion) mit den günstigsten Bietern wird der Auftrag vergeben. Bei Abrufbestellungen entfällt natürlich die Ausschreibung, hier sind die Bedingungen bereits über den entsprechenden Rahmenkontrakt geregelt. Nach Erledigung der Arbeiten erfolgt die Leistungserfassung ebenfalls im E-Vergabe-Portal durch den Auftragnehmer und die Abnahme dieser Leistungen durch den Auftraggeber. Auf dieser Grundlage wird der Einkaufsvorgang mit der Zahlung abgeschlossen.

Das Bestellvolumen einzelner Bereiche betrug im Geschäftsjahr 2005 zusammen 342 Millionen Euro. Das Unternehmen Deutschland gehört damit – im nichtstaatlichen Sektor – zu den größten Auftraggebern für Bau- und Montageleistungen und den damit verbundenen Dienstleistungen nach der Vergabe- und Vertragsordnung für Bauleistungen (VOB) in Deutschland. Im Vergleich zu anderen Einkaufsbereichen hat es der Bauleistungseinkauf mit einer sehr hohen Zahl an Bestellanforderungen, Ausschreibungen und Angeboten, Verträgen und Abrufen zu tun.

Die Anforderung

Das Ziel: Optimierung aufwändiger Prozesse

Das bislang praktizierte Verfahren für Ausschreibung und Vergabe von Bauaufträgen ist durch zeit- und kostenintensive manuelle Tätigkeiten gekennzeichnet. Allein das Drucken, Sortieren, Heften, Kuvertieren, Frankieren und Verschicken von Ausschreibungsunterlagen beansprucht viel Zeit und ist mit hohen Kosten verbunden.

Ebenso aufwändig ist die Erfassung der von den potenziellen Auftragnehmern eingereichten Angebotsunterlagen: Die Angebote sind auf ihre Vollständigkeit zu prüfen, die Schriftstücke sind zu sortieren und abzuheften, viele Preise und andere Angaben müssen für die Erstellung des Angebotsspiegels manuell in das Einkaufssystem (hier SAP R/3) eingepflegt werden. Dieses Verfahren verursacht nicht nur hohe Prozesskosten. Der Medienbruch bei der Erfassung der schriftlichen Unterlagen in die elektronischen Systeme ist außerdem mit dem Risiko von Eingabefehlern verbunden. Ihre Beseitigung und die Sicherstellung einer hohen Datenqualität durch entsprechende Prüfungen führen ebenfalls zu einem hohen Aufwand an Zeit und Kosten.

Eine gravierende Nebenfolge des bislang praktizierten Ausschreibungsverfahrens ist die starke Beanspruchung der Einkäufer durch Routinearbeiten. Dadurch fehlt vielfach die Zeit für strategische Aufgaben wie die Bieterrecherche und Lieferantenbewertung, aber auch für qualifizierte Nachverhandlungen. Optimierungen des Vergabeprozesses führen also nicht nur zu direkten Einsparungen – etwa bei den Portoausgaben –, sondern eröffnen auch erhebliche Effizienzpotenziale durch Steigerung der Personalproduktivität.

Durch die Implementierung der belegführenden Leistungserfassung im E-Vergabe-Portal direkt durch den Lieferanten können zudem erhebliche Prozessoptimierungen in der Produktion wie auch beim Lieferanten realisiert werden.

Einrichtung einer integrierten elektronischen Vergabeplattform

Das signifikante Effizienzpotenzial, das im konventionellen Vergabeprozess steckt, lässt sich durch Umstellung manueller Schritte auf elektronische Abläufe erschließen, die nahtlos in die vorhandene Systemumgebung integriert sind. Zur Realisierung der möglichen Prozessverbesserungen initiierten die

Einkäufer von Das Unternehmen Deutschland Anfang 2003 ein Projekt zur Einführung einer durchgängig elektronischen Bestellabwicklung im Baubereich. Der regionale Einkauf sollte in die Lage versetzt werden, mit Anbietern und Lieferanten alle Ausschreibungen, Angebote, Bestellungen, Kontrakte, Vertragsänderungen und nicht zuletzt auch die zahlreichen Kontraktabrufe auf Basis einer elektronischen Internetplattform durchgängig in Form digitaler Daten auszutauschen.

In der zweiten Phase sollte dann auch die Produktion mit ins Boot geholt werden, um die ebenfalls sehr personalintensive Leistungserfassung direkt im Portal durch den Lieferanten durchführen zu lassen.

Im Markt ist heute dafür eine Vielzahl von Ausschreibungs- und Vergabeplattformen verfügbar. Für die Einkaufsmanager von Das Unternehmen Deutschland kam allerdings nur eine Lösung in Frage, die sich vollständig in das SAP-R/3-System als führendes Einkaufssystem der Division integrieren ließ. Alle Eingaben und Abfragen der Einkäufer und der Produktionsmitarbeiter sollten – wie bisher – ausschließlich im SAP-System erfolgen und mittels der implementierten Nachrichtensteuerung beziehungsweise einer releasefähigen Schnittstelle an das Vergabesystem weitergegeben werden. Somit wird sichergestellt, dass durch zukünftige Releaseschübe im eigenen SAP-System keine Probleme entstehen.

Eine weitere Anforderung war die Bereitstellung der Leistungsverzeichnisse im so genannten GAEB-Format. Dabei handelt es sich um ein technisches Regelwerk, das vom Gemeinsamen Ausschuss Elektronik im Bauwesen ausgearbeitet wurde und ständig weiterentwickelt wird. Beachten alle Beteiligten diese Regeln, können sie beispielsweise bei der Erstellung von Angeboten Zeitersparnisse erzielen, Erfassungsfehler vermeiden und die Auswertung und Weitergabe der Informationen beschleunigen. Viele Vergabeplattformen basieren auf dem GAEB-Format, zahlreiche Bieter beziehungsweise Auftragnehmer bearbeiten in ihrer Bausoftware Leistungsverzeichnisse im GAEB-Standard. Allerdings bietet SAP keine Schnittstelle für das GAEB-Format. Die Lösung sollte daher auch die Konvertierung von SAP-Belegen wie Leistungsverzeichnissen in GAEB-Dateien und umgekehrt sicherstellen.

Anbindung der Lieferanten

Um möglichst viele Anbieter für die Teilnahme am elektronischen Vergabeverfahren zu gewinnen, sollten für die Anbindung an das Vergabeportal neben den Verbindungskosten keine Extrakosten anfallen. Das heißt: Der

Zugang zum Portal sollte für Anbieter über den vorhandenen Internetanschluss und einen üblichen Internetbrowser hinaus keinerlei technische Anforderungen stellen. Um auf Seiten der Anbieter und Auftragnehmer Kosten – etwa für die Anschaffung spezieller Lesegeräte für Signaturkarten – zu vermeiden, wurde auch auf die Einführung der digitalen Signatur verzichtet. Stattdessen wird die Geschäftsbeziehung im Registrierungsprozess in Form einer AVB E-Commerce auf eine entsprechende Basis gestellt.

Darüber hinaus sollte das Portal so einfach wie möglich, also ohne spezielle Schulung, zu nutzen sein. Die Portalnutzer sollten durch integrierte Prüfmechanismen bei der Vermeidung von Eingabefehlern unterstützt werden. Eine weitere Anforderung war die Multimandantenfähigkeit, da in Kürze eine Tochter des Unternehmens ihren Dienstleistungseinkauf ebenfalls über dieses Portal abwickeln möchte: Auf der Plattform sollten Angebots- und Vergabeprozesse verschiedener Auftraggeber sicher voneinander getrennt durchgeführt werden können.

Anforderungen an die elektronische Vergabeplattform:
- Verbesserung der Ablauforganisation,
- Kosteneinsparungen im Beschaffungsprozess,
- elektronische Vergabe von Dienstleistungen nach VOB,
- Vollintegration in vorhandene SAP-R/3-Systeme,
- GAEB-Kompatibilität,
- einfache Handhabung, höhere Transparenz der Prozesse,
- Anbindung von Anbietern und Auftragnehmern an die Plattform via Internet,
- keine Zusatzkosten für Anbieter und Auftragnehmer,
- Multimandantenfähigkeit.

Die Lösung

Die elektronische Angebots- und Vergabeplattform der einzelnen Bereiche des Unternehmens trägt den Namen »E-Vergabe«. Die Applikation wird im Wirkbetrieb auf Servern in einem Strategischen Rechenzentrum betrieben. Beim gesamten Datenaustausch dient das SAP-R/3-System des Einkaufs sowie der Produktion als führendes System. Sämtliche Prozesse werden in diesem System abgebildet, durchgeführt und archiviert.

Die Verbindung zwischen dem SAP-System und der E-Vergabe-Applikation wird per FTP (File Transfer Protocol) über eine SSH-Verbindung (Secure Shell) realisiert. Für diesen Datenaustausch hat PROMOS Consult im SAP-System eine OPSL-Schnittstelle (Open Promos Supply Link) eingerichtet. Die Dateien, die beispielsweise Bestellungen, Rahmenvertragsabrufe, Angebote und Erfassungsdaten enthalten, werden automatisch in periodischen Abständen von den SAP-Systemen in Verzeichnisse auf dem OPSL-Server als XML-Files (Extensible Markup Language) übertragen. Der OPSL-Server wiederum holt in periodischen Abständen Dateien vom E-Vergabe-System und legt diese in die entsprechenden Verzeichnisse ab.

Bieter und Auftragnehmer nutzen für die Kommunikation mit dem Vergabesystem ausschließlich die E-Vergabe-Anwendung. Sie haben also keinen Zugriff auf die SAP-Systeme des Einkaufs und der Produktion. Da Ava-Online eine eigene Datenhaltung benutzt und der Datenaustausch vom SAP-System initiiert wird, sind Auftragnehmer und Bieter vom SAP-System unabhängig. Einer der Vorteile: Die Plattform steht Nutzern so auch während der regelmäßigen Wartung der SAP-Systeme zur Verfügung. Die für die E-Vergabe-Plattform und die Anbindung an das SAP-System verwendete Software beruht zum größten Teil auf Linux und weiterer OpenSource-Software. Kosten für Lizenzen Dritter wurden so vermieden.

Stichwort Sicherheit: Das E-Vergabe-System ist in der Wirkumgebung der E-Procurement-Plattform eBEST platziert. Entscheidender Effekt: Dadurch ist eine konsistente und fortlaufende Nutzung der bereits eingerichteten »demilitarisierten Zone« sichergestellt. Ein zweistufiges Firewall-System sorgt dafür, dass sowohl die E-Vergabe-Applikation selbst als auch die SAP-Systeme wirksam vor unbefugten Zugriffen geschützt sind. Bieter und Lieferanten nutzen das Portal über verschlüsselte Verbindungen.

Technische Voraussetzungen zur Teilnahme am elektronischen Vergabeverfahren auf Bieterseite:
- PC mit Windows 98SE, WinNT4, WinME, Win2000K, WinXP,
- Internetzugang mit Modem, ISDN oder DSL,
- Internetbrowser Explorer ab Version 5.0, Netscape ab 7.0 oder Mozilla ab 1.1.

E-Vergabe in der Anwendung

Pilotbetrieb und Roll-out

Nach umfassenden Vorbereitungsarbeiten und verschiedenen Teststellungen begann im November 2003 in den Unternehmensregionen Süd (Bayern) und Ost (Potsdam, Berlin und Umland) der Pilotbetrieb der Ausschreibungsplattform E-Vergabe. Dabei wurde die Lösung unter Wirkbetriebsbedingungen technisch getestet und vor allem den Bedürfnissen der Lieferanten und Einkäufer angepasst. Alle notwendigen Änderungen wurden umgehend eingebaut, geprüft, abgenommen und freigegeben. Die Zahl der beteiligten Einkäufer wurde dabei von zunächst fünf stetig auf etwa zwei Dutzend erhöht. Der Kreis der einbezogenen Baufirmen wurde auf 150, später auf knapp 300 Unternehmen begrenzt. Bis zum Abschluss der Pilotphase Ende Mai 2004 konnten rund 10 000 Angebote, Bestellungen und Abrufe über das Portal abgewickelt werden.

Die Pilotphase diente vor allem dazu, Erfahrungen mit dem System, der Fehlerkorrektur und der weiteren Verbesserung der Funktionen zu sammeln.

Zum Beispiel wurde als Reaktion auf Nutzerwünsche eine Reihe von Statusmeldungen im SAP-System implementiert. Diese Statusmeldungen zeigen dem Einkäufer einfach und übersichtlich direkt im Beleg, welche Verfahrensschritte schon erledigt sind, welche noch anstehen und wo eventuell Fehler aufgetreten sind. So werden die Übertragungs- und GAEB-Fehler, die Angebotssichtung und die Teilnahme am Wettbewerb, aber auch die Ablehnung und die Auftragsbestätigung als Status angezeigt und mit dem Beleg archiviert.

Im Roll-out der Plattform E-Vergabe vom Juni bis August 2004 werden die verbleibenden Einkaufsstandorte nahezu gleichzeitig an das System angebunden. Eine besondere Schulung der 115 beteiligten Einkäufer ist dabei nicht erforderlich: Da sie weiterhin in der gewohnten SAP-Umgebung arbeiten, genügt eine kurze Einweisung durch das Projektteam vor Ort. Auf Seiten der Bieter wurden im ersten Schritt die im Umsatz mit Das Unternehmen Deutschland führenden Lieferanten zur Teilnahme an Online-Ausschreibungen aufgefordert.

Leistungen, die der Einkaufsbereich außerhalb des Wettbewerbs tätigt, werden ebenfalls über E-Vergabe abgewickelt. Hierbei handelt es sich um die Bestellung von Bauleistungen ohne Ausschreibung. Ein Beispiel dafür ist die Beauftragung eines Tiefbauunternehmens, das in einem Neubaugebiet für den Straßenbau zuständig ist, mit der gleichzeitigen Verlegung von Telekommunikationsleitungen für Das Unternehmen Deutschland.

Ab Oktober 2005 wird ebenfalls die elektronische Leistungserfassung als Pilotbetrieb mit rund 300 Lieferanten realisiert. Dies ermöglicht jetzt einen vollständigen papierlosen Belegfluss in den SAP-Systemen.

Grundfunktionen für Einkäufer

Das E-Vergabe-System ist so angelegt, dass Einkäufer Angebotsaufforderungen, Ausschreibungsunterlagen und Aufträge wie bisher in ihrem SAP-System erstellen. Dadurch ist die Korrespondenz der Ausschreibungs- und Bestelldaten im Einkaufssystem und der entsprechenden Informationen im Portal sichergestellt.

Der Unterschied zum bisherigen Verfahren: Am Ende der Erstellung einer Angebotsanfrage steht, vereinfacht gesagt, nicht der Versand von Papieren, stattdessen werden per Tastendruck Daten an das Vergabeportal übertragen.

Zur Auswahl potenzieller Lieferanten und Bieter kann der Einkäufer seine Ausschreibung vorab im öffentlichen Bereich von E-Vergabe direkt aus dem SAP-System einstellen. Die Bieter können dann ihr Interesse direkt im Portal anzeigen. Dem Einkäufer wird nach Beendigung der Anzeigefrist automatisch eine Liste mit möglichen Bietern als E-Mail generiert.

Zur Durchführung einer elektronischen Ausschreibung hinterlegen die Einkäufer im Portal Leistungsbeschreibungen mit Leistungsverzeichnissen im GAEB-Format sowie Vertrags- und Zahlungsbedingungen und weitere Unterlagen. Standarddokumente wie Allgemeine Geschäftsbedingungen und Verpflichtungserklärungen können gegebenenfalls um Kurztexte ergänzt werden. Baupläne werden so abgelegt, dass sie sich ohne spezielle CAD-Programme öffnen und einsehen lassen. Die Anfragenummer und weitere Eckdaten wie die Gliederung des Auftrags in Lose werden automatisch in die Dateien auf der Plattform übernommen. Auch Rahmenkontrakte über Leistungen auf Anforderung sowie die einzelnen Abrufbestellungen werden vom Einkauf im Portal hinterlegt.

Die Leistungsbeschreibungen und -verzeichnisse, Pläne und andere Unterlagen werden im Portal allen für die jeweilige Ausschreibung ausgewählten möglichen Bietern bereitgestellt. Die potenziellen Lieferanten werden über das Vorliegen einer Angebotsanfrage automatisch vom Portal per E-Mail, optional über Fax oder SMS, benachrichtigt. So wird sichergestellt, dass die Anbieter schnell und zuverlässig über die neu vorliegende Ausschreibung informiert werden.

Grundfunktionen für Bieter

Grundsätzlich kann jeder potenzielle Bieter im öffentlichen Bereich von E-Vergabe nach publizierten Anfragen suchen. Um das Portal E-Vergabe allerdings aktiv nutzen zu können, müssen sich Lieferanten zunächst registrieren und dabei ihr Einverständnis mit den Allgemeinen Vertragsbedingungen für den elektronischen Geschäftsverkehr (AVB E-Commerce) erklären. Wird auf der E-Vergabe-Plattform eine Angebotsanfrage bereitgestellt, können die Lieferanten diese nicht nur online per Browser direkt im Portal bearbeiten, sondern wahlweise auch vom Server downloaden und offline ihre Einträge vornehmen. Dazu wird Portalnutzern eine Software zur Verfügung gestellt. Da die Leistungsverzeichnisse im GAEB-Format vorliegen, lassen sie sich problemlos zum Beispiel mit GAEB-kompatibler Kalkulationssoftware für die Erstellung von Angeboten weiterverarbeiten.

Die Angebotsanfragen sind natürlich nicht veränderbar, Bieter können sie jedoch mit Angeboten über zusätzliche Leistungen (etwa Nebenangebote für alternative Bauweisen) ergänzen. Auf allen Gliederungsebenen lassen sich Zu- und Abschläge zu Preisangaben absolut oder in Prozent eintragen. Erst nach kompletter Bearbeitung kann ein Bieter sein Angebot freigeben und über das Portal an den Einkauf übertragen.

Die Sichtung der Angebote, die Bildung eines Preisspiegels, gegebenenfalls die Steuerung von Nachverhandlungen und der Zuschlag erfolgen ausschließlich in der gewohnten SAP-Umgebung des Einkaufs. Verträge und Leistungsverzeichnisse werden aber nach dem Zuschlag für den jeweiligen Dienstleister im E-Vergabe-Portal bereitgestellt.

Nach ausgeführter Leistung oder Teilleistung kann der Lieferant diese direkt im Portal als Leistungserfassung zum Beleg eintragen und per Knopfdruck dem Auftraggeber zur Abnahme in seiner SAP-Produktionsumgebung vorlegen. Die Abnahme wird dem Lieferanten angezeigt, so dass dieser die Faktura anstoßen kann. In der Regel wird allerdings eine Gutschrift für die erbrachte Leistung generiert.

Die einschlägigen gesetzlichen Bestimmungen für elektronische Ausschreibungen wurden bei der Gestaltung der E-Vergabe-Funktionen durchgängig berücksichtigt. Damit ist auch bei Ausschreibungen per Internet die Einhaltung der Grundprinzipien des Vergaberechts wie Gleichberechtigung und Vertrauensschutz gewährleistet.

Der Nutzen

Mit der Entwicklung und Umsetzung des Projekts E-Vergabe ist es dem Einkauf von Das Unternehmen Deutschland und seinen Partnern gelungen, ein innovatives Internetportal bereitzustellen. E-Vergabe ist die erste – unter Nutzung des GAEB-Formats – in SAP R/3 voll integrierte Internetplattform für die vollständige Abwicklung von Bauaufträgen. Aufgrund der Tatsache, dass bereits heute die Bestellanforderungen seitens der Produktion und des Technischen Kundendienstes zu annähernd 100 Prozent elektronisch beim Einkauf eingehen, bildet E-Vergabe die Lösung auf dem Weg zum papierlosen Beschaffungsprozess. Damit eröffnet die Plattform erhebliche Einspar- und Nutzenpotenziale nicht nur im Einkauf, sondern auch in der Produktion und bei den Lieferanten, die im Folgenden aufgeführt werden.

Prozessoptimierungen im Einkauf

Bereits im Pilotbetrieb hat sich gezeigt, dass die Plattform E-Vergabe die mit ihr verknüpften Erwartungen erfüllt und die Effizienz in der Beschaffung von Bau- und Montageleistungen im Dienstleistungsunternehmen erheblich steigert. Drei der Hauptvorteile, die der Einkauf nach dem Roll-out praktisch vom Start weg realisiert hat, sind:

- Zeitgewinne durch den Wegfall manueller und aufwändiger Arbeitschritte rund um die Erstellung und Bearbeitung ausgedruckter Ausschreibungsunterlagen,
- Einsparung erheblicher Portokosten und
- Vermeidung von Fehlern, wie sie bei der manuellen Übertragung von Informationen in elektronische Datenverarbeitungssysteme immer wieder auftreten.

Durch die Verschlankung der Abläufe im Einkauf ergibt sich aufgrund fundierter Analysen der einzelnen Prozessschritte beim vollständigen Einsatz von E-Vergabe ein Einsparpotenzial von etwa 510 000 Euro pro Jahr. Weitere rund 300 000 Euro lassen sich pro Jahr bei den Kopier- und Versandkosten einsparen. Hinzu kommen mittelfristig Einspareffekte von rund 200 000 Euro pro Jahr bei der Archivierung von Ausschreibungs- und Vergabeunterlagen, da nun erstmals der gesamte Beschaffungsprozess im Einkaufsbeleg gesichert wird. Insgesamt summieren sich die durch E-Vergabe erzielten Ersparnisse im Bereich der Prozesskosten auf über 1 Million Euro jährlich.

Hierbei sind die erheblichen Prozessverbesserungen in der Produktion noch gar nicht berücksichtigt.

Es liegt auf der Hand, dass nur ein Teil der Prozessoptimierungen (vgl. »Überblick: Optimierungseffekte der Plattform E-Vergabe im Einkauf«) klar quantifizierbar ist. Welche Einsparungen sich etwa aus der Vermeidung von Übertragungsfehlern oder der Beschleunigung und Vereinfachung der Kommunikation mit Dienstleistern ergeben, lässt sich nur schwer abschätzen. Dass aber auch hier signifikante Vorteile erzielt werden, steht außer Frage.

Überblick: Optimierungseffekte der Plattform E-Vergabe im Einkauf
- effizientere Prozesse von der Angebotsanfrage bis zur Bestellung,
- deutliche Verringerung der Portokosten,
- mehr Zeit für Bieterrecherche und Lieferantenbewertung,
- Ausschluss von medienbruchbedingten Übertragungsfehlern,
- höhere Transparenz der Beschaffungswege,
- schnellere Bestellungen und Lieferungen,
- Vereinfachung und Beschleunigung des Vergabeverfahrens verringert für interne Kunden Anreize, den Einkauf zu umgehen,
- Leistungserfassung direkt im Einkaufsbeleg durch den Lieferanten,
- vereinfachte Kommunikation zwischen Einkauf und Dienstleistern durch höhere Kompatibilität der ausgetauschten Daten (GAEB-Format),
- geringere Missverständnisse und Rückfragen durch permanente Bereitstellung aktueller Vertragsbedingungen sowie
- einfache, elektronische Archivierung von Ausschreibungsergebnissen.

Schlüsselfaktor Preiswettbewerb

Der Einkauf und die Produktion von Das Unternehmen Deutschland werden mit E-Vergabe nicht nur von Prozessoptimierungen stark profitieren. Weitere, noch deutlichere Kostensenkungen werden aus einer Intensivierung des Preiswettbewerbs resultieren, wie sie allein die elektronische Durchführung von Ausschreibungen ermöglicht: Aufgrund der starken Prozessvereinfachungen können Einkäufer an elektronischen Ausschreibungen jeweils mehr Lieferanten beteiligen als am bisherigen manuellen Verfahren. Zudem ermöglicht die Anzeige von Ausschreibungen im öffentlichen Bereich der Plattform einen vorgeschalteten Bieterwettbewerb sowie größere Marktnähe. Denn: Mit wenigen Eingaben ins SAP-System lässt sich die Zahl der zur Abgabe eines Angebots eingeladenen Anbieter ohne Mehraufwand bei der Erstellung des Preisspiegels vervielfachen. Das Ergebnis: Die Anzahl der Angebote wächst und damit – nicht zuletzt aufgrund der Wettbewerbssituation im Baugewerbe – die Wahrscheinlichkeit von sehr günstigen Offerten für das jeweilige Projekt.

Die Spezialisten des Einkaufs von Das Unternehmen Deutschland gehen davon aus, dass sich die durch einen verstärkten Wettbewerb erzielten Preisvorteile auf mindestens (im Worst Case) 2 Prozent des Beschaffungsvolumens für ausgeschriebene Bauleistungen summieren. Da es sich dabei um knapp 80 Prozent des Gesamtvolumens handelt, geht es hier um ein Einsparvolumen von rund 5 Millionen Euro pro Jahr.

Gerade unter Berücksichtigung der Preisreduktionen durch erhöhten Wettbewerb erweist sich E-Vergabe für dieses Dienstleistungsunternehmen als eine überaus rentable Investition. Bei Projektkosten von insgesamt rund 1,5 Millionen Euro (kumuliert auf drei Jahre) wird der RoI nach derzeitigen vorsichtigen Berechnungen bereits weniger als zwölf Monate nach Start des Roll-outs erreicht.

Nutzen für den Auftraggeber

Neben dem durch den erhöhten Wettbewerb gewonnenen finanziellen Spielraum ergeben sich durch die Implementierung der elektronischen Leistungserfassung im E-Vergabe-Portal auch handfeste Prozessvorteile.

Lange hat auch die Produktion nach einer geeigneten Lösung zur Minimierung der manuellen Eingabetätigkeiten von Leistungserfassungsbelegen gesucht. Mit E-Vergabe steht nun eine Lösung zur Verfügung, die sich klar am Einkaufsbeleg und somit letztlich an der Bestellanforderung (BANF) des Auftraggebers orientiert. Der Mitarbeiter in der Produktion braucht nun lediglich die angezeigte Leistung des Lieferanten in seiner gewohnten SAP-Welt zu bestätigen (oder abzulehnen). Zeitaufwändige manuelle Eingaben sind nicht mehr erforderlich.

Nutzeffekte für Dienstleister

Eine wichtige Voraussetzung für einen nachhaltigen Erfolg von E-Vergabe ist die Bereitschaft der Bieter und Lieferanten, die von der Einkaufsabteilung bereitgestellte Internetplattform auch tatsächlich zu nutzen. Auch in diesem Punkt konnten die Einkäufer in Potsdam und Nürnberg schon im Pilotbetrieb positive Erfahrungen sammeln: Das Interesse der angesprochenen Lieferanten, über E-Vergabe Angebote zu erstellen und Bestellungen anzunehmen, war durchweg hoch, die Akzeptanz übertraf die Erwartungen.

Zu diesem Erfolg hat die kostenlose Bereitstellung der Plattform ebenso beigetragen wie die intuitive Bedienbarkeit der Portalfunktionen und Funktionen wie automatisierte Plausibilitätschecks. Sie stellen beispielsweise sicher, dass alle Pflichtfelder in Formularen komplett ausgefüllt werden. Bieter vermeiden so den Ausschluss aufgrund unvollständiger Unterlagen. Darüber hinaus profitieren auch sie von Einsparungen im Bereich Erstellung, Ausdruck, Versand und Archivierung von Angeboten und Bestellungen. Zusätzlich stehen über das E-Vergabe-Portal allen Nutzern die bisherigen und alle aktuellen Vertragsbedingungen zur ständigen Verfügung. Des Weiteren wird mit der zunehmenden Anzeige von Ausschreibungen im öffentlichen Bereich des Portals die Registrierungquote von Lieferanten des Unternehmens noch einmal steigen.

Vor diesem Hintergrund geht der Einkauf von Das Unternehmen davon aus, dass sich zügig eine wachsende Zahl von Lieferanten für die Anbindung an das E-Vergabe-Portal entscheiden wird. Klares Ziel ist es, die heutige Praxis paralleler Angebots- und Vergabeprozesse – konventionell und elektronisch – mittelfristig einzustellen.

Die Perspektive

Zusätzliche Effizienzgewinne bei Auftraggebern und Lieferanten können in der Abrechung und Rechnungsprüfung realisiert werden, etwa durch eine automatisierte Gegenüberstellung der Mengenermittlung aus dem Leistungsverzeichnis und der Aufmaßprüfung. Qualifizierte Daten hierzu stehen in den Systemen bereit.

Ein wichtiges Thema für Das Unternehmen Deutschland ist darüber hinaus die Bereitstellung der Lösung für Geschäftskunden. Denn: Die Anwendung eignet sich für alle Unternehmen und öffentlichen Auftraggeber mit eigenem SAP-System und größerem Ausschreibungsvolumen im Baubereich zur Optimierung der Ausschreibungs- und Vergabeprozesse. Sie können damit vergleichbare Effizienzgewinne erzielen wie der Einkauf dieses Unternehmens.

24
Solutions Sourcing – Erfolgsfaktoren einer Verlagerung von Geschäftsprozessen

Arndt Präuer

Strategische Restrukturierung industrieller Wertschöpfungsstrukturen

Wettbewerb, Kundenanforderungen und zunehmende technische Gleichwertigkeit verschärfen die Schwierigkeit für Unternehmen, alleine über Produktmerkmale Wettbewerbsvorteile zu erringen beziehungsweise zu verteidigen. Neben technischem Fortschritt setzen viele Unternehmen deshalb seit längerem auf den Faktor *Service* im Kampf um Kunden und Marktanteile. Sie erweitern ihr Leistungsspektrum, wobei die Services als produktbegleitende Dienstleistungen oder als eigenständige Angebote gestaltet werden (vgl. Homburg/Garbe 1999, S. 848). Industrieunternehmen vollziehen hierbei einen Wandel zum produzierenden Dienstleister (Backhaus 2003, S. 371).

Die zunehmende Komplexität der Leistungsprogramme erfordert die Anpassung beziehungsweise Weiterentwicklung der Wertschöpfungsstrukturen. Die Optionen eines Herstellers bei der Umsetzung der einzelnen Wertschöpfungsaufgaben sind die Eigenfertigung, die Kooperation oder der Fremdbezug (Make-cooperate-or-buy-Entscheidungen). Generische Anhaltspunkte für die Tauglichkeit der Alternativen können beispielsweise aus dem Transaktionskostenansatz und aus dem Kernkompetenzansatz abgeleitet werden. Ersterer zieht die Leistungsmerkmale (zum Beispiel Spezifität, Leistungsbreite) und Letzterer den erforderlichen Ressourcenkontext für die Beurteilung der Strukturformen heran (vgl. Beck 1998, S. 111ff.). Beide Ansätze ergänzen sich in den Schlussfolgerungen, dass alle hoch spezifischen strategischen Kernaktivitäten beziehungsweise Kernleistungen durch Hersteller selbst zu erbringen sind und alle anderen Aktivitäten je nach Komplexität der Leistungen wirtschaftlicher in kooperativer Zusammenarbeit mit Zulieferern oder einfachen Zulieferungen realisiert werden können.

Dies erklärt die von konjunkturellen Schwankungen unabhängige und weiterhin anhaltende *Reduzierung der Wertschöpfungstiefe* vieler Industrieunternehmen (vgl. Schönsleben et al. 2003, S. 736f.). Wertschöpfungstiefen von weniger als 30 Prozent sind in manchen Branchen (insbesondere in der Automobil- und der Elektronikindustrie) keine Seltenheit. Die Hersteller erreichen dies, indem sie Wertschöpfungspartner und Zulieferer quantitativ und qualitativ stärker an der gesamten Wertschöpfung beteiligen. Dies geht mittlerweile so weit, dass zunehmend die *Verantwortung für umfassende Geschäftsprozesse* langfristig an Zulieferer fremdvergeben wird und die Beschaffung von Leistungsergebnissen im Vordergrund steht. Damit derartig komplexe Geschäftsbeziehungen, die für den langfristigen Erfolg einer Unternehmung von großer Bedeutung sind, gesteuert und kontrolliert werden können, müssen adäquate Sourcing-Konzepte entwickelt und umgesetzt werden.

Solutions als Beschaffungsobjekte

Wandel der Beschaffungssituationen

Die steigenden Anforderungen an die Beschaffung lassen sich anhand des Wandels der Beschaffungssituationen für Unternehmen erklären, die sich vereinfacht in *zwei Phasen* darstellen lässt (vgl. Abbildung 24.1, ausführlich bei Präuer 2004, S. 79ff.). Im Rahmen der *ersten großen Etappe* wurde eine Reduzierung der Leistungstiefe erzielt, indem die Beschaffung von Einzelleistungen (Komponenten, Commodities, Dienstleistungen) zu weiten Teilen durch die Beschaffung von komplexeren, spezifischen *Komplettleistungen* (Baugruppen, Module, Systeme) abgelöst wurde (vgl. Wolters 1995). Diese werden vom Abnehmer im Rahmen der Herstellung in die eigenen Produkte eingebaut. Die Zulieferer übernehmen dabei neben der Fertigung zumeist auch das Engineering beziehungsweise die Konstruktion solcher Komplettleistungen. Entsprechend früh sind sie in der Entwicklungsphase neuer Produkte zu berücksichtigen.

In die *Leistungsbündel* wurden häufig darüber hinaus zahlreiche produktnahe Services integriert wie etwa Logistik, Qualitätssicherung, Instandhaltung, After Sales Services oder Entsorgung. Dies erfolgte mit dem Ziel, nicht nur die technische Leistungskompetenz von Anbietern zu nutzen, sondern auch die *Bereitstellungsprozesse* komplett an Zulieferer zu vergeben, um auf diese Weise möglichst alles aus einer Hand zu beziehen und gezielt Risiken zu verlagern. Typische Beispiele sind Investitionsgüter wie Anlagen kombiniert mit Projektierung, Installation, Wartung und Schulungen oder die Modul- und Systemzulieferung. Sie werden teilweise noch um logistische Services (zum Beispiel JIT) ergänzt, die nicht nur in der Automobilindustrie,

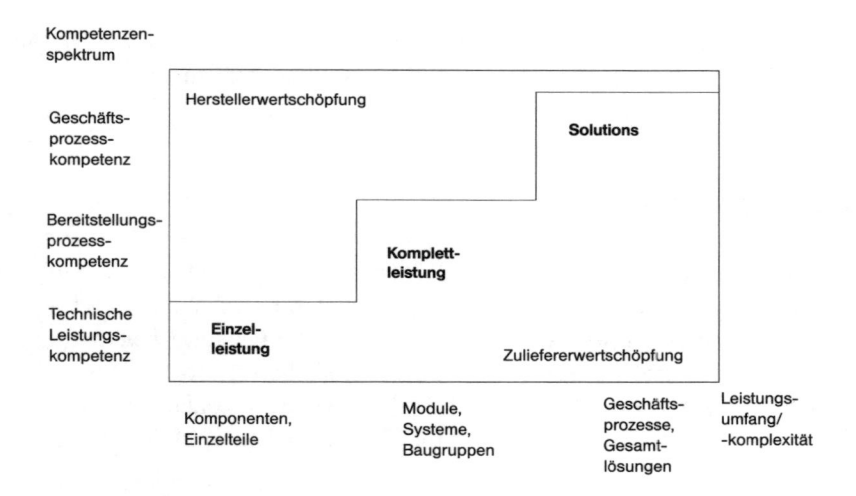

Abb. 24.1: Qualitative Wertschöpfungsaufteilung zwischen Hersteller und Zulieferer

sondern auch in weniger durch Serienfertigung geprägten Branchen wie in Teilen des Maschinen- und Anlagenbaus eine große Rolle spielen.

Die *zweite Etappe* steht für das strategische Sourcing von *Solutions*. Die Solutions stellen die weitestreichende Form eines Fremdbezugs mit der geringsten verbleibenden Wertschöpfung beim Hersteller dar. Bei Solutions handelt es sich um komplexe Beschaffungsobjekte, bestehend aus umfangreichen Kombinationen von Sach- und Dienstleistungen, die als Leistungskern die Übernahme (mitunternehmerischer) Prozessverantwortung von *(absatzmarktgerichteten) Geschäftsprozessen* teilweise bis zum Kunden eines Abnehmers umfassen. Die hohe Spezifität der Solutions ergibt sich aus dieser Prozessverantwortung, die in das individuelle Abnehmergeschäftssystem eingebettet werden muss. Der Wertschöpfungsbeitrag von Solutions-Providern lässt sich vom Abnehmer aufgrund der Komplexität zumeist nicht hinreichend detailliert in Pflichten- beziehungsweise Lastenheften spezifizieren (vgl. Reiß, M.; Präuer, A. 2001, S. 49). Dies erfordert vertrauenswürdige und zuverlässige Partner, die über ausreichend Kompetenzen zur strukturierten Erfassung der Aufgabenstellung und zur Entwicklung von adäquaten Lösungen verfügen. Sie sollten als »Experten« auch die Risiken (und Chancen) im Zuge solcher Problemlösungen mit tragen, da diese vom Abnehmer nicht immer vollständig beurteilt werden können. Damit alle Prozessaktivitäten übernommen werden können, müssen Solutions tendenziell eine hohe

Leistungsbreite aufweisen. Darunter fallen beispielsweise (End-)Montagen, Logistik, Billing, Fulfilling, Wartung, Updating, Hotline, Beratung und Kundenpflege.

Beispiele für Solutions

Durch die zunehmende Nachfrage von Unternehmen nach Möglichkeiten der Übertragung von Geschäftsprozessen auf Zulieferer wächst das *Angebot von Solutions*. Zulieferer sind vielfach gezwungen, ihr Leistungsspektrum qualitativ und quantitativ auszudehnen und sich als Solutions-Provider zu positionieren, wenn sie nicht Kunden dauerhaft verlieren wollen. Beispiele für Solutions finden sich mittlerweile in allen Branchen und Industriezweigen:

- Im Energiesektor errichten und betreiben Kraftwerksanlagenbauer nicht nur Kraftwerke, sondern liefern – falls gewünscht – die Energie im Auftrag und im Namen des Energiedienstleisters direkt an Endkunden.
- Wiederholt werden weitgehend alle Logistikaktivitäten eines Unternehmens von so genannten Third- oder Fourth-Party-Logistics-Providern übernommen. Hierzu zählt beispielsweise die Steuerung des Materialzulaufs (Beschaffungslogistik), der Lagerung, der Auftragsabwicklung (Produktionslogistik) und der Distribution (Absatzlogistik).
- In der Automobilindustrie übernehmen Modul- und Systemzulieferer über die Vormontage ihrer Produkte hinaus in etlichen Fällen auch deren Einbau und Endmontage in die Fahrzeuge des Herstellers. Dies geht so weit, dass Zulieferer eigenständig komplette Fahrzeuge produzieren (zum Beispiel Produktion und Montage von Porsche-Boxter- und Saab-Cabrio-Modellen bei der Metso-Tochter Valmet Automotive in Uusikaupunki/Finnland).
- Im Maschinen- und Anlagenbau geht es zunehmend weniger um den Verkauf von Anlagensystemen als vielmehr um den Verkauf der Herstellungsergebnisse solcher Anlagen. So geht es bei Lackieranlagenherstellern beispielsweise zunehmend nicht nur um den Verkauf kompletter Lackierwerke (inklusive der Gebäude und peripherer Anlagen), sondern um den Verkauf qualitativ den Anforderungen des Abnehmers gerechter »lackierter Produkte«, die der Anlagenbauer in eigener Regie herstellen soll (zum Beispiel die Firma Eisenmann für Ford in Köln). Dazu werden

vom Anlagenbauer über den Betrieb der Anlagen hinaus weitere Services erbracht, wie etwa das Tool-Management (Bestandsmanagement der Werkzeuge), das Materialmanagement (Bereitstellung der Betriebsstoffe wie Chemikalien ...) und die Vorfinanzierung (Abnehmer bezahlt Entgelte pro Stück).
- IT- oder Finanzdienstleister übernehmen Fakturierungsdienste mit Endkundenkontakt einschließlich der Einbindung und der Durchführung der Verbuchungen in den betrieblichen ERP-Systemen (zum Beispiel SAP) eines Abnehmers. Die Deutsche Bank AG und die Dresdner Bank AG beispielsweise übergeben die Abwicklung sämtlicher Zahlungstransaktionen an die Postbank, die auf diese Weise über sensible Daten des Kundenstamms der beiden Großbanken verfügt.
- Einkaufsdienstleister übernehmen zunehmend umfassende Beschaffungsprozesse für die Kunden, so hat beispielsweise die Deutsche Bank AG die weltweite Beschaffung von Waren und Dienstleistungen inklusive der Rechnungsabwicklung im Rahmen einer langfristigen Partnerschaft Accenture übertragen.

Solutions Sourcing

Konzept des Solutions Sourcing

Das Solutions Sourcing hat als *strategisches Sourcing-Konzept* die Aufgabe, eine Neudefinition der Arbeitsteilung zwischen Herstellern und Zulieferern vorzunehmen, um die erweiterten Möglichkeiten des Fremdbezugs von Solutions aus Sicht eines Abnehmers/Herstellers zu implementieren und zu betreiben (vgl. Präuer 2004, S. 139). Neben der Wahrung der Unternehmensinteressen in derartigen Solutions-Wertschöpfungssystemen muss die Wirtschaftlichkeit solcher Konstellationen nachhaltig gewährleistet werden. Dabei geht es für die Beschaffung weniger um die klassische Sicherstellung der Versorgung mit Produkten für die eigene Herstellung, sondern schwerpunktmäßig um die *Beschaffung von Leistungsergebnissen,* einer Abwicklung umfassender Geschäftsprozesse durch einen Zulieferer. Diese Geschäftsprozesse erstrecken sich über Teilprozesse, die sowohl beim Hersteller als auch beim Kunden ablaufen können. Die verbindlichen Eckpunkte für die Definition der Geschäftsprozesse, die im Rahmen eines Solutions Sourcing an Partner vergeben werden können, ergeben sich aus den Vorgaben der Unternehmensstrategien zur Definition der eigenen Kernkompetenzen. Entwicklungen in diese Richtung wurden in Teilaspekten etwa für industrielle Produktionsprozesse unter dem Stichwort »entmaterialisiertes Unternehmen« (vgl. Arnold 1999, S. 315f.), für Geschäftsprozesse im Zusammenhang mit IT-Anwendungen (zum Beispiel Lohn- und Gehaltsabrechnungen oder E-Procurement-Aktivitäten) in jüngster Zeit unter dem Stichwort Business Process Outsourcing (vgl. Riedl 2003 und Dittrich/Braun 2004) oder für Geschäftsprozesse in den Gemeinkostenbereichen von Unternehmen (zum Beispiel Finanz- und Rechnungswesen, Beschaffungsprozesse oder HR-Prozesse) unter dem Stichwort New Outsourcing (vgl. Scholtissek 2004) aufgegriffen.

Chancen und Risiken des Solutions Sourcing

In Verbindung mit der Konzentration auf die Kernkompetenzen und der Senkung der Transaktionskosten (zum Beispiel Verhandlungs- und Abschlusskosten) gibt es eine Vielzahl von Chancen eines Solutions Sourcing, die im Folgenden anhand von fünf Vorzügen einer engen Kooperation mit Wertschöpfungspartnern deutlich gemacht werden können (vgl. Kräkel 1999, S. 333ff.): Komplexitätsvorteile, Risikovorteile, Verbundvorteile, Größenvorteile und Informationsvorteile. *Komplexitätsvorteile* ergeben sich aus der Neuordnung der Arbeitsteilung, die durch die qualifizierte und weit reichende Einbindung der Solutions-Provider eine signifikante Reduzierung der Leistungstiefe von Herstellern erlaubt. *Risikovorteile* resultieren aus der Aufteilung des Investments in F&E und Produktionskapazitäten bei der Konzeption neuer Absatzmarktleistungen. Ein effizientes Risk-Sharing unterstützt aus Sicht des Abnehmers die Übernahme von Mitverantwortung des Solutions-Providers für Misserfolge und Verluste. *Verbundvorteile* beruhen auf der Verknüpfung der komplementären Kompetenzprofile, und *Größenvorteile* können aus der Zusammenlegung beziehungsweise gemeinsamen Nutzung von Ressourcen erklärt werden. *Informationsvorteile* schließlich können auf die enge Zusammenarbeit zurückgeführt werden, bei der laufend Informationen ausgetauscht werden und bei der eine große Transparenz Leistungszurückhaltung beziehungsweise unkooperatives Verhalten erschwert.

Aufgabe des Solutions Sourcing ist es, die *Risiken* einer derartigen Konstellation der Zusammenarbeit aus Sicht des Abnehmers möglichst gering zu halten. Drei Risiken werden exemplarisch kurz skizziert:

- Ein erstes großes Risiko liegt in der hohen *Abhängigkeit* von einem Solutions-Provider, da durch die vielen beziehungsspezifischen Investiti-

onen und die intensive Lieferanteneinbindung in die Wertschöpfung ein Lieferantenwechsel hohe Kosten verursacht.
- Ein zweites Risiko droht aus dem *Kompetenzverlust*, so verliert der Abnehmer in der Regel vorhandenes Know-how über die verlagerten Teile der Wertschöpfung, so dass ein späteres Insourcing einen hohen Ressourcenaufwand erfordert. Entscheidend ist, dass keine Kernkompetenzen im Rahmen des Solutions Sourcing verlagert werden und so die Existenz des verlagernden Unternehmens nicht gefährdet wird.
- Ein drittes Risiko liegt in permanent aufwändigen und formellen *Abstimmungsprozeduren* beziehungsweise Verhandlungen zwischen den Partnern, so dass es immer wieder zu erheblichen Abwicklungsverzögerungen kommen kann. Deshalb müssen die strategische Ausrichtung und die Managementprozesse der Partnerunternehmen miteinander abgestimmt werden.

Vorgehensweise im Solutions Sourcing

Phasenmodell des Solutions Sourcing

Zur Realisierung der Chancen und zur Verringerung der Risiken eines Solutions Sourcing ist eine systematische und transparente Vorgehensweise in Beschaffungsprojekten erforderlich. Der Ablauf eines Solutions-Sourcing-Projektes lässt sich in fünf Phasen untergliedern (vgl. Abbildung 24.2), die im Folgenden erläutert werden und die durch den Aufbau einer umfassenden Infrastruktur für Solutions-Wertschöpfungssysteme unterstützt werden müssen.

Ausgangspunkt für das Solutions Sourcing sind die Vorgaben aus der Unternehmensstrategie, in der die Marktpositionierung, die langfristige Investitionsplanung und die Kernaktivitäten festgelegt werden. Die *Unternehmensstrategie* liefert die Vorgaben für die Sourcing-Strategie zur Realisierung der Potenziale des Beschaffungsmarkts (vgl. Arnold 1982, S. 79f. und Eßig/Wagner 2003, S. 280f.). Im Rahmen von *Make-cooperate-or-buy-Entscheidungen* werden dann für die einzelnen Geschäftstätigkeiten strategische Entscheidungen getroffen, ob diese in Eigenfertigung, in Kooperation oder durch Fremdbezug bereitgestellt werden sollen. Die Beschaffung ist an diesen Entscheidungsprozessen zumeist maßgeblich beteiligt und trägt dazu insbesondere durch Informationen aus der Beschaffungsmarktforschung und dem Lieferantenmanagement bei. Nach *Festlegung der zu verlagernden Geschäftspro-*

```
┌─────────────────────────────────────────────┐
│  Festlegung der Unternehmensstrategie       │
│  und des Kernkompetenzenprofils             │
├─────────────────────────────────────────────┤
│  Make-cooperate-or-buy-Entscheidungen:      │
│  Festlegung der zu verlagernden Geschäfts-  │
│  prozesse                                   │
├─────────────────────────────────────────────┤
│  Auswahl eines Solutions-Providers          │
├─────────────────────────────────────────────┤
│  Verankerung des Solutions-Providers in der │
│  Lieferantenbasis                           │
├─────────────────────────────────────────────┤
│  Gestaltung und Koordination der Prozesse   │
│  der Zusammenarbeit                         │
├─────────────────────────────────────────────┤
│  Aufbau einer Infrastruktur für ein         │
│  erfolgreiches Solutions Sourcing           │
└─────────────────────────────────────────────┘
```

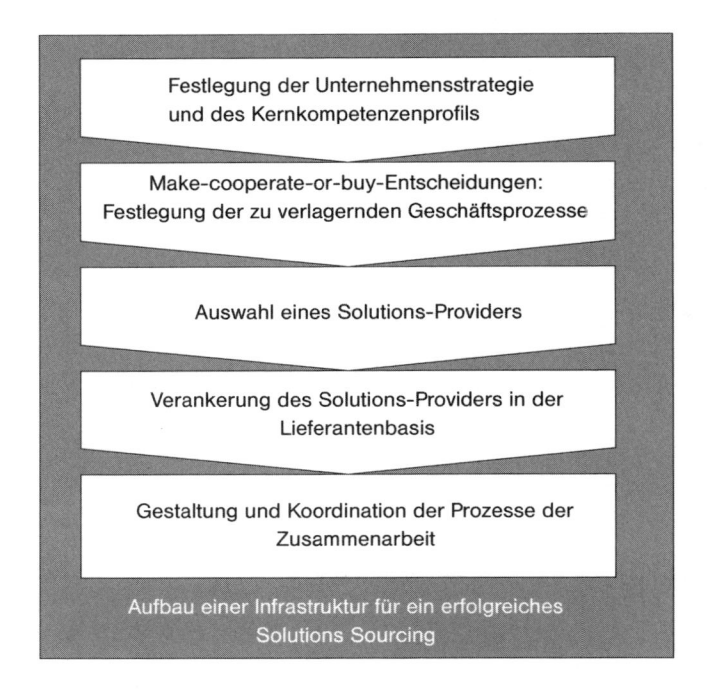

Abb. 24.2: Phasenmodell des Solutions Sourcing

zesse beginnt die Umsetzung unter Federführung der Beschaffung und der Einbeziehung der betroffenen Unternehmensbereiche, Experten und Controllingabteilungen. Dabei geht es zunächst um die Suche und *Auswahl* eines geeigneten Solutions-Providers (vgl. Abschnitt »Auswahl eines Solutions-Providers«). Dieser Partner muss in der Lieferantenbasis entsprechend verankert werden (vgl. Abschnitt »Organisatorische Verankerung der Solutions-Provider«). Daran schließt sich die Gestaltung und Koordination der Prozesse der *Zusammenarbeit* zur Optimierung der Schnittstelle zwischen Abnehmer und Solutions-Provider an (vgl. Abschnitt »Gestaltung und Koordination der Prozesse der Zusammenarbeit«). Ein erfolgreiches Solutions Sourcing benötigt als Rückgrat eine adäquate *Infrastruktur*, mit der die komplexen interorganisationalen Geschäftsbeziehungen einer umfassenden Geschäftsprozessverlagerung ergebnisorientiert gesteuert werden können (vgl. Abschnitt »Infrastruktur für das Solutions Sourcing«).

Auswahl eines Solutions-Providers

Die Partnersuche im Solutions Sourcing unterscheidet sich signifikant von traditionellen Beschaffungsvorgängen, bei denen im Rahmen einer Ausschreibung unter Vorgabe detaillierter Spezifikationen und eines Lastenheftes ein fachlich objektiver Leistungsvergleich der Angebote beziehungsweise Alternativlösungen relativ einfach ist. Aufgrund der Komplexität und der strategischen Perspektive einer Solutions-Vergabe ist es kaum möglich, exakte Vorgaben zu machen. Die Unternehmen beschränken sich meistens auf die *Vorgabe von Funktionalitäten* beziehungsweise die erforderlichen Leistungsergebnisse. Die Solutions-Provider bringen ihre Problemlösungskompetenz ein. Die Partnerselektion in Solutions-Wertschöpfungssystemen muss deshalb zwangsläufig zunehmend den Charakter eines Assessments bekommen, bei dem neben einem Status quo auch aufgabenbezogene strategische Potenziale eines Kandidaten verifiziert und evaluiert werden können. Darüber hinaus geht es um die Prüfung der Verlässlichkeit und Vertrauenswürdigkeit eines potenziellen strategischen Partners. Ein Auswahlverfahren wird in Abbildung 24.3 dargestellt und im Folgenden erläutert.

Eine Möglichkeit ist die Veranstaltung eines strukturierten *Konzeptwettbewerbs*. Darunter versteht man den konkurrierenden Vergleich geplanter Vorgehensweisen von Solutions-Providern zur eigenverantwortlichen Entwicklung und Herstellung von Solutions (vgl. Dreyer 2000, S. 141 und Wilken/Kracht 2003, S. 120). Der Konzeptwettbewerb lässt sich in einen Ideenwettbewerb und in einen Realisierungswettbewerb untergliedern (vgl. Wildemann 1998, S. 98f.). Der *Ideenwettbewerb* prüft alternative Konzepte von Solutions, die gerade bei innovativen Aufgabenstellungen sehr vage sein können. Beim *Realisierungswettbewerb* müssen hingegen bereits detailliert ausgearbeitete Unterlagen einschließlich verbindlicher Kosten- und Terminangaben (zumindest als Eckdaten) vorliegen. Beide Verfahren eröffnen neben der Chance, einen geeigneten Solutions-Provider zu finden, gleichzeitig die Möglichkeit, die Vorstellungen des Abnehmers von geeigneten Solutions weiter zu konkretisieren. Wichtig für international tätige Unternehmen/große Unternehmen ist dabei, dass möglichst alle World-best-Class-Anbieter im Kandidatenpool versammelt sind und so am Sourcing-Prozess teilnehmen.

Der *Ablauf* eines Konzeptwettbewerbs lässt sich in vier Schritten darstellen (vgl. Abbildung 24.3). In einem ersten Schritt müssen die Sourcing-Ziele festgelegt werden, das heißt die Anforderungen an die Solutions beziehungsweise die Solutions-Provider. Je eindeutiger diese Kriterien sind, desto objektiver kann die Auswahl erfolgen (desto geringer sind aber auch die Flexibilität

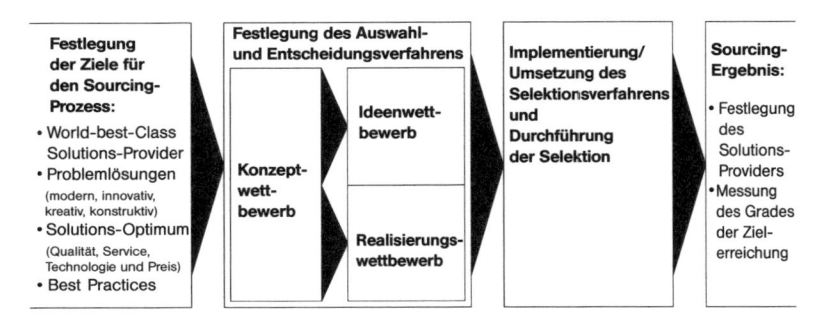

Abb. 24.3: Auswahlverfahren für Solutions-Provider im Solutions Sourcing

und die Zahl der potenziellen Partner). Der zweite Schritt beinhaltet die Festlegung der Form des Selektionsverfahrens und des Anbieterkreises, das heißt der potenziellen Solutions-Provider. Im dritten Schritt kommt es zur Implementierung/Umsetzung und Durchführung der im zweiten Schritt festgelegten Vorgehensweise. Diese Anstrengungen münden nach einer Auswertung der Resultate des Verfahrens in einen vierten Schritt, das Sourcing-Ergebnis. Das Sourcing-Ergebnis ist die Festlegung des Solutions-Providers. Ein solcher Wettbewerb dient einerseits der Evaluierung der Potenziale der Anbieter für die Bereitstellung von Solutions (dazu gehören zum Beispiel Kompetenzprofil, Kapazitäten, Preisvorstellungen, Qualitätsstandards und Innovationsvermögen) und andererseits der Auswahl geeigneter Solutions-Konzepte, um die in Abbildung 24.3 benannten Ziele zu erreichen.

Organisatorische Verankerung der Solutions-Provider

Die Veränderung der Lieferantenbasis insgesamt betrifft vor allem die organisatorische Verankerung der Solutions-Provider. Diese stehen in der hierarchisch organisierten Zulieferpyramide ganz oben mit direkter Schnittstelle zum Abnehmer/Hersteller. Er kann die Übernahme umfassender Teile der Wertschöpfung weitgehend in eigener Regie durch Aufbau eigener Ressourcen, durch Akquisition beziehungsweise Fusion oder in Zusammenarbeit mit Partnern organisieren. Aufgrund der hohen Anforderungen an die Wirtschaftlichkeit und Leistungsbreite ist analog zu den Herstellern mehrheitlich nicht von einem Alleingang eines Solutions-Providers auszugehen (vgl. Begründung in Abschnitt »Strategische Restrukturierung industrieller Wertschöpfungsstrukturen«). Er wird sich deshalb zumeist um eine enge und kooperative Zusammenarbeit mit seinen Vorlieferanten zur Bereitstellung von Solutions mit folgenden *Optionen* der organisatorischen Verankerung bemühen (vgl. Reiß 2000, S. 222):

- *Fokale Unternehmen* sind dominante Akteure (zum Beispiel ein großer Automobilzulieferer als First-Tier-Supplier von Automobilherstellern). Sie leisten selbst einen großen Leistungsbeitrag bei der Übernahme von Herstellungsprozessen und binden die anderen Partner und Sublieferanten in engen und koordinierten Geschäftsbeziehungen ein.
- *Generalunternehmer* übernehmen die Abwicklung komplexer überbetrieblicher Projekte und sind gegenüber dem Abnehmer alleine für die vertragsgemäße Ausführung verantwortlich. Generalunternehmer vergeben in eigenem Namen Unteraufträge an Sublieferanten.
- *Betreiber- und Managementgesellschaften* sind nicht nur komplette Projekteersteller, sondern zumindest temporär auch Projektträger, das heißt, sie sind für eine gewisse Laufzeit sowohl Betreiber als teilweise auch Eigentümer eines Projekts (Betreibermodelle, Performance Contracting).
- *Logistikdienstleister* entwickeln sich zu Kontraktlogistikpartnern, die zumeist mit Verbundpartnern umfassende Steuerungs- und Logistikprozesse übernehmen.
- *Broker/Makler* oder *Agenturen* bündeln und koordinieren Kompetenzen von Partnern zu Solutions-Angeboten und treten auf diese Weise als Vermittler von Leistungspotenzialen auf.
- *Business-Process-Outsourcing-Dienstleister* sind ihrer Herkunft nach insbesondere IT- und Beratungsunternehmen sowie Telekommunikationsdienstleister (vgl. Dittrich/Braun 2004, S. 18). Sie übernehmen mit Partnern vorwiegend kaufmännische Geschäftsprozesse.

Gestaltung und Koordination der Prozesse der Zusammenarbeit

Das Management der Geschäftsbeziehungen zwischen Abnehmern und Solutions-Providern muss die optimale Konstellation der Zusammenarbeit an den Schnittstellen sicherstellen. Als Schlüssellieferanten kommt den Solutions-Providern eine besondere Rolle bei der Generierung strategischer Wettbewerbsvorteile zu. Dazu sind die Austauschprozesse der voneinander abhängigen Wertschöpfungsaktivitäten zu strukturieren, die Prozesse einer

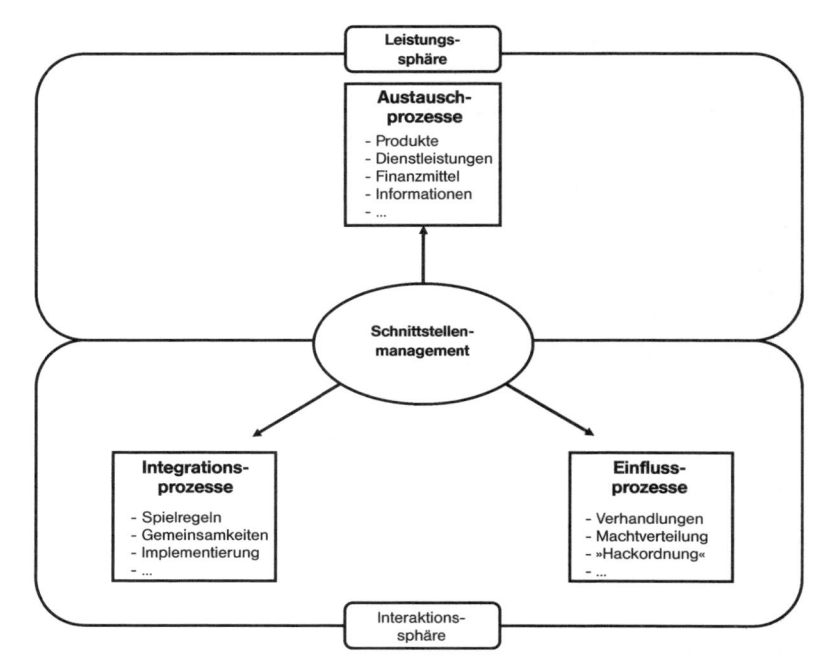

Abb. 24.4: Kernprozesse der Zusammenarbeit mit Solutions-Providern

zielorientierten Integration der Partner für die Schaffung langfristiger Gemeinsamkeiten zu ordnen und die Prozesse einer der Wertschöpfungsaufteilung angemessenen wechselseitigen Beeinflussung zu organisieren (vgl. Reiß 1998, S. 225f.). Es sind also von der strategischen Beschaffung schwerpunktmäßig drei Kategorien von Kernprozessen zu gestalten und zu steuern, nämlich die Austauschprozesse, die Integrationsprozesse und die Einflussprozesse (vgl. Abbildung 24.4, vgl. Reiß 1998, S. 226 und Präuer 2004, S. 166ff.).

Austauschprozesse

Die in der Leistungssphäre verorteten Austauschprozesse rücken zunächst die Wertschöpfungsaktivitäten in den Mittelpunkt. Sie bilden den *Leistungsaustausch* zwischen den Akteuren ab und repräsentieren die wirtschaftliche Dimension der Zusammenarbeit. Dabei geht es in erster Linie um die Implementierung einer weit reichenden Arbeitsteilung zwischen Hersteller und Solutions-Provider durch den Fremdbezug von Solutions. Die Beschaffung trägt durch die Offenlegung von Chancen und Risiken dazu bei, ideologische und strukturelle Fehler bei der Bildung von Entscheidungen zu vermeiden. Dies ist von besonderer Bedeutung, da gerade derartige Fehler, bedingt durch ihren strategischen Charakter, Auswirkung auf die langfristige Wettbewerbsfähigkeit einer Unternehmung haben und sich in der Regel nicht umgehend korrigieren lassen.

Die Gestaltung der Austauschprozesse findet im Solutions Sourcing durch die starke Einbeziehung der Solutions-Provider (Übertragung von Verantwortung für Geschäftsprozesse) statt. Die klassischen »Make-or-buy«-Alternativen spielen hierbei eine untergeordnete Rolle. Stattdessen müssen intensive Vernetzungen der Zusammenarbeit interner und externer Herstellungsfunktionen in den Austauschprozessen abgebildet werden, die ein gemeinsames »Sowohl-als-auch« aus Eigenfertigung und Fremdbezug (vgl. Abbildung 24.1), also eine *Cooperate-Variante* gemeinsamer Wertschöpfung ohne Reibungsverluste ermöglichen.

Im Rahmen der konkreten *Ausgestaltung der Austauschprozesse* muss eine Vielzahl von Parametern festgelegt werden, von denen einige exemplarisch genannt werden. Zunächst ist die Definition des Leistungsumfangs bei der Vergabe von Wertschöpfungsprozessen zu klären. Dies entscheidet über die Spezifität der Leistungen, die Häufigkeit und Intensität des Austausches sowie die Gefahren einer Versorgungsunsicherheit. Darauf folgt die Abklärung der notwendigen Intensität der organisatorischen Partnerschaft zwischen Abnehmer und Solutions-Provider innerhalb eines Spektrums aus engen Verflechtungen (zum Beispiel Kapitalbeteiligung und Joint Venture), Allianzen und relativ losen Verbindungen (einfache Rahmenverträge). Zu Abstimmungen bei Neuentwicklungen erfolgt in der Regel eine frühe Integration der Solutions-Provider in den Produktentstehungsprozess, beispielsweise über gemeinsame Simultaneous-Engineering-Teams. Im Rahmen der logistischen Anbindung müssen der Ort der Wertschöpfung des Solutions-Providers und das logistische Basiskonzept geprüft werden. Beim Ort der Wertschöpfung wird durch die intensive Einbindung des Solutions-Providers häufig eine räumliche Annäherung bevorzugt (Zulieferparkmodelle, »Shop-in-the-Shop«-Konzepte). Bei logistischen Konzepten werden insbesondere bei Serienfertigungen fertigungssynchrone Belieferungen etwa in Form des Just-in-Time realisiert. Für einen reibungslosen Austausch der Informationen müssen entsprechende Datenanbindungen des Solutions-Providers gewährleistet werden.

Integrationsprozesse

Bei der Integration stehen Gemeinsamkeiten zwischen den Wertschöpfungspartnern im Mittelpunkt. Die Integrationsanforderungen im Solutions Sourcing ergeben sich aus dem hohen Koordinationsbedarf der komplexen Austauschprozesse. Im Rahmen der Gestaltung von Integrationsprozessen werden die Spielregeln für den Austausch und die Interaktion definiert. Sie sollen alle Beteiligten aus Sicht des beschaffenden Unternehmens zu einem konformen und zielbewussten Handeln animieren. Bei den Solutions-Providern handelt es sich in der Regel um rechtlich autonome Unternehmen. Abnehmer und Solutions-Provider sind durch Leistungsbeziehungen verflochten und müssen strategische Gemeinsamkeiten aufbauen. Verteilungskämpfe, Zielkonflikte, abweichende Geschäftsauffassungen und unterschiedliche Managementsysteme müssen zusammengeführt werden. Dabei ist zu berücksichtigen, dass die Annahme von zumeist relativ strengen hierarchischen Strukturen in den Beziehungen, die sich auf einen Hersteller konzentrieren und die durch eindeutige Über-/Unterstellungsverhältnisse insbesondere aufgrund von Größenasymmetrien geprägt sind, den komplexen Verflechtungen im Solutions Sourcing zumeist nur unzureichend gerecht wird. Vielmehr ist von heterarchischen Beziehungen ohne einseitige Dominanz auszugehen (vgl. Reiß 2001, S. 140). Dafür gibt es mehrere Ursachen. Eine erste Ursache liegt in gegenläufigen Informationsasymmetrien. So hat ein Solutions-Provider beziehungsweise Zulieferer beispielsweise zumeist den besseren Durchblick hinsichtlich des von ihm eingebrachten Wertschöpfungsbeitrages (Geschäftsprozesse), wohingegen der Abnehmer beziehungsweise Hersteller zumeist den besseren Überblick über die übergeordneten Wertschöpfungszusammenhänge hat. Eine zweite Ursache findet man in der unterschiedlichen Know-how-Verteilung. Der Hersteller hat das Know-how für die Erstellung der Gesamtleistung, der Zulieferer verfügt über Detailwissen für seinen Leistungsbeitrag. Bei der Ausgestaltung der Integrationsprozesse ist deshalb besonders auf den partnerschaftlichen und verbindlichen Charakter zu achten.

Eine große Herausforderung für die Integrationsarbeit stellt zunächst die Implementierung dar. Es handelt sich insbesondere für die Beschaffung um eine häufig unterschätzte Aufgabe, weil die praktische Umsetzung der Beschaffungsentscheidungen vielfach den betroffenen Unternehmens-/Fachbereichen überlassen wird. Nachdem jedoch beim Solutions Sourcing die Zuständigkeiten in Wertschöpfungssystemen neu geregelt werden, müssen die Probleme einer Implementierung bereits in den Verhandlungen eine angemessene Rolle spielen, damit sie im Vorfeld adressiert und vorbereitet werden können. Bei Verlagerung von Geschäftsprozessen kommt es teilweise zur Übertragung von Personal eines Herstellers auf einen Zulieferer. Dazu müssen frühzeitig die Betriebsräte eingeschaltet und gegebenenfalls Übergangsregelungen (zum Beispiel Kündigungsschutz, Entgelte, Sozialleistungen) vereinbart werden. So lassen sich Gefahren eines Scheiterns verringern, wie beispielsweise die »Not-invented-here«-Haltung der Belegschaft eines Herstellers gegenüber einem Solutions-Provider.

Die Integrationsprozesse lassen sich anhand der Integrationsintensität, des Integrationsniveaus, der Integrationsreichweite und der Integrationsspezifität präzisieren (vgl. Reiß 2000, S. 231ff.). Die Integrationsintensität steht für das Ausmaß der Beeinflussung der Binnenstruktur eines Solutions-Anbieters. Häufig wird vom Abnehmer eine Tiefenintegration angestrebt, indem Partner durch die Umsetzung bestimmter Standards auf den Gebieten der Konstruktion (SE-Aktivitäten), Qualitätsmanagement (ISO 9000ff., QS 9000) und Logistik (JIT) zu internen Strukturanpassungen gezwungen werden. Insbesondere in der Automobilindustrie werden solche Prozesse schon seit langem unter besonderer Wahrnehmung der Öffentlichkeit vorangetrieben. Beim Solutions Sourcing sind die Beteiligten des Weiteren um ein hohes Integrationsniveau bemüht, das heißt um die Kompatibilität und Komplementarität der Produkte und Unternehmenssysteme als Basis für eine erfolgreiche und vertrauensvolle Zusammenarbeit. Die Integrationsreichweite umfasst in Solutions-Wertschöpfungssystemen alle vorgelagerten Wertschöpfungsstufen, wobei gerade die Hersteller durch die Delegation von Koordinationsverantwortung auf Solutions-Provider entlastet werden. Die Integrationsspezifität ist Ausdruck des Schwierigkeitsgrads einer Integration, die von der Komplexität des Marktangebotes, der Diversität der Partner und der Dynamik des Marktes getrieben wird.

Einflussprozesse

Einflussprozesse bewegen sich in einem Spannungsfeld zwischen Einflussnahme und Beeinflussung. Sie repräsentieren Machtprozesse, die das Kräfteverhältnis (Finanzmacht, Marktmacht, Expertenmacht, Informationsmacht) zwischen Hersteller und Solutions-Provider widerspiegeln, und finden ihren Ausdruck in Interaktionsprozessen. Aufgrund der erforderlichen Investitionen und der Intensität der Partnerschaft ist im Solutions Sourcing von keiner eindeutigen Über- und Unterordnung zwischen Abnehmer und Solutions-Provider auszugehen, sondern eher von einer »Schicksalsgemeinschaft« mit dem Zwang zur partnerschaftlichen Kooperation und zum Austragen von Konflikten in ausgeglichenen Verhandlungen. Grundsätzlich muss es hierbei das Bemühen der Beteiligten sein, opportunistisches Verhalten und einseitige

Vorteilnahme von »Trittbrettfahrern« auf Kosten der anderen durch transparente Koordinationsstrukturen zu verhindern.

Allerdings sind neben den bilateralen Einflussprozessen zwischen Hersteller und Solutions-Provider auch die vorgelagerten Wertschöpfungsstufen entsprechend des Supply-Chain- beziehungsweise Supply-Network-Gedankens zu berücksichtigen. Dies betrifft insbesondere die (trilateralen) Beziehungsverhältnisse zwischen einem Hersteller, einem Solutions-Provider und einem Vorlieferanten. Normalerweise besteht zwischen Hersteller und Vorlieferanten keine direkte Beziehung, sondern beide sind in Geschäftsbeziehungen mit dem Solutions-Provider eingebunden. Hierbei können Spannungen entstehen. In der Automobilindustrie besteht beispielsweise die Gefahr, dass der First-Tier-Supplier vom OEM und den Vorlieferanten »in die Zange genommen« wird. So hat die Analyse des Lieferantenmanagements eines weltweit tätigen First-Tier-Suppliers ergeben, dass ein Großteil der Vorlieferanten vom OEM vorgegeben wird, direkte Absprachen zwischen OEM und Vorlieferanten bestehen und die Informations- und Kommunikationsflüsse im Dreieck laufen (vgl. Boutellier/Girschik 2001, S. 19ff.).

Die Intensität der Machtentfaltung kategorisiert die Rolle der Einflussprozesse (Renz 1998, S. 288 und 143f.). Sie ist relativ gering, falls Machtprozesse unter Einhaltung bestehender Spielregeln und mit einem hohen Maß an Kooperationsbereitschaft ablaufen. Sie ist relativ groß, wenn Machtprozesse ohne Berücksichtigung der Interessen der Partner umgesetzt werden. Besonderes Augenmerk gilt den informellen Beeinflussungen, mit denen »Politik« gemacht wird.

Infrastruktur für das Solutions Sourcing

Zur Steuerung der komplexen und partnerschaftlichen Geschäftsbeziehungen mit Solutions-Providern reichen dem beschaffenden Unternehmen die klassischen Einkaufsinstrumente, das heißt vorwiegend auf Wettbewerb basierende Preisverhandlungen (inklusive der Zahlungsbedingungen), die Festlegung von Lieferdaten (Mengen und Termine) und die Aushandlung relativ einfacher Kaufverträge, nicht aus. Stattdessen muss eine Vielzahl unterschiedlicher Koordinationsmethoden und Koordinationsinstrumente beherrscht und angewandt werden, damit eine umfassende Steuerung der Zusammenarbeit gelingt. Die Konkretisierung der Infrastrukturen wird anhand eines Spektrums von insgesamt fünf Sektoren vorgenommen (vgl. Abbildung 24.5). Es handelt sich dabei um Controlling- und Planungsinstru-

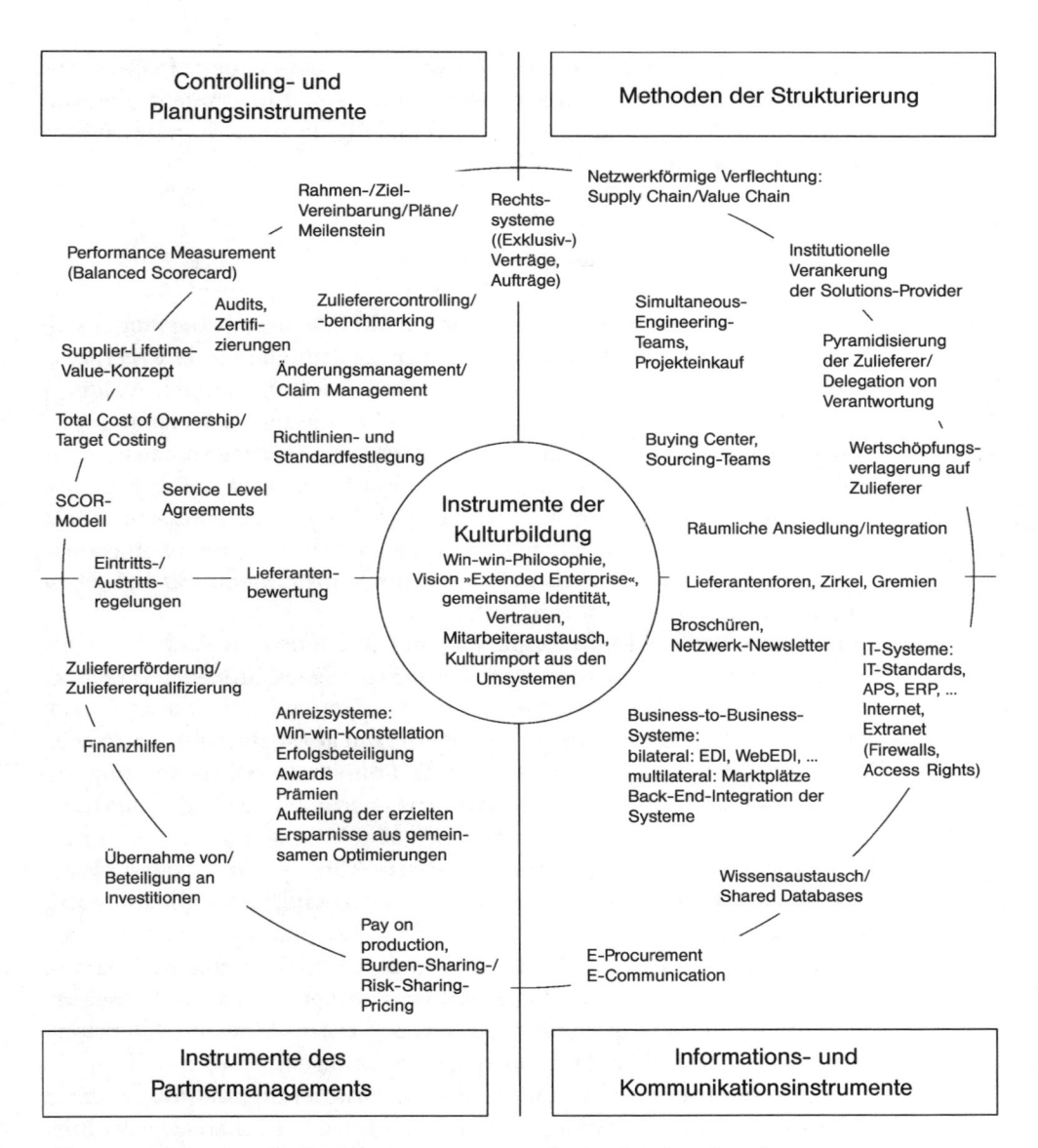

Abb. 24.5: Infrastruktur der Koordinationsinstrumente für das Solutions Sourcing

mente, Methoden der Strukturierung, Instrumente des Partnermanagements, Informations- und Kommunikationsinstrumente und Instrumente der Kulturbildung (vgl. Reiß/Präuer 2002a, S. 23 und Präuer 2004, S. 194ff.), die im Folgenden ausführlich vorgestellt werden.

Controlling- und Planungsinstrumente

Controlling- und Planungsinstrumente bilden die formale Integrationsbasis aus Richtlinien und Standards. Sie dienen der Definition eines Regelwerks beziehungsweise der Spielregeln einer engen Zusammenarbeit. Adäquate Konzepte gehen hierbei weit über die Vorgabe technischer Normen und Qualitätsstandards oder die Vereinbarung einfacher Kaufverträge hinaus. Insbesondere im Rahmen des »Beschaffungs- und Supply-Chain-Controllings« wurden zahlreiche Instrumente entwickelt (vgl. Eßig/Präuer 2004 und Arnold et al. 2005), die auch im Solutions Sourcing angewendet beziehungsweise weiterentwickelt werden können. Einige zentrale Instrumente aus Abbildung 24.5 werden im Folgenden aufgegriffen.

Ein erstes Beispiel ist die Einbindung der Solutions-Provider in einen gemeinsamen Steuerungsprozess des Performance Measurement. Dies trägt der großen Bedeutung dieser Partner für den Unternehmenserfolg des Abnehmers Rechnung. Performance Measurement geht damit über finanzielle Steuerungsgrößen hinaus und steht für die Definition und Abstimmung von Leistungskennzahlen verschiedener Dimensionen (zum Beispiel Kosten, Zeit, Qualität, Innovationsfähigkeit), mit denen sowohl Leistungstransparenz als auch Leistungsverbesserung durch effektivere Planungs- und Steuerungsabläufe erreicht werden sollen (vgl. Gleich 2002, S. 447f. und Erdmann 2003, S. 63f.). Das wohl bekannteste Performance-Measurement-Konzept ist die Balanced Scorecard. Die Einbindung kann durch Ausdehnung der Balanced Scorecard auf Solutions-Provider (zum Beispiel »External Balanced Scorecard« bei DaimlerChrysler, vgl. Rudnitzki 2002, S. 625) zur Messung, Bewertung und Kommunikation der Lieferantenleistung erfolgen.

Zur Quantifizierung des Nutzens und der Absicherung von Investment in komplexe und strategische Geschäftsbeziehungen dient das Konzept des Supplier Lifetime Value. Beispielsweise ist bei einer Hersteller-Solutions-Provider-Beziehung der Nutzen für einen Hersteller aus Investitionen in einen Solutions-Provider in Form von Partnerentwicklung und Partnerförderung zu ermitteln. Der Nutzen kann etwa in der Beseitigung von operationalen Leistungslücken (zum Beispiel Qualitätsmängeln, Lieferzeiten) oder im Aufbau weiterer Kompetenzen liegen, mit denen die Fremdvergabe zusätzlicher Aufgaben und größerer Leistungsverantwortung gelingt. Der Supplier Lifetime Value wird in Form einer dynamischen Investitionsrechnung auf Basis einer Betrachtung mehrerer Analyseperioden ermittelt (vgl. Eßig 2002, S. 332ff.). Dabei werden die lieferantenspezifischen Kosten einer Abnehmer-Zulieferer-Beziehung für einen Abnehmer (wie zum Beispiel Einstandspreise, Kommunikationskosten, Lieferantenförderung) als Auszahlungen und der lieferantenspezifische Nutzen (beispielsweise zukünftige Ratiopotenziale oder Beiträge zu Innovationen) als Einzahlungen auf den Betrachtungszeitpunkt diskontiert, wobei der Diskontierungssatz die Berücksichtigung unterschiedlicher Risikosituationen (Preisvolatilität, Versorgungsunsicherheiten und konjunkturelle Aspekte) erlaubt.

Zur Steuerung der Kostenstrukturen sind Instrumente des Kostenmanagements einsetzbar. Als Konzept zur Bewertung der Gesamtkosten als Basis für einen fundierten Kostenvergleich des Fremdbezugs gegenüber der Eigenerstellung kann der *Total-Cost-of-Ownership-Ansatz* herangezogen werden (vgl. Arnold/Eßig 2001, S. 68f.). Er ermöglicht die Ermittlung der Einsparungen durch das Solutions Sourcing. Eine Einbindung der Solutions-Provider in die Prozesse des Target Costings ist bei der Neuentwicklung von Marktleistungen zu empfehlen (vgl. Möller 2002). Aufgrund der Komplexität der Solutions und der Schwierigkeiten bei der Erstellung einer eindeutigen Spezifikation muss jedoch bei der Anwendung der Instrumente des Kostenmanagements häufig mit Annahmen beziehungsweise Annäherungen gearbeitet werden. Eine ergänzende Option zur Beurteilung der Leistung eines Solutions-Providers im Vergleich mit anderen Partnern bietet das Zulieferer-Benchmarking (zum Beispiel auf Basis des standardisierten SCOR-Modells des Supply Chain Council – SCC).

Zur vertraglichen Fixierung (Exklusivverträge, Rahmenbeauftragungen) werden häufig Qualitäts-, Termin-, Meilenstein- und Zielvereinbarungen ergänzt, die als gemeinsam entwickelte Abkommen ein gemeinsames Verständnis über verbindliche Absprachen dokumentieren. Eine Vertragsvariante, die sich für das Solutions Sourcing besonders eignet, ist die Vereinbarung von Service Level Agreements (SLAs). SLAs definieren das Aufgabenspektrum, die Schnittstellen, Kompetenzen und Verantwortlichkeiten und verpflichten den Solutions-Provider, ein bestimmtes, möglichst anhand objektiver Kriterien (Kennzahlen) messbares Niveau (Level) der Leistungen vertraglich zu garantieren (vgl. Winkelmann-Ackermann/Bundi 1999, S. 38). SLAs ermöglichen auf diese Weise eine ganzheitliche Abbildung sämtlicher Zusammenhänge im Rahmen der Leistungserbringung für die beiden Akteure (vgl. Abbildung

- Definition des Leistungsumfangs/der Leistungsergebnisse bei der Verlagerung von Geschäftsprozessen
- Festlegung von Verantwortlichkeiten
- Anforderungen an die Organisation des Solutions-Providers
- Servicebereitschaft
- Leistungsmessung anhand vereinbarter Messgrößen
- Kostenblöcke, Entgelte, Pönalen
- Dokumentationsmanagement
- Eskalationswege
- Garantie-/Kulanzmanagement
- Abgleich der Allgemeinen Geschäftsbedingungen der Partner
- Versicherungen
- Geheimhaltungsbestimmungen
- Übergabebestimmungen für den Fall einer Beendigung der Geschäftsbeziehung
- Salvatorische Klauseln

Abb. 24.6: Auswahl wichtiger Bausteine eines Service Level Agreement

24.6). In regelmäßigen Soll-Ist-Vergleichen findet dann ein Abgleich der geforderten mit der tatsächlichen Leistung des Solutions-Providers statt. Sie wird in der Regel mit der Höhe der Vergütung gekoppelt.

Das Management von Änderungen hat im Solutions Sourcing einen hohen Stellenwert. Änderungen stehen in diesem Zusammenhang für hinzukommende, zu verändernde oder wegfallende Positionen einer Vereinbarung. Abweichungen betreffen das Ausmaß einer Nichtübereinstimmung. Solche Änderungen und Abweichungen entstehen, da bei Solutions aufgrund ihrer Komplexität (Umfang und Dynamik), der Planungs- beziehungsweise Zukunftsunsicherheiten im Vorfeld einer Vereinbarung und der häufig ungenauen Zielvorstellungen beziehungsweise eines unzureichend beim Abnehmer vorhandenen Problemverständnisses in der Regel eine exakte Spezifikation als Basis einer umfassenden vertraglichen Vereinbarung einer Zusammenarbeit nicht möglich ist. Es müssen deshalb ständig Modifikationen in Form von Detailregelungen nach Abschluss eines Rahmenvertrages getroffen werden. Konflikte und Widersprüche werden in Verhandlungen und Gesprächen ausgetragen.

Ein wichtiger Ansatz für das zielgerichtete Management von Modifikationen im Solutions Sourcing ist das Claim-Management (vgl. Halbleib 2000, S. 108ff.). Unter Claims lassen sich die Forderungen eines Beteiligten zur Kompensation von Nachteilspositionen (zum Beispiel mehr Aufwand, größere Leistungsumfänge) infolge von ungeklärten Vereinbarungsabweichungen oder Vereinbarungsänderungen an eine oder mehrere kompensationspflichtige Vertragsparteien verstehen. Ereignisse, die bereits vertraglich vorweggenommen werden konnten und für die eine Lösung bereits im Vorfeld ausgehandelt wurden, fallen nicht darunter. Das Claim-Management versteht sich folglich als Planung, Steuerung und Kontrolle sämtlicher Maßnahmen, um eventuelle später anstehende Claims zielorientiert steuern zu können oder im Falle bestehender Claims eine zielorientierte Handhabung zu ermöglichen. Aktivitäten des Claim-Managements betreffen beispielsweise tragfähige Vereinbarungen oder die Einrichtung zuvor vereinbarter Kontingenzfonds, mit denen Anforderungen innerhalb einer gewissen Bandbreite abgedeckt sind. Aktivitäten im Rahmen der Behandlung anhängiger Claims sind gerichtliche Klagewege, Schiedsstellen oder die Einschaltung neutraler Dritter.

Ein kooperativer Fit zwischen Unternehmungen unterstützt zwischenbetriebliche Leistungsbeziehungen in Solutions-Wertschöpfungssystemen. Auditierungen sind eine Option des Abnehmers zur qualifizierten Beurteilung des Zulieferers. Auditierungen werden zumeist durch ein crossfunktionales Expertenteam (Einkauf, Qualität, Engineering, Controlling) in den betroffenen Unternehmungen mit Hilfe zuvor festgelegter Check- und Fragelisten durchgeführt und die Resultate können dann anhand der geforderten Anweisungen, Normen und Spezifikationen bewertet werden. Neben den vom Abnehmer selbst durchgeführten Auditierungen gibt es offiziell akkreditierte Zertifizierungsstellen, die als objektive Stellen bestimmte Standards in Unternehmungen prüfen und bei positivem Ergebnis Zertifikate erstellen. Sie sollen die allgemeine Durchsetzung von Standards erreichen und gleichzeitig die beschaffenden Unternehmen in deren Bemühungen bei der Suche geeigneter Partner unterstützen. Solche formalen Zertifizierungen werden auf Zeit verliehen und orientieren sich beispielsweise an der DIN EN ISO 9000ff. oder QS 9000. Die Auditierungen entscheiden schließlich über die Eignung potenzieller Kandidaten, als Solutions-Provider eingesetzt zu werden.

Informations- und Kommunikationsinstrumente

Die IuK-Instrumente werden von den IT-Kompetenzen dominiert und haben durch die Möglichkeiten des E-Business an Bedeutung gewonnen. Prinzipiell ermöglichen elektronische Kommunikationskanäle die informationelle Integration zwischen Abnehmer und Solutions-Provider durch interorganisationale IT-Systeme. Die Anwendungen haben im Wesentlichen zwei Schwerpunkte. Zum einen soll die informationelle Infrastruktur die Beschaffungsprozesse für Solutions unterstützen. Zum anderen soll die Effizienz der Zusammenarbeit zwischen den Akteuren nach Vertragsabschluss die Umsetzung der Vereinbarungen unterstützen.

Eine seit langem etablierte Form des elektronischen Geschäftsverkehrs, mit dem ein Datenaustausch zwischen Abnehmer und Solutions-Provider im Rahmen der operativen Abwicklung ermöglicht wird, ist das Electronic Data Interchange (EDI) beziehungsweise das internetbasierte WebEDI. Damit wird eine höhere Geschwindigkeit des Datenaustausches ohne Medienbrüche oder doppelte Erfassung erreicht.

Ein anderer Baustein einer informationellen Infrastruktur ist das *E-Procurement*, von dem sich Unternehmen entscheidende Impulse im Rahmen der Beschaffung versprechen. Die neuen Möglichkeiten eines E-Procurements sollen dabei nicht nur die »Toolbox« in der Beschaffung bereichern, sondern neben der Steigerung der Beschaffungsqualität vor allem Rationalisierungspotenziale bei der Gestaltung und der Durchführung von Beschaffungsprozessen freisetzen. Insbesondere von der Nutzung elektronischer Marktplätze werden große Fortschritte erwartet. Allerdings können die Potenziale nur freigesetzt werden, wenn die Prozesse standardisiert und daher auch elektronisch abgebildet werden können. Dies trifft vor allem auf die Beschaffung der Standardgüter (C-Artikel, MRO) und die operative Bestellabwicklung zu, sofern die Back-End-Integration der Systeme vollzogen ist. Die strategischen Beschaffungsprozesse, wie etwa das Sourcing von Solutions, haben zumeist eine an der Aufgaben- und Problemstellung ausgerichtete stark individuelle Prägung und können deshalb als nur begrenzt vorstrukturierbar eingestuft werden. Die Nutzenpotenziale des E-Procurements beschränken sich deshalb vorwiegend auf die E-Communication (E-Mail, Internettelefonie), elektronischen Datenaustausch (Ausschreibungsunterlagen, technische Zeichnungen), die Nutzung des Internets als Informationsquelle und die Schaffung des Zugangs zu neuen potenziellen Partnern/Zulieferern. Auf diese Weise lässt sich die Geschwindigkeit der Interaktionen steigern. Eine ergänzende Möglichkeit der Vereinfachung der intensiven Zusammenarbeit ist die Installation von gemeinsamen Datenbanken, auf die alle Beteiligten Zugriff haben und die gemeinsame Daten/Dokumente enthalten. Sie sind ein Beitrag zu einem interorganisationalen Wissensmanagement.

Eine weitere Form der unternehmensübergreifenden Integration lässt sich durch den Einsatz von Advanced-Planning-and-Scheduling-Systemen (APS) als spezifische Supply-Chain-Software realisieren. Die APS ermöglichen eine simultane Planung aller Aufgabenstellungen zwischen den beteiligten Unternehmen, indem sie auf den ERP-Systemen aufsetzen, diese zu operativen

Transaktionssystemen reduzieren und alle Planungsfunktionen zentral übernehmen (vgl. Walther 2001, S. 23f. und Arnold 2004, S. 43f.). Die Integration sollte sich über sämtliche Wertschöpfungsstufen erstrecken. Dies ermöglicht dem Hersteller, dem Solutions-Provider und den Vorlieferanten eine weitgehende Transparenz innerhalb der gesamten Supply Chain, mit der flexibel und durchgängig auf Geschäftsveränderungen reagiert werden kann.

Die elektronischen IuK-Instrumente werden zumeist durch klassische Formen des Informationsaustauschs ergänzt, mit denen gezielt Schwerpunktthemen der zukünftigen Zusammenarbeit an strategische Partner adressiert werden können. Lieferantentage, Workshops, Zirkelarbeit oder Gremienarbeit ermöglichen die Abarbeitung konkreter Aufgabenstellungen und die persönliche Netzwerkbildung, damit Solutions-Partnerschaften erfolgreich sein können. Broschüren wie beispielsweise *Global Supplier*, das Extended-Enterprise-Magazin der DaimlerChrysler AG, unterstützen den Informationsaustausch.

Instrumente des Partnermanagements

Im Bereich des Partnermanagements müssen durch gezielte Eingriffe die Fähigkeiten der Solutions-Provider weiterentwickelt und durch Anreizsysteme für Kooperations- und Anpassungsfähigkeit, Konflikttoleranz, Integrität und zielkonformes Verhalten gesorgt werden.

Ein erstes wichtiges Element des Partnermanagements stellt die permanente Leistungsbewertung der Netzakteure beziehungsweise Zulieferer (Lieferantenbewertung) dar. Durch ständiges Monitoring wird die Performance-Entwicklung verfolgt, um etwa bei Planabweichungen umgehend korrigierend eingreifen zu können. Aufgrund der Komplexität der Hersteller-Solutions-Provider-Beziehung ist eine umfassende Lieferantenbewertung erforderlich, die sich nicht auf die Qualitätskennzahl, die Termin- und Liefertreue beschränkt (vgl. Disselkamp/Schüller 2004, S. 65f.). Deshalb erfolgt bei der Voith AG beispielsweise die Lieferantenbewertung anhand von 24 Bewertungskriterien, die den vier Hauptkriterien Qualität, Logistik, Commercial und Technologie zugeordnet werden (vgl. Abbildung 24-7, vgl. Becker et al. 2005, S. 30). Die Aufgliederung dient einer crossfunktionalen Ausrichtung, das heißt, die Qualität wird von den Qualitätsexperten, die Commercials vom Einkauf, die Technologie von den Entwicklungsingenieuren und die Logistik vom Einkauf/Wareneingang beurteilt. Die Bewertungskriterien mit einer »Red Flag« sind Basiskriterien, deren Erfüllung nicht besonders belohnt wird, de-

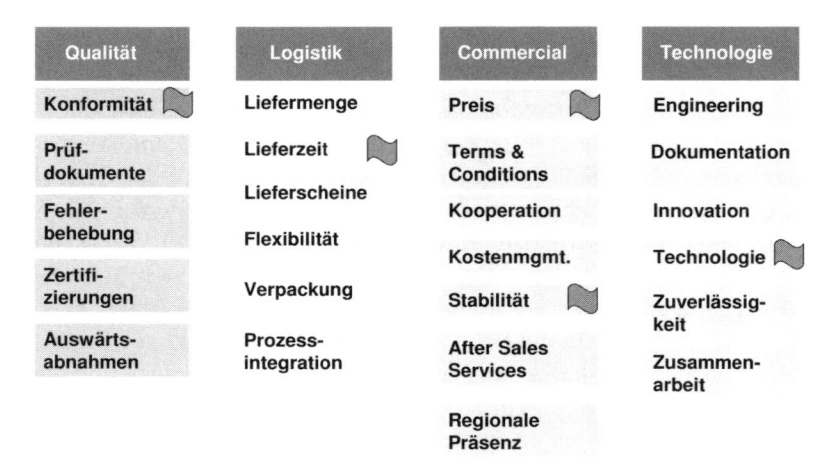

Qualität	Logistik	Commercial	Technologie
Konformität	Liefermenge	Preis	Engineering
Prüfdokumente	Lieferzeit	Terms & Conditions	Dokumentation
Fehlerbehebung	Lieferscheine	Kooperation	Innovation
Zertifizierungen	Flexibilität	Kostenmgmt.	Technologie
Auswärtsabnahmen	Verpackung	Stabilität	Zuverlässigkeit
	Prozessintegration	After Sales Services	Zusammenarbeit
		Regionale Präsenz	

Abb. 24.7: Umfassende Lieferantenbewertung der Voith AG

ren Nichterfüllung aber zu einem Malus führt. Das Ergebnis führt zu einem Ranking, das für ein qualifiziertes Feedback herangezogen werden kann.

Der Solutions-Provider ist für den Abnehmer ein kritischer Erfolgsfaktor. Daher wird der Abnehmer großes Interesse daran haben, möglichst alle Schwachstellen an den Schnittstellen und innerhalb der Organisation des Partners zu beseitigen. Anhand eines Stärken-Schwächen-Profils lassen sich gezielte Verbesserungsmaßnahmen in Angriff nehmen. Eine Möglichkeit für den Hersteller, diese Maßnahmen konstruktiv zu begleiten, bietet das Partnermanagement durch gezielte Lieferantenentwicklung (vgl. Wagner 2001, S. 208f.). Sie hat grundsätzlich zwei Stoßrichtungen: Einerseits handelt es sich um die Lieferantenförderung bereits vorhandener Solutions-Provider und andererseits um den Lieferantenaufbau von neuen und potenziellen Solutions-Providern.

Die Lieferantenförderung dient der Beratung und aktiven Unterstützung des Solutions-Providers bei der Lösung komplizierter betrieblicher Hemmnisse beziehungsweise Probleme, die dieser mit eigenen Mitteln kaum bewältigen kann (vgl. Arnolds et al. 1998, S. 310 und Kleinau 1995, S. 84f.). Die hohen Anforderungen des Abnehmers an Solutions führen dazu, dass nicht alle Solutions-Provider die notwendigen Bedingungen von Anfang an umfassend erfüllen, um der Spezifität eines absatzmarktgerichteten Geschäftsprozesses gerecht zu werden. Solutions-Provider müssen deshalb in strategischen Partnerschaften entwickelt werden. Workshops beispielsweise sind eine Möglichkeit zur Verbesserung der Qualität, der Optimierung von Abläufen beziehungsweise Strukturen, der Einführung von Neuerungen, dem Aufbau von Kompetenzen und der Vertiefung einer fairen Zusammenarbeit. Besonders große Unternehmungen verbinden mit Workshops gleichzeitig gezieltes Consulting von hauseigenen Experten zum Nutzen für die gesamte Wertkette, so dass derartige Workshops zum Teil sogar als ständige Einrichtung geschaffen werden.

Beim Lieferantenaufbau geht es um den gezielten Aufbau eines neuen Solutions-Providers. Es kann sich dabei um Zulieferer handeln, die bereits bekannt sind, oder es handelt sich um Zulieferer, die bisher überhaupt nicht an der Wertschöpfung beteiligt waren. Die Hersteller bauen dabei Zulieferer auf, damit diese Leistungen erbringen, die bisher nicht zu deren Leistungsspektrum gehörten (»Reverse Marketing«, vgl. Boutellier/Wagner 2001, S. 27). Zu diesem Zweck stellt der Hersteller beispielsweise Finanzhilfen (zum Beispiel Zuliefererkredite) bereit. Sie können darüber hinaus auch Zulieferern bei finanziellen Engpässen gewährt werden, die für das Unternehmen von strategischem oder operativem Interesse sind. Eine andere Möglichkeit der Lenkung der Zuliefererbasis ist die Übernahme von beziehungsweise die Beteiligung an großen Investitionen (zum Beispiel Maschinen- und Anlageninvestitionen). Einerseits können auf diese Weise kleinere, finanziell schwächere, aber leistungsfähigere Unternehmen für hoch investive Arbeiten eingesetzt werden. Andererseits hat der Abnehmer dadurch starken Einfluss auf die Geschäftstätigkeit des Zulieferers und kann im Zweifelsfall seine Eigentumsrechte an den Investitionen geltend machen.

Eine große Bedeutung zur Steuerung von Solutions-Providern haben Anreizsysteme, die breiter angelegt sein müssen als bei einfachen Güterkäufen. Hierbei geht es insbesondere um die Gestaltung der Entgelte. Eine erste Möglichkeit ist die Bezahlung von Prämien (vgl. Koppelmann 1997, S. 94). Beispiele dafür sind die Bevorzugungsprämien (Solutions-Provider bedient bevorzugt den Abnehmer vor anderen Abnehmern) und die Sonderleistungsprämien (Solutions-Provider erbringt zusätzliche, nicht vereinbarte Leistungen).

Andere Möglichkeiten der Entgeltpolitik liegen in Formen des Pay-on-Production (Bezahlen pro Einheit) zur Risikobeteiligung des Partners. Die Abnehmer verlagern hierbei die Finanzierung (und das Risiko) der Investitionen auf die Solutions-Provider und machen sie mit der stückzahlenabhängigen Bezahlung zu direkt Mitbetroffenen des Erfolgs beziehungsweise Misserfolgs. Das Burden-Sharing/Risk-Sharing Pricing berücksichtigt die Lasten- beziehungsweise Risikoverteilung zwischen den Wertschöpfungspartnern und gesteht besonders dem Solutions-Provider, entsprechend seiner gestiegenen Lasten- und Risikoübernahme, durch die Übernahme von Verantwortung für Programmprozesse bestimmte Kalkulationssätze für die Preisfindung zu.

Ein weitere Variante der Entgeltbeeinflussung besteht in der Aufteilung der erzielten Ersparnisse aus gemeinsamen Optimierungen und darf nicht mit dem Ansinnen einer Teilhabe am Rationalisierungserfolg des Zulieferers durch Erfahrungskurveneffekte oder der Teilhabe an Stückkostendegressionseffekten verwechselt werden, sondern basiert auf gemeinsamen Anstrengungen in Workshops. So erscheint beispielsweise die Mahle GmbH für eine externe Beratung bei Zulieferern, um Optimierungspotenziale zu suchen (vgl. Stamm 2000, S. 46). Die Kostenreduzierungen werden dann vom Zulieferer zu einem zuvor vereinbarten Anteil (zum Beispiel 50 Prozent der Ersparnisse) in Form von Preisreduzierungen weitergegeben.

Ein nicht-monetäres Instrument, um öffentlichkeitswirksam Anreize zu setzen, ist die Verleihung eines Award (zum Beispiel »Corporate Supplier Award« bei VW, »Supplier of the Year« bei GM), der herausragende Leistungen von Partnern und Zulieferern würdigen soll.

Methoden der Strukturierung

Organisatorische Strukturen dienen im Solutions Sourcing der effizienten Realisierung einer Verlagerung von mitunternehmerischer Verantwortung für (absatzmarktgerichtete) Geschäftsprozesse, einem effizienten Informationsaustausch und der Förderung gemeinsamer Entscheidungen.

Zunächst geht es darum, alle Beteiligten einer Solutions-Sourcing-Entscheidung frühzeitig und strukturiert in den Beschaffungsprozess zu integrieren. Neben dem Einkäufer, der die Führerschaft im Beschaffungsprozess übernehmen sollte, und den Vertretern der betroffenen Unternehmensbereiche gibt es eine Reihe weiterer Beteiligter: So sind spezialisierte Bereiche zu berücksichtigen, die den Sourcing-Prozess mit ihrer Expertise fachlich begleiten (Zertifizierungsteams, Spezialisten des Qualitätsmanagements, Logistikspezialisten). Ein gewichtiger Faktor ist das Management. Entweder tritt es selbst als Anforderer und Treiber auf oder es ist zumindest mittelbar durch Zielvorgaben präsent. So können etwa die Integration von Make-and-buy-Bereichen oder die Integration eines Controllers auf Anweisung des Managements erfolgen. Eine weitere Gruppe sind Vertreter des Betriebsrates, die als Arbeitnehmervertreter die Mitarbeiterinteressen in den Solutions-Sourcing-Prozess einbringen. Die Beteiligten sollten in dauerhaft institu-

Abb. 24.8: Zuliefererpyramide im Solutions Sourcing

tionalisierte und crossfunktionale Sourcing-Teams eingebunden werden. In Verbindung mit einer permanenten Aufgaben- und Problemlösungsverantwortung geht es dabei nicht nur um die Auswahl eines geeigneten Solutions-Providers, sondern auch um die Implementierung und den Betrieb der Solutions-Geschäftsbeziehung.

Eine andere Facette wurde bereits im Rahmen der Optionen einer organisatorischen Verankerung der Solutions-Provider in der Lieferantenbasis aufgegriffen, die mit der Hierarchisierung der Zuliefererstrukturen einhergeht (vgl. Abschnitt »Organisatorische Verankerung des Solutions-Provider«). Sie führt zu einer Verringerung der Anzahl der Direktzulieferer. Im Rahmen der partnerschaftlichen Zusammenarbeit kann dabei ein großer Teil der Koordinationsarbeit vorgelagerter Wertschöpfungsstufen auf diese Partner delegiert werden. Dies umfasst sowohl die Aufgabenkoordination bei der Herstellung als auch die Mitgliederkoordination (Beziehungsmanagement).

Die Hierarchisierung der Zuliefererstruktur in Form einer Zuliefererpyramide wird in Abbildung 24.8 für Solutions-Wertschöpfungssysteme dargestellt. Die Solutions-Provider bilden in einer solchen Pyramide die Gruppe der First-Tier-Supplier. Sie übernehmen die Verantwortung für umfassende Wertschöpfungsumfänge (Programmprozesse) und müssen deshalb bei der Planung und Steuerung der Wertschöpfungsnetzwerke durch den Abnehmer angemessen integriert und berücksichtigt werden. Den Solutions-Providern folgen auf der nächsten Stufe der Pyramide die Anbieter von Komplettleistungen. Komplettleistungen erreichen den Hersteller prinzipiell über zwei Wege. Sie gehen teilweise in die Solutions der Solutions-Provider ein oder werden als eigenständige Leistungsbeiträge in die Herstellung der Abnehmer eingebracht. Die Anbieter von Einzelleistungen bilden schließlich die unterste Schicht in der Zuliefererpyramide. Einzelleistungen sind einerseits Bestandteile von Solutions und Komplettleistungen, sie können andererseits jedoch auch direkt dem Hersteller geliefert werden. Der Anteil dieser Einzelleistungen und der Anteil der Komplettleistungen am gesamten Sourcing-Volumen mit direkter Schnittstelle zu einem Hersteller wird durch das Solutions Sourcing deutlich reduziert.

Für die Funktionsfähigkeit einer Zuliefererpyramide ist es von essenzieller Bedeutung, dass die Kongruenz zwischen Verantwortung und Einflussmöglichkeit gewahrt bleibt. Ein Zulieferer kann nur die Verantwortung für Resultate übernehmen, die Folgen von Entscheidungen seines Kompetenzbereiches sind. Dies bedeutet, dass die Solutions-Provider für ihren Wertschöpfungsbeitrag voll verantwortlich sind. Dies beinhaltet auch die Koordination der ihnen vorgelagerten Wertschöpfungsstufen. Im Gegenzug erhalten sie die Möglichkeit, auf den gesamten Wertschöpfungsprozess größeren Einfluss auszuüben.

Die frühe Einbindung der Solutions-Provider in der Konzeptions- und Entwicklungsphase einer Marktleistung ist zur Berücksichtigung des Knowhows und der Expertise solcher Partner sowie zur Beschleunigung von Entwicklungszyklen unerlässlich. Dazu lässt sich auf den in der Industrie mittlerweile etablierten Ansatz des Simultaneous Engineering (SE) zurückgreifen. In SE-Teams lassen sich funktions- und unternehmensübergreifend Innovationen vorantreiben. Aus Sicht des Solutions Sourcing ermöglicht die Beteiligung der Beschaffung im Prozess der Leistungsentstehung die Nutzung der Potenziale des Beschaffungsmarkts, indem die Solutions-Provider früh nach objektiven Kriterien selektiert und systematisch eingebunden werden können. In vielen Unternehmen wurden in der Beschaffung dazu spezielle Einheiten (Projekteinkauf, Forward Sourcing) gebildet.

Bei der Reorganisation der Zusammenarbeit zwischen Abnehmer und Solutions-Provider liegt aufgrund der intensiven Einbindung häufig eine räumliche Ansiedlung beziehungsweise Integration nahe (vgl. Reiß/Präuer 2002b, S. 346f.). Sie spielt dann eine Rolle, wenn es im Zuge der Übernahme von Verantwortung für Geschäftsprozesse des Herstellers durch Solutions-Provider notwendig ist, komplexe Wertschöpfung vor Ort beim Abnehmer zu erbringen und sie unmittelbar zu integrieren. Indem die industriellen Zulieferer ihre Zulieferleistungen vor Ort beim Abnehmer erbringen, wird versucht, die Vorteile einer Eigenfertigung mit den Vorteilen des Fremdbezugs zu kombinieren. Eine erste Möglichkeit ist die räumlich zentrierte Produktentwicklung in Entwicklungszentren (zum Beispiel Entwicklungs- und Vorbereitungszentrum EVZ der DaimlerChrysler AG). Eine zweite Möglichkeit ist die räumlich zentrierte Produktionskooperation. Dazu gehören Zulieferparks und »Factory-within-a-Factory«-Modelle wie beispielsweise die Volkswagen Lastwagenfabrik in Resende, bei der Zulieferer Eigentümer der Produktionsmittel sind und die gesamte Herstellung übernehmen (vgl. Beck 1998, 360f. und Arnold 1999, S. 315f.). Andererseits sind gerade IT-Lösungsangebote über das Internet Beispiele, die zeigen, dass es für Lieferung, Betreuung, Wartung und Betrieb von Solutions nicht immer zwingend erforderlich ist, vor Ort beim Kunden zu sein. So wird die Übernahme von kaufmännischen Geschäftsprozessen (zum Beispiel Abrechnungen, Bestellabwicklungen) teilweise in Form von Offshoring-Modellen in Billiglohnländern (zum Beispiel Indien) angeboten.

Instrumente der Kulturarbeit

Im Zentrum der Kulturarbeit steht die Bedeutung gemeinsamer Normen und Werte sowie gegenseitigen Vertrauens für eine erfolgreiche Kooperation. Gerade vertrauensbasierte Beziehungen sind aus Sicht der Akteure von Wertschöpfungssystemen erforderlich, das heißt, sie gelten vielfach als eine Grundvoraussetzung für aktuelle und zukünftige Geschäfte. Gleichzeitig darf jedoch auch eine große Schwäche derartiger Beziehungsfundamente nicht übersehen werden. Sie liegt in der Fragilität des Vertrauens. Vertrauen kann enttäuscht werden und auf diese Weise eine langfristig angelegte Aufbauarbeit nachhaltig erschüttern, ohne dass eine Chance bestünde, die Vertrauensbasis in kurzer Zeit wiederherstellen zu können (vgl. Bachmann/Lane 1999, S. 85). Die kulturelle Infrastruktur muss deshalb zu einer möglichst unanfälligen Vertrauensbildung und Vertrauenskonservierung beitragen.

Aus Sicht des Abnehmers sind dabei zunächst die Unternehmenskultur des eigenen Unternehmens und die Leitlinien für die Beschaffung zu berücksichtigen. Auf dieser Basis geht es darum, die Solutions-Provider zu integrieren. Hersteller geben sich in der Regel in ihren Wertschöpfungsnetzwerken große Mühe, eine adäquate Basis durch Maßnahmen einer gemeinsamen Identität zu schaffen (vgl. Reiß 1998, S. 228). So wird beispielsweise in Zuliefernetzwerken der Automobilindustrie die kulturelle Infrastruktur zumeist sehr stark vom fokalen Automobilhersteller geprägt (zum Beispiel Extended-Enterprise-Kultur von DaimlerChrysler, vgl. Rudnitzki 2002, S. 624f.). Neben der Möglichkeit des gezielten Austauschs von Mitarbeitern zur Steigerung des gegenseitigen Verständnisses steht der Import von Kulturelementen aus dem Umsystem (zum Beispiel Märkte, Wirtschaftsräume, Verbände) im Mittelpunkt. Hierzu zählen beispielsweise die Adaption von Elementen der öffentlichen Rechtskultur, die Marktkultur oder die Branchenkultur.

Fazit

Beim Solutions Sourcing handelt es sich um eine komplexe Herausforderung mit einem erheblichen Chancen- und Risikopotenzial für die strategische Beschaffung. Die Gestaltung der Schnittstelle zwischen Abnehmer und Solutions-Provider erfordert ein umfassendes Management der Kernprozesse einer engen partnerschaftlichen Zusammenarbeit, nämlich der Austausch-, Integrations- und Einflussprozesse im Sinne des Abnehmers. Damit dies gelingt, ist ein Kompetenzaufbau in der Beschaffung zur Beherrschung eines breiten Spektrums von Koordinationsinstrumenten erforderlich.

Literatur

Arnold, B.: *Strategische Lieferantenintegration. Ein Modell zur Entscheidungsunterstützung für die Automobilindustrie und den Maschinenbau*, Wiesbaden 2004

Arnold, U.: *Strategische Beschaffungspolitik, Steuerung und Kontrolle strategischer Beschaffungssubsysteme von Unternehmen*, Bern, Frankfurt a. M. 1982

Arnold, U.: »Basisstrategien des Outsourcing aus Sicht des Beschaffungsmanagement«, in: *Controlling* 11 (1999) 7, S. 309–316

Arnold, U.; Eßig, M.: »E-Business und Beschaffungscontrolling«, in: *krp* 45 (2001) Sonderheft 2, S. 65–72

Arnold, U.; Eßig, M.; Kummer, S.; Stölzle, W.; Weber, J.: »Supply (Chain) Controlling zwischen Rückstand und Fortschritt, Thesen zum Entwicklungsstand einer dynamischen Disziplin«, in: *Controlling* 17 (2005) 1, S. 41–48

Arnolds, H.; Heege, F.; Tussing, W.: *Materialwirtschaft und Einkauf*, 10. Auflage, Wiesbaden 1998

Bachmann, R.; Lane, C.: »Vertrauen und Macht in zwischenbetrieblichen Kooperationen – zur Rolle von Wirtschaftsrecht und Wirtschaftsverbänden in Deutschland und Großbritannien«, in: Sydow, J. (Hrsg.): *Management von Netzwerkorganisationen*, Wiesbaden 1999, S. 75–106

Backhaus, K.: *Industriegütermarketing*, 7. Auflage, München 2003

Beck, T. C.: *Kosteneffiziente Netzwerkkooperation, Optimierung komplexer Partnerschaften zwischen Unternehmen*, Wiesbaden 1998

Becker, R.-U.; Präuer, A.; Reiß, M.: »Intraorganisationale Beschaffungsnetzwerke, Aufbau und Organisation des Supply Managements in einem weltweiten Konzern«, in: *Beschaffung Aktuell* 61 (2005) 2, S. 29–32

Boutellier, R.; Girschik, S.: »Trilaterale Beziehungskonstellationen in der Automobilindustrie, Tier-One-Supplier in der Zange zwischen Original Equipment Manufacturer und Vorlieferant«, in: *io management* 70 (2001) 1/2, S. 18–24

Boutellier, R.; Wagner, S. M.: »Zielgerichtetes Lieferantenmanagement durch Lieferantenstrategien, Unternehmen erkennen zunehmend, dass strategisches Lieferantenmanagement Mehrwert schafft«, in: *io management* 70 (2001) 7/8, S. 27–33

Disselkamp, M.; Schüller, R.: *Lieferantenrating, Instrumente, Kriterien, Checklisten*, Wiesbaden 2004

Dittrich, J.; Braun, M.: *Business Process Outsourcing, Entscheidungsleitfaden für das Out- und Insourcing von Geschäftsprozessen*, Stuttgart 2004

Dreyer, H. W.: *Lieferantentypspezifische Bewertung von Lieferleistungen*, Frankfurt a. M. u. a. 2000

Erdmann, M.-K.: *Supply Chain Performance Measurement, Operative und strategische Management- und Controllingansätze*, Lohmar/Köln 2003

Eßig, M.: »Supplier Lifetime Value als Ansatz zur Neubewertung von Lieferantenbeziehungen«, in: Bogaschewsky, R. (Hrsg.): *Integrated Supply Management, Einkauf und Beschaffung: Effizienz steigern, Kosten senken*, Köln 2003, S. 323–346

Eßig, M.; Präuer, A.: »Integriertes Beschaffungs- und Supply Chain Controlling«, in: *Supply Chain Management* 4 (2004) IV, S. 7–14

Eßig, M.; Wagner, S. M.: »Strategien in der Beschaffung«, in: *Zeitschrift für Planung und Unternehmenssteuerung* 14 (2003) 3, S. 279–296

Gleich, R.: »Performance Measurement, Grundlagen, Konzepte und empirische Erkenntnisse«, in: *Controlling* 14 (2002) 8/9, S. 447–454

Halbleib, M.: *Claim-Management. Eine Konzeption für die Beschaffung großindustrieller Anlagen als Referenzobjekte investiver Kontraktleistungsbündel*, Frankfurt a. M. u. a. 2000

Homburg, C.; Garbe, B.: »Industrielle Dienstleistungen – Auswirkungen auf die Geschäftsbeziehungen und Faktoren für ein erfolgreiches Management«, in: *ZfB* 69 (1999) 8, S. 847–865

Kleinau, A. C.: *Zur Strategie der Lieferantenentwicklung*, Frankfurt a. M. u. a. 1995

Koppelmann, U.: *Beschaffungsmarketing für die Praxis. Ein strategisches Handlungskonzept*, Berlin/Heidelberg 1997

Kräkel, M.: *Management und Organisation*, Tübingen 1999

Möller, K.: *Zuliefererintegration in das Target Costing*, München 2002

Präuer, A.: *Solutions Sourcing, Strategien und Strukturen interorganisationaler Wertschöpfungssysteme*, Wiesbaden 2004

Reiß, M.: »Mythos Netzwerkorganisation«, in: *ZfO* 67 (1998) 4, S. 224–229

Reiß, M.: »Koordinatoren in Unternehmensnetzwerken«, in: Kaluza, B.; Blecker, T. (Hrsg.): *Produktions- und Logistikmanagement in Virtuellen Unternehmen und Unternehmensnetzwerken*, Berlin u. a. 2000, S. 217–248

Reiß, M.: »Netzwerk-Kompetenz«, in: Corsten, H. (Hrsg.): *Unternehmungsnetzwerke*, München, Wien 2001, S. 121–187

Reiß, M.; Präuer, A.: »Solutions Providing. Was ist Vision – was Wirklichkeit?«, in *Absatzwirtschaft* 44 (2001) 7, S. 48–53

Reiß, M.; Präuer, A. (2002a): »Netzwerkbasiertes Beschaffungsmanagement«, in: *Wirtschaftswissenschaftliches Studium* 31 (2002) 1, S. 21–27

Reiß, M.; Präuer, A. (2002b): »Industrieunternehmen als Netzwerk-Infrastrukturdienstleister: Zulieferparks in der Automobilindustrie«, in: Corsten, H. (Hrsg.): *Dimensionen der Unternehmungsgründung: Erfolgsaspekte der Selbstständigkeit*, Berlin 2002, S. 341–365

Riedl, R.: »Begriffliche Grundlagen des Business Process Outsourcing«, in:

Information Management & Consulting 18 (2003) 3, S. 6–10

Rudnitzki, J.; Tandem: »Die Lieferantenkooperation von DaimlerChrysler«, in: Hahn, D.; Kaufmann, L. (Hrsg.): *Handbuch Industrielles Beschaffungsmanagement*, 2. Aufl., Wiesbaden 2002, S. 613–627

Scholtissek, S.: *New Outsourcing. Die dritte Revolution der Wertschöpfung in der Praxis*, Berlin 2004

Schönsleben, P.; Hieber, R.; Alard, R.: »Von der Beschaffung zum Supply Chain Management«, in: Boutellier, R.; Wagner, S. M.; Wehrli, H.-P. (Hrsg.): *Handbuch Beschaffung, Strategien, Methoden, Umsetzung*, München/Wien 2003, S. 733–755

Stamm, P.: »Wie ein Projektteam die Bestände um 30 Prozent senken konnte«, in: *Logistik für Unternehmen* (2000) 10, S. 40–46

Wagner, S. M.: *Strategisches Lieferantenmanagement in Industrieunternehmen. Eine empirische Untersuchung von Gestaltungskonzepten*, Frankfurt a. M. u. a. 2001

Walther, J.: »Konzeptionelle Grundlagen des Supply Chain Managements«, in: Walther, J.; Bund, M. (Hrsg.): *Supply Chain Management. Neue Instrumente zur kundenorientierten Gestaltung integrierter Lieferketten*, Frankfurt a. M. 2001, S. 11–31

Wildemann, H.: »Zulieferer: Im Netzwerk erfolgreich«, in: *Harvard Business Manager* 20 (1998) 4, S. 93–104

Wilken, C.; Kracht, H.-J.: »Beschaffung und strategisches Controlling in globalisierten Märkten«, in: Bogaschewsky, R.; Götze, U. (Hrsg.): *Management und Controlling von Einkauf und Logistik*, Gernsbach 2003, S. 113–136

Winkelmann-Ackermann, S.; Bundi, M.: »Service Level Agreements gezielt einsetzen. Ein integrierter Lösungsansatz für komplexe Problemstellungen«, in: *io management* 68 (1999) 3, S. 36–40

Wolters, H.: *Modul- und Systembeschaffung in der Automobilindustrie, Gestaltung der Kooperation zwischen europäischen Hersteller- und Zulieferunternehmen*, Wiesbaden 1995

25
Messung des Wertbeitrags der Beschaffung mit dem Savings Reporting Tool (SRT@WEB)

Uwe Krentscher und Mario Schoddel

Im Einkauf liegt der Gewinn

Die alte Kaufmannsregel »Im Einkauf liegt der Gewinn« ist auch heute noch aktuell. Es ist in Praxis und Wissenschaft unbestritten, dass das Beschaffungshandeln und mithin auch die in der Beschaffung erzielten Einsparungen (Savings) einen direkten Einfluss auf das Unternehmensergebnis haben. Jedes durch die Beschaffung realisierte Saving führt direkt zur Reduktion des Aufwands des Unternehmens und steigert somit den Gewinn. Mithin sind Savings in der Praxis eine wesentliche, jedoch nicht die einzige Komponente des Wertbeitrages der Beschaffung zum Unternehmensergebnis.

Die Definition, Messung und insbesondere Erfolgssicherung der Savings gestaltet sich in der Praxis jedoch schwieriger. Aus diesem Grunde gibt es in Praxis und Wissenschaft unterschiedliche Ansätze zur Messung des Wertbeitrages der Beschaffung. Es gibt Modelle und Methoden zur Darstellung des Return on Investment durch die erzielten Material- und Dienstleistungspreisreduktionen, es werden Einkaufsbilanzen aufgestellt, in Profit-Center-Organisationen werden Erlöse gemessen, die Effekte des Beschaffungshandelns auf den Cash Value Added (CVA) werden ausgewiesen, die Wirkungen auf den Economic Value Added (EVA) beziehungsweise den Net Operating Profit after Tax (NOPAT) und das betriebsnotwendige Kapital sowie die Kapitalkosten werden dargestellt.

In der Praxis zeigt sich jedoch, dass durch die Beschaffung realisierte Einsparungen nur dann vom Unternehmenscontrolling akzeptiert werden, wenn diese eindeutig Budgets zugeordnet werden und dadurch dem Unternehmenscontrolling die Möglichkeit gegeben wird, die durch die Beschaffung erzielten Savings auch ergebniswirksam zu sichern. Das heißt, die betroffenen Budgets der internen Kunden werden um die Höhe des erzielten budgetrelevanten Savings gekürzt. Nur so ist sichergestellt, dass die durch die Beschaffung erzielten Brutto-Savings (Savings mit Effekt auf die Gewinn- und Verlustrechnung) auch in budgetwirksame Savings transformiert werden.

Praxishandbuch innovative Beschaffung. Herausgegeben von Ulli Arnold und Gerhard Kasulke
Copyright © 2007 WILEY-VCH Verlag GmbH & Co. KGaA, Weinheim
ISBN: 978-3-527-50114-4

Aufgrund der erfolgten Kürzung durch das Unternehmenscontrolling ist es für den internen Kunden nicht mehr möglich, die Savings (frei gewordene Budgetmittel) für andere Maßnahmen und Projekte zu verausgaben, sprich den Ergebniseffekt der Savings in der GUV zu (über-)kompensieren. Auf Basis der ermittelten Budgeteffekte von Savings ist es dann additiv für das Unternehmenscontrolling möglich, EVA-, EBITA- sowie EBITDA-Effekte der durch die Beschaffung erzielten Savings zu ermitteln.

Nachfolgend wird eine in der Praxis bei T-Mobile entwickelte und auch multinational erfolgreich eingesetzte Definition und heuristische Vorgehensweise zur Erfassung, Darstellung, Analyse und Sicherung der in der Beschaffung erzielten Savings dargestellt. Entscheidend für die erfolgreiche Implementierung und Akzeptanz der Methodik ist eine zwischen allen beteiligten Organisationseinheiten abgestimmte, akzeptierte, gültige und dokumentierte Definition der Savings. Weiterhin ist der Einsatz eines webbasierten Savings Reporting Tool (SRT@WEB) sinnvoll.

Der Begriff Savings

Ein Element des Wertschöpfungsbeitrags der Beschaffung ist der finanziell bewertbare Beitrag der Funktionseinheit Beschaffung (Savings) zum Unternehmensergebnis. Mithin sind Savings das Ergebnis einer zielgerichteten Beeinflussung der Kostenstruktur (Total Acquisition Costs) des Unternehmens durch den Bereich Beschaffung. Total Acquisition Costs umfassen alle Kosten in der Versorgungskette vom Lieferanten über das eigene Unternehmen (inklusive der dort anfallenden Prozesskosten) bis zum Endkunden beziehungsweise der Entsorgung.

In der Unternehmenspraxis wird der Beschaffung in der Regel ein Savingsziel durch die Geschäftsführung vorgegeben. Dies wird als *Savings Target* bezeichnet und als Absolutwert oder Prozentsatz des Beschaffungsvolumens für eine Periode, meist ein Jahr, fixiert. Dieses Savings Target wird dann in Matrix-Organisationen auf Commodities und in Linienorganisationen auf Organisationseinheiten heruntergebrochen. Aus der Perspektive der Beschaffungsleitung und des Beschaffungscontrollings ist es notwendig, eine erfolgreiche Zielerreichung sicherzustellen. Aus diesem Grunde wird durch jeden einzelnen Einkäufer ein *Savings Forecast* auf der Basis von geplanten Mengen nach der Erzielung oder Verhandlung von Savings gemeldet, zum Beispiel insbesondere bei Rahmenvereinbarungen für das Folgejahr. Der Savings Forecast dient der Führungskraft als Frühindikator und zeigt somit direkt potenzielle Zielabweichungen von seinem persönlichen Savings Target an. Zeigt der Indikator eine Untererreichung der Zielvorgabe an, zum Beispiel wegen eingestellter Projekte, können neue Maßnahmen zur Schließung der Savings-Lücke durch die Führungskraft gestartet werden. Erst nach dem Versenden der Bestellung an den Lieferanten liegen *Realized Savings* auf der Basis von tatsächlich bestellten Mengen vor, die ebenfalls durch den Einkäufer gemeldet werden. Nur die Realized Savings dienen dann dem Unternehmenscontrolling als Basis für die Ermittlung der Budgeteffekte sowie der Savings-Effekte nach EVA, EBITA und EBITDA.

Klassifizierung und Arten von Savings (Auszug)

Zum Aufbau eines gemeinsamen Verständnisses von Savings im Unternehmen und innerhalb von Unternehmensgruppen sowie zur Schulung der Einkäufer zu diesem Thema ist es sinnvoll, Savings zu klassifizieren und in ihrer Art zu beschreiben. Dabei kann die folgende Klassifizierung eingesetzt werden.

Cost Reduction

Reduktion des Beschaffungspreises durch Verhandlung für Beschaffungsobjekte und Dienstleistungen differenziert nach Neukauf/Projekten und Wiederholungskauf. Die Erfassung von Savings bei wiederkehrendem Bedarf ist erst bei Einsatz von geeigneten Methoden und Quellen zur Analyse der Marktpreisentwicklung der beschafften Objekte, Dienstleistungen gegen die Preisentwicklung der beschafften Objekte oder Dienstleistungen des Unternehmens akzeptabel. Ansonsten besteht für den Funktionsbereich Beschaffung die Möglichkeit, nicht beeinflusste Marktpreisentwicklungen, zum Beispiel fallende Metallpreise, als Savings auszuweisen.

Cost Benefit

Reduktion der Beschaffungsnebenkosten beziehungsweise Reduktion des Beschaffungspreises durch Einsatz von beschaffungspolitischen Instrumenten, zum Beispiel Standardisierung, kostenlose Leistungserhöhung, Lieferantenwechsel, Abwehr von Preiserhöhungen, Nutzung von Leasing, Boni/Rückvergütungen, Skonti, Anpassung von Zahlungsbedingungen, Anpassung Versand- und Verpackungskosten, Wertanalysen oder Make-or-buy-Analysen.

Financial Benefit

Ein Financial Benefit liegt dann vor, wenn der Bereich Beschaffung durch die Reorganisation von Prozessen Prozesskosten reduzieren kann. Dies gilt für den gesamten Versorgungsprozess von der Bedarfsanforderung bis zur Zahlung. Die Akzeptanz dieser Savings-Art durch das Unternehmenscontrolling ist erst nach Implementierung einer Prozesskostenrechnung im Unternehmen gegeben.

Guidelines und Berechnungsgrundlagen von Savings (Auszug)

Aufgrund des unterschiedlichen Verständnisses von Savings in unterschiedlichen Beschaffungsorganisationseinheiten, den Funktionsbereichen Controlling und Revision, ist es notwendig, Konventionen bezüglich der Berechnung zu dokumentieren, zu beachten und zu prüfen. Die nachfolgenden Prinzipien dienen den am Savings-Prozess Beteiligten als Parameter, um ein gemeinsames Verständnis zu dieser Thematik aufzubauen. Diese Parameter sind variabel und können in der Praxis unterschiedlich ausgeprägt sein, da derzeit keine »Rechnungslegungsvorschriften« für den Ausweis von Savings existieren. Leitlinie für die Berechnung von Savings sollte jedoch immer die Vorgehensweise »Im Zweifelsfall das niedrigere Saving« sein.

Die Berechnung des Savings Forecast und der realisierten Savings erfolgt auf der Basis des besten nach technischen und kommerziellen Kriterien ausgewählten unverhandelten Angebots (erster Platz in der Rangreihe).

Der Savings Forecast errechnet sich durch Multiplikation von Preisreduzierung und der geplanten Bestellmenge auf Jahresebene. Die Realized Savings errechnen sich durch Multiplikation von Preisreduzierung und der Ist-Bestellmenge.

Webbasierte Erfassung von Savings – das Savings Reporting Tool (SRT@WEB)

Aufgrund der Bedeutung der generierten Savings für das Unternehmensergebnis sowie der Notwendigkeit zur Dokumentation zwecks Akzeptanz und Prüfung sowie der Schnittstelle zum Unternehmenscontrolling werden die erzielten Einsparungen in einem webbasierten *Savings Reporting Tool (SRT@WEB)* durch alle Einkäufer erfasst.

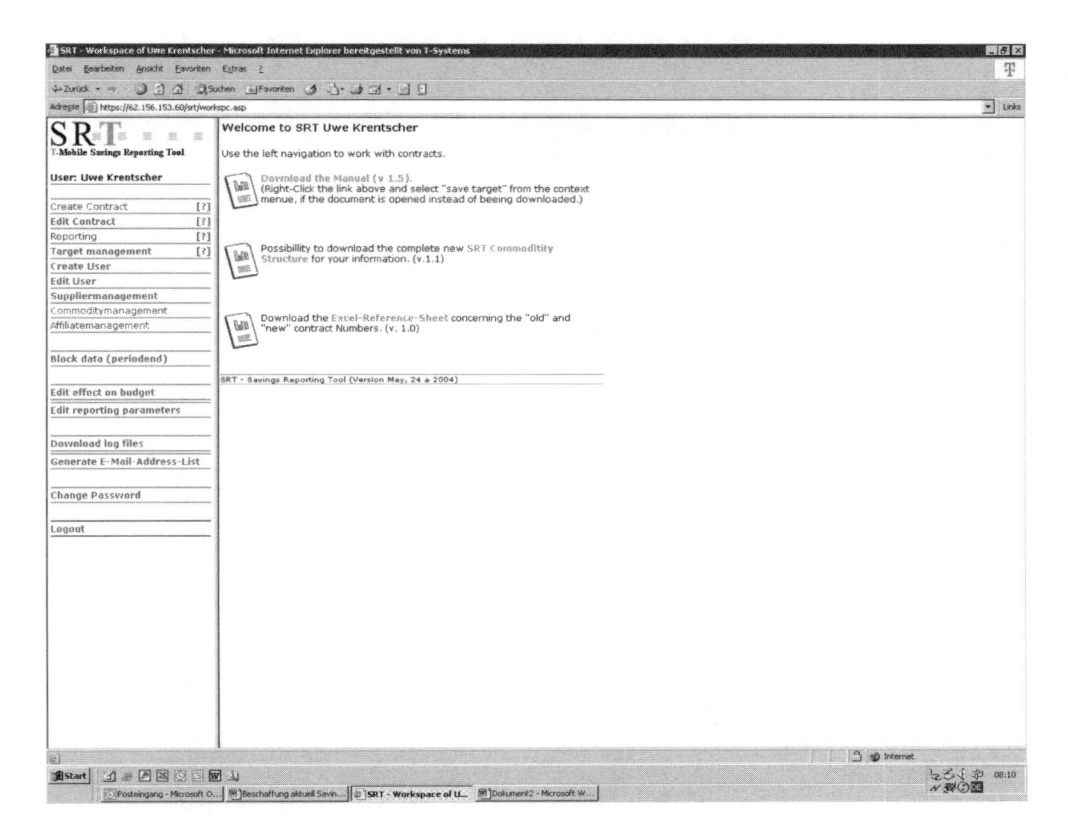

Abb. 25.1: Einstiegsmaske in das SRT@WEB

Nachfolgend die Basisfunktionalitäten des SRT@WEB im Überblick.

Hinterlegung von Savings Targets im SRT@WEB

Das auf Jahresbasis zwischen Geschäftsführung und Beschaffungsleitung vereinbarte absolute Savings Target wird im SRT@WEB unter dem Menüpunkt Zielmanagement auf die verantwortlichen Beschaffungsmanager nach Commodities und/oder Organisationseinheiten heruntergebrochen. Dadurch ist ein permanenter Abgleich nach Verantwortungsbereichen zwischen Savings Target, Savings Forecast und Realized Savings möglich und Abweichungen können frühzeitig erkannt werden.

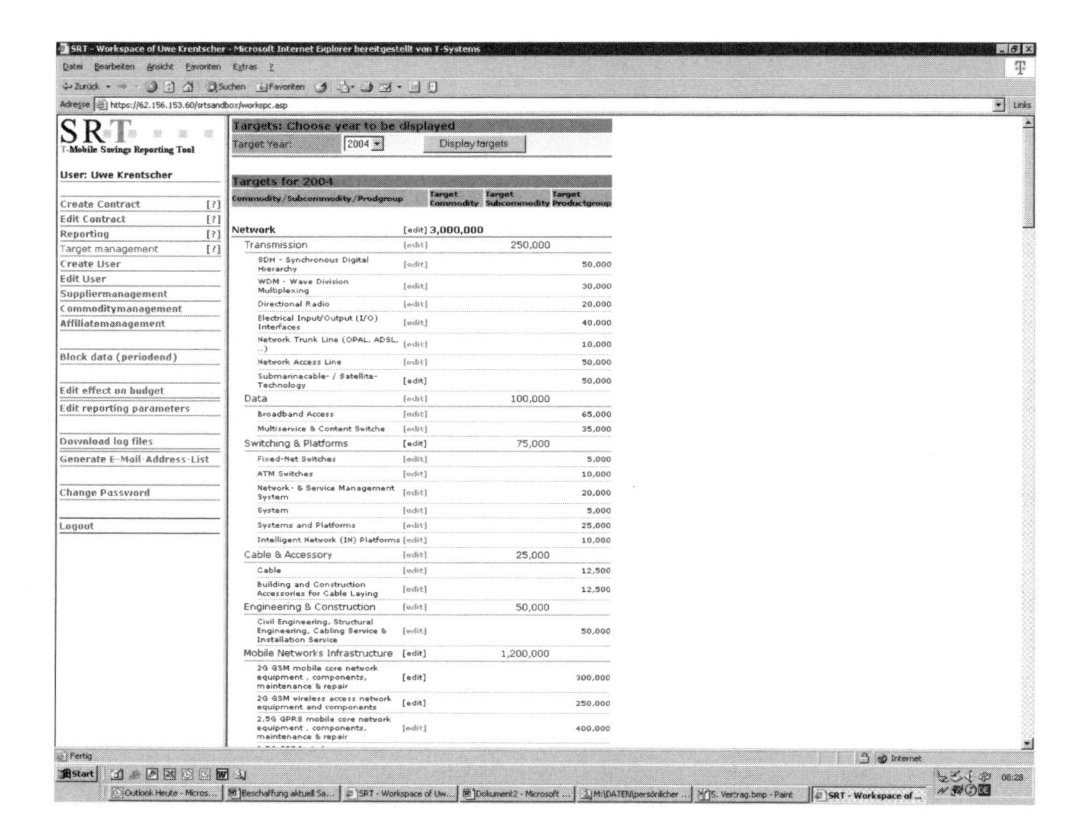

Abb. 25.2: Erfassung von Savings Targets

Anlage von Verträgen im SRT@WEB

Verträge werden in das SRT@WEB eingestellt, wenn der Vertrag unterzeichnet ist oder die (Einzel-) Bestellung an den Lieferanten erteilt wurde. Bei der Anlage von Verträgen ist die Eingabe der nachfolgend aufgeführten, dem Vertrag zugeordneten Stamminformationen notwendig:

- Beschreibung des Vertragsgegenstandes,
- Lieferant,
- einkäuferischer Ansprechpartner,
- zeitliche Gültigkeit des Vertrages,

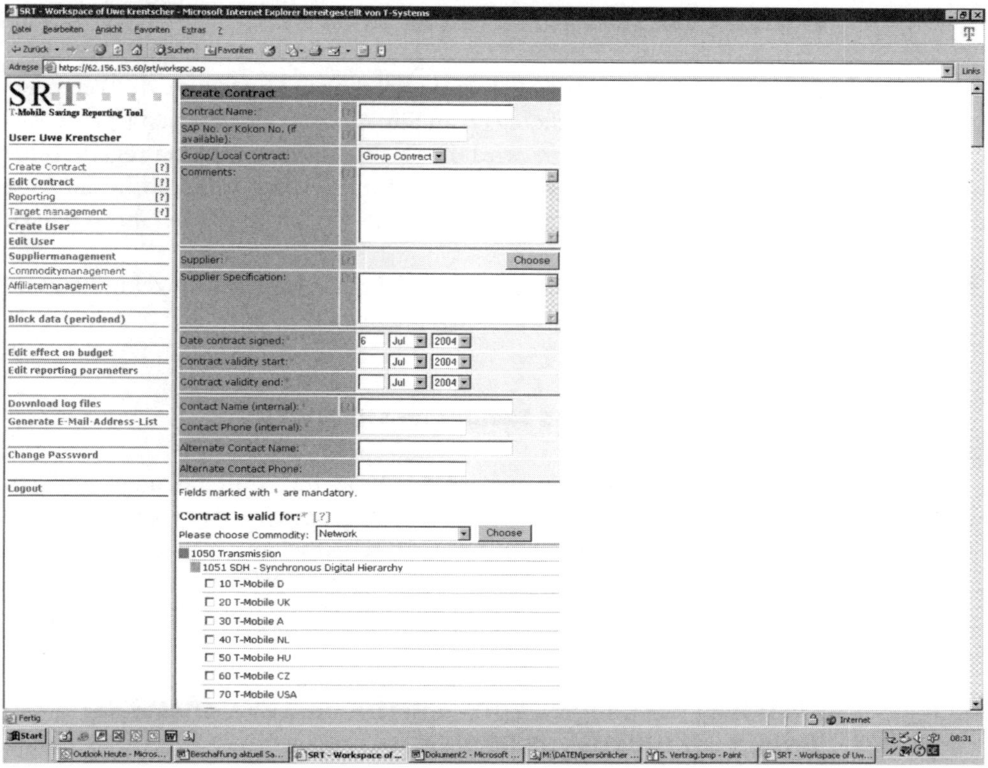

Abb. 25.3: Anlage von Verträgen

- optionale Hinterlegung von internen Notizen zum Vertrag sowie zum Lieferanten und
- organisatorische Gültigkeit des Vertrages für Gesellschaften und Commodities sowie Subcommodities.

Die für einen Vertrag festen Bestandteile (Stammdaten) können im Nachhinein nicht mehr verändert werden. Davon ausgenommen ist lediglich die zeitliche Gültigkeit des Vertrages. Der Vertrag bildet die Grundlage für die Meldung der darauf angefallenen Bewegungsdaten (Savings Forecast und Realized Savings).

Erfassung von Savings Forecast im SRT@WEB

Die Erfassung des Savings Forecast erfolgt nach Einstellung des Vertrages im SRT@WEB. Er kann beliebig oft an Situationsänderungen angepasst werden. Auf Managementebene wird durch die Eingabe und die regelmäßige Pflege des Savings Forecast die Beschaffungsleitung jederzeit in die Lage versetzt, eine aktuelle Vorhersage der erwarteten Savings zum Jahresende zu machen.

Bei eventuellen Abweichungen zur Zielvorgabe kann so frühzeitig steuernd eingegriffen werden.

Erfassung von Realized Savings im SRT@WEB

Die erzielten Realized Savings werden monatlich durch den zuständigen Einkäufer auf den zugrunde liegenden Vertrag beziehungsweise die zugrunde liegende Einzelbestellung im SRT@WEB gemeldet.

Die Berechnung für Savings Forecast und Realized Savings erfolgt gemäß den oben beschriebenen Guidelines und Berechnungsgrundlagen.

Ermittlung der Budget-, EBIT-, EBITDA- und EVA-Effekte der Savings mit Hilfe des SRT@WEB

Nach Erfassung der Einsparung durch den Einkäufer werden die gemeldeten Savings monatlich im SRT@WEB nach den mit dem Controlling der T-Mobile Deutschland definierten Regeln hinsichtlich ihrer Budgetrelevanz geprüft und die Budgets der internen Kunden nach Rücksprache mit Einkauf und Controlling um die erzielten Savings reduziert. Um dies zu ermöglichen, werden Kostenstelle, Kostenart und Projektnummer (Capital Expenditure) beim Erfassen der Savings im SRT@WEB durch die Einkäufer als Budgetreferenz eingetragen. Kombiniert mit der Angabe, ob es sich bei dem zugrunde liegenden Vertrag um Capex (Capital Expenditure), Opex (Operational Expenditure) oder Opex für Miete/Leasing handelt, wird das Controlling in die Lage versetzt, die Berechnung der EBIT-, EBITDA- und EVA-Effekte für T-Mobile durchzuführen.

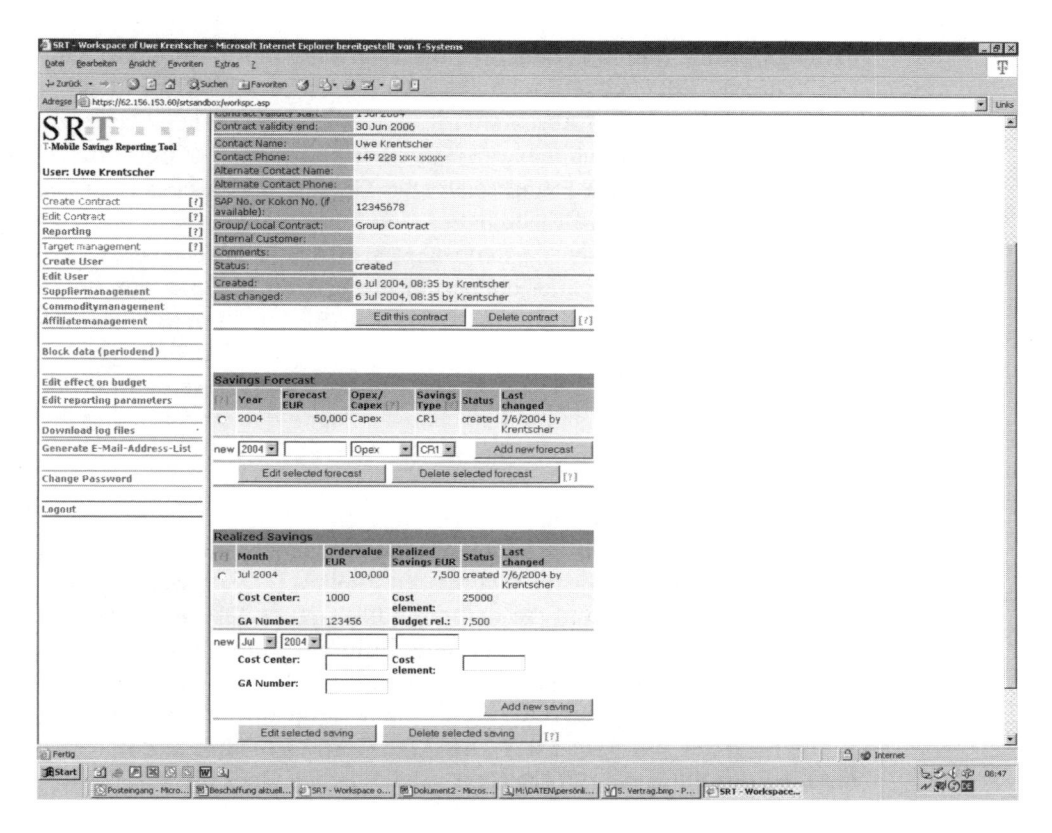

Abb. 25.4: Erfassung von Savings unter Angabe der Budgetposition

Earnings Before Interests and Taxes (EBIT)

Das EBIT wird aus dem Jahresüberschuss vor Steuern, Zinsergebnis und vor außerordentlichem Ergebnis berechnet. Durch die Eliminierung von Steuern und Zinsergebnis erhält man eine Aussage über die operative Ertragskraft eines Unternehmens, und zwar unabhängig von der individuellen Kapitalstruktur (im Gegensatz zu Jahresüberschuss oder Nettoumsatzrendite). Das EBIT bildet die Basis für die Vergleichskennzahl EBIT-Marge, bei der das EBIT in Relation zum Umsatz gesetzt wird. Für die Ermittlung des EBIT im SRT@WEB sind sowohl der Opex als auch die Abschreibungen aus den getätigten Capex relevant. Hierbei werden die Abschreibungen auf Basis einer vom Controlling vorgegebenen durchschnittlichen Nutzungsdauer von x Jahren ermittelt.

Earnings Before Interests, Taxes, Depreciation and Amortization (EBITDA)

Die Kennzahl EBITDA setzt sich aus dem Jahresüberschuss vor Steuern, dem Zinsergebnis und den Abschreibungen des Unternehmens zusammen. Das EBITDA ist eine international weit verbreitete und aussagekräftige Erfolgskennzahl, um die operative Ertragskraft einer Gesellschaft zu beurteilen. Da international betrachtet die Gesellschaften unter unterschiedlichen Gesetzgebungen bilanzieren, ermöglicht die Kennzahl EBITDA aufbauend auf dem EBIT aussagekräftigere Vergleiche der operativen Ertragskraft, als man durch den ausgewiesenen Jahresüberschuss erhält. Um das EBITDA sinnvoll für Unternehmensvergleiche zu nutzen, eignet sich die Kennzahl EBITDA-Marge.

Für die Ermittlung des EBITDA-Effektes im SRT@WEB werden nur die Opex-Savings einbezogen, da die Kapitalkosten keine Berücksichtigung finden.

Economic Value Added (EVA)

Der in einer Periode erwirtschaftete EVA errechnet sich aus dem Produkt des gesamten ins Unternehmen investierten Kapitals (Eigenkapital und verzinsliches Fremdkapital) und der »Überrendite« (jener Teil der Unternehmensrendite, der den gewogenen Durchschnitt aus Eigen- und Fremdkapitalkosten übersteigt). Ein positiver EVA bedeutet eine Steigerung des Marktwerts des Eigenkapitals, ein negativer EVA zeigt eine Wertvernichtung an.

Für die Ermittlung des EVA-Effektes spielen neben Opex und Capex auch die Zinsen eine Rolle.

Hierbei ist im SRT@WEB nachfolgende Berechnungsformel hinterlegt:

Abschreibungswert − (Abschreibungswert × Zinsen)
+ (Anschaffungswert + Restbuchwert)/2 × Anpassungsfaktor = EVA-Effekt

Reporting

Im Reporting kann der User flexibel Berichte generieren. Dabei kann er sich eine beliebige Kombination von Zeitintervall, Commodity, Lieferant und Gesellschaft zusammenstellen. Als Darstellungsoptionen ist es möglich, je nach Anforderung verschiedene Aufrisse nach Capex/Opex sowie nach Art der Savings und der Budgeteffekte festzulegen. Der Bericht kann in HTML ausgegeben oder auch zur eigenen Weiterverarbeitung in Excel exportiert werden.

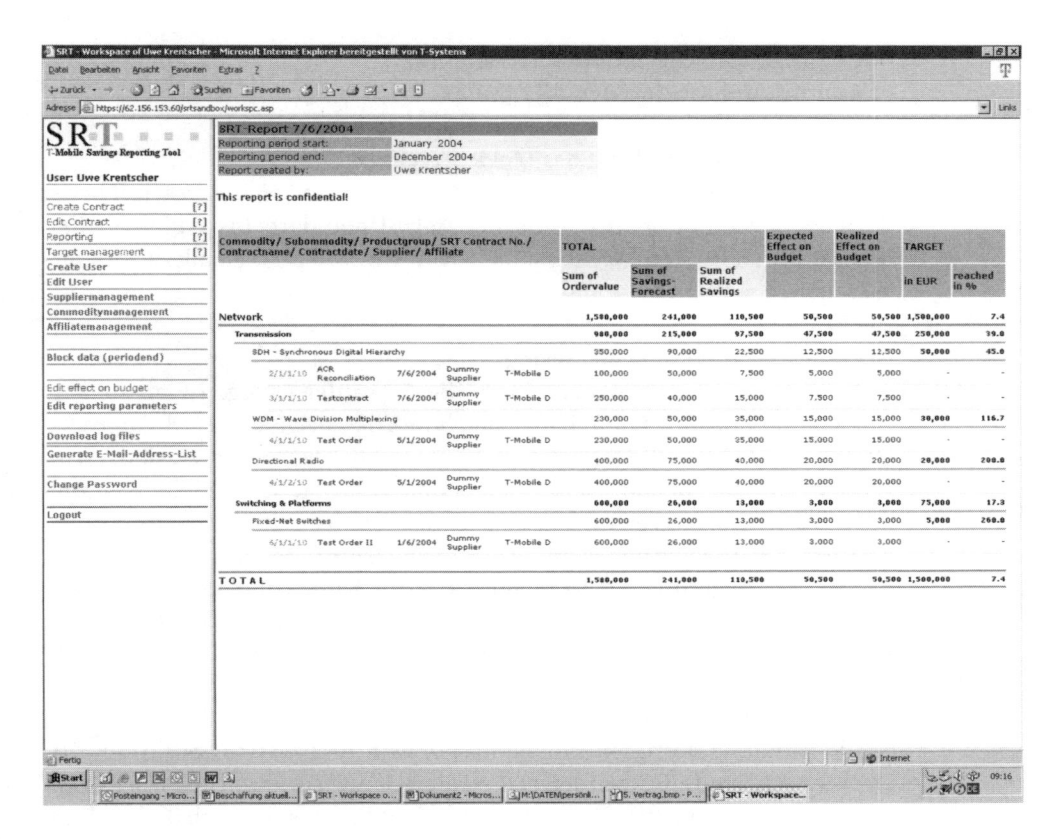

Abb. 25.5: Reporting-Ausgabe

Die einzelnen Verträge sind als Basis der Savings mit den wesentlichen Stammdaten aufgeführt. Per Link kann man komfortabel aus der Reporting-Sicht in die Detaildarstellung des Vertrags wechseln.

Organisatorische Rahmenbedingungen und Administration des SRT@WEB

Organisatorischer Ablauf des Meldeprozesses

Für die Durchführung der Savings-Meldungen sind ein festgeschriebener Zeitplan sowie ein organisatorischer Ablauf definiert. Bis zum 15. jeden Monats liegen für den Vormonat die Savings-Informationen aller Landesgesellschaften vollständig und geprüft vor.

Erfolgsfaktor Prüfung der Savings

Nach Meldung der Savings durch die Einkäufer erfolgen Plausibilisierungen und Prüfungen durch die eingebundenen nächsthöheren Vorgesetzten sowie das Controlling. Nachdem diese Schritte abgeschlossen sind, erlangen die Savings einen offiziellen Status und fließen in die Berichterstattung des Einkaufs ein. In regelmäßigen Abständen erfolgt weiterhin eine einkaufsexterne stichprobenartige Prüfung der Savings durch die Revision oder Berater zwecks Steigerung der Akzeptanz. Hierfür hat der meldende Einkäufer alle erforderlichen Belege, zum Beispiel Angebote, Banf-Kopien, Kopien der Bestellung und Berechnungsunterlagen der Savings bereitzuhalten.

Schulung der Anwender

Die Schulung der User erfolgte nach einem multinationalen »Train-the-Trainer«-Ansatz. Dabei wurden so genannte Multiplikatoren aus jeder Commodity beziehungsweise Organisationseinheit (Landesgesellschaft) geschult. Diese haben ihrerseits die Weitergabe des Wissens an die Mitarbeiter(innen) in ihrer Landesgesellschaft übernommen und fungieren als Ansprechpartner für eine erste Hilfestellung. Insgesamt ist festzustellen, dass durch bewusste inhaltliche Beschränkung auf das Notwendige und eine intuitive Benutzerführung die Komplexität sowie der Schulungsaufwand beim SRT@WEB auf ein Minimum reduziert wurden.

Administration

Der Administrator kann sehr einfach User anlegen und Änderungen an User-Profilen (Berechtigungen auf Commodities und Gesellschaften) vornehmen. Außerdem lassen sich von ihm mit minimalem Aufwand Anpassungen an der Commodity- oder der Gesellschaftsstruktur vornehmen.

Des Weiteren kann der Administrator monatlich die im SRT@WEB gemeldeten Savings zu einem definierten Stichtag fixieren. Hierdurch wird eine feste Historie in der Kommunikation der Savings sichergestellt, da bereits eingegebene Informationen in begründeten Fällen allein durch den Administrator korrigiert werden.

Vorteile des SRT@WEB im Überblick

- einfache Bedienung des Tools, dadurch hohe Akzeptanz – auch in multinationalen matrixorganisierten Unternehmen,
- aufgrund webbasierter Oberfläche schnell einsetzbar und weltweiter Zugriff rund um die Uhr,
- »Information at your Fingertip« zum Thema Savings,
- flexible Anpassung an neue Organisationsstrukturen,
- prozessuale Integration von Beschaffung und Unternehmenscontrolling beim Thema Savings,
- Analyse von Savings-Potenzialen nach Lieferanten, Commodities, Warengruppen und Organisationseinheiten,
- gezielte Steuerung von Savings-Maßnahmen,
- Steigerung des Wertbeitrags des Einkaufs zum Unternehmensergebnis durch erhöhte Transparenz,
- Sicherung von Einkaufserfolgen auch auf Budgetbasis,
- Ausweis des Wertbeitrages des Einkaufs nach EVA-, EBITDA- und EBIT-Effekten,
- optimierte und zielgerichtete Motivation der Führungskräfte und Mitarbeiter in der Beschaffung.

Fazit

Die Generierung von Savings ist für alle Beschaffungsleiter und Beschaffungsmanager ein zentrales Thema, da die Savings beim Beschaffungshandeln einen wesentlichen Baustein der Beschaffungsdienstleistung darstellen. Insbesondere aufgrund von Zielvorgaben durch die Geschäftsleitung steht dieses Thema permanent im Fokus. Bei der Kommunikation von Savings ist aber zu berücksichtigen, dass die Savings nur ein Element der Beschaffungsleistung darstellen. Weitere zentrale Erfolgsfaktoren wie zum Beispiel Lieferantenevaluierung, Risikomanagement, Prozessmanagement, Nutzung von E-Tools, Kundenzufriedenheit sowie Qualifikation der Mitarbeiter(innen) sollten in einer Purchasing Scorecard gemeinsam mit den Savings an die Geschäftsleitung kommuniziert werden. Das optimale Management und Monitoring dieser Handlungsfelder stellt die Basis für eine »World-Class«-Beschaffungsdienstleistung dar.

Literatur

Buchholz, W.: »Leistungsmessung in der Beschaffung«, in: *Beschaffung aktuell* 12/1999, Leinfelden-Echterdingen, Seite 52ff.

Budde, R.: »Profit-Center Materialwirtschaft und Einkauf«, in: *Beschaffung aktuell* 11/2001, Leinfelden-Echterdingen, Seite 30–42

Espich, G. W.: »Erfolg wird erst an der Messlatte sichtbar«, in: *Beschaffung aktuell* 06/2003, Leinfelden-Echterdingen, Seite 39–42

Hug, W.: »Wertetreiber Einkauf – mit strategischem Einkauf zum nachhaltigen Erfolg«, in: *Seminarunterlagen Managementforum Starnberg: Leistungssteigerung und Kostensenkung im Einkauf durch Kennzahlen und Controlling im Einkauf*, München 2003, S. 14–27

Kley, K. L.: »So trägt der Einkauf zur Wertsteigerung des Unternehmens bei«, in: *www.bme.de*, Frankfurt 2004, Seite 1–6

Orths, H.: »Einkaufscontrolling als Führungsinstrument«, in: *Praxisreihe Einkauf Materialwirtschaft* Band 10, Hrsg. von Prof. Dr. Horst Hartmann, Gernsbach 2003, S. 62–75

Schoddel, M.; Krentscher, U.: »Kapitel Beschaffungscontrolling«, in: *Praxishandbuch Einkauf – Innovatives Beschaffungsmanagement: Organisation, Konzepte, Controlling*, Hrsg. von Uli Arnold und Gerhard Kasulke, Köln 2003

26
Nachhaltiges Beschaffungswesen – Wertsteigerung für das Unternehmen

Klaus Rick

Einführung

Dieser Beitrag zeigt Beziehungen zwischen nachhaltiger Unternehmensführung und dem Beschaffungswesen auf. Die Verbindung zwischen den durch Internationalisierung geprägten, durch E-Procurement in Bewegung geratenen, veränderten Feldern des Einkaufs und der Strategie zur Zukunftsfähigkeit eines Unternehmens im Ganzen muss noch enger geknüpft werden. Der Autor spannt einen Bogen zwischen aktuellen Erfordernissen operativer Beschaffung über die Wesenszüge der Nachhaltigkeitstheorie hin zu strategischen Überlegungen, wie Business Excellence auf der Beschaffungsseite unter Betonung nachhaltiger Unternehmensführung abgeleitet, ausgebaut und gefestigt werden kann. Durch die Darstellung zeitgemäßer Instrumente zur Implementierung nachhaltiger Unternehmensführung gewinnt der Leser einen Einblick in die jeweiligen Ansätze, werthaltige und damit nachhaltige Entscheidungen für den Einkauf und seine benachbarten Funktionsbereiche zu treffen und umzusetzen.

Die Überlegungen der etablierten Nachhaltigkeitsliteratur aus Politik und Ökonomie finden im Beschaffungswesen zurzeit noch geringe Verbreitung und werden kaum angewendet. Dieser Text gibt einen Einblick in die Wechselbeziehungen zwischen Beschaffung und Nachhaltigkeit. Nur eine bewusste Hinwendung zur Lösung anstehender Risiken – entstanden als augenscheinliche Konsequenz zunehmenden Kostendrucks und in der Wirkung in eine verschärfte Fokussierung vieler Unternehmen auf Cost Cutting, Abschottung und mangelnde Kultivierung von Partnerschaften mündend[1] – kann unternehmerische Profitabilität und Bestandssicherung, gestützt durch einen effizienten, umsichtigen und wachsamen Einkauf, langfristig absichern.

---

1) Diese beginnen sich bereits als negative Rebounds in der Supply Chain auszuwirken: Verringerte Kooperationsbereitschaft von Geschäftspartnern zählt zu Auswirkungen dieser Art.

Heterogenes Umfeld

Die Beschaffungsmärkte entwickeln sich unterschiedlich: Während Rohstoffmärkte wie Erdöl und fossile Energieträger, die Edelmetallgewinnung, die Stahlerzeugung, die Metall- und Kunststoffproduktion und -verarbeitung sich zunehmend zu Verkäufermärkten entwickeln, bestehen beispielsweise im IT-Sektor und branchennahen Dienstleistungsbereichen durchaus substanzielle Chancen, die Käuferposition als Folge einer begrenzten Nachfrage weiter zu stärken. Die Insolvenzneigung ist in Deutschland und Westeuropa im produzierenden Gewerbe und im Dienstleistungssektor unter anderem als Folge des Imports von Billiglohnproduktion und -arbeitsleistung erwartungsgemäß angestiegen. Eine langfristig angelegte Unternehmens- und Beschaffungspolitik muss sich kurzfristigen und »trendigen« Einmalerfolgen entgegenstellen und wieder das Gesamtwohl und die Zukunftssicherung der Unternehmung in das Zentrum der Überlegungen stellen – trotz erheblicher Hürden, die sich im mittleren und oberen Management aufgetürmt haben. Ignoriert man die Entwicklung, läuft ein Unternehmen Gefahr, Insolvenz- oder Übernahmekandidat von morgen zu sein.

Auf den nationalen Markt bezogen ist trotz einer komfortablen Exportsituation der deutschen Volkswirtschaft aufgrund der schwachen Binnenkonjunktur nur wenig Aufbruchstimmung und Investitionsmut zu erkennen. Der nicht zurückgehende Kostendruck durch fortwährend steigende Energie- und Rohstoffpreise, die drückende Lohn- und Lohnnebenkostensituation, weiter wachsende Transportaufwendungen und ein starker Euro belasten die Unternehmensergebnisse unmittelbar und dauerhaft.

Unterdessen wurden in den vorangegangenen Jahren als Reaktion auf die Globalisierung und damit drohende Nachteile im internationalen Wettbewerb viele Restrukturierungs- und Reengineering-Aufgaben zur Effizienzsteigerung in den Prozessen der Unternehmen abgearbeitet. So ist die Beschaffungsseite beziehungsweise das gesamte Supply-Chain-Management (SCM) häufig neu organisiert, verschlankt, die Prozesse sind anhand von Informationstechnologie weiter beschleunigt worden. Die Konzentration auf Kerngeschäftsfelder erfolgte in vielen Betrieben, zugleich musste eine Reihe traditioneller Lieferanten durch Insolvenzen auf Anbieterseite von der Bieterliste gestrichen werden.

In der Zusammenschau bedeutet dies eine Erosion der klassischen Wertschöpfungsglieder durch zunehmende Externalisierung in den Prozessen insbesondere von Unternehmen in entwickelten Hochlohn-Industrienationen. Durch Standortverlagerungen sowie Kosten- und Qualitätsoffensiven konnte zwar ein Teil der Verluste proaktiv kompensiert werden. Ein weiterer vornehmlich kostenfokussierter und damit mittelfristig unter Umständen ruinöser Wettbewerb mit Ländern, die ein erheblich niedrigeres Lohn- und Gehaltsniveau vorweisen, erscheint wenig sinnvoll. Das untere Ende der Möglichkeiten im Lohnkostenbereich einer hoch entwickelten Nation durch Freisetzungen und Gehaltsverzicht ist in Sichtweite gekommen.

Stabilisierender Beitrag der Beschaffungsseite

Ein nachhaltig orientiertes Beschaffungswesen, das die Chancen dieser Unternehmensweise in Gänze erkennt und nutzt, sie aber nicht auf eine ökologieorientierte Betrachtung[2] verkürzt, kann zur Förderung der Zukunftsfähigkeit des eigenen Unternehmens durch eine engere Verzahnung mit den Zielen der Unternehmensführung in hohem Maße beitragen: Durch die aktive Senkung von Risikopotenzialen und die Steigerung der Planungssicherheit kann eine wertvolle Ergänzung zur Absicherung des Unternehmens geschaffen werden. Ansätze sind außer der Senkung der Kapitalkosten (dies können Umschichtungen im Vermögensbereich durch sinnvolle Veräußerungen und verringerten Neu-Eigentumserwerb sein) ein besseres Forecasting im Supplier-Management mit damit verbundener Früherkennung von Insolvenzen bei Lieferanten sowie ein durch Futures gezielt und vorsichtig gestützter Rohstoffeinkauf an Terminbörsen zum Beispiel für Roh- und Treibstoffe. Dies dient der Stabilisierung der Eintrittswahrscheinlichkeit positiver unternehmerischer Entwicklungen.

Erweiterung der verkürzten Sichtweise

Das Toolset zur Förderung nachhaltiger Beschaffung ist in der Literatur zumeist auf ökologische Produktgruppen und deren Einkauf reduziert. Mit Öko-Labels (Blauer Engel, Euro-Blume) und internetgestützten Nachschlagewerken zu den Umwelteigenschaften ganzer Produktgruppen wird – bei allem Nutzen für die Umwelt – häufig kein integrativer bereichsübergreifender Ansatz verfolgt. Eine bemerkenswerte Ausnahme bildet die Förderung umweltneutraler öffentlicher Beschaffung, die ausgehend von Kommunen in Deutschland und Frankreich durch EU-Initiativen (hier ist etwa

---

[2] Im Sinne der seit vielen Jahren nachzulesenden »umweltfreundlichen Beschaffung«, die sich lediglich auf die positiven Umwelteigenschaften von eingekauften Waren und Produkten bezieht.

die ICLEI Eco Procura/Procura-plus-Initiative der EU herauszustellen) beschleunigt wurde.[3] Dazu existiert zwar viel Druckwerk, der Grundsatz der niedrigsten Anschaffungskosten im öffentlichen Sektor vereitelt aber häufig den Kostenvorteil der Total Costs of Ownership (TOCO) von ressourceneffizienteren Alternativen. Insofern hinkt auch hier die praktische Umsetzung den teils guten Ansätzen hinterher, weil die öffentliche Beschaffung sich Umweltregeln auferlegt, die sie selbst nur schwer umzusetzen imstande ist.

Eine spürbare Erweiterung um die neben der Umweltverträglichkeit ebenso bedeutenden Nachhaltigkeitsaspekte der Werterhaltung des Unternehmens im Sinne der Shareholder-Value-Sichtweise und der sozialen Verträglichkeit ist durch neue, erweiterte und zunehmend integrative Modelle leistbar. Die Literatur dazu ist auch hier nach wie vor spärlich. Im Folgenden sind nach einer Einführung in die Wesenszüge der Nachhaltigkeit einige praxisnahe Überlegungen skizziert.

Erst viel später als in der politischen Diskussion hat der Begriff Nachhaltigkeit Eingang in die Literatur der Wirtschaftswissenschaften gefunden. In der politischen Debatte wurde hinsichtlich wirtschaftspolitischer und unternehmerischer Empfehlungen überwiegend die ökologieorientierte Sichtweise der Nachhaltigkeit beschrieben. Auch heute noch wird in Unternehmen unter einer Umweltorientierung als Teilperspektive der Nachhaltigkeit weitgehend eine Ökologieorientierung (Schutz der Biosphäre) verstanden. Anspruchsgruppen als klarer Bestandteil der unternehmerischen Umwelt müssen jedoch, dem Stakeholder-Ansatz folgend, mit einbezogen werden.

Nachhaltigkeitsmanagement ist noch umfassender als die zuvor genannte Erweiterung als eine unternehmerisch bereichsübergreifende Aufgabe zu verstehen. Diese sollte nicht nur die drei Herausforderungen Ökologie, Ökonomie und Sozialverträglichkeit im Blickpunkt behalten, sondern als vierten und wichtigsten Punkt deren Integration und Vernetzung zu meistern imstande sein.

Die ökologische Herausforderung als die erste und bekannteste Dimension spricht die diskutierte Belastung der Ökosysteme durch wirtschaftliche Aktivitäten an. Ökosysteme sind nur bis zu einer bestimmten Grenze belastbar, ohne dass langfristig dauerhafte Schäden, sichtbar beispielsweise durch den Rückgang der Artenvielfalt (Biodiversität) oder anthropogener Treibhauseffekt, eintreten. Ziele sind der langfristige Schutz der natürlichen Umwelt, die Sicherung ihrer Absorptionsfähigkeit und Regenerationskraft und der

[3] Vgl. http://www.iclei.org

Erhalt der Biodiversität.[4] Damit ist für den Einkauf die inzwischen klassische Aufgabe formuliert, wie durch direkte und indirekte Aktivitäten die vom Unternehmen induzierten Umweltbelastungen und deren Folgekosten minimiert werden können. Durch die dem Verursacherprinzip folgenden Initiativen des Gesetzgebers zum Beispiel zu Rücknahmeverpflichtungen der Hersteller unterschiedlichster Produkte (Autos, IT-Hardware, Altbatterien, Kunststoffe) ist ein EU-weites Regulativ geschaffen worden, die Rücknahme-, Entsorgungs- und Beseitigungskosten herstellerseitig zu minimieren. Seit Jahren trägt so der Einkauf zu einer verbesserten unternehmerischen Gesamtsituation durch umweltneutralere Produktkomponenten bei.

Die soziale Herausforderung als zweite Dimension stellt das Unternehmen vor die Aufgabe, die Summe seiner sozialen Wirkungen sowohl auf der Beschaffungsseite, zum Beispiel durch die Vermeidung von induzierter Kinderarbeit (ursächlich Folge eines Lohnkostenproblems) oder die Ökosysteme belastender Herstellung von Produkten, als auch in der Produktnutzungsphase (zum Beispiel Emissionen und Energiekonsum im Gebrauch) zu verbessern. Unternehmen sind gesellschaftlich eingebettete Institutionen, die auch »... auf gesellschaftliche Akzeptanz angewiesen sind. Sie müssen ihre sozialen Wirkungen auf Individuen, Anspruchsgruppen und die Gesellschaft insgesamt berücksichtigen.«[5] Ziel ist mithin eine Steigerung der Sozialeffektivität und als Folge die Verringerung sozial unerwünschter Auswirkungen des Unternehmens, noch besser eine Förderung positiver sozialer Wirkungen im Rahmen des wirtschaftlich Vertretbaren. Dies erhöht die gesellschaftliche Achtung und sichert damit die soziale Legitimation des Unternehmens. Im IT-Sektor beispielsweise stehen die Hersteller von Gewalt verherrlichenden und militanten Computerspielen zunehmend unter Druck, da die Nutzer durch erhöhte Gewaltbereitschaft auffallen. Mancher Jugendliche landet bei der Nutzung von Mobilfunktelefonen in der Schuldenfalle, weil er den genauen Kostenüberblick verloren hat. Senioren können an vielen IT-gestützten Angeboten (Internet, öffentliche Automaten) nur mit Mühe oder gar nicht mehr teilnehmen. Dies ruft Initiativen hervor, deren Wirkung auf die Unternehmen spürbar nachteilig sein kann und daher nicht unterschätzt werden darf. Die Beschaffungsseite kann diesbezüglich nur wenig einwirken, da entsprechende Entscheidungen aus anderen Bereichen (zum Beispiel Produktmanagement und Produktstrategie) herrühren.

---

[4] Vgl. Schaltegger, S. et al.: *Nachhaltigkeitsmanagement in Unternehmen – Konzepte und Instrumente zur nachhaltigen Unternehmensentwicklung*, Berlin 2002, S. V

[5] Vgl. Schaltegger et al. 2002, S. VIf.

Als ökonomische Dimension ist die klassische Gewinnerwirtschaftung und Bestandssicherung der Unternehmen zu verstehen. Eine Maxime, die an dieser Stelle eigentlich keiner näheren Erläuterung bedarf, aber aufgrund einer ansteigenden Zahl von verurteilten Managern, die ihre Macht missbräuchlich zur persönlichen Bereicherung nutzen, doch differenzierter beschrieben werden muss: Der Mittelstand kann in diesem Zusammenhang als besseres Vorbild gegenüber Großunternehmen und Multinationals angeführt werden. Die bei mittleren Unternehmen an der Spitze stehenden Unternehmenslenker setzen sich im Durchschnitt häufig mehr für ihr Unternehmen, dessen Fortbestand und Belegschaft ein als viele Konzernmanager, die mit hoch dotierten Verträgen oft nur wenige Jahre in zentralen Positionen verweilen und deren mitunter dramatische Fehlentscheidungen dann erst gegen Ende oder nach der Zusammenarbeit auffallen – nicht selten, ohne nennenswert geahndet zu werden. Aktuellen Beobachtungen folgend kann nach Auffassung des Autors die These formuliert werden, dass mit zunehmender Unternehmensgröße die Übernahme von Managementverantwortung bei Misserfolgen spürbar von Entgelt und Prestige einer Managementposition entkoppelt ist.

Damit ist insbesondere aufgrund der Häufung von Unternehmensskandalen vor allem der börsennotierten Konzerne immer stärker – und damit entgegen mancher klassischen BWL-Literatur – die Tragfähigkeit und Dauerhaftigkeit von Entscheidungen für Produkte und Dienstleistungen von einzelnen Konzernlenkern kritisch zu begleiten und nicht selten zu hinterfragen. Dies betrifft in Teilen auch das Einkaufsmanagement. Gewinnorientierte, in einem Wettbewerbsfeld agierende Unternehmen werden zwar primär aus ökonomischen Zwecken gegründet und betrieben, sollten aber ihre eigene Zukunft nicht zunehmend durch Substanzverluste, Preisdumping und kurzfristig orientierte Entscheidungen aushöhlen, die nur dazu dienen, die Analysten zu beeindrucken.

Eine in diesem Gefüge häufig vernachlässigte ökonomische Zusatzgröße ist die Profitabilität des Umwelt- und Sozialmanagements selbst. Gerade weiche und nur schwer monetarisierbare Faktoren wie ein gutes Image, hohe Mitarbeitermotivation und damit Produktivität, ein gutes Umfeld im Sinne guter nachbarschaftlicher Beziehungen, gut dosiertes Sponsoring et cetera tragen bei ansonsten vergleichbaren ökonomischen Parametern auch bei Anlegern deutlich zur Erhöhung des Interesses und damit des Unternehmenswertes im Sinne des Shareholder Value bei. Zudem sinken durch aktives vom Einkauf gefördertes straffes Umweltmanagement und durch ein veritables Sozialmanagement die Kosten bei der Produktion (Gestehungskosten,

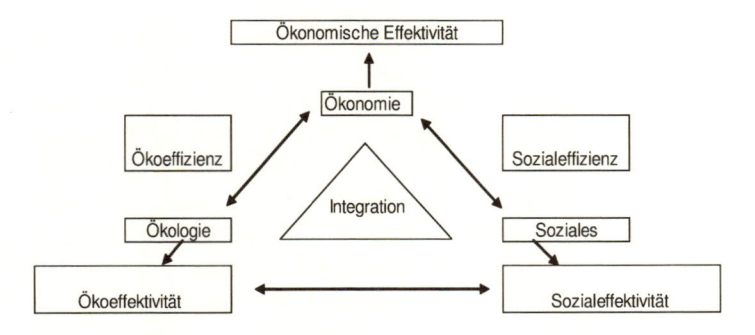

Abb. 26.1: Die vier Nachhaltigkeitsherausforderungen an Unternehmen
(Quelle: vgl. Schaltegger et al. 2002, S. 6)

Energie- und Transportkosten, Entsorgung) ebenso wie im Personalbereich (verringerte Ausfallzeiten und Gesundheitskosten, Human-Resource-Verluste durch Fluktuation oder andere Know-how-Schmälerung). Steigende Absatzzahlen können damit nicht nur der Produktqualität und einem guten Marketing zuerkannt werden, wie gern von dieser Seite beansprucht, sie sind fassbare Wirkung einer guten Nachhaltigkeitsperformance und kultivierten weichen Faktoren.

Die Integrationsherausforderung als viertes Element leitet sich schließlich aus zwei Ansprüchen auf dem Weg zum Nachhaltigkeitsmanagement ab: Einerseits besteht die Aufgabe, die drei vorgenannten Herausforderungen der Nachhaltigkeit gleichzeitig und mehr oder weniger gleichberechtigt zu erfüllen. Andererseits geht es darum, Umwelt- und Sozialmanagement und ihre Ausprägung im Einkauf mit deren Konzepten und Instrumenten in das konventionelle, ökonomisch ausgerichtete Management methodisch einzubetten und in Einklang zu bringen. Beschaffungsseitige Entscheidungen mit Wirkung auf Umwelt- und Sozialfelder laufen in der Regel noch immer organisatorisch und methodisch getrennt vom ökonomischen Management ab. Dies führt dazu, dass sowohl Gemeinsamkeiten als auch Konflikte zu wenig erkannt werden und somit ausgesprochen uneffektiv oder gar nicht in Angriff genommen werden. Durch die Erfüllung der vier skizzierten Bereiche entstehen dem Unternehmen Chancen, die Gesamtperformance zu verbessern.

Ziel des Nachhaltigkeitsmanagements ist jedoch wie beschrieben die *integrierte* Berücksichtigung ökologischer, sozialer und ökonomischer Aspekte.[6]

---

6) Schaltegger et al. 2002, S. IV

Es lässt sich den Ausführungen folgend die Frage formulieren, wie die drei Herausforderungen gleichzeitig erfüllt und ergänzend ökologische und soziale Aspekte in das konventionelle, ökonomisch ausgerichtete Management integriert werden können. Das wird sich naturgemäß in kleinen und mittleren Betrieben eher realisieren lassen als in großen Unternehmen, da bei Letzteren die Komplexität der Anordnung Grenzen setzt. Insofern betreiben kleinere Unternehmen durch die mehrdimensionale Betrachtung bei Entscheidungen aufgrund der besseren Überschaubarkeit nicht selten unwissentlich Nachhaltigkeitsmanagement – und das seit ihrer Gründung. Mit anderen Worten ist unter nachhaltiger Unternehmensführung keine Innovation, sondern nur eine Renaissance traditioneller betriebswirtschaftlicher Werte und ihrer Verantwortung zu verstehen.

Ausgewählte Instrumente

Die meisten Werkzeuge einer nachhaltigen Unternehmensführung stellen eine Anpassung an genutzte und bewährte Managementkonzepte und -instrumente dar, sie werden an neue Entwicklungen und Erfordernisse angepasst und bieten sich für eine Betrachtung aus Beschaffungssicht an. Das in diesem Beitrag erläuterte Toolset besteht neben der Sustainability Balanced Scorecard (SBSC) aus der Cross-Impact-Analyse (CIP), Dialoginstrumenten sowie der Ökoeffizienz-Analyse. Während die Sustainability Balanced Scorecard mittels der Balanced Scorecard an die nachhaltige Unternehmensführung angepasst wurde, ist die Ökoeffizienz-Analyse speziell hierfür entwickelt worden.[7]

Die Balanced Scorecard (BSC)[8] ist als Instrument für nachhaltige Beschaffung geeignet, weil sie zusätzlich zum Anlagekapital und dessen effizienter Nutzung auch nicht-monetäre respektive weiche Erfolgsfaktoren methodisch mit berücksichtigt. Sie sei etwas ausführlicher beschrieben. Um die BSC in eine SBSC umzuformen, werden in eine in Unternehmen bereits vorhandene BSC schlicht Umwelt- und Sozialaspekte integriert.[9] Die Scorecard selbst wird als strategisch steuerndes Managementsystem angesehen, das sich permanent weiterentwickelt. Die BSC dient als Kommunikations-, Koordinations- und Steuerungsinstrument zur erfolgreichen Umsetzung der sich organisch

---

[7] Vgl. Schaltegger et al. 2002, S. VI
[8] Eine ausführliche Schilderung findet sich bei den Urhebern: vgl. Kaplan, R.; Norton D.: *Balanced Scorecard: Strategien erfolgreich umsetzen*, Stuttgart 1997
[9] Vgl. Schaltegger et al. 2002, S. 53

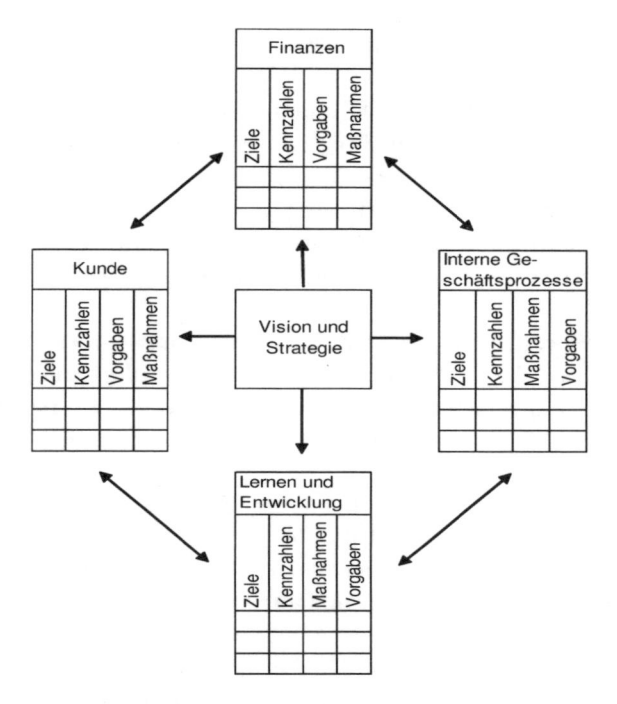

Abb. 26.2: Die vier Perspektiven der Balanced Scorecard
(Quelle: vgl. Kaplan u. Norton 1997, S. 9)

weiterentwickelnden Unternehmensstrategie. Sie sollte auch im Bereich Beschaffung eingesetzt werden.[10] Die methodische Berücksichtigung von Anlagekapital und dessen effizienter Nutzung sowie die weichen Erfolgsfaktoren wie etwa Kundenzufriedenheit und Mitarbeiterqualifikation sind für die langfristige Schaffung von Unternehmenswert mit entscheidend.

Die BSC ermöglicht außerdem eine Leistungsmessung, welche an der jeweiligen Beschaffungsstrategie ausgerichtet sein sollte und somit in jeder Abteilung individuell erstellt werden kann. In Zentrum der BSC stehen die Visionen und Strategien des Unternehmens, welche als Ausgangspunkte dienen, aus denen schrittweise die wichtigsten Ziele Kennzahlen, Vorgaben und Maßnahmen festgelegt werden, um daraus Prozesse zur Stützung der einzelnen Perspektiven ableiten zu können. Eine Leistungsmessung findet

10) Vgl. ebd., S. 121

in den in Abbildung 26.2 gezeigten vier klassischen Perspektiven statt, die den Rahmen bilden.[11]

In der finanzwirtschaftlichen Perspektive ist für den Beschaffungsbereich zu zeigen, ob die Einkaufsstrategie nach ihrer Umsetzung eine grundsätzliche Ergebnisverbesserung bewirkt. Sie nimmt eine Doppelrolle ein, da in dieser Perspektive die Rentabilitätsziele (Prozessbeschleunigungen, Effizienzsteigerungen in der Beschaffungsabwicklung durch Ansätze wie E-Auctioning und Inverse Auctioning) definiert werden, die durch die Strategie erreicht werden sollen.

In der Kundenperspektive werden diejenigen Kunden- und Marktsegmente identifiziert und bearbeitet, auf die der Einkauf Einfluss nehmen kann, zum Beispiel durch den Kauf hoch qualitativer und schnell verfügbarer Best-buy-Produktkomponenten, um zum gewünschten Gesamterfolg Kundenzufriedenheit und -bindung beizutragen.

Die interne Geschäftsprozess-Perspektive betrachtet die Prozesse und Methoden im Einkauf, die für das Erreichen der Ziele der beiden übergeordneten Perspektiven entscheidend sind. Dies bedeutet die optimale Ausstattung und Ausbildung der Lead Buyer, um das Einkaufsgeschäft kompetent und rasch durchzuführen.

In der Lern- und Entwicklungsperspektive werden abschließend das Arbeitsumfeld und die Infrastruktur definiert, die geschaffen oder ausgebaut werden müssen, um langfristiges Wachstum und Verbesserung in den drei anderen Perspektiven zu sichern.[12]

Bei den Kennzahlen unterscheidet man günstig zwischen Ergebnisgrößen und Leistungstreibern, die für jede Perspektive aus der Unternehmensstrategie heraus individuell formuliert werden. Ergebnisgrößen geben an, inwieweit die zentralen strategischen Kernziele, welche sich aus der Strategie der Geschäftseinheit ergeben, in den Perspektiven erreicht werden (Mitarbeitertreue und -zufriedenheit). Leistungstreiber hingegen bilden die entscheidenden Voraussetzungen zur Erreichung dieser Ergebnisse ab (Personalpotenziale, Arbeitsklima). Leistungstreiber im Einkauf sind zum Beispiel die erarbeiteten Informationen aus Frühwarnsystemen einer Beschaffungsabteilung, die die Märkte und das Umfeld beobachtet, sie sind unternehmensspezifisch.

Die für ein Unternehmen strategisch wichtigen Ergebnisgrößen und Leistungstreiber werden durch die BSC in den vier Perspektiven über Ursache-

11) Vgl. Kaplan u. Norton 1997, S. 8   12) Vgl. Kaplan u. Norton 1997, S. 24ff.

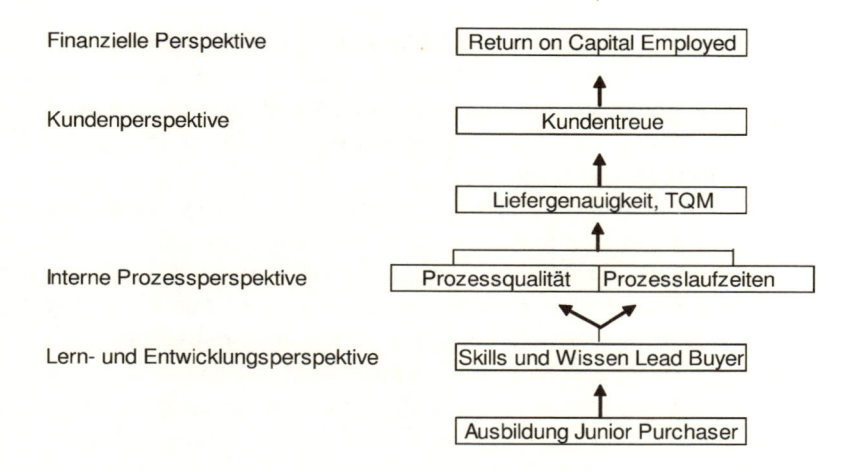

```
Finanzielle Perspektive           │ Return on Capital Employed │
                                              ↑
Kundenperspektive                     │    Kundentreue    │
                                              ↑
                                  │   Liefergenauigkeit, TQM   │
                                              ↑
Interne Prozessperspektive        │ Prozessqualität │ Prozesslaufzeiten │
                                              ↕
Lern- und Entwicklungsperspektive   │ Skills und Wissen Lead Buyer │
                                              ↑
                                   │ Ausbildung Junior Purchaser │
```

Abb. 26.3: Ursache-Wirkungs-Kette in der Balanced Scorecard des Einkaufs (Quelle: eigene Darstellung nach Kaplan u. Norton 1997, S. 29)

Wirkungs-Ketten kausal verknüpft und schließlich auf den langfristigen Unternehmenserfolg in der Finanzperspektive ausgerichtet.[13]

Durch diese in Abbildung 26.3 dargestellte kausale Verknüpfung wird einerseits eine bessere Kommunikation der Gesamtstrategie in den einzelnen Bereichen des Unternehmens erreicht und andererseits die Bündelung aller Unternehmensressourcen und -aktivitäten auf die Umsetzung der Strategie verbessert.

Balanced Scorecard und Sustainability Balanced Scorecard

Die SBSC zielt darauf ab, die Integration der drei Säulen des Nachhaltigkeitskonzepts für eine erfolgreiche Umsetzung von Unternehmens- und Geschäftsfeldstrategien zu internalisieren. Um die BSC in eine SBSC zu überführen, werden Umwelt-[14] und Sozialaspekte integriert. Diese Aspekte sind überwiegend qualitativ und wirken über nicht-marktliche Mechanismen auf

---

13) Vgl. Schaltegger, S. u. Dyllick, T. (Hrsg.): *Nachhaltig managen mit der Balanced Scorecard – Konzept und Fallstudien*, Wiesbaden 2002, S. 23ff.

14) Im oben beschriebenen erweiterten Sinn

das Unternehmen ein. Da die BSC Kausalbeziehungen der einzelnen Perspektiven zueinander freilegt, können Umwelt- und Sozialaspekte über die Ursache-Wirkungs-Ketten auf den langfristigen Unternehmenserfolg ausgerichtet und in das Managementsystem integriert werden. Für diese Erweiterung gibt es mehrere Möglichkeiten.[15]

Zunächst kann man in die bestehenden vier bekannten BSC-Perspektiven Umwelt- und Sozialaspekte verstärkt einarbeiten und strategische Kernelemente, Ziele, Ergebniskennzahlen, Leistungstreiber sowie Maßnahmen einordnen, wodurch die Erweiterungen zum gleichberechtigten integralen Bestandteil der ursprünglichen Card werden. Durch die Einbindung in die Ursache-Wirkungs-Kette geschieht eine Ausrichtung auf die wesentliche Finanzperspektive. Diese Möglichkeit der Integration ist beschaffungsseitig besonders für solche Aspekte geeignet, die schon in das Marktsystem integriert sind, wie etwa ökologische Produkteigenschaften, Nutzungseffekte und andere umweltwirksame Kosten.[16]

Alternativ ist eine Ausdehnung der BSC um eine weitere fünfte Perspektive in Betracht zu ziehen. Dies ist besonders für die Integration strategischer Umwelt- und Sozialaspekte geeignet, die über das nicht-marktliche Umfeld auf das Unternehmen einwirken. Nicht-marktliche Elemente beeinflussen zum Beispiel das Image bei Kunden zu einem Unternehmen. Ansätze sind Sponsoring-Aktivitäten außerhalb des Kernbereichs des Unternehmens, unternehmensinterne erhöhte Anforderungen an die Mitarbeiterzufriedenheit, an Produkte und Prozesse, die über das gesetzliche Maß zum Beispiel in der Altersvorsorge oder der Umweltleistung[17] hinausgehen. Wird eine zusätzliche Perspektive in die konventionelle BSC eingebaut, erreicht man, dass auch jene Aspekte integriert werden, die bisher nicht in den Marktmechanismus mit einbezogen wurden, aber Kernaspekte der erfolgreichen Umsetzung der Strategie darstellen. Diese Nicht-Markt-Perspektive bildet einen integrativen Rahmen für die anderen Perspektiven der SBSC.[18]

Die Ableitung einer speziellen Umwelt- oder Sozial-Scorecard wäre eine noch stärkere und konsequentere Erweiterung der beiden oben erläuterten Ansätze. Die Ableitung dieser Scorecard ist aber nur dann sinnvoll, wenn das Unternehmen eine hohe Umwelt- oder Sozialrelevanz besitzt (Chemie, Erziehung, Bildung, Gesundheit) und eine der oben genannten beiden Integra-

---

15) Vgl. Schaltegger u. Dyllick 2002, S. 55f., auch: Figge, F. et al.: *Sustainability Balanced Scorecard, Wertorientiertes Nachhaltigkeitsmanagement*, Lüneburg 2001, S. 20f.

16) Vgl. ebenda

17) Diese Aspekte sind nicht neu: Betriebsrente, starke Unterschreitung von Emissionsgrenzen. Ihre Bedeutung wird jedoch gehoben.

18) Vgl. Schaltegger u. Dyllick 2002, S. 58ff. sowie Hahn, T. u. Wagner, M.: *Sustainability Balanced*

```
┌─────────────────────────────────────────────────┐
│ Strategische Geschäftseinheit auswählen: Beschaffung │
└─────────────────────────────────────────────────┘
                          ↓
┌─────────────────────────────────────────────────┐
│        Umwelt- und Sozialexponiertheit ermitteln        │
└─────────────────────────────────────────────────┘
                          ↓
┌─────────────────────────────────────────────────┐
│ Strategische Relevanz von Umwelt- und Sozialaspekten ermitteln │
└─────────────────────────────────────────────────┘
   ↓
 ┌──────────┐
 │ Finanz-  │
 │perspektive│
 └──────────┘
      └──→ ┌──────────┐
           │ Kunden-  │
           │perspektive│
           └──────────┘
                └──→ ┌──────────┐
                     │ Prozess- │
                     │perspektive│
                     └──────────┘
                          └──→ ┌──────────┐
                               │ Lern- und│
                               │Entwicklungs-│
                               │perspektive│
                               └──────────┘
                                    └──→ ┌──────────┐
                                         │Nicht-Markt-│
                                         │Perspektive │
                                         └──────────┘
```

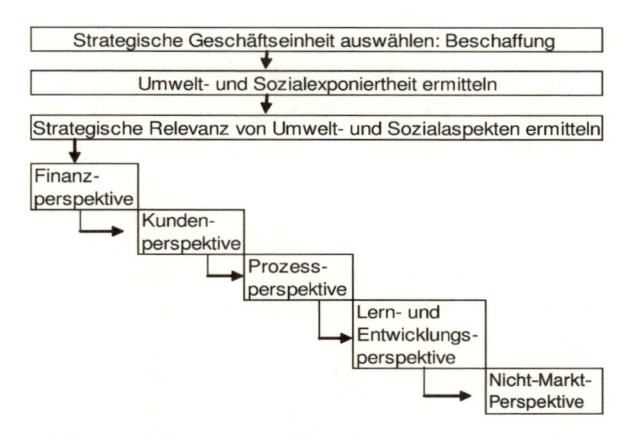

Abb. 26.4: Formulierung einer Sustainability Balanced Scorecard (SBSC)
(Quelle: nach Figge et al. 2001b, S. 12)

tionsvarianten stattgefunden hat. Um diese Scorecard zu verwirklichen, werden alle umwelt- und sozialrelevanten Ziele, Kennzahlen und Maßnahmen in einer gesonderten Scorecard zusammengefasst und weiter spezifiziert. Der Inhalt ergibt sich somit aus den genannten Zielsetzungen, Kennzahlen und Maßnahmen des gesamten BSC-Systems. Eine solche Erweiterung ist speziell für die Umwelt- und Sozialabteilungen solcher Unternehmen sinnvoll.[19] Zum Vorgehen der Formulierung und Erstellung einer SBSC werden gemäß Abbildung 26.4 drei Hauptschritte unterschieden.

Der erste Schritt beginnt mit der Auswahl der strategischen Geschäftseinheit, für die die SBSC erstellt werden soll: die Einkaufsabteilung. Der Ausgangspunkt für die Formulierung einer SBSC ist eine vorliegende oder zuvor zu erarbeitende mehrjährige Beschaffungsstrategie. In einem zweiten Schritt wird die Umwelt- und Sozialexponiertheit ermittelt. Dies bedeutet eine systematische Identifikation aller Umwelt- und Sozialaspekte, die die Beschaffungseinheit betreffen, zunächst unabhängig von deren strategischer Relevanz. Dies sind die Entlastungspotenziale bei wesentlichen eingekauften Produkt- und Warengruppen (als kleine Auswahl):

---

[19] Vgl. Schaltegger u. Dyllick 2002, S. 61ff. und: Figge et al., 2002a, S. 26ff., auch: Hahn u. Wagner 2001, S. 4

- *Emissions- und ressourcenoptimierte IT-Ausstattung:* Energiekonsum, Strahlung, Schadstoffbefrachtung, gute Zerlege- und Recyclingfähigkeit;
- *Facility-Management-Leistungen:* Gebäudebewirtschaftung, Kühlung, Ausstattung, Reinigung, Instandhaltung;
- *Transport- und Logistikleistungen:* genutzte Energieträger, Emissionsarten und -volumen.

Es entsteht ein Katalog von Umwelt- und Sozialaspekten, die für die Beschaffung eine strategische Bedeutung besitzen. Ziel ist eine möglichst vollständige Übersicht der Aspekte. Im folgenden Schritt findet dann die Einschätzung der strategischen Bedeutung der gesammelten Aspekte statt. Wie bei der BSC werden nun die einzelnen Perspektiven, ausgehend von der Finanzperspektive, in einem Top-down-Prozess abgearbeitet. Dies führt in der Diskussion zur Aufdeckung der kausalen Wirkungen von Einzelaspekten auf den langfristigen Erfolg der Geschäftseinheit (Einkauf) und in der nächsthöheren Ebene des Unternehmens (Bereich Finanzen, Technik). Hierdurch kommt es zu einer Integration der Umwelt- und Sozialleistung mit der gesamten ökonomischen Unternehmensleistung. Die SBSC eignet sich dabei grundsätzlich zur Integration von Nachhaltigkeitsaspekten in das Management für fast alle Unternehmen mit wenigstens fünfzig Mitarbeitern.

Cross-Impact-Analyse

Als weiteres Instrument auf dem Weg zur nachhaltigen Beschaffung ist die Cross-Impact-Analyse (CIA) anzusehen, ein eher einfaches Prognoseinstrument. Auch sie dient der Erkennung und Bewertung grundlegender Zusammenhänge zwischen gegenwärtigen und möglichen zukünftigen das Unternehmen betreffenden Situationen. Durch die CIA können unerkannte Risiken und Chancen aufgedeckt und deren Eintrittswahrscheinlichkeit bewertet werden. Dies wird möglich durch das Aufzeigen von zu erwartenden Umfeldentwicklungen, die sich auf die Geschäftsfelder, Unternehmensbereiche oder Produktsortimente auswirken können. Die CIA wird mit Branchenexperten durchgeführt und beginnt mit der Auflistung der relevanten Geschäftsfelder, Unternehmensbereiche oder Produktsortimente. Dann schließt sich eine Definition der relevanten Beobachtungsfelder und eine Beschreibung der vorhandenen oder erwarteten Entwicklung in diesen Feldern an. Entscheidender Schritt ist die Entwicklung einer Vernetzungsmatrix durch die Gegenüberstellung der Geschäfts- und Beobachtungsfelder.

Beobachtungsfelder	Geschäftsfelder/Unternehmensbereiche/Produktionssortimente					
	...	Produktion	Einkauf	Vertrieb	Personal	Summe
Forschung und Entwicklung			3			
Kunden			-1			
(Umwelt-)Gesetze	2	1	-2	-1	3	**3**
Medien			-3			
Politik			-1			
...			0			
Summe			-4			

Abb. 26.5: Vernetzungsmatrix der Cross-Impact-Analyse
(Quelle: in Anlehnung an Schaltegger et al. 2002, S. 41)

Damit wird eine echte Umweltbetrachtung, wie eingangs gefordert, vorgenommen.

In der Matrix werden die Auswirkungen der Entwicklungen in den Beobachtungsfeldern je auf die Geschäftsfelder in Form von zuvor festgelegten positiven beziehungsweise negativen Punkten festgehalten, wobei die Auswirkungen als Einflussstärke und Einflussrichtung definiert werden können. Die festgesetzten Punkte werden zeilen- und spaltenweise summiert, wie für den Einkauf und das Beobachtungsfeld Umweltgesetzgebung in Abbildung 26.5 zu erkennen ist. Aus diesen Werten kann durch die Summenzeile geschlossen werden, je nachdem ob die Punktwerte positiv oder negativ sind, für welche Geschäftsfelder aufgrund der zu erwartenden Umfeldentwicklung gute Chancen für die Zukunft bestehen oder welche Risiken auf das Unternehmen zukommen. In Abbildung 26.5 ist zu erkennen, dass bezüglich der untersuchten Beobachtungsfelder die gesetzliche Entwicklung über alle Unternehmensbereiche gesehen positive Auswirkungen auf das Unternehmen durch besseren Absatz haben wird, da zum Beispiel neue Anforderungen bereits in den Produkteigenschaften enthalten sind. Aus der Summenspalte kann geschlossen werden, inwieweit die betrachteten Beobachtungsfelder über alle Geschäftsfelder relevant sind, was in der Beispielmatrix bedeutet, dass auf die Beschaffung infolge von Verteuerungen Schwierigkeiten zukommen könnten.

Wichtig ist die richtige Auswahl der Beobachtungsfelder, da nur eine ganzheitliche Betrachtung gewährleisten kann, dass sich andeutende Entwicklungen bemerkt werden. Auch muss auf eventuell auftretende Kompensationseffekte geachtet werden, da etwa eine singuläre stark negative Punktewertung eines Aspekts durch mehrere kleine positive Punktewerte kompensiert werden könnte. Dies kann dazu führen, dass eine sich abzeichnende wesentliche Entwicklung versehentlich als unbedeutend eingestuft wird.[20]

Dialoginstrumente

Der Dialog von Unternehmen mit Anspruchsgruppen ist ein sehr effizientes Werkzeug zur Vertrauensbildung. Der Kenntnisstand der beteiligten Dialogpartner wird durch Informationsforen, Ausstellungen und den damit verbundenen Austausch unterschiedlicher Standpunkte in Diskussionen und Vorträgen deutlich erhöht. Die Meinung von Unternehmenspartnern wie Bürgern, Kunden, Lieferanten, Experten, Banken, Politikern, unabhängigen Organisationen oder Vertretern anderer Unternehmen wird bei der Entscheidungsfindung des Top-Managements immer stärker berücksichtigt. Ignorantes Verhalten von Managern zu der Auffassung wesentlicher Meinungsführer hat in der Vergangenheit in zahlreichen Fällen zu erheblichen Umsatzeinbußen bei Unternehmen durch Initiativen von einzelnen Gruppierungen geführt.[21] Die Erhöhung der Dialogbereitschaft der Unternehmen verfolgt das Ziel, Konfliktpotenziale und deren Folgekosten durch Information und Verständnis zu verringern.

Dialoginstrumente bieten eine Plattform, auf der die Beteiligten miteinander kommunizieren können.[22] Durch intensiven Austausch von Argumentationslinien, technischen Erfordernissen, Erläuterung von Kostenstrukturen werden Probleme gelöst, Verständnis erzeugt, Verhaltensweisen geändert und Widerstand gemildert. Allerdings sind solche Dialoge nur sinnvoll, wenn die Unternehmen bereit sind, Dialogergebnisse und Lernerfolge auch konsequent umzusetzen.[23] Zwei Dialoginstrumente, das Community Advisory Panel und der Nutzen-Risiko-Dialog, seien kurz erläutert.

Community Advisory Panels (CAP) sind in den USA und in Kanada weit verbreitet. Sie kommen den hierzulande initiierten Nachbarschaftsforen oder Bürgerbeiräten nahe, in denen ganze Unternehmen oder einzelne Unternehmensstandorte mit ihren Nachbarn oder Sorgenträgern in positiver Atmo-

---

20) Vgl. Schaltegger et al. 2002, S. 41
21) Davon sind in der Vergangenheit häufig Energieversorger und Entsorger betroffen gewesen.
22) Vgl. Schaltegger et al. 2002, S. 43
23) Vgl. Ferdinand 2004, S. 13

sphäre kommunizieren. Interessierte Bürger können hier auf unbürokratische Weise ihre Meinungen und Bedürfnisse zu unterschiedlichen Themen mit Unternehmensvertretern mehrmals im Jahr diskutieren. Zusätzlich informieren Unternehmen bei diesen Treffen ihre Anrainer über geplante Vorhaben. Das Ziel der CAPs ist die erfolgreiche und gemeinsame Suche nach Problemlösungen im offenen kooperativen Dialog.[24]

CAPs basieren auf freiwilliger Basis und sind die Grundlage für gegenseitiges Vertrauen und Akzeptanz. Sie sollen beispielsweise langjährige Genehmigungsverfahren abkürzen. Das CAP sollte in seiner Mitgliederzahl auf 15 bis 25 Personen beschränkt werden, da dies die Effizienz des CAPs und somit auch die Erfolgsaussichten der Gespräche verbessert. Zusammen mit den Unternehmensvertretern können die Aufgaben und Ziele des CAPs bestimmt werden. Ein CAP kann nur durch Ergebnisoffenheit und Berücksichtigung der entwickelten Vorschläge bestehen und seine Funktion erfüllen.[25]

Beim ähnlich geprägten Nutzen-Risiko-Dialog werden betriebliche Vorhaben mit den potenziell betroffenen Stakeholdern in einem gemeinsamen Dialog erörtert. Das Ziel dieses Dialogs ist einerseits die Wahrnehmung der Wertvorstellungen der verschiedenen Gruppen über Risiken, Nutzen und Akzeptanz von Vorhaben und andererseits der Austausch von Sachinformationen. Wichtig ist die Glaubwürdigkeit und Sachlichkeit der vorgetragenen Argumente. Es gibt unterschiedliche Anlässe für die Aufnahme eines Nutzen-Risikodialogs. Im Normalfall, also dem regulären Betrieb, erfolgt der Dialog in Form eines periodischen runden Tisches mit den gesellschaftlichen Gruppen. Im Konflikt- oder Störfall, wenn negative Reaktionen verschiedener Gruppen auf geplante oder bereits durchgeführte Maßnahmen des Unternehmens beziehungsweise bei Betriebsstörungen entstehen. Wurde der Dialog bereits während des Normalfalls kontinuierlich gepflegt, ist der Argwohn auf Stakeholderseite geringer und man kann in guter Atmosphäre gemeinsam Lösungen finden. Wichtig für die Pflege eines kooperativen Dialogs sind eine geeignete Auswahl der betreffenden Stakeholder sowie die Schaffung einer gemeinsamen Wissensbasis über die zu behandelnden Probleme.[26]

Bei der aus der Chemiebranche stammenden Ökoeffizienz-Analyse handelt es sich um eine strategische Methode zur Quantifizierung von eher ökologienahen Nachhaltigkeitskriterien. Durch diese Methode können ökonomische

---

24) Die Mobilfunkbranche beispielsweise hat die CAPs erfolgreich genutzt, um besorgte Bürger hinsichtlich des vorgetragenen Risikos vor Strahlungsschädigungen der Mobilfunktechnologie zu informieren.

25) Vgl. Schaltegger et al. 2002, S. 43
26) Vgl. ebd., S. 43f.

und ökologische Kennzahlen in einem Vergleichsystem für Produkte und Verfahren hinsichtlich ihrer Ökoeffizienz gemessen werden. Hierbei wird eine ganzheitliche Betrachtung der Lösungsalternativen durchgeführt. Es erfolgen eine Gesamtkostenermittlung und die Monetarisierung der ökologischen Belastungen über den gesamten Lebensweg hin. Die Ergebnisse dienen dem Vergleich mit Mitbewerberprodukten und können Marktchancen erhöhen oder zur Produktverbesserung beitragen.[27] Die Analyse identifiziert und quantifiziert etwaige Zielkonflikte zwischen der Entwicklung und Optimierung von Produkten und Verfahren zur ökonomischen Wertschöpfung in Relation zum Verhältnis ökologischer Schadschöpfung. Um diese Ökoeffizienz ermitteln zu können, werden Schad- und Wertschöpfung eines Produktes ermittelt und zueinander ins Verhältnis gesetzt. Die Messung der Schadschöpfung erfolgt über unterschiedliche Instrumente wie beispielsweise die Ökobilanzierung oder das Öko-Kompass-Verfahren. Auch hier wird eine Matrix erzeugt, die unterschiedliche Kennzahlen zusammenführt. Je nach Betrachtungsdifferenzierung, Produkt oder Prozess können als horizontale Dimensionen in der Matrix unterschiedliche ökonomische Performance-Kennzahlen skaliert werden (zum Beispiel Breakeven, Return on Investment, Deckungsbeitrag). Die ökonomische Performance ist der ökologischen Performance – in der Regel Schadschöpfung – in Form einer Ökoeffizienz-Matrix gegenübergestellt. Ökologische Wertschöpfung kann entstehen, wenn etwa der CO_2-Beitrag durch Wegfall der Nutzung fossiler Energieträger sich in neuen Prozessen positiv auswirkt. Dies hat auch positive Auswirkungen auf die inzwischen handelbaren Emissionsrechte eines Unternehmens. Die Positionierung in der Matrix spiegelt die Ökoeffizienz der Produkt beziehungsweise Prozessalternativen wider.[28]

Zusammenfassender Vergleich der Instrumente nachhaltiger Unternehmensführung für das Beschaffungswesen

Aus der praxisnahen Literatur ergeben sich für den Einkauf derzeit nur zwei wesentliche Instrumente, die SBSC und die Ökoeffizienz-Analyse, die eine jeweils systematische und integrative Anwendung finden. Eine schnelle

---

27) Vgl. BASF-Gruppe, Sustainability – Ökoeffizienz-Analyse, http://corporate.basf.com/de/sustainability/oekoeffizienz/, Ludwigshafen 2004

28) Vgl. Schaltegger et al. 2002, S. 79

Konzept/ Instrument	Hauptanwender								
	Controlling	Einkauf	F&E	Marketing/ PR	Personal	Produktion	REWE/ Finanzierung	Strategische Planung	Vertrieb/ Logistik
SBSC	■	■	■	■	■	■	■	■	■
CIA	■		■					■	
Dialoginstrumente	■			■		■		■	
CAP				■		■			
Nutzen-Risiko-Dialog				■		■			
Ökoeffizienz-Analyse	■	■				■			

Abb. 26.6: Hauptanwender Konzepte und Instrumente des Nachhaltigkeitsmanagements
■ = Hauptanwender des betreffenden Konzepts/Instruments
(Quelle: in Anlehnung an Schaltegger et al. 2002, S. 5)

Übersicht zur Nutzbarkeit nach einzelnen unternehmerischen Bereichen kann der Abbildung 26.6 entnommen werden, hier sind die erläuterten Instrumente mit Funktionsbereichen verknüpft.

Es ist zu erkennen, dass die SBSC in allen angegebenen Bereichen der Unternehmen angewandt und – ein entscheidender Vorteil – in das gesamte Unternehmen integriert werden kann. Die anderen Instrumente finden meist in nur drei bis vier Unternehmensbereichen Anwendung, wobei die Hauptanwender der Instrumente über das Beschaffungswesen hinaus eher die Bereiche Controlling, Marketing, Produktion sowie strategische Planung sind.

Parallel dazu ist die Frage interessant, welche Wirksamkeit das jeweilige Instrument entfaltet. Dies ist in Abbildung 26.7 kurz zusammengefasst. Dort ist zu erkennen, welches der Instrumente am besten geeignet ist, die Herausforderungen, besonders die Integrationsherausforderung, umzusetzen.

Die SBSC erfüllt wie beschrieben weitgehend die drei Nachhaltigkeitsherausforderungen Ökonomie, Ökologie und Soziales. Es ist eine Integration, eine gleichzeitige und gleichberechtigte Erfüllung der drei Ansprüche möglich. Die Einbettung des Umwelt- und Sozialmanagements ins konventionelle ökonomische Management bleibt erhalten.[29] Es ist weiterhin zu erkennen,

---

29) Vgl. Schaltegger et al. 2002, S. 110

Konzept/Instrument	Nachhaltigkeitsherausforderungen			
	Ökologische Herausforderung *Ökoeffektivität*	Soziale Herausforderung *Sozialeffektivität*	Ökonomische Herausforderung *Ökoeffizienz/Sozialeffizienz*	Integrations-Herausforderung *Integration*
SBSC	☐	☐	■	■
CIA	■	☐	☐	
Dialoginstrumente	☐	■A	☐	☐
CAP		■		
Risiko-Nutzen-Dialog	☐	■		
Ökoeffizienz-Analyse	☐		■A	

Abb. 26.7: Wirksamkeit der Konzepte und Instrumente zur Realisierung der vier Nachhaltigkeitsherausforderungen
A = Das Konzept/Instrument findet große Anwendung in der Praxis
Die Ausrichtung des Konzepts ist ☐ teilweise gegeben
■ weitgehend gegeben
(Quelle: in Anlehnung an Schaltegger et al. 2002, S. 12)

dass die CIA die Herausforderungen im Bereich Ökonomie, Ökologie und Soziales ganz oder teilweise erfüllt, die Integration jedoch nicht ausreichend gelingt. Bei der Ökoeffizienz-Analyse treffen nur zwei der Herausforderungen ein.[30]

Aus Einkaufssicht bleibt der Autor abschließend bei der Empfehlung einer Berücksichtigung der nachhaltigkeitsorientierten Balanced Scorecard in Form der Sustainability Balanced Scorecard oder einer schlichteren Ausformung dessen als probates Instrument für mehr integrative Zukunftsfähigkeit und Nachhaltigkeit im Unternehmen. Diese Aussage gilt ab einer Unternehmensgröße von mindestens fünfzig bis achtzig Beschäftigten. Im Speziellen sollte eine inhaltliche Ergänzung der vier klassischen Perspektiven der BSC und nur in Ausnahmefällen Erweiterung auf eine fünfte Perspektive als SBSC-Variante erfolgen. Diese Ausnahmen sind nur in sehr wenigen umweltnahen Branchen (Chemie, Atomenergie) oder Bereichen mit hoher gesellschaftlicher

---

[30] Vgl. ebd., S. 42 und 80

Folgewirkung der Produkte (ausgewählte Bereiche im Versicherungswesen, der Mobilkommunikation) ratsam.

Eine umfassendere Umfeldbetrachtung des Einkaufs (Buyer's-Cockpit-Ansatz) und eine verfeinerte Methodik zur Integration und späteren Messung von Nachhaltigkeitsanforderungen und deren Umsetzung bedarf weiterer praxisnaher Entwicklungsarbeit und angewandter Forschung. Eine bemerkenswerte Option für einen Ausbau dieses Forschungsfeldes auf die Beschaffung hin bietet das »Integrierende Nachhaltigkeitsdreieck«.[31]

Literatur

Ferdinand, N.: »Anforderungen an Stakeholderdialoge – Mit Ernsthaftigkeit zum Erfolg«, in: *Ökologisches Wirtschaften*, o. Jg. (2004), Heft 01/2004, S. 13f.

Figge, F.; Hahn, T.; Schaltegger, S.; Wagner M.: *Sustainability Balanced Scorecard – Wertorientiertes Nachhaltigkeitsmanagement mit der Balanced Scorecard*, Lüneburg 2001a

Figge, F.; Hahn, T.; Schaltegger, S.; Wagner, M.: *The Sustainability Balanced Scorecard – Theory and Application of a Tool for Value-Based Sustainability Management*, Lüneburg 2001b

Hahn, T.; Wagner, M.: *Sustainability Balanced Scorecard – Von der Theorie zur Umsetzung*, Lüneburg 2001

Hauff, M. v.; Kleine, A.: *Methodischer Ansatz zur Systematisierung von Handlungsfeldern und Indikatoren einer Nachhaltigkeitsstrategie – das integrierende Nachhaltigkeitsdreieck*, Technische Universität Kaiserslautern, Diskussionsbeiträge VWL-Schriftenreihe 19–05, Kaiserslautern 2005

Kanning, H.; Müller, M.: »Bedeutung des Nachhaltigkeitsleitbildes für das betriebliche Management«, in: Baumast A.; Pape, J. (Hrsg.): *Betriebliches Umweltmanagement – Theoretische Grundlagen, Praxisbeispiele*, Stuttgart 2001

Kaplan, R.; Norton, D.: *Balanced Scorecard: Strategien erfolgreich umsetzen*, Stuttgart 1997

Morganski, B.: *Balanced Scorecard – Auf dem Weg zum Klassiker*, 2. Aufl., München 2003

Rudeloff, M.: »Nachhaltigkeitsstrategien im modernen Management«, in: *Umweltwirtschaftsforum*, 12. Jg. (2004), S. 4–8

Schaltegger, S.; Dyllick, T. (Hrsg.): *Nachhaltig managen mit der Balanced Scorecard – Konzept und Fallstudien*, Wiesbaden 2002

Schaltegger, S.; Herzig, C.; Kleiber, O.; Müller, J.: *Nachhaltigkeitsmanagement in Unternehmen, Konzepte und Instrumente zur nachhaltigen Unternehmensentwicklung*, Berlin/Bonn, Bundesministerium für Umwelt, Naturschutz und Reaktorsicherheit 2002

---

31) Hauff, Michael v. u. Kleine, Alexandro: *Methodischer Ansatz zur Systematisierung von Handlungsfeldern und Indikatoren einer Nachhaltigkeitsstrategie – das integrierende Nachhaltigkeitsdreieck*, Technische Universität Kaiserslautern, Diskussionsbeiträge VWL-Schriftenreihe 19–05, Kaiserslautern 2005

Herausgeber- und Autorenverzeichnis

Professor Dr. Dr. h.c. Ulli Arnold ist Inhaber des Lehrstuhls für Investitionsgütermarketing und Beschaffungsmanagement an der Universität Stuttgart. Seine Forschungsschwerpunkte liegen in den Bereichen Strategisches Beschaffungsmanagement, Supply Chain Management, Beschaffungskooperationen und Netzwerke, eProcurement sowie Public Procurement. Er ist Mitherausgeber der führenden internationalen Fachzeitschriften »Journal of Supply Chain Management« und »European Journal of Purchasing and Supply Management«.

Betreuer der Kapitel 1, 3, 5, 6, 7, 10, 11, 12, 15, 16, 19, 21 und 24.

Thorsten Brandt studierte an der Fachhochschule in Lübeck Elektrotechnik. Anschließend war er bei der Deutschen Telekom in Hannover mit der Planung von Breitbandübertragungswegen betraut. Von 1996 bis 2006 führte er im Bereich Einkauf/Logistik der T-Mobile Projekte u. a. zur Optimierung des Ersatzteillogistikprozesses durch. Seit 2006 ist er im Konzerncontrolling für die Identifizierung, Bewertung und Vermarktung von nicht produktiven Wirtschaftsgütern und Überbeständen verantwortlich.

Antonio Conte ist Head of Purchase Cost Management bei T-Mobile Deutschland in Bonn.

Reiner Essers studierte an der Universität zu Köln die Schwerpunkte Unternehmensrechnung, Planung & Logistik sowie Wirtschaftsinformatik. Seit mehr als sieben Jahren ist er als Senior Controller im Beteiligungscontrolling von multinationalen Unternehmen international tätig.

Prof. Dr. Michael Eßig hat den Lehrstuhl für Allgemeine Betriebswirtschaftslehre, insbesondere Materialwirtschaft und Distribution an der Universität der Bundeswehr München inne. Er ist zudem Direktor des Instituts für Recht und Management öffentlicher Beschaffung. Seine Forschungsschwerpunkte liegen in den Bereichen strategisches Beschaffungsmanagement, Public Procurement und Supply Chain Management. Als Lehrbeauftragter bzw. Gastprofessor ist er zudem u.a. an der Universität St. Gallen, der University of San Diego und der Universität Grenoble tätig.

Professor Dr. Hansjörg Fromm absolvierte Studium und Promotion im Fach Informatik an der Universität Erlangen-Nürnberg. Heute ist er Partner bei IBM Business Consulting Services und verantwortlich für das Geschäftsfeld Supply Chain Management. Fromm ist Mitglied der IBM Academy of Technology und Honorarprofessor an der Universität Erlangen-Nürnberg.

Hans Heith ist Leiter des Zentralbereiches Konzerneinkauf der Deutschen Telekom Gruppe. Er startete seine berufliche Laufbahn 1973 bei der IBM Deutschland. Ab 1987 war er in verschiedenen leitenden, auch internationalen Positionen des Einkaufs tätig. Seit dem 01.03.2000 leitet er den Zentralbereich Konzerneinkauf der Deutschen Telekom Gruppe.

Annette Hoffmann ist seit August 2002 wissenschaftliche Mitarbeiterin am Lehrstuhl für Betriebswirtschaftslehre mit Schwerpunkt Logistik und Verkehrsbetriebslehre an der Universität Duisburg-Essen. Sie promoviert bei Prof. Dr. Wolfgang Stölzle, dem Vorsitzenden Direktor des Kühne-Instituts für Logistik an der Universität St.Gallen, zum unternehmensübergreifenden Kostenmanagement in intermodalen Prozessketten.

Gerhard Kasulke ist Dipom-Ökonom. Er ist seit 1987 Leiter des Bereichs Supply Chain Management der T-Mobile Deutschland GmbH und verantwortet ein jährliches Einkaufsvolumen von mehreren Milliarden Euro.
Betreuer der Kapitel 2, 4, 8, 9, 13, 14, 17, 18, 20, 22, 23, 25 und 26.

Uwe Krentscher studierte Betriebswirtschaftslehre an der Universität/Gesamthochschule Paderborn mit dem Schwerpunkt Materialwirtschaft und internationales Management. Ab 1996 war er zunächst im strategischen Einkauf eines Tochterunternehmens der Bayer AG für die Beschaffung von Rohstoffen sowie IT Hard- und Software zuständig. Seit 2001 arbeitet er im Bereich Performance Measurement & Quality bei der T-Mobile mit Aufgaben im nationalen und internationalen Bereich. Schwerpunkte seiner Tätigkeit sind der Aufbau und die Weiterentwicklung des internationalen SAP BW© für das Supply Chain Controlling sowie Schnittstelle zwischen Beschaffung und Controlling.

Wilfried Krokowski ist Geschäftsführender Gesellschafter der Global Procurement Services mit Büros in Deutschland, Singapore und China und besitzt langjährige Erfahrungen im Bereich Global Sourcing. Er ist Lehrbeauftragter der TU Berlin (Bereich Logistik im Institut für Technologie und Management) zum Thema: International Procurement. In Verbindung mit dem BME (Bundesverband Materialwirtschaft, Einkauf und Logistik e.V.) und den Außenhandelskammern in Shanghai, Guangzhou und Hong Kong organisiert er Reisen zu den Beschaffungsmärkten in Asien. Er ist zudem Herausgeber und Autor des Buches »Globalisierung des Einkaufs«.

Professor Dr. Rudolf O. Large ist Professor für Betriebswirtschaftslehre, insbesondere Logistik und Produktion an der Hochschule Anhalt (FH). Er veröffentlichte mehrere Publikationen zu diesem Themengebiet und ist unter anderem Autor des Buches »Strategisches Beschaffungsmanagement«.

Björn Lindner ist Geschäftsführer einer mittelständischen Maschinenbaufirma und betreut dort die Bereiche Finanzen, Materialwirtschaft, Personal und IT. Zuvor verantwortete Herr Lindner den Bereich »General Procurement« der T-Mobile International AG auf europäischer Ebene und arbeitete in dieser Funktion federführend für mehrere Kostensenkungsprogramme innerhalb der Deutschen Telekom AG. Desweiteren war Herr Lindner für einige Jahre als Geschäftsführer einer internationalen Handelsfirma in Asien tätig und betreute die dortigen Einkaufs- und Vertriebsbüros. Herr Lindner erwarb im Jahre 2001 seinen MBA bei der renommierten »Warwick Business School« in England.

Sören Lorenzen studierte an der Universität Bonn Volkswirtschaftslehre. Von 1992 bis 1998 war er als Projekt- und Vertragskaufmann der DETECON für Beratungsprojekte in den USA, Asien und dem arabischen Raum verantwortlich. Danach baute er den Einkauf der TEGARON/T-Mobile-Traffic auf, deren Leitung er übernahm. Seit 2003 ist er im Einkauf der T-Mobile tätig. Dort ist er für den Einkauf von IT-Projekten und seit 2005 auch für den gesamten Einkauf von Beratungsleistungen verantwortlich.

Professor Dr. Ruth Melzer-Ridinger studierte und promovierte an der Universität Mannheim im Fach Betriebswirtschaftslehre. Seit 1998 lehrt sie an der Berufsakademie Mannheim (Staatliche Studienakademie) im Fachbereich Industrie Materialwirtschaft und Logistik.

Rainer Meyle studierte an der Universität Kaiserslautern Wirtschaftsingenieurwesen. Seit 2002 ist er wissenschaftlicher Mitarbeiter am Lehrstuhl für Investitionsgütermarketing und Beschaffungsmanagement der Universität Stuttgart sowie Dozent für Internationales Marketing an der Berufsakademie Stuttgart.

Professor Dr. Willi Muschinski studierte an der Universität Mainz Wirtschaftspädagogik und promovierte anschließend in Volkswirtschaftslehre. Nach seinem Studium war er im Mannesmann-Konzern in verschiedenen leitenden Tätigkeiten im Bereich Materialwirtschaft verantwortlich. Heute ist er Professor für Einkauf und Logistik an der Hochschule Niederrhein mit den Forschungsschwerpunkten Preis- und Kostenanalyse, Lieferantenmanagement, strategische Beschaffungspolitik sowie Einkaufpotenzialanalysen.

Andreas Oberbörsch studierte an der Fachhochschule Köln Betriebswirtschaft. Nach verschiedenen Positionen im Einkauf der RWE AG und der Deutschen Telekom AG ist er heute bei der T-Punkt Vertriebsgesellschaft im Bereich Einkauf, Logistik, Warenwirtschaft tätig.

Dr. Arndt Präuer ist Teamleiter und Projektmanager im Zentralbereich Corporate Strategic Purchasing der Voith AG in Heidenheim/Brenz. Er besitzt langjährige einschlägige Erfahrungen in den Bereichen operativer und strategischer Beschaffung internationaler Großunternehmen. Darüber hinaus ist er als Dozent an der Berufsakademie Stuttgart im Fachbereich Industrie für Strategisches Beschaffungsmanagement und als Mitglied des Regionsvorstandes der Gliederung Ostalb-Staufen des BME (Bundesverbandes Materialwirtschaft, Einkauf und Logistik e.V.) tätig.

Prof. Dr. Klaus Rick, Diplom-Wirtschaftsingenieur, ist Lehrstuhlinhaber für Betriebswirtschaftslehre, insbesondere umweltorientierte Unternehmensführung an der Fachhochschule in Trier.

Dipl.-Kfm. Mario Schoddel leitet die Abteilung Performance Measurement & Quality im Supply Chain Management der T-Mobile Deutschland GmbH mit zusätzlicher funktionaler Verantwortung für das internationale Performance Measurement der T-Mobile International AG & Co. KG. Herr Schoddel besitzt mehr als 10 Jahre operative und strategische Erfahrung in der Beschaffung und im Supply Chain Management. Herr Schoddel baute sein Know-How durch nationale und internationale Projekte in den Branchen Automobilzulieferung, Papier und Telekommunikation auf.

Maike Scholz studierte Betriebswirtschaft an der Hochschule Fulda mit den Schwerpunkten Unternehmensorganisation und Controlling. Im Anschluss war sie 3 Jahre als Beraterin in einer auf Beschaffung und Logistik spezialisierten Unternehmensberatung in Düsseldorf tätig. Ihre Beratungsschwerpunkte wurden in Projekten zur Prozessoptimierung und »Sicherheit in Beschaffungsprozessen« ab 1994 in verschiedenen nationalen und internationalen Unternehmen umgesetzt. Nach ihrer Tätigkeit als Projekteinkäuferin für Systemtechnik bei T-Mobile Deutschland ist Maike Scholz dort seit dem Jahr 2000 als Fachleiterin für Unternehmenssicherheit und Krisenmanagement aktiv.

Olaf Sprenger studierte an der Universität Münster Betriebswirtschaft. Nach Positionen im Controlling von Software- und Telekommunikationsunternehmen ist er seit 2003 als Spezialist im Controlling der T-Mobile Deutschland tätig.

Prof. Dr. Wolfgang Stölzle ist vorsitzender Direktor des Kühne-Instituts für Logistik an der Universität St.Gallen. Er ist berufenes Mitglied des Wissenschaftlichen Beirats beim Bundesminister für Verkehr, Bau- und Stadtentwicklung. Wolfgang Stölzle ist Autor von zahlreichen Veröffentlichungen zum Güterverkehr, zur Logistik und zum Supply Chain Management.

Axel Stumpf ist Leiter Procure to Pay/Business Support im Bereich Supply Chain Management der T-Mobile Deutschland. Nach dem Studium der Wirtschaftswissenschaften an der Universität Hohenheim bei Stuttgart startete er 1983 seine berufliche Laufbahn bei der SEL AG. Seit 1989 war er in verschiedenen leitenden Positionen des Einkaufs tätig, ab 1992 im Mobilfunkbereich der Deutschen Telekom. Seit 2004 ist er verantwortlich für den Aufbau der Procure to Pay Funktion und betreut die Einkaufssysteme der T-Mobile. Daneben leitet er ein internationales Projekt zur europaweiten Harmonisierung und Effizienzverbesserung der operativen Bestellprozesse.

Hanns Vollath ist Abteilungsleiter in der T-Com Zentrale der Deutschen Telekom. Er ist seit 1990 in verschiedenen operativen und strategischen Einkaufsfunktionen, auch international, tätig und verantwortet zur Zeit den

Bereich Einkauf von Tiefbau/Montageleistungen und seit dem 01.03.2006 zusätzlich den Allgemeinen Einkauf von Waren und Dienstleistungen.

Frank Warzog studierte an der Universität Stuttgart technisch orientierte Betriebswirtschaftslehre. Seit 2000 ist er als wissenschaftlicher Mitarbeiter am Lehrstuhl für Investitionsgütermarketing und Beschaffungsmanagement der Universität Stuttgart sowie als Dozent für Materialwirtschaft an der Berufsakademie Stuttgart tätig. Seine Forschungsgebiete liegen im Bereich Supply Chain Management und Supply Chain Controlling.

Register

3-Way-Match-Vorgänge 516

a
ABC-Analyse 38, 408
ABC-XYZ-Analyse 404
Absatzmarktforschung 132
Adaptive Supply Chains 392
Advanced-Planning-and-Scheduling-Systeme (APS) 564
Agency-Probleme 170
Agency-Theorie 169, 175
Analyseszenarien 238
Anbahnungsphase 161, 163
Anbietereigenschaften 136
Andler-Formel 287
APS-Systeme 382
Audit 166, 167
Auditierung 165, 188
Auditziele 166
Ausschreibungen 496

b
Balanced Scorecard 329, 378, 527, 596
Barcode-Identtechnik 411
Basel II 314
Basislebenszyklusphasen 158
Bedarfs- und Bestellplanung 275
– Beispiel einer 301
Bedarfsanforderungskataloge 205
Bedarfsprognose 277, 282
Bedarfsstrukturen 278
Befragungen 143
Benchmarking 188, 189, 379
– Prozessstufen des 190
Beschaffung
– weltweite 447
Beschaffungsaufgaben
– strategische 17
Beschaffungscontrolling 310
– Elemente des 311
– Instrumente des 320
– organisatorische Einordnung 332
– strategisches 45
Beschaffungskonzeption
– Begriff der 19
Beschaffungskooperationen 102
Beschaffungskosten 246
Beschaffungsleistungen
– Outsourcing von 268
Beschaffungslogistik 47, 398
Beschaffungsmanagement 78, 309
– strategisches 132
Beschaffungsmärkte 133, 134
– weltweite 458
Beschaffungsmarktforschung 131, 132, 135, 137, 141, 147
– Methoden der 140
– Prozess der 141
– Träger der 147
Beschaffungsmarktsituation 131
Beschaffungsobjekte 133
Beschaffungsplanung
– strategische 14
Beschaffungsprozess
– strategischer 34
Beschaffungsprozesse 74
– kooperative 123
Beschaffungsstrategie 13
Beschaffungsziele 15, 19
Best-Practice-Analyse 235, 257
Bestellabwicklung 515
– elektronische 533
Bestellmengenoptimierung 287, 297
Betroffenheit
– ökonomische 154
Beziehungsabbruch 191, 193
Beziehungsmanagement 157, 182, 195
Beziehungsmanagementkomponenten 152
Beziehungspromotoren 180, 181, 182, 183, 184
Börsen 495
Branchenkalkulation 252

Budgetierung 305, 514
Budgets 231
Bündelungsplattformen 106
Business Intelligence 392
Business Network Redesign 72, 74
Business Process Redesign 74
Buying-Center 162, 179
Buying-Teams 162, 177

c
Center for Advanced Purchasing Studies (CAPS) 74
Channel-Management 525
Cherry-Picking 259
Claim-Management 562
Commitment 153, 154, 155, 158, 169
Commodity
– Einkaufsvolumen einer 94
Commodity-Management 48, 85, 340
Community Advisory Panels 604
Continuous Flow Manufacturing (CFM) 369
Contract Management Tools 501
Controllinginstrumente 468
Coopetition 107
CPV 367
Cross-Impact-Analyse 602

d
Demand Chain 370
Desktop-Purchasing-Systeme 502
Dialoginstrumente 604
Dienstleister
– externe 452
Distributionslogistik 399
Dual Sourcing 21

e
eBanf 515
E-Business-Anwendungen 388
e-Cl@ss 361
E-Collaboration 33, 388
E-Collaboration-Systeme 502
E-Coordination 33
E-Procurement 33, 513, 514, 528, 564
E-RFI-Tools 500
E-Vergabe-Portal 531
Early Supplier Involvement 110
Earnings Before Interests, Taxes, Depreciation and Amortization (EBITDA) 584

Earnings Before Interests and Taxes EBIT) 583
Economic Value Added (EVA) 328, 584
Economies of Information 106
Economies of Process 106
Effizienzbetrachtung von Logistiksystemen 397
Eigenfertigung 78
Eigenschaften des Marktes 151
Einkauf 521
– globale Strategie des 230
– Standardisierungsebenen im 357
Einkaufsaufgaben 61, 62, 63
Einkaufsauktionen 250
Einkaufsbüros
– eigene 457
Einkaufskennzahlen 340
Einkaufskooperationen 102, 118, 120
– horizontale 105, 118
Einkaufskostenanalyse 233, 242
Einkaufsmanagement 60
Einkaufsorganisation 57, 58, 60
Einkaufsplanung 340
Elektronische Kataloge 494
Elektronische Marktplätze 489
Engineer-to-Order (ETO) 381
Entsorgungslogistik 399
Entwicklungspartnerschaften 110, 111
ERP-System 275, 376
Ersatzteillogistik 407
ETIM 364
Ex-ante-Reziprozität 153
Exception Handling 379

f
Front-End-Anwendungen 491

g
GAEB-Format 533
Gebietsspediteurkonzept 405
Gemeinkostenstrukturen 236
General Procurement 482
Global-Sourcing-Prozess 446
Global-Sourcing-Strategien 453
Global Sourcing 74, 76, 253, 274, 441

h
Hidden Action 174
Hidden Characteristics 171
Hidden Intention 173

i
ICT-Outsourcing 478
Informationsasymmetrien 169, 175
Informationsgewinnung 474
Informationsversorgung 313
Innovationsfähigkeit 18
Insourcing 35
Integrationsherausforderung 595
Integrationsprozesse 556
Integrität 154
Internal Sourcing 76
Internationale Einkaufsbüros IPOS 454
Interviews 143
IT-Einsatz 47
IT-Infrastruktur 522
IT-Plattform 517
IT-Systeme 377, 411
IuK-Technologien 315

j
Just-in-Time (JIT) 369
Just-in-Time-Beschaffung 40
Just-in-Time-Konzept 403
Just-in-Time-Belieferung
– Gestaltungsalternativen 405

k
Katalogabwicklung 526
Katalogformate 357
Kaufvertrag
– internationaler 474
Kennzahlen 527
Komplementoren 78
Komplexitätsmanagement 269
Konkurrenten 78
Kontraktlogistik 400
Kontraktmanagement 250
Kontrollinstrumentarien 465
Konzernverbund 85
Kooperation 102
Kooperationsformenwahl
– Checkliste 108
Kooperationslebenszyklus 115
Kooperationsmanagement 118
Kooperationsstrukturen
– hybride 73
Kostenanalyse 230, 262
– Instrumente der 262
Kostenkategorien 187
– Strukturierung der 187
Kostenmanagement 245
– drei Säulen des 231
Kostensimulation 236
Kostensplit
– Beispiel eines 263
Kostentransparenz 230, 244
Kulturarbeit 571
Kunden
– anspruchsvolle 373
Kundenbindungsmanagement 149
Kundenerwartungen 527
Kundenzufriedenheit 77

l
Leadbuyer 260
Lean Production 104
Lebenszykluskosten 266
Leistungsbündel 544
Leistungstiefenmanagement 248
Lernkurvenbetrachtungen 264
Lieferanten-Abnehmer-Beziehung 135
Lieferantennetzwerke 78
Lieferanten- und Produktinformations-
 anagement 236, 237
Lieferantenanzahl
– Checkliste 23
Lieferantenbasis
– Optimierung der 249
Lieferantenbewertung 566
Lieferantenbeziehungen 317
Lieferantendimension 21
Lieferantenentwicklung 160
Lieferantenentwicklungsprogramme 244
Lieferantenentwicklungstools 51
Lieferantenförderung 159, 176
Lieferantenmanagement 461, 558
– strategisches 43
Lieferantenstrategie 49
Lieferantenverzeichnisse 144
Lieferbereitschaftsgrad 291
Linear Performance Pricing 256
Logistikkonzeption 395
Logistikmanagement 370
Logistiksysteme 398
Losoptimierung 304

m
Make-or-buy 35
Make-or-buy-Analyse 399
Make-or-buy-Entscheidung 24, 396
Marktabgrenzung 133, 134
Marktanteile

– relative 139
Marktbeeinflussung 140
Markteintrittsbarrieren 136, 140
Markterkundung 131
Marktforschung 131
Marktforschungsinstitute 144
Marktplätze
– elektronische 388
Marktsignale 135
Marktumfeld 137
Mass Customization 374
Maßnahmen
– vertrauensbildende 155
Materialdisposition 273
Materialfluss 401
Materialgruppenmanagement 79, 80, 259
Materialgruppierung 82
Materialidentnummern 282
Materialkostenbudget 306
Meldebestand 294
MGM-Portfolio 80
MGM-Prozess 82
MGM-Struktur 81
Misstrauen 156
Mittelstand 442
Mobile Buyer Cockpit (MBC) 528
Modular Sourcing 109
Monitoring 379
Monopol 139
Monopson 139
Multi-Position Auctions 251
Multiple Sourcing 21, 23

n
Nachhaltige Beschaffung 591
Nachhaltigkeit 589
Netzinfrastrukturtechnik 51
Netzwerkmanagement 78
NIGP 366
Non-E-Procurement 32
Normen 472
Nutzenarten 395

o
Öffentliche Beschaffung 591
Ökoeffizienz-Analyse 605
Oligopol 139
On-Demand Supply Chains 392
Organisationsaufgaben 64
Organisationskriterien 63

Organisationsstrukturen
– Ausgestaltung von 63
Outsourcing 35, 87, 397

p
Parametrik 232
Partnermanagement 565
Partnereigenschaften 151
Partnermodelle 52
Performance-Measurement-System 317
Polypole
– bilaterale 139
Potenzialanalysen 244
Preismanagement 245
Preisvergleich
– partieller 258
Primärforschung 142
Principal-Agent-Beziehungen 174
Procure-to-pay 521, 527
Produktlebenszyklen 373
Produkt-Markt-Positionierung 36
Produktanforderungen 470
Produkteigenschaften 151
Produktionslogistik 398
Produktionsplanungssoftware 294
proficl@ss-Code 363
Prognoseparameter 278
Prognosequalität 279
Prognoseverfahren 278
Projektteam 205
Promotoren 162
Promotorenmodell 163
Prozessmanagement 377
Prozess-Benchmarking 77
Prozesskosten 93
Prozesskostenrechung 322
Prozessmanagement 75
Pull-Prinzip 403
Purchasing Information Portal
– Suchfunktionen 353
Purchasing Scorecard 340
Push-Steuerung 403

q
Quality Function Deployment 190

r
RACI-Matrix 521, 522
Rahmenbedingungen
– wirtschaftliche 138
Rahmenvertragsmanagement 524

Rationalisierungsmaßnahmen durch logistische Prozesse 400
Redistributionslogistik 402
Regressionsanalyse 257
Relationship-Marketing 149
Reputation 159, 193
Reputationsaufbau 169
Reverse Auctions 496
– Gestaltungsfaktoren 498
Risikoanalyse 205, 227
Risikobereitschaft 153
Risiko-Reporting 200, 201
Risikorubriken 206, 207
Risikotransparenz 200, 225, 226
Risikotreiber 226
Rohstoffmärkte 590

S

SAP-System 533
Savings 575
– Arten von 577
Savings Reporting Tool 578
Savings Target 576
Schwachstellenanalyse 259, 514, 519
Schwarze Bretter 493
SCOR-Metrics 379
Scoring-Modell 85, 89
Screening 158
Second-best-Lösung 174
Sekundärforschung 144
– Quellen der 144
Selbstbindung 159, 169
Selling-Teams 164, 177, 179
Servicedenken 396
Service Level Agreements (SLAs) 561
Shared-Services-Einsparung 93
– Definition 87
Shared Services 85, 91, 95, 99
– Merkmalsgruppen 96
– Standardisierbarkeit 96
Shared-Services-Ansatz 87
Sicherheitsbestand 290
Signaling 155, 158, 169, 192
Simultaneous Engineering 110, 111, 570
Single Sourcing 21, 23, 76
Skaleneffekte 78
Sole Sourcing 21
Solutions-Provider 551, 555
Solutions Sourcing
– Konzept des 547
Sourcing 522, 527

Sourcing-Elemente 20
– Kombination von 39
Sourcing-Strategien 444, 445
Sourcing-Toolbox 40, 75
Sozial-Scorecard 600
Spezifikationen 472
SRT@WEB 580
Standardschlüsselsysteme
– kommerzielle 360
Strategische Sourcing-Teams 480
Supplier-Cost-Controlling-Prozess 229
Supplier-Risk-Managementprozess 200
Supplier-Self-Service-Tools 502
Supplier Lifetime Value 326, 560
Supplier Relationship Controlling 316
Supplier-Relationship-Management 44, 71
Supplier-Risk-Management 200, 201, 205, 226, 227
Supply Chain (Network) Design 376
Supply Chain Council 118, 378
Supply-Chain-Event-Management
– (SCEM) 380
Supply Chain Execution 376
Supply-Chain-Management 18, 244
– (SCM) 369
– Ziele 375
Supply-Chain-Manager 374
Supply Chain Operations Reference 380
Supply Chain Planning 376
Supply Chains 369
Sustainability Balanced Scorecard 596
Synergien 85
Systemdenken 396
System Sourcing 24, 76, 113

t

t 365
Target Costing 191, 270, 323, 472
Teamstrukturen 156, 161, 177
Total-Cost-Analyse 266
Total Cost of Ownership (TOCO) 45, 186, 274, 324, 442, 466
Total Acquisition Costs 344
Totalkostendenken 396
Total Quality Management (TQM) 369
Transaktionsformate 358
Transaktionskosten 59, 186, 488
Trend 278
Try for Fit 384

u

Umweltorientierung 592
Unit Sourcing 24
UNSPSC 360
Unternehmensforschung 384
Unternehmenslogistik 398
Unternehmensvision 15
Unternehmensziele 16
Ursache-Wirkungs-Ketten 329

v

Varianzanalyse 91
Verbundbeschaffung 259
– vertikale 261
Verbundeffekte 18
Verlässlichkeit 154
Versorgungsrisiko 508
– Checkliste 37
Vertrauen 153, 155, 158, 169
virtueller Unternehmensverbund 504

w

Warengruppenbildung 358
Warengruppenstrategie 49
Warengruppenstrukturierung 121, 122
Warengruppenverschlüsselung 357
Wertanalyse 369
Wertigkeits-Risiko-Matrix 36
Wertschöpfungskette 200, 225, 227
Wertschöpfungspartner 51, 53
Wertschöpfungspartnerschaften 113
Wertschöpfungsprozesse 45
Wertschöpfungsstrukturen
– Weiterentwicklung von 543
Wettbewerb 441
Wettbewerbsposition 88
Wettbewerbspotenziale der Logistik 400
Wettbewerbssituation 138
Wettbewerbsvorteile 355

z

Zulieferer-Abnehmer-Beziehung 44, 150, 155, 175, 185, 186, 188
– Degenerationsphase der 191
Zuliefererpyramide 569
Zulieferkooperationen 102, 103, 105, 116
– Checkliste 114
– vertikale 108

Gerd Kerkhoff

Zukunftschance Global Sourcing

China, Indien, Osteuropa – Ertragspotenziale der internationalen Beschaffung nutzen

2005. 239 S., Gebunden. € 39,90 /SFr 64,–
ISBN-10: 3527-50196-7
ISBN-13: 9783-527-50196-0

Die politische und wirtschaftliche Öffnung Indiens, Chinas, der Türkei und Osteuropas haben zu einer veränderten Wettbewerbssituation auf dem Weltmarkt geführt. Bereits heute gelten diese Staaten als attraktive Beschaffungsmärkte insbesondere für europäische Unternehmen.

Aber Global Sourcing kann auch zu einer Kostenfalle werden, wenn man die internationalen Beschaffungsmärkte und ihre Gesetzmäßigkeiten nicht kennt. Dazu zählen interkulturelle Unterschiede, Rechtsunsicherheiten und unerwartete Transportschwierigkeiten sowie mangelnde Qualität, nicht kalkulierte Steuern und Einfuhrzölle.

Dass Unternehmen trotz Risiken dennoch erfolgreich Global Sourcing betreiben können, beweist Gerd Kerkhoff in seinem Buch Zukunftschance Global Sourcing. Dabei zeigt er auf, welche Güter und Dienstleistungen sich für ein Global Sourcing eignen und stellt die wichtigsten Beschaffungsmärkte und ihre Stärken vor. Konkrete Beispiele erläutern, wie die internationale Beschaffung erfolgreich ausgerichtet wird.

Stimmen zum Buch

»Wenn die Lektüre des Buches dazu führt, dass sich unsere Unternehmen ausgewogen mit den Chancen und Risiken des Global Sourcing befassen, wäre dies ein Schritt in die richtige Richtung.«
Beschaffung aktuell, August 2006

»Handlungsanweisung für die Praxis und Argumentation gegenüber Globalisierungskritikern.«
Capital, 26/2005

»Ein Leitfaden für all diejenigen Unternehmen, die sich kritisch mit dem Thema ›Global Sourcing‹ auseinandersetzen wollen.«
VentureCapital Magazin, Februar 2006

Gerd Kerkhoff

Milliardengrab Einkauf

Einkauf – die Top-Verantwortung des Unternehmers nicht nur in schwierigen Zeiten

2003. 232 S. mit 6 Abb. und 18 Tab., Gebunden. € 39,90 /SFr 64,–
ISBN-10: 3527-50067-7
ISBN-13: 9783-527-50067-3

Der Einkauf steht für die meisten Unternehmer und Topmanager nicht im Fokus ihrer Tätigkeiten. Damit vernachlässigen sie hohe Optimierungs- und Einsparpotenziale. Dies resultiert aus der Tatsache, dass die wenigsten Unternehmensleiter auf ihrem persönlichen Karriereweg in das Top-Management den Bereich Einkauf durchlaufen haben. Dabei lässt sich mit der richtigen Beschaffungsstrategie jede Menge Geld sparen. Nicht nur in Zeiten, in denen alle sparen müssen, ist der Einkauf extrem wichtig.

Mit überzeugenden Beispielen sensibilisiert Gerd Kerkhoff den Leser für das »überlebenswichtige« Thema Einkauf. Er zeigt auf, wie Unternehmen die Effizienz ihrer aktuellen Beziehungen zu den Lieferanten überprüfen können. Dabei werden häufig Einsparpotenziale in zweistelliger Prozenthöhe aufgedeckt. Ausführlich und praxisorientiert beschreibt der Pragmatiker Kerkhoff, wie diese Potenziale kurzfristig erschlossen und nachhaltig gesichert werden können. Dazu erläutert er u.a., wie die ertragsorientierte Einkaufsabteilung organisiert, strukturiert, kontrolliert und geführt werden sollte.

Abschließend räumt der Autor mit der weit verbreiteten Meinung, E-Procurement sei das Allheilmittel zur Effizienzsteigerung des Einkaufs auf. Denn, so Kerkhoff: »Chaos wird durch die Elektronisierung nur schneller, keinesfalls effizienter.«

Stimmen zum Buch:
»Sein Buch entwickelt die Idealform einer strategischen Beschaffung und demonstriert, welche zusätzlichen Ertragsstellen sich durch ein motiviertes und hoch qualifiziertes Beschaffungsteam erschließen lassen. Mit ausgefeilten Checklisten hilft Kerkhoff ungenutzte Ertragspotenziale ermitteln. Ein eigenes Kapitel ist dem E-Procurement, der Beschaffung über internetgeschützte Datenbanksysteme gewidmet. Das Buch dokumentiert die Beraterkompetenz seines Autors und lässt keinen wesentlichen Aspekt eines modernen und nachhaltigen Beschaffungsmanagements unbehandelt.« *Financial Times Deutschland*, 9. Dezember 2003